Der Manxman

-Roman – 1895

Sir Hall Caine

Writat

Diese Ausgabe erschien im Jahr 2024

ISBN: 9789359941806

Herausgegeben von
Writat
E-Mail: info@writat.com

Inhalt

TEIL I
JUNGS ZUSAMMEN.

ICH.

Der alte Deemster Christian aus Ballawhaine war ein harter Mann – zumindest äußerlich hart. Sie nannten ihn „Eiserner Christ", und die Leute sagten: „Wende diese eiserne Hand nicht gegen dich." Dennoch war sein Charakter sowohl von Edelmut als auch von Stärke geprägt. Er war kein Mann von eisiger Natur, aber er liebte es, Eiszapfen um sich zu sammeln. Darunter brannte genug Feuer, an dem er sein altes Herz wärmte, wenn er allein war, aber er mochte es, wenn die Luft um sein Gesicht erstarrte. Er war ein Mann mit verschlossener Seele. Man musste die dunkle Kammer aufreißen, in der er seine Gefühle bewahrte; Aber der Mann, der das getan hatte, hatte seine Blöße aufgedeckt und ihn für immer ausgerottet. So erging es auch seinem Sohn, dem Vater Philipps.

Er hatte zwei Söhne; Der Ältere war ein ungestümes Wesen, ein feuriger Geist, eine der herrschaftlichen Seelen, die die Zurückhaltung des Bordsteins brauchen, um nicht kopfüber in den Abgrund zu stürzen. Der alte Deemster Christian hatte diesen Jungen Thomas Wilson genannt, nach dem heiteren Heiligen, der einst Bischof von Man gewesen war. Er war jedoch für das Gesetz gedacht, nicht für die Kirche. Das Amt des Deemster war nie erblich und kann es auch nie sein; Dennoch waren die Christen von Ballawhaine seit sechs Generationen Deemsters, und der alte Eiserne Christ erwartete, dass Thomas Wilson Christian ihm nachfolgen würde. Aber es herrschte so viel Ungewissheit über die Nachfolge, dass Verdienste bei der Auswahl wichtiger waren als Präzedenzfälle, und so hatte der alte Mann seinen Sohn zur englischen Anwaltskammer erzogen und ihn anschließend zum Anwalt in Manx berufen. Der junge Mann hatte die Bemühungen seines Vaters nicht ganz belohnt. Während seines Aufenthalts in England hatte er sich bestimmte moderne Lehren angeeignet, die dem alten Deemster höchst widerwärtig waren. Neue Ansichten über Eigentum, neue Vorstellungen über Frau und Ehe, neue Theorien über Religion (immer umgetaufter Aberglaube), die üblichen Seepocken junger Schiffe, die frisch aus unbekannten Gewässern kommen; Aber der alte Mann war kein Schiffsbauer im Hafen, der die Kunst gelernt hatte, sie zu entfernen, ohne den Rumpf zu beschädigen. Der Deemster kannte diese Vorstellungen, als er sie in den englischen Zeitungen traf. Ihre Wirkung auf seine zu Hause bleibende Fantasie hatte etwas Ehrfurchtgebietendes, als wären sie für wahre Männer, die stetig gehen, verwirrend und schwierig; aber vor allem sehr weit weg, über den Bergen und jenseits des Meeres, wie ferne Städte Sodoms, die nur auf Sodoms Untergang warten. Und doch, siehe da! Hier waren sie im Handumdrehen, wurden umgeleitet und in sein eigenes Haus und seinen eigenen Stapelplatz geschossen.

„Ich nehme an", sagte er mit wissendem Blick, „glaubst du, dass Jack genauso gut ist wie sein Meister?"

„Nein, Sir", sagte sein Sohn ernst; „im Allgemeinen viel besser."

Iron Christian änderte sein Testament. Seinem älteren Sohn hinterließ er nur ein Lebensinteresse an Ballawhaine. „Dieser Junge wird etwas tun", sagte er und hütete sich so vor Konsequenzen. Er konnte nicht anders; Er schämte sich, aber er konnte seine Scham nicht besiegen – der feurige alte Mann begann, sich über seinen Sohn zu ärgern.

Die beiden Söhne des Deemster waren wie das Innere und Äußere einer Schüssel, und diese Schüssel war der Deemster selbst. Wenn Thomas Wilson der Ältere das innere Feuer und die Sanftheit seines Vaters besaß, hatte Peter, der jüngere, das äußere Eis und Eisen seines Vaters. Peter war klein und fast unförmig, mit zwei Schultern, die sich über einer hohlen Brust zu treffen schienen, und Gliedmaßen, die ins Leere gespreizt waren. Und wenn die Natur es ihm verübelt hatte, war sein Vater nicht freundlicher. Er war zu keinem Beruf erzogen worden und seine Erwartungen beschränkten sich auf eine jährliche Belastung aus dem Vermögen seines Bruders. Seine Worte waren bitter, seine Stimme kalt, er lachte wenig und weinte nie. Er hatte viele Dinge gegen sich.

Außer diesen Söhnen hatte Deemster Christian ein Mädchen in seinem Haushalt, aber seiner eigenen Meinung nach war dies nur eine Art Zufall. Sie war seine Nichte, das Kind seines einzigen Bruders, der im frühen Mannesalter gestorben war. Ihr Name war Ann Charlotte de la Tremouille, benannt nach der Dame von Rushen, denn die Familie Christian hatte ihren Anteil an dem Heldentum, das allen Männern innewohnt. Sie hatte schöne Augen, einen schwachen Mund und große Schüchternheit. Sanfte Luft umschwebte sie immer, und eine Art nervöser Glanz funkelte über ihr, als wäre sie in einer Schlucht, durch die die Sonne flackert. Ihre Mutter starb, als sie zwölf Jahre alt war, und im Haus ihres Onkels und ihrer Cousins war sie unter Männern und Jungen aufgewachsen.

Eines Tages nahm Peter den Deemster beiseite und erzählte ihm (mit Schamausdrücken, gespickt mit Lobpreisungen seiner eigenen Scharfsinnigkeit) eine Geschichte seines Bruders. Es ging um ein Mädchen. Ihr Name war Mona Crellin; Sie lebte auf dem Hügel von Ballure House, eine halbe Meile südlich von Ramsey, und war die Tochter eines Mannes namens Billy Ballure, eines pensionierten Kapitäns, der bei allen fröhlichen Geistern der Stadt gut aufgehoben war.

Es gab viel Lärm und Aufschrei, und der alte Eisen schickte nach seinem Sohn.

„Was höre ich da?" er weinte und sah ihn von unten an. "Eine Frau? Das ist es also, worauf Ihr gutes Lernen hinausläuft, nicht wahr? Seien Sie vorsichtig, Herr! Pass' auf dich auf! Kein Sohn von mir soll sich blamieren. An dem Tag, an dem er das tut, wird er vor die Tür gesetzt."

Thomas hielt sich mit großer Mühe zurück.

"Schande?" er sagte. „Was für eine Schande, Sir, bitte?"

„Was für eine Schande, Sir?" wiederholte der Deemster und verspottete seinen Sohn in einem prägnanten Satz. Dann brüllte er: „Sich einem armen Mädchen gegenüber unehrenhaft zu benehmen – das ist eine Schande, Sir! Ist es nicht genug? eh? eh?"

„Mehr als genug", sagte der junge Mann. „Aber wer macht das? Ich bin nicht."

„Dann geht es dir schlechter. *Habe* ich Schlimmeres gesagt? Natürlich habe ich Schlimmeres gesagt. Schlimmer noch, mein Herr, noch schlimmer! Hörst du mich? Schlechter! Du treibst Ballure in die Falle und lässt zu, dass das arme Mädchen sich Gedanken macht. Ich werde nichts mehr davon haben. Habe ich Sie deswegen nach England geschickt? Schämst du dich nicht? Behalten Sie Ihren Platz, Sir; Behalte deinen Platz. Ein armes Mädchen ist ein armes Mädchen, und ein Deemster ist ein Deemster."

„Ja, Sir", sagte Thomas und feuerte plötzlich Feuer und Flamme, „und ein Mann ist ein Mann." Was die Schande betrifft, so brauche ich mich für nichts zu schämen, was nicht beschämend ist; Und der beste Beweis, den ich Ihnen geben kann, dass ich keine Schande durch das Mädchen meine, ist, dass ich vorhabe, sie zu heiraten."

"Was? Du hast vor – was? Habe ich gehört –"

Der alte Deemster richtete sein gutes Ohr auf das Gesicht seines Sohnes, und der junge Mann wiederholte seine Drohung. Hab niemals Angst! Kein armes Mädchen sollte sich von ihm in die Irre führen lassen. Er stand über allen dummen Konventionen.

Old Iron Christian war sprachlos. Er schnappte nach Luft, er starrte, er stammelte und fiel dann mit heftigen Vorwürfen über seinen Sohn her.

"Was? Deine Frau? Gattin? Dieser Trottel! – dieser Luder! das – und auch die Tochter dieses Kerls, dieses alten Kerls, dieses rüpelhaften Schwätzers – das – – Und mein eigener Sohn soll seine Hand heben, um ihm die Kehle durchzuschneiden! Ja, Sir, schneiden Sie ihm die Kehle durch – und ich soll dabei sein! Nein, nein! Ich sage nein, Sir, nein!"

Der junge Mann erhob noch einen weiteren Protest, der jedoch im Geschrei seines Vaters unterging.

„Das wirst du aber? Du wirst? Dann ist Ihr Hut Ihr Zuhause, Sir. Nehmen Sie es an – nehmen Sie es an!"

„Das musst du mir nicht zweimal sagen, Vater."

„Dann weg – weg zu deiner Frau – deiner Jade! Gott, lass meine Finger von ihm!"

Der alte Mann hob die geballte Faust, doch sein Sohn war aus dem Zimmer geschleudert. Es war nicht nur der Deemster, der befürchtete, er könnte sein eigenes Fleisch und Blut in die Hand nehmen.

"Stoppen! komm zurück, du Hund! Hören! Ich habe es noch nicht getan. Stoppen! Du hitzköpfiger Schlingel, hör auf! Kannst du dann einen Mann nicht hören? Komm zurück! Thomas Wilson, kommen Sie zurück, Sir! Thomas! Thomas! Tom! Wo ist er? Wo ist der Junge?"

Der alte eiserne Christian war seinem Sohn hinterhergelaufen, barhäuptig auf die Straße gelaufen und hatte mit gebrochenem Gebrüll seinen Namen gerufen, aber der junge Mann war verschwunden. Dann ging er langsam zurück, sein graues Haar spielte im Wind. Er war äußerlich ganz aus Eisen, aber innerlich ganz väterlich.

An diesem Tag änderte der Deemster sein Testament ein zweites Mal und sein älterer Sohn wurde enterbt.

II.

Peter gelang es zu gegebener Zeit, das Anwesen von Ballawhaine zu erobern, aber er war kein Anwalt, und die Linie der Deemsters Christian war gebrochen.

Inzwischen war Thomas Wilson Christian unverzüglich mit Mona Crellin verheiratet. Er liebte sie, aber er hatte Angst vor ihrer Unwissenheit, hatte auch (trotz seiner Prinzipien) Angst vor dem Unterschied in ihrem sozialen Rang und hatte halb vorgehabt, sie aufzugeben, als die Vorwürfe seines Vaters seinen Zorn entfachten und ihn anstachelten Mut. Als sie seine Frau wurde, wurde ihm klar, welchen Preis er für sie gezahlt hatte. Aus einem solchen Anfang konnte kein Glück entstehen. Er hatte jedes Band durchbrochen und das Band geschaffen, das ihn zu Fall brachte. Die Reichen verleugneten ihn und die Armen verloren den Respekt vor ihm.

„Das ist geradezu unanständig", sagte einer. „Es sind Kartoffeln, die Heringe heiraten", sagte ein anderer. Es war kaum besser als Hunger und Durst.

Im Zuge des allgemeinen Niedergangs seines Ruhms ließ ihn sein Beruf im Stich. Er verlor den Mut und den Ehrgeiz. Seine Philosophie kam ihm nicht zugute, denn sie hatte auf dem Markt, auf den er sie brachte, keinen Wert. So versank er von Tag zu Tag tiefer im Schlamm eines zerstörten und verschwendeten Lebens.

Der Frau ging es nicht gut. Sie war eine gereizte Person mit einem guten Gesicht, einer schlechten Figur, einem leeren Geist und viel Eitelkeit. Sie hatte ihren Mann als Liebhaber ein wenig gemocht, aber als sie sah, dass ihre Ehe ihr niemanden neidisch machte, verfiel sie in einen langen Anfall von Ausdünstungen. Schließlich redete sie sich selbst ein, dass sie eine misshandelte Person sei. Sie hörte nie auf, über ihr Schicksal zu klagen. Alle behandelten sie, als hätte sie Pläne für den Ruin ihres Mannes geschmiedet.

Der Ehemann liebte sie weiterhin, aber nach und nach verachtete er sie auch. Als er seinen ersten Sprung wagte, war er stolz darauf, einem heroischen Impuls nachgegeben zu haben. Er würde eine gute Frau nicht der Schande überlassen, weil sie ein Hindernis für seinen Erfolg zu sein schien. Aber sie hatte sein Opfer nie erkannt. Sie schien nicht zu verstehen, dass er vielleicht ein großer Mann auf der Insel war, aber dass Liebe und Ehre ihn zurückgehalten hatten. Ihre Unwissenheit war erbärmlich und er schämte sich dafür. Indem er sich die Verachtung anderer zuzog, hatte er sich nicht vor Selbstverachtung bewahrt.

Der alte Seemann starb plötzlich in einem Anfall von Trunkenheit auf einem Jahrmarkt, und Mann und Frau gelangten in den Besitz seines Hauses und Besitzes in Ballure. Die Beziehungen zwischen ihnen verbesserten sich dadurch nicht. Die Frau bemerkte, dass ihre Positionen vertauscht waren. Sie war jetzt die Brotbringerin. Eines Tages, als die Leute ihres Mannes sie auf der Straße beleidigten, erinnerte sie ihn, um ihre verletzte Eitelkeit wiederherzustellen, daran, dass er ohne sie und ihre nicht einmal ein Dach hätte, das ihn bedecken könnte .

Doch der Mann liebte sie trotz allem weiterhin. Und sie war zunächst kein erniedrigtes Wesen. Manchmal war sie aufgeweckt und fröhlich, und abgesehen von den schlimmsten Phasen ihrer Ausdünstungen war sie eine lebhafte und geschäftige Frau. Das Haus war süß und gemütlich. Es gab nur eine Sache, die ihn davon abhielt, aber das war das Größte von allen. Dennoch hatten sie ihre fröhlichen gemeinsamen Stunden.

Ein Kind wurde geboren, ein Junge, und sie nannten ihn Philippus. Er war der Anfang vom Ende zwischen ihnen; die eiserne Stütze, die sie zusammenhielt und doch voneinander trennte. Der Vater erinnerte sich in Gegenwart seines Sohnes an sein Unglück, und die Erinnerung an enttäuschte Hoffnungen schmerzte die Mutter erneut. Der Junge war der wahre Erbe von Ballawhaine, aber das Erbe ging ihm durch die Schuld seines Vaters verloren und er hatte nichts.

Philip entwickelte sich zu einem liebenswerten Jungen. Er hatte etwas Süßes, Liebenswürdiges, Großherziges und fast Großartiges in sich. Eines Tages saß der Vater im Garten neben dem mächtigen Fuchsienbaum, der auf dem Rasen wächst, und sah zu, wie sein kleiner blonder Sohn auf dem Weg Murmeln spielte, mit zwei großen Jungen, die er von der Straße gelockt hatte, und einem anderen, der ihm bekannter war Spielkamerad – der kleine barfüßige Junge Peter, aus der Hütte am Wassertrog. Zuerst verlor Philip, und mit einem zufriedenen Grunzen strichen die Großen ihre Gewinne prompt ein. Dann gewann Philipp, und der kleine lockige Peter wurde nackt ausgezogen, und seine Lippe begann zu fallen. Da hielt Philip inne, hielt seinen Kopf zur Seite, überlegte und sagte dann ganz forsch: „Peter hatte dieses Mal keine faire Chance – hier, lasst es uns noch einmal versuchen.“

Der Hals des Vaters schwoll an, und er ging ins Haus zur Mutter und sagte: „Ich glaube – vielleicht bin ich schuld –, aber irgendwie glaube ich, dass unser Junge nicht wie andere Jungen ist.“ Was sagen Sie? Töricht? Vielleicht ist es so, vielleicht ist es so! Kein Unterschied? Nun, nein – nein!“

Doch tief im geheimen Innersten seines Herzens begann Thomas Wilson Christian, gebrochener Mann, entwurzelter Baum, zerstörtes Fahrzeug im Schlamm und Schleim, eine schöne Idee zu hegen. Der Sohn würde alles zurückgewinnen, was sein Vater verloren hatte! Er hatte Gaben und sollte zum Gesetz erzogen werden; eine große Natur, und ihm sollte geholfen werden, sie zu entwickeln; ein schönes Gesicht, das jeder lieben muss, ein Sinn für Gerechtigkeit und ein großer Reichtum an Kraft, Glück auszustrahlen. Deemster? Warum nicht? Ballawhaine? Wer könnte es sagen? Der größte, edelste und großartigste aller Manxmen! Gott weiß!

Nur – nur ihm muss beigebracht werden, vor den Gefahren seines Vaters zu fliehen. Liebe? Dann lass ihn lieben, wo er auch respektieren kann – aber niemals außerhalb seiner eigenen Sphäre. Dafür war die Insel zu klein. Lieben und verachten bedeutete, die Qualen der Verdammten zu ertragen.

Während er diese Träume nährte, wurde der arme Mann von jeder Liebkosung, die die Mutter ihrem Sohn schenkte, gequält und von jedem Wort, das sie zu ihm sagte, gereizt. Ihre Grammatik war gut genug für ihn selbst, und die überschwänglichen Zärtlichkeiten ihrer rührseligen Stimmungen waren manchmal sogar angenehm, aber der Junge durfte sich durch keines von beidem erniedrigen lassen.

Die Frau ging nicht auf diese hohen Gedanken ein, aber sie zögerte nicht, das beiläufige Spiel, in dem sie ihren Ausdruck fanden, zu deuten. Ihr Mann ermahnte ihren Sohn, sie nicht zu respektieren. Sie hätte es nicht von ihm gedacht – das würde sie nicht wirklich tun. Aber es war immer so, wenn eine einfache, praktisch veranlagte Frau aufgrund der Qualität heiratete. Imperenz und Respektlosigkeit – das sind die Kapriolen! Imperenz und Respektlosigkeit von denen, die nichts tun und dir für alles verpflichtet sind. Es war schockierend! Es war enttäuschend!

In solchen Ausbrüchen würde ihre Eifersucht ihn mit seiner Armut verspotten, ihn wegen seiner Trägheit beschimpfen und ihm Rechenschaft über die offensichtliche Bevorzugung des Jungen geben. Er konnte sie mit Geduld ertragen, wenn sie allein waren, aber in Philipps Gegenwart waren sie wie Galle und Wermut, und Peitschen und Skorpione.

„Geh, mein Junge, geh“, wimmerte er manchmal und drängte den Jungen aus dem Weg.

„Nein“, schrie die Frau, „halten Sie inne und sehen Sie sich den Mann an, der Ihr Vater ist.“

Und der Vater murmelte: „Vielleicht sieht er auch die Frau, die seine Mutter ist.“

Aber als sie sie zusammengesteckt hatte und der Junge ihr zuhören musste, ließ der Mann seine Stirn auf den Tisch fallen und brach in Stöhnen und Tränen aus. Dann veränderte sich die Frau ganz plötzlich, legte ihre Arme um ihn, küsste ihn und weinte über ihn. Er konnte sich weder gegen ihre Beleidigungen noch gegen ihre Umarmungen wehren. Trotz allem liebte er sie. Darin lag die Bitterkeit des Bösen. Ohne die Liebe, die er ihr entgegenbrachte, hätte er sie vielleicht losgeworden und wäre wieder sein eigener Mann gewesen. Er würde Frieden mit ihr schließen und sie erneut küssen, und beide würden den Jungen küssen und zärtlich und sogar fröhlich sein.

Philip war noch ein Kind, aber er sah die Beziehungen seiner Eltern und verstand auf seine Weise alles. Er liebte seinen Vater am meisten, aber seine Mutter hasste er nicht. Sie war fast immer liebevoll, wenn auch oft neidisch auf die größere Liebe und Fürsorge des Vaters für ihn, und manchmal allein aus diesem Grund gereizt. Aber die häufigen Auseinandersetzungen zwischen ihnen waren wie Schläge, die Narben auf seinem Körper hinterließen . Er schlief in einem Feldbett im selben Zimmer und verbarg nachts seinen Kopf unter der Bettdecke, weil er Angst und körperliche Schmerzen verspürte.

Ein Mann kann nicht lange gegen sich selbst kämpfen. Dieser tödliche Feind wird mit Sicherheit getötet. Als Philip sechs Jahre alt war, erkrankte sein Vater an seiner letzten Krankheit. Zu diesem Zeitpunkt war die Frau in Gewohnheiten der Unmäßigkeit verfallen, und Schritt für Schritt war sie in den Zustand einer völlig erniedrigten Frau herabgesunken. Es gab etwas, um sie zu entschuldigen. Sie war von den großen Einsätzen des Lebens enttäuscht gewesen; Sie hatte sich Schande verdient, wo sie nach Bewunderung gesucht hatte. Sie war eitel und konnte das Unglück nicht ertragen; und sie hatte keine tiefe Quelle der Liebe, aus der sie trinken konnte, wenn die Quelle ihres Stolzes versiegte. Wenn ihr Mann ein wenig Mitleid mit ihr gehabt hätte, wäre alles vielleicht einfacher verlaufen. Aber er hatte sie nur geliebt und sich dafür geschämt. Und jetzt, da er seinem Tod nahe war, begann die Liebe zu schwinden und die Scham verwandelte sich in Angst.

Nachts schlief er wenig, und so oft er die Augen schloss, schienen ihm ständig spöttische und vorwurfsvolle Stimmen in den Ohren zu summen.

"Dein Sohn!" sie würden weinen. „Was soll aus ihm werden? Deine Träume! Deine großen Träume! Deemster! Ballawhaine! Gott weiß was! Du verlässt den Jungen; Wer soll ihn erziehen? Seine Mutter? Denk daran!"

Endlich brach mit der Nacht ein blasser Sonnenstrahl auf den schlaflosen Ringer und er wurde fast glücklich. „Ich werde mit dem Jungen sprechen", dachte er. „Ich werde ihm meine eigene Geschichte erzählen und nichts verheimlichen. Ja, ich werde ihm auch von meinem eigenen Vater erzählen, Gott segne ihn, den strengen alten Mann – streng und doch gerecht."

Bald bot sich eine Gelegenheit. Es war spät in der Nacht – sehr spät. Irgendwo unten schlief die Frau einen Anfall von Unmäßigkeit aus; und der

Junge, mit der Unschuld und Unwissenheit seiner Jahre in allem, was die feierliche Zeit verhieß, lief mit gewaltigem Eifer im Zimmer umher, weil er wusste, dass er im Bett sein sollte.

„Ich bleibe auf, um dich zu töten, Vater", sagte der Junge.

Der Vater antwortete mit einem Seufzer.

„Verstöre dich nicht, Vater. Ich werde es auf dich abgesehen haben."

Der Seufzer des Vaters wurde zu einem Stöhnen.

„Wenn Sie etwas Besonderes wollen, rufen Sie mich einfach an; siehst du, Vater?"

Und der Junge verschwand wie ein Lichtstrahl. Plötzlich kam er zurück und sprang wie die Morgendämmerung. Er trug unsicher einen Krug mit Mohn und Kamille, die ihm als Lotion verschrieben worden waren.

„Mohnköpfe, Vater! Poppy-Heads ist gut, das kann ich dir sagen."

„Warum bist du nicht im Bett, Kind?" sagte der Vater. "Sie müssen müde sein."

„Nein, ich bin nicht müde, Vater. Ich fühlte mich nur ein wenig müde, und dann nahm ich den Geruch von Mohnblüten wahr und die Müdigkeit verschwand nach Jericho. Sie *sind* gut."

Das kleine weiße Köpfchen glänzte wieder, als der Vater es zurückrief.

„Komm her, mein Junge." Das Kind trat ans Bett, und der Vater fuhr liebevoll mit seinen Fingern durch das lange blonde Haar.

„Glaubst du, Philip, dass du dich in zwanzig, dreißig, vierzig Jahren, wenn du ein Mann bist – ja, ein großer Mann, ein kleiner Mann – daran erinnern wirst, was ich dir jetzt sagen werde?"

„Warum, ja, Vater, wenn es etwas Besonderes ist, und wenn nicht, kannst du mich doch daran erinnern, nicht wahr, Vater?"

Der Vater schüttelte den Kopf. „Dann werde ich nicht hier sein, mein Junge. Ich gehe weg –"

„Gehst du weg, Vater? Darf ich auch kommen?"

"Ah! Ich wünschte, du könntest es, Kleines. Ja, wirklich, ich wünschte fast, du könntest es."

„Dann lässt du mich mitgehen, Vater! Oh, ich *bin* froh, Vater." Und der Junge fing an zu hüpfen und zu tanzen, ging auf alle Viere und hüpfte wie ein Frosch über den Boden.

Der Vater ließ sich mit wogender Brust auf sein Kissen zurückfallen. Vergeblich! vergeblich! Welchen Nutzen hatte das Sprechen? Die Einstellung des Kindes war das Leben; sein eigenes war der Tod; sie hatten keine gemeinsame Basis; sie sprachen verschiedene Sprachen. Und wie konnte er schließlich zulassen, dass die süße Unschuld der Seele des Kindes in die befleckte und vernarbte Kammer seines zerstörten Herzens blickte?

„Du verstehst mich nicht, Philip. Ich meine, dass ich – sterben werde. Ja, Liebling, und nur weil ich dich zurücklasse, würde ich gerne gehen. Mein Leben wurde verschwendet, Philip. In der kommenden Zeit werden Sie sich schämen, wenn Männer von Ihrem Vater sprechen. Vielleicht werden Sie sich dann nicht mehr daran erinnern, dass er, was auch immer er war, ein guter Vater für Sie war, denn zumindest hat er Sie sehr geliebt. Nun, ich muss mich unbedingt dem Willen Gottes beugen, aber wenn ich nur hoffen könnte, dass du noch leben würdest, um meinen Namen wiederherzustellen, wenn ich nicht mehr bin ... Philip, bist du das? Weine nicht, mein Schatz. Na, da, küss mich. Dann sagen wir nichts mehr dazu. Vielleicht ist es nicht wahr, obwohl Vater es dir gesagt hat? Na ja, vielleicht auch nicht. Und jetzt zieh dich aus und schlüpfe ins Bett, bevor die Mutter kommt. Sehen Sie, da liegt Ihr Nachthemd am Fußende der Wiege. Willst du ein paar Knöpfe, oder? Egal – bei dir – das ist ein Junge."

Unmöglich unmöglich! Und vielleicht unnötig. Wer soll das sagen? So jung das Kind auch war, es würde vielleicht nie vergessen, was es gesehen und gehört hatte. Eines Tages muss es für ihn eine Bedeutung haben. So tröstete sich der Vater. Diese klirrenden Streitereien, die sein Gehirn oft wie Eisen verbrannt hatten – die Erinnerung an ihre erbärmlichen Szenen erfüllte ihn mit einer Art blutenden Trostes!

Währenddessen legte sich der Junge mit leisem, ansteckendem Schluchzen, das er nur mit Mühe unterdrücken konnte, in sein Bettchen. Als er sich schon halb in den Nebeln des Landes des Schlafes befand, fuhr er plötzlich auf und rief „Gute Nacht, Vater", und sein Vater antwortete ihm: „Gute Nacht."

Gegen drei Uhr am nächsten Morgen herrschte große Aufregung im Haus. Die Dienerin huschte die Treppe auf und ab, und die Herrin stapfte händeringend im Krankenzimmer auf und ab und weinte in einem Tonfall des Erstaunens, als ob der Gedanke sie unversehens befallen hätte: „Warum, er geht!" Wie konnte es mir vorher niemand sagen?"

Die Augen des sinkenden Mannes waren auf die Krippe gerichtet. „Philip", stockte er. Sie hoben den Jungen aus seinem Bett und brachten ihn im Nachthemd an die Seite seines Vaters; und der Vater drehte sich um und nahm ihn in die Arme, noch halb schlafend und gähnend. Dann erholte sich die Mutter von der Dummheit ihrer Überraschung, brach in Tränen aus und fiel auf die Brust ihres Mannes und küsste und küsste ihn.

Ausnahmsweise blieben ihre Küsse ohne Reaktion. Der Mann starb elend, denn er dachte an sie und an den Jungen. Manchmal plapperte er mit leisem, unartikuliertem Gurgeln über Philip; Manchmal blickte er mit steinernem Blick in das Gesicht seiner Frau, und dann klammerte er sich umso fester an den Jungen, als würde er ihn niemals loslassen. Die dunkle Stunde kam und noch immer hielt er den Jungen in seinen Armen. Sie mussten das Kind endlich aus dem sterbenden Griff seines Vaters befreien.

Die tiefste Nacht war inzwischen vorüber, und der Tag dämmerte; Die Spatzen im Dachgesims zwitscherten, und die Flut, die ihren niedrigsten Stand erreicht hatte, wogte weit draußen in der Bucht auf dem Sand mit dem Geräusch, als würde ein Kolonienwächter erwachen. Philip erinnerte sich später daran, dass seine Mutter so sehr weinte, dass er Angst hatte, und dass sie ihn, nachdem er angezogen war, nach unten führte, wo sie alle zusammen frühstückten, während die Sonne durch die Jalousien schien.

Die Mutter überlebte das Leben ihres Sohnes nicht. Sie verfiel noch tiefer in ihre Gewohnheiten der Unmäßigkeit und blieb von Wochenende zu Wochenende zu Hause, setzte sich wie eine Trauerweide an den Kamin und trank und trank. Ihre Exzesse führten zu Wahnvorstellungen. Sie sah ständig Geister. Um zu vermeiden, dass sie im Sterbezimmer ihres Mannes heimgesucht wurden, ließ sie sich auf einem Sofa im Wohnzimmer ein Bett machen, und eines Morgens wurde sie mit dem Gesicht nach unten ausgestreckt daneben auf dem Boden gefunden.

Dann kam die Cousine von Philipps Vater, die immer seine Tante Nan nannte, nach Ballure House, um ihn großzuziehen. Sein Vater war ihr Lieblingscousin gewesen, und trotz allem, was passiert war, war er auch ihr lebenslanger Held gewesen. Eine tiefe und geheime Zärtlichkeit, die zu schüchtern war, um sich ihrer selbst bewusst zu sein, lauerte all die Jahre seines elenden Lebens mit Mona in ihrem Herzen. Als die alte Deemster starb, hatte ihr anderer Cousin, Peter, sie geheiratet und verstoßen. Aber sie gehörte schon immer zu den Waldkräutern, von denen man sagt, dass sie ihren süßesten Duft verströmen, nachdem man sie zertreten und zertreten hat. Philipps Vater war ihr Held, ihr Verlorener und ihre Liebe gewesen, und Philipp war der Sohn seines Vaters.

III.

Der kleine lockige Pete mit den breiten, nackten Füßen, dem zerzausten schwarzen Kopf, der Jacke auf halber Höhe seines Rückens, die wie eine Weste mit Ärmeln aussah, und dem Loch in seiner Hose, wo der Saum seines Hemdes hätte sein sollen, war Peter Quilliam, und er war der leibliche Sohn von Peter Christian. In den Tagen, als dieser gewissenhafte Würdenträger sich daran machte, die Taten seines älteren Bruders in Ballure zu beobachten, fand er es bequem, die Hecke vor dem strohgedeckten Haus, das ihm am nächsten stand, als Vorwerk zu nutzen. Zwei Personen lebten in der Hütte, Vater und Tochter – Tom Quilliam, normalerweise Black Tom genannt, und Bridget Quilliam, die den Namen Bridget Black Tom erhielt.

Der Mann war ein kleines, stämmiges Geschöpf mit einem riesigen Kopf und einem großen, offenen Mund, in dem abgebrochene Zähne sichtbar waren, die schwarz vom Tabaksaft waren. Das Mädchen hatte nach allgemeinem Urteil und Bericht einen Blick – einen großen, langsamen, hübsch aussehenden, bequemen, lockeren Blick. Black Tom war ein Dachdecker, und mit seinen Haaren, die durch die Löcher in seinem Strohhut ragten, durchstreifte er die Insel, um seiner Berufung nachzugehen. Dies hielt ihn tagelang von zu Hause fern, und tatsächlich fand Peter Christian, während er die Moral seines Bruders in den Schatten stellte, seine eigene Chance.

Als das Kind geboren wurde, versuchten weder der Thatcher noch seine Tochter, es zu zeugen. Peter Christian zahlte dem einen zwanzig Pfund und dem anderen achtzig Pfund in Manx-Pfund-Noten, die Jungen beschmierten ihre Tür, um zu zeigen, dass das Haus entehrt war, und das war das Ende von allem.

Das Mädchen ging ihre „Tafeln" schweigend oder mit nur einem Kommentar durch. Sie hatte sich das Blatt, auf dem sie in der Kirche erschien, von Miss Christian aus Ballawhaine ausgeliehen, und als sie es zurücknahm, dachte die gute Seele der süßen Dame, den Anlass zu verbessern.

„Ich habe mich gefragt, Bridget", sagte sie ernst, „woran du gedacht hast, als du letzten Sonntagmorgen mit Bella und Liza vor der Gemeinde standest" – zwei weitere Magda-lenes hatten an Bridgets Seite Buße getan.

„Tatsächlich, Herrin", sagte das Mädchen, „ich dachte, bei einem von ihnen gäbe es kein Laken, das in puncto Weißheit mit meinem übereinstimmte." Ich hätte mich geschämt, so gesehen zu werden wie sie."

Bridget war vielleicht ein Gaffer, aber sie tat zwei Dinge, die nicht gaffend waren. Sie steckte die achtzig fettigen Scheine in den Fuß eines alten Strumpfs, nähte sie in den Bezug ihres Bettes ein und taufte dann ihr Baby Peter. Das Geld war für das Kind bestimmt, falls sie nicht überleben sollte, um es großzuziehen, und mit dem Namen wollte sie ausdrücken, dass der Sohn eines Mannes sein Sohn sei, ungeachtet des Gesetzes oder des Teufels.

Danach ernährte sie sich und ihr Kind durch Tagarbeit auf den Feldern, indem sie Unkraut jätete und Kartoffeln säte und den Schnittern folgte, für sechs Pence pro Tag an trockenen Tagen und vier Pence für jedes Wetter. Sie hätte den Erben von Ballawhaine belästigen können, aber sie hat es nie getan. Diese Person trat sein Erbe an, wurde für Ramsey zum Mitglied des House of Keys gewählt, heiratete Nessy Taubman, die Tochter des reichen Brauers, und wurde Vater eines weiteren Sohnes. So ging es in dem großen Haus unten im Tal zu, während Bridget und ihr kleiner Pete oben in der strohgedeckten Hütte hinter dem Wassertrog bei Kartoffeln, Heringen und Gerstenbonnag lebten.

Petes früheste Erinnerungen stammen von einem Jungen, der in dem wunderschönen weißen Haus mit der großen Fuchsie lebte, an der Straßenbiegung über die Brücke, die über das Tal führte. Das war Philip Christian, ein halbes Jahr älter als er, wenn auch einige Zentimeter kleiner, mit langen gelben Haaren und rosigen Wangen und gekleidet in einen Samtanzug aus Knickerbockern. Pete verehrte ihn auf seine einfache Art, hing um ihn herum, holte und trug ihn und blickte zu ihm auf als einem Wunder der Weisheit, Güte und Tapferkeit.

Seine erste Erinnerung an Philip war, wie er mit ihm schlief, an seine Seite gekuschelt im Dunkeln, still und still in einem schmalen Bett mit eisernen Enden, und wie er morgens aufsprang und lachte. Philipps Vater – ein großer, weißer Herr, der überhaupt nie lachte und nur manchmal lächelte – hatte ihn abends auf der Straße gefunden und darauf gewartet, dass seine Mutter von den Feldern nach Hause kam, damit er in der Hütte das Feuer anzünden konnte. und in der Zwischenzeit herumlaufen, um sich warm zu halten und nicht zu hungrig zu sein.

Seine zweite Erinnerung war, wie Philip ihn durch das Wohnzimmer führte (über dicke Teppiche, auf denen seine bloßen Füße kein Geräusch machten), ihm die Bilder an den Wänden zeigte und ihm erklärte, was sie bedeuteten. Eines (ein Stich des heiligen Johannes mit einem Totenkopf und einem Kruzifix) war laut diesem grimmigen und wahrhaftigen Führer das Bild eines Räubers, der seine Opfer tötete und ihnen stets mit einem Dolch mit Kreuzgriff die Schädel häutete. Danach waren seine Erinnerungen an Philip und sich selbst wie zwei Sonnenstrahlen, die sich vermischten und eins wurden.

Philip war ein großer Leser edler Geschichten. Er fand sie ausgefranst und zerfetzt am Boden eines Koffers mit Blechecken und zwei Vorhängeschlössern und stand in dem Zimmer mit Blick auf den Hafen, in dem der Vater seiner Mutter, der alte Seemann, geschlafen hatte. Eines davon gefiel ihm besonders gut, und er las es Pete immer laut vor. Es erzählte von den Taten der Carrasdhoo-Männer. Sie waren eine kühne Bande von Desperados, der Schrecken der ganzen Insel. Manchmal arbeiteten sie auf den Feldern beim Pflügen, Ernten und Stapeln, genau wie gewöhnliche praktische Männer; und manchmal lebten sie in Häusern, genau wie dem Haus am Wassertrog. Aber wenn der Wind im Nordwesten zunahm und man einen Geschmack der Salzlake auf den Lippen spürte, standen sie auf und sagten: „Das Meer ruft uns – wir müssen gehen." Dann würden sie in felsigen Höhlen an der Küste leben, wo niemand sie erreichen konnte, und nachts würden in Teerfässern Feuer angezündet und geschrien, gesungen und gezechselt; und danach gab es Schiffsruder und Galionsfiguren und Masten, die mit der Flut ankamen, und manchmal am Strand Leichen von Seeleuten, die sie ertränkt hatten – allerdings nur ausländische – Hunderte und Tonnen von ihnen. Aber das ist lange her, die Carrasdhoo-Männer waren tot und der Ruhm ihrer Zeit war vorbei.

Eines ruhigen Abends, nach einer beeindruckenden Lektüre dieser mutigen Geschichte, sagte Philip ganz plötzlich: „Still!" Was ist das?"

„Das frage ich mich", sagte Pete.

Über dem Rascheln eines Blattes lag kein einziges Geräusch in der Luft, und Petes Fantasie konnte ihn nicht weitertragen.

„Pete", sagte Philip mit furchtbarem Ernst, „das Meer ruft mich."

„Und ich", sagte Pete feierlich.

Früh in der Nacht waren die beiden Jungs unten im einsamsten Teil von Port Mooar, in einer Höhle unter den schroffen schwarzen Felsen von Gobny-Garvain, und entzündeten in den Überresten eines zerbrochenen Fasses ein Feuer aus Ginster und Torf.

„Sehen Sie diesen gewaltigen, spitzen Felsen unter Niedrigwasser?" sagte Philip.

„Aber nicht wahr?" sagte Pete.

Zwischen ihnen und der Himmelslinie befand sich nie ein Stein von der Größe eines Striegels.

„Das nennen wir ein Riff", sagte Philip. „Warten Sie ein bisschen und Sie werden sehen, wie die Schiffe darauf auseinanderbrechen, so – so –"

„Wie ein Tay-Pot", sagte Pete.

„Aber wir werden die Frauen retten", sagte Philip. „Sollen wir die Frauen retten, Pete? Das tun wir immer."

„Ach ja, die Frauen – und die Jungen", sagte Pete nachdenklich.

Philip hatte seine Zweifel an den Jungen, aber er wollte nicht streiten. Es war fast dunkel und es wurde sehr kalt. Die Jungs kauerten vor dem knisternden Feuer und versuchten zu vergessen, dass sie die Teezeit vergessen hatten.

„Ein bisschen Hunger muss uns nie stören", sagte Philip energisch.

„Niemals ein Zwischenstopp", sagte Pete.

„Erst wenn die Arbeit erledigt ist, haben wir Schinken und Flitches und andere Dinge zum Abendessen."

„Ach ja, ich habe in vollen Zügen gegessen und getrunken."

„Rum, Pete, wir trinken immer Rum."

„Wir müssen", sagte Pete.

„Nichts von deinem Tee", sagte Philip.

„Natürlich nicht, nichts von dem Zwei-Cent-Tay deiner alten Oma", sagte Pete.

Zu diesem Zeitpunkt war es schon ziemlich dunkel und die Flut stieg schnell an. Es gab keinen Stern am Himmel und kein Licht auf dem Meer außer dem rotierenden Licht des Feuerschiffs in weiter Ferne. Die Jungen rückten näher zusammen und begannen, an ihr Zuhause zu denken. Philip erinnerte sich an Tante Nan. Als er sich auf Händen und Knien unter dem Wohnzimmerfenster davongeschlichen hatte, hatte sie an seinem neuen karierten Nachthemd gearbeitet. Ein Nachthemd für einen Carrasdhoo-Mann war damals lächerlich vorgekommen; aber wo war Tante Nannie jetzt? Pete erinnerte sich an seine Mutter – sie rannte durch die Häuser und weinte; und er hatte Visionen von Black Tom – auch er rannte umher und fluchte.

„Sollten wir nicht etwas singen, Phil?" sagte Pete mit einem Gurgeln im Hals.

"Singen!" sagte Philip mit so viel Verachtung, wie er nur aufbringen konnte, „und warne sie, wir halten nach ihnen Ausschau! Nun, Sie *sind* hübsch, Mr. Pete! Aber warten Sie einfach, bis die Schiffe an den Felsen scheitern – ich meine an den Riffen – und die Toten wie Korken auftauchen – Hunderte, neunzig und Dutzende von ihnen; mein Schatz! ja, dann wirst du mich singen hören."

Die Dunkelheit wurde tiefer und die Stimme des Meeres begann durch die Rückseite der Höhle zu stöhnen, der Ginster knisterte nicht mehr und der Rasen brannte in einem matten roten Schein. Die schreckliche Nacht war angebrochen und die Jungen waren von allem abgeschnitten.

„Sie scheinen nicht zu kommen – noch nicht", sagte Philip mit heiserem Flüstern.

„Vielleicht ist es dasselbe wie Angeln", sagte Pete; „Manchmal fängt man und manchmal nicht."

„Das ist es", sagte Philip eifrig, „im Allgemeinen nicht – und dann müssen Sie beide nach Hause gehen und wiederkommen", fügte er nervös hinzu.

Aber keiner der Jungen rührte sich. Außerhalb des Scheins des Feuers sah die Schwärze schrecklich aus. Pete schmiegte sich an Philipps Seite, und da er nicht von fantasievollen Ängsten geplagt wurde, begann er sich bald schläfrig zu fühlen. Das Geräusch seines gemessenen Atems erschreckte Philip mit dem Schrecken der Einsamkeit.

„Ehre Ehre, Mr. Pete", stockte er, stieß den Kopf auf seine Schulter und versuchte, das Zittern seiner Stimme zu unterdrücken. „ *Du* nennst dich einen zweiten Maat und überlässt mir die ganze Arbeit!"

Der Zweite Steuermann war reuig, aber weniger als eine halbe Minute später beging er das gleiche Vergehen erneut. „Es hat keinen Zweck", sagte er, „ich bin so schläfrig, wie du es noch nie gesehen hast."

„Dann lasst uns beide stattdessen die Wache unten übernehmen", sagte Philip und sie machten sich daran, sich gemeinsam am Feuer auszustrecken.

„Überlass es mir einfach", sagte Pete; „Ich werde sie hören, wenn sie nachts kommen. Das werde ich immer tun. Ich schlafe so leicht, das ist schockierend. Manchmal höre ich Black Tom, wenn er beschwipst nach Hause kommt. Ich habe es schon mal gemacht."

„Morgen werden wir Teppiche haben, auf denen wir liegen können, keine Steine", sagte Philip und zappelte auf einem rauen Teppich; „Teppichrollen – Kidaminstrel-Teppiche."

Sie ließen sich nebeneinander so nah wie möglich nieder und versuchten, das Wogen und Seufzen des Meeres nicht zu hören. Dann ertönte ein zitterndes Wimmern:

„Pete!"

"Was ist das?"

„Sprichst du nicht nie deine Gebete, wenn du unten die Wache nimmst?"

„Manchmal tun wir das, wenn die Mutter nicht zu müde ist und der alte Mann mittelmäßig betrunken und ruhig ist."

„Dann möchtest du das denn nicht?"

„Ach ja, aber ich mag es skandalös."

Die Schädlinge stimmten zu, ihre Gebete zu sprechen, standen wieder auf und beteten sie, Knie an Knie, mit ihren beiden kleinen Gesichtern zum Feuer, und streckten sich dann erneut aus.

„Pete, wo ist deine Hand?"

„Hier bist du, Phil."

Eine weitere Minute später schliefen die Carrasdhoo-Männer in der feierlichen Dunkelheit der Nacht, die nur vom schwelenden Feuer unterbrochen wurde, inmitten des donnernden Bebens der Höhle nach jedem Schlag der Wellen am Strand.

Irgendwann in der Dunkelheit, kurz vor Tagesanbruch, sprang Pete erschrocken auf. „Was ist das?" schrie er mit ängstlicher Stimme.

Aber Philip lag noch immer im Schlaf, und als er die Kälte spürte, wimmerte er nur: „Bedecke mich, Pete."

„Phil!" rief Pete in einem ängstlichen Flüstern.

„Bedecke mich", sagte Philip gedehnt.

„Ich dachte, es wäre Black Tom", sagte Pete.

Außerhalb der Höhle ertönte verwirrtes Gebrüll.

„Meine Güte, Greyshers!" kam mit schrecklicher Stimme: „Aber sie sind es, die beiden! Unschlagbar! Wer sagt, dass es unmöglich ist? Es sind sie selbst, das sage ich Ihnen, Ma'm. Guy Heng! Die Frau ist verrückt und schreit laut auf wie dort. Sicher? Grob gesagt sind sie in Sicherheit, Pech für die jungen Verschwender! Du bist dafür, ein Gebet für dich selbst zu verfassen. Äh? Nun, ich bin dafür, dass ich meine höre. Der Schmutz? Erst gestern entwöhnt, und einen anständigen Mann aus seinem Bett holen, um sie zu finden. Ein Feuer auch auf sie! Nun, es war das Feuer, das sie gefunden hat. Zieht das Boot hoch, Jungs."

Philip war zu diesem Zeitpunkt schon halb wach. „Sie sind gekommen", flüsterte er. „Die Schiffe sind gekommen, sie sind auf dem Riff. Oh, mein Lieber! Kommen Sie am besten vorbei und treffen Sie sie. Vielleicht töten sie uns nicht, wenn – wenn wir – Oh mein Gott!"

Dann traten die Schädlinge Hand in Hand zitternd und wimmernd zum Eingang der Höhle hinaus. Im nächsten Moment wurde Philip in die Arme von Tante Nan gerissen, die ihn küsste, über ihn weinte und ihm ein großes Stück süßen Kuchen in die Wange rammte. Pete erging es anders. Unter dem Ledergürtel von Black Tom, der ihn für beide verprügelte, heulte er wie das Meer im Sturm.

So kamen die Carrasdhoo-Männer im Licht des frühen Morgens nach Hause – Pete hüpfte vor dem Gürtel und brüllte; und Philip hält ein Stück Kuchen an seine Zähne, um ihn zu trösten.

IV.

Philip verließ sein Zuhause, um bei King William's by Castletown zur Schule zu gehen, und dann hatte Pete eine harte Erziehung. Seine Mutter war zärtlich genug, und es gab gute Seelen wie Tante Nan, die Mitleid mit beiden zeigten. Aber das Leben verlief trotzdem wie ein federloses Schreckgespenst. Sünde selbst ist oft leichter zu verzeihen und zu dulden als Einfalt. Es braucht ein weiches Herz, um einem weichen Kopf gegenüber zärtlich zu sein.

Der Kopf des armen Pete schien weich und ausreichend zu sein. Keine Macht und keine Überzeugungskraft konnten ihn lesen und schreiben lehren. Er ging im alten Schulhaus neben der Kirche im Dorf Maughold zur Schule. Der Schulmeister war ein kleiner Mann namens John Thomas Corlett, keck und stolz, mit der scharfen Nase eines Hechts und dem Gang eines Zwerghuhns. John Thomas war auch Schneider. Auf einer Kuhstalltür, die über zwei Schulklassen gelegt war, saß er mit gekreuzten Beinen zwischen seinen Stoffen, seinen „Mädchen" und seinen Glätteisen, mit seinen Jungen und Mädchen, Klasse für Klasse, in einem großen Halbkreis um ihn herum.

Der große kleine Mann hatte täglich einen Grund, die staubige Jacke des armen Pete anzugreifen, und zwar, dass der Junge zu spät zur Schule kam. Jeden Morgen bestand die Begrüßung von Pete durch den Schneiderschulmeister aus einer Salve von Schimpfwörtern und einem Schlag mit dem Stock über seine Schultern. „Der Craythur! Der Dummkopf! Der Durst! Ich täusche ihn und täusche ihn, und er wird nicht taicht sein."

Die Seele des Schulmeisters hatte nur zwei menschliche Schwächen. Einer davon war eine Schwäche für Getränke, und als kleines Gefäß konnte er nicht viel trinken, ohne satt zu sein. Dann lehrte er immer den Katechismus der Kirche und beschimpfte seine Jungen in Manx.

„Peter Quilliam", rief er eines Tages, „wer hat dich aus dem Land Ägypten und dem Haus der Knechtschaft herausgeführt?"

„Tat, Meister", sagte Pete, „ich war nie an solchen Orten, denn ich hatte weder das Geld noch die Kleidung dafür, und so verbreiten sich Geschichten."

Die zweite Schwäche des Schulmeisters war die Liebe zu seiner Tochter, einem vierjährigen Kind, einer Krüppelin, die er in ihrer Kindheit gelähmt hatte, indem er sie fallen ließ, während er sie betrunken in seine Arme warf. Die ständige Angst in seinem Kopf war, dass ihr noch ein weiterer Unfall passieren könnte. Zwischen den Unterrichtsstunden ging er zu einem Fenster, von dem aus er, wenn er den unteren, von Namenskratzern getrübten Fensterrahmen hochgeklappt hatte, das eine Ende seines eigenen weißen Häuschens und den kleinen Weg zwischen vergoldeten Reihen sehen konnte , kommt von der Veranda herunter.

Pete hatte gesehen, wie die Kleine auf ihrem lahmen Bein diesen Weg entlanghumpelte und vor Freude kicherte, als sie den Blicken ihrer Mutter entkam und auf die Straße flüchtete. Eines Tages, nachdem die heftigen Frühlingsregen alle Wasserläufe anschwellen ließen, traf er zufällig auf den kleinen Krauskopf, der wie eine Glockenboje im Sturm die Flut des Flusses hinabstürzte und warf, der bei Port Mooar ins Meer mündet . Pete rettete das Kind, nahm es mit nach Hause und ging dann, als hätte er nichts Ungewöhnliches getan, weiter zur Schule, wobei ihm bei jedem Schritt Wasser von den Beinen tropfte.

Als John Thomas ihn barfuß, triddle-traddle, triddle-traddle, den Boden des Schulhauses hinaufkommen sah, steigerte sich seine Empörung über den Jungen, weil er zu spät kam als gewöhnlich, zu glühender Wut darüber, dass er ebenfalls durchnässt war. Da er auf keine Erklärung wartete und zu dem Schluss kam, dass Pete zwischen den Steinen von Port Lewaigue nach Krabben gefischt hatte, brach er in eine lautstarke Salve seiner gewohnten Schimpfwörter aus, die er zeitlich begrenzte und durch einen Schlag mit dem Stock zwischen jedem Wort unterstrich.

„Die Taille! (schnalzen). Der Dreck! (schnalzen). Ich täusche ihn (thwack) und täusche ihn (thwack), und er wird nicht taicht sein!" (Thwack, thwack, thwack.)

Pete sagte kein Wort. Er ließ seine schmerzenden Schultern unter der Jacke kochen, rammte seine schmerzenden Hände wie nasse Aale in die Hosentaschen und nahm schweigend seinen Platz am Ende der Klasse ein.

Aber ein Mädchen, ein kleines dunkles Ding in einem roten Kleid, trat von ihrem Platz neben dem Jungen hervor, schoss wie ein Schimmer auf den Schulmeister zu, als er zu seinem Platz zwischen Stoff und Nadeln zurückkehrte, und versetzte ihm eine heftige Ohrfeige , und brach dann in hysterisches Weinen aus. Ihr Name war Katherine Cregeen. Sie war die Tochter von Cæsar, dem Müller aus Cornaa, dem Gründer der Ballajora-Kapelle und einem mächtigen Mann unter den Methodisten.

Katherine blieb ungestraft, aber das war das Ende von Petes Schulzeit. Seine Gelehrsamkeit war für den Kopf eines großen Jungen nicht zu schwer – ein bisschen Lesen, wenn alles gedruckt war, und überhaupt keine Schrift außer einem halben Dutzend Großbuchstaben. Es war keine beeindruckende Ausrüstung für den Kampf ums Leben, aber von mehr wollte Bridget nichts hören.

Sie selbst hatte sich unterdessen jenen Charakter angeeignet, der sich immer am ersten und einfachsten an eine Frau mit einem Kind, aber ohne sichtbaren Vater dafür binden ließ – den Charakter einer Hexe. Dieser Name für seine Mutter war Petes früheste Erinnerung an die Landstraße, und als ihm die Bedeutung dieser Straße bewusst wurde, rebellierte er nicht, sondern stimmte mürrisch zu, denn er war dazu geboren und wusste nichts Gegenteiliges. Wenn sich die Jungen beim Spielen mit ihm stritten, war das erste Wort: „Deine Mutter ist ein Arschloch." Dann weinte er wegen des Vorwurfs oder kämpfte vielleicht wie ein Rachefeldzug wegen der Beleidigung, aber er hätte nie im Traum daran gedacht, diese Tatsache nicht zu glauben oder seine Mutter trotzdem weniger zu lieben.

Bridget wurde des bösen Blicks beschuldigt. Auf den Feldern erkrankten die Rinder, und als es keinen Beweis dafür gab, dass sie über das Tor geschaut hatte, kam man auf die Idee, sie sei als Hase darüber hinweggekommen. Eines Tages fing der Hund eines Nachbarn einen Hasen auf einer Wiese an, auf der einige Kühe grasten. Dies wurde von einer Bande Jungen beobachtet, die auf der Straße Hockey spielten. Sofort ertönte ein Schrei und ein Jubel, und die Jungen waren mit ihren Stöcken auf der Jagd nach dem kläffenden Hund und riefen: „Der Metzger! Der Butch! Es ist Bridget Tom! Corletts Hunde jagen Bridget Black Tom! Töte sie, Laddie! Töte sie, Matrose! Spring, Hund, spring!"

Einer der Jungen, die Hockey spielten, war Pete. Als seine Spielkameraden in ihrem fanatischen Durst den Hunden hinterherliefen, rannte er auch, aber mit einem Sturm anderer Gefühle. Er überholte sie alle, folgte den Hunden ganz dicht auf den Fersen, trat einige, schlug andere mit dem Hockeyschläger, während ihm die Tränen über die Wangen liefen, rief er mit lauter Stimme dem Hasen zu, der vor ihm sprang: „Lauf!" , Mama, lauf! klirren (ausweichen), Mama, klirren! Ach, Mama, Mama, lauf schneller, lauf um dein Leben, lauf!"

Der Hase wich zur Seite aus, schoss in ein Dickicht und entkam seinen Verfolgern, als Corlett, der Bauer, der den Aufschrei gehört hatte, mit einer Waffe auf ihn zustürmte. Dann strich sich Pete mit dem Mantelärmel über die strahlenden Augen und sprang nach Hause. Als er dort ankam, fand er seine Mutter auf dem Mülleimer neben der Tür sitzend und schweigend strickend vor. Er warf sich in ihre Arme und streichelte ihre Wange mit seiner Hand.

„Oh, Mama, Mistkerl", schrie er, „wie gut du rennst!" Wenn du nie in deinem Leben rennst, dann rennst du."

„Ist der Junge verrückt?" sagte Bridget.

Aber Pete streichelte weiterhin ihre Wange und weinte zwischen freudigen Schluchzern: „Ich hörte, wie Corlett nach einer Waffe und einem Vier-Penny-Stück rief, und ich dachte, ich würde Mama nie mehr sehen." Aber du hast geklirrt, Mama! Das hast du aber getan!"

Als Katherine Cregeen Peter Quilliam das nächste Mal sah, saß er auf dem Felsrücken an der Mündung des Ballure Glen, spielte traurige Klänge auf einer selbstgebauten Pfeife und sah aus wie ein Bild der Trostlosigkeit und Verzweiflung. Seine Mutter lag dem Tode nahe. Er hatte Mrs. Cregeen, Katherines Mutter, eine gute Seele, die den Namen Oma erhielt, zurückgelassen, um sie zu bewachen und zu betreuen, während er herauskam, um sein einfaches Herz an diesem einsamen Ort zwischen Land und Meer zu trösten.

Katherines Augen füllten sich, als sie ihn sah, und als er, ohne aufzusehen oder zu sprechen, seine verrückten Melodien spielte, packte etwas das Mädchen an der Kehle und sie brach völlig zusammen.

„Macht nichts, Pete. Nein – das meine ich nicht – aber weine nicht, Pete."

Pete weinte überhaupt nicht, sondern spielte nur mit seiner Pfeife und blickte mit einem Ausdruck dummer Leere auf das Meer hinaus. Katherine kniete neben ihm, legte ihre Arme um seinen Hals und weinte um sie beide.

Jemand rief ihn von der Hecke am Wassertrog aus, und er stand auf, nahm seine Mütze ab, strich sich mit der Hand das Haar glatt und ging wortlos auf das Haus zu.

Bridget starb an einer Rippenfellentzündung, die durch einen langen Arbeitstag beim Rübenhacken in strömendem Regen verursacht worden war. Dr. Mylechreest hatte ihre Lungen mit Senf und Leinsamen umwickelt, aber alles ohne Erfolg. „Es fühlt sich an wie die Sonne auf deinem Rücken bei der Ernte", murmelte sie, doch die Umschläge brachten keine Wärme auf ihre gefrorene Brust.

Cæsar Cregeen war an ihrer Seite; Auch Johannes der Schreiber nannte Johannes die Witwe; Kelly, der ländliche Postbote, der sich Kelly the Thief nannte; sowie Black Tom, ihr Vater. Cäsar sprach über Sünder und ihr letztes Ende. John erinnerte sich daran, wie er bei seiner Wahl zum Beamten voreilig versprochen hatte, die Armen umsonst zu begraben; Kelly dachte, er wäre der Erste, der Christian Balla-whaine die Nachricht überbringen würde; und Black Tom variierte die Übung, Kandiszucker für seine Bienen zu stampfen, mit der Übung, seinen scherzhaften Witz an der sterbenden Frau zu brechen.

"Keine Verwendung; Ich verwöhne dich; Ich gehe auf meine lange Reise", sagte Bridget, während Oma eine Schaufel als Fächer benutzte, um ihren böigen Atem zu lindern.

„Hast du etwas für unterwegs in deiner Tasche, Frau?" sagte der Thatcher.

„Es sind nicht die Häuser aus Ziegeln und Sterblichen, die ich jetzt anrufe", antwortete sie.

"Liebes Herz! Beten Sie ein wenig", flüsterte Oma ihrem Mann zu. und Cäsar holte eine Prise Schnupftabak aus seiner Westentasche und fing an, „mit dem Herrn zu streiten".

Bridget schien getröstet zu sein. „Ich sehe die Tore aus Jaspis", keuchte sie und richtete ihren verschwommenen Blick auf die Schuppen unter dem Strohdach, von denen zerbrochene Spinnennetze wie Rattenschwänze herabhingen.

Dann rief sie nach Pete. Sie hatte ihm etwas zu geben. Es war der Strumpffuß mit den achtzig schmierigen Manx-Banknoten, die sein Vater, Peter Christian, ihr vor fünfzehn Jahren gezahlt hatte. Pete zündete die Kerze an und hielt sie stabil, während Oma den Strumpf von der Wandseite des Bettüberzugs schnitt.

Black Tom ließ den Zuckerstampfer fallen und entblößte seine abgebrochenen Zähne, überrascht über so viel Reichtum; Johannes die Witwe blinzelte; und Kelly, der Dieb, streckte seinen Kopf nach vorne, bis der Schirm seiner Briefträgermütze auf seinen Nasenrücken fiel.

An diesem Morgen lag ein Meeresnebel über dem Land, und als er sich lichtete, stieg auch Bridgets Seele auf.

"Armes Ding! Armes Ding!" sagte Oma. „Die Wege waren kalt für sie – kalt, kalt!"

„Ein anständiges Mädchen", sagte John der Angestellte; „Und sie sollte nicht im gewöhnlichen Müll begraben werden, wenn man bedenkt, dass sie noch Geld übrig hat."

„Auch eine fleißige Frau und für immer auf den Beinen; aber „ihre Intelligenz war im Großen und Ganzen beeinträchtigt", sagte Kelly.

Und Cäsar rief: „Ein Brand aus dem Feuer gerissen! Herr, gib mir beim Gericht mehr davon."

Als alles vorüber war und sowohl heiße als auch kalte Tränen weggewischt waren – Pete vergoss keine –, kehrten die Nachbarn, die mit dem Jungen auf dem Kirchhof am Maughold Head gestanden hatten, zum Cottage am Wassertrog zurück, um zu entscheiden, was geschehen sollte fertig mit seinen achtzig guten Banknoten. „Es ist ein Vermögen", sagte einer. „Lass ihn es Mr. Dumbell sagen", sagte ein anderer. „Besorgen Sie dem Jungen zuerst einen Tausch – er ist jetzt ein großer Brocken, sechzehn für den Frühling", sagte ein Dritter. „Ein Tuchhändler, was?" sagte ein vierter. „Darf ich vermuten? Mein Neffe, Bobbie Clucas, aus Ramsey, jetzt?" „Ein sehr anständiger Mann", sagte John die Witwe; „Aber wenn ich nicht ehrgeizig bin, wäre da noch mein Schwiegersohn John Cowley. Der Junge ist wie geschaffen für einen Lebensmittelhändler, und was gibt es Schöneres, als einen eigenen Laden und seinen eigenen Namen über der Tür zu haben, wenn man sagt: „Peter Quilliam, Tay- und Zuckerhändler!" – sagen sie mir, dass John einer sein wird Er reitet bald in seiner Kutsche und seinem Paar."

„Chut! „Deine Oma und deine Kutsche und dein Paar", schrie schließlich eine krächzende Stimme. Es war Black Tom. „Wer sagt, dass das Vermögen überhaupt dem Jungen gehört? Es gehört mir, und wenn es im Land Gesetz gibt, werde ich es haben."

In der Zwischenzeit hatte sich Pete mit dem dumpfen Knall der Erde, die auf einen Sarg fiel, in den Ohren auf den Weg nach Ballawhaine gemacht. Er war noch nie zuvor dort gewesen und fühlte sich verwirrt, aber er zitterte nicht. Auf halber Höhe der Kutschenauffahrt begegnete er einem gleichaltrigen Jungen mit sandfarbenem Haar, einem schlanken Dandy, der eine Melodie summte und ihn sorglos über die Schulter ansah. Pete kannte ihn – er war der Boss, die Jungs nannten ihn Dross, Sohn und Erbe von Christian Ballawhaine.

Im großen Haus fragte Pete nach dem Meister. Der englische Lakai in scharlachroten Kniebundhosen ließ ihn in der steinernen Halle warten. Der Ort war sehr ruhig und ziemlich kalt, aber alles so sauber wie ein Möwenflügel. In der Mitte stand ein dunkler Tisch und an der Wand ein Stuhl mit hoher Rückenlehne. Zwei Ölbilder standen sich von gegenüberliegenden Seiten gegenüber. Eines zeigte einen alten Mann ohne Bart, aber mit hoher Stirn, umrahmt von kurzen grauen Haaren. Das andere zeigte eine Frau mit müdem Aussehen und einem Baby auf dem Schoß. Darunter befand sich ein kleines schwarzes Bild, das Pete wie ein schicker Grabstein aussah. Und der Aufdruck darauf war, soweit Pete es buchstabieren konnte, auch der eines Grabsteins: „In liebevoller Erinnerung an Verbena, geliebte Frau von Peter Chr …"

Der Ballawhaine knirschte mit dem Sand auf dem Hallenboden. Er sah alt aus und hatte jetzt eine Reihe borstiger Augenbrauen in einer anderen Farbe als sein Haar. Pete hatte ihn oft auf der Straße vorbeifahren sehen.

„Nun, mein Junge, was kann ich für *dich tun?* " er sagte. Er sprach mit stotternder Stimme, als wollte er den Jungen einschüchtern.

Pete fummelte an seiner Mütze herum. „Mütter sind tot", antwortete er ausdruckslos.

Die Ballawhaine wussten das bereits. Kelly, die Diebin, war sofort losgerannt, um ihn zu informieren. Er dachte, Pete sei gekommen, um Unterhalt zu fordern, nachdem seine Mutter weg war.

„Sie hat dir also die gleiche alte Geschichte erzählt?" sagte er knapp.

Bei diesen Worten versteifte sich Petes Gesicht auf einmal. „Sie hat mir erzählt, dass Sie mein Vater sind, Sir."

Der Ballawhaine versuchte zu lachen. "In der Tat!" er antwortete; „Es ist nun ein weises Kind, das seinen eigenen Vater kennt."

„Ich weiß nicht genau, was Sie meinen, Sir", sagte Pete.

Dann begann die Ballawhaine, die arme Frau in ihrem Grab zu verleumden, indem sie erklärte, sie könne nicht wissen, wer der Vater ihres Kindes sei, und protestierte, dass kein Sohn von ihr jemals die Farbe seines Geldes sehen dürfe. Während er dies knurrend sagte, schlug er mit der rechten Hand auf den Tisch. In der Nähe des Zeigefingergelenks befand sich ein großes, haariges Muttermal.

„Aisy, Sir, wenn Sie zufrieden sind", sagte Pete; „Sie hat mir erzählt, dass du ihr das gegeben hast."

Er schlug die Ecke seines Trikots nach oben, zog hinter seinen Klappen die achtzig Manx-Banknoten aus seiner Tasche hervor und hielt sie in seiner rechten Hand auf dem Tisch. Auch am Gelenk von Petes Zeigefinger befand sich ein Muttermal.

Der Ballawhaine hat es gesehen. Er zog seine Hand zurück und ließ sie hinter sich gleiten. Dann sagte er mit anderer Stimme: „Nun, mein Junge, ist das nicht genug? Was willst du mehr?"

„Ich will nicht mehr", sagte Pete; „Ich will das nicht. „Nimm es zurück", und er legte die Notizrolle zwischen sich hin.

Der Ballawhaine ließ sich auf den Stuhl sinken, zog mit der Hand, die dort lauert hatte, ein Taschentuch aus seinem Schwanz und begann, sich die Stirn abzuwischen. „Äh? Wie? Was meinst du, Junge?" er stammelte.

„Ich vermute", sagte Pete, „wenn ich das Geld behalten würde, würden die Leute sagen, meine Mutter sei eine schlechte Frau, und du hast sie gekauft und bezahlt – bei einigen von ihnen höre ich das Gleiche."

Er trat einen Schritt näher. „Und ich glaube auch, dass du meiner Mutter vor langer Zeit Unrecht getan hast, und jetzt, wo sie tot ist, verunglimpfst du sie; und du bist ein schlechtes Herz und eine niedrige Zunge, und wenn ich nur ein Mann wäre und nicht *wüsste*, dass du mein Vater bist, würde ich dir jeden Knochen in deiner Haut brechen."

Dann drehte sich Pete um und rief in den dunklen Teil der Halle: „Komm mit, mein alter Kakadu! Es ist Zeit, mich vor die Tür zu stellen."

Der englische Lakai in den scharlachroten Hosen hatte unter der Treppe hervorgeschaut.

Das war Petes erstes und letztes Interview mit seinem Vater. Peter Christian Ballawhaine war zu diesem Zeitpunkt ein Schrecken in den Keys, aber er hatte vor seinem Sohn gezittert wie ein ausgepeitschter Hund.

V.

Katherine Cregeen, Petes Verfechterin in der Schule, war auch zu Hause seine Begleiterin gewesen. Sie war zwei Jahre jünger als Pete. Ihr Haar war schwarz wie das einer Zigeunerin und ihr Gesicht so braun wie eine Beere. Im Sommer trug sie am liebsten ein rotes Kleid ohne Ärmel, keine Stiefel und keine Strümpfe, keinen Kragen und keine Haube, nicht einmal eine Sonnenhaube. Durch die ständige Einwirkung von Sonne und Regen waren ihre Arme und Beine so gerötet wie ihre Wangen und mit einem weichen, seidenen Flaum bedeckt. Man sah ihre Zähne so oft, dass man hätte meinen können, sie lache immer. Ihr Lachen war ein kleiner, frecher Triller, den sie mit zur Seite gelegtem Kopf und schräg gestellten Augen ausstieß, wie das eines Eichhörnchens, wenn es sich in sicherer Höhe über Ihrem Kopf befindet und eine Nuss im offenen Maul hat.

Pete hatte sie zum ersten Mal in der Schule gesehen und dort versucht, den Blick des Mädchens auf sich zu lenken, und zwar mit Methoden, die nur Helden, Wilden und Jungen bekannt waren. Mit der wilden Kraft eines jungen Fohlens war er auf dem Spielplatz um sie herumgestolpert, hatte den Kopf hin und her geworfen, die Arme geschwungen, den Körper verdreht, die Beine hochgereckt, war auf den Händen gelaufen und hatte sich auf jeden Kerl gestürzt, der doppelt so groß war sich selbst und ließ sich dann schließlich mit einem Schrei und einem Krachen in seinen hintersten Teilen direkt vor der Stelle, an der sie stand, zu Boden bringen. Für diese enormen Bemühungen, zu zeigen, was für ein Kerl er sein konnte, wenn er es versuchte, hatte er keinen Applaus von den Jungen erhalten, und Katherine selbst hatte kein Zeichen gegeben, obwohl Pete sie aus den Augenwinkeln beobachtet hatte. Aber in anderen Szenen kamen die Kinder zusammen.

Nachdem Philip zu König Wilhelm gegangen war, waren Pete und Katherine enge Freunde geworden. Anstatt nach der Schule nach Hause zu gehen, um sich auf der Straße abzukühlen, bis seine Mutter von den Feldern kam, empfand er es als nachbarschaftlich, nach Ballajora hinaufzugehen und das Wegenetz nach Cornaa zu umrunden. Das war ein langer Umweg, aber Cæsars Mühle stand dort. Es schmiegt sich in das niedrige Flussbett, das durch das Tal namens Ballaglass fließt.

Singvögel bauten sich im Frühling des Jahres um ihn herum auf, und Cäsars kleiner menschlicher Sänger sang dort immer.

Als Pete diesen Weg nach Hause ging, was für eine Zeit hatte das Mädchen davon! Den Fluss hinaufwatend, über die Steine kletternd, die weibliche Blondine auf den umgestürzten Baumstämmen spielend, die den Abgrund überspannten, ausrutschen, fallen, sich an den morschen Ästen unten auf irgendeiner Art und Weise (mit Beinen oder Armen) festhalten und dann Pete um Hilfe rufen eine Stimme zwischen einem Lachen und einem Schrei, die Späne in den schäumenden Rückfluss des Mühlrads schleudert und sie flussabwärts jagt, zwischen den Ginsterbüschen rast und dann in voller Länge wie ein Lamm daliegt, ohne einen Gedanken an Scham zu verschwenden Pete entfernte die Dornen aus ihren blutenden Füßen. Sie war eine Wildente in dem Tal, in dem sie lebte, und Pete war eine große, schwerfällige, zahme Ente, die hinter ihr watschelte.

Aber die glorreichen, glücklichen, eingebildeten Tage gingen viel zu schnell zu Ende. Der schwingende Stock des großen John Thomas Corlett und die Rute eines noch unerbittlicheren Tyrannen verdunkelten den Sonnenschein beider Kinder. Pete wurde von der Schule verbannt und Catherines Vater aus Cornaa vertrieben.

Als Cäsar eine Frau nahm, heiratete er Betsy, die Tochter des Wirtshausbesitzers in Sulby. Danach hatte er „die Religion angenommen" und vertrat die Auffassung, dass Personen im gläubigen Haushalt weder trinken noch Getränke kaufen oder verkaufen dürften. Aber Omas Vater starb und hinterließ ihr und ihrem Mann sein Haus „The Manx Fairy" und seine Farm Glenmooar. Ungefähr zur gleichen Zeit starb auch der Müller in Sulby, und die beste Mühle der Insel schrie nach einem Pächter. Cæsar übernahm die Mühle und den Hof, und Oma übernahm das Gasthaus, da sie mit solchen Schimpfwörtern erzogen und in keiner Weise an Prinzipien gebunden war. Von da an hielt Cäsar alle neidischen Neider mit dem Text fest, der besagt: „Nicht das, was in den Mund eines Menschen geht, verunreinigt ihn, sondern was herauskommt."

Dennoch wurden Cæsars Prinzipien von Jahr zu Jahr puritanischer. Bei Cæsar gab es keine halben Sachen. Entweder war ein Mensch eine gerettete Seele, oder er befand sich mitten in der Hölle, auch wenn die Grube ihm vielleicht nicht den Mund verschlossen hatte. Wenn ein Mensch gerettet wurde, wusste er es, und wenn er die Manifestationen des Geistes spürte, konnte er ohne Sünde leben. Seine Grundprinzipien waren drei: sofortige Regeneration, Gewissheit und sündlose Vollkommenheit. Er sagte immer – er hatte es tausendmal gesagt –, dass er an einem Sabbathabend im Juli um fünfundzwanzig Minuten nach sechs auf dem Douglas Marketplace, ein Stück vom Westeingang der alten St. Matthew's Kirche entfernt, konvertiert wurde, als er Es war zweiundzwanzig zur Ernte.

Während seiner Zeit in Cornaa war Cæsar ein „Einheimischer" im Plan der Prediger, ein Klassenleiter und ein Kapellenverwalter gewesen; aber in Sulby wuchs er über die Union hinaus und gründete eine eigene „Körperschaft". Er nannte sie „Die Christen". ein Titel, der gleichzeitig ein Name, eine Herausforderung und ein Protest war. Sie beteten in der langen

Scheune über Cäsars Mühle und hatten starke Ansichten über das Verhalten. Eine gerettete Seele darf weder Gold noch kostbare Kleidung tragen, noch Sanftheit oder körperlicher Verwöhnung nachgeben, nicht aus Spaß auf Jahrmärkte gehen, nicht in den Showzelten der Schauspieler auftreten, keine Lieder singen, keine Bücher lesen oder dergleichen Nehmen Sie jede Ablenkung, die nicht auf die Erkenntnis Gottes abzielt. Was fleischliche Übertretungen anbelangt, so sollte jeder, der sich einer solchen schuldig machte, aus dem Körper der Gläubigen ausgeschnitten werden, denn die Seelen der Gerechten mussten befreit werden.

„Die Religion, die heutzutage unter den Primitiven verbreitet ist, ist nur das Papsttum", sagte Cæsar. „Kehren wir zum warmen alten Methodismus zurück und vertreiben wir die Römer."

Als Pete seinen Blick von Ballawhaine abwandte, dachte er zuerst an Cæsar und seine Mühle. Genauer gesagt hätte er an Katherine und Oma gedacht. Er war sowohl obdachlos als auch mittellos. Die Hütte am Wassertrog war für ihn nicht mehr möglich, da die Mutter nicht mehr da war, die zwischen seinen bedrohten Schultern und Black Tom gestanden hatte. Philip war im Laufe des Jahres nur ein paar Wochen zu Hause, und Ballure hatte seinen Reiz verloren. Also machte sich Pete auf den Weg nach Sulby, bot sich Cäsar als Dienst in der Mühle an und wurde sofort für achtzehn Pence pro Woche und seine Verpflegung eingestellt.

Es war ein seltsamer Haushalt, in den er eintrat. Zuerst war da Cæsar selbst, in einer Weste aus Moleskin, deren Ärmel drei Knöpfe hoch offen waren, Kniehosen, die normalerweise offen waren, Strümpfe aus ungefärbter Wolle und Pantoffeln mit heraushängenden Zungen – eine grimmige Seele, mit Backenbart wie ein Reifen um sein Gesicht, und eine rasierte Oberlippe, schwer wie ein Schnurrbart, denn wenn eine Religion wie die von Cäsar einen Mann ergreift, packt sie ihn zuerst am Mund. Dann Oma, ein bequemer Körper in einer Mütze, mit einer Lebenseinstellung, die ganz auf Mutterschaft ausgerichtet war, eine einfache, zärtliche, friedvolle Seele, die mit allem und jedem einverstanden war und scheinbar nichts anderes sagte als „Armes Ding!" Armes Ding!" und „Liebes Herz! Liebes Herz!" Dann war da noch Nancy Cain, die den Namen Nancy Joe erhielt, die Dienerin dem Namen nach, aber in Wirklichkeit die Geliebte, eine Nichte von Oma, ein bisschen heidnisch, eine Frühaufsteherin, eine unermüdliche Arbeiterin, mit einem unscheinbaren Gesicht und einem tief verwurzelten Unglauben in allen Menschen ein gutes Herz, eine hässliche Zunge und ein schurkisches Temperament. Zu guter Letzt war da noch Katherine, mittlerweile ein großartiges Mädchen, deren Zigeunerhaare zu einem roten Band zusammengebunden waren und eine schwarze Schürze trug, die mit weißen Zöpfen gesäumt war.

Pete kam in der Mühle gut zurecht. Er begann damit, das Ofenfeuer anzuzünden und das Grubenrad zu reinigen, und ging dann damit fort, am Morgen die Schleusentore zu öffnen und die Funktion des Wasserrades entsprechend der Arbeit des Tages zu regulieren. In zwei Jahren war er ein guter Müller, dem man grobes Zeug für das Vieh oder feines Mehl für Weißbrot anvertrauen konnte. Cæsar vertraute ihm. Er unternahm Evangelisierungsreisen nach Peel oder Douglas und überließ Pete die Leitung.

Das führte zum Ende des Anfangs. Pete konnte den Mais der Bauern mahlen, aber er konnte nicht ihre Berechnungen anstellen. Er hielt seine Zählungen mit Kreide auf der Rückseite der Tür des Mühlenhauses fest, eine Abwärtslinie für jeden Stein mit einem Gewicht von bis zu acht Steinen und eine Querlinie für jeden Zentner. Dann, einmal am Tag, während der Vater im Ausland war, kam Katherine vom Gasthaus zum Schreibtisch am kleinen Fenster der Mühle und verwandelte Petes Zeilen in Sachkonten. Diese Finanzräte waren voller köstlicher Unruhe. Pete hat sie immer genossen – auch wenn sie vorbei waren.

„John Robert – Molleycarane – hast du Molleycarane gesagt, Pete? Oh, Mylecharane – Myle-charaine, Molleycarane; zehn Steine – hast du zehn gesagt? Oh, acht – acht – nein, acht; Haferflocken, Pete? Oh, Gerstenmännchen – Mehl, meine ich – Mehl."

Mitten in der Nacht erinnerte sich Pete an all diese Einträge. Sie waren für ihn sehr wertvoll, nachdem Katherine sie gesprochen hatte. Sie sangen in seinem Herzen wie damals Singvögel. Sie waren wie Hymnen, Melodien und Gedichtstücke.

Cæsar kam mit einem großen und plötzlichen Gedanken von einer Predigtreise nach Hause. Er hatte Fremde aufgefordert, vor dem kommenden Zorn zu fliehen, und dennoch gab es diejenigen aus seinem eigenen Haus, deren Gesichter nicht Zion zugewandt waren. An diesem Abend hielt er die ganze Nacht über eine Gebetsversammlung für die Bekehrung von Katherine und Pete ab. Sechs lange Stunden lang rief er Gott in leidenschaftlicher Stimme an, bis seine Kehle knackte und ihm Tränen auf der Stirn liefen. Die Jungen waren gedankenlos, sie hatten die Wurzel des Bösen in sich, sie verfielen aus Widersprüchlichkeit in die Leichtfertigkeit. Ziehe die Egge über ihre Seelen, pflüge die Brache ihres Herzens, mahle die Spreu aus ihrem Haushalt, lass den süßen Apfel und die Krabben nicht zusammen auf demselben Ast wachsen, gib ihnen eine Melliah, lass keine Garbe vergessen werden, gewähre ihnen die Seele dieses Mädchens als Ernteheim und dieses Jungen als letzten Scheiterhaufen.

Cæsar war mit den Ergebnissen unzufrieden. Er war an Stöhnen, Zittern und Ohnmachtsanfälle gewöhnt.

„Spürst du die Liebe nicht?" er weinte. „Das tue ich – hier, unter der Uhrentasche meiner Weste."

Gegen Mitternacht begann Katherine zu scheitern. „Fesselt den Teufel", rief Cäsar. „Einst war ich selbst unten in der Grube mit dem Teufel, aber jetzt bin ich oben auf dem Dachboden und sehe Engel durch das Strohdach. Spüren Sie nicht das Wirken des Geistes?"

Als die Uhr ankündigte, zwei zu schlagen, dachte Katherine, sie könnte es, und von diesem Tag an leitete sie den Gesang der Frauen im Chor unter „den Christen".

Pete blieb unter den Unwiedergeborenen; aber dennoch sahen ihn „die Christen" ständig. Er setzte sich auf die Rückenlehne und hielt seinen Blick auf den „Singsitz" gerichtet. Cäsar bemerkte seine Regelmäßigkeit, legte eine Hand auf seinen Kopf und sagte ihm, dass der Geist endlich in seiner Seele wirkte. Manchmal dachte Pete, dass es so sei, und dann schloss er die Augen und lauschte Katherines Stimme, die wie die eines Engels immer weiter in den Himmel schwebte. Aber manchmal wusste er, dass das nicht der Fall war; Und da ertappte er sich dabei, wie er mitten in Cæsars mächtigsten Gebeten war und seinen Hals über die kahlköpfige Schädeldecke von Johnny Niplightly, dem Polizisten, beugte, damit er einen Blick auf die Spitze von Katherines Haube erhasche, wenn sie den Blick gesenkt hielt.

Pete verfiel in Melancholie und nutzte die Musik erneut als Tröster. Es war keine selbstgebaute Pfeife mehr, sondern eine von seinem Lohn gekaufte Geige. Darauf spielte er an Winterabenden im Kuhstall und im Sommer draußen auf der Spitze des Hühnerhaufens. Als Cäsar davon hörte, war sein Zorn furchtbar. Was war ein Geiger? Er war ein Diener der Verderbnis und hielt den ungeordneten Wanderern und glücklichen Sündern auf ihrem Weg in die Höhle des Teufels das Wasser in die Hand. Und wofür waren Geigen? Fiddles war für Theaterschauspieler und Theateraufführungen gedacht. „Und die Aytres sind *da* ", sagte Cäsar und zeigte mit dem Fuß auf eine Fahne auf dem Küchenboden, „und die Höllenflammen sind *da* ", fügte er hinzu und rollte mit dem Zeh zum Gelenk der nächsten.

Oma begann zu flehen. Was wäre eine Geige, wenn man darauf die richtigen Melodien spielte? Haben sie nicht im alten Buch von König David selbst gelesen, dass er Harfen, Pauken und dergleichen spielte? Und was waren Harfen anderes als Geigen in gewisser Weise? Dann ist es nicht so, dass sie alle danach streben, im Himmel Harfe zu spielen? „Tat, ja, obwohl der Herr ihr beibringen müsste, wie man ihre spielt!"

Cäsar war erschüttert. „Natürlich, gewiss", sagte er, „wenn das Geigenspiel eine Macht hat, Seelen aus der Knechtschaft zu befreien, und wenn es Geigenspiel und dergleichen in Abrahams Schoß geben wird –

warum, dann natürlich – nun ja, warum." nicht? – lassen wir den Jungen bei ‚The Christians' herumfummeln."

Nichts hätte Pete so gut passen können. Von da an ging er nachts nicht mehr in den Kuhstall, sondern blieb drinnen, um mit Katherine Kirchenlieder zu üben. Oh, die schreckliche Verzückung dieser nächtlichen „Übungen"! Sie brachten Leute ins Gasthaus, um ihnen zuzuhören, und so fand Cæsar, dass sie in beide Richtungen nützlich waren.

Dennoch war etwas in Cæsars Definition. Es stellte sich heraus, dass es unter den Heiligen einige schwächere Brüder gab, die keine Hymne auf ihr Bier wollten. Einer von ihnen war Johnny Niplightly, der Landpolizist, der Katherine im Chor ergänzte und den Gesang unter den Männern leitete. Er war ein großer Mann mit einer langen Nase, die anscheinend ständig erkältet war. Eines Abends machte er seine Runde und kam bei „The Manx Fairy" vorbei, als Cæsar und Grannie beide von zu Hause waren und Nancy Joe das Sagen hatte und Pete und Katherine einen Revival-Chor einstudierten.

„Wo ist Cæsar, Teig?" er schnüffelte.

„Bei Peel, ich kaufe die Aktie", blaffte Nancy.

„Dank Gott! Ich meine – wo ist Oma?"

„Heimpflegerin Quiggin."

Niplightly lockerte den Riemen seines Bibers, befreite seine Lippen, nahm einen kräftigen Schluck Bier, wandte sich dann mit entschuldigendem Lächeln an Pete und schlug eine Änderung der Musik vor.

Daraufhin sprang Katherine lachend auf. „Ein Tanz", rief sie, „ein Tanz!"

„Um Himmels willen, am Leben?" sagte Nancy Joe. „Hörst du dem Mädchen zu? Ist es der Mond, Kitty, oder was macht das mit dir?"

„Schließ deine Augen, Nancy", sagte Katherine, „nur einmal, nicht wahr?"

„Du kannst mit mir machen, was du willst, mit deinem Überreden und Flehen", sagte Nancy. „Genieße es in vollen Zügen, Mädchen, aber mach keinen Lärm über das Singen des Wasserkochers hinaus."

Pete stimmte seine Saiten, und Katherine steckte den Saum ihres Rocks hoch und warf sich in Position.

Beim Klang der lebhafteren Vorspiele strömten einige Burschen der niederen Sorte von der Straße in den Salon, und hinter ihnen kam einer, der nicht dieser Konfession angehörte – ein schöner junger Mann mit einem schönen Gesicht unter einem Alpenhut. Das Mädchen achtete nicht auf dieses Publikum, warf kurz verwegen den Kopf zurück und forderte Pete auf, anzugreifen.

Dann stürzte sich Pete in eine der profaneren Melodien, die er in den Tagen des Kuhstalls geübt hatte, und Katherine ging mit einem Jubelschrei davon. Die Jungen traten für sie zurück, beugten sich wie bei einem Kampf der Kampfhähne auf ihre Hüften und ermutigten sie mit Beifallsrufen.

"Schön! Schauen Sie sich das jetzt an! Aber gut, gut! Clane fertig, oh, Clane! Auf den Punkt gebracht! Es gibt Springen für euch, Jungs! Guy Heng, hast du jemals so etwas gesehen? Steigere den Boden, Mädchen – ein Stück höher! dann höher! Hoppla, hast du jemals so ein schönes Paar Knöchel gesehen?"

„Halt deine schmutzige Zunge, du verschleimter Omathaun!" rief Nancy Joe. Sie hatte versucht, den Blick abzuwenden, aber es gelang ihr nicht. „Meine Güte, Greyshers!" Sie weinte. „Haben Sie so etwas schon einmal gesehen? Ficken wie die Windmühle am Schulhaus! Na gut, Kitty, Frau! Oh, Kirry, Kirry! Woher hat sie es dann? Meine Güte, das Mädchen verkrampft sich!"

Pete zog mit beiden Händen an der Geige herum, wie ein Holzsäger, seine Augen tanzten, seine Lippen zitterten, und die ganze Seele des Jungen erhob sich augenblicklich aus sich selbst.

„Warte noch, Kate, warte, Mädchen!" er schrie. „Ma-chree! Machree! Der Schatz tanzt wie ein Trommelstock!"

"Schneller!" rief Kate. "Schneller!"

Das rote Band war von ihrem Kopf gefallen und das wellige schwarze Haar fiel ihr ins Gesicht. Mit einer Hand hielt sie ihren Rock hoch, mit dem anderen Arm lag sie in der Hüfte. Sie kicherte, kicherte, krähte, keuchte, kochte und sprudelte vor dem tierischen Leben, das sie ihr ganzes Leben lang unterdrückt hatte, und hungerte und verhungerte in Stöhnen und Stöhnen. Sie wurde von ihrem eigenen Feuer mitgerissen, gab sich ihm hin und tanzte auf den Fliesen der Küche, die Cäsar für seine praktische Typologie gedient hatte, wie ein von neuem Atem berauschtes Geschöpf.

In der Zwischenzeit hatte Cæsar selbst, der mit seinem Kapellenhut (seinem großen schwarzen Biber) aus Peel heimkam, wo er am Bootsrand den Heringsvorrat des Jahres gekauft hatte, auf der Straße den ehrwürdigen Pfarrer seiner Gemeinde, Pfarrer Quiggin, überholt von Lezayre. Den Auftritt mit einem „Woa!" vorbereiten Er hatte den alten Geistlichen zu einem Aufzug an seiner Seite auf den mit einem Sack Heu gepolsterten Sitz des Gigs eingeladen. Der Pfarrer hatte die Einladung angenommen und mit einem vorläufigen „Aisy! „Ihre Beine sind etwas höher, Sir, nur um die Gurke von Ihrer Hose fernzuhalten", ein „Mensch hoch!" und eine Berührung der Peitsche, und schon waren sie zusammen weg, mit dem Licht der Gig-Lampe auf dem Hinterteil der Stute, während sie wie ein Mühlenrennen unter dem Spritzhort auf und ab schaukelte und sauste.

Es war Cäsars Chance, und er nutzte sie. Nachdem er eines der Oberhäupter der Kirche festgehalten hatte, teilte er ihm seine Ansichten über die Römer und über die allgemeine Übergriffigkeit des Papsttums mit. Der Pfarrer hörte selbstgefällig zu. Er war eine tolerante alte Seele mit einem runden Gesicht, das ewiges Glück ausdrückte, obwohl er immer mit seinen kleinen Augen blinzelte und mit dem Prediger erklärte, dass alle irdischen Dinge eitel seien. Daher erhielt er den Spitznamen „Alte Eitelkeit der Eitelkeiten".

Der Auftritt war an der Sulby-Kapelle vorbeigefegt, als Cæsar begann, den Pfarrer nach seiner Meinung zu bestimmten Texten zu fragen.

„Und darf ich erraten, Pazon Quiggin, was Sie von dem Text halten: ‚Lobe den Herrn.‘ O meine Seele, und alles, was in mir ist, preist seinen Heiligen Namen?‘"

„Eine sehr gute SMS nach dem Essen, Mr. Cregeen", sagte der Pfarrer und blinzelte im Dunkeln mit seinen kleinen Augen.

Es war Cäsars Lieblingstext, und sein Feuer entfachte sich über das Lob des Pfarrers. „Mann am Leben", rief er und sein heißer Atem kitzelte den Hals des Pfarrers, „ich habe auf diesem Text gebetet, Pazon, bis er mich bis zur Weste durchnässt hat."

Zu diesem Zeitpunkt waren sie „The Manx Fairy" nahe.

„Und was Lob angeht", sagte Cäsar, „ich höre sie dort bei ihren Übungen. Ich bitte jetzt um Verzeihung – ich wäre stolz, Sir – vielleicht würden Sie nicht auf die Idee kommen, hereinzukommen und zu hören, wie wir ‚Krönen Sie ihn!‘"

„Also benutzen die Heiligen die Geige", sagte der Pfarrer, als die Truppe vor der Veranda des Gasthauses anhielt.

Eine halbe Minute später flog die Tür des Salons mit einem Knall auf, und Cäsar stand auf der Schwelle und blickte wütend auf das gerötete Gesicht des Pfarrers im Rücken. Es herrschte einen Moment Stille. Der erhobene Zeh von Katherine glitt zurück auf den Boden, die Geige von Pete glitt auf seine andere Seite und die schmatzenden Lippen von Niplightly erstarrten mit offenem Mund. Dann hörte man die Stimme des Pfarrers sagen: „Eitelkeit, Eitelkeit, alles ist Eitelkeit!" und plötzlich kniete Cäsar, immer noch auf der Schwelle, nieder, um zu beten.

Cäsars Gebet war nur kurz. Sein gedemütigter Stolz verlangte nach schnellerem Trost. Er erhob sich mit so viel Würde, wie er unter den funkelnden Augen des Pfarrers zustande bringen konnte, und stotterte: „Die Kapriolen! Aus einem anständigen Haus ein Theater machen! Auch eine respektable Person – einer der ersten, der geht! Also", mit Blick auf die Zuschauer, „hilft euch einfach, eure Meute nach Hause zu bringen!" Was diese betrifft", wandte er sich an Kate, Pete und den Polizisten, „wird es keine weiteren Übungen mehr geben. Auf die Musik dreier Heiliger wie dir verzichte ich. In Zukunft werde ich drei Sünder haben, die meinen Gesang steigern. Auch diese Richtlinien!" sagte er mit einem vernichtenden Lächeln. (Niplightly schlängelte sich hinter Parson Quiggin heraus.)

„Wer hat damit angefangen?" rief Cæsar und sah Katherine an.

Von dem Augenblick an, als Cæsar an der Tür auf die Knie fiel, verspürte Pete beinahe den Drang, laut zu lachen. Aber jetzt biss er sich auf die Lippe und sagte: „Das habe ich!"

„Seht mal, ihr seid so herrisch wie eine Ziege!" sagte Cäsar und zog energisch seine Augenbrauen. „Du hast deinen Beruf verwechselt, Junge. Es ist ein Schauspielschauspieler, den sie aus dir machen sollten. Du verschwendest deine Zeit mit einem einfachen, respektablen Mann wie mir. Du musst mich lieben. Geh auf den Dachboden, um deinen Kuss zu holen, Junge! Und gib einfach das Laken, mein Junge, und bleib nicht stehen, bis du in einer anderen Unterkunft angekommen bist.

Pete, den Blick auf das Gesicht des Pfarrers gerichtet, konnte sich nicht länger beherrschen und lachte so laut, dass es im Zimmer klingelte.

„Das ist das richtige Wort, alter Nebucannezar", rief er und erhob sich. „Bis dann, Kitty, Frau! Langsam! Wir werden es aber an einem anderen Abend fertigstellen, und dann wird der alte Mann selbst die Kerze in der Hand halten."

Draußen auf der Straße berührte ihn jemand an der Schulter. Es war der junge Mann mit dem Alpenhut.

„Mein Gott! Was? Phil!" rief Pete und ergriff ihn mit beiden Händen gleichzeitig.

„Ich war gerade bei King William's fertig und habe mir ein Boot gekauft", sagte Philip, „und ich bin heraufgekommen, um Sie zu bitten, sich mir anzuschließen – Meeraale und Dorsche, wissen Sie – ein großer Spaß jedenfalls. Bist du bereit?"

"Bereit!" rief Pete. „Hüpfe ich vor Freude?"

Und weiter gingen sie die Straße entlang, ihre Beine mit lebhaftem Schritt aneinander schwingend.

„Das ist aber ein nettes Mädchen – Kitty, Kate, wie nennt man sie?" sagte Phil.

„Warst du damals drin? Du hast sie also tanzen sehen?" sagte Pete eifrig. „Ach, ja, schön", sagte er herzlich, „schön, ungewöhnlich", fügte er abwesend hinzu und dann mit einem Anflug von Traurigkeit: „schockierend schön!"

Plötzlich hörten sie das Klappern leichter Füße in der Dunkelheit hinter sich und eine Stimme, die einem gebrochenen Schrei ähnelte und „Pete!" rief.

Es war Kate. Sie kam keuchend und schnappend nach Luft, nahm Petes Gesicht in beide Hände, zog es an ihr eigenes Gesicht, küsste es auf den Mund und war wortlos wieder weg.

VI.

Philip hatte in der Schule keinen Erfolg gehabt; er war nur knapp davongekommen, ein Versager zu werden. In seinen früheren Jahren hatte er Fleiß ohne Begabung bewiesen; in seinen späteren Jahren hatte er Talente ohne Fleiß gezeigt. Sein kindischer Ausspruch wurde zu seinem Inbegriff, und halb im Spaß, halb im Ernst, mit einem Lächeln auf den Lippen und einem schaudernden Gefühl der Faszination sagte er, wenn der Wind auffrischte: „Das Meer ruft mich, ich muss weg." ." Das Blut des alten Seebären, des Vaters seiner Mutter, war stark in ihm. Müßiggang führte zur Katastrophe und die Katastrophe zur Schande. In der Schule war ihm beides gleichgültig, doch zu Hause entdeckte ihn die Scham.

„Im Frühling wirst du sechzehn", sagte Tante Nan, „und was würde dein armer Vater sagen, wenn er noch am Leben wäre? Er hielt viel von seinem Jungen und sagte immer, was für ein Mann er eines Tages sein würde."

Das war der Schacht, der Philip fand. Die einzige Leidenschaft, die wie ein Feuer in seinem Herzen brannte, war die Ehrfurcht vor dem Namen und dem Willen seines toten Vaters. Die großen Hoffnungen des gebrochenen Mannes waren für den Jungen manchmal wie eine Qual gewesen, wenn das Blut des alten Salzes in ihm tobte. Aber jetzt kamen sie als Ansporn.

Philip ging wieder zur Schule und arbeitete wie ein Sklave. Es waren nur noch drei Amtszeiten übrig, und für hohe Auszeichnungen war es zu spät, aber der Junge vollbrachte Wunder. Er kam gut heraus und die Meister waren erstaunt. „Schließlich", sagten sie, „kann man es nicht leugnen, der junge Christ muss die Gabe des Genies haben." Es gibt nichts, was er nicht tun könnte."

Wenn Phil viel vom Blut von Captain Billy hatte, hatte Pete viel vom Blut von Black Tom. Nachdem er die Mühle in Sulby verlassen hatte, richtete Pete sein Zuhause in der Hütte des Smack ein. Was er essen sollte, wie er gekleidet sein sollte und wo er übernachten sollte, wenn die kalten Nächte kamen, beschäftigte ihn keinen Augenblick. Er hatte schöne Zeiten mit seinem Partner. Die Bedingungen ihrer Partnerschaft waren einfach. Phil nahm den Spaß und ließ Pete den Fisch nehmen. Sie waren zwei fröhliche Jungs, die mit fröhlichen Gesichtern in die Zukunft blickten.

Über ihrem Inhalt lag ein Schatten, und das war der Geist eines Sonnenscheins. Es wurde jedoch Tag für Tag heller zwischen ihnen, als sie zusammen rannten wie zwei, die ein Rennen laufen. Der Preis war Katherine Cregeen. Pete redete von ihr, bis Phils Herz erwachte und zitterte; aber Phil wusste kaum, dass es so war, und Pete ahnte es nicht ein einziges Mal. Keiner gestand dem anderen etwas, und die Bemühungen beider, das Geheimnis des einen zu verbergen, waren jungenhaft und schön.

Es gibt einen für Forellen berühmten Fluss, der im Sulby Glen entspringt und in den Hafen von Ramsey mündet. Einer der kleinen Versuche der beiden Jungs, sich gegenseitig zu täuschen, bestand darin, ihnen vorzutäuschen, es sei ihre Pflicht, diesen Fluss mit der Rute zu befischen, und so wanderten sie einzeln die Ufer des Baches hinauf, bis sie zu „The Manx Fairy" kamen. " und dann einfach vorbeischauen, um den Durst nach so viel Angeln zu stillen. Gegen Abend traf Philip, mit einem hohen Seidenhut über einer Jacke und Knickerbockerhosen, gewaschen, gekämmt und mit Kragen auf Pete an der Sulby-Brücke. Dann würde es auf beiden Seiten große Überraschungsblicke geben. „Was, Phil! Bist du es aber selbst? Ich dachte nur, ich würde sehen, ob die Forellen heute Abend anbeißen. Meine Güte, das ist auch Sulby! Und segne meine Seele, noch einmal „Die Fee". Nun, ein Tropfen Alkohol kann nicht schaden. Sollen wir sie drinnen ins Visier nehmen, nicht wahr?" Nach diesem Vorspiel gingen sie gemeinsam ins Haus.

Diese kleine Komödie wurde wochenlang jeden Abend aufgeführt. Die Aufführung erfolgte am Hollantideabend, sechs Monate nachdem Pete von Cæsar vertrieben worden war. Oma saß an der Glastrennwand, strickte in regelmäßigen Abständen, servierte ab und zu an der Theke und punktete auf einer Tafel, die aus Kreidehieroglyphen bestand. Cäsar selbst saß mit einer schweren Brille und einem großen Buch in der Hand in der Küche mit dem Rücken zur Glasscheibe, um die Lampe des Geschäfts auch für seine Studien nutzen zu können. Auf einer Bank in der Bar saß Black Tom, rauchte, spuckte, scharrte mit den Füßen auf dem sandigen Boden und sah aus wie eine riesige Spinne mit riesiger Glatze. An seiner Seite stand ein dünner Mann mit einem von Pocken gezeichneten Gesicht und einer Stirn, die mit seltsamen Vorsprüngen bedeckt war. Das war Jonaique Jelly, Friseurin, Uhrmacherin und Manx-Patriotin. Der Postbote war auch da, Kelly die Diebin, ein winziges Geschöpf mit funkelnden Frettchenaugen und einem Gesicht, das den ruhigen Ausdruck eines altgeborenen Menschen aussah und in Quadraten zerfurcht war wie die Spitze einer Kopfsteinpflasterwand.

Als Grannie Pete sah, machte er Platz und drängte sich in die Küche, wo er sich auf einen Platz im Kamin direkt vor dem Torfschrank und unter den zum Räuchern hängenden Fisch setzte. Als sie Phil sah, ließ sie ihre Nadeln fallen, strich ihr Vorderhaar glatt, stand trotz Protests auf und wischte einen Stuhl neben dem Stuhl ab. Cæsar beäugte Pete schweigend zwischen dem oberen Rand seiner Brille und dem unteren Rand des großen Buches; aber als Philipp eintrat, ließ er das Buch sinken und begrüßte ihn. Nancy Joe kam und ging in ihren Holzschuhen wie ein Rip-Rap, der zwischen der Molkerei und einem Topf Kartoffeln in ihren Jacken losgelassen wurde, der an der

Slowrie, dem Haken über dem Feuer, schwang. Einen Moment später huschte Kate durch die halberleuchtete Küche, ihre schwarzen Augen tanzten und ihr Mund verzog sich zu einem Lächeln. Sie machte Philip höflich, verzog das Gesicht zu Pete und verschwand.

Dann ertönte von der anderen Seite der Glastrennwand die heisere Stimme des Postboten, der sagte: „Nun, ich muss die Straße nehmen, meine Herren. Es gibt Manx-Flugzeuge, die morgen früh in den frühen Morgenstunden nach Kimberley starten."

Und dann ertönte die Stimme des Friseurs mit heiserem Falsett: „Kimberley! Das ist der Ort für gute Männer, sage ich immer. Zu Hause ist Billy der Rote mit einem Vermögen. Und alter Corlett – sieh dir mal Corlett an, den Ballabeg! Fünf Jahre bei den Ausgrabungen und hinterließ ein Haus im Wert von zwanzig Pfund pro Jahr und Jahr, ganz zu schweigen von anderen Erbschaften."

Danach ertönte die krächzende Stimme von Black Tom in einem Tonfall voller Ironie und Verachtung: „Natürlich, oh, ja, natürlich, da ist was Gutes auf den Cushags, sagen sie mir." Aber ich dachte, Sie wären ein Mann, der nur für die Insel ist, Mr. Jelly."

„Lass mich dafür in Ruhe", sagte die Stimme des Friseurs. „Manx-Land für den Manx-Mann – das ist der Text, den ich vorhabe. Aber was heißt es: „Der Sitte muss mit der Sitte nachgegeben werden, sonst wird die Sitte sterben?" Und da diese Engländer wie Papageientaucher auf dem Kalb darüber streifen, ist von der alten Insel nicht mehr viel übrig geblieben, außer dem Namen. Die besten Manx-Jungs gehen ins Ausland, genau wie diese."

„Nun, ich habe sowieso Briefe für sie an das Paketbüro", sagte der Postbote.

„Wer sind sie, Mr. Kelly?" rief Philip durch die Tür.

„Einige der Quarks aus Glen Rushen, Sir, und die Gills-Jungs aus Castletown sind vorbei. Gute Nacht allerseits, gute Nacht!"

Die Tür schloss sich hinter dem Postboten und Black Tom knurrte: „Slips von Jungs – ich kenne sie."

„Allerdings klug, ungewöhnlich klug", sagte der Friseur; „Das ist die einzige Sorte, die sie da draußen haben wollen."

Es gab ein verächtliches Schnauben. "Also? Dann geh lieber selbst nach Kimberley."

„Drehen Sie die Uhr ein Stück zurück und ich fange an, bevor Sie Zeit haben, Ihre Haare zu locken", sagte der Friseur.

Black Tom hob seinen Topf. „Das ist das Einzige", sagte er, „der Allmächtige selbst" (schluck, schluck) „kann es nicht tun."

"Welche?" kicherte der Friseur.

„Beides", sagte Black Tom und kratzte sich an seinem großen Kopf, der so kahl wie eine Blase war.

Cäsar huschte mit dem Gesicht zur Glaswand umher. „Sie sind wie die anderen Ungläubigen, Herr", sagte er, „Sie reden nur, um sich selbst zu widersprechen – Sie nennen Gott den Allmächtigen und sagen im gleichen Atemzug etwas, was Er nicht tun kann."

Unterdessen kam es an der Insel zu einer Begegnung anderer Art. Kate war mit einer Tafelgabel zurückgekehrt, mit der sie von Zeit zu Zeit prüfte, ob die Kartoffeln gar waren. Bei jeder Annäherung an das Feuer ging sie nah an Pete vorbei, ohne Phil über die Höhe seiner Stiefel hinaus anzusehen. Und so oft sie sich über den Topf beugte, legte Pete seinen Arm um ihre Taille, so nah und so verführerisch. Weil sie sie so belästigte, schlug sie mit dem Fuß wie eine Ziege und setzte einen zornigen Blick auf, der in einem unterdrückten Lachen endete; aber sie achtete immer darauf, wieder an Petes Seite zu treten und nicht an Phils, bis schließlich das Anstupsen und Schieben in einem Kneifen und einem kleinen Quieken und einem kurzen „Was ist das?"-Schrei endete. von Cäsar.

Kate verschwand wie ein Blitz, der düstere Raum begann wieder die Stirn zu runzeln und Phil holte schwer Luft, als das Mädchen plötzlich zurückkam und einen Apfel und ein Stück Schnur brachte. Sie bestieg einen Stuhl, befestigte ein Ende der Schnur an der Deckenlatte neben dem Peck, der Haferkuchenform aus Pergament, und befestigte das andere Ende am Apfelstiel.

„Was ist denn jetzt los?" sagte Pete.

"Schick! Weißt du es nicht? Nicht gehört f'Hop-tu-naa'? „Es ist Hollantide Eve, Mann", sagte Kate.

Dann ließ sie die Saite wie ein Pendel in Bewegung treten, trat mit auf dem Rücken verschränkten Händen einen Schritt zurück und schnappte nach dem Apfel, während er schwang, manchmal fing sie ihn, manchmal verfehlte sie ihn, manchmal markierte sie ihn, manchmal biss sie hinein, wobei ihr Körper sich beugte und hob mit ihrem Wackeln und Nicken und Wackeln, ihrem Mund, der sich öffnete und schloss, ihren weißen Zähnen, die glänzten, und ihrem ganzen Gesicht, das vor Freude sprudelte. Mit jeder Berührung nahm die Geschwindigkeit zu und das Lachen wurde lauter, je schneller der Apfel ging. Alle außer dem Müller machten mit. Phil rief dem Mädchen zu, auf ihre

Zähne zu schauen, aber Pete drängte sie dazu, die Stärke ihrer Zähne zu testen.

„Schnapp drauf, Kitty!" rief Pete. „Ach, verloren! Wieder verloren! Au! Einer in die Wange! Egal! Erledigt!"

Und Black Tom und Mr. Jelly standen auf, um durch die Tür zuzusehen. „Meine Güte, Greyshers!" rief einer. „Was für ein Bissen!" sagte der andere. „Teile es, Kitty, Frau; Ach, teilen und teilen Sie gleichermaßen, wissen Sie."

Doch dann erklangen die donnernden Töne Cäsars. „Lass es, lass es! Solche Praktiken sind nichts anderes als Papsttum."

„Papsttum!" rief Black Tom von der Theke aus. „Chut! Unsinn, Mann! So etwas gab es schon, bevor St. Patrick geboren wurde."

Kate schnaufte und keuchte und ließ das Pendel fallen.

„Was bedeutet es dann, Tom?" Sie sagte; „Du bist es, der Dinge weiß."

"Mähne? Es macht Feen zu Mähnen!"

„Feen!"

Black Tom setzte sich mit selbstgefälliger Miene hin, und seine krächzende Stimme kam von der anderen Seite des Glases. „In früheren Zeiten, Mädchen, bevor Manxmänner zu groß für ihre Reithosen wurden, gingen sie am Hollantide-Abend um zehn Uhr ins Bett, um Platz für die kleinen Leute zu schaffen, die draußen waren, um reinzukommen. Und die Großen Die Frau des Hauses würde die Töpfe füllen, damit die Feen trinken könnten, und der große Mann selbst würde die Asche zusammenharken, damit sie ihre Kuchen backen könnten, und ein Mädchen, genau wie du, würde rückwärts ins Bett gehen …"

"Ich weiß! Ich weiß!" rief Kate nahe der Decke und klatschte in die Hände. „Sie isst einen gerösteten Apfel, geht durstig zu Bett und träumt dann, dass ihr jemand einen Schluck Wasser bringt, und das ist derjenige, der ihr Ehemann werden soll, nicht wahr?"

„Du hast es, Mädchen."

Cæsar hatte mit seitwärts gerichtetem Blick von seinem Buch zugehört, und jetzt rief er: „Dann lass es sein, das sage ich dir." Es sind nichts weiter als Instrumente Satans, und diejenigen, die es verkünden, widersprechen einfach dem Glauben aus Aberglauben und Widerspruch. Das ist in einem christlichen Wirtshaus nicht anständig, und ich bin dafür, dass es nichts mehr davon gibt."

Oma hielt mit dem Stricken inne, befestigte ihre Mütze mit einer ihrer Nadeln und sagte: „Liebes Herz, Vater! Tom meinte es nicht böse." Dann warf er einen Blick auf die Uhr und erhob sich: „Aber es ist sowieso Zeit, das Haus zu verschließen. Gute Nacht, Tom! Gute Nacht alle! Gute Nacht!"

Phil und Pete standen ebenfalls auf. Pete ging zur Tür und tat so, als würde er hinausschauen, dann kam er wieder an Kates Seite und flüsterte: „Komm, gib ihnen den Zettel – draußen wartet jemand auf dich."

„Lass sie warten", sagte das Mädchen, aber sie lachte und Pete wusste, dass sie kommen würde. Dann wandte er sich an Philip: „Ein Wort in deinem Ohr, Phil", sagte er, nahm ihn am Arm und zog ihn aus dem Haus und in den Hof des Stalls.

„Gute Nacht, Oma", sagte Mr. Jelly und ging hinter ihnen hinaus. „Aber wenn ich dort so jung wäre wie Ihr Enkel, Mr. Quilliam, würde ich irgendwo anfangen."

"Enkel!" grunzte Tom und richtete sich auf: „Ich habe keinen Enkel, sonst würde er mich nicht dazu zwingen, eine trockene Pfeife zu rauchen. Aber er macht diesen Phil Christian zum Allmächtigen – das ist alles."

Als sie weg waren, fing Oma an, die Kasse zu zählen und sagte: „Was die Feen betrifft – eins, zwei, drei – es kann sein, wie Cæsar sagt – vier – fünf – so etwas gibt es nicht, aber es ist sicherer, höflicher damit umzugehen." sie sowieso."

„Ach, ja", sagte Nancy Joe, „ein Topf frisches Wasser und ein paar gute Worte, am Hollantide-Abend ins Bett zu gehen, schadet überhaupt nicht, überhaupt nicht."

Draußen im Stallhof hörte man die Schritte von Black Tom und Jonaique Jelly auf der Straße. Der Spätmond hing tief, rot wie die Abendsonne, über dem Hügel im Südosten. Pete schnaufte und schnaufte, als wäre er ein Rennen gelaufen. „Schnell, Junge, schnell!" Er flüsterte: „Kate kommt. Zuerst ein Wort an dein Ohr. Wirst du mal an mir vorbeikommen, Phil?"

"Was ist es?" sagte Philip.

„Habe für mich mit dem alten Mann gesprochen, während ich mit dem Mädchen gesprochen habe!"

"Wie wäre es mit?" sagte Philip.

Aber Pete konnte nichts hören außer seiner eigenen Stimme. „Der alte Engel selbst ist in Ordnung, aber der alte Mann ist hart. Sprach für mich, Phil; Du hast eine gute englische Zunge."

"Aber was ist mit?" sagte Philip noch einmal.

„Sagen wir mal, ich bin vielleicht ein bisschen ein Idiot, aber so ein schlechter Typ bin ich sowieso nicht. Gib mir eine Kostprobe, Phil, und lobe mich. Sagen Sie, ich werde so gut wie gut sein; Ja, werde ich aber. Sagen Sie ihm, dass er nur „Ja" sagen muss, und ich werde so fleißig, willig, fleißig und ausdauernd sein, wie Sie es noch nie erlebt haben."

„Aber, Pete, Pete, Pete, worüber soll ich das alles sagen?"

Petes Schnaufen und Keuchen hörte auf. "Wie wäre es mit? Na ja, auf jeden Fall wegen des Mädchens."

"Das Mädchen!" sagte Philip.

"Was sonst?" sagte Pete.

„Kate? Soll ich für Sie mit dem Vater für Kate sprechen?"

Philipps Stimme schien aus den Tiefen seiner Kehle zu kommen.

„Denkst du ernsthaft über den Job nach, Phil?"

Es herrschte einen Moment Stille. Das Blut war in Philipps Gesicht geschossen, das voller seltsamer Materie war, aber die Dunkelheit verbarg es.

„Das habe ich nicht gesagt", stockte er.

Pete verwechselte Philipps Zögern mit einem stillen Kommentar zu seiner eigenen Unwürdigkeit. „Ich weiß, ich bin nur eine Art Gürteltier", sagte er, „aber, Phil, die Art und Weise, wie ich dieses Mädchen liebe, ist schockierend." Ich kann nie zur Ruhe kommen, wenn ich an sie denke. Nein, ich schlafe nachts nicht und arbeite auch tagsüber nicht regelmäßig. Alles erzählt von ihr und alles schreit ihren Namen. Es ist „Kate" im Meer und „Kate" im Fluss und die Bäume und der Ginster. ‚Kate', ‚Kate', ‚Kate', das ist die Konstante von Kate, und ich kann es nicht mehr lange ertragen. Es ist ein Skandal, dass ich das Mädchen liebe, das ist die Wahrheit, Phil."

Pete hielt inne, aber Philip gab kein Zeichen.

„Es ist schwer, mich zu loben, das ist ganz klar", sagte Pete, „aber ich kenne sie, seit sie ein kleines Ding in Schürzen war und ich ein Unterkleid von einem großen Jungen war, Hosen anzog und wir spielten." Blondin zusammen im Tal."

Philip sprach immer noch nicht. Mit zitternden Fingern umklammerte er die Stallwand und kämpfte um Fassung. Pete kratzte über die Pflastersteine zu seinen Füßen und murmelte erneut mit einer Stimme, die fast brach. „Habe für mich gesprochen, Phil. Es liegt an Ihnen, es zu tun. Du hast die Art, Dinge zu sagen und sie so aussehen zu lassen, als ob sie etwas wären. Es wäre im Handumdrehen ruiniert, wenn ich es für mich selbst tun würde. Du hast für mich gesprochen, Junge, nicht wahr?"

Noch immer schwieg Philip. Er tat sein Bestes, um den Kloß in seinem Hals herunterzuschlucken. Sein Herz hatte begonnen, sich selbst zu erkennen. Im Lichte von Petes Geständnis hatte er sein eigenes Geheimnis erkannt. Das Mädchen aufzugeben war eine Sache; Es war eine andere Sache, für Pete für sie zu plädieren. Aber Petes Schwierigkeiten berührten ihn. Der Kloß in seinem Hals verschwand, und die Finger an der Wand ließen nach. „Ich werde es tun", sagte er, nur seine Stimme war wie ein Schluchzen.

Dann versuchte er, hastig davonzugehen, um die Emotionen zu verbergen, die ihn überkamen wie eine Flut, die ihren Damm gebrochen hat. Aber Pete packte ihn an der Schulter und spähte ihm im Dunkeln ins Gesicht. „Das wirst du aber", sagte Pete mit einem kleinen Freudenschrei; „Dann ist es so gut wie erledigt; Gott segne dich, alter Kerl."

Philip begann herumzurollen. „Tut, es ist nichts", sagte er mit starkem Herzen und lachte dann ein Lachen mit einem Schrei darin. Er hätte nichts mehr sagen können, ohne zusammenzubrechen; Doch in diesem Moment fiel vom Haus aus ein Lichtblitz auf sie und eine gedämpfte Stimme rief: „Pete!"

„Es ist sie selbst", flüsterte Pete. "Sie kommt! Sie ist da!"

Philip drehte sich um und sah Kate in der Tür der Molkerei, die süße junge Gestalt, die vom Licht dahinter wie eine Silhouette umrahmt wurde.

"Ich gehe!" sagte Philip und ging auf das Haus zu, als das Mädchen herauskam.

Pete folgte ihm ein oder zwei Schritte und näherte sich Kate. „Whist, Mann!" er flüsterte. „Sagen Sie dem alten Knacker, dass ich regelmäßig zur Früh- und Spätschicht und zur Sonntagsschule in die Kapelle gehe . Und, Whist! Sag ihm, dass ich mir beibringe, Mundharmonika zu spielen.

Dann schlüpfte Philip leise durch die Milchtür, schloss sie hinter sich und ließ Kate und Pete zusammen zurück.

VII.

Die Küche von „The Manx Fairy" war nun wohlschmeckend mit dem Duft von in ihrer eigenen Salzlake gebratenen Heringen und musikalisch mit dem Knistern und Kräuseln des Öls, als es ins Feuer fiel.

„Es ist ein langer Weg zurück nach Ballure, Mrs. Cregeen", sagte Philip und steckte seinen Kopf durch den Türpfosten. „Darf ich zum Abendessen bleiben?"

„Ach, bleiben Sie und willkommen", sagte Cæsar und legte das große Buch hin, und Nancy Joe sagte dasselbe, wobei sie ihre hohe Stimme merklich senkte, und Oma sagte ebenfalls: „Sehr willkommen, Sir, wenn Sie nicht dabei sind." Denken Sie daran, das Glück mit uns zu nehmen. Kartoffeln und Heringe, Herr Christian; nur ein Manxman-Abendessen. Heb den Topf vom Slowrie, Nancy."

„Nun, und ist er nicht selbst ein Manxman, Mutter?" sagte Cäsar.

„Natürlich bin ich das, Mr. Cregeen", sagte Philip und lachte laut. „Wenn ich es nicht bin, wer sollte es dann sein?"

„Und Manxman oder nicht Manxman, warum sollte er bei Heringen wie diesen die Nase rümpfen?" sagte Nancy Joe. Sie servierte gerade eine Schüssel voll. „Woher bekommt er so etwas? Nicht in England, ich werde gegen Kaution gehen."

„In der Tat, nein, Nancy", sagte Philip und lachte immer noch unnötig.

„Und wenn sie sie dort hätten, wären die armen, nutzlosen Kreaturen verloren, um sie zu kochen."

„Tatsächlich, Nancy", sagte Oma. Sie rollte die Kartoffeln zu einem Haufen auf den leeren Tisch. „Und wir haben viel Grund zur Dankbarkeit: dreimal täglich Kartoffeln und Heringe; Aber wir sollten deswegen nicht stolz auf uns sein."

„Bitten Sie den Herrn, vorzuziehen, Mutter", sagte Cäsar.

„Machen Sie sich bereit, Sir, machen Sie sich bereit. Hier ist deine Schüssel Buttermilch. Ein Messer und eine Gabel, Nancy. Wir sind keine Leute für Messer und Gabel zum Hering, Sir. Und ein Teller für Herrn Christian, Frau; Ein Gentleman mag normalerweise einen Teller. Jetzt gegessen, Sir, gegessen und willkommen – aber wo ist Ihr Freund?"

„Pete! Oh! er ist nicht mehr weit." Als Philip dies sagte, unterbrach er sein Lachen, um Nancy Joe und Oma ein kluges Augenzwinkern zuzuteilen.

Cæsar sah sich mit einer halben geschälten Kartoffel in den Fingern um. „Und das Mädchen – wo ist Kate?" er hat gefragt.

„Sie ist auch nicht mehr weit", sagte Philip und zwinkerte immer noch kräftig. „Aber machen Sie sich keine Sorgen, Mr. Cregeen. Sie werden kein Abendessen wollen. Sie ernähren sich sogar von süßeren Dingen als Heringen." Als er das sagte, schluckte er und lachte erneut.

Cæsar hob seinen Kopf mit einer Prise Hering zwischen Finger und Daumen bis zur Hälfte seines offenen Mundes. „Haben Sie gesprochen, Sir?" er sagte.

Darüber lachte Philip maßlos. Es war eine Erleichterung, den Aufruhr, der in mir vorging, mit Lachen zu übertönen.

„Ach, mein Lieber, was ist Achat von dem Jungen?" dachte Oma.

„Ist es ein Hundebiss, der auf ihn wirkt?" dachte Nancy.

"Apropos!" rief Philip, „natürlich spreche ich. Ich bin gekommen, um es zu tun, Mr. Cregeen – ich bin gekommen, um für Pete zu sprechen. Er liebt deine Tochter, Cäsar, und möchte, dass du sie mit gutem Willen heiratest.

„Herr-a-massy!" rief Nancy Joe.

„Liebes Herz, lebendig!" murmelte Oma.

„Peter Quilliam!" sagte Cäsar, „hast du Peter gesagt?"

„Das habe ich, Mr. Cregeen, Peter Quilliam", sagte Philip energisch, „mein Freund Pete, vielleicht ein rauer Kerl und ohne viel Bildung, aber der herzensguteste Junge der Insel." Kommen Sie nun, Cäsar, sagen Sie das Wort, Herr, und machen Sie die jungen Leute glücklich."

Bei diesem letzten Wort wäre er beinahe zusammengebrochen, aber Cæsar hielt ihn mit einem prüfenden Blick auf dem Laufenden.

„Ich habe ihn sozusagen auf der Straße aufgesammelt", sagte Cæsar.

„Das haben Sie getan, Mr. Cregeen, das haben Sie getan. Ich dachte immer, du wärst ein anspruchsvoller Mann, Cäsar. Was sagst du, Oma? Es ist Cæsar, dass er einen verdienten Jungen erkennt, wenn er einen sieht, nicht wahr?"

Er zwinkerte noch einmal listig zu, und Oma antwortete: „Ach, nun ja, es ist sowieso nichts gegen einen von beiden."

Cæsar war so gerade wie ein Brecheisen und so grimmig wie ein Tölpel. „Und als er mich verließ, gab er mir Unverschämtheit und Respektlosigkeit."

„Aber der Junge hatte es nicht böse gemeint, Vater“, sagte Oma; „Und hast du ihm nicht gesagt, er solle sich auf den Weg machen?“

„Lass jeden Vogel seine eigenen Eier ausbrüten, Mutter; „Es wird dir besser gehen“, sagte Cæsar. „Ja, mein Herr, die Lippe Satans und die Undurchdringlichkeit der Sünde.“

„Pete!“ rief Philipp ungläubig; „Nun, er hat keinen einzigen Gedanken an dich, der nicht im Gebetbuch steht.“

Cæsar schnaubte. "NEIN? Dann geht er vielleicht dorthin, um seine Flüche zu verüben.“

„Überhaupt keine Flüche“, sagte Nancy Joe von der Seite des Tisches, „aber ein wirklich guter Junge, und du hattest noch nie einen anderen, der ihm in die Quere kam.“

Cæsar drehte sich zu ihr um und sagte streng: „Wo Gänse sind, ist Dreck, und wo Frauen sind, wird geredet.“ Dann wandte er sich wieder Philip zu und sagte in einem Tonfall gespielter Ehrerbietung: „Und darf ich mal vermuten, Sir – eine kleine Frage – da so etwas allgemein bekannt ist – wie hoch ist sein Vermögen?“

Philip fiel in seinen Stuhl zurück. "Vermögen? Nun, ich hätte nicht gedacht, dass du jetzt –“

"NEIN?" sagte Cäsar. „Wir sind keine Kinder Israels, die in der Wüste zweimal am Tag Manna vom Himmel fallen lassen. Wenn es nur Kartoffeln und Heringe sind, dann wollen wir es dreimal, wissen Sie?“

Philip tat, was er konnte, um es zu zerschlagen, und Philip konnte sich eines Gefühls der Erleichterung nicht erwehren. Das Schicksal mischte sich ein; Das Mädchen war nicht für Pete. Zum ersten Moment seit seiner Rückkehr in die Küche atmete er frei und vollständig. Doch dann kam der Gewissensbock: Er war gekommen, um für Pete zu flehen, und er musste loyal sein; er darf nicht nachgeben; er muss alle seine Argumentations- und Überzeugungsressourcen ausschöpfen. Ihm kam die verrückte Idee, Cæsar mit Gewalt der Bibel zu entführen.

„Aber denken Sie daran, was in dem alten Buch steht, Mr. Cregeen: ‚Denken Sie nicht an morgen‘ –“

„Das hat Johnny Niplightly gesagt, Herr Christian, als er meinen Ofen über Nacht anzündete und meinen Hafer vor dem Morgen verbrannnte.“

„‚Aber denken Sie an die Lilien‘——“

„Ich habe darüber nachgedacht, Sir; aber ich vereitle immer noch und Mutter muss sich drehen.“

„Und kann Pete nicht auch schuften", sagte Philip kühn. „Niemand ist besser auf der Insel; In seinem Körper gibt es keinen Faulheitsknochen, und er wird seinen Lebensunterhalt überall verdienen."

„Wovon *lebt* er, Sir?" sagte Cäsar.

Philip hielt inne, um eine Antwort zu erhalten, und sagte dann: „Nun, er ist derzeit nur bei mir im Boot, Mr. Cregeen."

„Und was bekommt er? Sein Essen und Trinken und ein bisschen Pence, was? Und eines Tages wirst du sozusagen alles verkaufen und nach England reisen, und wo ist er dann? Lass das Mädchen sofort einen mutternackten Mann heiraten."

„Aber du brauchst selbst Hilfe, Vater", sagte Oma. „Ja, das bist du aber, und auch Zeit für Kapelle und Aisément in deinen alten Tagen –"

„Gib dem Jungen meine Mühle und meine Tochter, nicht wahr?" sagte Cäsar. „Nein, ich bin auch nicht so eine Gans wie dort. Ich könnte Erben bekommen, Herr, Erben, Gott sei Dank – fünfzig Acres und mehr, ganz zu schweigen von den Bas'es. Aber ich kann darauf verzichten. Der Herr hat mich mit genug gesegnet. Ich bin nicht dafür, dem fetten Schwein Fett auf den Schwanz zu schmieren."

„Genau so, Cäsar", sagte Philip, „ganz genau; Sie können es sich leisten, einen armen Mann für Ihren Schwiegersohn zu nehmen, und da ist Pete –"

„Ich bräuchte aber dringend einen Vogel, um einer Eule einen Gruß zu geben", sagte Cäsar.

„Der Junge meint es jedenfalls gut", sagte Oma; „Und er war so gut zu seiner Mutter, das arme Ding – es war wunderbar."

„Ich kannte die Frau", sagte Cäsar; „Ich habe selbst einen Spatenstich aus ihrem Grab gemacht. Eine Marke, die dem Verbrennen entrissen wurde, aber in diesem Leben kein Geradliniger ist. Und was ist der Junge selbst? Ein Denkmal der Sünde ohne Namen. Ein Bastard, was sonst? Und das ist nicht der Hafen, den ich ansteuere."

Bis zu diesem Zeitpunkt war Philip von widersprüchlichen Gefühlen zerrissen worden. Er war Cäsar weder in der weltlichen Logik noch im Streit mit Texten der Heiligen Schrift gewachsen. Der Teufel hatte ihm ins Ohr geflüstert: „Lass es sein, du solltest besser sein." Aber seine Zeit war endlich gekommen, sowohl sich selbst als auch Cäsar zu besiegen. Bei Caesars letzten Worten erhob er sich und schrie mit zorniger Stimme: „Was? Sie nennen sich selbst einen christlichen Mann und bestrafen das Kind für die Sünde der Eltern! Tatsächlich kein Name! Lassen Sie mich Ihnen sagen, Herr Cæsar

Cregeen, es ist möglich, einen Namen im Himmel zu haben, der schlimmer ist als gar keiner auf Erden, und das ist der Name eines Heuchlers."

Mit diesen Worten warf er seinen Stuhl zurück und ging zur Tür, als Cäsar aufstand und leise sagte: „Komm in die Bar und iss etwas." Dann warf er einen Blick zurück auf Philipps Teller, zwang sich zu einem Lachen und sagte: „Aber Sie haben Ihren Hering umgedreht, Sir – das ist Pech." Und indem er Philipp eine Hand auf die Schulter legte, fügte er mit leiserer Stimme hinzu: „Keine Respektlosigkeit gegenüber Ihnen, Sir; und es schadet dem Jungen nicht, aber glauben Sie mir, Herr Christian, wenn die Stute einen Schritt macht, wird es das Fohlen sein.

Philip ging ohne ein weiteres Wort weg. Der Mond ging auf und wurde heller, als er die Tür verließ. Draußen vor der Veranda huschte eine Gestalt in den unsicheren Schatten mit fröhlichem, schelmischem Gelächter an ihm vorbei. Er fand Pete auf der Straße, der schnaufte und schnaufte wie zuvor, aber aus einem anderen Grund.

„Der lebende Teufel steckt in dem Mädchen für Sartin", sagte Pete; „Ich bekomme meine Antwort so oder so nicht aus ihr heraus." Er hatte sie auf der Suche nach einer Antwort verfolgt, und sie war ihm durch ein Tor entkommen. „Aber was für ein Glück hast du mit dem alten Mann gehabt, Phil?"

Dann erzählte Phil ihm vom Scheitern seiner Mission – klar und deutlich, aber liebevoll, wobei er die harten Worte milderte, aber die ganze Wahrheit enthüllte. Dabei wurde ihm bewusst, dass er sich nicht wie jemand fühlte, der schlechte Nachrichten überbrachte. Er wusste, dass sein Mund in der Dunkelheit zu einem hässlichen Lächeln verzogen war, und er tat, was er wollte; er konnte es nicht klar und traurig machen.

Das fröhliche Lachen erstarb von Petes Lippen, und er hörte zunächst schweigend und dann mit leisem Knurren zu. Als Phil ihm zeigte, dass seine Armut sein Unglück sei, sagte er: „Ja, ja, ich bin nur ein Holzlöffelmann." Als Phil ihm erzählte, wie Cæsar ihren alten toten Streit zerrissen hatte, murmelte er: „Ich bin auf dem Tiefpunkt, Phil, das ist es." Und als Phil darauf hinwies, was Cäsar über seine Mutter und das Hindernis seiner eigenen Geburt gesagt hatte, erklang aus tiefstem Inneren ein Knurren, und er kratzte über die Steine unter seinen Füßen und sagte: „Er wird es noch bereuen; ja, soll er."

„Kommen Sie, nehmen Sie es sich nicht so sehr zu Herzen – es ist elend, Ihnen so schlechte Nachrichten zu überbringen", sagte Phil; Aber er wusste, dass das kränkliche Lächeln immer noch auf seinen Lippen war, und er hasste sich selbst für den Klang seiner eigenen Stimme.

Pete fand darin keinen hohlen Ring. „Gott segne dich, Phil", sagte er; „Du hast das Beste für mich getan, das weiß ich. Mein Geldbeutel ist so niedrig wie mein Herz, und es ist dem Mädchen gegenüber nicht fair, sonst sollte ich sowieso nicht um das Bad des alten Mannes bitten."

Er stand einen Moment schweigend da und knirschte mit den Fingern auf den Holzlatten des Gartenzauns wie Streichhölzer, dann sagte er mit plötzlicher Entschlossenheit: „Ich weiß, was ich tun werde."

"Was ist das?" sagte Philip. „Ich werde ins Ausland gehen; Ich werde nach Kimberley gehen."

"Niemals!"

„Ja, werde ich aber, und zwar schnell. Hast du gehört, was die Männer am Abend gesagt haben – morgens fahren Männer aus Manx am Boot vorbei? Nun, ich werde mit ihnen gehen."

„Und Sie reden davon, dass Ihr Geld knapp ist", sagte Phil. „Na ja, es wird alles erfordern, was du hast, Mann."

„Und noch mehr", sagte Pete, „aber du leihst mir das Geld für die Überfahrt. Das macht Schulden, aber egal. Wenn ein Mann ins Wasser fällt, muss ihm der Regen nichts ausmachen. Da draußen werde ich gutes Geld verdienen."

Am Fenster eines oberen Zimmers war ein Licht aufgetaucht, und Pete schüttelte seine geballte Faust dagegen und rief: „Auf Wiedersehen, Meister Cregeen. Ich werde Welten zwischen uns legen. Du warst einst mein Meister, aber niemand hat dich für immer zu meinem Meister gemacht – weder du noch ein Mensch."

Die ganze Zeit über wusste Philip, dass die Hölle in seinem Herzen war. Die Hand, die ihn losgelassen hatte, als seine Wut auf Cæsar die Oberhand gewonnen hatte, umklammerte ihn erneut. Eine böse Stimme an seinem Ohr flüsterte: „Lass ihn gehen; leih ihm das Geld.

„Komm schon, Pete", stockte er, „und rede keinen Unsinn!"

Aber Pete hörte nichts. Er war ein paar Schritte bis zum Stallhof gegangen und beobachtete das Licht im Haus. Es bewegte sich von Fenster zu Fenster der dunklen Wand. „Sie nimmt die Kerze des Vaters", murmelte er. „Sie ist da", sagte er leise. „Nein, sie ist weg. Sie kommt aber zurück." Er nahm die Mütze vom Kopf und fummelte daran herum. „Gott segne sie", murmelte er. Er sank auf die Knie und sank auf den Boden. „Und kümmere dich um sie, während ich weg bin."

Der Mond war in seinem weißen Hintergrund aufgegangen, und ringsum war alles ruhig und feierlich. Philip fiel zurück und wandte sein Gesicht ab.

VIII.

Als Cäsar hereinkam, nachdem er Philip an der Tür begleitet hatte, sagte er: „Davon kein Wort zu dem Mädchen. Ihr Frauen seid wie Schweine – wir müssen den Weg gehen, den wir nicht wollen."

Daraufhin kam Kate selbst herein, stark errötend und mit großer Energie herumtollend. „Sprichst du von den Schweinchen, Vater?" sagte sie kunstvoll. „Wie ermüdend sie doch sind! Sie kamen auf den Hof, als der Mond aufging, und es war eine Menge Arbeit, sie zurückzubekommen."

Cäsar schnaubte ein wenig und gab das Zeichen zum Zubettgehen. „In der Tat Feen!" sagte er mit einem Ton großer Verachtung und ging in die Ecke, um die Uhr aufzuziehen. „Nur ein Erwachen des Glaubens", sagte er über das Klirren der Kette hinweg, als die Gewichte sich hoben; „Und auch kein Vertrauen auf Gott", fügte er hinzu, und dann schlug die Uhr zehn.

Oma hatte zwei Kerzen angezündet – eine für sich und ihren Mann, die andere für Nancy Joe. Nancy hatte heimlich drei Tonkrüge mit Wasser aus dem Brunnen gefüllt, sie auf den Tisch gestellt und dabei etwas über den Wasserkocher und den Morgen gemurmelt. Und Cäsar selbst tat, als sähe er nichts, und murmelte dunkle Worte über Verschwendung, ging von der Uhr zum Herd und schüttete die heiße Asche auf eine ebene Fläche, auf die man einen Gürtel zum Kuchenbacken hätte legen können.

„Gute Nacht, Nancy", rief Oma auf halber Höhe der Treppe, und Cæsar folgte ihm mit gesenktem Kopf murrend. Nancy ging als nächstes los und dann wurde Kate allein gelassen. Sie musste die Lampe löschen und auf die Kerze ihres Vaters warten.

Als die Lampe erloschen war, saß das Mädchen im Dunkeln, bis auf das schwache Licht des schwelenden Feuers. Sie begann zu zittern und flüsternd zu lachen. Ihre Augen tanzten im roten Schein des sterbenden Rasens. Sie zog ihre Schuhe aus und ging zu einem Schrank in der Wand. Dort pflückte sie einen Apfel aus einem Fass, brachte ihn zum Feuer und röstete ihn. Dann kniete sie vor dem Herd nieder, nahm zwei Prisen vom Apfel und schluckte sie hinunter. Danach und mit einem leichten Schaudern stand sie wieder auf und drehte sich um, um zu Bett zu gehen, rückwärts, langsam, zitternd, mit gemessenen Schritten, tastete sich an den Möbeln vorbei, erschrak, wenn sie irgendetwas berührte, und lachte nervös vor sich hin. als sie sich daran erinnerte, was es war.

An der Tür des Zimmers ihres Vaters und ihrer Großmutter rief sie mit zitternder Stimme, und ein schläfriges Grunzen ertönte zu ihr. Sie streckte eine Hand durch die angelehnte Tür aus und nahm die brennende Kerze.

Dann blies sie das Licht mit einem zitternden Hauch aus, der zweimal wiederholt werden musste, und machte sich auf den Weg zu ihrem eigenen Schlafzimmer, immer noch im Rückwärtsgang.

Es war eine süße kleine Kammer über der Molkerei, die nach frischer Milch und reifen Äpfeln duftete und sehr zierlich in Dimity und Musselin gehalten war. Zwei kleine Fenster blickten hinaus, eines auf den Stallhof und das andere auf den Obstgarten. Der späte Mond schien durch das Obstgartenfenster über die Köpfe der Zwergbäume, und der kleine weiße Ort war vom Boden bis zum abfallenden Strohdach erleuchtet.

Kate ging rückwärts bis zum Bett und setzte sich darauf. Sie meinte, Schritte im Hof zu hören, aber das Hoffenster befand sich hinter ihr und sie wollte nicht nach hinten schauen. Sie lauschte, hörte aber nichts weiter als ein schwankendes Geräusch aus dem Stall, wo die Stute ihr Seil im Futterring laufen ließ. Nichts außer diesem und dem Piepsen einer Maus, die irgendwo im Boden am Holz nagte.

„Wird er kommen?" fragte sie sich.

Sie stand auf und lockerte ihr Kleid, und als es ihr zu Füßen fiel, lachte sie.

„Welches wird es sein, ich frage mich – welches?" Sie flüsterte.

Das Mondlicht war bis zum Fußende des Bettes gekrochen und lag nun darauf wie ein breites blaues Schwert, das von der Patchwork-Tagesdecke wie mit Rost gesprenkelt war.

Sie befreite ihr Haar von dem roten Band, und es fiel ihr wie ein Schauer ins Gesicht. Alles um sie herum schien still und schrecklich zu sein. Sie schauderte erneut und zog mit einer nach hinten gerichteten Hand die Laken herunter. Dann holte sie tief Luft, wie ein Seufzer, der halb einem Lächeln gleicht, und legte sich schlafen.

IX.

Irgendwann im Morgengrauen, im vagen Schattenland zwischen Traum und Erwachen, glaubte Kate, an ihrem Hochzeitsmorgen von einer Handvoll Reis erschreckt zu werden, die auf ihre Kutsche geworfen wurde. Das Rasseln ertönte erneut, und dann wusste sie, dass es vom Kies kam, der an ihr Schlafzimmerfenster gespritzt war. Als sie das Geräusch erkannte, ertönte eine Stimme wie aus einer Höhle und schrie: „Kate!" Zu diesem Zeitpunkt war sie völlig wach. „Dann ist es Pete", dachte sie. „Es ist bestimmt Pete", sagte sie sich. „Draußen ist er jedenfalls."

Es war tatsächlich Pete. Er stand in der dünnen Dunkelheit unter dem Fenster, rief lauthals den Namen des Mädchens und pfiff ihr flüsternd zu. Plötzlich hörte er eine Bewegung im Raum und sagte über seine Schulter: „Sie kommt."

Es gab das Klicken eines Riegels und das Gleiten einer Schärpe, und dann kam durch den kleinen dunklen Rahmen ein Kopf wie ein Bild hervor, mit einem Gesicht voller Lachen, gekrönt von einem Katarakt wallenden schwarzen Haares und abgerundet am Hals durch eine schemenhafte Andeutung der weißen Rüschen eines Nachthemdes.

„Kate", sagte Pete noch einmal.

Sie tat so, als wäre sie nur ans Fenster gekommen, um hinauszuschauen, und wie eine echte Frau zuckte sie zusammen, als sie seine Stimme hörte, und schrie entsetzt auf, als sie daran dachte, dass er so nah darunter war und sie genommen hatte sie ahnungslos. Dann spähte sie in die Dunkelheit und sagte mit einem Ton wundersamer Überraschung: „Es muss sicherlich Pete sein."

„Und so ist es, Kate", sagte Pete, „und er konnte sich nicht ausruhen, ohne noch einmal mit dir zu sprechen."

"Ah!" sagte sie, blickte zurück, bedeckte ihre Augen und dachte an Black Tom und die Feen. Doch plötzlich tanzte das Unheil ihres Geschlechts in ihrem Blut, und sie konnte nicht anders, als den Jungen zu quälen. „Hast du dich verirrt, Pete?" sie fragte mit einem Hauch von Unschuld.

„Nicht meine Art, sondern ich selbst, Frau", sagte Pete.

„Sich selbst verloren! Ich frage mich, ob der Verstand des Jungen verrückt geworden ist? Bist du denn verhext, Pete?" fragte sie mit großer Feierlichkeit.

„Ach, verhext genug. Kate———"

"Armer Kerl!" seufzte Kate. „Hat sie dich unerwartet und unerwartet getroffen?"

„Es war unbekannt, Kirry, und auch plötzlich. Hören Sie aber –"

„Oh je, oh je! War es die alte Mrs. Cowley aus Curragh? Hat sie sich in einen Hasen verwandelt? Wurdest du gebissen, Pete?"

„Ach, ja, genug gebissen. Aber, Kate –"

„Dann war es sozusagen ein Hund. Fliegt es aus dem Wasser, Pete?"

„Nein, aber *zum* Wasser fliegen, Frau. Kate, ich sage –"

„Ist es brennend, was sie dafür tun?"

„Beides verbrennen und einfrieren. Aber hörst du mich? Ich gehe weg – Hunderte und Tausende von Kilometern entfernt."

Dann ertönte aus dem Fenster ein Ton voller Ehrfurcht, den er mit nach oben gerichtetem Gesicht ausstieß, als sei er dem letzten verbliebenen Stern zugewandt.

"Armer Junge! Armer Junge! Er ist auf jeden Fall gebissen worden."

„Dann bist du es, der mich gebissen hat. Kirry——"

Es gab ein kleines Fröhlichkeitsgeheul. "Mich? Bin ich die Hexe? Du hast mich heute Abend eine Fee auf der Straße genannt."

„Eine Fee bist du, Mädchen, und auch eine Hexe; aber hör zu, jetzt –"

„Sie sagten jedoch, ich wäre ein Engel am Giebel des Kuhhauses; und ein Engel beißt nicht."

Dann bellte sie wie ein Hund und lachte ein schrilles Lachen wie eine Hexe und bellte erneut.

Aber Pete konnte es nicht mehr ertragen. "Gehen Sie dann; Machen Sie weiter mit Ihren Kapriolen! Mach weiter!" schrie er mit vorwurfsvoller Stimme. „Es ist überhaupt kein Herz, das bei dir ist, Mädchen, sondern nur ein Stein. Du siehst einen Mann, der die Insel verlässt –"

„Von der Insel?" Kate schnappte nach Luft.

„Auch mitten in den Mund und um sein Leben geplagt zwischen dem Rudel von dir", fuhr Pete fort; „Aber Gott vergib euch allen, ihr könnt nicht anders."

„Hast du gesagt, dass du die Insel verlassen würdest, Pete?"

„Das habe ich gemacht; aber wie stehen die Chancen? Afrika, Kimberley, Gott weiß wo –"

„Kimberley! Nicht Kimberley, Pete!"

„Kimberley oder Timbuctoo, was bedeutet das für jemanden wie dich? Morgens kommt ein Mann vorbei, um sich vor der frühen Abfahrt von Ihnen zu verabschieden, und Sie denken nur an Ihre Kapriolen und Schwierigkeiten."

„Sie müssen wissen, was ein Mädchen denkt, nicht wahr, Mr. Pete? Und warum fliegst du mir für ein Wort ins Gesicht?"

"Fliegend? Ich fliege nicht. Ich bin motiviert."

„Angetrieben, Pete?"

„Von denen vertrieben, die denken, ich sei nicht der Richtige für dich. Nun ja, das stimmt, aber sie werden es mir nicht zweimal sagen."

"Sie? Wer sind sie, Pete?"

"Was sind die Chancen? Ich schleudere auch meine Mutter auf mich – die arme kleine Mutter! Und mich mit dem Bastard anzugreifen, ist so. Die Freundin eines respektablen Mannes wird nicht darum betteln, dass sie einen Jungen ohne Namen heiraten muss."

Plötzlich ertönte ein Laut aus dem Fensterflügel. „Wer hat es gewagt, das zu sagen?"

"Egal."

„Wer auch immer sie sind, wenn sie mich meinen, können Sie ihnen sagen, dass, ob Name oder nicht, wenn ich heiraten möchte, ich den Mann heiraten werde, den ich mag."

„Wenn ich das jetzt denken würde, Kitty –"

„Was Sie betrifft, Mr. Pete, Sie sind so fertig mit Ihren bösen Worten, dass Sie zu Ihrer Kimberley gehen können. Ja, geh und willkommen; und außerdem – außerdem –"

Doch die Stimme der Wut im Dämmerlicht über ihnen brach plötzlich in ein unartikuliertes Gurgeln zusammen.

„Warum, was ist das?" sagte Pete aufgeregt. „Du weinst aber nicht, Kate? Was sage ich dir, Kitty, Frau? Hier, hier – schlagen Sie mir auf den Kopf, weil ich ein Dummkopf und ein Omathaun bin."

Und Pete kletterte die Wand neben dem Milchfenster hoch.

„Dann geh runter", flüsterte Kate.

Ihr Zorn war augenblicklich verflogen und Pete, der jetzt näher bei ihr war, konnte Tränen des Lachens in ihren Augen tanzen sehen.

„Geh runter, Pete, oder ich mache das Fenster zu, das werde ich – ja, das werde ich." Und um zu zeigen, wie sehr es ihr ernst damit war, sich seiner Reichweite zu entziehen, schloß sie die obere Schärpe und öffnete die untere.

"Schatz!" rief Pete.

"Stille! Was ist das?" Kate flüsterte und zog sich auf die Knie zurück.

„Ist die Tür des Schweinestalls wieder offen?" sagte Pete.

Kate atmete erleichtert auf. „Es ist nur jemand, der schnarcht", sagte sie.

„Der alte Mann", sagte Pete. „Das ist alles ruhig! Ein guter alter Schäferhund, der mehr schnappt als beißt, aber am besten ist er, wenn er schläft – jedenfalls ist er sicherer."

„Was nützt es, wegzugehen, Pete?" sagte Kate. „Um Vater zufrieden zu stellen, müsste man ein Vermögen machen."

„Andere haben es getan, Kitty – warum sollte ich es nicht tun? Auch Manx-Könige – Silberkönige und Diamantkönige, und Gott weiß was. Keine Angst vor mir! Wenn ich zurückkomme, wirst du eine Königin sein, Frau – meine Königin jedenfalls, mit Schweinen und Rindern und einem Mädchen, das dich wäscht und erledigt."

„So würde man doch ein armes Mädchen bestechen, oder? Aber man müsste religiös werden, sonst würde der Vater nie zustimmen."

„Wenn ich wieder nach Hause komme, Kitty, werde ich so religiös sein, wie du es noch nie gesehen hast. Ich werde einfach darin rollen. Du wirst mich sprechen hören wie das Buch Genesis und Abraham und seine Söhne und seine Cousins; Ich werde nachts hochkommen und an der Tür des Kuhstalls Liebe mit dir machen, wie in der Apostelgeschichte."

„Nun, das wird sowieso eine Art Werben sein. Aber wer sagt, dass ich es wollen werde? Wer sagt, dass ich bereit bin, dich überhaupt mit dem Gedanken weggehen zu lassen, dass ich verpflichtet bin, dich zu heiraten, wenn du zurückkommst?"

„Das tue ich", sagte Pete entschieden.

„Oh, tatsächlich, Sir."

"Hören. Ich werde da draußen wie ein Nigger arbeiten und meinen Haufen anhäufen und ihn anhäufen, und nie wieder etwas anderes sehen als die Guten und die Mädchen –"

"Meine Güte! Was sagen Sie?"

„Ach, keine Angst! Ich bin ein Ein-Frau-Mann, Kate; aber jemanden zu lieben bedeutet, mir Augen für alles zu geben. Und du wirst die ganze Zeit auf mich warten und den Tuchmachern und Drogisten aus Ramsey nie einen Blick von deinem kleinen Auge schenken –"

„Keiner von ihnen? Nicht einmal Jamesie Corrin – er ist ein netter Junge, das ist Jamesie."

„Dieser Dandy-Divil mit dem Kragen? Warte mal, Frau!"

„Noch der junge Ballawhaine – Ross Christian, wissen Sie?"

„Ross Christian sei – nun ja, nein; aber, Herrgott, ihr werdet sagen: „Petrus kommt; Ich muss wahr sein!'"

„Ich habe also meine Befehle, Sir, nicht wahr? Dann ist doch alles geklärt, oder? Wäre es nicht besser, den Hochzeitstag zu planen und die Aufgebote herauszunehmen, jetzt, wo Sie die Hand im Spiel haben? Ich habe scheinbar nichts damit zu tun. Niemand fragt mich."

„Whist, Frau!" rief Pete. „Hörst du es nicht?"

Ein Kuckuck flog über das Haus und rief.

„Es ist über dem Strohdach, Kate. 'Kuckuck! Kuckuck! Kuckuck!' Drei Mal! Bravo! Dreimal ist ein gutes Amen. Omen ist es? Mach es, wie du willst, Liebling."

Die Sterne waren inzwischen verblasst, und die Morgendämmerung stieg wie ein grauer Dunst vom Meer auf.

"Pfui! die Luft fühlt sich spät an; Ich muss reingehen", sagte Kate.

„Nur ein leichter Luftzug aus den Bergen – es ist noch nicht Morgen", sagte Pete.

Etwas weiter weg rief ein Vogel aus dem Nebel.

"Es ist aber. Das ist die Drossel im Tal", sagte Kate.

Ein anderer Vogel antwortete vom Dach des Hauses.

"Und was ist das?" sagte Pete. „Warst du es selbst, Kitty? Wie gerade deine Stimme ist wie die der Drossel!"

Sie ließ den Kopf hängen, als sie das süße Lob hörte, antwortete aber barsch: „Wie werden die Leute reden!"

Ein totes weißes Licht fegte über die Vorderseite des Hauses, und die Bäume und Hecken, die bis dahin alles ruhig gewesen waren, begannen zu zittern. Auch Kate schauderte und zog die Rüschen um ihren Hals enger. „Ich gehe, Pete", flüsterte sie.

"Noch nicht. Es ist nur ein Geschmack des Salzes aus dem Meer", sagte Pete. „Der Mond ist noch nicht viele Minuten draußen."

„Na, du Gans, es ist seit zwei Stunden weg. Das ist nicht Jupiter, wo es immer Mondlicht gibt."

„In Jubiter gibt es immer Mondlicht, oder?" sagte Pete. "Meine Güte! Was für eine Koordinierung muss da sein!"

Ein Hahn krähte unter dem Hühnerstall hervor, der Hund bellte drinnen und die Stute begann in ihrem Stall zu stampfen.

„Wann segelst du, Pete?"

„Erste Flut – sieben Uhr."

„Dann ist es Zeit, Schluss zu machen. Auf Wiedersehen!"

„Hould hard – ein Wort zuerst."

"Kein Wort. Ich gehe wieder ins Bett. Sehen Sie, da geht die Sonne über den Bergen auf."

„Nur ein Hauch von Rot auf der Nasenspitze des alten Cronky. Hören! Damit diese Dandy-Divils dich nicht belästigen, sage ich Phil, er soll ein Auge auf dich haben, während ich weg bin."

"Herr. Christian?"

„Nennen Sie ihn Philip, Kate. Er ist so frei wie frei. Überhaupt kein Stolz. Lass ihn auf dich aufpassen, bis ich zurückkomme."

„Ich mache das Fenster zu, Pete!"

"Warten! Etwas anderes. Beuge dich, damit der alte Mann es nicht hört."

„Ich kann nicht erreichen – was ist?"

„Deine Hand dann; Ich werde es deiner Hand sagen."

Sie zögerte einen Moment und ließ dann ihre Hand über das Fensterbrett fallen, und er umklammerte sie und küsste sie, schob den weißen Ärmel zurück und fuhr mit seinen Lippen den Arm hinauf, so weit er klettern konnte.

„Noch eins, mein Mädchen; Lass dir Zeit, noch eins – dann ein halbes."

Sie zog ihren Arm zurück, bis ihre Hand seine Hand berührte, und sagte dann: „Was ist das?" Ist das Muttermal immer noch an deinem Finger, Pete? Du hast mich eine Hexe genannt – jetzt siehst du, wie ich es wegzaubere. Hören Sie! – ‚Ping, ping, prash, Cur yn cadley-jiargan ass my chass.'"

Sie stieß gerade den Manx-Zauber in gespielt feierlichem Jubeln aus, als im Obstgarten ein Ast brach und sie rief: „Was ist das?"

„Es ist Philip. Er wartet unter dem Apfelbaum", sagte Pete.

„Meine Güte!" sagte Kate und ließ den Fensterflügel herunter.

Einen Moment später erhob es sich wieder, und da war das schöne junge Gesicht in seinem Rahmen wie zuvor, aber mit dem rosigen Licht der Morgendämmerung darauf.

„War er die ganze Zeit dort?" Sie flüsterte.

"Welche Angelegenheit? Es ist nur Phil."

"Auf Wiedersehen! Viel Glück!" und dann ging das Fenster endgültig herunter.

„Zeit zu gehen", sagte Philip, immer noch in seinem hohen Seidenhut und seinen Knickerbockern. Er hatte allein zwischen dem toten braunen Farn, dem verdorrten Ginster und den herabhängenden Brombeersträuchern gestanden, den Apfelbaum umklammert und den Schrei heruntergeschluckt, der ihm bis in die Kehle drang, aber er zwang sich, auf Petes Glück zu blicken, das sein eigenes war Unglück, obwohl es ihm das Herz herausriss und er es kaum ertragen konnte.

Die Vögel sangen inzwischen, und Pete ging zurück und sang und pfiff mit den besten von ihnen.

X.

Im Nebel des Morgens war Oma in ihrem Bett aufgewacht, über ihr waren gerade noch die Rasenflächen des Strohdachs zu sehen, und an ihrer Seite schwebte die Fensterjalousie wie ein verschwommener Mond an der Wand. Und während sie ihren Schlummertrunk aufsetzte, hatte sie geseufzt und gesagt: „Ich kann meine Augen nicht schließen, weil ich geträumt habe, dass der arme Junge sein Ende zu früh gefunden hat."

Cæsar gähnte und fragte: „Welcher Junge?"

„Der kleine Pete natürlich", sagte Oma.

Cæsar *ähmte* und grunzte.

„Als wir anfingen, waren wir selbst arm, Vater."

Oma spürte in der Dunkelheit den Glanz der Augen des alten Mannes auf sich. „'Tat, wir waren; aber die Leute vergessen Dinge. Wir mussten einen Kredit aufnehmen, um unser großes Oberschlächtrad kaufen zu können; Das hatten wir allerdings. Und als Pfarrer Harrison uns die erste Haferkapsel schickte, konnten wir sie aus Mangel an –" nicht mahlen.

Cæsar zupfte an der Tagesdecke und sagte: „Willst du ruhig liegen bleiben, Frau, und einen hart arbeitenden Mann schlafen lassen?"

„Dann vernichte den jungen Mann nicht, Cäsar."

Cäsar schnaubte verächtlich und zog die Decke um seinen Kopf.

„Oh, Tat, Vater, aber dem Mädchen könnte es noch schlimmer gehen. Ein feiner, kräftiger Bursche. Und, liebes Herz, das fröhliche Gesicht *bei* ihm! Es macht Freude, es anzusehen – als würde man Wasser aus einem Brunnen schöpfen! Und auch das Lachen *über* den Jungen – so freudig, es ist so schön, es morgens zu hören wie sechs Schweine am Stück –"

„Dann heirate den Knaben selbst, Frau, und mach Schluss damit", schrie Cäsar, und als er das sagte, streckte er sein Bein aus, drehte sich zur Wand und begann mit großer Heftigkeit zu schnarchen.

XI.

Im Hafen von Ramsey war Hochwasser und rollte heftig am Ufer entlang, bevor eine frische Meeresbrise mit einem kalten Geschmack nach Salz wehte. Ein am Kai liegendes Dampfschiff kam in Fahrt; Auf den Gängen fuhren Lastwagen, der klappernde Kran über dem Laderaum funktionierte, und es gab viele Namensrufe, Befehle und Proteste und allgemeinen Tumult. Auf dem Achterdeck standen die Auswanderer nach Kimberley, die Quarks aus Glen Rushen und einige der jungen Gills aus Castletown – tapfere Burschen, die sich tapfer inmitten eines Kreises ihrer Freunde zeigten, die redeten und lachten, um sie vergessen zu machen sie waren im Begriff zu gehen.

Pete und Phil kamen den Kai hinauf und wurden von Quayle, dem Hafenmeister, mit einem ungläubigen Schrei empfangen. „Was, gehen Sie auch, Herr Philip?" Philip antwortete ihm mit „Nein" und ging weiter zum Schiff.

Pete trug immer noch seine Mütze und Gummistiefel, aber über seinem blauen Guernsey trug er eine Affenjacke. Bis auf ein Päckchen in einem rot bedruckten Taschentuch war das alles seine Ausrüstung und sein Gepäck. Er fühlte sich in der ganzen Hektik ein wenig verloren und sah hilflos und unglücklich aus. Die geschäftigen Vorbereitungen an Land und an Bord hatten noch eine weitere Wirkung auf Philip. Er schnupperte die Brise der Bucht, lachte und sagte: „Das Meer ruft mich, Pete; Ich hätte fast Lust, mit dir zu gehen."

Pete antwortete mit einem wässrigen Lächeln. Seine gute Laune ließ ihn schließlich im Stich. Fünf Jahre waren eine lange Abwesenheit, wenn man alle Hoffnungen auf eine Rückkehr setzte. So viele Dinge könnten passieren, so viele Chancen könnten sich ergeben. Pete hatte kein Herz zum Lachen.

Auch Philip hatte keine Lust mehr darauf, nachdem der erste Salzstoß in seinem Blut vorüber war. In manchen Momenten hatte er das Gefühl, als wäre die Hölle selbst in ihm. Was ihn am meisten beunruhigte, war, dass er es beim besten Willen nicht bereuen konnte, dass Pete die Insel verließ. Ein- oder zweimal, seit sie Sulby verlassen hatten, hatte ihn der Gedanke erschreckt, dass er Pete hasste. Er wusste, dass sich seine Lippen beim Anblick von Petes ernstem Gesicht fest verzogen. Aber Pete ahnte das nie, und die unschuldige Zärtlichkeit des rauen Kerls schlug jeden Moment mit Schlägen nieder, die wie Eis schnitten und wie Feuer brannten.

Sie standen am Bug des Vorschiffs und unterhielten sich über das laute Pochen des Schornsteins hinweg.

„Auf Wiedersehen, Phil; Du warst wunderbar gut zu mir – besser als irgendjemand auf der Welt. Ich war auch kein großer Freund von Leuten wie dir – du bist ein Hochschulabsolvent und müsstest der erste Adel auf der Insel sein, wenn jeder seinen eigenen hätte. Aber du sollst dich für mich auch nicht schämen – nein, das wirst du nicht, also hilf mir, Gott! Ich werde nicht mehr lange weg sein, Phil – vielleicht fünf Jahre, vielleicht weniger, und wenn ich zurückkomme, wirst du der erste lebende Manxman sein. NEIN? Aber Sie werden es trotzdem tun; Das wirst du, das sage ich dir. Überhaupt kein Unsinn, Mann. Es liegt an mir, es zu erfahren.

Philips frostige blaue Augen begannen zu schmelzen.

„Und wenn ich reich zurückkomme, werde ich wieder dein alter Freund sein, so sehr es ein gewöhnlicher Mann sein kann; und wenn ich arm, enttäuscht und erledigt zurückkomme, werde ich nicht verlangen, dass du dich blamierst; und wenn ich überhaupt nie zurückkomme, werde ich mir in meiner dunklen Stunde irgendwo sagen: „Er wird zu Hause für dich eintreten, Junge;" *er wird* dich nicht vergessen.""

Philip konnte vor lauter Dampf und dem Klirren der Ketten nichts mehr hören.

„Chut! das Gerede, das ein Mann von sich gibt, wenn er an vergangene Zeiten denkt!"

Auf der Brücke läutete die erste Glocke und der Hafenmeister rief: „Alle an Land, da!"

„Phil, ich werde dich noch um eine weitere Wendung bitten, und wenn es die letzte ist, ist es die größte."

"Was ist es?"

„Da ist Kate, wissen Sie. Behalte das Mädchen im Auge, während ich weg bin. Machen Sie ab und zu einen kleinen Rundgang und werfen Sie einen Blick auf sie. Sie wird sich einen Scherz um die Erben scheren, von denen der alte Mann erzählt hat; Aber diese jungen Tuchmacher und Drogisten werden das Mädchen bis zum Tod quälen. Schlag sie weg, Phil. Mit ihren Fäusten sind sie keinen Scherz wert. Aber wenden Sie keine Gewalt an. Einfach den Dandy-Divils im Hafen ausweichen – das reicht."

„Während deiner Abwesenheit soll ihr kein Schaden zugefügt werden."

„Schwöre es, Phil. Dein Wort ist deine Bindung, das weiß ich; aber gib mir deine Hand und schwöre es – es wird sicherer sein."

Philipp reichte seine Hand und seinen Eid und versuchte sich dann abzuwenden, denn er wusste, dass sein Gesicht rot wurde.

"Warten! Da ist noch einer, solange du noch dabei bist, Phil. Schwöre, dass nichts und niemand jemals zwischen uns beiden kommen wird."

„Du weißt, dass nichts jemals passieren wird."

„Aber schwöre es, Phil. Es sind böse Zungen im Umlauf, und das wird mich lebhafter machen. Was auch immer sie tun, was auch immer sie sagen, Freunde und Brüder bis zuletzt?"

Philip fühlte ein Summen in seinem Kopf und ihm war so schwindelig, dass er kaum stehen konnte, aber er leistete auch den zweiten Eid. Dann klingelte es erneut und es herrschte großer Tumult. Gangways wurden hochgezogen, Taue wurden losgelassen, der Kapitän rief von der Brücke aus zum Ufer, und der tosende Hafenmeister rief vom Ufer aus zur Brücke.

„Geh und stell dich ans Ende des Piers, Phil – direkt hinter dem Leuchtturm – und ich werde mich ans Heck stellen. Ich möchte, dass das Gesicht eines Freundes das Letzte ist, was ich sehe, wenn ich das alte Zuhause verlasse."?

Philip konnte es nicht mehr ertragen. Der Hass in seinem Herzen wurde gemeistert. Es war unter seinen Füßen. Sein gerötetes Gesicht war nass.

Das Pochen der Schornsteine hörte auf, und man hörte nur noch das Rauschen der Flut im Hafen und das Rauschen der Wellen am Ufer. Auf der anderen Seite des Meeres ging die Sonne kühn auf, „wie es ein Gast erwartet hatte", und der Dampfer entfernte sich auf seinem tanzenden Wasserweg. Über dem Land erhob sich der alte Barrule wie ein Seekönig mit Raureif auf der Stirn, und der Rauch begann aus den Schornsteinen der Stadt zu seinen Füßen aufzusteigen.

„Auf Wiedersehen, kleine Insel, auf Wiedersehen! Ich werde dich nicht vergessen. Ich werde aus dir rausgeschmissen, aber du warst eine gute Mutter für mich, und Gott steh mir bei, ich werde trotzdem zu dir zurückkommen. Bis dann, kleine Mona, so lange? Ich verwöhne dich, aber ich bin immer noch ein Manxman."

Pete hatte vorgehabt, seine Mütze abzunehmen, als sie am Leuchtturm vorbeikamen, und sich wie ein Mann die Tränen aus den Augen zu wischen. Aber alles, was Philip vom Ende des Piers aus sehen konnte, war eine Gestalt, die am Heck auf einer Seilrolle hockte.

TEIL II
JUNGE UND MÄDCHEN.

ICH.

Tante Nan war unruhig geworden, weil Philip noch nicht am Anfang seines Lebens stand. Während seiner Partnerschaft mit Pete hatte sie protestiert und er hatte überredet, sie hatte geschimpft und er hatte gelacht. Aber als Pete weg war, erinnerte sie sich an ihr altes Gerät und begann, Philip durch die Erinnerung an seinen Vater anzuspielen.

Eines Tages war die Luft erfüllt von der Meeresfrische eines wunderschönen Manx-Novembers. Philip schnüffelte nach dem Frühstück von der Veranda aus daran und packte dann sein Angelgerät für den Kabeljau ein.

„Schon wieder das Boot, Philip?" sagte Tante Nan. „Dann versprich mir, dass ich zum Tee zurückkomme."

Philipp gab sein Versprechen und hielt es. Als er nach dem Angeln zurückkam, wartete die alte Dame in dem kleinen blauen Zimmer, das sie ihr eigenes nannte, auf ihn. Der süße Ort war an diesem Tag mehr als sonst zierlich und gemütlich. Ein helles Feuer brannte und alles schien so sorgfältig und schick arrangiert zu sein. Der Tisch war mit Tassen und Untertassen gedeckt, der Kessel sang auf der Jockeybar, und Tante Nan selbst, in einer Mütze aus schwarzer Spitze und einem Kleid aus rostroter Seide mit Volants, flatterte mit einem Duft von Lavendel und Licht umher Fröhlichkeit eines Vogels.

„Warum, was hat das zu bedeuten?" sagte Philip.

Und das süße alte Ding antwortete halb nervös, halb scherzhaft: „Du weißt es nicht? Was für ein Kind es ist, gewiss! Du weißt also nicht mehr, welcher Tag heute ist?"

„Welcher Tag? Der fünfte November – oh, mein Geburtstag! Ich hatte es völlig vergessen, Tante."

„Ja, und du bist einundzwanzig für die Teestunde. Deshalb habe ich dich gebeten, zu Hause zu sein."

Sie schenkte den Tee ein, setzte sich mit den Füßen auf den Kotflügel, ließ die Katze auf ihrem Rock Platz nehmen und begann dann mit einem nervösen Lächeln und einer leichten Depression des Herzens mit ihrer Aufgabe.

„Wie die Jahre vergehen, Philip! Es ist zwanzig Jahre her, seit ich dir mein erstes Geburtstagsgeschenk gemacht habe. Ich war nicht hier, als du geboren wurdest, Liebes. Großvater hatte es mir verboten. Armer Großvater! Aber wie sehr sehnte ich mich danach, zu kommen, mich zu waschen, mich anzuziehen, den Sohn meines Sohnes zu stillen und mich laut Tante zu nennen! Oh mein Gott, der Tag, an dem ich dich zum ersten Mal sah! Werde ich es jemals vergessen? Großvater und ich waren bei Cowley, dem Tuchmacher, als ein wunderschöner junger Mensch mit einem Baby hereinkam. Ein bisschen zu fröhlich, das arme Ding, und so kannte ich sie."

"Meine Mutter?"

„Ja, mein Lieber, und der Großvater stand mit dem Rücken zur Straße. Wenn ich mich daran erinnere, wird mir bis heute heiß, aber sie schien keine Angst zu haben. Sie nickte und lächelte, nahm den Musselinschleier vom Gesicht des Babys und sagte: „Wem ähnelt es, Miss Christian?" Es war wundervoll. Du hast geschlafen, und es war für die ganze Welt dasselbe, als ob dein Vater als Baby zurückgeschlafen hätte. Ich zitterte und konnte nicht antworten, und dann sah deine Mutter den Großvater, und bevor ich sie aufhalten konnte, berührte sie ihn an der Schulter. Er stand mit seinem schlechten Ohr zu uns und auch sein Sehvermögen ließ nach, aber als er die Gestalt einer Dame neben sich sah, wirbelte er herum, verneigte sich tief, lächelte und lüftete seinen Hut, wie es bei allen Frauen üblich war. Dann hielt deine Mutter das Baby hoch und sagte ganz fröhlich: „Ist es einer der Ballures, Dempster, oder einer der Ballawhaines?" Liebes Herz, wenn ich daran denke! Großvater richtete sich auf, drehte sich um und war im Nu auf der Straße."

„Armer Vater!" sagte Philip.

Tante Nans Augen leuchteten.

„Ich wollte dir von deinem ersten Geburtstag erzählen, Liebste. Großvater war damals gegangen – armer Großvater! – und ich hatte dir eine kleine weiche Mütze aus weißer Wolle gestrickt, mit einer Quaste und einer rosa Schleife. Der Vater deiner Mutter lebte noch – Capt'n Billy, wie sie ihn nannten – und als ich dir die Mütze aufsetzte, schrie er: „Ein Seemann in jedem Zentimeter von ihm!" Und tatsächlich, obwohl ich es nie gedacht hätte, war es eine Matrosenmütze. Und Kapitän Billy setzte dich auf die Knie, blickte dich von der Seite an, schlug sich auf den Oberschenkel und blies eine Rauchwolke aus seiner langen Pfeife und rief erneut: „Dieser Junge ist für einen Seemann, das sage ich dir." ' Du bist in den Armen des alten Mannes eingeschlafen und ich habe dich zu deinem Feldbett nach oben getragen. Dein Vater folgte mir ins Schlafzimmer, und deine Mutter war bereits da und staubte die großen Muscheln auf dem Kaminsims ab. Armer Tom! Ich sehe ihn noch. Er ließ seine lange weiße Hand über das Bettgitter fallen, schob die kleine Mütze und die gelben Locken von deiner Stirn zurück und sagte stolz: „Ach nein, dieser Kopf ist nicht für einen Seemann gebaut!" Er hatte es nicht böse gemeint, aber – Oh je, Oh je! – deine Mutter hörte ihn und dachte, er würde sie und ihre Kinder herabsetzen. „Diese Eigenschaften!" schrie sie, schlug mit dem Staubtuch auf und stürzte aus dem Zimmer, und eine der Granaten fiel klirrend in den Kotflügel. Dein Vater wandte sein Gesicht dem Fenster zu. Ich hätte vor Scham weinen können, dass er sich vor mir schämen sollte. Aber als er auf das Meer blickte – die Bucht war an diesem Tag sehr laut, erinnere ich mich –, sagte er mit seiner tiefen Stimme, die wie eine sanfte Glocke klang, und zitterte ziemlich: „Es ist nicht umsonst, Nannie, dass das Kind das hat." Stirn von Napoleon. Lass Gott ihn nur verschonen, dann wird er eines Tages etwas sein, wenn sein Vater mit seinem gebrochenen Herzen und seinem gebrochenen Gehirn tot und verschwunden ist und die Gänseblümchen ihn bedecken."'

Tante Nan vertrat ihren Standpunkt. In dieser Nacht stellte Philip sein Boot für den Winter ein, und am nächsten Morgen wandte er sich Ballawhaine zu, mit dem Ziel, Onkel Peters Hilfe für den Einstieg in den Anwaltsberuf zu gewinnen. Tante Nan begleitete ihn. Sie hatte ihn mit der zweifachen Begründung zu diesem Schritt gedrängt, dass der Ballawhaine sein einziger männlicher Verwandter im reifen Alter sei und dass er kürzlich seinen eigenen Sohn Ross zum Anwaltsstudium nach England geschickt habe.

Auf dem Weg nach unten waren beide nervös und unsicher; Tante Nan redete ununterbrochen unter ihrer Haube hervor, in der Absicht, Philip Mut zu machen. Aber als sie zum großen Tor kamen und durch die Bäume zu den Türmchen hinaufblickten, erinnerte sie sich mit tiefer Zärtlichkeit an die Tage zurück, als das Haus ihr Zuhause gewesen war, und sie begann schweigend zu weinen. Philip selbst war nicht ungerührt. Dies war der Geburtsort und das Erstgeburtsrecht seines Vaters gewesen.

Der englische Lakai in hellbraunem und scharlachrotem Gewand führte sie mit der für Fremde typischen Förmlichkeit in den Salon.

Zu ihrer Überraschung fanden sie Ross dort. Er saß am Klavier und spielte ein Lied aus dem Varieté. Als sich die Tür öffnete, stand er auf, schüttelte Tante Nan distanziert die Hand und nickte Philip zu.

Der junge Mann war zu diesem Zeitpunkt ein Schössling, der sich gut vom alten Baum ernährte. Um viele Zentimeter größer als sein Vater, breiter, schwerer und in jeder Hinsicht größer, mit den langsamen Augen eines Seehunds und auch etwas von einem Seehundgesicht. Aber mit den ausgestreckten Beinen seines Vaters und der Leichtigkeit und Ironie seines Verhaltens und seiner Stimme – ein Manxman, der sich ohne Rücksicht auf seine Rasse verkleidet hat und die modischen Verrücktheiten der Stunde in London nachahmt.

Tante Nan stellte ihren Regenschirm auf, strich ihre Handschuhe und ihr weißes Vorderhaar glatt und erkundigte sich demütig, ob es ihm gut gehe.

„Nicht sehr fit", sagte er gedehnt; „Ich sollte nicht hier sein, wenn ich es wäre. Aber Vater hat mir das Leben schwer gemacht, bis ich zurückkam, um zu rekrutieren."

„Vielleicht", sagte Tante Nan und sah einfach und mitfühlend aus, „vielleicht haben Sie sich nach Hause gesehnt." Für einen jungen Mann muss es eine große Prüfung sein, zum ersten Mal in London zu leben. Hier ist eine junge Frau im Vorteil: Sie muss auf keinen Fall das Haus verlassen. Dann sind Ihre Unterkünfte vielleicht auch nicht im besten Teil."

„Früher hatte ich Zimmer in einem Gasthaus am Hof –"

Tante Nan sah besorgt aus. „Ich glaube nicht, dass ich Philip lange in einem Gasthaus verbringen möchte", sagte sie.

„Aber jetzt bin ich in Zimmern im Heumarkt."

Tante Nan sah erleichtert aus.

„Das muss besser sein", sagte sie. „Morgens ist es vielleicht laut, aber deine Abende werden zum Lernen ruhig sein, denke ich."

„Genau", sagte Boss kichernd und berührte erneut das Klavier, und Philip, der in der Nähe der Tür saß, spürte, wie seine Handfläche über die gesamte Breite der Wange seines Cousins juckte.

Onkel Peter kam eilig herein, mit kurzen, nervösen Schritten. Sein Haar und seine Augenbrauen waren jetzt weiß, sein Auge war hohl, seine Wangen waren dünn, sein Mund war unruhig und er hatte einige seiner oberen Zähne verloren, er hustete häufig, er war schäbig gekleidet und sah aus ein sterbender Mann.

"Ah! Du bist es, Anne! und Philipp auch. Guten Morgen, Philip. Gib dem Klavier eine Pause, Ross – das ist ein guter Junge. Nun, Fräulein Christian, nun!"

„Philip ist gestern erwachsen geworden, Peter", sagte Tante Nan mit schüchterner Stimme.

"In der Tat!" sagte der Ballawhaine, „dann wird Ross nächsten Monat zwanzig. Dazwischen liegen etwas mehr als ein Jahr und ein Monat."

Er musterte das Gesicht der alten Dame einen Moment lang, ohne etwas zu sagen, und sagte dann: „Nun?"

„Er würde gerne nach London gehen, um für den Anwaltsberuf zu studieren", stockte Tante Nan.

„Warum nicht die Kirche zu Hause?"

„Die Kirche wäre meine eigene Entscheidung gewesen, Peter, aber sein Vater –"

Der Ballawhaine kreuzte sein Bein über seinem Knie. „Sein Vater war schon immer ein Mann mit großem Magen, Ma'am", sagte er. Dann mit Blick auf Philip: „Ihre Idee wäre, zur Insel zurückzukehren."

„Ja", sagte Philip.

„Als Anwalt praktizieren und sich den Weg zur Inselpräferenz bahnen?"

„Mein Vater schien es zu wünschen, Sir", sagte Philip.

Der Ballawhaine wandte sich wieder Tante Nan zu. „Nun, Miss Christian?"

Tante Nan fummelte am Griff ihres Regenschirms herum und begann: „Wir haben nachgedacht, Peter – wissen Sie, wir wissen so wenig – wenn sein Vater noch gelebt hätte –"

Der Ballawhaine hustete, kratzte sich mit dem Nagel an der Wange und sagte: „Sie möchten, dass ich ihn mit einem Anwalt in Kanzlei bringe, nicht wahr?"

Mit einem nervösen Lächeln und einem kleinen erleichterten Lachen signalisierte Tante Nan ihre Zustimmung.

„Sie wissen, dass ein solcher Schritt Geld kostet. Wie viel müssen Sie dafür ausgeben?"

„Ich fürchte, Peter –"

„Sie dachten, ich könnte die Ausgaben finden, oder?"

„Es ist so gut von dir, das richtig zu sehen, Peter."

Der Ballawhaine verzog das Gesicht. „Hör zu", sagte er trocken. „Ross ist gerade gegangen, um für die englische Anwaltskammer zu lernen."

„Ja", sagte Tante Nan eifrig, „und zum Teil lag es daran –"

"In der Tat!" sagte der Ballawhaine und hob die Augenbrauen. „Ich rechne damit, dass mich sein Studium in London im Großen und Ganzen mehr als tausend Pfund kosten wird."

Tante Nan hob erstaunt ihre behandschuhten Hände.

„Ich bin bereit, diese Summe auszugeben, damit mein Sohn als englischer Rechtsanwalt bessere Chancen hat –"

„Weißt du, darüber haben wir selbst nachgedacht, Peter?" sagte Tante Nan.

„Eine bessere Chance", fuhr der Ballawhaine fort, „von den wenigen offenen Lokalen auf der Insel zu profitieren, als wenn er nur in der Manx-Bar aufgewachsen wäre, was mich weniger als halb so viel kosten würde."

"Oh! aber das Geld wird dir zurückkommen, sowohl für Ross als auch für Philip", sagte Tante Nan.

Der Ballawhaine hustete ungeduldig. „Du verstehst mich nicht", sagte er gereizt. „Es gibt nur wenige Orte, und Manx-Befürworter sind so zahlreich wie die Fliegen in einem Leimtopf. Für jedes Amt muss es fünfzig Bewerber geben, aber Ausbildung zählt für etwas, Einfluss für etwas und Familie für etwas."

Tante Nan begann, wie von einem Schauer erfasst zu werden.

„Diese", sagte der Ballawhaine, „setze ich für Ross ein, damit er alle Konkurrenten distanzieren kann." Liest du mich jetzt?"

„Hast du gelesen, Peter?" sagte Tante Nan.

Der Ballawhaine richtete seinen hohlen Blick auf sie und sagte: „Was verlangst du von mir? Sie kommen hierher und bitten mich, einen Rivalen für meinen eigenen Sohn bereitzustellen, vorzubereiten und auszurüsten."

Tante Nan hatte endlich begriffen, was er meinte.

„Aber gnädig, Peter", sagte sie, „Philip ist dein eigener Neffe, der Sohn deines eigenen Bruders."

Der Ballawhaine rieb sich mit seinem schlanken Zeigefinger die Seite seiner Nase und sagte: „In der Nähe ist mein Hemd, aber näher ist meine Haut."

Tante Nan richtete ihre schüchternen Augen auf ihn, und sie wurden in ihrer wachsenden Empörung mutig. „Sein Vater ist tot, und er ist arm und hat keine Freunde", sagte sie.

„Wir hatten schon früher Meinungsverschiedenheiten zu diesem Thema, Herrin", antwortete er.

„Und doch gönnst du ihm das Wenige, das ihm den Start ins Leben ermöglichen würde."

„Mein Anspruch ist früher, Ma'am."

„Um Ihre Anwesenheit zu wahren, Sir, möchte ich Ihnen sagen, dass jeder Penny des Geldes, das Sie für Ross ausgeben, heute Philip gehört hätte, wenn die Dinge anders gelaufen wären."

Der Ballawhaine biss sich auf die Lippe. „Muss ich wegen meiner Sünden gezwungen sein, diesem Interview ein Ende zu setzen?"

Er stand auf, um zur Tür zu gehen. Auch Philip stand auf.

"Meinst du es?" sagte Tante Nan. „Würden Sie es wagen, mich aus dem Haus zu verweisen?"

„Komm, Tante, was nützt es?" sagte Philip.

Der Ballawhaine trommelte am Rand der offenen Tür. „Du hast recht, junger Mann", sagte er, „die Hysterie einer Frau nützt *nichts* ."

„Das reicht, Sir", sagte Philip mit fester Stimme.

Der Ballawhaine legte vertraut seine Hand auf Philipps Schulter. „Versuchen Sie es mit der theologischen Hochschule von Bischof Wilson, mein Freund; Es ist billig und –"

„Nimm deine Hand von ihm, Peter Christian", rief Tante Nan. Ihre Augen blitzten, ihre Wangen brannten, ihre kleinen behandschuhten Hände waren geballt. „Du hast zwischen seinem Vater und deinem Vater Krieg geführt, und als ich Frieden hätte schließen wollen, hast du mich daran gehindert. Dein Vater ist tot, und dein Bruder ist tot, und beide sind in Hass gestorben, der in Liebe hätte sterben können, nur wegen der Lügen, die du erzählt hast, und der Täuschung, die du begangen hast. Aber sie sind dorthin gegangen, wo die Maske von allen Gesichtern fällt, und sie sind sich zuvor Auge in Auge und Hand in Hand begegnet. Ja, und sie schauen jetzt auf dich herab, Peter Christian, und sie erkennen dich endlich als das, was du bist und schon immer warst – ein Betrüger und Dieb."

Einem unwillkürlichen Impuls folgend richtete der Ballawhaine seinen Blick nach oben zur Decke, während sie sprach, als hätte er erwartet, die Geister seines Vaters und seines Bruders zu sehen, die ihn bedrohten.

„Ist die Frau überhaupt verrückt?" er weinte; und die schüchterne alte Dame, von der Flamme ihres Zorns außer sich gehoben, flammte erneut mit einer Feuerzunge auf ihn ein.

„Du hast Unrecht getan, Peter Christian, sehr viel Unrecht; Du hast dein ganzes Leben lang Unrecht getan, und was auch immer dein Beweggrund war, Gott wird es herausfinden und an diesem geheimen Ort deine Strafe bringen. Wenn es nur Gier wäre, haben Sie Ihren Lohn; Aber sie werden dir nichts Gutes bringen, denn ein anderer wird sie verschwenden, und du wirst sehen, wie sie verschwendet werden wie Wasser aus dem zerklüfteten Felsen. Und wenn es auch Hass war, wirst du so lange leben, bis er dir wieder auf den Kopf kommt wie brennende Kohle. Ich weiß es, ich fühle es", rief sie und eilte in die Halle, „und es tut mir leid, es vor deinem eigenen Sohn sagen zu müssen, der seinen Vater ehren und respektieren sollte, es aber nicht kann; Nein, das kann er nicht und wird es auch nie tun, sonst hat er ein Herz, das in der Bosheit mit eurem mithalten kann, und auch kein Mitleid mit ihm."

„Komm, Tante, komm", sagte Philip und legte seinen Arm um die Taille der alten Dame. Aber sie drehte sich noch einmal um, bis der Ballawhaine hinter ihm herschlich.

„Schicken Sie mich aus dem Haus, ja?" Sie weinte. „Der Ort, an dem ich fünfzehn Jahre lang gelebt habe, und zwar auch als Geliebte, bis deine bösen Taten dich zum Meister gemacht haben. Ich habe schon so oft geweint, dass ich nur eine Frau bin und nichts aus eigener Kraft tun kann. Aber ich wäre lieber eine Frau, die kein Dach hat, als ein Mann, der sich nicht mit seinem eigenen Fleisch und Blut erwärmen kann. Glauben Sie nicht, dass ich Ihnen Ihr Haus gönne, Peter Christian, obwohl es mein altes Zuhause war und ich es liebe, obwohl mir darin kein Respekt entgegengebracht wird, möchte ich Sie wissen lassen, dass es nicht unser ist Häuser, in denen wir schließlich leben, aber unsere Herzen – unsere Herzen, Peter Christian – hörst du mich? – unsere Herzen und deine sind voller Dunkelheit und Schmutz – und werden es immer sein, werden es immer sein."

„Komm, komm, Tante, komm", rief Philip erneut, und das süße alte Ding, zu sanft, um eine Fliege zu verletzen, wandte sich ebenfalls mit der Wut einer Wildkatze gegen ihn.

„Gehen Sie mit Ihrem ‚Komm' und ‚Komm' und ‚Komm' selbst mit. Sagen Sie weniger und tun Sie mehr."

Mit diesem letzten Ausbruch sauste sie die Stufen hinunter und den Weg entlang, ließ Philip drei Schritte hinter sich und den Ballawhaine mit einem verängstigten Blick unter dem ausgestopften Kormoran im Oberlicht über der offenen Tür zurück.

Die feurige Stimmung hielt noch auf halbem Weg nach Hause an und brach dann in einem Strom von Tränen zusammen.

"Oh je! Oh je!" Sie weinte. „Ich war zu voreilig. Schließlich ist er Ihr einziger Verwandter. Was soll ich jetzt tun? Oh, was soll ich jetzt tun?"

Philip ging stetig, einen halben Schritt hinterher, und seit sie Ballawhaine verlassen hatten, hatte er kein einziges Mal gesprochen.

„Pack meine Tasche heute Abend, Tante", sagte er mit der Stimme eines Mannes; „Ich werde morgen früh mit der Kutsche zu Douglas aufbrechen."

Er suchte den bekanntesten Manx-Befürworter auf, einen Studienfreund seines Vaters, und sagte zu ihm: „Ich habe sechzig Pfund im Jahr, Sir, vom Vater meiner Mutter, und meine Tante hat selbst genug, um davon zu leben." . Kann ich es mir leisten, Ihre Prämie zu bezahlen?"

Der Anwalt sah ihn einen Moment lang aufmerksam an und antwortete: „Nein, das können Sie nicht", und Philipps Gesicht begann sich zu verziehen.

„Aber die fünf Jahre nehme ich Ihnen umsonst, Herr Christian", fügte der kluge Mann hinzu, „und wenn Sie zu mir passen, gebe ich Ihnen nach zwei Jahren den Lohn."

II.

Philip vergaß nicht die Aufgabe, die Pete ihm aufgetragen hatte. Es ist eine vertraute Pflicht auf der Isle of Man, und wer sie erfüllt, ist unter einem vertrauten Namen bekannt. Sie nennen ihn den *Dooiney Molla* – wörtlich: den „Männerlobpreiser"; und seine Hauptaufgabe ist die eines informellen, nicht söldnerischen, rein freundschaftlichen und philanthropischen Heiratsvermittlers, der vom jungen Mann eingeführt wird, um die Eltern der jungen Frau davon zu überzeugen, dass er ein großartiger Kerl ist, über beträchtliche Besitztümer oder großartige Aussichten verfügt und durchaus heiratsfähig ist ihr. Aber er hat eine sekundäre Funktion, die seltener, aber kaum weniger vertraut ist; und es ist die eines Liebhabers als Stellvertreter oder eines beabsichtigten Ehemanns als Stellvertreter, der die Pflicht hat, das Mädchen moralisch zu beschützen, während der Mann selbst „bei den Heringen" oder „bei der Makrele" oder im Ausland auf größeren Reisen unterwegs ist.

Diese zweite Aufgabe erfüllte Philipp mit gewissenhaftem Eifer, nachdem er die erste mit zweifelhaftem Erfolg gemeistert hatte. Die Auswirkungen waren eigenartig. Ihre frühesten Manifestationen ereigneten sich, wie es sich gehörte, bei Philip und Kate selbst. Philip wurde ernst und wunderbar feierlich, denn die Annahme des Tons eines Wächters erhob seine Manieren über alle Leichtsinnigkeit. Kate wurde plötzlich sehr ruhig und sanftmütig, sehr wachsam und bescheiden, hatte eine sanfte Stimme und neigte fast dazu, zu erröten. Das Mädchen, das sich über Pete hergemacht und über alle anderen die kleine Geliebte gespielt hatte, wurde unter den Augen von Philip zu einer Taube. Eine Art Ehrfurcht überfiel sie, wann immer er in ihrer Nähe war. Sie fand es süß, seinen weisen Worten zuzuhören, wenn er redete, und noch süßer, seinem Willen zu gehorchen, wenn er Befehle gab. Der kleine wehmütige Kopf drehte sich immer in seine Richtung; seine Stimme klang wie Freudenglocken in ihren Ohren; Sein Abschied unter seinem hochgezogenen Hut blieb bis zum nächsten Tag wie ein Traum bei ihr. Sie wusste kaum, welche große Veränderung in ihr vorgenommen worden war, und ihre Leute zu Hause waren verwirrt.

„Geht es dir nicht sehr gut, Kirry, Frau?" sagte Oma.

„Gut genug, Mutter; Warum nicht?" sagte Kate.

„Sind es die Zahnschmerzen, die dich plagen?"

"NEIN."

„Dann ist es vielleicht der neue Hut im Fenster bei Fräulein Clu-cas?"

„Halte deinen Mund, Frau", flüsterte Cæsar hinter seinem Handrücken. „Es ist der Geist, der auf das Mädchen wirkt. Gib ihm Liebe, Mutter; Gib es, Laune."

„Lass es sein", sagte Nancy Joe. „Gib ihm Schwefel und Melassesirup und eine Tasse Wermut und Kamille."

Als Philip und Kate zusammen waren, drehten sie sich nur um Pete. Es war „Pete mag das" und „Pete hasst das" und „Pete sagt immer so und so." Das war ihre Art, die Erinnerung an Petes Existenz aufrechtzuerhalten; und die Verwendungsmöglichkeiten, die sie dem armen Pete boten, waren vielfältig und eigenartig.

Eines Abends war „The Manx Fairy" fröhlich und laut mit einem „Scaltha", einem Weihnachtsessen, das der Kapitän eines Fischerbootes der Besatzung gab, die er für die Saison einstellen wollte. Ehefrauen, Liebste und Freunde waren da und die Bräuche und Aberglauben der Zeit wurden gewürdigt.

„Ist das nicht die lustigste Sache der Welt, Philip?" kicherte Kate von hinten an der Tür, und einen Moment später stand sie allein mit ihm in der Lobby und blickte sittsam auf seine Stiefel hinunter.

„Ich denke, ich sollte mich entschuldigen."

„Warum?"

„Dafür, dass du dich so nennst."

„Pete nennt mich Philip. Warum solltest du nicht?"

Der verstohlene Blick wanderte zu den Knöpfen seiner Weste. „Nun, nein; Es kann nicht viel schaden, dich so zu nennen, wie Pete dich nennt, oder? Aber dann-"

"Also?"

„Er nennt mich Kate."

„Glaubst du, er möchte, dass ich das tue?"

„Ich bin mir sicher, dass er das tun würde."

„Sollen wir denn?"

"Ich wundere mich!"

„Nur um Petes willen?"

"Nur."

„Kate!"

„Philipp!"

Sie wussten nicht, was sie fühlten. Es war etwas Erlesenes, etwas Köstliches; so süß, so zärtlich, dass sie nur lachen konnten, als hätte sie jemand gekitzelt.

„Natürlich müssen wir das nur tun, wenn wir ganz alleine sind", sagte Kate.

„Oh nein, natürlich nicht, nur wenn wir ganz alleine sind", sagte Philip.

So warfen sie sich gegenseitig Staub in die Augen und gingen Hand in Hand am Rande eines Abgrunds entlang.

Am letzten Tag des alten Jahres nach Petes Weggang erfüllte Philip seine Pflicht.

„Wirst du das neue Jahr irgendwo einbauen, Philip?" sagte Kate von der Tür der Veranda.

„Ich sollte hier der erste Fuß sein, aber als Qualtagh bin ich nicht zu gebrauchen", sagte Philip.

"Warum nicht?"

„Ich bin ein fairer Mann und würde dir kein Glück bringen, weißt du."

"Ah!"

Einen Moment herrschte Stille, dann rief Kate: „ *Ich* weiß."

"Ja?"

„Kommen Sie für Pete – er ist sowieso dunkel genug."

Philip war sehr beeindruckt. „Das ist eine gute Idee", sagte er ernst. „Für Pete qualifiziert zu sein, ist eine gute Idee. Auch sein erstes neues Jahr von zu Hause aus, armer Kerl!"

„Genau", sagte Kate.

„Soll ich denn?"

„Ich erwarte dich um Punkt zwölf."

Philip ging los. „Und, Philip!"

"Ja?"

Dann ertönte eine leise Stimme, so sanft, so süß, so fröhlich, von der Tür in die Dunkelheit: „Ich werde an der Tür der Molkerei stehen."

Philip begann sich Sorgen zu machen und beschloss, seine Pflichten in Zukunft lockerer zu sehen. Er würde „The Manx Fairy" seltener besuchen.

Sobald die Weihnachtsferien vorbei waren, widmete er sich seinem Studium und kehrte für ein halbes Jahr nicht mehr nach Sulby zurück. Aber das Manx-Weihnachten ist lang. Es beginnt am 24. Dezember und endet endgültig am 6. Januar. In den ländlichen Orten, die noch die alten Traditionen bewahren, ist der zwölfte Tag der Höhepunkt. Dann schlagen sie „dem Geiger den Kopf ab“ und spielen Valentinsgrüße, die sie „Goggans“ nennen. Die Mädchen stellen eine Reihe Tassen auf den Herd vor dem Feuer, füllen jeweils etwas als Symbol für einen Beruf hinein und marschieren hinaus zur Treppe. Dann ändern die Jungen die Reihenfolge der Becher, und die Mädchen kommen einer nach dem anderen mit verbundenen Augen zurück, um ihre Goggans auszuwählen. Nach den Goggans, die sie in die Hand nehmen, wird es auch um die Berufe ihrer Ehemänner gehen.

Bei diesem Spiel, das am letzten Abend von Philipps Feiertagen im „The Manx Fairy“ gespielt wurde, als Csesar auf einer Evangelisierungsreise unterwegs war, wurde von Kate erwartet, dass sie Wasser schöpft, aber sie zog eine Feder.

"Ein Stift! Ein Stift!" riefen die Jungs. „Wer sagt, dass das Mädchen einen Matrosen heiraten soll? Das Schiff ist nicht dafür gebaut, ihren Mann zu ertränken.“

„Gute Nacht allerseits“, sagte Philip.

„Gute Nacht, Herr Christian, gute Nacht, Sir“, sagten die Jungen.

Kate folgte ihm zur Tür. „Gehst du schon so früh, Philip?“

„Ich muss morgen früh wieder in Douglas sein“, sagte Philip.

„Ich nehme an, wir sehen uns nicht so bald?“

„Nein, ich muss mich jetzt ernsthaft an die Arbeit machen.“

„Vierzehn Tage – vielleicht ein Monat?“

„Ja, und sechs Monate – ich habe vor, ein halbes Jahr lang nichts anderes zu tun.“

„Das ist eine lange Zeit, nicht wahr, Philip?“

„Nicht so lange, wie ich verschwendet habe.“

"Verschwendet? Du nennst es also verschwendet? Natürlich ist es mir egal – aber da ist deine Tante –“

„Ein Mann kann sich nicht immer mit Frauen herumschlagen“, sagte Philip.

Kate begann zu lachen.

"Worüber lachst du?"

„Ich bin so froh, dass ich ein Mädchen bin“, sagte Kate.

„Nun, das bin ich auch“, sagte Philip.

"Bist du?"

Es traf sein Gesicht wie ein Blitz, und Philip stammelte: „Ich meine – das heißt – wissen Sie – was ist mit Pete?“

„Oh, ist das alles? Nun, gute Nacht, falls Sie gehen müssen. Soll ich dir die Laterne bringen? Keine Notwendigkeit? Sternenlicht, oder? Sie können den Weg zum Tor ganz deutlich erkennen? Sehr gut, wenn Sie nicht zeigen wollen. Gute Nacht!"

Die letzten Worte in verletztem Ton gingen hinter der sich schließenden Tür halb verloren.

Aber das Herz eines Mädchens ist ein dunkler Wald, und Kate hatte beschlossen, dass Philip, ob Arbeit oder nicht, sechs Monate lang nicht weg sein sollte.

III.

Eines Morgens im Spätfrühling erreichte Douglas eine überraschende und äußerst entsetzliche Neuigkeit: Ross Christian wurde ständig in „The Manx Fairy" gesehen. Am Abend dieses Tages erschien Philip wieder in Sulby. Er war in großen Zorn geraten und hatte nebenbei gerechte Reden über eingeschworene Treue und gebrochene Versprechen erfunden. Ross war dort in lackierten Stiefeln, leichten Glacéhandschuhen, Gehrock und Pfeffer-und-Salz-Hosen und stützte sich mit dem Ellbogen auf die Theke, um mit Kate zu sprechen, die bediente. Philip hatte sie noch nie zuvor bei dieser Aufgabe gesehen, und seine Empörung war äußerst groß. Er war sich mehr denn je sicher, dass Oma ein Einfaltspinsel und Cäsar ein dreister Heuchler war.

Kate nickte ihm fröhlich zu, als er eintrat, und setzte dann ihr Gespräch mit Ross fort. In ihren Augen lag ein Ausdruck, der für ihn neu war und der ihn veranlasste, seine Absichten zu ändern. Er würde nicht empört sein, er würde zynisch sein, er würde böse sein, er würde auf die Gelegenheit warten und eine beißende Bemerkung machen. Auf Cæsars Einladung und Omas Begrüßung drängte er sich durch die Bar in die Küche, tauschte Grüße aus und setzte sich dann hin, um zuzusehen und zuzuhören.

Das Gespräch hinter der Glastrennwand war eifrig und enthusiastisch. Ross sprach fließend und Kate war lebhaft.

„Mein Freund Monty?"

"Ja; Wer ist Monty?"

„Er ist das Zentrum der Fantasie."

„Der Schick!"

„Ornamente des Rings, wissen Sie. Komm jetzt, bestimmt kennst du den Ring, mein Lieber. Seine Zimmer in der St. James's Street sind jeden Abend voll davon. Alles Mögliche, wissen Sie – Federgewichte, Schwergewichte und Windhunde. Und die Gesichter! Meine Güte, du solltest sie sehen. Solche abgenutzten alten Bilder. Wissensboxen völlig schief, Münder schief und Nasen, denen der Oberkiefer abgeschnitten wurde. Aber alle sind gute Männer; Es ist gut, ihren Brei zu essen, wissen Sie. Monty wird nichts anderes an sich haben. Er war Tom Springs Packer. Noch nie von Tom Spring gehört? Tom von Bedford, der Unbestechliche, wissen Sie, nur er kämpfte an diesem Tag gegen ihn. Monty hat tausend verloren, und Tom hält jetzt in Holborn ein Publikum mit Bildern der Fancy an den Wänden."

Dann sagte Kate lachend etwas, was Philip nicht verstand, weil Cäsar mit der Zeitung raschelte, die er gerade las.

„Damen kommen?" sagte Ross. „Mädchen bei Monty's Suppers? Eher! Was solltest du denken? Kleopatra – aber du solltest da sein. Ich muss wohl bald aus der Fassung kommen. Nächste Woche findet bei Handsome Honey's ein Abendessen statt. Wer ist Schatz? Besitzer eines Nachthauses im Haymarket. Nachthaus? Komm und sieh es dir an, meine Liebe."

Cæsar ließ die Zeitung fallen und sah zu Philip hinüber. Der Blick war lang und peinlich, und in Ermangelung einer besseren Konversation fragte Philip Cäsar, ob er nachdenke.

„Ach, denken, denken und noch einmal nachdenken, Sir", sagte Cæsar. Dann rückte er seinen Stuhl näher an den von Philip heran und fügte halb flüsternd hinzu: „Aber ich gerate bei irgendetwas ein bisschen ins Stolpern. Sehen Sie dort? Sie nennen seinen Vater einen Geizhals. Der Mann quält seine Pächter und lässt sein Land verhungern. Aber ich glaube genug, dass das junge Messinggras (ein Unkraut) das alte Getreide erstickt."

Während Cäsar sprach, deutete er mit dem Daumen über die Schulter auf Ross, und als Ross dies sah, unterbrach er sein Gespräch mit Kate, um sich an ihren Vater zu wenden.

„Sie haben also die Zeitung gelesen, Mr. Cregeen?"

„Ach, lesen und lesen", sagte Cæsar mürrisch. Dann in einem anderen Tonfall: „Sie sind wieder aus London zurück, Sir? Großartige Taten da drüben, erzählen sie mir. Schlachten, Herr, große Schlachten."

Ross zog die Augenbrauen hoch. „Hast du denn schon von ihnen gehört?" er hat gefragt.

„Ach, genug gehört", sagte Cæsar, „Besprechungen und Konferenzen und Kongresse und ich weiß nicht was."

„Oh, oh, ich verstehe", sagte Ross mit einem Blick auf Kate.

„Heutzutage kommt man in England ohne die Hölle aus – das ist eine Selbstverständlichkeit, Sir. Sie nennen es bedingte Unmoral – das Einzige, was ich kenne. Wenn man die Hölle wegnimmt, wird die Religion eines Mannes auf den Kopf gestellt, nicht wahr?"

Die Zeit des Schließens war gekommen, und Philip hatte vergebens gewartet. Nur ein einziger Schnitt war ihm widerfahren, und das war nicht sein eigener gewesen. Als er aufstand, um zu gehen, hatte Kate gesagt: „Wir haben nicht damit gerechnet, Sie in sechs Monaten wiederzusehen, Herr Christian."

„So scheint es", sagte Philip, und Kate lachte ein wenig, und das war die ganze Arbeit seines Abends und das ganze Ergebnis seiner Besorgung.

Cæsar wartete auf der Veranda auf ihn. Sein Gesicht war weiß und zuckte sichtbar. Es war deutlich zu sehen, dass der natürliche Mann in Cäsar kämpfte. "Herr. „Christian, Sir", sagte er, „sind Sie der Herr, der hierher gekommen ist, um mit mir für Peter Quilliam zu sprechen?"

„Das bin ich", sagte Philip.

„Erinnern Sie sich dann an den alten Manx-Ausspruch: ‚Vielleicht fängt der letzte Hund den Hasen?'"

„Überlassen Sie es mir, Mr. Cregeen", sagte Philip durch seine Zähne.

Eine halbe Minute später schwang er sich die dunkle Straße entlang nach Hause, an der Seite von Ross, der mit seiner kalten Stimme schleppend mitspielte.

„Du hast also mit deinem Handicap im Leichtgewicht begonnen, Philip. Vater war an diesem Tag ungeheuer unvernünftig. Ich schien zu glauben, dass ich hierher zurückkomme, um mich für Ihre hohen Gerichtsvollzieher- und Penner-Gerichtsvollmachten und Gott weiß was zu opfern. Du bist für mich herzlich willkommen, Philip. Aber das Mädchen ist wunderbar. Es ist auch geradezu ein Wunder; Sie ist das lebende Abbild eines Mädchens meiner Freundin Montague. Augen, Haare, diese nervöse Bewegung des Mundes – alles. Der alte Mann wirkte allerdings recht betrübt. Arme kleine Frau. Ich nehme an, dass sie nicht mehr für sie beten kann. Der alte Heuchler wird sie festhalten wie eine Taube in den Klauen eines Bussards, bis sie sich auf irgendeinen Manx-Omathaun stürzt. So ist es mit der Hälfte dieser hübschen Geschöpfe – sie sind verschwendet."

Philipps Blut kochte. „Nennen Sie es Verschwendung, wenn ein braves Mädchen mit einem ehrlichen Mann verheiratet ist?" er hat gefragt.

"Ich tue; denn ein Mädchen wie dieses kann niemals den richtigen Mann heiraten. Der Mann, der ihrer würdig ist, kann sie nicht heiraten, und der Mann, der sie heiratet, ist ihrer nicht würdig. Es ist so, Philip. Sie ist jung, sie ist hübsch, vielleicht schön, hat Manieren und Geschmack und eine gewisse Vornehmheit. Der Mann ihrer eigenen Klasse ist ungeschickt und unwissend, dumm und arm. Sie will ihn nicht, und der Mann, den sie will, will den Mann, für den sie geeignet ist – wage es nicht, sie zu heiraten; es wäre sozialer Selbstmord."

„Und so", sagte Philip bitter, „um den Mann oben vor dem sozialen Selbstmord zu retten, muss das Mädchen unten den moralischen Tod wählen – ist es das?"

Ross lachte. „Weißt du, ich dachte, der alte Jeremiah wäre hinter dir in der Ecke, Philip? Aber schauen Sie es sich genau an. Hier ist so ein Mädchen. Zwei Dinge stehen ihr offen – nur zwei. Angenommen, sie heiratet Ihren Manx-Kollegen. Was folgt dann? Ein strohgedecktes Häuschen, drei Felder von der Bergstraße entfernt, zwei Zimmer, ein Kuhstall, ein Topf, eine Kommode, eine Presse, eine Form, ein dreibeiniger Hocker, ein Sessel und eine Uhr mit schmutzigem Zifferblatt, die an einem Nagel hängt in der Wand. Melken, Jäten jäten, graben, neun Pence pro Tag und eine Dose Buttermilch mit einem Stück Butter hinein. Kartoffeln, Heringe und Gerstenbonnag. Jahr eins, ein Baby, ein Junge; Jahr zwei, ein weiteres Baby, ein Mädchen; Jahr drei, Zwillinge; Jahr vier, barfüßige schreiende Kinder, schmutziges Haus, murrender Mann, abgelenkte Frau, Masern, Keuchhusten; eine Fahrt am Ende eines Karrens bis ins Tal und die schrecklichen Worte ‚Ich bin der—‘"

„Still, Mann!" sagte Philip. Sie kamen am Friedhof von Lezayre vorbei. Als sie es zurückgelassen hatten, fügte er mit einem grimmigen Kuss der Lippen, der in der Dunkelheit verloren ging, hinzu: „Nun, das ist die eine Seite. Was ist das andere?"

„Leben", sagte Ross. „Vielleicht kurz und bündig. Alles, was sie will, alles, was sie sich wünschen kann – fünf Jahre, vier Jahre, drei Jahre – was zählt?"

"Und dann?"

„Jeder für sich und Gott für uns alle, mein Junge. Sie ist so glücklich wie der Tag, solange er dauert, hebt ihren Kopf wie eine Rosenknospe in der Sonne –"

„Dann lässt es es vermutlich wie ein Rosenblatt in den Schlamm fallen." Ross lachte erneut. „Ja, es ist eine Tatsache, der alte Jeremiah *hat es* dir angetan, Philip. Arme kleine Kitty –"

„Halten Sie den Namen des Mädchens bitte raus."

Ross pfiff lange. „Ich habe nur gesagt, die arme kleine Frau –"

„Es ist verdammt, und ich werde nichts mehr davon haben."

„Auf Ihrer kostbaren Isle of Man gibt es, so hoffe ich, keine Redepflicht."

„Es gibt jedoch", sagte Philip, „eine Pflicht des Anstands und der Ehre, und dieses Mädchen, so dumm es auch ist, in einem Atemzug mit deinen Frauen zu nennen – Aber hier, hör mir zu. Sag es dir am besten gleich, damit es keinen Fehler und keine Entschuldigung gibt. Miss Cregeen soll mit einer Freundin von mir verheiratet werden. Ich brauche nicht zu sagen, wer er ist – er kommt Ihnen auf jeden Fall nahe genug. Wenn er zu Hause ist, kann er sich um seine eigenen Angelegenheiten kümmern; aber während er im Ausland ist, muss ich dafür sorgen, dass seiner versprochenen Frau kein

Schaden zugefügt wird. Ich habe vor, es auch zu tun. Verstehst du mich, Ross? Ich habe vor, es zu tun. Gute Nacht!"

Zu diesem Zeitpunkt waren sie am Tor von Ballawhaine angekommen, und Ross ging kichernd hindurch.

IV.

Am folgenden Abend fand Philip wieder im „The Manx Fairy" statt. Ross war wie immer da, lachte und redete leise mit Kate. Das brachte Philip dazu, sich auf seinem Stuhl zu winden, aber Kates Verhalten quälte ihn. Ihr Vergnügen an den Scherzen des Mannes war geradezu lärmend. Sie gab ihm ein Zeichen und blickte fröhlich zu ihm auf. Ihr Verhalten empörte Philip. Es schien ihm eine Verschärfung ihres Vergehens zu sein, dass er jedes Mal, wenn er ihren Gesichtsausdruck sah, ein schelmisches Funkeln in den Augen seiner Seite verspürte und sich absichtlich in seine Richtung wandte. Diese offene Missachtung der Heiligkeit eines gelobten Wortes, diese schamlose Gleichgültigkeit gegenüber der Anwesenheit dessen, der es vertrat, war geradezu unanständig. Das waren Frauen! Die Täuschung war ihnen in Fleisch und Blut übergegangen.

Es verstärkte Philipps wachsenden Zorn, dass Cæsar, der in Hemdsärmeln saß und seine Mühlenberichte aus Schiefertafeln verfasste, auf denen Kreuze, Dreiecke, Kreise und Halbkreise abgebildet waren, von Zeit zu Zeit den Blick hob, um sie zuerst anzusehen und dann auf ihn mit einem Ausdruck der Verachtung.

Mit einem Ausbruch von neuem Gelächter und einem Schuss strahlender Augen sprang Philip auf, drängte sich zwischen Ross und Kate, drehte ihm den Rücken zu, drehte ihr sein Gesicht zu und sagte mit gebieterischem Ton: „Komm rein sofort ins Wohnzimmer – ich habe dir etwas zu sagen."

„Oh, tatsächlich!" sagte Kate.

Aber sie kam mit einem verschmitzten und dennoch zurückhaltenden Blick, mit gesenktem Kopf, aber mit den Augen, die unter ihren langen oberen Wimpern hervorspähten.

„Warum schicken Sie diesen Kerl nicht zu seinen Geschäften?" sagte Philip.

Kate blickte überrascht auf. „Welcher Kerl?" Sie sagte.

„Welcher Kerl?" sagte Philip, „warum dieser, der Nacht für Nacht mit dir herumalbert."

„Du kannst niemals deinen eigenen Cousin meinen, Philip?" sagte Kate.

„Es wäre noch schade, wenn er mein Cousin ist, aber er passt nicht zu dir."

„Ich bin sicher, der Herr ist höflich genug."

„Das gilt auch für den Teufel selbst."

„Er kann sich jedenfalls benehmen und die Fassung bewahren."

„Dann ist es das Einzige, was er behalten kann. Er kann seinen Charakter, seinen Ruf oder seine Ehre nicht bewahren, und Sie sollten ihn nicht ermutigen."

Kates Unterlippe begann, die innere Hälfte zu zeigen. „Wer sagt, dass ich ihn ermutige?"

"Ich tue."

„Welches Recht hast du?"

„Habe ich dich nicht mit eigenen Augen gesehen?"

Kate wurde trotzig. „Nun, und was wäre, wenn ja?"

„Dann bist du eine Jade und eine Kokette."

Das Wort zischte wie Dampf aus einem Wasserkocher. Kate sah es kommen und nahm es voll ins Gesicht. Sie verspürte den Drang, vor Lachen zu schreien, also nutzte sie ihre Gelegenheit und weinte.

Philipps Wut begann nachzulassen. „Dieser Mann wäre ein schlechtes Geschäft, Kate, wenn er zwanzigmal der Erbe von Ballawhaine wäre. Können Sie seinem Gespräch nicht entnehmen, was sein Leben und seine Gefährten sind? Natürlich ist es mir egal, Kate –"

„Nein, es bedeutet dir nichts", wimmerte Kate hinter beiden Händen.

„Ich habe kein Recht –"

"Natürlich nicht; Du hast kein Recht", sagte Kate und warf einen verstohlenen Blick von der Seite.

"Nur--"

Philip sah den Blick aus Kates Augenwinkel nicht.

„Wenn ein Mädchen einen männlichen Kerl vergisst, der zufällig im Ausland ist, wegen des ersten Schurken, der mit seinen schmutzigen Ländereien daherkommt –"

Die Hände fielen ungeduldig zu Boden. „Was sind seine Ländereien für mich?"

„Dann ist es meine Pflicht als Freund –"

„In der Tat Pflicht! Genau das, was jeder alte Wichtigtuer sagt."

Philip packte sie am Handgelenk. "Hört mir zu. Wenn Sie diesen Mann nicht wegschicken –"

"Du tust mir weh. Lass meinen Arm los."

Philip warf es beiseite und sagte: „Was kümmert es mich?"

„Warum nennst du mich dann eine Kokette?"

"Mach wie du willst."

"So werde ich. Philipp! Philipp! Phil! Er ist weg."

Von Douglas nach Sulby waren es zwanzig Meilen mit Bus und Bahn, aber Philip war auch am nächsten Abend wieder im „The Manx Fairy". Er fand ein Reitpferd, das mit dem Torpfosten verbunden war, und Ross im Haus, der mit einer Reitpeitsche in der Hand auf das Bein seiner Reithose schlug.

Als Philip auftauchte, wirkte Kate beunruhigt und Ross hässlich. Cæsar, der seinen Tee in der Tasse trank, verbrachte einen unangenehmen Abend mit Oma, während er am Feuer atmete.

„Schlecht, schlecht, eine notorisch schlechte Leber und schmutzig mit der Zunge", sagte Cæsar.

„Chut, Vater!" sagte Oma. „Der junge Mann ist höflich genug, und Mädchen werden Mädchen sein. Was bedeutet ein Wort, ein Blick oder ein Lachen, wenn man jung ist und ein Gesicht hat, das zu allem fähig ist?"

„Es ist besser, ihr Gesicht mit Pocken übersät zu haben, als sie in den Abgrund der Hölle zu bringen", sagte Cæsar. „Alles Fleisch ist Gras: Das Gras verdorrt, die Blume verwelkt."

Nancy Joe kam in diesem Moment aus der Molkerei. „Mein Gott, hast du das jetzt gesehen?" Sie sagte. „Ich wundere mich über Kitty. Aber es ist die Art der Männer, die lächeln und lächeln und nichts tun."

"Hm! Sie bewirtschaften ein Tal", knurrte Cäsar.

Ross hatte sich von seinem Unbehagen über Philipps Eintritt erholt und war mit einer Erzählung beschäftigt, von der die einzigen Worte, die die Küche erreichten, *ich weiß* und *ich weiß, sie* wurden oft wiederholt.

„Sie scheinen ein Tal zu kennen, Herr", schrie Cäsar; „Weißt du, was es heißt, gerettet zu werden?"

Einen Moment herrschte Schweigen, dann polierte Ross seinen massiven Siegelring an seiner Cordweste und sagte: „Ist das die Beschwerde des alten Herrn, frage ich mich?"

„Mein Mann ist ein örtlicher Prediger und immer stark für die Erlösung", sagte Oma zum Frieden.

"Ist das alles?" sagte Ross. „Ich dachte, er hätte vielleicht mehr Wein als das Abendmahl getrunken."

„Du bist mein Kreuz, Frau", murmelte Cäsar, „aber kein Kreuz, keine Krone."

„Lass die Angelegenheiten der Frauen allein, Vater; „Es wird dir besser gehen", sagte Oma.

„Lachen Sie, wie Sie wollen, Herrin Cregeen; da ist Einer oben, da ist Einer oben."

Ross hatte sein Gespräch mit Kate wieder aufgenommen, die verängstigt aussah. Und als Philipp mit allen Ohren zuhörte, erfasste er den Kern dessen, was gesagt wurde.

„Ich werde um diese Zeit zurück sein. Da ist das Abendessen bei Handsome Honey, ganz zu schweigen von den ewigen Prüfungen. Aber irgendwie kann ich mich nicht losreißen. Warum nicht? Kannst du es nicht erraten? NEIN? Keine Ahnung? Ich würde morgen gehen – Kitty, ein Wort in deinem Ohr –"

„Ich glaube in meinem Herzen, dass dieser Mann dafür da ist, sie zu küssen", sagte Cæsar. „Wenn er es tut, dann hat er es geschafft! Hätte, Sir."

Cæsar war aufgestanden, und einen Augenblick später geriet das Haus in Aufruhr. Ross hob seinen Kopf wie ein Hahn. „Haben Sie mit mir gesprochen, Herr?" er hat gefragt.

„Das war ich, und erniedrige dich nicht noch einmal so", sagte Cæsar.

„Wie was?" sagte Ross.

„Einem Mädchen, das nicht zu dir passt, einen Kuss geben."

Ross hob seinen Hut. „Meinen Sie diese junge Dame?"

„Überhaupt keine junge Dame, Sir, sondern die Tochter eines einfachen, respektablen Mannes, der sich nicht täuschen lässt. Ihr Hut vor Ihrem Kopf, Sir. Sie werden es für unterwegs brauchen."

"Vater!" rief Kate mit ängstlicher Stimme.

Cæsar drehte seine raue Schulter und sagte: „Gehen Sie in Ihr Zimmer, Ma'am, und behalten Sie es eine Woche lang."

„Du kannst gehen", sagte Ross. „Ich werde den alten Einfaltspinsel deinetwegen verschonen, Kate."

„Sie werden mich verschonen, Sir?" rief Cæsar. „Ich habe den Tag erlebt – aber danke dem Herrn, dass er die Gnade zurückgehalten hat! Verschone mich? Wenn Sie das vor fünfundzwanzig Jahren gesagt hätten, Sir, wäre Ihr Kopf an der Wand klingeln gegangen."

„Dann werde ich dich nicht mehr verschonen", sagte Ross. „Nimm das – und das."

Unter den Schreien der Frauen fielen zwei laute Schläge auf Cæsars Gesicht. Im nächsten Moment stand Philip zwischen den beiden Männern.

„Komm her", sagte er und wandte sich an Ross.

„Wenn ich möchte", antwortete Ross.

„Hier entlang, sage ich dir", sagte Philip.

Ross schnippte mit den Fingern. „Wie es Ihnen gefällt", sagte er und folgte Philip dann aus dem Haus.

Kate war entsetzt nach oben gerannt, aber fünf Minuten später war sie auf der Straße, mit einem Gesicht voller Verzweiflung und einem Schal über Kopf und Schultern. Auf der Brücke traf sie Kelly, den Postboten.

„Wohin sind sie gegangen", keuchte sie, „der junge Ballawhaine und Philip Christian?"

„Ich habe sie auf dem Weg zum Curragh gesehen", sagte Kelly, und Kate im Schal flog wie ein Vogel über dem Boden in diese Richtung.

V.

Die beiden jungen Männer gingen wortlos weiter. Philip ging mit großen Schritten drei Schritte voraus, mit zurückgeworfenem Kopf, blassem Gesicht und zusammengezogenen Gesichtszügen, fest geschlossenem Mund, steifen Armen an seiner Seite und schwierigem und hörbarem Atmen. Ross hockte mit einer Miene übertriebener Nachlässigkeit hinter ihm her, sein Pferd neben sich, die Zügel über dem Kopf und um seinen Arm geschlungen, die Reitpeitsche unter der anderen Achselhöhle und beide Hände tief in den Hosentaschen. Auf dem Weg, den sie gingen, gab es keine Straße, sondern nur einen Karrenweg, der hier und da durch ein Tor unterbrochen und von quadratischen Rasengruben, die zur Hälfte mit Wasser gefüllt waren, gesäumt war.

Die Tage waren lang und das Licht ließ noch nicht nach. Jenseits des Ginsters, der Weiden, des Schilfs, der Binsen und der Büsche des flachen Landes ging die Sonne über einem goldenen Streifen auf dem Meer unter. Sie hatten den Geruch von brennendem Rasen, knisternden Stöcken, Fisch und dem Kuhstall hinter sich gelassen und waren in die Atmosphäre von blühendem Ginster und feuchter Scraa-Erde und Salzlake gelangt.

„Weit genug, nicht wahr?“ schrie Ross, aber Philip machte weiter. Schließlich hielt er an einer offenen Stelle an, wo der Ginster verbrannt war und seine schwarzen Überreste die Oberfläche verwüsteten und die Gerüche des Lebens vernichteten. Es gab kein Haus in der Nähe, kein Wahrzeichen in Sicht, außer einer Windmühle am Meeresufer und dem hässlichen Turm einer Kirche, der wie der Schornstein eines Dampfschiffs zwischen Meer und Himmel aussah.

„Wir sind endlich allein“, sagte er heiser.

„Ja“, sagte Ross und unterbrach das Pfeifen einer Melodie, „und jetzt, wo Sie mich hier haben, sind Sie vielleicht so freundlich, mir zu sagen, weshalb wir gekommen sind.“

Philipp antwortete nur, dass er sich seines Mantels und seiner Weste entledigte.

„Wirst du aus dieser dummen Angelegenheit nie ein ernstes Geschäft machen?“ sagte Ross, lehnte sich gegen das Pferd und schlug mit der Peitsche auf die Fußsohle.

„Zieh deinen Mantel aus“, sagte Philip mit belegter Stimme.

„Kann ich es verhindern, wenn ein hübsches Mädchen –“ begann Ross.

„Wirst du dich ausziehen?“ rief Philip.

Ross lachte. "Ah! Jetzt erinnere ich mich an unser Gespräch neulich Abend. Aber das willst du nicht sagen", sagte er und schlug nach den Fliegen am Kopf des Pferdes, „dass, weil die kleine Frau den Geizhals vergisst, der draußen ist –"

Philip ging mit geballten Händen und zitternden Lippen auf ihn zu und sagte: „Wirst du kämpfen?"

Ross lachte erneut, aber das Blut war in seinem Gesicht und er sagte spöttisch: „Ich würde mir keine Sorgen machen, Mann. Ich schätze, ich werde mit dem Mädchen fertig sein, bevor der Kerl …"

„Du bist ein Schurke", rief Philip, „und wenn du mir nicht die Stirn bieten willst –"

Ross warf seine Peitsche weg. „Wenn ich muss, muss ich", sagte er und warf dann die Zügel des Pferdes um den verkohlten Arm eines halb zerstörten Ginsterbaums.

Eine Minute später standen sich die jungen Männer gegenüber.

„Hör auf", sagte Ross, „lass es mich dir zuerst sagen; es ist nur fair. Seitdem ich nach London gegangen bin, habe ich ein oder zwei Dinge gelernt. Ich bin vor Männern aufgestanden, die ein Bild ausziehen können; Ich war ein Gegentalent und kann ein bisschen picken, aber ich habe noch nie gehört, dass man einen Schlag stoppen kann."

"Sind Sie bereit?" rief Philipp.

"Wie du willst. Du sollst eine Runde haben, mehr willst du nicht."

Die jungen Männer schienen schlecht zusammenzupassen. Ross, in Reithosen und Hemd, mit rotem Kugelkopf und ausgestreckten Füßen, Armen wie eine Eiche und Adern wie Weidenzweige. Philip in Hemd und Knickerbockerhose, mit langem blonden Haar, zitterndem Gesicht und zarter Figur. Es waren allein Kraft und etwas Geschick gegen die Nerven.

Wie ein Windstoß kam Philip heran, schlug nach rechts und links und wurde von einem Schlag mit der linken Hand zurückgedrängt.

„Da haben Sie es", sagte Ross und lächelte gütig. „Habe ich es dir nicht gesagt? Das ist zunächst mal der alte Bristol Bull."

Philip stürmte weiter und kam mit einem vernichtenden Schlag zurück, der seine Unterlippe aufschnitt.

„Sie haben eine Sekunde Zeit", sagte Ross. „Hast du genug?"

Philip hörte nichts, sondern sprang noch einmal heftig auf Ross zu. Im nächsten Moment lag er am Boden. Dann nahm Ross eine Haltung völliger Verachtung an. „Ich kann dich nicht die ganze Nacht anmachen."

„Verspotte mich, wenn du mich geschlagen hast", sagte Philip, und er war wieder auf den Beinen, etwas erschöpft, aber frisch im Geiste und verbissen entschlossen.

„Dann den Kratzer an der Zehe", sagte Ross. „Ich muss sagen, du bist gut in deinem Brei."

Philip warf sich ein drittes Mal auf seinen Mann und stürzte schwerer als zuvor unter einem heftigen Schlag, der sich in seiner Brust zu vergraben schien.

„Ich kann nicht weiter gegen einen Mann kämpfen, der so gut für nichts ist wie meine alte Großmutter", sagte Ross.

Aber seine Verachtung ließ nach; er wurde unruhig; Philip war so wild wie eh und je vor ihm.

„Kämpfe gegen deinen Gegner", rief er.

„Ich werde gegen dich kämpfen", knurrte Philip.

„Du bist nicht fit. Es aufgeben. Und seht, die Dunkelheit bricht herein."

„Es gibt noch genug Tageslicht. Aufleuchten."

„Niemand ist hier, um dich zu beschämen."

„Komm schon, sage ich."

Philip wartete nicht, sondern sprang wie ein Tiger auf seinen Mann zu. Ross begegnete seinem Schlag, wich aus und machte eine Finte; sie packten und schwangen hin und her; es gab einen Kampf, und Philipp fiel erneut mit einem dumpfen Knall auf den Boden.

„Wirst du jetzt aufhören?" sagte Ross.

„Nein, nein, nein", rief Philip und sprang auf.

„Ich werde dich auffressen. Ich bin ein Vielfraß, das kann ich dir sagen." Aber seine Stimme zitterte, und Philip lachte, blind vor Leidenschaft.

„Du wirst verletzt sein", sagte Ross.

„Was ist damit?" sagte Philip.

„Du wirst getötet."

„Ich bin bereit."

Ross versuchte spöttisch zu lachen, aber das heisere Gurgeln blieb ihm im Hals stecken. Er begann zu zittern. „Dieser Mann weiß nicht, wann er zerfleischt wird", murmelte er und stand nach einem lauten Fluch erneut auf, mit feigem und zwielichtigem Blick. Seine Schläge fielen wie sengende Geschosse, aber Philipp erwischte sie wie einen mit Kies bestreuten Stein, Blut regnete wie Wasser, aber er blieb standhaft.

"Was ist der Nutzen?" rief Ross; "Lass es fallen."

„Ich werde mich zuerst fallen lassen", sagte Philip.

„Wenn du es nicht aufgibst, werde ich es tun", sagte Ross.

„Das sollst du nicht", sagte Philip.

„Nimm deinen Sieg, wenn du willst."

„Das werde ich nicht."

„Sag, dass du mich geleckt hast."

„Ich mache es zuerst", sagte Philip.

Ross lachte lange und laut, aber er zitterte wie ein gepeitschter Hund. Mit einem Klecks Schaum auf den Lippen kam er herbei, sammelte alle Kräfte und versetzte Philip einen Schlag auf die Stirn, der mit dem Geräusch eines Hammers auf einen Sarg fiel.

"Bist du fertig?" er schnüffelte.

„Nein, bei Gott", schrie Philip, schwarz wie Tinte vom verbrannten Ginster vom Boden, außer an den Stellen, an denen das Blut rot auf ihm verlief.

„Dieser Mann will mich töten", murmelte Ross. Er blickte sich unsicher um und sagte: „Ich meine, dem Mädchen soll nichts Böses passieren."

"Du bist ein Lügner!" rief Philipp.

Mit einem Blick tiefer Böswilligkeit schloss Ross sich wieder Philip zu. Es war nun ein Kampf zwischen Richtig und Falsch sowie zwischen Mut und Stärke. Die Sonne war im Meer untergegangen, die Büsche zitterten im Zwielicht, über ihnen schrie ein Schwarm Saatkrähen. Schläge waren nicht mehr zu hören. Ross umarmte Philip in einer giftigen Umarmung und zog ihn auf ein Knie. Philip erhob sich, Ross krümmte sich um seine Taille, drückte ihn nach hinten, fiel schwer auf seine Brust und schrie mit dem Knurren eines Tieres: „Du wirst gegen mich kämpfen, oder?" Steh auf steh auf!"

Philip stand nicht auf, und Ross begann, ihn mit brutaler Wildheit zu zerren und anzugreifen, als plötzlich, als er sich vorbeugte, von hinten ein

Schlag auf sein Ohr traf, noch einer und noch einer, eine Hand packte seinen Hemdkragen und würgte ihn, und noch einer Stimme schrie: „Lass los, du Rohling, lass los, lass los."

Ross ließ Philip fallen und drehte sich um, um den Angriff zu erwidern.

Es war das Mädchen. „Oh, du bist es, oder?" er keuchte. Sie war wie eine Furie. „Du Rohling, du Biest, du Kröte", schrie sie und warf sich dann über Philip.

Er war bewusstlos. Sie hob seinen Kopf auf ihren Schoß und küsste ihn voller Scham, aller Vorsicht, aller Gedanken außer einem Gedanken auf die Wange, auf die Lippen, auf die Augen, auf die Stirn und rief: „Philip ! oh, Philip, Philip!"

Ross schauderte neben ihnen. „Lass mich ihn ansehen", stockte er, doch Kate erwiderte mit einem Blick wie ein Pfeil und schrie wie eine Möwe: „Wenn du ihn noch einmal anfasst, erwürge ich dich."

Ross erhaschte einen flüchtigen Blick auf Philipps Gesicht und er hatte Angst. Er ging zu einer Rasengrube, tauchte beide Hände in den Dub und holte etwas Wasser. „Nimm das", sagte er, „um Himmels willen, lass mich seinen Kopf baden."

Er spritzte das Wasser auf die blasse Stirn und zog dann den Blick zurück, während das Mädchen Philip mit neuen Küssen und flehenden Worten wieder zu Bewusstsein brachte.

„Atmet er? Spüre sein Herz. Irgendein Pulsieren? Oh Gott!" sagte Ross, „es war nicht meine Schuld." Er sah sich mit wilden Augen um; er meditierte über die Flucht.

„Geht es ihm schon besser?"

„Was geht dich an, du Feigling?" sagte Kate mit einem brennenden Blick. Sie fuhr mit ihrer Arbeit fort: „Komm dann, mein Lieber, komm, komm jetzt."

Philip öffnete die Augen mit leerem Blick und erhob sich auf den Ellbogen. Dann fiel Kate sofort von ihm zurück und begann leise zu weinen, da sie jetzt ganz eine Frau war und ihr moralischer Mut augenblicklich wieder verschwunden war.

Aber der moralische Mut von Herrn Ross kam ebenso schnell zurück. Er fing an zu höhnen und leicht zu lachen, nahm seine Reitpeitsche und schritt zu seinem Pferd.

"Bist du verletzt?" fragte Kate leise.

„Ist es Kate?" sagte Philip.

Beim Klang seiner Stimme, diesem leisen Flüstern, liefen Kates Tränen herunter.

„Ich hoffe, du verzeihst mir", sagte sie. „Ich hätte deine Warnung beherzigen sollen."

Sie wischte ihm mit dem losen Ärmel ihres Kleides über das Gesicht, und dann rappelte er sich auf.

„Stütz dich auf mich, Philip."

„Nein, nein, ich kann laufen."

„Nimm meinen Arm."

„Oh nein, Kate, ich bin stark genug."

„Nur um mir eine Freude zu machen."

"Gut, sehr gut."

Ross sah mit eifersüchtiger Wut zu. Sein durch den Kampf erschrockenes Pferd hatte sich immer wieder im Kreis herumgedreht, bis sich die Zügel zu einem Knoten um den Ginsterstumpf verknotet hatten, und als er das Tier befreite, trieb er es zurück, bis es um ihn herum flog. Dann sprang er in den Sattel, zerrte an der Bordsteinkante, und das Pferd bäumte sich auf. „Runter", rief er fluchtartig und schlug brutal auf den Kopf des Pferdes ein.

Unterdessen ging Kate mit Philip auf dem Arm an ihm vorbei und sagte leise: „Geht es dir besser, Philip?"

Und Ross, der in mürrischer Meditation zusah, stieß ein harsches Lachen aus seiner heißen Kehle aus und sagte: „Oh, du kannst deine Gedanken über *ihn beruhigen* , wenn dein anderer Mann so für dich kämpft, wirst du es tun." Ich dachte, du hättest drei davon, oder? Oder wolltest du mich vielleicht nur als Lockvogel? Warum küsst du ihn nicht jetzt, wenn er es wissen kann? Aber er ist eine Schönheit, die sich für jemand anderen um dich kümmert. Für den anderen kämpfen, was? Zeug und Humbug! Bringt ihn nach Hause und der Fluch des Judas ruht auf euch."

Als er das sagte, brach er in wildes, spöttisches Gelächter aus, schlug seinem Pferd auf die Ohren und auf die Nase und schrie: „Runter, du Rohling, runter!" und schoss im Galopp über das offene Curragh davon.

Philip und Kate standen dort, wo er sie zurückgelassen hatte, bis er im Nebel verschwunden war, der über dem sumpfigen Land aufstieg, und das Geräusch der Hufe seines Pferdes nicht mehr zu hören war. Ihre Köpfe waren gesenkt, und obwohl ihre Arme verschränkt waren, waren ihre Gesichter halb zur Seite gedreht. Es herrschte einige Zeit Stille. Die Augenlider des Mädchens zitterten; Ihr Blick war besorgt und hilflos. Dann sagte Philipp: „Lasst uns nach Hause gehen“, und sie begannen gemeinsam zu gehen.

Sie sprachen kein weiteres Wort. Keiner sah dem anderen in die Augen. Ihre verschlungenen Arme lockerten sich ein wenig in einer leidenschaftslosen Trennung, doch beide hatten das Gefühl, dass sie sich festhalten mussten, sonst würden sie fallen. Es war fast so, als hätte Ross' Abschieds-Stichelei ihre Herzen einander offenbart und ihnen ihr Geheimnis offenbart. Sie waren wie andere Kinder des Gartens Eden, vertrieben und nackt ausgezogen.

An der Brücke trafen sie Cäsar, Oma, Nancy Joe und die Hälfte der Einwohner von Sulby, die mit Laternen auf der Suche nach ihnen unterwegs waren.

„Sie sind hier“, rief Cäsar. „Dann hast du ihn gezüchtigt! Wenn Sie ihm den Kopf abschlagen würden, werde ich auf Kaution gehen. Und ich bin fest davon überzeugt, dass Ihnen vergeben wird, Sir. Der Schlag dort war fast bitterer, als das Fleisch ertragen kann. Vor meinen Tagen der Gnade – aber loben Sie den Herrn für seine zurückhaltende Hand, in dem Moment, in dem ich wütend wurde, verkrüppelte er mich mit Rheuma an der Hüfte. Aber was ist das?“ die Laterne über seinen Kopf haltend; „Sie haben Blut im Gesicht, Sir?“

„Ein Kratzer – das ist nichts“, sagte Philip.

„Es sind die Frauen, die ihr Unwesen treiben“, sagte Cæsar.

„Herr segne mich, sind die Frauen nicht so gut wie die Männer?“ sagte Nancy.

„Hm“, sagte Cæsar. „Uns wird gesagt, dass der Mann etwas niedriger gestellt wurde als die Engel, aber was Frauen betrifft, bleiben wir einfach unseren eigenen Schlussfolgerungen überlassen.“

„Die Heilige Schrift hat nichts mit Ross Christian zu tun, Vater“, sagte Oma.

„Der Herr bewahre es“, sagte Cäsar. „Was kann man von einer Katze haben, außer ihrer Haut? Und kommt der Mann nicht von Christian Ballawhaine!“

„Aber wenn es dazu kommt, stammen wir nicht alle von Adam ab?“ sagte Oma.

"Ja; und auch von Eva ist das Mitleid noch größer“, sagte Cäsar.

VI.

Einige Zeit später reiste Philip nicht mehr nach Sulby. Er hatte eine ausreichende Entschuldigung. Sein Beruf erforderte seine ganze Energie. Wenn er nicht in Douglas arbeitete, sollte er zu Hause bei seiner Tante in Ballure sein. Aber weder Abwesenheit noch der Lauf der Jahre konnten ihn der Versuchung entziehen. Er hatte einen bedrängenden Anlass zur Erinnerung – eine Pflicht, die es ihm verbot, Kate zu vergessen – sein Versprechen gegenüber Pete, sein Amt als *Dooiney Molla* . Hatte er nicht geschworen, das Mädchen zu bewachen? Er muss es tun. Das Vertrauen war heilig.

Philip fand einen Ausweg aus seiner Schwierigkeit. Der Beitrag war ein unpersönlicher und unbestechlicher Vermittler, deshalb schrieb er häufig. Manchmal hatte er Neuigkeiten zu überbringen, denn um der Spionage von Cæsar zu entgehen, gelangten Informationen über Pete durch ihn; gelegentlich hatte er Liebesbriefe beizufügen; hin und wieder hatte er Geschenke zum Weiterreichen. Wenn eine solche Notwendigkeit nicht bestand, hielt er es für angenehm, den Briefwechsel aufrechtzuerhalten. Zu Weihnachten verschickte er Weihnachtskarten, am Mittsommertag einen Strauß Moosrosen und sogar am Valentinstag einen Valentinsgruß. All dies geschah in Erfüllung seiner Pflicht, und alles, was er tat, tat er im Namen von Pete. Er überzeugte sich selbst, dass er sich völlig selbst versenkte. Da er seinen Augen den Blick auf das Gesicht des Mädchens verwehrte, stand er aufrecht da und glaubte, ein wahrer und treuer Freund zu sein.

Kate hatte weniger Angst und schämte sich weniger. Sie nahm Pete die Geschenke ab und überreichte sie Philip. In ihrem geheimen Herzen empfand sie das als keine Schande. Die Jahre gaben ihr einen größeren Lebensfluss und machten aus dem bezaubernden Mädchen eine prächtige Frau, die den vollen Stand mädchenhafter Schönheit erlangte.

Diese Veränderung, die die Zeit an ihrem Körper hervorgerufen hatte, ließ sie die Vergangenheit sehr weit entfernt erscheinen. Etwas war geschehen, das sie zu einem anderen Wesen machte. Sie war wie die ältere Schwester des lachenden Mädchens, das Pete gekannt hatte. Es war unmöglich, sich vorzustellen, dass diese kleine Schwester eine Art Kontrolle über sie hatte. Kate hat nie daran gedacht.

Dennoch hielt sie den Mund. Ihre Leute waren von der Episode mit Ross Christian fasziniert. Ihrer Ansicht nach liebte Kate den Mann und sehnte sich immer noch nach ihm, und deshalb sprach sie nie über Pete. Philip war empört über ihre Untreue gegenüber seinem Freund, und das war der Grund für seine Abwesenheit. Sie sprach auch nie von Philip, aber sie sprachen ihrerseits ständig von ihm und nährten ihre heimliche Leidenschaft mit seinem Lob. So waren diese beiden drei Jahre lang wie zwei Gefangene in benachbarten Zellen, sehr nah und doch sehr weit voneinander entfernt, in der Lage, die Stimmen des anderen zu hören, aber nie die Gesichter des anderen zu sehen, und die sich danach sehnten, zusammenzukommen und sich zu berühren, es aber nicht konnten wegen der Mauer, die dazwischen stand.

Seit dem Streit hatte Cæsar sie von allen Pflichten im Gasthaus entbunden, und eines Tages im Frühling war sie im Giebelhaus und schälte Binsen, um Talgkerzen herzustellen, als Kelly, der Postbote, an der Veranda vorbeikam, wo Nancy Joe gerade die Kerzen putzte Kerzenständer.

„Hast du die Nachrichten gehört, Nancy?" sagte Kelly. "Herr. Philip Christian wird für zwei Jahre entlassen und in die Anwaltskammer berufen."

Nancy sah ernst aus. „Ich bin mir sicher, dass der junge Herr so ruhig und fleißig ist", sagte sie. „Was machen sie mit ihm?"

„Das macht ihn nur zu einem vollwertigen Fürsprecher, Frau", sagte Kelly.

„Das sagst du nicht?" sagte Nancy.

„Er hat gestern seine Prüfung vor dem Mann des Gouverneurs bestanden."

„Ach, jetzt da!"

„Ich habe den Brief heute Abend zu Ballure gebracht."

„Es ist so, wie Sie es tun würden, Mr. Kelly. Das ist der Junge für dich. Ich sage es immer. „Tatsächlich bin ich allerdings, aber es gibt hier einige, die es überhaupt nicht haben wollen."

„Miss Kate, Sie Mähne? Wir kennen den Grund. Er hat Klumpen in ihrem Brei, Frau. Guten Tag, Nancy."

„Ja, es ist wirklich ein schöner Tag, Mr. Kelly", sagte Nancy und der Postbote ging weiter.

Kate kam mit einem Pinsel in der Hand herausgeglitten. „Was hat der Postbote gesagt?"

„Dieser – Herr – Philip – Christian – hat sich – für einen Anwalt gehalten", sagte Nancy mit Bedacht.

Kates Augen glitzerten und ihre Lippen zitterten vor Freude; aber sie sagte nur mit einer Miene der Gleichgültigkeit: „War das dann alles seine Neuigkeit?"

"Alle? Sagen Sie alles?" sagte Nancy und kramte in den Kerzenständern herum. „Hör dem Mädchen zu! Und er ist so gut zu ihr, während ihr Versprecher weg ist!"

Kate wehrte ihren Ansturm ab und sagte mit einem Seufzer und einem verschlagenen Blick: „Ich fürchte, du denkst viel zu viel von ihm, Nancy."

„Dann werde ich Abhilfe schaffen", sagte Nancy, „für einige, die meinen, ein Tal sei zu wenig."

„Ich weiß nicht, was du in ihm siehst", sagte Kate.

„Das sagst du nicht!" sagte Nancy mit glühender Ironie. Dann schlug sie mit ihren Eisen auf und fügte hinzu: „Ich bin selbst kein großer Mann für eine Frau. Sie sind sowieso nur arme, hilflose Geschöpfe, und ich bin mit ihnen nicht einverstanden. Aber wenn ich so etwas ertragen würde, hätte er keine Beine und Arme wie eine Puppe und kein Gesicht wie Quark und Molke und keinen Mantel und keine Hose, die so laut sind, dass man sie die Straße heraufkommen hören kann."

Mit diesem Abschiedsschuss an Ross Christian stürzte Nancy ins Haus und dachte, sie hätte Kate ein Dressing geschenkt, das sie nie vergessen würde. Kate strahlte. Solche Beschimpfungen waren wie Honig auf ihren Lippen, solche Beschimpfungen waren Freudenglocken in ihren Ohren. Es bereitete ihr stille Freude, diese Angriffe zu provozieren. Sie dienten ihr wiederum in beide Richtungen, bereiteten ihr köstliche Freude über das Lob Philipps und bewahrten gleichzeitig ihr Geheimnis.

VII.

Später an diesem Tag kam Cäsar aus der Mühle mit der überraschenden Nachricht, dass Philip auf der Landstraße entlangfuhr.

„Gütige Güte!" rief Nancy und floh weg, um sich das Gesicht zu waschen. Oma rückte mit einer Handbewegung ihre Mütze zurecht und strich ihr graues Haar darunter glatt. Kate selbst war wie ein Lichtblitz verschwunden; Aber als Philip am Tor abstieg, größer, älter, blasser und ernster aussah, aber seine Mütze von seinem schönen Kopf hob und ein Lächeln wie Sonnenschein lächelte, kam sie gemächlich mit einem bezaubernden Hut über der Veranda aus der Veranda welliges schwarzes Haar und einen Handkorb über dem Arm.

Dann gab es ein kleines Erstaunen und Erkennen, ein kurzes Atemholen und nervöse Begrüßungen.

„Ich gehe zu den Nestern", sagte sie. „Ich nehme an, du kommst vorbei, um Mutter zu sehen."

„Zeit genug dafür", sagte Philip. „Darf ich dir zuerst mit den Eiern helfen? Außerdem habe ich dir etwas zu sagen."

„Ist es so, dass du ‚zugelassen' bist?", sagte Kate.

„Das ist nichts", sagte Philip. „Nur das ABC, wissen Sie. Ich bereite mich sozusagen auf den Beginn vor."

Sie gingen zum Stapelplatz, und er band sein Pferd an und gab ihm Heu. Während sie dann auf Händen und Knien im Stroh, unter den Stapeln und zwischen den Büschen nach Eiern suchten, sagte sie, sie hoffe, dass er Erfolg haben würde, und er antwortete, dass Erfolg für ihn jetzt mehr als eine Hoffnung sei – es sei eine eine Art Aberglaube. Sie verstand das nicht, sondern blickte mit leuchtenden Augen von allen Vieren zu ihm auf und sagte: „Was für eine herrliche Sache es ist, ein Mann zu sein!"

"Ist es?" sagte Philip. „Und doch erinnere ich mich an jemanden, der sagte, es täte ihr nicht leid, ein Mädchen zu sein."

"Habe ich?" sagte Kate. „Aber das ist lange her. Und *ich* erinnere mich an jemanden anderen, der so tat, als wäre er froh, dass ich es war."

„Das ist auch lange her", sagte Philip und beide lachten nervös.

„Was für seltsame Dinge Mädchen sind – und Jungs!" sagte Kate mit einem matronenhaften Seufzer und vergrub ihr Gesicht in einem Nest, in dem eine Henne gackerte und zwei flaumige Küken aus ihrem Flügel guckten.

Sie gingen in den Obstgarten, wo die Bäume gerade in voller Blüte standen.

„Ich habe einen weiteren Brief von Pete für dich", sagte Philip.

"Also?" sagte Kate.

„Hier ist es", sagte Philip.

„Willst du es nicht lesen?" sagte Kate.

„Aber es gehört dir; Sicherlich will ein Mädchen niemanden anderen –"

"Ah! aber du bist doch anders; Du weißt alles – und außerdem – lies es laut vor, Philip."

Mit ihrem Eierkorb auf einem Arm und der anderen Hand auf dem ausgestreckten Arm eines Apfelbaums wartete sie, während er las:

„Liebste Kitty, wie geht es dir, Liebling, und wie geht es Philip, und wie geht es Oma? Mir geht es super. Sie nennen mich jetzt Captain – Captain Pete. Eine Art Aufseher in den Diamantenminen außerhalb von Kimberley. Das Leben eines normalen Gentlemans und kein Fehler. Es bleibt nichts anderes übrig, als unter einem monströsen großen Regenschirm zu sitzen, mit einem Papier in der Faust, wie ein Vorsitzender, während zwanzig Kaffern die Arbeit erledigen. Nur hin und wieder ein kleines Gerangel, um zu verhindern, dass du absteigst. Wenn ein Kaffer einen Diamanten aufdeckt, schnappst du ihn dir und vermerkst ihn auf dem Stundenzettel mit seinem Namen. Sie haben ihre eigenen ausgefallenen Namen, aber wir taufen sie immer selbst – Sixpence, Seven Waistcoats, Shoulder-of-Mutton, Twopenny Trotter – was immer Sie wollen. Wenn ein Kaffer einen Diamanten schlägt, erhält er eine Provision, ebenso wie sein Aufseher. Ich fürchte, ich werde bald furchtbar reich. Sagen Sie dem alten Mann, dass ich diese Harmonie noch kaufen werde. Allerdings sind sie sehr wissbegierig, und wenn sie Staub aufwirbeln können, um einen Stein zu schmuggeln, wenn man nicht hinschaut, dann werden sie es tun. Dann verkaufen sie es an die schwarzbeinigen Buren, und man muss seine Stimme wie ein Anwalt erheben, um es irgendwie zurückzubekommen. Aber die Buren können dir mit ihren Fäusten überhaupt nichts anhaben – es ist ein Spiel. Sie sind ein dreckiger Haufen, wunderbar heterosexuell wie einige der faulen Manx-Typen, besonders Black Tom. Wenn sie uns unten am Fluss waschen sehen, sagen sie: „Was für dreckige Leute müssen die Engländer sein, wenn sie sich dreimal am Tag waschen müssen – wir machen das nur einmal in der Woche." Wenn ein Kaffer einen Stein stiehlt, stellen wir ihn normalerweise vor ein Kriegsgericht, aber ich halte mich nicht daran, da man den Auspeitschern auf dem Gelände nicht trauen kann; Deshalb lecke ich immer meine eigenen Nigger ab, um freundlicher zu sein, und wenn jemand etwas gegen mich tut, lynchen sie ihn."

Kate seufzte geduldig und wandte den Kopf ab, während Philip mit stockender Stimme fortfuhr:

„Liebling Kitty, ich sehne mich sterblich danach, dein süßes Gesicht zu sehen. Wenn die Nacht kommt und ich in den Hütten liege – Bretter auf dem Boden, gute Planen und alles, was bequem ist –, sage ich zu den Jungen: „Haltet eure Gesichter, Männer, und lasst einen armen Kerl schlafen." aber sie enthüllen nie die Dunkelheit meiner Bedeutung. Ich wünsche mir nur ein bisschen Ruhe zum Nachdenken … mit den funkelnden Sternen … Sie schaut das hier an … Scheine auf meinen Engel …"

„Wirklich, Kate", stockte Philip, „ich kann nicht –"

„Dann gib es mir", sagte Kate.

Sie zerrte mit zitternder Hand am Ast des Apfelbaums, und die weißen Blüten regneten von den dünnen Ästen über ihr herab, wie silberne Fische, die aus dem Heringsnetz fielen. Sie nahm den Brief entgegen und warf einen Blick auf das Ende …

„Liebling Kirry, wie steht es mit dem Mackral in dieser Saison und geht es dem Millin mittelmäßig und ich frage mich, ob die Weibchen alle liegen und ob die Gnade schon aus dem Bein der Stuten verschwunden ist und wie geht es dem Eulenmann und spielt er immer noch mit den Texes herum. Da ist ein großer Kerl, der genauso verzweifelt ist wie er. Er hat das Eulenbuch verschluckt und kann nicht anders, als es wieder zur Sprache zu bringen, aber lieber Kirry, im Moment erwarte ich nicht mehr, zu Hause zu sein, Sune Bogh, um euch alle zu sehen, obwohl ich nicht gerade begeistert bin. Mit Liebe Dein liebender Schweißtorf."

Als sie den Brief beendet hatte, drehte sie ihn zwischen ihren Fingern um und seufzte erneut geduldig. „Du hast es nicht in der richtigen Schreibweise gelesen, Philip", sagte sie.

„Wie groß ist die Wahrscheinlichkeit, dass die Schreibweise unsicher ist, wenn die Liebe doch so sicher ist?" sagte Philip.

„Hat er es selbst geschrieben, meinen Sie?" sagte Kate.

„Er hat es jedenfalls unterschrieben und zweifellos auch unterschrieben; aber vielleicht hielt einer der Gills-Jungs den Stift."

Sie errötete ein wenig, ließ den Brief unter ihrem Kleid in die Tasche gleiten und sah beschämt aus.

VIII.

Diese Scham über Petes Brief quälte Philip und er blieb erneut fern. Seine Abwesenheit stimulierte Kate und beschämte Philip selbst. Sie war verärgert über ihn, weil er nicht erkannte, dass die ganze Angelegenheit mit Pete eine Dummheit war. Es war absurd, sich vorzustellen, dass ein Mädchen einen Mann heiraten würde, den sie als Junge gekannt hatte. Aber Philip versuchte, den Bund heilig zu halten, und so kam sie damit zurecht. Sie benutzte Pete als Bindeglied, um Philip festzuhalten.

Nach einigen Monaten, in denen Philip in Sulby nicht gesehen worden war, schrieb sie ihm einen Brief. Es ging darum, zu sagen, wie besorgt sie seit langem war, seit sie das letzte Mal von Pete gehört hatte, und um zu fragen, ob er irgendwelche Neuigkeiten hätte, die ihre Ängste lindern könnten. Die arme kleine Lüge war mit zitternder Hand geschrieben, die zwar ehrlich zitterte, aber vor der Qual anderer Gefühle.

Philip beantwortete den Brief persönlich. Etwas hatte Tag und Nacht zu ihm gesprochen, wie das Summen eines Kreisels, und ihm einen Vorwand gefunden, zu dem er gehen konnte; aber jetzt musste er Ausreden dafür finden, dass er so lange wegblieb. Es war Abend. Kate war gerade am Melken und er ging zu ihr in den Kuhstall.

„Wir begannen zu glauben, dass wir dich nicht mehr sehen würden", sagte sie über das Rasseln der Milch im Eimer hinweg.

„Ich war – ich war krank", sagte Philip.

Das Rasseln erstarb zu einem dünnen Zischen. "Sehr krank?" Sie fragte.

„Naja, nein – nicht im Ernst", antwortete er.

„Daran habe ich nie gedacht", sagte sie. „Irgendwas hätte es mir sagen sollen. Ich habe dir auch Vorwürfe gemacht."

Philipp schämte sich seiner List, aber noch mehr schämte er sich der Wahrheit; Also lehnte er sich an die Tür und schaute schweigend zu. Der Geruch von Heu wehte vom Dachboden herab, und der Geruch des Atems der Kuh wehte in Schüben, als sie ihr Gesicht umdrehte. Kate saß auf dem Melkhocker neben dem Krug und lehnte ihren Kopf, auf dem sie eine Sonnenhaube trug, an die Seite der Kuh.

„Keine Neuigkeiten von Pete? NEIN?" Sie sagte.

„Nein", sagte Philip.

Kate vergrub ihren Kopf tiefer in der Kuh und murmelte: „Lieber Pete! So einfach, so natürlich."

„Das ist er“, sagte Philip.

„Auch so gutherzig.“

"Ja."

„Und so ein männlicher Kerl – er könnte jedem Mädchen gefallen“, sagte Kate.

„In der Tat, ja“, sagte Philip.

Es herrschte wieder Stille und zwei Schweine, die draußen auf dem Misthaufen schnarchten, begannen schnaubend nach Hause zu gehen. Kate drehte ihren Kopf so, dass die Krone der Sonnenhaube auf Phillip gerichtet war, und sagte:

"Oh je! Kann es etwas Schrecklicheres geben, als jemanden zu heiraten, der einem egal ist?“

„Nichts Schlimmes“, sagte Philip.

Die Öffnung der Sonnenhaube wurde rund. „Ja, es gibt noch etwas Schlimmeres, Philip.“

"NEIN?"

„Du hast niemanden geheiratet, den du tust“, sagte Kate und die Milch prasselte wie Hagel.

Im Stroh dahinter. Kate, da war eine schwanzlose Manx-Katze mit drei Schwanzkätzchen, und Philip begann mit ihnen zu spielen. Da er Rücken an Rücken mit Kate saß, konnte er seine Miene behalten.

„Dieser alte Horney ist schrecklich zum Wechseln“, sagte Kate über ihre Schulter. „Glaubst du nicht, dass du ihren Schwanz halten könntest?“

Das brachte sie wieder von Angesicht zu Angesicht. „Es ist so schön, jemanden zu haben, mit dem man über Pete reden kann“, sagte Kate.

"Ja?"

„Ich weiß nicht, wie ich seine lange Abwesenheit sonst ertragen könnte.“

„Sehnst du dich so sehr, Kate?“

„Oh nein, keine Sehnsucht – um nicht zu sagen Sehnsucht. Du kannst dir nur nicht vorstellen, was es heißt ... warst du nie du selbst, Philip?“

"Was?" „Halt es fest... verliebt? NEIN?"

„Nun“, sagte Philip und sprach am Scheitel der Sonnenhaube. "Ha! Ha! Nun ja, vielleicht nicht richtig – das tue ich nicht – ich kann es kaum sagen, Kate.“

"Dort! Du hast es schließlich losgelassen und sie hat mich mit der Milch bedeckt! Aber ich bin trotzdem fertig."

Kate strahlte plötzlich. Sie küsste Horney und umarmte ihr Kalb im angrenzenden Stall; Und als sie den ausgezehrten Stall überquerten, wobei Philip den Eimer trug, streute sie große Hände voll Hafer auf einen Hahn und seine beiden Hühner, während sie gackernd zum Schlafplatz gingen.

„Du wirst sicher bald wiederkommen, Philip, was? Es ist so süß, jemanden zu haben, der mich an … erinnert", aber Petes Name erstickte sie jetzt. „Es ist unwahrscheinlich, dass ich ihn vergessen werde – ist das jetzt wahrscheinlich? Aber es ist so eine ermüdende Zeit, allein gelassen zu werden, und ein Mädchen bekommt Sehnsucht. Habe ich jetzt? Dann gib mir die Milch. Habe ich gesagt, dass ich es nicht bin? Nun, man kann von einem Mädchen nicht erwarten, dass es *immer* vernünftig ist."

„Auf Wiedersehen, Kate."

„Ja, du solltest jetzt besser gehen – auf Wiedersehen."

Philip ging voller Schmerzen, aber auch voller Freude, mit einem köstlichen Schauer und einem Gefühl erdrückender Heuchelei davon. Er hatte sich wie ein Idiot gefühlt. Kate muss ihn für einen gehalten haben. Aber sie sollte ihn lieber für einen Narren als für einen Verräter halten. Es war alles seine Schuld. Nur für ihn wäre das Mädchen von ihrer Liebe zu Pete eingeengt worden. Er würde nicht mehr kommen.

IX.

Philip hielt drei Monate lang an seinem Vorsatz fest und wurde dünn und blass. Dann kam ein weiterer Brief von Pete – ein Brief für ihn selbst, und er fragte sich, was er damit machen sollte. Es per Post zu verschicken und dabei so zu tun, als wäre er wieder krank, wäre Heuchelei, die er nicht ertragen konnte. Er nahm es.

Die Familie war alle zu Hause. Nancy war gerade mit dem lauten Rühren fertig, und Kate war in der Molkerei, wog die Butter in Pfund ab und stampfte darauf. Philip las den alten Leuten in der Küche den Brief mit lauter Stimme vor, und das leise Klopfen und Wasserrauschen verstummte im feuchten Raum daneben. Pete war in Hochform. Er hatte in letzter Zeit unglaublich viel Geld verdient und war dafür, schnell nach Hause zu kommen. Ich konnte nicht genau sagen, wann, denn einige schurkische Buren, die seine Kaffern korrumpierten und sich mit einem Steinhaufen ins Land geschlichen hatten, mussten zuerst verfolgt und gefasst werden. Der Job würde jedoch nicht lange dauern, und sie könnten damit rechnen, ihn innerhalb von zwölf Monaten wiederzusehen, mit genug Geld in der Tasche, um den Teufel und den Gerichtsmediziner zu vertreiben.

„Boulder Kerl!" sagte Cäsar.

„Ach, Tat für Pete!" sagte Oma.

„Wenn da nicht dieser Ross wäre –" sagte Nancy.

Philip ging in die Molkerei, wo Kate gerade den Rahm der letzten Nacht abschöpfte. Es tat ihm leid, dass es diesmal nur eine Nachricht für sie gab. Hatte sie Petes frühere Briefe beantwortet? Nein, das hatte sie nicht.

„Ich muss wohl bald schreiben", sagte sie und blies auf die gelbe Oberfläche. „Aber ich wünschte – *Puff* – ich könnte ihm etwas über dich erzählen – *Puff, Puff*."

„Über mich, Kate?"

„Etwas Süßes, meine ich" – *Puff, Puff, Puff* …

Sie warf einen schlauen Blick nach oben. „Bist du dir noch nicht sicher? Kannst du es immer noch nicht sagen? Nicht richtig? NEIN?"

Philip tat so, als würde er es nicht verstehen. Kates Lachen hallte in den leeren Sahnedosen wider. „Wie willst du, dass die Leute Dinge sagen!"

„Nein, wirklich –", begann Philip.

„Ich habe immer gehört, dass die Mädchen von Douglas so schön sind. Sie müssen jetzt so viele sehen. Oh, es wäre köstlich, Pete eine lange Geschichte zu schreiben. Dort, wo Sie sich kennengelernt haben – natürlich in der Kirche. Wie sie ist – natürlich fair. Und – und alles darüber, wissen Sie."

„Das ist eine Geschichte, die du Pete niemals erzählen wirst, Kate", sagte Philip.

„Nein, niemals", sagte Kate ganz leichthin, und da dies genau das war, was sie hören wollte, fügte sie traurig hinzu. „Sag das aber nicht. Du kannst dir nicht vorstellen, welches Vergnügen du mir und dir selbst verweigerst. Nimm ein armes Mädchen in dein Herz, Philip. Du weißt nicht, wie glücklich es dich machen wird."

„Bist *du* dann so glücklich, Kate?"

Kate lachte fröhlich. „Warum, was denkst *du* ?"

„Lieber alter Pete – wie glücklich sollte *er* sein", sagte Philip.

Kate begann den bloßen Namen Pete zu hassen. Sie wurde auch wütend auf Philip. Warum konnte er es nicht erraten? Die Verheimlichung fraß ihr das Herz aus dem Leib. Als sie Philip das nächste Mal sah, kam er am Markttag auf dem Marktplatz an ihr vorbei, als sie neben dem überdachten Laden stand und ihre Butter verkaufte. Während er sich verbeugte und fortfuhr, ertönte ein Geplapper der Mädchen. Das ärgerte sie, und sie verkaufte ihr Geld für einen Penny pro Pfund weniger, nahm das Pferd aus dem „Sattel" und fuhr früh nach Hause.

Auf dem Weg nach Sulby überholte sie Philip und hielt an. Er ging zu Kirk Michael, um den alten Deemster zu besuchen, der krank war. Würde er nicht mitfahren? Er zögerte, lehnte halb ab und stieg dann in den Auftritt ein. Als sie es sich nach dieser Veränderung gemütlich machte, trat er auf den Saum ihres Kleides. Daraufhin zog er sich schnell zurück, als wäre er ihr auf den Fuß getreten.

Sie lachte, war aber verärgert; Und als er bei „The Manx Fairy" ankam und sagte, er werde vielleicht am Abend auf dem Rückweg vorbeischauen, zweifelte sie nicht daran, dass Oma sich freuen würde, ihn zu sehen.

Die Mädchen vom Marktplatz standen mit getaner Arbeit am Mühlenteich, die Arme unter ihren Schürzen verschränkt und zwitscherten wie die Vogelpaare um sie herum in den Bäumen, als Philip mit Sulby nach Hause zurückkehrte. Er sah, wie Kate die Straße entlangkam, zwei Färsen mit einem Cushag als Gerte vor sich hertrieb und ihnen im horizontalen Schein des Sonnenuntergangs sein Gold entgegenblitzen ließ. Sie hatte ihre gute Laune wiedererlangt und schwang sich dahin, während sie kam, fröhliche Melodien singend – alles Leben, ganz mädchenhaftes Blut und Schönheit.

Sie tat so, als würde sie ihn erst sehen, als sie beieinander waren und die Färsen in den Hof gingen. Dann sagte sie: „Ich habe ihm geschrieben und es ihm gesagt."

"Was?" sagte Philip.

„Dass du sagst, dass du ein eingefleischter alter Junggeselle bist."

„Dass *ich* das sage?"

"Ja; und dass *ich* sage, dass du einem Mädchen gegenüber so distanziert bist, dass ich nicht glaube, dass du überhaupt ein Herz hast."

„Du nicht?"

"NEIN; und dass er in all den Jahren niemanden hatte, der sich besser um mich kümmern konnte, denn du hast weder Augen noch Ohren noch einen Gedanken an irgendein Lebewesen außer an ihn selbst."

„Das hast du Pete noch nie geschrieben?" sagte Philip.

„Aber nicht wahr?" sagte Kate und stolperte auf Zehenspitzen davon.

Er stolperte hinter ihr her. Sie rannte in den Hof. Er rannte auch. Sie öffnete das Tor des Obstgartens, schlüpfte hindurch und ging zur Tür der Molkerei, und dort packte er sie an der Taille.

„Niemals, du Schurke! Sag nein, sag nein!" er keuchte.

„Nein", flüsterte sie und hob ihre Lippen für einen Kuss.

X.

Oma sah in dieser Nacht nichts von Philip. Er ging prickelnd vor Freude nach Hause und war doch von Scham überwältigt. Manchmal sagte er sich, dass er nicht besser sei als ein Judas, und manchmal, dass Pete vielleicht nie wieder zurückkommen würde. Der zweite Gedanke kam am häufigsten auf. Es ging ihm wie ein geisterhafter Schimmer durch den Kopf. Er wollte es halb glauben. Als er die Chancen gegen Petes Rückkehr abschätzte, raste sein Puls schneller. Dann hasste er sich selbst. Er litt unter Qualen. Aber unter seinem zerstreuten Herzen befand sich ein kleines Küken voller ängstlicher Freude, wie ein junger Kuckuck, der im Nest einer Bachstelze geschlüpft ist.

Nach vielen Tagen, in denen keine weiteren Neuigkeiten von Pete eintrafen, erhielt Kate diesen kurzen Brief von Philip:

„Ich komme heute Abend zu dir. Ich muss Ihnen etwas sehr Wichtiges sagen."

Es war Nachmittag, und Kate rannte nach oben, eilte in ihr bestes Kleid und kam herunter, um Nancy beim Apfelpflücken im Obstgarten zu helfen. Black Tom war da und hat die Rückseite des Hauses mit neuem Stroh gedeckt, und Cæsar hat für ihn Suganes (Strohseile) mit einem Twister hergestellt. Ein sanftes Herbstgefühl lag in der Luft, Tauben gurrten in den Simsen des Mühlenhausgiebels und alles war hell und ruhig. Kate war auf die Astgabel eines Baumes geklettert und warf gerade Äpfel in Nancys Schürze, als das Tor des Obstgartens klickte und sie überraschend einen kleinen Freudenschrei ausstieß, als Philip eintrat. Um dies zu vertuschen, tat sie so, als würde sie fallen, und er rannte, um ihr zu helfen.

„Oh, es ist nichts", sagte sie. „Ich dachte, der Ast würde brechen. Du bist es also!" Dann mit klarer Stimme: „Ist deine Schürze voll, Nancy? Ja? Dann bringen Sie noch einen Korb mit; das Weiße mit den Griffen. Bist du mit der Kutsche nach Laxey gekommen? Verdächtig vorbei, oder? Nancy, denkst du wirklich, dass wir genug Zucker für all diese Keswicks haben werden?"

„Guten Abend, Herr Christian, Sir", sagte Cæsar. Und Black Tom nickte von der Leiter auf dem Dach mit seiner breiten Strohkrempe.

„Neu decken, Mr. Cregeen?"

„Ich vertusche es, Sir; es vertuschen. Möge der Herr auch unsere Sünden bedecken, oder wie sollen wir uns vor seinem rächenden Zorn schützen?"

„Wie ärgerlich!" sagte Kate vom Baum. „Die Hälfte von ihnen bekommt blaue Flecken und dient nur der Konservierung. Sie fallen bei der ersten Berührung ab – so reif, wissen Sie."

„Mögen wir alle reif für die große Versammlung und auch gut für die Konservierung sein", sagte Cæsar. „Sehen Sie sich jetzt das Große an – verknotet wie die Muskeln eines Schmieds, aber es wird genauso schnell verfaulen wie das kleinste von allen. Es lehrt uns, Sir, dass wir alle fallen – große Berge, so leicht wie kleine Schwänze. Diese Welt ist veränderlich."

Philip hörte nicht zu, sondern blickte mit einem Gesicht halb verängstigter Zärtlichkeit zu Kate auf.

„Weißt du", sagte sie, „ich hatte Angst, dass du wieder krank sein müsstest – deine Schürze, Nancy – das war dumm, nicht wahr?"

"NEIN; *Mir* ging es gut genug", sagte Philip.

Kate sah ihn an. „Ist es jemand anderes?" Sie sagte. "Ich habe deinen Brief bekommen."

"Kann ich helfen?" sagte Philip. "Was ist es? Ich bin sicher, da ist etwas", sagte Kate.

„Setzen Sie Ihren Fuß hierher", sagte er.

„Lass mich runter, mir ist schwindelig."

„Dann langsam. Halten Sie an diesem fest. Gib mir deine Hand."

Ihre Finger berührten sich und gaben Feuer ab.

„Warum erzählst du es mir nicht?" sagte sie und drückte leidenschaftlich seine Hand. „Das sind schlechte Nachrichten, nicht wahr? Gehst du weg?"

„Wer weggegangen ist, wird nie wieder zurückkommen", antwortete er.

„Ist es – Pete?"

„Der arme Pete ist weg", sagte Philip.

Ihre Kehle flatterte. "Gegangen?"

„Er ist tot", sagte Philip.

Sie schwankte, richtete sich aber schnell wieder auf. "Stoppen!" Sie sagte. „Lass mich dafür sorgen. Gibt es keinen Fehler? Ist es wahr?"

"Zu wahr."

„Ich kann die Wahrheit jetzt ertragen – aber danach – heute Abend – morgen – morgen früh könnte es mich umbringen, wenn –"

„Pete ist tot, Kate; er starb in Kimberley."

„Philipp!"

Sie brach in einen wilden Anfall hysterischen Weinens aus und vergrub ihr Gesicht an seiner Brust.

Er legte seine Arme um sie und dachte, sie zu beruhigen. "Dort! sei mutig! Bleib standhaft. Es ist ein schrecklicher Schlag. Ich war zu plötzlich. Mein armes Mädchen. Mein tapferes Mädchen!"

Sie klammerte sich an ihn wie ein verängstigtes Kind; die Tränen kamen unter ihren fest geschlossenen Augenlidern hervor; Die Schleusen der vierjährigen Reserve fielen in einem Augenblick, und sie küsste ihn auf die Lippen.

Und voller Glückseligkeit und einer gesegneten Erleichterung von vier Jahren Heuchelei und Verrat erwiderte er den Kuss, und sie lächelten unter Tränen.

Armer Pete! Armer Pete! Armer Pete!

XI.

Als Cæsar Kates Weinen hörte, warf er den Twister weg und kam näher, um zuzuhören, und Black Tom war vom Strohdach gefallen. Nancy rannte mit dem Korb zurück und Oma kam aus dem Haus geeilt.

Cäsar hob feierlich beide Hände. „Nun, ihr Frauen, beherrscht euch", sagte er, „und hört zu, während ich rede. Peter Quilliam ist in Kimberley tot."

„Gütige Güte!" rief Oma.

„Herr, lebe!" rief Nancy.

Und die beiden Frauen gingen hinein, warfen ihre Schürzen über ihre Köpfe und schaukelten sich auf ihren Sitzen.

„Ach Junge, Veen! Junge Veen!"

Kate kam gespenstisch weiß hereingestolpert, und die Frauen machten sich daran, sie zu trösten, wodurch sie mit ihrem beruhigenden Stöhnen mehr Aufruhr verursachten als Kate mit ihrem Weinen.

„Chut!" Mach ein gutes Gesicht, Frau", sagte Black Tom. „Ein Whippa von einem Mädchen wie dir wird bald ein weiteres bekommen und singen: ,Hail, Smiling Morn!' mit den besten."

„Schäm dich, Mann. Bist du so betrunken wie Mackillya?" rief Nancy. „Dein eigener Enkel auch!"

„Jedenfalls nie wieder einen für Kate", weinte Oma. „Ach, Junge, ach, Junge!"

„Vielleicht hatte er selbst noch einen, wer weiß?" sagte Black Tom. „Aus den Augen, aus dem Sinn, und diese Matrosenjungen haben einen Lappen an vielen Büschen."

Kate wurde in ihr Zimmer im Obergeschoss gebracht, Philip setzte sich in die Küche, die Neuigkeit verbreitete sich wie ein Curragh-Feuer, und in fünf Minuten war die Bar voll. In der Mitte von allen stand Cäsar, feierlich und ausladend.

„Er hat gestern Abend seinen Hering umgedreht, als er sich von uns vier verabschiedete", sagte er. „Mein Vater tat das Gleiche in der Nacht, in der er sich verlaufen hatte, als er Rum für Whitehaven leitete, und ich habe noch nie einen Mann gesehen, der das tat und überlebte."

„Das hast du vergessen, Vater", weinte Oma. „Es war Herr Philip, der es gedreht hat. Oh Junge, Veen! Junge Veen!"

„Wie konnte das sein, Mutter?" sagte Cäsar. "Herr. Philip ist nicht tot."

Aber Oma hörte nichts mehr. Sie war damit beschäftigt, ein halbes Dutzend Frauen zu trösten, die sich um sie versammelt hatten. „Ich habe es in der Nacht geträumt, als er segelte. Ich hörte einen Schrei, der schrecklichste, den ich tat. „Vater", sage ich, „was ist das?" Es war, als hätte ich gesehen, wie der arme Junge unzeitgemäß sein Ende fand. Und ich habe an diesem Abend kein einziges Mal gezwinkert."

„Nun, er ist zu den übrigen gegangen, die noch übrig sind", sagte Cäsar. „Das Gras geht zugrunde, und der Wurm frisst, und bald werden alle mit ihm im Himmel sein."

„Gott bewahre es, Vater; „Sprich nicht von so schrecklichen Dingen", sagte Oma und klopfte ihre Schürze auf. „Sagen Sie, seine Mutter, Ma'am? Ist sie im Leben? Nein, aber unter dem Rasen kenne ich die Jahre nicht. Informationen über die Lunge, das arme Ding."

„Ich kenne ihn, seit ich ein kleiner Junge war", sagte einer. „Es war Höchstzeit – nein, es war Höchstzeit –"

„Ich habe ihn am Morgen seiner Abreise gesehen", sagte ein anderer. „Ich stand *so* –"

"Herr. „Christian hat ihn zuletzt gesehen", stöhnte Oma, und die Leute in der Bar blickten voller Ehrfurcht auf Philip herab.

„Ich fühlte mich selbst wie ein Vater für den Jungen", sagte Cæsar, „er war immer mein weißhaariger Junge, und ich habe mit dem Leben an ihm festgehalten." Er hatte es auch verdient. Vielleicht war seine Geburt etwas unglücklich, aber wie sagt man schon: „Sag mir nicht, was ich war, sondern sag mir, was ich bin." Und Pete war so höflich im Umgang mit der Zunge – ein höflicherer junger Mann war es nie."

Black Tom *zischte* und spuckte. „Du hast den Jungen aus Gnade angeschrien und ihn wie Kitt herumgeschleudert. Er wollte nicht bei dir wohnen, und deshalb ist er weggegangen."

„Es ist schlecht, dich zu vergessen, Thomas – das ist mir schon immer aufgefallen", sagte Cæsar.

„Du wirst die Glocke herumhängen und sein Begräbnis feiern, nicht wahr, Cäsar?" sagte jemand.

„Tat, ja, Mann, Sabbat zuerst", sagte Cæsar.

„Das ist unmöglich, Vater", sagte Oma. „Wie soll das Mädchen ihr Schwarz fertig haben?"

„Also Sonntagswoche oder Sonntag zwei Wochen oder der Sonntag nach der Melliah (Ernteheim)“, sagte Cäsar; „Die Ernte wartet auf Rettung, aber ein toter Mann ist daran vorbei. Oh, ich werde treu sein, ich sage es ihnen klar, es ist die Zeit, wie ein sterbender Mann zu sterbenden Männern zu sprechen; Ich nehme einen Text, der eine Lektion und eine Warnung sein wird: „He, jeder, der dürstet –“

Black Tom *zischte* und spuckte erneut. „Das würde ich nicht, Cæsar; „Sie werden denken, dass du sie schlecht behandeln wirst“, murmelte er.

Philip wurde nach Einzelheiten gefragt und brachte einen Brief hervor. Jonaique Jelly, John the Clerk und Johnny the Constable waren inzwischen angekommen. „Lies es, Jonaique“, sagte Cæsar.

„Zuerst eine Clanpfeife“, sagte Black Tom. „Machst du nicht darauf herum, Cæsar? Und gibt es nirgendwo eine Portion Rum? NEIN! Nicht einmal ein Teller Cracker und ein Tropfen Tay? Soll es dann die Beerdigung eines Totalisten sein?“

„Dies ist nicht die Zeit, um die Erfrischung unseres fleischlichen Körpers zu genießen“, sagte Cæsar streng. „Es ist eine Zeit des Lobes und des Gebets.“

„Ich werde ein Wort oder zwei sagen“, sagte der Constable sanftmütig.

„Meister Niplightly“, sagte Cæsar, „seien Sie nicht zu schnell, Ihre Gabe zu zeigen. Es ist Eitelkeit. Ich werde selbst beten.“ Und Cäsar lobte alle im Glauben und in der Furcht Verstorbenen.

„Cäsar ist ein Mann von liberalem Geist, aber er ist kraftvoll im Gebet, Teig“, flüsterte der Constable.

„Er ist kein verlorener Sohn, wenn du das meinst“, sagte Black Tom. „Ich habe ihn jedenfalls noch nie dabei gesehen, wie er jemandem mit einem Pint hinterherschreit.“

„Jetzt zum Brief, Jonaique“, sagte Cæsar.

Es stammte von einem der Gills-Söhne, der mit Pete gesegelt war und bisher als Briefschreiber für ihn fungierte.

„Verehrter Herr“, las Jonaique, „„mit Schmerz und Trauer schreibe ich diese wenigen Zeilen, um Ihnen vom armen Peter Quilliam zu erzählen –“

„Ach Junge Veen, Junge Veen!“ Oma eingebrochen.

„„Ich wusste, dass du seine Freundin auf der alten Insel warst und diejenige, von der er am meisten sprach, außer dem Mädchen ——'“

„Junge …“

„Still, Frau."

„'Er hat hier draußen in den Diamantenminen gutes Geld verdient –'"

„Dann hat er mir nie einen gelben Sovereign geschickt", sagte Black Tom, „und auch nicht die volle Faust deiner Ha'pence. Was nützt es, Enkelkinder zu bekommen?"

Cæsar winkte ab. „Mach weiter, Jonaique. Es ist schlimm, wenn die Täuschung des Reichtums einen Mann überwältigt."

"Wo war ich? Oh, ‚gutes Geld ——————' ‚Aber er war nie dafür, Freude daran zu haben——"

„Mehr Geld, mehr Sorgen", murmelte Cäsar.

„‚Aber reden und reden und für immer Pläne schmieden, um nach Hause zu kommen.'"

"Ah! Zuhause ist eine volle Tasse", stöhnte Oma. „Es war eine Show, wie sie dem Jungen gefiel. „Gib mir einen Teller Mate, belegt mit Kohl, und was wünsche ich mir von ihren Brötchen und Sarves, Oma", sagt er. Oh, Junge, Junge, Junge!"

„Was interessiert die Nachtigall an einem goldenen Käfig, wenn sie einen Zweig bekommen kann?" sagte Cäsar.

„Ist die Truhe des Jungen schon zu Hause?" fragte John der Angestellte.

„Da ist etwas dran", sagte Jonaique, „wenn die Leute nur einen Mann einsteigen lassen würden."

„Es gehört mir", sagte Black Tom.

„Wir werden darüber nach und nach nachdenken", sagte Cæsar und winkte Jonaique mit der Hand.

„‚Er hatte seine Brust gepackt, um loszugehen, als vier Schwarzbeinige, die sich auf dem Gelände herumgetrieben hatten und die Kaffern in Versuchung geführt und geplagt hatten, mit einem Sack voller Steine davonzogen. Auch eine verzweifelte Bande; also rannte niemand los, um ihnen nachzuschicken. Aber der arme Peter, der immer ein bisschen stiernackig war, war im Handumdrehen im Büro, und durfte er gehen? Und machte sich mit den zwanzig Kaffern seiner eigenen Kompanie auf die Jagd nach draußen, um ihm zu helfen – auch nicht viel, und er wurde verdächtigt, mit den Schwarzbeinern mit Diamanten gehandelt zu haben; Aber Peter schwor immer, dass ihre Liebe zu ihm von Tag zu Tag dicker und stärker wurde wie Sauerrahm. „Die Liebe des Kapitäns war ihr Thema und wird es bleiben, bis sie sterben", sagte Peter.'"

„Er trank das Wort aus wie ein durstiges Land den Regen", sagte Cäsar.
„Peter Quilliam und ich hatten ewige Freude aneinander. „Leb wohl, Vater",
sagt er und schüttelt mir schrecklich die Hand. Aber mach weiter, Jonaique."

„„Das war vor vier Monaten und zwei Wochen, seit acht seiner Kaffern
zurückkamen.""

„Ach Schatz!" "Gut gut!" „Herr-a-massy!" "Stille!"

„'Sie überholten die Schwarzbeiner weit oben im Land, und Peter nahm
sie in Angriff. Aber sie hatten Winchester-Repetierer, und Peters Jungs
konnten die Mündung einer Waffe nicht vom Hals einer Ginflasche
unterscheiden. Also richtete der große Mann der Bande seine Waffe auf Peter
und schrie ihn wie ein hoher Gerichtsvollzieher an: „Du solltest besser den
Weg zurückgehen, den du gekommen bist." „Nicht makellos", sagte Peter
und reckte ihn. Dann gab es Rauch wie aus einer Schmiede am Basketballtag,
und „Auf den Fersen, Jungs", rief Peter. Und wenn die Jungen Peter nicht
mit ihren Händen erreichen konnten, konnten sie ihn mit ihren Zehen
schlagen, und als sie das letzte Mal von ihm hörten, rannte er hinter ihnen
her, mit den Schüssen der Schwarzbeiner im Rücken, und schrie sterblich:
„Oh, oh ! Alle oben! Ich bin fertig! Heim und erzählt es, Jungs! Oh, oh.'"

„Freue dich nicht über mich, mein Feind. Wenn ich falle, werde ich
aufstehen. Selah", sagte Cäsar.

Inmitten des Tumults des Stöhnens, das der Lesung folgte, wurde Philip,
der mit dem Kopf auf der Hand neben dem Bett saß, heiß und kalt bei dem
Gedanken, dass es schließlich keine wirkliche Gewissheit gab, dass Pete tot
war. Niemand hatte ihn sterben sehen, niemand hatte ihn begraben; Die
Geschichte der zurückgekehrten Kaffern könnte eine Lüge sein, um ihre
Abkehr von Pete, ihren Verrat an ihm oder ihr geheimes Bündnis mit den
diebischen Buren zu vertuschen. In einem schrecklichen Moment fragte sich
Philip, wie er dem Brief jemals geglaubt hatte. Vielleicht hatte er es glauben
wollen .

Nancy Joe berührte ihn an der Schulter. „Kate wartet auf ein Gespräch
mit Ihnen allein, Sir", sagte sie, und Philip ging durch die Küche in den
kleinen Salon dahinter, gekühlt mit Porzellan und Schüsseln mit Seeeiern und
ausgestopften Seevögeln.

„Es geht ihm schlecht", sagte Nancy.

„Seit Pete am Kap war, war es nie mehr dasselbe", sagte Cæsar.

„Ich weiß nicht genau, wozu gute Jungs das tun", stöhnte Oma. „Und es
ausgerechnet Gute Hoffnung nennen! Er ist auch an einer Kugel in seinem
Kopf gestorben, oh Gott, oh Gott! Diskussion über das Gehirn. Und sieh
dir auch diese Mitesser an, so nackt wie meine Hand, ich werde auf Kaution

gehen. Ich hasse den ekligen Dreck! Cäsar spricht vielleicht von einem Fleisch und von Brüdern und all dem, aber ich für meinen Teil bin nicht an schwarze Brüder gewöhnt, und was schwarze Engel im Himmel betrifft, ist das lächerlich.“

„Wenn Sie mit dem Reden fertig sind, beende ich den Brief“, sagte Jonaique.

„Sie können nichts dagegen tun, Herr Jelly, die Frauen können nichts dagegen tun“, sagte Cæsar.

„„Verehrter Herr, ich muss jetzt schließen, aber wir binden die Truhe des Verstorbenen fest, so wie er sie zurückgelassen hat, und schicken sie zum Dampfer, der *Johannesburg*, der am Mittwoch zwei Wochen Kapstadt verlässt ——‘“

"Hm! Johannesburg. „Ich werde sie am Kai treffen – es ist meine Pflicht, sie zu treffen“, sagte Cæsar.

„Und ich werde sie in der Bucht entern“, rief Black Tom.

„Thomas Quilliam“, sagte Cæsar, „es liegt mir am Herzen, dass der Teufel der Gier auf dich losgelassen wird.“

„Cæsar Cregeen, mach keine Wachsnase aus mir“, heulte Tom, „und denk nicht, nur weil du ein bisschen betest, dass die Religion mit dir sterben wird. Dein Kopf schwillt tre-menjous an und du wirst bald nicht mehr schlafen können, ohne dass jemand deine Füße kitzelt. Als nächstes wirst du Sünden vergeben und Geld für die Absolution nehmen, und diese werden einen Papst aus dir machen und dir einen Penny zahlen. Papst Cäsar, der Zöllner, mit Kapellenhut und weißem Halsband! Aber dieses Recht gehört mir, und wenn es im Land Gesetz gibt, werde ich es haben.“

Damit rauschte Black Tom aus dem Haus und Cæsar wischte sich die Augen.

„Es hat keinen Zweck, eine Distel zu glätten, Mr. Cregeen“, sagte Jonaique beruhigend.

„Ich habe ein Gewissen, das frei von Beleidigungen ist.“ sagte Cäsar. „Ich kann nur der Führung des Geistes folgen. Aber als Belial –“

Er wurde von einem höchst traurigen Schrei unterbrochen: „Schau her! Ach, schau, dann schau!“

Nancy kam mit etwas zwischen ihren Fingerspitzen aus der Hinterküche. Es handelte sich um ein Paar alte Schuhe, bedeckt mit Schmutz und Spinnweben.

„Das waren seine Stiefel“, sagte sie und stellte sie auf die Arbeitsplatte.

„Liebes Herz, ja, genau die", sagte Oma. „Armer Junge, sie würden ein Herz aus Stein rühren, um sie zu sehen. Jedenfalls etwas, woran man sich an ihn erinnern kann. Viele Meilen gingen seine Füße darin; aber sie ruhen jetzt in Abrahams Schoß."

Dann übertönte Cæsars Stimme die traurige Stimmung rund um den Tresen. „,Lebenswichtiger Funke der himmlischen Flamme' – heben Sie ihn, Mr. Niplightly. Schade, dass wir Peter und seine Geige nicht hier haben – er hat mit dem Leben gespielt."

„Heute kann ich singen, da ich eine Erkältung habe, Kumpel, ich werde es pfeifen", sagte der Constable.

„Dann schlagen Sie es in Alttönen", sagte Cæsar. „Ich bin selbst ein bisschen niederträchtig, aber nicht annähernd so niederträchtig wie Peter."

Währenddessen spielte sich oben ein kleines Drama von ernstem Interesse ab. Da saß Kate vor dem Spiegel, mit geröteten Wangen und zitterndem Mund. Das leise Dröhnen vieler Stimmen drang durch den Boden zu ihr. Dann ein dumpfes Schweigen und eine Stimme, und Nancy Joe geht zwischen Küche und Schlafzimmer hin und her.

„Was machen sie jetzt, Nancy?" sagte Kate.

„Zuerst betet einer und dann betet der andere", sagte Nancy. „Herrgott, denkt ich, als nächstes bin ich an der Reihe, und was soll ich sagen?"

„Wo ist Herr Christian?"

„In den Salon gegangen. Ich flüsterte ihm zu, dass du ihn allein haben wolltest."

„Das hast du nie gesagt, Nancy", sagte Kate, als sie Nancys Spiegelbild im Glas betrachtete.

„Nun, es ist herausgesprungen", sagte Nancy.

Kate ging mit einem Ausdruck milder Trauer zu Boden, und Philip begann, ohne den Blick zu heben, Pete zu beklagen. Sie würden nie erfahren, wie er ist – so einfach, so wahr, so mutig; Niemals.

Er kämpfte gegen seine Scham an, als er das Mädchen nach diesem Kuss zum ersten Mal sah, was ihm jetzt wie Verrat an der Mündung eines Grabes vorkam.

Aber mit der Magie der Kunst einer Frau tröstete Kate ihn. Er hatte einen großen Trost: Er war ein treuer Freund gewesen; solche Treue, solche Beständigkeit, solche Zuneigung, das Vergessen der Unterschiede des Ortes, der Bildung – alles.

Philip schaute endlich auf und da war das schöne Gesicht mit den strahlenden Augen. Er drehte sich um, um zu gehen, und sie sagte leise: „Wie werden wir dich vermissen!“

„Warum?“ sagte Philip.

„Wir können nicht erwarten, Sie jetzt so oft zu sehen – jetzt, wo Sie nicht mehr den gleichen Grund haben, warum Sie kommen.“

„Ich werde am Sonntag hier sein“, sagte Philip.

„Dann hast du also noch nicht vor, uns zu verlassen – nicht jetzt schon, Philip?“

"Niemals!" sagte Philip.

"Ok, Gute Nacht! Nicht so – nicht bei der Veranda. Gute Nacht!"

Als Philipp in der Dunkelheit die Straße entlangging, hörte er die Worte des Liedes, das drinnen gesungen wurde:

„Warum hast du deine Herrlichkeit in einem solchen Klumpen Erde wie meinem verankert und dich in meinen Lehm gehüllt?“

XII.

In diesem Moment brach der Tag über den Ebenen von Transvaal an. Das kahle Veldt öffnete sich, als die Dunkelheit zurückging, Tiefe für Tiefe, wie die Oberfläche eines ungebrochenen Meeres. Kein Busch, kein Weg, nur ein paar Blockhäuser in großer Entfernung und hölzerne Leuchtfeuer wie Galgen, um die Burenhöfe zu kennzeichnen. Kein Ton in der durchsichtigen Luft, keine Wolke am sich enthüllenden Himmel; nur die Nacht schleicht schweigend davon, als hätte sie Angst, den schlafenden Morgen zu wecken.

Über die seelenlose Unermesslichkeit schleppte sich ein Planwagen mit vier Pferden, die mit ihren Gliederketten rasselten, und einem Burschen, der seitwärts auf dem Deichsel baumelte, seine Beine baumeln ließ, die Zügel drehte und pfiff. Im Inneren des Wagens, unter einem kleinen Fenster mit einem Stück Musselinvorhang, lag ein Mann, der von einer Schusswunde in der Seite gequält wurde, und ein alter Bure und eine Frau standen neben ihm. Er lag hart auf der Schmerzstelle und schwafelte im Delirium.

„Seht ihr, Jungs? Siehst du sie nicht?"

„Sehen Sie was, mein Junge?" sagte der Bure einfach und schaute durch das Wagenfenster.

„Da ist die Kopfbedeckung der Minen. Sehen! Die Eisendächer glitzern. Und da drüben sind die Minenrückstände. Wir sind im Handumdrehen zurück. Eine Kostprobe der Peitsche, Jungs, und weg!"

Unberührt von Visionen konnte der alte Bure nichts sehen.

„Was sieht er, Frau, meinen Sie?"

„Was kann er sehen, Dummkopf, wenn sein Gesicht so im Kissen liegt?"

Mit dem Rauschen des Blutes in seinen Ohren rief der Kranke erneut:

"Hören! Hörst du es nicht? Das ist das Geräusch der Batterien. Auf und weg! Weg!" und er riss mit seinen bewusstlosen Fingern am Rand der Decke, die ihn bedeckte.

"Armer Junge! Er kann es kaum erwarten, an die Küste zu kommen. Aber wird er noch einen weiteren Morgen überleben, meinen Sie?"

„Gott weiß, Jan – Gott weiß es nur."

Und das Veldt war sehr weit, und das Meer und seine Schiffe waren weit entfernt, und über dem öden Gras-, Fels- und Sandstreifen war am Horizont zwischen trostlosem Land und dominierendem Himmel nichts als eine

Wüste, die wie ein Chaos aussah von Purpur und Grün, wo kein Vogel jemals sang und kein Mensch jemals lebte und Gott selbst nicht existierte.

XIII.

"Sie liebt mich! Sie liebt mich! Sie liebt mich!" Die Worte klangen in Philips Ohren wie eine süße Melodie auf dem halben Weg zurück nach Ballure. Dann fing er an, an den Brombeersträuchern am Wegesrand zu rupfen, verletzte sich die Hand, indem er nach dem Ginster schnappte, und verachtete sich selbst dafür, dass er froh war, obwohl er in Trauer hätte sein sollen. Dennoch war er sich dessen sicher; Daraus ließ sich nichts machen. Sie liebte ihn, er hatte die Freiheit, sie zu lieben, es brauchte keine Heuchelei und keine Selbstverleugnung; Also wischte er sich das Blut von den Fingern und schlich in das blaue Zimmer von Tante Nan.

Die alte Dame, mit einer zierlichen Mütze mit fliegenden Luftschlangen, saß am Kamin und drehte. Sie hatte die Nachricht von Pete gehört, als Philip nach Sulby ging, und fragte sich nun, ob es nicht ihre Pflicht sei, Onkel Peter davon in Kenntnis zu setzen. Die süße und nette alte Dame, die im Duft der Vornehmheit erzogen wurde, dachte in Anlehnung an die arme Bridget, Black Tom, als sie unter bloßen Röcken starb, dass der Sohn eines Mannes sein Sohn sei, trotz Gesetz oder Teufel.

Sie entschied sich dagegen, es dem Ballawhaine zu erzählen, indem sie sich an einen Vorfall im Leben seines Vaters erinnerte. Es ging auch um Philipps Vater; Also streckte Philip seine Beine vom Sofa zum Kamin aus und lauschte der Stimme der alten Tante über das Surren ihres Rades hinweg, während eine andere Stimme – eine jüngere Stimme, eine ungehörte Stimme – in seinen Ohren eindrang, als das Rad drehte hielt inne, und immer ertönte ein süßer Untergesang in ihm, der sagte: „Sei vernünftig; es gibt keine Illoyalität; Pete ist tot. Armer Pete! Armer alter Pete!"

„Obwohl er deinen Vater verstoßen hatte, Philip, weil er gedroht hatte, deine Mutter zu seiner Frau zu machen, hätte er nie geglaubt, dass es einen Pfarrer auf der Insel gäbe, der es wagen würde, sie gegen seinen Willen zu heiraten."

"Nicht wirklich?"

"NEIN; und als Onkel Peter eine Woche später zum Abendessen hereinkam und sagte: „Es ist alles vorbei", sagte er: „Nein, Sir, nein" und warf seinen Löffel in den Teller, und die heiße Brühe spritzte auf meine Hand , Ich erinnere mich. Aber Peter sagte: „Es ist überflüssig, dafür zu beten, mein Herr", und dann rief der Großvater: „Nein, ich sage Ihnen nein." „Aber ich sage Ihnen ja, Sir", sagte Peter. „Maughold Church gestern Morgen vor dem Gottesdienst." Dann verlor sich der Großvater, nannte Peter „Lügner" und weinte, dass dein Vater das nicht konnte. „Und außerdem ist er schließlich mein eigener Sohn und würde es auch nicht tun", sagte

Großvater. Aber ich konnte sehen, dass er glaubte, was Onkel Peter ihm gesagt hatte, und als Peter anfing zu weinen, sagte er: „Verzeih mir, mein Junge; Ich bin dein Vater für alles und ich habe ein Recht auf deine Vergebung.' Trotzdem war er erst zufrieden, wenn er das Register gesehen hatte, und ich musste mit ihm in die Kirche gehen."

„Armer alter Großvater!"

„Der damalige Pfarrer war ein kleiner schrulliger Mann namens Kissack, und es war die Freude seines Lebens, ständig jemanden zu erdrücken und zu ersticken, weil ihn ständig jemand seiner Rechte beraubte oder so etwas."

„Ich erinnere mich an ihn – den Kakadu. Sein Lieblingstext war: „Jesus sagte, dann folge mir nach", nur die Leute erklärten, er wolle immer zuerst gehen."

„Schockierend, Philip. Es war Abend, als wir nach Maughold fuhren, und der kleine Pfarrer stand am Kreuz und bestellte jemandem mit einem Stock etwas. „Mir wurde gesagt, dass Sie gestern meinen Sohn geheiratet haben; ist es wahr?' sagte Großvater. „Ganz wahr", sagte der Pfarrer. „Durch Verbote oder Sondergenehmigung?" fragte Großvater. ‚Lizenz natürlich', antwortete der Pfarrer."

„Kurz genug, jedenfalls."

„„Zeig mir das Register', sagte Großvater, und sein Gesicht zuckte und seine Stimme war belegt. „Kannst du mir nicht glauben?" sagte der Pfarrer. „Das Register", sagte Großvater. Dann drehte der Pfarrer den Schlüssel in der Kirchentür um und stolzierte den Gang hinauf, etwas summend. Ich habe schon damals versucht, den Großvater zurückzuhalten. 'Was ist der Nutzen?' Ich sagte, denn ich wusste, dass er nur gegen den Glauben kämpfte. Doch mit dem Hut in der Hand folgte er dem Kommunionsgeländer, und dort legte ihm der Pfarrer das aufgeschlagene Buch vor. Oh, Philip, werde ich es jemals vergessen? Wie alles zurückkommt – die kleine, düstere Kirche, der Geruch von Feuchtigkeit und Samt unter den holländischen Decken der Kanzel und der leere Raum, der widerhallt. Und Großvater richtete seine Brille auf und beugte sich über die Kasse, aber er konnte nichts sehen – nur Unschärfe, Unschärfe, Unschärfe.

„ *Sieh* es dir an, Kind', sagte er über seine Schulter. Aber ich wage es nicht, mich dem zu stellen; Also rieb er seine Brille und beugte sich wieder über das Buch. Oh je! Er war wie jemand, der in der Liste der Ermordeten nach dem Namen sucht, von dem er betet, dass er ihn nicht findet. Aber der Name war zu sicher: „Thomas Wilson Christian... an Mona Crellin... signiert Wm. Crellin und etwas Kissack.'"

Philipps Atem ging heiß und schnell.

„Der kleine Pfarrer schwang seinen Stock auf der anderen Seite der Reling hin und her und lächelte, und der Großvater blickte ihn an und sagte: ‚Wissen Sie, was Sie getan haben, Herr?‘ Du hast mir meinen erstgeborenen Sohn geraubt und ihn ruiniert.‘ „Unsinn, Sir“, sagte der Pfarrer. „Ihr Sohn war volljährig und seine Frau hatte die Zustimmung ihres Vaters. Sollte ich Ballawhaine um Erlaubnis bitten, meine Pflicht als Geistlicher zu erfüllen?' 'Pflicht!' rief Großvater. „Wenn ein junger Mann heiratet, heiratet er für den Himmel oder für die Hölle.“ Ihre Pflicht als Geistlicher!' Er weinte, bis seine Stimme im Dach widerhallte. „Wenn ein Sohn von dir die Hand an die Kehle legen würde, würdest du es als meine Pflicht als Deemster bezeichnen, ihm ein Messer zu reichen?“ „Ruhe, Herr“, sagte der Pfarrer. Denken Sie daran, wo Sie stehen, sonst werden Sie es bereuen, auch wenn Sie Deemster sind.‘ „Verhaften Sie mich wegen Schlägerei, ja?“ rief der Großvater, riss dem Pfarrer den Stock aus der Hand und schlug ihm auf die Brust. ‚Verhaften Sie mich jetzt‘, sagte er und taumelte dann an meinem Arm und den Türen der leeren Kirchenbänke aus der Kirche.“

Philip ging in dieser Nacht mit brennender Stirn und pochendem Hals zu Bett. Er hatte eine überraschende Entdeckung gemacht. Er stand dort, wo sein Vater vor ihm gestanden hatte; er tat, was sein Vater getan hatte; er war vom Schicksal seines Vaters bedroht! Wo war sein Kopf, woran er noch nie gedacht hatte?

Es war schwer – es war schrecklich. Jetzt, da er die Freiheit hatte, das Mädchen zu lieben, wurde ihm klar, was es bedeutete, sie zu lieben. Dennoch war er jung, und er rebellierte, er kämpfte, er wollte nicht nachdenken. Das Mädchen siegte in dieser Nacht in seinem Herzen und er legte sich schlafen.

Aber am nächsten Morgen sagte er sich schaudernd, dass es ein Glück war, dass er nicht weiter gegangen war. Noch einen Schritt weiter, und all das Böse aus dem Leben seines Vaters hätte sich in seinem Leben wiederholen können. Es war nichts gesagt, nichts getan worden. Er würde nicht mehr nach Sulby gehen.

XIV.

Diese Stimmung hielt bis zum Mittag an, und dann begann sich ein Späher der Linie der Liebe verkleidet in sein Herz einzuschleichen. Er erinnerte sich daran, dass er versprochen hatte, am Sonntag hinzugehen, und dass es unziemlich wäre, die Bekanntschaft zu plötzlich abzubrechen, damit die einfachen Leute nicht denken könnten, er hätte es vier Jahre lang nur um Petes willen mitgetragen. Aber nach Sonntag würde er eine neue Wendung nehmen.

Er fand Kate gekleidet, wie sie noch nie zuvor gewesen war. Anstelle des weiten roten Mieders und der Sonnenhaube, der Schürze und des Kilted-Unterrocks trug sie ein enganliegendes dunkelgrünes Kleid mit Spitzenkragen. Die Änderung war einfach, aber sie machte den großen Unterschied. Sie war nicht schöner, aber sie ähnelte eher einer Dame.

Es war Sonntagabend und die „Fairy" war geschlossen. Csesar und Oma waren im Predigthaus, Nancy Joe kochte Crowdie zum Abendessen und Kate und Philip unterhielten sich. Das Mädchen war stiller, als Philip sie jemals gekannt hatte – bescheidener, eher zum Erröten geneigt, und die alte Kühnheit der Worte und des Aussehens war völlig verschwunden. Sie sprachen über Erfolg im Leben, und sie sagte:

„Wie gerne würde ich mich in der Welt durchkämpfen, so wie du es tust! Aber eine Frau kann nichts tun, um sich zu erziehen. Ist es nicht schwer? Ganz gleich, wo sie geboren wurde, sie muss ihr ganzes Leben lang dort bleiben. Sie kann sehen, wie ihre Brüder aufstehen und vielleicht auch ihre Freunde, aber sie muss unten bleiben. Ist es nicht schade? Es ist nicht so, dass sie reich oder großartig sein möchte. Nein, nicht das; Nur möchte sie nicht von den Menschen zurückgelassen werden, die sie mag. Das muss sie aber sein, und zwar nur, weil sie eine Frau ist. Ich bin mir jedenfalls sicher, dass es auf der Isle of Man so ist. Ist es nicht grausam?"

„Aber vergisst du nicht etwas?" sagte Philip.

"Ja?"

„Wenn eine Frau sich nicht erheben kann, weil ihr die Türen des Lebens verschlossen sind, ist es für einen Mann immer möglich, sie zu erziehen."

„Jemand, der sie liebt, meinst du, und sie so auf seine eigene Ebene hebt und sie mitnimmt, während er hinaufsteigt?"

"Warum nicht?" sagte Philip.

Kates Augen strahlten wie Sonnenschein. „Das ist wunderschön", sagte sie mit leiser Stimme. „Weißt du, daran habe ich noch nie gedacht! Wenn es mein Fall wäre, würde mir das am besten gefallen. Seite an Seite mit ihm, und er macht alles? Oh, das ist wunderschön!"

Und sie blickte mit schüchterner Freude zu dem erfinderischen Wesen auf, das dies für etwas Übernatürliches gehalten hatte.

Cæsar und Oma kamen zurück, beide in ängstlichen Ausbrüchen in Sonntagskleidung. Dennoch richteten sich Caesars Augen nach der ersten Begrüßung mit Philip auf Kates unbekanntes Kostüm.

„Was für eine weltliche Kleidung!" murmelte er, folgte dem Mädchen durch die Küche und ließ seine schwarzen Handschuhe in die Luft sprengen. „Diese Fürsorge für den elenden Körper, der eines Tages ins Grab gelegt wird! Was steht im Buch? – Setzen Sie meinen hohen Hut auf den Clan-Laff, Nancy. ‚Es soll nicht der äußere Schmuck des Anziehens von Kleidung sein, sondern es soll der verborgene Mann des Herzens sein.'"

„Aber um Himmels willen, Vater", sagte Oma und löste eine Haube, die wie ein Taucherhelm aussah, „wenn es dazu kommt, was sagt Jeremiah dann: ‚Kann ein Dienstmädchen seinen Schmuck vergessen?'"

„Es ist, als ob sie es könnte, wenn sie keines hat, an das sie sich erinnern kann", sagte Cæsar. „Aber vielleicht kannte der Prophet Jeremia die Mütter, die jetzt da sind, nicht."

„Chut, Mann! Mädchen sind wie Vögel, und die Rasse kommt in ihren Federn zum Vorschein", sagte Oma.

„Woher hat sie es dann? Überhaupt nicht von mir", sagte Cæsar.

„Tatsächlich, nein, Mann", lachte Oma, „wenn man bedenkt, wie klug sie ist und wie vernünftig sie aussieht."

„Halte deine Zunge, Frau; ‚Es wird dir besser gehen", sagte Cæsar.

Philip stand auf, um zu gehen. „Sie haben noch genug Zeit, Herr", rief Cäsar. „Ich wollte dir von einem Job erzählen."

Einige der Fischer von Ramsey waren am Samstag vorbeigekommen. Ihre Saison war ein Misserfolg und sie protestierten lautstark gegen die Trawler, die den Laich zerstörten. Cæsar hatte für den darauffolgenden Samstag eine Konferenz von Ramsey- und Peel-Männern in seinem Haus vorgeschlagen und Philip als Anwalt empfohlen, um mit ihnen über die besten Mittel zu beraten, den Feinden des Herings Einhalt zu gebieten. Philip versprach, dort zu sein und ging dann nach Hause zu Tante Nan.

Unterwegs sagte er sich, dass Kate völlig über ihrer Umgebung stand und in der Lage war, die absolutste Dame zu werden, die es je auf der Insel gegeben hat, ohne dass sich in ihrem Aussehen oder ihrer Sprache ein

Hinweis auf ihre Herkunft erkennen ließe, außer vielleicht dem zunehmenden Tonfall in ihrer Stimme, der sie hervorbrachte Das Gerede der wahren Manxwoman ist das Schönste auf der Welt, dem man zuhören kann.

Tante Nan saß an der Lampe und las ihr Kapitel, bevor sie zu Bett ging.

„Tante", sagte Philip, „glauben Sie nicht, dass die Tragödie im Leben Ihres Vaters ein Zufall war? Liegt es, meine ich, an den besonderen Charakteren des Großvaters und der armen Mutter? Wenn nun die eine weniger stolz, weniger exklusiv oder die andere fähiger gewesen wäre, sich mit ihrem Ehemann zu erheben –"

„Die Tragödie war tiefer als das, Liebes; Lass mich dir eine Geschichte erzählen", sagte Tante Nan und legte ihr Buch hin. „Drei Tage, nachdem dein Vater Ballawhaine verlassen hatte, kam die alte Maggie, das Hausmädchen, beim Abendessen an meine Seite und flüsterte, dass mich jemand im Garten haben wollte. Es war Thomas. Oh je! Es war schrecklich, ihn dort, der der Erbe von allem hätte sein sollen, wie einen Fremden im Dunkeln hinter der Küchentür stehen zu sehen."

„Armer Vater!" sagte Philip.

„,Whist, Mädchen, komm aus dem Licht', flüsterte er. „Oben in meinem Schreibtisch liegt eine Handtasche mit etwa zwanzig Pfund Gewicht; Hol es dir, Nan, hier ist der Schlüssel.' Ich wusste, wofür er das Geld wollte, aber ich konnte nicht anders; Ich holte ihm die Handtasche und steckte zehn Pfund mehr von mir hinein. „Müssen Sie es tun?" Ich sagte. „Ich muss", antwortete er. „Dein Vater sagt, jeder wird dich wegen dieser Ehe verachten", sagte ich. „Besser, sie sollten es tun, als dass ich mich selbst verachten sollte", sagte er. „Aber er nennt es moralischen Selbstmord", sagte ich. „Das ist nicht so schlimm wie moralischer Mord", antwortete er. „Er kennt die Insel", drängte ich, „und du auch, Tom, und ich auch, und niemand kann nach einer solchen Ehe an einem kleinen Ort wie diesem den Kopf hochhalten." „Umso schlimmer für den Ort", sagte er, „wenn es die Ehre eines Mannes befleckt, ehrenhaft zu handeln."

„Vater war ein aufrichtiger Mann", unterbrach Philip. „Keine Frage, mein Vater war ein Gentleman."

„,Sie muss ein süßes, gutes Mädchen sein und deiner würdig, sonst würdest du sie nicht heiraten', sagte ich zu meinem Vater; „Aber bist du sicher, dass du glücklich sein und sie glücklich machen wirst?" „Wir werden einander haben, und das ist unsere eigene Angelegenheit", sagte Vater.

„Genau", sagte Philip.

„,Aber wenn es jetzt einen Unterschied zwischen euch gibt', sagte ich, ,wird er kleiner sein, wenn ihr der große Mann seid, von dem wir hoffen, dass wir ihn eines Tages sehen?' „Ein Mann denkt nicht immer an Erfolg", antwortete er.

„Mein Vater war schon ein großartiger Mann, Tante", platzte Philip heraus.

„Er war erschüttert und ich schämte mich, aber ich konnte nicht anders, ich fuhr fort." „Ist die Ehe zu weit gegangen?" Ich fragte. „Es wurde nie zwischen uns erwähnt", sagte er. „Dein Vater ist alt und kann nicht mehr lange leben", flehte ich. „Er möchte, dass ich mich wie ein Schurke benehme", antwortete er. „Warum das, wenn das Mädchen noch kein Recht auf dich hat?" Sagte ich und er schwieg. Dann kroch ich heran und schaute zum Fenster hinein. „Sehen Sie", flüsterte ich, „er ist in der Bibliothek." Wir werden ihn überraschen. Kommen!' Es sollte nicht sein. Es lag ein Tabakgeruch in der Luft und das Aufprallen eines Schritts im Gras. 'Wer ist er?' Ich sagte. „Wer sollte es sein", rief Vater, „außer wieder derselbe Spion." Ich werde ihm noch das Leben aus dem Leib schütteln, so wie ein Terrier es einer Ratte tun würde. „Es nützt nichts, Mädchen", schrie er heiser und blickte in die Dunkelheit, „sie treiben mich ins Verderben." 'Stille!' Sagte ich und bedeckte seinen Mund mit meinen Händen, und sein Atem war heiß wie Feuer. Aber es war nutzlos. Drei Tage später heiratete er."

Philip beschloss, Kate nicht mehr zu sehen. Er muss am Samstag nach Sulby fahren, um die Fischer zu treffen, aber das wäre ein Geschäftsbesuch; er muss es nicht zu einem freundschaftlichen Gespräch ausdehnen. Die ganze Woche über hatte er das Gefühl, als würde ihm das Herz brechen; aber er beschloss, seine Gefühle zu besiegen. Er hatte ein wenig Mitleid mit sich selbst, und das half ihm, über seinen Fehler hinwegzukommen.

XV.

Am Samstagabend war er früh in Sulby. Der Fledermausraum war voller Fischer in Guernseys, Seestiefeln und Südwestwestern. Sie waren alle zusammen auf den Beinen, drehten sich wie große Meeraale auf dem Kai, tranken ein wenig und rauchten viel, klopften auf den Tisch und redeten alle gleichzeitig. „Wie ist es dir ergangen, Billy?" – „Genug, um den Teufel und den Gerichtsmediziner fernzuhalten, und das ist auch schon alles." – „Wo ist Tom Dug?" – „Nach Austrilla gegangen." – „Ist Jimmy heute vorbei? ? ."

Philip ging hinein und wurde mit Wohlwollen und grober Höflichkeit empfangen, aber kein Mann ließ seine Handlungs- oder Redefreiheit auch nur im Geringsten zurück, und das Pochen und Geschrei war so laut wie zuvor. „Appell an den Receiver-General." – „Chut! eine alte Frau mit einem Gesicht, das einem zuzwinkert wie eine Bratkartoffel." – „Wollen wir dann zum Bischof gehen?" – „Eine weißgetünchte Methodistin mit einer Seele von der Größe einer getrockneten Erbse." – „Der Gouverneur ist der Richtige." „Ich bin ein Mensch", sagte Philip über den Trubel hinweg, „und er wird nächsten Samstagnachmittag Peel Castle wegen der Restaurierungsarbeiten besuchen. Jeder Manx-Fischer, der denkt, die Schleppnetzboote seien Feinde der Fische, soll an diesem Tag dort sein. Dann legen Sie Ihre Beschwerde vor den Mann, dessen Pflicht es ist, alle derartigen Beschwerden zu untersuchen. und wenn Sie einen Sprecher wollen, bin ich bereit, für Sie zu sprechen." – „Bravo!" – „Das ist das Ticket!"

Dann war das Treffen zu Ende; Die Männer fuhren fort mit Geschichten über den Fischfang der Woche, Geschichten über Schmuggler, Geschichten über die Swaddlers (die Wesleyaner), Geschichten über die Totaler (Abstinenzler), und Philip ging zur Tür. Als er dort ankam, begann er darüber nachzudenken, dass er, da er im Haus sei, eine gute Nacht mit Cäsar und Oma verbringen sollte. Kaum anständig, das nicht zu tun. Es hat keinen Sinn, die Gefühle anderer zu verletzen. Könnte genauso gut zivil sein. Kostet sowieso nichts. So zog ihn ein überwältigender Zwang unter dem Deckmantel der Höflichkeit erneut in Kates Gesellschaft; aber morgen würde er eine neue Wendung nehmen.

„Stolz, Sie zu sehen, Herr Philip", sagte Cæsar.

„Das Wasser spielt im Kessel; Mach Mr. Philip eine Tasse Tay, Nancy", sagte Oma. Cäsar saß mit dem Rücken zur Trennwand und tat so, als würde er auf seinen Knien aus einer großen Bibel vorlesen, lauschte aber mit beiden Ohren und offenem Mund den profanen Geschichten, die in der Bar erzählt wurden. Kate war nicht in der Küche, aber ein aufgeschlagenes Buch lag mit der Vorderseite nach unten auf dem Stuhl neben dem Kleiderschrank.

"Was ist das?" sagte Philip. „Ein französisches Schulheft! Wem kann es hier gehören?"

„Ach, Kirry, natürlich", sagte Oma, „und ich bleibe so nah dran, dass du keine Chance hast, ein Wort über sie zu verlieren."

„Eitelkeit, Herr, Eitelkeit, alles Eitelkeit", sagte Cäsar; und wieder hörte er aufmerksam zu.

Philipps Augen begannen zu blinzeln. „Sie bringt sich selbst Französisch bei, oder? Macht sie das schon lange, Oma?"

„Lange genug, Sir, drei Jahre oder besser, seit der arme Pete vielleicht weggegangen ist; und für immer an den Büchern, Grammatiken und Lehrbüchern, und ich weiß nicht was."

Cæsar, das Ohr am Glas, machte eine ungeduldige Geste zum Schweigen, aber Oma fuhr fort: „Ich weiß nicht, warum die Leute überhaupt Fremdsprachen lernen sollten. Für meinen Teil gibt es keinen von ihnen, der der Einfachheit halber den Manx selbst übertrifft. Und lesen wir nicht, dass der Herr, als er Noah und seine ungehorsamen Söhne und Enkel beim Aufstieg auf den Turm von Babel verwirren wollte, sie in verschiedenen Sprachen reden ließ?"

„Das ist auch gut", sagte Cäsar scharf, „wenn jeder arme Mann verpflichtet wäre, seine Frau mit hinaufzutragen."

Philipps Augen tränten, und unbemerkt legte er das Lehrbuch an die Lippen. Er hatte sein Geheimnis erraten. Das Mädchen machte sich seiner würdig. Gott segne sie!

Kate kam im dunklen Kleid und weißen Kragen des Sonntagabends die Treppe hinunter. Sie sah, wie Philip das Buch weglegte, senkte den Kopf und errötete, nahm den Band und schmuggelte ihn außer Sichtweite. Dann siegte Cäsars Neugier über seinen Anstand und er wagte sich in die Bar, Oma ging zwischen der Theke und den Fischern hin und her, Nancy schlenderte von der Molkerei zur Tür, und Kate und Philip blieben allein.

„Du hast dich neulich Nacht geirrt", sagte sie. „Ich habe darüber nachgedacht, und du hast dich ganz, ganz geirrt."

"Also?"

„Wenn ein Mann eine Frau heiratet, die unter ihm steht, beugt er sich zu ihr herab, und sich zu ihr zu beugen bedeutet, Mitleid mit ihr zu haben, und Mitleid mit ihr bedeutet, sich ihrer zu schämen, und sich ihrer zu schämen würde sie töten. Du liegst also falsch."

"Ja?" sagte Philip.

„Ja", sagte Kate, „aber wissen Sie, was es sein sollte? Die *Frau* sollte unter ihrer eigenen Würde heiraten und der Mann *über* sich selbst; dann steigt der Mann in dem Maße, in dem die Frau hinabsteigt, und so – verstehen Sie nicht?"

Sie zögerte und blieb stehen, und Philip sagte: „Redest du nicht Unsinn, Kate?"

„In der Tat, Sir!"

Kate tat so, als wäre sie über die Zurückweisung wütend und schmollte, aber ihre Augen strahlten.

„Es gibt weder oben noch unten, wo es echte Sympathie gibt", sagte Philip. „Wenn du jemanden magst und sie für dein Leben notwendig ist, ist das das Zeichen deiner natürlichen Gleichheit. Es ist Gottes Zeichen, und alles andere ist nur die Buchführung des Menschen."

„Du meinst", sagte Kate und versuchte, einen ernsten Ton zu bewahren, „du meinst, wenn eine Frau jemandem gehört, den sie mögen kann, und jemand ihr gehört, dann ist das gleich, und alles andere ist nichts? Äh?"

"Warum nicht?" sagte Philip.

Für sie war es Musik, aber sie schüttelte feierlich den Kopf und sagte: „Ich bin sicher, du liegst falsch, Philip. Ich bin robust. Ja, das bin ich tatsächlich. Aber es hat keinen Sinn zu streiten. Nicht gegen dich. Nur--"

Der herrliche Chor der Turteltauben in ihrer Brust sang so laut, dass sie nichts mehr sagen konnte, und der Unwiderstehliche setzte sich durch. Nach einer Weile stopfte sie etwas ins Feuer.

"Was ist das?" sagte Philip.

„Oh, nichts", antwortete sie fröhlich.

Es war das französische Schulheft.

Philip ging nach Hause und rebellierte gegen das Schicksal seines Vaters. Es war Zufall; nur auf der Isle of Man war es unvermeidlich. Aber Verdammnis an einem Ort, an dem ein Mann die Frau, die er liebte, nicht heiraten konnte, wenn sie zufällig in der Krippe statt auf dem Stallboden geboren würde. Verdammnis für das Land, in dem ein Mann nicht leben konnte, es sei denn, er wäre ein Stinktier oder ein Hund. Gott sei Dank war die Welt weit.

In dieser Nacht sagte er zu Tante Nan: „Tante, warum ist Vater nicht weggegangen, als er feststellte, dass die Flut sich so stark gegen ihn richtete?"

„Er hatte es immer vor, aber er konnte es nie", sagte Tante Nan. „Eine Frau ist nicht wie ein Mann, der bereit ist, heute hier und morgen dort sein Zelt aufzuschlagen. Wir sind eher wie Katzen, mein Lieber, und klammern uns an die Orte, an die wir gewöhnt sind, auch wenn sie nur Ruinen aus fallenden Steinen sind. Deine Mutter war auf der Isle of Man nicht glücklich, aber sie wollte sie nicht verlassen. Dein Vater würde nicht ohne sie gehen, und dann war da noch das Kind. Er war hier wegen Wohl oder Wehe, wegen Leben oder Tod. Als er seine Frau heiratete, machte er die Kette, die ihn wie einen Felsen an die Insel fesselte."

„Bei Kate wäre das nicht so", dachte Philip. Aber wusste Tante etwas? Hatte ihr jemand davon erzählt? Warnte sie ihn? Am Sonntagabend, auf dem Heimweg von der Kirche, sprach sie erneut von seinem Vater.

„Endlich wurde ihm klar, dass es auch nicht ganz seine eigene Angelegenheit war", sagte sie. „Es war die Nacht, in der er starb. Deiner Mutter ging es nicht gut und Vater hatte nach mir geschickt. Es war eine dunkle Nacht und spät, sehr spät, und sie brachten mich mit einer Laterne den Hügel vom Lewaige Cottage hinunter. Vater sank, aber er *würde* aus dem Bett aufstehen. Wir waren damals allein, er und ich, bis auf dich, und du schliefst in deinem Bettchen am Fenster. Er ging direkt darauf zu und kniete sich mit Hilfe der Vorhänge an der Seite nieder. „Hör zu", sagte er und versuchte zu flüstern, doch es gelang ihm nicht, denn seine arme Kehle machte Geräusche. Du hieltst den Atem an, als würdest du im Schlaf schluchzen. „Armer kleiner Junge, er träumt", sagte ich; „Lass mich ihn auf die Seite drehen." „Das ist es nicht", sagte Vater; ‚Er ist in Schwierigkeiten eingeschlafen.'"

„Ich erinnere mich daran, Tante", sagte Philip. „Vielleicht hatte er versucht, mir etwas zu sagen."

„„Mein Junge, mein Sohn, vergib mir, ich habe gegen dich gesündigt', sagte er und versuchte, über das Bettgitter zu greifen und seine Lippen an deine Stirn zu legen, aber sein armer Kopf schüttelte sich wie gelähmt und senkte sich auf deine kleines Gesicht. Ich erinnere mich, dass du dir mit deiner kleinen Faust die Nase gerieben hast, aber du bist nicht aufgewacht. Dann half ich ihm zurück ins Bett, und der Tisch mit den Medizingläsern klimperte unter dem Zittern seiner anderen Hand. „Es ist ganz, ganz dunkel, Nannie", sagte er, „sicher wird mir ein Engel Licht bringen", und ich war so einfach, dass ich dachte, er meinte die Lampe, denn sie erlosch, und ich zündete eine Kerze an."

Philip ging in dieser Woche seiner Arbeit nach, als schwebte der Geist seines Vaters über ihm, warnte ihn im Wachzustand mit liebevollen und flehenden Worten und rief ihm im Schlaf mit zornigen und befehlenden Tönen zu: „Tritt zurück; Du bist am Rande des Abgrunds."

Dennoch erhob sich seine Seele in Rebellion gegen diesen Bund wie gegen die Vergangenheit und die Toten. Es wurde in Eitelkeit gegründet, im Streben nach Ruhm und Erfolg. Nur wenn ein Mensch der Welt und allem, was die Welt geben kann, entsagt, kann er sich selbst, seinem Herzensimpuls, seiner Ehre und seiner Liebe treu bleiben. Er würde nicht länger überlegen. Er verachtete sich selbst dafür, dass er überlegt hatte. Wenn die Welt gegen Kate wäre, lass die Welt zugrunde gehen.

XVII.

Am Samstagnachmittag war er in Peel. Es war ein schöner Tag; die Sonne schien und die Bucht war blau und flach und ruhig. Die Flut war zurückgegangen, der Hafen war leer, aber voller Segel mit herabhängenden Segeln und Hängematten aus Netzen und Leinen aus Mollags (Blasen) bis zu den Mastspitzen. Ein Schwarm Möwen fischte im Schlamm, wirbelte durch die braunen Flügel der Boote und schrie. Eine Flagge wehte über den Ruinen der Burg, die Kirchenglocken läuteten und die Hafenmeister waren in den besten blauen und goldenen Knöpfen unterwegs.

Auf dem Kippgrund der Burg hatten sich die Fischer versammelt, sechzehnhundert Mann stark. Unter ihnen befanden sich Trawler aus Manx, Iren und Engländern, die durch die Menschenmenge schlichen und den Krimskrams aufsammelten, während ihre Boote auf dem Grund die kleinen Fische auffischten. Gelegentlich wurden sie von den Heringsfischern beobachtet, dann gab es große Worte und freie Kämpfe. „Machen Sie doch einen kleinen Rundgang durch Port le Murrey, Dan?" – „Ich dachte, ich würde Peel heute mal ins Visier nehmen." – „Aber schlecht für Ihren Teint; Ich denke, es könnte rot werden." – „Sie werden mich mit Blut beflecken, ja? Ich möchte nur, dass du mich bettelst. Ich würde dir einen Union Jack in der Größe einer Bratpfanne ins Gesicht kleben."

Der Gouverneur kam, ein älterer Mann mit einer furchteinflößenden Miene, einer Adlernase und pockennarbigen Wangen. Philip stellte die Fischer vor und äußerte ihre Beschwerde. Die Schleppnetzfischerei zerstörte unreife Fische und trug so zum Scheitern der Fischerei bei. Sie baten um Macht, um es in den Buchten der Insel und im Umkreis von drei Meilen vor der Küste zu stoppen.

„Dann entwerfen Sie mir zu diesem Zweck einen Gesetzesentwurf, Herr Christian", sagte der Gouverneur, und die Sitzung endete mit Jubelrufen für Seine Exzellenz, Rufen für Philip und verächtlichem Gemurmel der Trawler. „Ich hätte nicht gedacht, dass es auf der Insel einen Mann gibt, der so reden könnte." – „Aber hat sich dein schicker Mann nicht schon auf dem College den Rücken gerieben?" – „Wenn ich du selbst wäre, würde ich kleine Reißzwecken mit nach Hause nehmen , Dan." – „Trink viel mehr und es wird einen halben Meter tief in dir sein."

Philip eilte unter dem zerfallenden Fallgitter davon, als eine Abordnung der Fischer auf ihn zukam. „Was schulden wir Ihnen, Herr Christian?" fragte ihr Sprecher.

„Nichts", antwortete Philip.

„Wir danken Ihnen, Sir, und Sie werden wieder von uns hören. In der Zwischenzeit bitten wir Sie um ein Wort, Sir?“

„Was ist los, Männer?“ sagte Philip.

„Wenn ein junger Mann so sprechen kann wie dort, dann ist das ein Geschenk, Sir, und er vertraut es für etwas an. Die alte Insel sehnt sich schrecklich nach einem großen Mann, und so etwas hat sie seit den Tagen deines eigenen Großvaters nicht mehr erlebt. Alles Gute, und danke – alles Gute!“

Damit entließen ihn die rauen Burschen an der Fährtreppe, und er eilte zum Marktplatz, wo er sein Pferd zurückgelassen hatte. Als er es aufstellte, hatte er gesehen, wie Cäsars Gig im Stallhof umgekippt war. Es war nun verschwunden, und ohne Fragen zu stellen, stieg er auf und ging auf Ramsey zu.

Er nahm die alte Straße an den Klippen entlang, und während er galoppierte und galoppierte, summte und pfiff und sang er und zerteilte die Bäume, um sich vom Nachdenken abzuhalten. Auf dem Gipfel des Hügels sichtete er das Gig vor sich, und in Port Lady stieß er darauf. Kate fuhr und Cæsar nickte und döste.

„Sie hatten einen tollen Tag, Herr Christian“, sagte Cæsar. „Ich wünschte, ich könnte das Gleiche für mich selbst sagen; aber das Herz des Menschen ist betrügerisch, mein Herr, und verzweifelt böse. Ich bin nicht der Typ, der die Leute im Schloss beklatscht und sie wegen Alkoholschulden vom Meer fernhält, und sie nutzen das aus. Ich habe heute keinen Penny bekommen, Sir, und so manchen gelben Souverän habe ich mir zu verdanken. Wenn ich wie einige wäre – jetzt gibt es diesen Tom Raby, Glen Meay. Er sah Dan, den Spion, gestern Abend von der Gesamtbesprechung kommen. „Hast du das Versprechen angenommen, Dan?“ sagt er. „Ja, das habe ich“, sagt Dan. „Ich freue mich, es zu hören“, sagt er; „Komm rein und ich gebe dir ein gutes Glas Rum dafür.“ Und Dan nahm den Rum, um das Pfand zu übernehmen, und da war er heute Morgen so betrunken wie Mackilley im Schloss.“

Philip hörte zu, während er ritt, und ein halb melancholischer, halb spöttischer Ausdruck spielte auf seinem Gesicht. Er dachte an seinen Großvater, den alten Iron Christian, der mit dem Vater seiner Mutter, Captain Billy Ballure, in Kontakt gebracht worden war, an die anmutige Vornehmheit von Tante Nan und die salbungsvolle Vulgarität des Vaters von Kate.

Cæsar schlief schließlich murrend ein, und dann war Philip allein mit dem Mädchen und ritt auf ihrer Seite des Gigs. Zuerst war sie still, aber ein freudiges Lächeln erhellte ihr Gesicht.

„Ich war auch im Schloss", sagte sie mit einem stolzen Blick.

Die Sonne ging über dem Wasser hinter ihnen unter und warf ihre braunen Schatten auf die Straße vor ihnen; Die Dämmerung vertiefte sich, die Nacht brach herein, der Mond ging ihnen ins Gesicht und die Sterne erschienen. Sie konnten das Stampfen der Pferdehufe, das Rollen der Riesenräder, das Rauschen und Rauschen des Meeres zu ihrer Linken und den Schrei der Seevögel irgendwo unter ihnen hören. Die Lieblichkeit und Wärme der Herbstnacht überkam Kate, und sie fing an, fröhlich zu plaudern.

„Ich kann alle Geräusche der Felder in der Dunkelheit erkennen. Im Mondlicht? NEIN; aber mit geschlossenen Augen, wenn Sie so wollen. Jetzt versuch es mit mir."

Sie schloss die Augen und fuhr fort: „Hörst du das – dieses Prasseln wie sanfter Regen?" Das ist Hafer, der fast reif für die Ernte ist. Hören Sie das denn – dieses Klatschen, wie Schafe, die auf der Straße vorbeilaufen? Das ist Weizen, gerade fertig. Und da – dieses Pfeifen, Pfeifen, Pfeifen? Das ist Gerste."

Sie öffnete die Augen: „Glaubst du nicht, dass ich sehr schlau bin?"

Philip verspürte den Impuls, sich über das Lenkrad zu beugen und seine Arme um den Hals des Mädchens zu legen.

„Pass auf dich auf", rief sie fröhlich; „Dein Pferd scheut."

Er betrachtete ihr Gesicht, das im weißen Mondlicht erleuchtet war. „Wie strahlend und glücklich du wirkst, Kate!" sagte er mit einem Schauder; und dann legte er eine Hand auf die Gig-Schiene.

Ihre Augenlider zitterten, ihr Mund zuckte und sie antwortete fröhlich: „Warum nicht? Nicht wahr? Das solltest du sein, weißt du. Wie herrlich, erfolgreich zu sein? Es bedeutet so viel – neue Dinge zu sehen, neue Häuser zu besuchen, neue Freuden, neue Freunde –"

Ihre freudige Stimme brach bei diesem letzten Wort in einem nervösen Lachen zusammen, und er antwortete mit stockender Stimme: „Das mag vielleicht auf die große Welt da drüben zutreffen, Kate, aber auf einer kleinen Insel wie unserer ist das nicht der Fall." Um hier erfolgreich zu sein, ist es, als würde man den Turm von Castle Rushen hinaufsteigen, während jemand hinter einem die Türen auf den Steinstufen verschließt. Mit jedem Stockwerk wird der Raum kleiner, bis man oben nur noch Platz zum Alleinstehen hat. Wenn du dann jemals wieder herunterkommst, gibt es für dich nur einen Weg: krachend über die Zinnen."

Sie sah mit erschrockenen Augen zu ihm auf, und seine eigenen waren groß und voller Ärger. Sie gingen durch Kirk Michael zum Haus des kranken

Deemster, und beide zogen die Zügel an und gingen langsam. Einige Akazien im Garten schlugen ihre Breitschwerter in die Nachtluft, und eine Windmühle dahinter hob sich wie eine riesige Fledermaus vom Mond ab. Der schwarze Schatten der Pferde trat neben ihnen.

„Fühlst du dich heute Nacht einsam, Philip?"

"Ich fühle mich--"

"Ja?"

„Ich fühle mich, als wären die Toten und die Lebenden, die Lebenden und die Toten – oh, Kate, Kate, ich weiß nicht, was ich fühle."

Sie legte ihre Hand liebkosend auf seine Handfläche. „Macht nichts, Liebes", sagte sie leise; „Ich werde dir zur Seite stehen. Du sollst nicht *allein sein* ."

XVIII.

Es war damals Mittag auf den tropischen Meeren, und der Horizont verschloss sich mit Wolken wie aus Blut und Dämpfen erdrückender Hitze. Ein Dampfschiff rollte in starkem Wellengang unter Winden, die so heiß waren wie Böen aus einem offenen Ofen. Unter dem Deck lag ein Mann in einer Atmosphäre aus Fieber und dem widerlichen Geruch von Verbänden und abgestandener Luft. Über dem Pochen der Motoren und dem Rasseln der Ruderkette hörte er einen Schritt an seiner offenen Tür vorbeigehen, und er rief mit schwacher Stimme, die fröhlich und fast fröhlich war, aber doch die Stimme eines heimwehkranken Jungen:

„Wie viele Tage von zu Hause entfernt, Ingenieur?"

„Jetzt nicht mehr als zwanzig."

„Mach Dampf, Kumpel; Zieh es an. Ich wünschte, ich könnte unten hüpfen und wie verrückt für dich anheizen."

Während das Schiff rollte, schossen der grüne Widerschein des Wassers und das rote Licht des Himmels abwechselnd durch das Bullauge und erleuchteten den Liegeplatz wie der Feuerschein, der in einem toten Haus aufleuchtet.

„Fragen Sie die Jungs, ob sie mich an Deck tragen, Sir – nur um frische Luft zu schnappen."

Die Matrosen kamen und trugen ihn. „Für so einen Kerl kann man alles tun."

Die große Sonne stand direkt über ihnen und lastete auf ihren Schultern, und es gab nirgendwo Schutz, denn die Schatten lagen unter ihren Füßen.

„Setzt die Segel aus, Jungs, und lasst uns weiterfliegen. Ich wünschte, ich könnte selbst die Takelage hochklettern und wie eine Möwe von den Rahen ausschauen, aber ich bin nur ein alter Papagei, der an meinen Stock gekettet ist."

Sie verließen ihn und er blickte auf den Kreis aus Wasser und den Dampf, der wie ein Schleier darüber zitterte. Die pulsierende Luft ließ den Kreis von Minute zu Minute kleiner werden, aber die Welt schien trotzdem grausam groß zu sein. Er blickte über die sichtbaren Dinge hinaus; er lauschte tiefer als dem Rauschen der Wellen; er träumte, träumte. In den Hitzewolken über ihm schwebten Erscheinungen. Heim! Seine Stimmen flüsterten an seinem Ohr, sein Gesicht blickte ihm in die Augen. Aber die heißen Winde kamen auf und tanzten um ihn herum; die Luft, das Meer, der Himmel, die ganze Welt, das gesamte Universum schien in Flammen zu stehen; seine Augen rollten nach oben zu seiner Stirn; er wäre fast erstickt und ohnmächtig geworden.

„Tragt ihn nach unten, armer Kerl! Er ist fest davon überzeugt, dass er seine Heimat jemals wiedersehen wird. Er wird es nie sehen."

Als er die Leiter halb hinunterstieg, öffnete er mit einem Ausdruck der Verzweiflung die Augen. Würde Gott ihn doch sterben lassen?

XIX.

Kate begann zu spüren, dass Philip ihr entging. Er liebte sie, da war sie sich sicher, aber irgendetwas riss sie auseinander. Ihr großer Feind war Philipps Erfolg. Dies geschah schnell und konstant. Sie wollte sich darüber freuen; Es fiel ihr schwer, froh und glücklich und sogar stolz zu sein. Aber das war unmöglich. Es war ungroßzügig, es war gemein, aber sie konnte nicht anders – sie ärgerte sich über jedes neue Anzeichen von Philipps Aufstieg.

Die Welt, die Philipp emporgetragen hatte, trug ihn fort. Sie würde weit unten zurückbleiben. Es wäre vermessen, ihren Blick zu ihm zu heben. Sie hatte Visionen von Philip in anderen Szenen als ihren eigenen, unter Damen in Salons, schön, gebildet, klug und in der Lage, über viele Dinge zu sprechen, die über ihr Wissen hinausgingen. Dann blickte sie auf sich selbst und ärgerte sich über ihre Hände, die durch die Arbeit auf dem Bauernhof grob geworden waren; auf ihren Vater und schämte sich für die Moleskin-Kleidung, die er in der Mühle trug; bei ihr zu Hause und errötete tief bei dem Gedanken an die Bar.

Es war klein und erbärmlich, das wusste sie, und sie schauderte bei dem Gefühl, ein gemeineres Mädchen zu sein, als sie jemals gedacht hatte. Wenn sie etwas tun könnte, um den durch Philipps Erfolg verursachten Unterschied auszugleichen, wenn sie sich ein wenig steigern könnte, wäre sie damit zufrieden, zurück zu bleiben, ihm den Vortritt zu lassen, zu sehen, wie er ihr vorauseilt, und vor allen anderen würde sie zufrieden sein. nur in Sichtweite und in Reichweite sein. Aber sie konnte nichts tun, außer sich zu winden und gegen das Netzwerk weiblicher Bräuche zu rebellieren oder sich im dornigen Dickicht weiblicher Moral zu zerreißen.

Die Ernte hatte begonnen; Die Hälfte der Ernte von Glenmooar war gerettet, ein Drittel war eingepfercht, und dann war ein nasser Tag gekommen und hatte alle Arbeiten auf den Feldern zum Erliegen gebracht. An diesem nassen Tag saß Cäsar im Predigtraum der Mühle, zwischen Formularen und Pulten, mit dem Knirschen der Steine von unten, dem Rauschen des Rades von außen und dem Rauschen des ungemahlenen Maises von oben, und rollte Zucker für den Stapelplatz, mit Kate, die den Twister bediente und rückwärts vor ihm herging, und die Hälfte seiner Nachbarn, die Schutz vor dem Regen suchten und zusahen.

„Ich dachte, ich schaue mal vorbei und sage es dir", sagte Kelly, der Postbote.

„Was gibt es Neues, Mr. Kelly?" sagte Cäsar.

„Der alte Dempster liegt im Sterben", sagte Kelly.

„Das sagst du nicht?" sagten alle.

„Na ja, das ist so gut, als würde man nach zehn Minuten sterben, weil man heute Morgen acht Uhr haben möchte", sagte der Postbote.

„Das Getränk war zu schwer für den Mann", sagte John, der Angestellte.

„Wein ist eine Schlange und starkes Getränk ein Spötter", sagte Cäsar.

„Wer wird der neue Dempster sein, Mr. Niplightly", sagte Jonaique.

"Hm!" „Das ist eine ernste Angelegenheit, Mr. Jelly", schniefte der Polizist und lockerte seinen Helm. Wir werden unsere Zeit nutzen – na ja, wir werden unsere Zeit nutzen."

„Chut! Es gibt nur einen Mann dafür", sagte Cæsar.

„Vielleicht ja, vielleicht nein", sagte der Polizist.

„Mähnen Sie den jungen Ballawhaine, Mr. Cregeen?" sagte der Postbote.

„Mähne ich Fiddlesticks?" sagte Cäsar.

„Nun, der Vater des Mannes ist beim Govenar Reg'lar, sagen sie mir", sagte Kelly, „und Ross ist das, und Ross ist das –"

„Jeder Hund lobt seinen eigenen Schwanz", sagte Cæsar.

„Ich leugne es nicht, der Mann ist nicht fit – er hat sich an den Teufel verkauft, das ist eine Tatsache –"

„Nein, das hat er nicht", sagte Cäsar, „so etwas bekommt der Teufel umsonst."

„Aber er ist ein Christ für alle, und die Christen waren schon immer Dempsters –"

„Ist er dann der einzige Christ, der da ist, was?" sagte Cäsar. „Mach weiter, Kate; wegdrehen."

„Ist es Herr Philip? Ach, ich sage nichts gegen Mr. Philip", sagte der Postbote.

„Du würdest in diesem Haus sowieso keine Lava bekommen", sagte Cæsar.

„Ach, ein richtiger Gentleman und überhaupt kein Stolz", sagte der Postbote. „So frei und frei wie ein armer Mann, und auch ohne ihn zu belästigen. Ich selbst habe nichts gegen ihn. Nein, aber ein bisschen jung für einen Dempster, nicht wahr? Nur ein bisschen jung, wie der Mann sagte, oder?"

„Jedenfalls älter als der junge Ballawhaine", sagte John, der Angestellte.

„Ach, dann mach ihn doch zum Dempster. Ich erhebe keine Einwände“, sagte Herr Kelly.

"Mach weiter. Will dieser Twister geölt werden? Füttere es, Frau, füttere es“, sagte Cæsar.

„Sein Vater hätte vor ihm Dempster sein sollen“, sagte John, der Angestellte. „Das wäre auch so gewesen, aber er hat sich vertan, als er diese Frau geheiratet hat. Aber sie ist fertig, und was wäre natürlicher –“

Das Seil stoppte erneut und Kates Stimme, hart und schwer, ertönte vom anderen Ende des Seils. „Seine Mutter ist tot, was?“

„Es war sowieso die Mutter, die für den Vater gearbeitet hat“, sagte der Angestellte.

„Deshalb“, sagte Kate, „soll er Gott dafür loben, dass seine Mutter weg ist!“

„Das Mädchen will einen Arzt“, murmelte Jonaique.

„Der Mann konnte die Frau nicht hinter sich herziehen“, begann der Angestellte. „Es ist immer so –“

„Genau das“, sagte Kate mit bitterer Ironie.

„Natürlich bin ich nicht dafür, dass es allein die Schuld der Frau war –“

„Entschuldigen Sie sich nicht für sie“, sagte Kate. „Sie ist verschwunden und vergessen, und deshalb hat ihr Sohn jetzt eine Chance, Deemster zu werden.“

„Das hat er“, rief Cäsar, „und nicht nur der zweite Dempster, sondern der erste Dempster selbst rechtzeitig, und dann geht es mit dem Twister weiter.“

Kate lachte laut und rief: „Warum machst du nicht weiter so, wenn deine Hand drin ist?“ Zuerst Deemster Christian, dann Sir Philip Christian, dann Lord Christian und dann – Aber Sie reden Unsinn und sind ein Haufen Schwätzer. Es gibt keinen Gedanken daran, Philip Christian zu einem Deemster zu machen, und es gibt keine Hoffnung darauf und keine Chance darauf, und ich vertraue darauf, dass es nie eine solche geben wird.“

Mit diesen Worten warf sie den Twister auf den Boden und stürzte hysterisch schluchzend aus der Mühle.

"DR. Clucas ist wunderbar für Frauen und junge Mädchen“, sagte Jonaique.

„Es ist wieder dieser Ross“, murmelte Cæsar.

„Und er wird sie noch haben“, sagte Kelly, der Postbote.

„Ich würde sie zuerst tot sehen", sagte Cæsar. „Es wäre der Rachen der Hölle und der Mund Satans."

Dass sie, die Philip bis zum Wahnsinn liebte, die Erste sein sollte, die ihn beschimpfte und diffamierte, war eine Qual, die an Wahnsinn grenzte, denn Kate wusste, woran sie war. Es war nicht nur so, dass Philipps Erfolg sie trennte, nicht nur, dass die Konventionen des Lebens, seine Bräuche, seine Manieren und seine Bräuche Welten zwischen sie brachten. Das Pathos in der Stellung des Mädchens war kein Zufall. Es war eine tiefere, ältere Angelegenheit; es war heute dasselbe wie gestern und würde auch morgen sein; Es begann im Garten Eden und dauerte bis zum Tod der letzten Frau – es war die natürliche Unterlegenheit der Frau gegenüber dem Mann.

Sie hatte die gleichen Leidenschaften wie Philip und wurde von der gleichen Liebe bewegt. Aber sie war nicht frei. Philipp allein war frei. Sie musste auf Philipps Testament, auf Philipps Wort warten. Sie sah, wie Philipp ihr entwischte, aber sie konnte ihn nicht ergreifen, bevor er verschwunden war; sie konnte nicht zuerst sprechen; sie konnte nicht sagen: „Ich liebe dich; Bleib bei mir!" Sie war eine Frau, nur eine Frau! Wie elend, eine Frau zu sein! Wie gemein!

Aber ah! der liebe köstliche Gedanke! Es schlich sich in ihr Herz, als der rote Aufruhr sie fast umbrachte. Was für eine herrliche Sache es doch war, eine Frau zu sein! Was für eine mächtige Sache! Was für eine schöne und geliebte Sache! Den König als Sklave zu regieren war süßer, als selbst der König zu sein. Das war Frauensache. Der Himmel selbst hatte sie von Anfang an bis jetzt dorthin gebracht. Welche Waffen hatte es ihr gegeben! Schönheit! Charme! Liebe! Die Freude daran! Die Schwachen sein und die Starken besiegen! Nichts im Kampf des Lebens zu sein und doch die ganze Welt zu erobern!

Kate schwor sich, dass Philip sie unter allen Umständen niemals verlassen würde.

XX.

An dem Tag, an dem die letzte Ernte auf der Isle of Man gerettet wird, gibt der Bauer seinen Landsleuten und den Nachbarn, die ihm beim Schneiden und Unterbringen der Ernte geholfen haben, ein Abendessen. Dieses Abendessen, das von einfachen und schönen Zeremonien begleitet wird, wird Melliah genannt. Der Pfarrer kann dazu eingeladen werden, und wenn es einen Freund von Rang und guten Manieren gibt, wird er auch eingeladen. Cäsars Melliah fiel innerhalb einer Woche nach der Seilherstellung in der Mühle, und teils um Kate zu bestrafen, teils um sich selbst zu ehren, bat er Philip, dabei zu sein.

„Er wird kommen", dachte Kate mit heimlicher Freude, „ich bin sicher, er wird kommen." Und in dieser Gewissheit ging sie, als der Tag Meljas kam, in ihr Zimmer, um sich dafür anzuziehen. Sie sollte Philip an diesem Tag gewinnen oder ihn für immer verlieren. Es sollte ihr Verhandlungstag werden – das wusste sie. Sie sollte um ihr Leben kämpfen und alles gewinnen oder verlieren. Es sollte ein königlicher Kampf zwischen allen Konventionen des Lebens, allen Netzwerken weiblicher Sitten, aller Minderwertigkeit der Stellung einer Frau, wie Gott sie selbst zugelassen hatte, und einem armen Mädchen werden.

Sie fing an zu weinen, aber sie kämpfte mit ihrer Traurigkeit und wischte die Tränen aus ihren glitzernden Augen. Was gab es zu weinen? Philip *wollte* sie lieben, und er sollte, er musste.

Es war ein herrlicher Tag und es war noch nicht einmal zwei Uhr. Nancy hatte das Geschirr abgewaschen, die Feuerbestecke poliert, die Stiefel und Ersatzpeitschen aufgehängt, die Latte, die alten Hüte, die wie Reihen von Köpfen an einem Stadttor aussahen, waren an den Küchenwänden aufgehängt, der Kaminvorleger lag herunter , der Rasen war auf dem Feuer aufgetürmt, der Kessel sang aus dem Slowrie und das ganze Haus hielt seinen Mittagsschlaf.

Von Kates Schlafzimmer blickte man auf den Obstgarten und auf den Stapelplatz das Tal hinauf. Sie konnte sehen, wie der Gerstenhaufen in der verfallenen Gegend wuchs; der beladene Karren, der die Glen Road herunterkam, mit dem Kutscher drei Decks über der Stute, die jetzt halb erstickt war und plötzlich klein aussah, wie eine Schnecke unter der gigantischen Last; und jenseits der langen Wiese und der Brücke des Bischofs lagen die belebten Felder, übersät mit den gelben Hürden und ihren schwarzen Schatten, die wie die mit Nieten beschlagenen Tore eines Schlosses aussahen.

Als sie zum Waschen ihr blauschwarzes Kleid abgelegt hatte, waren ihre Arme, Schultern und ihr Hals nackt. Sie erblickte sich selbst im Glas und lachte vor Freude. Die Jahre hatten ihr einen erfüllteren Lebensfluss beschert. Sie war wunderschön und sie wusste es. Und Philip wusste es auch, aber er sollte es heute wissen, da er es noch nie zuvor gewusst hatte. Sie verschränkte ihre Arme in ihrer Rundung über ihrem vollen Busen und ging über den Schaffellteppichen, unter den grasbewachsenen Scraas in dem kleinen Zimmer auf und ab, glühend in der Freude blühender Gesundheit und bewusster Lieblichkeit. Dann begann sie sich anzuziehen.

Sie nahm aus einer Schublade zwei Paar Strümpfe, eines schwarz und das andere rot, und wog mit moralischem Ernst ihre Vorzüge ab – welche? Die Roten hatten es, und dann kamen die Stiefel an die Reihe. Es gab ein großartiges neues Paar mit unzähligen Knöpfen, zwei Zehenkappen wie zwei Blumen und einer nach oben gerichteten Kurve wie der Arm eines Handschuhs. Sie probierte sie an, beugte sich vor und zurück, verzichtete aber seufzend darauf und zog stattdessen schlichte Schuhe an, die bis unter die Knöchel geschnitten und mit Klebeband festgebunden waren.

Ihr Haar war eine ernstere Angelegenheit. Seine wirren Locken hatten sie nie befriedigt. Sie versuchte mit allen Mitteln, sie zu unterwerfen; aber die Rolle oben war lächerlich, und die Rolle dahinter war formell. Sie versuchte es mit langen Wellen über den Schläfen. Es war unmöglich. Mit einem Wimpernkamm kämmte sie ihr Haar wieder in seine natürliche Unregelmäßigkeit, und als es in kleinen, wissenden Ringen, die kamen und gingen, auf ihre Stirn, über ihre Ohren und um ihren weißen Hals fielen und hervorlugten und zurückglitten, wie Kätzchen Beim Versteckspiel lachte sie und war zufrieden.

Aus einer Nische, die mit einem Schal bedeckt war, der an einer Schnur hing, nahm sie ihr Mieder herunter. Es war eine rosa Bluse, locker über der Brust, wie rote Sandhügel am Ufer, und auch locker über den Armen, aber eng am Handgelenk. Als sie es aufsetzte, erleuchtete es ihren Kopf wie ein Schimmer des Sonnenuntergangs und ihre Augen tanzten vor Freude.

Der Rock war bedruckt mit einer zartrosa Blume, die Schärpe war ein Baumwollband in der Farbe des Oberteils, und dann kamen die ernsten Probleme mit dem Hals. Es war rund und voll und weich und wie ein Turm. Am liebsten hätte sie es offen gelassen, aber sie wagte es nicht. Aus einer Schublade unter dem Spiegel holte sie eine Perlenkette. Sie waren ein Geschenk von Kimberley und hingen einen Moment über ihren Fingern und glitt dann zurück. Stattdessen wurde ein weißes Seidentaschentuch mit Wasserzeichen gewählt. Sie band es mit einem Seemannsknoten zusammen, wobei die Enden lose waren und die dreieckige Ecke auf ihrem Rücken lag.

Zuletzt holte sie aus einer Schachtel einen breiten weißen Strohhut, der einer Austernschale ähnelte, mit einem silbergrauen Band und einer ausladenden Straußenfeder. Sie betrachtete ihn einen Moment, blies darauf und zupfte an dem Band Sie hob es über ihren Kopf, hielt es dort in der Schwebe, ließ es sanft auf ihr Haar fallen, trat vom Glas zurück, um es zu betrachten, und riss es schließlich ab und ließ es auf das Bett gleiten.

Der Ersatz war ihr alltäglicher Sonnenhut, der neben der Presse auf dem Boden gelegen hatte. Es war ebenfalls blassrosa und hatte Flecken auf dem Aufdruck, die wie kleine Muscheln auf einer großen Jakobsmuschel aussahen. Als sie es über ihre schwarzen Locken geworfen hatte und die Fäden auf ihre Brust fallen ließen, musste sie laut lachen.

Schließlich war sie genauso gekleidet wie an anderen Tagen im Leben, außer am Sonntag, nur vielleicht schicker und vielleicht frischer.

Die Sonnenhaube passte jedoch, und sie begann damit zu spielen. Es war so voller Spiel; es eignete sich für so viele Stimmungen. Es konnte sprechen; es könnte alles sagen. Sie stieß es bis zu einem Punkt an, wie es Mädchen tun, wenn die Sonne heiß ist, indem sie den Mund über ihrer Nasenspitze schloss und nur eine schlummernde dunkle Höhle sichtbar ließ, durch die ihre schwarzen Augen schimmerten und ihre Wimpern leuchteten. Sie band die Schnüre unter ihr Kinn und streifte die Haube wieder über ihren Hals, wie es Mädchen tun, wenn die Brise kühl ist, wobei sie ihr Haar unbedeckt ließ, ihren Mund fröhlich zuckte und ihren Kopf wie einen Nymphenkopf in einer Aureole trug. Sie nahm es ab und warf es auf ihren Arm, die Schnüre waren noch verknotet, sie schwang es wie einen Korb, wedelte es dann wie einen Fächer und ging dabei im Zimmer auf und ab, der Boden knarrte und ihr bedrucktes Kleid zerknitterte , und sie selbst lachte mit dem Nervenkitzel der vibrierenden Leidenschaft und der imaginären Zukunft.

Dann ging sie mit festen und beschwingten Schritten die Treppe hinunter, ihre frische, geschmeidige Figur strahlte vor jungem Blut und rasanter Gesundheit.

Am Tor des „Haggard" traf sie Nancy Joe, die aus dem Waschhaus kam.

„Herr, rette uns am Leben!" rief Nancy aus. „Wenn ich bis heute jemals ein Mann sein wollte!"

Kate küsste und umarmte sie und floh dann zum Melliah-Feld.

XXI.

Philip in Douglas hatte die folgende Mitteilung vom Government House erhalten:

„Seine Exzellenz wird Herrn Philip Christian dankbar sein, wenn er die Insel vorerst nicht verlässt, ohne ihm sein Ziel mitzuteilen."

Die Botschaft war einfach: Sie sagte wenig, beinhaltete nichts und deutete nichts an, aber sie versetzte Philip in einen Zustand großer Aufregung. Um seine Unruhe zu lindern, indem er ihr nachgab, ging er spazieren. Es war das Ende der Touristensaison und die *Ben-my-Chree* verließ den Hafen. Zeitungsjungen, die sich zwischen den Menschenmengen am Pier versteckten, um eine Abendzeitung aus Manx zu verkaufen, riefen: „Krankheit des Deemster – ernste Berichte."

Philipps Haare schienen sich von seinem Kopf zu erheben. Die beiden Dinge fügten sich in seinem Kopf zusammen. Mit dem Bemühen, die Verbindung zu verwischen, wandte er sich wieder seiner Unterkunft zu, betrachtete alles, was ihm in den lärmenden Straßen ins Auge fiel, sprach mit jedem, den er kannte, sah aber nichts und hörte niemanden. Das Biest des Lebens hatte seine Krallen auf ihn gelegt.

Zurück in seinem Zimmer holte er ein Päckchen aus seiner Tasche, das Tante Nan ihm in die Hand gegeben hatte, als er Ramsey verließ. Es handelte sich um ein Bündel alter Briefe seines Vaters an seine Cousine, geschrieben aus London, zu der Zeit, als er Jura studierte und das Leben wie der Morgengrauen war. „Die Tinte ist jetzt gelb", sagte Tante Nan; „Damals war es schwarz und die Hand, die sie geschrieben hat, ist kalt. Aber das Blut in ihnen ist noch rot. Lies sie, Philip", sagte sie mit einem bedeutungsvollen Blick, und dann war er sicher, dass sie von Sulby wusste.

Philip las die Briefe seines Vaters bis tief in die Nacht und hatte jede Zeile davon durchgelesen. Sie waren so strahlend wie der Sonnenschein, so frei wie die Luft, locker, verspielt, energisch, voller Bilder, aber vor allem egoistisch, stolz im Stolz der Intellektualität und eitel in der Gewissheit des Erfolgs. Es war dieser Egoismus, der Philip faszinierte. Er schnüffelte daran, wie ein Fohlen den scharfen Wind schnüffelt. Es bestand keine Notwendigkeit, dafür Rücksicht zu nehmen. Die Luftschlösser, die sein Vater gebaut hatte, waren nur Hütten für die goldenen Paläste, die sich der eifrige Geist seines Sohnes in dieser Nacht vorstellte. Philip verschlang die Briefe. Es war fast so, als hätte er sie selbst in einem anderen Seinszustand geschrieben. Die Nachricht vom Government House lag auf einem Tisch zu seiner Rechten, und manchmal legte er seine offene Hand darüber, während er dicht unter der Lampe auf einem Tisch zu seiner Linken saß und weiterlas:

... „Ich habe gestern Abend den alten Broom im Haus gehört, und heute habe ich mit ihm bei Tabley's zu Mittag gegessen. Sie nennen ihn einen Redner und den König der Gesprächspartner. Er spricht wie eine Pumpe und spricht wie eine Flasche, aus der Wasser fließt. Keine Überzeugung, keine Aufrichtigkeit, keine Berufung. Aber höflich genug für mich, und als er hörte, dass Vater ein Deemster war, sagte er mir, der Titel bedeute Doomster, und fragte mich dann, ob ich die Bedeutung von „House of Keys" wüsste, und sagte, dass es seinen Ursprung im alten Iren habe Brauch, die Munitionskisten mit vierundzwanzig Schlüsseln zu verschließen, von denen jeder Berater einen hatte. Als er uns verlassen hatte, fragte Tabley, ob er nicht ein wunderbarer Mann sei und ob er nicht von allem etwas wisse, und ich sagte: „Ja, außer den Dingen, von denen ich ein wenig wusste, und von denen wusste er nichts." .'... Mein Stift läuft, läuft. Aber, Nannie, meine kleine Nannie, wenn das das ist, was London einen großen Mann nennt, werde ich den Ball noch wie ein Spielzeug vor mir kicken."

... „Sie fragen sich also, wo ich wohne – in der Villa oder auf dem Dachboden! Schauen Sie mich dann im Brick Court, Temple, zweiter Stock an. Goldsmith hat den „Vicar" zum dritten geschrieben, aber dazu bin ich noch nicht gekommen. Seine Zimmer waren die direkt über mir. Es kommt mir vor, als würde ich ihn in diesem wundervollen pflaumenfarbenen Mantel an meiner Tür vorbeikommen sehen. Und wenn ich nachts hier sitze, denke ich an ihn – die plötzliche Angst, den einsamen Tod, dann diese Treppe voller Rentner, der mächtige Burke, der sich durchdrängt, Reynolds mit seiner Ohrtrompete und der große „blinzelnde Sam" und zuletzt von allen das unbekannte Grab, Gott weiß wo, an der Kapellenwand. Armer kleiner Oliver! Sie sagen, dass es am Ende eine Frau war, die „in" war. So etwas gibt es jetzt nicht mehr, keine Schulden mehr, kein eitles Gerede mehr wie der arme Poll: Das Licht ist aus – alles still und dunkel."

... „Wie geht es meiner kleinen Nanny? Unterhält sie immer noch eine Menagerie für kranke Hunde und verlorene Katzen? Und wie geht es der Pfarrermöwe mit dem gebrochenen Flügel, und stolziert sie immer noch wie Pfarrer Kiss-sack in seinem Chorhemd? Ich war gestern in der Westminster Hall. Es war der große Prozess gegen den Abgeordneten Mitchell, der das Testament seines Vaters gefälscht hatte. Stevens verteidigte sich – böse, böse, böse, und grinste die ganze Zeit mit kleinen Facetten. Aber Denman fasst es zusammen: Oh! Oh! solche Einsicht, solche Schärfe! Es war wundervoll. Ich hatte einen Platz auf der Galerie. Der große alte Saal war eine aufregende Szene – das dichte Gedränge, die nach oben gerichteten Gesichter, die Anwälte, die Richter, die Gerichtsbeamten und dann die Fenster, die Statuen, das Echo der Geschichte, das jeden Stein und jeden Sparren zum Leben erweckte – Oh, Nan, Nan, hör mir zu! Wenn ich überlebe, werde ich eines Tages dort auf der Bank sitzen – das werde ich, also steh mir bei, Gott!"

Als Philip die Briefe seines Vaters beendet hatte, befand er sich auf der Höhe, und die arme Kate blieb weit unten zurück, außer Reichweite und außer Sichtweite. Bisher waren seine Ambitionen kaum mehr als ein blasser Schatten der Hoffnungen seines Vaters gewesen, aber jetzt waren sie seine eigene Realität.

XXII.

Am nächsten Morgen kam der Brief von Cæsar, in dem er ihn ins Melliah einlud, und dann dachte er zärtlicher an Kate. Sie würde leiden, sie würde weinen – es würde ihm das Herz bluten lassen, sie zu sehen; Aber muss er für ein paar Tränen die Ziele seines Lebens hinter sich lassen? Wenn Pete nur am Leben gewesen wäre! Wenn Pete nur noch nicht nach Hause käme! Ihm wurde heiß und er schämte sich, als er sich an die so kürzlich vergangene Zeit erinnerte, als das Gebet seines geheimen Herzens anders gewesen wäre. Es war jetzt so einfach, sich selbst für solche bösen Impulse zu hassen.

Philip beschloss, zur Melliah zu gehen. Es würde ihm die Chance geben, die Freundschaft endgültig zu beenden. Mehr als Freundschaft hatte es nie gegeben, außer im Geheimen, und das konnte nicht zählen. Er wusste, dass er sich selbst täuschte; Sooft Kates Gesicht vor ihm auftauchte, verspürte er ein unbehagliches Gefühl des Ehreverlusts und einen scharfen Stich zärtlicher Liebe.

Am Tag des Melliah machte er sich früh auf den Weg und ritt über St. John's, um sich bei Kirk Michael nach dem Deemster zu erkundigen. Er fand das Haus des großen Mannes einen verlassenen Ort. Das Tor war mit einem Vorhängeschloss verschlossen und er musste darüber klettern; Die Akazien schlugen über ihm, als er den Weg hinunterging, und die abgefallenen Blätter behinderten seine Füße. An der Tür, die verschlossen war, klingelte er, und bevor sie ihm geöffnet wurde, steckte eine alte Frau ihren unordentlichen Kopf aus einem kleinen Fenster an der Seite .

„Es ist skandalös, was hier passiert, Sir“, flüsterte sie. „Der Dempster ist durch das Getränk in die Sterik geraten, und der kleine Bauer, Billiam Cowley, ist vorbei und gibt ihm so viel er will und vertreibt alle.“

„Kann ich mit ihm sprechen?“ sagte Philip.

„Billiam? Es passt nicht. Er wird dich beschimpfen, Sterblicher, und der Dempster selbst ist darüber hinweg. Einfach beim Brandy sitzen und trinken und trinken und nichts essen; aber dieser Dreck hat den Curragh dazu gebracht, morgens und abends nach Beefstakes zu schreien und sein Abendessen auf einem wunderschönen neuen weißen Laken, so sauber wie ein Bett, liegen zu lassen.“

Aus dem Hinterhalt eines Bildschirms vor einer offenen Tür blickte Philip in den Raum, in dem sich der Deemster umbrachte. Die Fensterläden waren hochgezogen, um das Tageslicht fernzuhalten; In den Flaschenhälsen auf dem Kaminsims brannten Kerzen; ein Feuer schwelte in einem mit Papier und Asche übersäten Rost; Ein Mann mit groben Gesichtszügen aß gierig am

Tisch, ein Kotelett in den Fingern und Adern wie Schnüre auf seiner niedrigen Stirn – und der Deemster selbst, seit dem Tod von Iron Christian Richter über seine Insel, stützte sich darauf ein Stuhl mit einem rauchenden Glas auf einem Hocker neben ihm und einem Affen auf seiner Schulter. „Zieh sie aus, Hals und Schoß, Dempster; „Die Frauen sind alle dafür, einen Mann auszurauben", sagte der Kerl; und eine heisere, abgenutzte Stimme antwortete ihm mit einem Grunzen und einem Lachen: „Hm! Das ist also nur das, was du selbst tust, du Schlingel, und wenn ich den Richtigen schon längst hereinlassen würde, wärst du jetzt nicht hier – und ich auch nicht, oder, Jacko?" Der Schwanz des Affen flatterte auf der Brust des Deemsters, und Philip kroch zitternd davon.

Die Sonne schien hell vor dem Haus und die Luft war frisch und süß. Philip stieg wieder auf sein Pferd, das am Tor wieherte und stampfte, und ritt kräftig, um ein Gefühl der Wärme wiederherzustellen. Bei der „Fee" stieg er aus, stieg aus und sah Oma, die in der Mühle Tische deckte.

„Als Traps Frau bin ich beschäftigt", sagte sie, „und wenn du der Gouverneur selbst wärst, hättest du jetzt nicht die Gelegenheit, mit mir zu sprechen. Werfen Sie einen Blick auf sich selbst auf dem Feld dort drüben, der zweiten Wiese hinter der Bischofsbrücke, und kommen Sie mit den Jungen zum Abendessen zurück."

Philip fand das Melliah-Feld. Zwei Dutzend Arbeiter, Männer, Frauen und Kinder, ein Karren und ein Paar Pferde waren darüber verstreut. Wo am Tag zuvor der Mais geschnitten worden war, waren die Stoppeln über Nacht zu einem weißen Teppich aus Spinnweben verwoben, den weder die Sonne noch der Schritt eines Menschen bisher vertrieben hatte. Da war der Geruch des Strohs, das Krächzen der Krähen im Tal, das Zischen im Wind der noch stehenden Gerste, das Rascheln der Sense und das Klirren der Sichel, das Bücken und Aufstehen der Scherer, das Schwanken von den Buchbindern, die die Garben schleppten, vom Glucksen der Räder des Karrens, vom fröhlichen Kopf eines Kindes, das aus einem Scheiterhaufen lugte wie ein junger Vogel aus dem zerbrochenen Ei, und von einem scharlachroten Mädchen, das Philip erkannte und das an der Tür stand hinter der Hecke und wedelte mit dem Maisband, mit dem sie jemanden unten festband.

Philip sprang auf das Feld und wurde sofort von allen dort arbeitenden Frauen außer Kate ergriffen, mit Strohseilen gefesselt und erst gegen Zahlung des Tributs eines Eindringlings befreit.

„Aber ich bin zur Arbeit gekommen", protestierte er, und Cæsar, der die letzten Erntemaschinen plante, stellte ihn mit Kate zusammen und gab ihm eine Sichel. „Er ist ein David, er wird seine Tausenden niederschlagen", sagte Cæsar. Dann richtete er seinen Blick auf das Feld: „Der Ballabeg für Anführer", rief er, „er ist ein Mann mit Plattenrippen." Und lass Maggie den

Hintern mitnehmen. Jemmy der Rote für das Achtergerät und Robbie, der Mollie mit dem Karren folgt. Jetzt ding-dong, Jungs, beugt euren Rücken und geht damit runter."

Kate hatte nicht aufgeblickt, als Philip das Feld betrat, aber sie hatte ihn kommen sehen, und sie zuckte leicht zusammen, als er in Hemdsärmeln neben ihr Platz nahm. Er benutzte einige konventionelle Ausdrücke, auf die sie kaum antwortete, und dann war nichts mehr zu hören als die Geräusche der Sichel und des Mais. Sie arbeitete eine Zeit lang beständig, und er blickte von Zeit zu Zeit zu ihr mit ihren runden, nackten Armen, ihrer geschmeidigen Taille, ihrem festen Fuß und ihren engen roten Strümpfen auf. Zwei in der Luft flatternde Schmetterlinge spielten um ihre Sonnenhaube und eine Damenuhr saß an ihrem Handgelenk.

Die Zeit zum Ausruhen war gerufen, als Nancy Joe durch das Tor kam und einen Korb mit Flaschen und einer Dose brachte.

„Der Bauch ist ein Übeltäter, der frühere Freundlichkeit vergisst", sagte Cæsar; „aß und trank."

Dann bildeten die Männer eine Gruppe um das Bier, die älteren Frauen tranken Tee, die Kinder, die Bänder bildeten, bekamen Buttermilch, und die jüngeren Frauen mit ihren Babys gingen gurrend und glucksend zur Hecke, wo die Kleinen, einige davon, aneinandergeschmiegt und unbeaufsichtigt lagen Sie schliefen in Schals, einige erwachten auf dem Rücken und griffen nach den wunderbaren Margeritenwäldern, die sich neben ihnen auftürmten, und alle weinten mit einer Stimme beim Anblick der Brust, die die Mütter ebenso gerne gaben wie nahmen.

Die Saatkrähen krächzten in der Schlucht, es gab ein heißes Bienensummen und eine Schar Stare zog über ihnen hinweg und glitzerte im Sonnenlicht wie die Schuppen eines Herings.

„Sie erteilen uns eine Lektion", sagte Cæsar. „Sie fahren zusammen über das Meer; Aber es gibt jemanden auf der Erde, der lieber einsam in den Himmel kommen würde und sich freuen würde, wenn er ganz allein wäre und der Schwanz des Weges dort wäre."

Kate und Philip standen da und unterhielten sich, wo sie gerade geschoren hatten, ruhig, einfach und ohne offensichtliches Interesse, und währenddessen diskutierten die Arbeiter darüber.

Zuerst die Männer: „Aber er singt wie ein Mann." – „Auf jeden Fall ein kräftiger Junge; Gib ihm Übung, und er wird so manchen Mann im Bett scheren." Dann die Frauen: „Sie sieht so hell aus wie ein Zinntopf, und sie ist auch so hübsch wie die Tochter des Gouverneurs." – „Habe aber ein gutes Herz. Erst letzte Woche hatte sie von Pete gehört, und sehen Sie sich den scharlachroten Pericut an." Zum Schluss sagen sowohl Männer als auch Frauen: „Lass sie in Ruhe, Mutter; Es ist dieser Ross, der die Frau verschwendet." – „Nun, wenn ich ein Mann wäre, würde ich meinen Standpunkt kennen." – „Würde nicht vertrauen. Es kommt sowieso mit Cæsar; der Herr lässt ihn gedeihen; Sie wird ihre Beute haben. Auf dieser Welt gibt es nichts gegen die Religion. Es ist, als würde man mit einem alten Manx-Schilling in den Laden gehen – man bekommt einen Pen'or aus Toffee und zwölf Pence heraus. Keins übrig? Ach, Cäsar ist ein wunderbarer Ordensmann, aber bei ihm gibt es nie viel Bier."

Cæsar schritt durch die Hürden an Philip und Kate vorbei.

„Wird es gut klappen, Mr. Cregeen?" sagte Philip.

„Vielleicht acht Kapseln pro Hektar, aber kein nennenswerter Strohhalm, Sir", sagte Cæsar. „Jetzt, Jungs, lasst den Schuss am letzten Ende ruhen und beendet eure Arbeit."

Die Arbeiter fielen wieder zu Boden, und die Sichel des Anführers klang um seinen Kopf, während er hackte und blies und seinen Atem ausspuckte, bis das grüne Gras, das hinter ihm aufwuchs, nur noch eine dreieckige Ecke aus gelbem Mais übrig ließ. Das Vorder- und das Nachrigg lieferten einen Streit miteinander, und plötzlich war von der gesamten Ernte von Glenmooar nichts mehr übrig als ein kleiner Ährenschaft, der höchstens einen Meter breit war. Dann hielten die Anführer inne, und alle Scherer des Feldes kamen herauf und warfen ihre Sicheln in einem engen Kreis in die Erde und bildeten ein Bündel Halbmonde.

„Jetzt zum Melliah", sagte Cæsar. „Wer wird Königin?"

Es gab einen Schrei nach Kate, und sie segelte beschwingt vorwärts, frisch, warm von ihrer Arbeit und sah aus wie das Nachglühen des Sonnenuntergangs in den immer länger werdenden Schatten aus dem Westen.

„Schlag ihnen von den Beinen, Kirry", rief Nancy Joe, und Kate zog eine der Sicheln hoch, strich mit ihrem linken Arm über den stehenden Mais und brachte mit einem einzigen Schlag ihrer rechten die letzten Ähren zu Boden.

Dann gab es einen großen Schrei. „Hurra für die Mel-liah!" Es hallte durch das Tal und hallte in den Bergen wider. Oma hörte es im Tal und sagte sich: „Cæsars Melliah hat es genommen."

„Nun, wir haben den reifen Mais geerntet, preist seinen Namen", sagte Cäsar, „aber was soll bei der großen Versammlung für unreife Christen getan werden?"

Kate hob ihre letzte Garbe hoch und band sie mit einem Stück blauem Band zusammen, und Philip pflückte den Cushag (das Kreuzkraut) von der Hecke und gab ihn ihr, damit sie das Band daran befestigen konnte.

Dies geschieht; Die Königin der Melliah trat zurück und spürte, wie Philipp ihr folgte, während die älteste Schererin nach vorne trat.

„Ich habe ein Kronenstück, das liegt lange genug in meiner Tasche, Joney", sagte Cæsar mit ausdrucksstarker Miene und gab der Frau ihr gewohntes Arbeitsentgelt.

Sie war ein schüchternes, schrumpfendes Wesen, ihr Gesicht war voller Falten und sie trug einen kurzen blauen Unterrock, darunter schwere, stumpfe Stiefel wie die eines Mannes und dicke schwarze Strümpfe.

Dann rannten die jungen Kerle über das Feld, sprangen über die Sprünge, spannten ein Strohseil, damit die Mädchen darüber springen konnten, zogen es höher und fester, um ihnen ein Bein zu stellen, und lockerten es und drehten es, damit sie hüpfen konnten. Und die Mädchen fielen vor Lachen, sprangen wieder auf und flogen davon wie der Staub, zerrissen ihre Kleider und ließen ihre Sonnenhüte fallen, als ob die Gerstenkörner, die sie geerntet hatten, in ihr Blut gelangt wären.

Während Cæsar und die anderen hinter dem Gerstenhaufen knieten, riss Kate inmitten dieses rasenden Spaßes Philipps Hut vom Kopf und schoss wie ein Schimmer in die Tiefen des Tals.

Philip zog seinen Mantel an einem seiner Arme hoch und floh hinter ihr her.

XXIII.

Sulby Glen ist kurvenreich, weich, reichhaltig, süß und überaus schön. Ein dünner Faden aus blauem Wasser, der lacht, plappert, prügelt, jauchzt, springt, gleitet und sich von den Bergen herabschleicht; große Felsblöcke, die im Laufe der Jahrhunderte glattgeschliffen und hohl gepflügt wurden; nasses Moos und Flechten an den Kanalwänden; tiefe, coole Dubbs; winzige Riffe; kleine Kaskaden kochenden Schaums; Reihen von Bäumen wie Wächter auf beiden Seiten, die das Licht durch das überschattende Laub trüben; hagere Stämme, die vom Wind zerrissen und mit dem Kopf zu den Füßen ihrer Artgenossen über den Bach geworfen wurden; das goldene Fuchsia hier, das grüne Trammon dort; hin und wieder ein armer alter Tholthan, ein Haus ohne Dach, auf dessen Küchenboden Gras wuchs; und über allem blickte die Sonne mit hundert Augen in die dunkle und schlummernde Düsternis herab, und die Brise sang irgendwo oben in den Baumwipfeln zur Stimme des Flusses unten.

Kate war auf den Stamm eines der umgestürzten Bäume gerannt, und dort fand Philip sie mitten im Bach, lachend, tanzend, mit dem Hut in einer Hand schwenkend und ausladende Verbeugungen vor ihrem Spiegelbild im Wasser unten.

„Komm zurück", rief er. „Du schreckliches Mädchen, du wirst fallen. Setz dich da – quäle mich nicht, setz dich."

Nach einem Knicks vor ihm wandte sie ihre Aufmerksamkeit ihren Röcken zu, schlang sie um ihre Knöchel, setzte sich auf den Baumstamm und ließ ihre wohlgeformten Füße einen halben Zoll über die Wasseroberfläche baumeln.

Dann hatte Philip Zeit zu beobachten, dass das andere Ende des Baumes das gegenüberliegende Ufer nicht erreichte, sondern kurz ins Wasser eintauchte. Also verbarrikadierte er sein Ende, indem er sich darauf setzte, und sagte triumphierend: „Mein Hut, bitte."

Kate schaute hin und stieß einen kleinen Schreckensschrei und dann ein kicherndes Lachen aus, und dann sagte sie:

„Sie dachten, Sie hätten mich erwischt, nicht wahr? Das geht aber nicht", und sie ließ sich auf einen Felsbrocken fallen, von dem aus sie an Land hätte springen können.

„Ich kann nicht, oder?" sagte Philip; und er drehte einen kleineren Felsbrocken auf die Seite, so dass Kate von Wasser umgeben und vom Ufer abgeschnitten war. „Mein Hut jetzt, meine Dame", sagte er mit majestätischem Despotismus. 10

Sie wollte es nicht liefern, also tat er so, als würde er sie dort lassen, wo sie war. "Dann auf Wiedersehen; Guten Abend", rief er über das Gelächter des Baches hinweg und wandte sich barhäuptig einen Schritt ab.

Einen Moment später war sein Selbstvertrauen zerstört. Als er den Kopf zurückdrehte, hatte Kate ihre Schuhe und Strümpfe ausgezogen und rammte das eine in das andere.

"Was machst du?" rief Philipp.

„Fang das – und das", sagte sie und warf ihm die Schuhe zu. Dann setzte sie seinen Strohhut auf den Scheitel ihrer Sonnenhaube, zog mit beiden Händen ihre Röcke hoch und watete an Land.

„Was für ein kluger Junge du bist! Du dachtest, du hättest mich wieder erwischt, nicht wahr?" Sie sagte.

„Ich habe jedenfalls deine Schuhe gefangen", sagte Philip, „und bis du mir meinen Hut gibst, bleibe ich dabei."

Sie stand zwar auf der Schindel, aber barfuß, und konnte keinen Schritt machen.

„Meine Schuhe, bitte?" sie flehte.

„Zuerst mein Hut", antwortete er.

"Nimm es."

"NEIN; du musst es mir geben."

"Niemals! Ich werde zunächst die ganze Nacht hier sitzen", sagte Kate.

„Ich bin bereit", sagte Philip.

Sie saßen so, der eine mit bloßem Kopf, der andere mit bloßen Füßen, und auf demselben Stein, als ob Sitzplätze in der Schlucht rar wären, als von dem Feld, das sie verlassen hatten, der Klang einer Hymne erklang, und dann war es so Als gegenseitige Strafe wurde vereinbart, dass Kate Philipps Hut aufsetzen sollte, unter der Bedingung, dass Philip verpflichtet werden sollte, Kates Schuhe aufzusetzen.

Im nächsten Moment machte sich Philip, plötzlich ernüchtert, heftige Vorwürfe. Was hat er getan? Er war gekommen, um Kate zu sagen, dass er nicht mehr kommen sollte, und so hatte er angefangen! Gestern war er in Douglas und las die Briefe seines Vaters, und heute war er hier und vergaß sich selbst, seine Lebensziele, seine Pflichten, seine Verpflichtungen – alles. „Philip", dachte er, „du bist so schwach wie Wasser. Gib deine Pläne auf; du bist für sie nicht geeignet; Gib deine Hoffnungen auf – sie sind zu hoch für dich."

„Wie feierlich sind wir alle auf einmal!" sagte Kate.

Die Hymne (eine äußerst traurige Melodie, die sich in jeder Note zu Tode hinzog) erklang immer noch vom Melliah-Feld, und sie fügte listig, schüchtern, mit einer Mischung aus Kühnheit und Nervosität hinzu: „Glauben Sie, dass diese Welt so sehr schlecht ist? , Dann?"

„Na ja – oh – nein", stockte er, und als er aufblickte, sah er ihr in die Augen, und beide lachten.

„Das ist doch alles Unsinn, nicht wahr?" sagte sie und sie begannen, das Tal hinunterzulaufen.

„Aber wohin gehen wir?"

„Oh, so kommen wir genauso gut raus."

Das Grasgras, der lange Rattenschwanz und der goldene Cushag strichen über seine Reithosen und ihr bedrucktes Kleid. „Ich muss es ihr jetzt sagen", dachte er. An den engen Stellen ging sie als Erste voran, und er folgte ihr mit langsamem Schritt und versuchte anzufangen. „Bereiten Sie sie besser vor", dachte er. Aber ihm fiel kein Gemeinplatz ein, der zu dem führte, was er sagen wollte.

Plötzlich hing durch ein Gewirr wilder Fuchsie ein Geruch von verbranntem Rasen in der Luft und das Geräusch von Melken in einen Eimer, und dann erklang überraschend eine Stimme wie vom Boden und sagte:

„Aisy auf dem Strohdach, Miss Cregeen, Ma'am."

Es war der alte Joney, der Schafscherer, der gerade seine Ziege melkte, und Kate war ohne es zu wissen auf das Dach ihres Hauses getreten, denn der kleine Platz war niedrig und öffnete sich vom Ufer aus zum Ufer.

Philip stellte einige konventionelle Fragen, und sie antwortete, dass sie seit dreißig Jahren dort sei und einen Sohn bei sich habe, der ein Idiot sei.

„Es war einmal eine Herde bei mir, und ich war so jung wie Sie damals, Fräulein, und alle so glücklich; aber sie überschütten mich, einen nach dem anderen, außer diesem, und der ist nicht weise, der arme Junge."

Philip versuchte, sein Herz zu stählen. „Es ist grausam", dachte er, „es wird ihr wehtun; aber was sein muss, muss sein." Sie begann zu singen und ging mit Weihnachtsliedern das Tal hinunter, wobei sie zwei Schritte vor ihm blieb. Er folgte ihm wie ein Attentäter, der den Moment zum Zuschlagen abwägt. „Er wird etwas sagen", dachte sie und sang dann lauter.

„Kate", rief er heiser.

Aber sie klatschte nur in die Hände und rief mit entzückter Stimme: „Das Echo! Hier ist das Echo! Rufen wir es an."

Ihre entzündlichen Gesichtszüge verbannten seine Absicht für einen Moment, und er gab sich ihrem Spiel hin. Dann rief sie die Kieme an: „Echo! Echo!" und hörte zu, aber es kam keine Antwort, und sie sagte: „Es wird nicht auf seinen eigenen Namen antworten. Wie soll ich anrufen?"

„Oh, alles", sagte Philip.

„Phil – ip! Phil – ip!" Sie rief und sagte dann kleinlich: „Nein, Philip will mich auch nicht hören." Sie lachte. „Aber er ist immer so dumm und vielleicht schläft er."

„Mehr hierher", sagte Philip. "Versuch's jetzt."

"Sie versuchen."

Philip nahm den Anruf entgegen. „Kate!" schrie er und zurück kam die Antwort: *Ate!* „Kate – y!" – *Ate – y* .

"Ah! wie schnell! Katey ist ein gutes Mädchen. „Hör zu, wie sie dir antwortet", sagte Kate.

Sie gingen ein paar Schritte und Kate rief erneut: „Philip!" Es gab keine Antwort. „Philip ist stur; „Er wird nichts mit mir zu tun haben", sagte Kate.

Dann rief Philip ein zweites Mal: „Katey!" Und zurück kam das Echo wie zuvor. „Nun, das ist schade. Katey ist – ja, sie *folgt* dir tatsächlich!"

Philipps Mut strömte aus ihm heraus. „Noch nicht", dachte er. *Traa-dy-liooar* – Zeit genug. „Nach dem Abendessen, wenn alle gehen! Draußen vor der Mühle, drinnen im Dämmerlicht der Kerzen und draußen in der Dunkelheit! Dann wird es so gewöhnlich klingen: „Auf Wiedersehen!" Haben Sie die Neuigkeiten noch nicht gehört? Tante Nan hat sich endlich damit abgefunden, Ballure zu verlassen und sich mir in Douglas anzuschließen.' Das ist es; so einfach, so alltäglich."

Das Licht drang jetzt in langen, abendroten Schwertern zwischen die Bäume im sich nähernden Westen. Sie konnten das Rütteln des beladenen Karrens hören, der das Tal hinunterfuhr. Die Vögel tobten über ihnen und alle möglichen fröhlichen Geräusche erfüllten die Luft. Unter ihren Füßen waren lange Farne und Ginster, die sich manchmal an ihrem zerknitterten Kleid verfingen, und dann befreite er sie und sie lachten. Ein Zweig Tollkirsche hing am abgebrochenen Kopf eines alten Eschenstumpfes, dessen verkümmerte Füße von zwei Giftpilzen mit scharlachroten Spitzen überwuchert waren. Sie pflückte eine lange Ranke davon, wickelte sie um ihren Kopf und streifte dabei ihre Sonnenhaube zurück und ließ die roten

Beeren über ihr dunkles Haar zu ihrem Gesicht hängen. Dann begann sie zu singen,

Oh, wäre ich Monarch der Welt,

Damit du regierst, mit dir regierst.

Strahlende Strahlen schossen aus ihren schwarzen Pupillen und Liebesblitze gingen wie Blitze von ihrem Auge zu seinem.

Dann versuchte er zu moralisieren. "Ah!" Er sagte im Ernst seiner Weisheit: „Wenn man nur ewig so weitermachen und von Minute zu Minute leben könnte!" Aber das ist der Unterschied zwischen einem Mann und einer Frau. Eine Frau lebt in der Welt ihres eigenen Herzens. Wenn sie Interessen hat, konzentrieren sie sich darauf. Aber ein Mann hat seine Interessen außerhalb seiner Zuneigung. Er ist gezwungen, sich selbst zu verleugnen und die süßesten Dinge passieren zu lassen."

Kate begann zu lachen und Philip lachte schließlich auch.

"Sehen!" Sie schrie: „Schau nur."

Oben auf der Böschung über ihnen kämpfte eine Ziege. Er war ein lächerlicher Kerl; Manchmal hüpfte er mit frechen Bewegungen, dann schlug er die Fersen hoch, als hätte ihn ein unsichtbarer Kobold gezwickt, dann wedelte er mit dem Hintern und lachte in seiner Nase.

„Wie ich schon sagte", sagte Philip, „ein Mann muss auf die Freuden des Lebens verzichten." Hier bin ich zum Beispiel. Ich bin, wissen Sie, durch eine Art Pflicht gebunden – eine Art Gelübde gegenüber den Toten, würde ich sagen – –"

„Ich bin sicher, er wird etwas sagen", dachte Kate. Die Stimme seines Herzens sprach lauter und schneller als seine stockende Zunge. Sie sah, dass ein Schlag kommen würde, und suchte nach Mitteln, ihn abzuwehren.

„Der Dubb der Fee!" Sie weinte plötzlich und sprang von seiner Seite zum Rand des Wassers.

Es war ein kleiner runder Teich, schwarz wie Tinte, der ruhig und scheinbar bewegungslos unter einem lauten Ort lag, wo das Wasser über schwarzem Moos wirbelte und aufgewühlt wurde und der Bach in die Dunkelheit floss. Philip hatte keine andere Wahl, als ihr zu folgen.

„Schneiden Sie mir eine Weide! Dein Taschenmesser! Schnell, mein Herr, schnell! Nicht dieser alte Ast – ein Schössling. So, das ist es. Jetzt wirst du hören, wie ich meine eigene Zukunft erzähle."

„Eine Tortur, oder?" sagte Philip.

"Stille! Sei ruhig, sonst hört der kleine Phonodoree nicht zu. Still, jetzt still!"

Mit feierlicher Miene, aber einem gewissen Funkeln in den Augen, ging sie am Teich auf die Knie, streckte ihren runden Arm über das Wasser, ließ den Weidenzweig langsam über die Oberfläche gleiten und rezitierte ihren Zauberspruch:

> *Weidenzweig, Weidenzweig, welcher der vier,*
>
> *Untergehen, kreisen oder schwimmen oder an Land treiben?*
>
> *Welches ist das Vermögen, das du für mein Leben behältst,*
>
> *Alte Magd oder junge Geliebte oder Witwe oder Ehefrau?*

Mit dem letzten Wort warf sie den Weidenzweig auf den Teich und setzte sich auf die Fersen, um zuzusehen, wie er sich langsam mit der Bewegung des Wassers bewegte.

"Bravo!" rief Philipp.

"Ruhig sein. Es schwimmt. Nein, es kommt an Land."

„Es ist Frau, Kate. Nein, es ist Witwe. Nein, es ist--"

„Seien Sie ernst. Oh je! es geht – ja, es geht rund. Das auch nicht. Nein, das hat es – ja, das hat es – oh!"

„Gesunken!" sagte Philip lachend und klatschte in die Hände. „Du bist dazu verdammt, eine alte Jungfer zu sein, Kate. Phonodoree sagt es."

„Grausamer Brownie! „Es ärgert mich, dass ich mich um ihn gekümmert habe", sagte Kate und senkte die Lippe. Dann nickte sie ihrem Spiegelbild im Wasser zu, wo der Weidenzweig verschwunden war, und sagte: „Arme kleine Katey! Er hätte dir vielleicht etwas anderes geben können. Alles andere als dieser Schatz, oder?"

„Was", lachte Philip, „weinen? Weil Phonodoree – niemals!"

Kate sprang mit abgewandtem Gesicht auf. „Was für ein Unsinn du redest!" Sie sagte.

„Aber du hast Tränen in den Augen", sagte Philip.

„Auch kein Wunder. Du bist so lächerlich. Und wenn ich für eine alte Jungfer bestimmt bin, bist du für einen alten Junggesellen bestimmt – und das völlig zu Recht!"

„Oh, das ist es, oder?"

„Ja, tatsächlich. Du hast nicht mehr Herz als ein Pilz, denn du besteht nur aus Kopf und Beinen, und eines Tages wirst du genauso kahl sein.“

„Das bin ich, nicht wahr, Herrin?“

„Wenn ich du wäre, Philip, würde ich mich als Vogelscheuche verdingen, und dann wäre es nicht so wichtig, nichts unter deiner Kleidung zu haben.“

„Das wäre doch nicht der Fall, oder?“ sagte Philip.

Sie schreckte vor einem Halbkreis zurück; er schlug um sie herum.

„Aber du bist schon fast so alt wie Methusalem, und was du sein wirst, wenn du ein Mann bist …“

"Achtung!"

Sie machte einen Bogenknicks, sprang um einen Baum herum und rief von der anderen Seite: „Ich weiß. Ein quietschender alter Krächzer mit dem üblichen alten Lied: „Tat ja, Freunde, diese Welt ist ein Tal der Sünde und des Elends.“ Die Männer sind das Elend und die Frauen die Sünde —“

„Du Schurke, du!“ rief Philipp.

Er folgte ihr, und sie floh, immer noch sprechend: „Was glaubst du, will ein Mädchen mit einem – Oh! Oh! Oh!“

Ihre Tirade endete plötzlich. Sie hatte sich in ein Bett aus stacheligem Ginster gestürzt und spürte an zwanzig Stellen gleichzeitig, wie es war, niedrige Schuhe und dünne Strümpfe zu tragen.

„Mit einem Simson, was?“ rief Philip, schritt in seinen Reithosen weiter und hob das gefangene Tier in seine Arme. „Warum, sie zu tragen, du Qual, sie so durch den Ginster zu tragen.“

"Ah!" sagte sie, drehte ihr Gesicht über seine Schulter und kitzelte seinen Hals mit ihrem Atem.

Ihr Haar verfing sich in einem Baum und fiel in einem dunklen Schauer über seine Brust. Er stellte sie auf die Füße; Sie nahmen sich an den Händen und sangen gemeinsam das Tal hinunter:

„Das hellste Juwel in meiner Krone, Wad sei meine Königin, Wad sei meine Königin.“

Das Tageslicht verweilte, als wollte es sie nicht verlassen. Über ihnen war das Flattern der Flügel zu hören und manchmal das letzte Pfeifen der Vögel. Der Wind ließ nach und ließ ihre Stimmen als Herrscher über die ganze Luft zurück.

Dann ertönte aus der Ferne ein Ruf; der Jubel der Landleute, als sie mit der Melliah nach Hause kamen. Es weckte Philip wie aus einem Anfall von Trunkenheit.

„Das ist Wahnsinn", dachte er. "Was tue ich?" „Er wird jetzt sprechen", sagte sie sich.

Ihre Fröhlichkeit verwandelte sich in Melancholie, und ihre Melancholie brach wieder in wilde Fröhlichkeit aus. Die Nacht war hereingebrochen, der Mond war aufgegangen, die Sterne waren erschienen. Sie kroch näher an Philipps Seite und begann ihm die Geschichte einer Hexe zu erzählen. Sie befanden sich in der Nähe des Hauses, in dem die Hexe gelebt hatte. Da war es – dieses dachlose Häuschen –, das unter den tiefen Bäumen wie ein Kerker lag.

„Hast du noch nie von ihr gehört, Philip? NEIN? Die, die sie die Dame des Deemsters nannten?"

„Welcher Deemster?" sagte Philip.

„Dieser, Deemster Mylrea, der angeblich im Sterben liegt."

"Er stirbt; er bringt sich um; „Ich habe ihn heute gesehen", sagte Philip.

„„Nun, sie war die Tochter des Schmieds, und er verließ sie, und sie wurde verrückt und verfluchte ihn und sagte, sie sei seine Frau, obwohl sie nicht in der Kirche gewesen waren, und er sollte niemals jemand anderen heiraten. Dann verwies ihr Vater sie, und sie kam ganz allein hierher, und da war ein Baby, und sie sagten, sie hätte es getötet, und alle hatten Angst vor ihr. Und die ganze Zeit über machte sich ihr Junge zu einem großartigen, großartigen Mann, bis er Deemster wurde. Aber er hat nie geheiratet, obwohl die Leute ihm immer wieder diese und dann jene Dame ansahen; Aber als sie es der Hexe sagten, lachte sie nur und sagte: „Lass ihn, er wird genug bekommen!" Endlich war sie alt und ging auf zwei Stöcken um und wollte jeden Tag sterben, und dann kroch er, ohne dass es irgendjemand wusste, aus seinem großen Haus und schlich sich hierher zum Cottage der Frau. Und als sie den alten Mann sah, sagte sie: „Endlich bist du also gekommen, Junge; Aber du hast mich lange aufgehalten, Mistkerl, du hast mich lange aufgehalten.' Und dann ist sie gestorben. War das nicht seltsam?"

Ihre dunklen Augen blickten zu ihm auf und ihr Mund bebte.

„War es also Hexerei?" sagte Philip.

"Ach nein; es lag nur daran, dass er ihr Ehemann war. Das war der Einfluss, den sie auf ihn hatte. Ein großes Haus und ein großer Name lockten ihn weg, aber er *musste* zu ihr zurückkehren. Und bei einer Frau ist es genauso. Sobald ein Mädchen die Frau von jemandem ist, *muss sie* sich an ihn klammern, und wenn sie jemals falsch ist, muss sie zurückkehren. Etwas drängt sie dazu. Vorausgesetzt, sie ist wirklich seine Frau – wirklich, wirklich. Wie schön, nicht wahr? Ist es nicht wunderschön?"

„Glaubst du das, Kate? Glaubst du, ein Mann würde sich wie eine Frau stärker an sie klammern?"

„Er konnte nicht anders, Philip."

Philip versuchte zu sagen, dass es nur die Moral eines Mädchens sei, aber ihr Selbstvertrauen beschämte ihn. Sie ließ ihre feuchten Finger wieder in seine Hand gleiten. Sie waren dicht bei dem verlassenen Tholthan, und sie kroch immer näher an seine Seite. Eine Fledermaus wirbelte über ihren Köpfen und sie stieß einen leisen Schrei aus. Dann schoss eine Katze unter einem Stachelbeerstrauch hervor und stieß einen kleinen Schrei aus. Sie atmete unregelmäßig. Er konnte den Duft ihrer ausgefallenen Haare riechen. Er litt vor Schmerz und Freude. Sein Herz hüpfte in seiner Brust; seine Augen brannten.

„Sie hat recht", dachte er. „Liebe ist das Beste. Es ist alles. Es ist die Krone des Lebens. Soll ich es für die Frucht des weltlichen Erfolgs vom Toten Meer aufgeben? Denken Sie an den Deemster! Ohne Frau, ohne Kinder, einsam lebend, allein sterbend, ohne Reue, ohne Trauer. Welche Bosheit planen Sie? Dein Vater ist tot, du kannst ihm weder Gutes noch Böses tun. Dieses Mädchen lebt. Sie liebt dich. Liebe sie. Mögen die heuchlerischen Heuchler plappern, wie sie wollen."

Sie hatte ihre Hand losgelassen und kroch im Halbdunkel von ihm weg, mit sanften Schritten und wie ein Schimmer.

„Kate!" er hat angerufen.

Er hörte ihr Lachen, er hörte das schläfrige Summen der Kiemen, er konnte den warmen Duft der Ginsterbüsche riechen.

„Aber das ist Wahnsinn", dachte er. „Das ist das Fieber einer Stunde. Gib jetzt nach und ich bin für immer ruiniert. Das Mädchen steht zwischen mir und meinen Zielen, meinen Gelübden, meiner Arbeit – allem. Sie hat mich in Versuchung geführt und ich bin so schwach wie Wasser."

„Kate!"

Sie antwortete nicht.

„Komm sofort hierher, Kate. Ich habe dir etwas zu sagen."

"Beißen!" sagte sie, kam zurück und hielt einen Apfel an seine Lippen. Sie hatte es im überwucherten Garten gepflückt.

"Hören! Ich verlasse Ramsey endgültig – ich habe nicht mehr vor, an den nördlichen Gerichten zu praktizieren – und lasse mich in Douglas nieder – die beste Arbeit liegt dort, wissen Sie – das Schlimmste ist – wir werden uns nicht bald wiedersehen – nicht sehr bald, Sie wissen schon – vielleicht schon seit Jahren nicht mehr –"

Er begann mit einem Stottern und stotterte weiter, platzte mit seinen Worten heraus und zitterte beim Klang seiner eigenen Stimme.

„Philip, du darfst nicht gehen!" Sie weinte. „Es tut mir leid, Kate, es tut mir sehr leid. Ich werde mich immer so liebevoll – um nicht zu sagen liebevoll – an die gemeinsamen glücklichen Jungen- und Mädchentage erinnern."

„Philipp, Philipp, du darfst nicht gehen – du kannst nicht gehen – du sollst nicht gehen!"

Er konnte sehen, wie sich ihr Busen unter ihrem lockeren roten Mieder bewegte. Sie ergriff seinen Arm und zerrte daran.

„Willst du mich nicht verschonen? Willst du mich zu Tode beschämen? Muss ich es dir sagen? Wenn du nicht redest, werde ich es tun. Du kannst mich nicht verlassen, Philip, weil – weil – was mich interessiert? – weil ich dich liebe!"

„Sag das nicht, Kate!"

„Ich liebe dich, Philip – ich liebe dich – ich liebe dich!"

„Ich wünschte, ich wäre nie geboren worden!"

„Aber ich werde dir zeigen, wie süß es ist, am Leben zu sein. Nimm mich, nimm mich – ich gehöre dir!"

Ihr nach oben gerichtetes Gesicht schien zu blitzen. Er taumelte wie ein Schwindelgefühl. Es war furchtbar, sie anzusehen. Trotzdem kämpfte er. „Obwohl getrennt, werden wir uns aneinander erinnern, Kate."

„Ich möchte mich nicht erinnern. Ich möchte dich bei mir haben."

„Unsere Herzen werden immer zusammen sein."

„Dann komm zu mir, Philip, komm zu mir!"

„Der reinste Teil unseres Herzens – unserer Seele –"

"Aber ich will *dich!* Wirst du ein Mädchen dazu bringen, sich noch einmal zu beschämen? Ich will *dich* , Philip! Ich will deine Augen, damit ich sie jeden Tag sehen kann; und dein Haar, damit ich es mit meinen Händen fühlen kann; und deine Lippen – kann ich es ändern? – ja, und deine Lippen, dass ich sie küssen und küssen kann!"

„Kate! Kate! Wende deinen Blick ab. Schau mich nicht so an!" Sie kämpfte um ihr Leben. Es sollte jetzt oder nie sein.

„Wenn du nicht zu mir kommst, gehe ich zu dir!" Sie weinte; Und dann sprang sie auf ihn zu, und alles geriet in Verwirrung, die Beeren des Nachtschattens peitschten seine Stirn, und der Mond und die Sterne gingen aus.

"Meine Liebe! Mein Liebling! Mein Mädchen!"

„Du gehst jetzt nicht?" sie schluchzte.

„Gott vergib mir, ich kann nicht."

"Küss mich. Ich spüre, wie dein Herz schlägt. Du gehörst mir – mir – mir! Sag, dass du jetzt nicht gehst!"

„Gott vergib uns beiden!"

„Küss mich noch einmal, Philip! Verachte mich nicht, weil ich dich mehr liebe als mich selbst!"

Sie weinte, sie lachte, ihr Herz klopfte bis zum Hals. Im nächsten Moment hatte sie sich aus seiner Umarmung gelöst und war verschwunden.

„Kate! Kate!"

Ihre Stimme kam aus dem Tholthan.

„Philipp!"

Wenn eine gute Frau in Ungnade fällt, liegt das nur daran, dass sie das Opfer einer vorübergehenden Trunkenheit, einer leidenschaftlichen Anspannung oder eines Instinktfiebers ist? Nein. Es liegt vor allem daran, dass sie eine Sklavin des süßesten, zärtlichsten, spirituellsten und erbärmlichsten aller menschlichen Irrtümer ist – des Irrtums, dass sie, indem sie sich dem Mann hingibt, den sie liebt, ihn für immer an sich bindet. Dies ist der wahre Verräter fast aller guten Frauen, die betrogen werden. Es ist die Wurzel von Zehntausenden Fällen, die die gnadenlose Geschichte der Sünde des Mannes und der Schwäche der Frau ausmachen. Ach! es ist nur die Frau, die sich fester anklammert. Der Impuls des Mannes besteht darin, sich auseinanderzuziehen. Er muss es erobern, sonst ist sie verloren. Das ist der alte grausame Unterschied und die Ungleichheit von Mann und Frau, wie sie die Natur geschaffen hat – der alte Trick, die alte Tragödie.

XXIV.

Der alte Mannanin, der Zauberer, hatte seiner Gewohnheit entsprechend an diesem Tag seine Insel mit Nebel umgeben, und in der hilflosen Leere des Unentdeckten kam ein Dampfschiff auf dem Weg nach Liverpool, dessen Motoren einige Punkte nördlich ihres Kurses abgebremst waren, und wehte ihren Nebel- Horn über dem atemlosen Meer mit diesem überirdischen Schrei, der sicherlich der Ton sein muss, mit dem der Teufel seine Legionen aus dem Chaos ruft.

Plötzlich ließ sich etwas, das durch die dichte Luft fiel, für einen Moment auf dem feuchten Seil der Begleitleiter nieder, und einer der Passagiere erkannte es.

„Mein Gott! „Das ist ein Vogel, ein Spatz“, rief er.

Im selben Moment gab es ein Rascheln des Windes, der Nebel lichtete sich und eine große runde Schulter erhob sich durch die weiße Gaze, als wäre es der Geist eines Berges gewesen.

„Das ist die Isle of Man“, rief der Passagier und es gab einen ungläubigen Schrei. „Es ist das Kalb, das sage ich euch, Jungs. Es liegt an mir, es zu erfahren. Und sofort wurden die Motoren umgekehrt.

Der Passagier, ein stämmiger Kerl, mit einem blassen Aussehen unter der gelbbraunen Bräune, ging in fieberhafter Aufregung über das Deck, schrie manchmal mit brüchiger Stimme, manchmal lachte heiser und brach schließlich in ein heiseres Gurgeln aus, das einem Schluchzen ähnelte .

„Können Sie mich nicht an Land bringen, Kapitän?“

„Tut mir leid, dass ich nicht kann, Sir, wir haben bereits Zeit verloren.“

Bei ihm war ein Hund, ein kleines, unglückseliges, hässliches Geschöpf, und er hob es in seine Arme, umarmte es und beschimpfte es mit lärmenden Schimpfnamen und Lauten unartikulierter Zuneigung. Dann ging er zu seiner Koje in der zweiten Kabine, öffnete eine kleine Schachtel mit Briefen, nahm sie einen nach dem anderen heraus und beugte sich zum Fenster, um sie zu lesen. Er hatte sie schon einmal gelesen und kannte sie auswendig, aber er zeichnete die Zeilen mit seinem breiten Zeigefinger nach und buchstabierte die Wörter einzeln. Und als er das tat, lachte er laut, dann weinte er vor sich hin und lachte dann noch einmal. „Es geht ihr gut und sie ist glücklich und sieht hübsch aus. Wenn sie nicht schreibt, denken Sie nicht, dass sie Sie vergisst.“

"Gott segne sie. Und Gott segne ihn auch. Gott segne sie beide!“

Er ging wieder an Deck, denn er konnte nicht lange an einem Ort ausruhen. Es wehte jetzt eine Brise, und er füllte seine Lungen und blies und blies. Die Insel versank in einem blassen silbergrauen Licht über dem Meer. Ein Lokführer und ein Heizer beugten sich über das Schanzkleid, um sich abzukühlen.

„Jetzt bin ich doch ganz zufrieden, Sir, nicht wahr?"

„Glücklich wie ein Sandjunge, Kumpel, nur sterblich hungrig. Tiffin sagst du? Oh, das Herz hat den gleichen Hunger wie alles andere, und mein Herz hat seit fünf Jahren und länger auf Short Commons angewiesen. Sehen Sie die Insel dort, die wie eine Lachsmöwe über dem Wasser liegt? Sieht aus, als würde sie gleich darunter untertauchen, nicht wahr? Das ist meine Heimat, mein Heimatland, wie der Mann sagt, und erst vor drei Wochen hatte ich nicht damit gerechnet, das donnernde Ding noch einmal zu sehen; Aber Gott ist gut, sehen Sie, und ich bin für alles mittelmäßig geeignet. Ich bin selbst ein Manx-Mann, Kumpel, und da drüben wartet eine kleine Manx-Frau auf mich. Es ist nur ein altes Hemd, das ich ihr zum Flicken bringe, wie man so schön sagt, aber sie wird so fröhlich sein, wie man es noch nie gesehen hat. Es ist jedoch schlecht, eine Frau zu überraschen – diese nervösen Kreaturen – „sterisch, wissen Sie – ich schicke ihr eine Bilanz von der Bühne." Meinetwegen! welche Freude sie auch an diesem Jungen haben wird! Er bekommt Sixpence für sich und einen Schluck Buttermilch. Das ist immer so bei diesen armen kleinen Dingern – sie ertragen überhaupt keine guten Nachrichten – Leute, die nach Hause kommen und so – nicht viel wert, diese Frauen – die regelmäßig weinen – können nichts dagegen tun. Nun ja, sie sind zärtlicher als wir, und wenn irgendjemand schon fünf Jahre alt ist... Aber seien Sie vorsichtig, wir machen Platz! Die Insel geht auf jeden Fall unter. Oder sind es meine Augen, die seit meiner kleinen Schusswunde nicht mehr so klar sind! Oh, Gott ist gut, tremen-jous!"

Die brechende Stimme verstummte plötzlich und die Lokführer drehten sich um, aber der Passagier stolperte die Kabinentreppe hinunter.

„Wenn jemals ein Mann von den Toten auferstanden ist, dann dieser", sagten beide Männer gleichzeitig.

TEIL III
MANN UND FRAU

ICH.

Philipp wurde besiegt, und er wusste es, aber er ließ sich nicht einschüchtern, er war nicht beunruhigt. Es wäre ungeheuerlich gewesen, sich der Selbstaufgabe von Kates Liebe zu widersetzen. Daher hatte er nichts Unrechtes getan und es gab nichts, wofür er sich schämen müsste. Aber als er Ballure erreichte, stürzte er nicht wie üblich in Tante Nans Zimmer, obwohl dort Licht brannte und er das Plätschern und Klicken von Faden und Nadel hören konnte; Er kroch nach oben und setzte sich hin, um einen Brief zu schreiben. Es war der erste seiner Liebesbriefe.

„Ich werde die Tage, die Stunden und die Minuten zählen, bis wir uns wiedersehen, mein Schatz, und ich werde ständig fragen, wie spät es ist. Und da wir so weit voneinander entfernt sein müssen, wollen wir dennoch einen Weg finden, zusammen zu sein. Hör zu! – Ich flüstere dir das Geheimnis ins Ohr. Morgen Abend und jeden Abend essen Sie Ihr Abendessen genau um acht Uhr; Ich werde das Gleiche tun, und so werden wir zusammen speisen, meine kleine Frau, obwohl uns zwanzig Meilen trennen. Wenn mich jemand zum Abendessen bittet, werde ich dies ablehnen, damit ich mit Ihnen zu Abend essen kann. „Ich bin einem Freund versprochen", sage ich und setze mich dann alleine in meine Gemächer, aber du wirst bei mir sein."

Vor Freude prickelnd schrieb er diesen Brief an Kate, obwohl er weniger als eine Stunde von ihr entfernt war, und ging hinaus, um ihn abzuschicken. Er ging gerade wieder die Treppe hinauf, stetig, auf Zehenspitzen, den Kopf halb zur Seite gelegt und das Gesicht über die Schulter gelegt, als Tante Nans Stimme aus dem blauen Zimmer ertönte: „Philip!"

Er kam mit einem verlegenen Blick und einem noch nie zuvor empfundenen Gefühl zurück, sozusagen nackt zu sein. Aber Tante Nan sah ihn nicht an. Sie bearbeitete gerade ein Lamm auf einem Mustertuch, griff über den Rahmen, nahm etwas aus einer Schublade und reichte es ihm. Es war ein Medaillon eines kleinen Kindes – eines Jungen mit langen blonden Locken wie die eines Mädchens und einem Gesicht wie Sonnenschein.

„War es Vater, Tante?"

"Ja; Ein französischer Maler, der mit Thurlot an Land kam, hat es für seinen Großvater gemalt."

Philip legte es auf den Tisch. Er war sich mehr denn je sicher, dass Tante Nan etwas gehört hatte. Auf diese zärtliche Art warnte sie ihn. Er konnte nicht verärgert sein.

„Ich bin heute Nacht müde, Tante, und du siehst auch müde aus. Du hast schon wieder auf mich gewartet. Das darfst du jetzt wirklich nicht tun. Außerdem schränkt es die Freiheit ein."

„Das ist nichts, Philip. Du hast gesagt, du würdest nach Hause kommen, nachdem du den armen Deemster besucht hast, und so –"

„Es geht ihm schlecht, Tante. Trinken – Delirium – so ein Wrack. Ok, Gute Nacht!"

„Hast du die Briefe gelesen, Liebes?"

"Oh ja. Briefe des Vaters. Ja, ich habe sie gelesen. Gute Nacht."

„Sind sie nicht wunderschön? Versprühen sie nicht den Hauch von Ehrgeiz und Begeisterung? Aber armer Vater! Wie schnell schmolz die Helligkeit dahin! Er hat jedoch nie geklagt. Oh nein, niemals. Tatsächlich lachte und scherzte er über unsere Träume und unsere Luftschlösser. „Du musst alles selbst machen, Nannie; Du sollst alle Kuchen und Bier haben.' Ja, als er im Sterben lag, machte er solche Witze. Aber manchmal wurde er ernst und sagte dann: „Gib dem kleinen Philip etwas für alle." Er wird es mehr verdienen als ich. „Oh Gott", sagte er dann, „lass mich mal darüber nachdenken, wenn ich *dort bin* : Du hast die guten Dinge des Lebens vermisst, aber dein Sohn hat sie; du bist hier, aber er ist auf der Höhe; bleib still, du armes, aufstrebendes Herz, lieg still in deinem Grab und ruhe."

Philip fühlte sich wie ein Vogel, der in den Maschen eines Netzes kämpft.

„Mein Vater war ein Dichter, Tante, und versuchte, ein Mann von Welt zu sein. Das war der wahre Unfug in seinem Leben, wenn man darüber nachdenkt."

Tante Nan schaute mit ihrer Nadel hoch über dem Probenehmer und sagte mit nervöser Stimme: „Das wahre Unheil im Leben deines Vaters, Philip, war die Liebe – das, was sie Liebe nennen." Aber Liebe ist das nicht. Liebe ist Frieden und Tugend und richtiges Leben, und das ist nur Wahnsinn und Raserei, und wenn Menschen daraus aufwachen, erwachen sie wie aus einem Albtraum. Die Menschen bezeichnen es als eine heilige Sache – es ist unheilig. Es werden Bücher geschrieben, die es loben – ich würde solche Bücher verbrennen lassen. Wenn jemand darauf stürzt, ist er wie ein Blinder, der seinen Führer verloren hat und direkt in den Abgrund stolpert. Auch Frauen fallen darauf herein. Ja, sowohl gute Frauen als auch gute Männer; Ich habe gesehen, wie sie in Versuchung geführt wurden –"

Philip war sich dessen jetzt sicher. Jemand hatte ihn in Sulby belauscht. Er war wütend und seine Wut ergoss sich in einem Schwall von Worten auf Tante Nan. „Du liegst falsch, Tante Anne, ganz falsch. Liebe ist die einzig schöne Sache im Leben. Es ist Schönheit, es ist Poesie. Nennen Sie es

Leidenschaft, wenn Sie so wollen – was wäre die Welt ohne sie? Ein Ort, an dem jedes menschliche Herz eine allein stehende Insel wäre; ein Ort ohne Kinder, ohne Freude, ohne Heiterkeit, ohne Lachen. Nein, nein; Der Himmel hat uns Liebe geschenkt, und wir liegen falsch, wenn wir versuchen, sie wegzuschieben. Wir können es nicht wegstecken, und wenn wir es versuchen, werden wir für unseren Stolz und unsere Arroganz bestraft. Es sollte für uns genügen, den Himmel entscheiden zu lassen, ob wir große oder kleine Menschen sein sollen, und selbst zu entscheiden, ob wir gute und glückliche Menschen sein sollen. Und das größte Glück des Lebens ist die Liebe. Der Himmel müsste ein Wunder wirken, damit wir ohne ihn leben könnten. Aber der Himmel vollbringt solch ein Wunder nicht, denn das größte Wunder des Himmels ist die Liebe selbst."

Die Nadelhand von Tante Nan zitterte über ihrem Probetuch und ihre Lippen zuckten.

„Du bist noch ein junger Mann, Philip", stockte sie, „aber ich bin jetzt eine alte Dame, mein Lieber, und ich habe die Früchte des Rausches gesehen, den du Leidenschaft nennst. Oh, habe ich nicht, nicht wahr? Es ruiniert Leben, ruiniert Zukunftsaussichten, zerstört Häuser, hetzt Vater gegen Sohn und Bruder gegen Bruder …"

Philip würde ihr keine Chance geben. Er stapfte durch den Raum und platzte heraus: „Du liegst schon wieder falsch, Tante. Du liegst in diesen Dingen immer falsch, weil du immer vom Besonderen zum Allgemeinen denkst – du denkst immer an meinen Vater. Was Sie den Sturz meines Vaters genannt haben, war in Wirklichkeit sein Schicksal. Er hat es verdient. Wenn er für das hohe Schicksal, das er anstrebte, geeignet gewesen wäre – wenn er geeignet gewesen wäre, Richter zu werden, wäre er nicht gefallen. Dass er gestürzt ist, ist Beweis genug dafür, dass er nicht fit war. Gott hatte es nicht beabsichtigt. Die Bestrebungen meines Vaters waren nicht der Ruf einer strengen Berufung, sie waren lediglich poetischer Ehrgeiz. Wenn er jemals durch großes Unglück zu Deemster ernannt worden wäre, hätte er sich selbst herausgefunden, und die Insel hätte ihn herausgefunden, und Sie selbst hätten ihn herausgefunden, und die ganze Welt wäre nicht getäuscht worden. Als Dichter hätte er ein großer Mann sein können, aber als Deemster muss er ein Hohn, ein Heuchler, ein Betrüger und ein Schwindler gewesen sein."

Tante Nan stand mit einem erschrockenen Gesichtsausdruck auf, und etwas fiel klirrend auf den Boden.

„Oh, Philip, Philip, wenn ich gedacht hätte, dass du den Fehler jemals wiederholen könntest –"

Aber Philip ließ ihr keine Zeit, fertig zu werden. Er warf sein zerzaustes Haar aus der Stirn und schwang sich aus dem Zimmer.

Da er allein war, begann er sich zu sammeln. War es tatsächlich er, der so gesprochen hatte? Auch von seinem Vater? Auch an Tante Nan? Er sah, wie es war; er hatte von seinem Vater gesprochen, aber er hatte an sich selbst gedacht; er hatte darum gekämpft, sich zu rechtfertigen, sich zu versöhnen, zu stärken und zu stärken. Aber damit hatte er ein Idol gebrochen, ein lebenslanges Idol, sein eigenes Idol und das von Tante Nan.

Voller Reue stolperte er die Treppe hinunter, stürmte erneut ins Zimmer und rief mit gebrochener Stimme: „Tante! Tante!"

Aber der Raum war leer; die Lampe wurde heruntergedreht; Der Probenehmer wurde zur Seite geschoben. Etwas knirschte unter seinem Fuß, und er bückte sich und hob es auf. Es war das Medaillon, und es war quer zerbrochen. Der Unfall machte ihm Angst. Seine Haut schien zu kribbeln. Es kam ihm vor, als wäre er seinem Vater ins Gesicht getreten. Er steckte das zerbrochene Bild in die Tasche, drehte sich wie ein schuldiger Mann um und kroch schweigend in der Dunkelheit zu Bett.

Aber der Morgen brachte ihm Trost für die Schmerzen der Nacht – er brachte ihm einen Brief von Kate.

„Der Melliah ist endlich vorbei und ich darf mit meinen Gedanken allein sein. Sie sangen „Keerie fu Snaighty", nachdem du gegangen warst, und „Der König kann nur seine Frau lieben, und ich kann das Gleiche tun, und ich kann das Gleiche tun." Aber es gibt eigentlich nichts zu sagen, denn es ist nichts von der geringsten Tragweite passiert. Gute Nacht! Ich gehe zu Bett, nachdem ich diesen Brief an der Brücke aufgegeben habe. In zwei Stunden wirst du mir im Schlaf erscheinen, es sei denn, ich liege so lange wach, um an dich zu denken. Das tue ich im Allgemeinen. Auf Wiedersehen, mein lieber Herr und Meister! Sie werden mir mitteilen, was Ihrer Meinung nach am besten zu tun ist. Ihre Schwierigkeiten beunruhigen mich schrecklich. Siehst du, mein Lieber, wir beide sind dabei, etwas zu tun, das so sehr vom Üblichen abweicht. Gute Nacht! Ich hebe meinen Kopf, damit du mir noch einen Kuss auf die Augen gibst, und hier sind zwei für deinen."

Dann waren da noch leere Klammern [ ], auf die Kate ihre Lippen gelegt hatte, in der Erwartung, dass Philip dasselbe tun würde.

II.

Philip ging an diesem Morgen gerade in seine Gemächer in Douglas, als er einen Boten aus dem Regierungsgebäude traf, der sich im vornehmen Verkehr mit seinem Diener befand. Seine Exzellenz bat ihn, sofort zu Onchan zu gehen und zum Mittagessen zu bleiben.

Der Wagen des Gouverneurs stand vor der Tür und Philip stieg ein. Er war nicht aufgeregt; er erinnerte sich an seine Aufregung über die frühere Botschaft des Gouverneurs und lächelte. Als er sein Zimmer verließ, hatte er nicht vergessen, genau für acht Uhr das Abendessen zu bestellen.

Er fand den Gouverneur wie immer höflich und ausdrucksstark. Er saß in einem Raum, in dem üppige Porträts ehemaliger Gouverneure hingen, die meisten davon mit Rüschen und Rüschen, und ein riesiges Bild von König George.

„Sie werden gehört haben", sagte er, „dass unser nördliches Deemster tot ist."

„Ist er das?" sagte Philip. „Ich habe ihn gestern um ein Uhr gesehen."

„Er ist um zwei Uhr gestorben?" sagte der Gouverneur.

„Armer Mann, armer Mann!" sagte Philip.

Das war alles. Kein Zittern des Augenlids, kein Zittern der Lippe.

„Ihnen ist bekannt, dass es sich bei dem Büro um einen Crown-Termin handelt?" sagte der Gouverneur. „Bewerbungen werden, wie Sie wissen, beim Innenministerium eingereicht, aber es ist wahrscheinlich, dass der Sekretär bei seiner Auswahl meinen Rat einholen wird. Vielleicht kann ich einem Kandidaten von Nutzen sein."

Philip gab kein Zeichen, und der Gouverneur bewegte sein Bein und fuhr mit einem Lächeln fort: „Das scheint sicherlich der Eindruck zu sein, den Ihr Bruder vertritt, Herr Christian; Sie sind bereits um mich herum wie Wespen an einem Leimtopf. Ich werde nicht hinterfragen, aber du wirst bald einer von ihnen sein."

Philip machte eine protestierende Geste, und der Gouverneur winkte ab und lächelte erneut. „Oh, ich werde dir keine Vorwürfe machen; Junge Männer sind ehrgeizig. Es ist natürlich, dass sie den Wunsch haben, im Leben voranzukommen. Auch in Ihrem Fall gibt es, wenn ich das so sagen darf, den weiteren Wunsch, die Position wiederzuerlangen, die Ihre Familie einst innehatte und kürzlich durch den Fehler oder das Unglück Ihres Vaters verloren hat."

Philip verneigte sich ernst, sagte aber nichts.

„Das wäre zweifellos eine Tatsache zu Ihren Gunsten", sagte der Gouverneur. Das Tolle an dir wäre, dass du noch so jung bist. Mal sehen, ist es acht und zwanzig?"

„Sechsundzwanzig", sagte Philip.

"Nicht mehr? Erst sechsundzwanzig? Und dann, so erfolgreich Ihre Karriere bisher war – vielleicht sollte ich sagen herausragend oder sogar brillant –, sind Sie immer noch unsicher im Leben."

Philip fragte, ob seine Exzellenz bedeute, dass er immer noch unverheiratet sei.

„Und wenn ja", antwortete der Gouverneur mit gespielter Strenge, „und wenn ja, lächle nicht zu breit, junger Mann. Zu diesem Zeitpunkt sollten Sie wissen, dass die persönliche Gleichung auf Ihrer altmodischen Insel eine Rolle spielt. Nun war der verstorbene Deemster ein Beispiel, dessen Wiederholung gefährlich wäre. Wenn es sich wiederholen würde, weiß ich, wer jeden Tag seines Lebens von dem Fehler hören würde, und es wäre auch nicht der Innenminister. Deemster Mylrea wurde aufgefordert, die Verbrechen des Alkoholkonsums zu bestrafen, und er war selbst ein Trunkenbold; um die Straftaten der Sinnlichkeit auszuprobieren, und er war selbst ein Sensualist."

Philip konnte nicht anders – er lachte leise.

„Natürlich", sagte der Gouverneur hastig, „sind Sie nicht in der Gefahr seiner Exzesse; Aber Sie werden kein sicherer Kandidat sein, den Sie empfehlen können, bis Sie sich allem Anschein nach außerhalb ihrer Reichweite befunden haben. „Hüten Sie sich vor diesen Christen", sagte der große Derby zu seinem Sohn; und verzeihen Sie mir, wenn ich die Warnung an einen Christen selbst wiederhole."

Die Röte stieg in Philipps Gesicht. Selbst in diesem Moment war er wütend über eine so grobe Version der Schuld seines Vaters.

„Sie meinen", sagte er, „dass wir dazu neigen, unklug zu heiraten."

„Das mache ich", sagte der Gouverneur.

„Das lässt sich nicht sagen", sagte Philip mit einem leisen Fingerknirschen; und der Gouverneur runzelte ein wenig die Stirn – die Pockennarben schienen sich auszubreiten.

„Natürlich liegt das alles außerhalb meiner Pflicht, Herr Christian – das brauche ich Ihnen nicht zu sagen; Aber ich habe Interesse an dir und habe dir bereits einige Dienste erwiesen, obwohl ein junger Mann natürlich denken wird, er hätte alles für sich selbst getan. Ah!" Er sagte und erhob sich beim Klang eines Gongs von seinem Platz: „Das Mittagessen ist fertig." Lasst uns zu den Damen stoßen." Dann, mit einer Hand vertraut auf Philipps Schulter: „Nur noch ein Wort, Herr Christian. Schicken Sie sofort Ihre Bewerbung ab und – befolgen Sie den Rat eines alten Geigenspielers – heiraten Sie so bald wie möglich. Aber angesichts Ihrer Aussichten wäre es eine Sünde, nicht vorsichtig zu sein. Wenn sie Engländerin ist, umso besser; aber wenn sie eine Manx ist – pass auf dich auf."

Philip aß mit der Frau des Gouverneurs zu Mittag, die ihm erzählte, dass sie sich an seinen Großvater erinnerte; auch mit seiner unverheirateten Tochter, die sagte, sie habe ihn für die Fischer in Peel sprechen hören. Am Nachmittag sollte im Garten ein offizielles „Zuhause"-Fest stattfinden, das letzte Mal des Sommers, und Philip wurde eingeladen, zu bleiben. Er tat dies und wurde dadurch Zeuge der Angriffe der Wespen auf den Leimtopf. Sie schwärmten vom Gouverneur, sie schwärmten von seiner Frau, sie schwärmten von seinem Hund und von einem zahmen Reh, das den Gästen Weintrauben aus den Händen nahm.

Ein älterer Herr, der allein in einer Kutsche saß, fuhr auf den Rasen zu. Es war Peter Christian Ballawhaine, der schwächer, weißer und gespreizter aussah als zuvor. Philip trat zu seinem Onkel und reichte ihm seinen Arm, um auszusteigen. Aber der Ballawhaine schob es beiseite und drang zum Gouverneur durch, mit dem er einige Minuten lang ununterbrochen von seinem Sohn Ross sprach und sagte, er habe nach ihm geschickt und würde ihn gerne Seiner Exzellenz vorstellen.

Wenn es Philip an Freude an der Szene mangelte, wenn es seinem Gesicht an Herz und Glück mangelte, war das nicht die Schuld seines Gastgebers. „Willst du Lady So-und-so nicht zum Tee mitnehmen?" würde der Gouverneur sagen; und plötzlich befand sich Philip in einem Kreis offizieller Ehefrauen, deren Ehemänner von der Königin zu Rittern und selbst von – Gott weiß wem – zu Damen ernannt worden waren. Die Rede war vom verstorbenen Deemster.

"So ein Leben! Es ist eine Gnade, dass er so lange durchgehalten hat!"

„Schade meinst du, meine Liebe, dass ich auch nicht hart zu ihm sein muss."

"Armes Ding! Er hätte heiraten sollen. Ein solcher Mann möchte eine Frau, die sich um ihn kümmert. Finden Sie nicht auch, Herr Christian?"

„Warum", sagte eine weißhaarige Dame, „haben Sie noch nie von seiner großen Romanze gehört?"

"Ah! erzähl uns davon. Wer war die Dame?"

„Die Dame –" es entstand eine Pause; Die weißhaarige Dame hustete, lächelte, schloss ihre kleinen Frettchenaugen, senkte die Stimme und sagte mit gespielter Ernsthaftigkeit: „Die Dame war die Tochter des Schmieds, Liebste." Und dann gab es ein fröhliches Gelächter.

Philip fühlte sich krank, verneigte sich vor seinen Gastgebern und ging. Als er losging, fing ihn sein Onkel ab und streckte ihm beide Hände entgegen.

„Wie ist das, Philip? Du kommst jetzt nie nach Ballawhaine. Ich verstehe! Oh, ich verstehe! Zu beschäftigt mit den Frauen, um sich an einen alten Mann zu erinnern. Sie reden alle von dir. Den Comather auf sie setzen, was? Ich weiß, ich weiß; Sag es mir nicht."

III.

Philipps Heimweg führte durch die Stadt, aber er machte einen Umweg über das Land, über Onchan, so traurig war er, so völlig erstickt von bitteren Gefühlen. Er hatte das Gefühl, als würden sich alle Engel und Teufel gemeinsam über ihn lustig machen. Das, wofür er in fünf schweren Jahren gearbeitet hatte, das Ziel, das er angestrebt hatte, das Ziel, für das er gekämpft hatte, gehörte bereits ihm – und zwar so lange, bis er ihm die Hand ausstreckte. Doch jetzt, da es ihm gehörte, konnte er es nicht haben. Oh, der Spott seines Schicksals! Oh, die Ironie seines Lebens! Es kreischte, es war hektisch!

Dann schien sein kühnerer Geist zu sagen: „Was soll das kindische Gezeter?" Das Glück kommt mit vollen Händen zu Ihnen. Seien Sie mutig, und Sie können sowohl den Wunsch Ihrer Seele als auch den Wunsch Ihres Herzens erfüllen – sowohl das Deemster-Schiff als auch Kate."

Es war unmöglich, das zu glauben. Wenn er Kate heiraten würde, würde der Gouverneur ihn nicht als Deemster empfehlen. Hatte er nicht zugegeben, dass er Angst vor der öffentlichen Meinung der Insel hatte? Und war es nicht denkbar, dass es neben dem selbstlosen Interesse, das der Gouverneur an ihm gezeigt hatte, sogar ein persönliches Interesse gab, das stärker wirken würde als die Angst vor den altmodischen Manx-Konventionen, um jede Empfehlung des Mannes der falschen Frau zu verhindern? ? Als Philip die Felder überquerte, stieg plötzlich eine vage Erinnerung an das Mittagessen im Government House, an die Frau und die Tochter des Gouverneurs, an ihre Höflichkeit und grenzenlose Liebenswürdigkeit auf. Im nächsten Moment hatte er sich scharf zurückgezogen, mit Anfällen von Selbstverachtung, sich selbst hassend, verabscheuend, sich selbst als bösen Undankbaren beschimpfend, während er das Gras und den Rasen darunter aufwirbelte. Aber die Idee hatte Wurzeln geschlagen . Er konnte nicht anders; Das Interesse des Gouverneurs war für ihn unbedeutend.

„Was für ein Idiot du bist, Philip", schien etwas aus der dunkelsten Ecke seines Gewissens zu flüstern; „Nehmen Sie zuerst das Deemstership und heiraten Sie danach Kate." Aber daran war auch nicht zu denken. Angenommen, es könnte durch jede List oder Doppelzüngigkeit erreicht werden, was dann? Dann galt es, die hohen Mauern der Sitten und Vorurteile zu überwinden. Philip erinnerte sich an die Gartenparty und sah, dass sie niemals überwunden werden konnte. Der Deemster, der den Konventionen ins Gesicht schlägt, würde dafür leiden. Für die Hälfte des Lebens auf der Insel wäre er tabu – in der Öffentlichkeit ein Beamter, privat ein Einsiedler. Vor seinem geistigen Auge entstand ein eisiges Bild der Frau, die seine Frau in ihren Beziehungen zu den Damen sein würde, die er gerade verlassen hatte.

Sie könnte ihnen in puncto Bildung überlegen sein, gewiss in allen wahren Manieren, und in puncto natürlicher Anmut und Schönheit, in puncto Süße und Charme, ihre Geliebte, die ihresgleichen sucht. Aber sie würden nie vergessen, dass sie die Tochter eines Landwirts war, und jedes kleine Pflaster in der klapprigen Pyramide, selbst von der Tochter des Wirts in der Stadt, würde wie von einem Thron auf sie herabblicken.

Er konnte sehen, wie sie ihre Karten an seiner Tür hinterließen und eilig davonfuhren. So viel müssen sie tun. Es war die bittere Pille, die sie aufgrund der Taten des Deemsters schlucken mussten. Dann konnte er seine Frau allein sitzen sehen, eine elende Frau, verachtet, beneidet, isoliert, durch ihre Heirat mit dem Deemster von ihrer eigenen Klasse und durch die Heirat des Deemster mit ihr von seiner Klasse ausgeschlossen. Wieder konnte er sich vorstellen, dass er zu mächtig war, um ihn zu beleidigen, zu gefährlich, um ihn zu ignorieren, wie er seine Pflichten ohne Freude erfüllte und ohne Begleitung zu seiner Frau zurückkehrte. Schließlich erinnerte er sich an seinen Vater und seine Mutter, und er konnte nicht umhin, sich vorzustellen, wie er fünf Jahre nach ihrer Heirat mit Kate zu Hause saß, als das erste Glück der Gesellschaft des anderen verblasst war, abgestanden war und sich dem Elend des Hungers gewendet hatte in seinem Belagerungszustand. Oder vielleicht mit ihr spazieren gehen, nur sie selbst, immer nur sie selbst, sie beide zusammen, heute Abend, gestern Abend und morgen Abend; durch die von Besuchern überfüllten Straßen, den Hafen hinunter, wo sich die Fischer versammeln, über die Brücke und über den Kopf zwischen Meer und Himmel; Menschen verneigen sich respektvoll, starr und eiskalt vor ihnen; Menschen stupsen und flüstern und schauen in ihre Richtung. Oh Gott, welches Ende könnte aus solch einem erbärmlichen Leben kommen, wenn nicht, dass sie zunächst unglücklich waren und dann auch noch böse waren?

„Was für ein Aufhebens du da machst", sagte die Stimme noch einmal, aber lauter. „Dieser Trubel bedeutet nur, dass du deinen Kuchen nicht haben und ihn essen kannst. Nun gut, nimm Kate und lass die Herrschaft des Staates zugrunde gehen."

Dieser Rat bot nicht viel Trost, denn er berücksichtigte nicht die Gewissheit, dass, wenn die Heirat mit Kate ihn daran hindern würde, Deemster zu sein, sie ihn auch daran hindern würde, irgendetwas auf der Isle of Man zu werden. So wie es seinem Vater ergangen war, so würde es auch ihm ergehen – für den Mann, der sich absichtlich außerhalb der Gesellschaft gestellt hatte, würde es auf der Insel keinen festen Platz mehr geben.

„Mach mir keine Sorgen mit dummen Versuchen, eine so gerade Linie zu ziehen. Wenn Sie Kate und das Deemstership nicht zusammen haben können, und wenn Sie Kate nicht ohne das Deemstership haben können, bleibt nur noch eines übrig: das Deemstership ohne Kate. Sie müssen das

Amt übernehmen und auf das Mädchen verzichten. Es ist deine Pflicht, deine Notwendigkeit."

So fasste Philipp es sich schließlich zusammen, und inzwischen war das Tageslicht verschwunden und er wandelte im Dunkeln. Aber die Stimme, die auf seiner Seite gefleht hatte, protestierte nun auf ihrer Seite.

„Geschwätze nicht von Pflicht und Notwendigkeit. Du meinst Selbstliebe und Eigennutz. Mann, sei ehrlich. Da diese Frau ein Hindernis für Ihre Karriere darstellt, würden Sie sie opfern. Es ist grenzenloser, erbarmungsloser Egoismus. Angenommen, Sie verlassen sie, dann wagen Sie es, ohne Scham an sie zu denken! Sie liebt dich, sie vertraut dir und sie hat dir einen Beweis ihrer Liebe und ihres Vertrauens gegeben. Halt den Mund. Wagen Sie es nicht zu flüstern, dass niemand außer Ihnen und dem Erben es weiß – dass Sie schweigen werden, dass sie keine Versuchung haben wird, etwas zu sagen. Sie liebt dich. Sie hat dir alles gegeben. Gott segne sie!"

Zärtliches Mitleid erfasste den selbstsüchtigen Mann in ihm. Als die Lichter der Stadt auf seinem Weg auftauchten, sagte er kühn zu sich selbst: „Da es auf jeden Fall Ärger gibt, werde ich tun, was ich letzte Nacht gesagt habe – ich überlasse es dem Himmel, zu entscheiden, ob ich einer werde." Ich bin ein großer oder kleiner Mann und entscheide selbst, ob ich ein wahrer oder ein glücklicher Mann sein möchte. Ich werde mein Herz in die Hand nehmen und direkt vorwärts gehen."

In dieser Stimmung kehrte er in seine Gemächer zurück. Die Zimmer gingen zur Athol Street hinaus, grenzten jedoch an den Kirchhof von St. George's. Sie waren ruhig und wurden nicht übersehen. Seine Lampe war angezündet. Der Diener legte das Tuch aus.

„Legen Sie Deckung für zwei, Jemmy", sagte Philip. Dann begann er etwas zu summen.

Als er nach seinen Schlüsseln tastete, berührten seine Finger eine unbekannte Substanz in seiner Tasche. Er erinnerte sich daran, was es war. Es war das gesprungene Medaillon seines Vaters. Er konnte es nicht ertragen, es anzusehen. Er öffnete eine Truhe und vergrub sie unten unter einem Stapel Winterkleidung.

Das erinnerte ihn an eine noch schmerzhaftere Besessenheit, und als er zum Schreibtisch ging, holte er das Päckchen mit den Briefen seines Vaters heraus und versteckte es zusammen mit dem Medaillon. Als er das tat, zitterten seine Hände, seine Glieder zitterten, ihm wurde schwindelig und er glaubte, die Stimme, die ihn mit widersprüchlichen Verspottungen gequält hatte, klang wieder in seinen Ohren. „Begrabe ihn tief! Begrabe deinen Vater außer Sichtweite und aller Erinnerung. Begrabe seine Liebe zu dir, seine Hoffnungen zu dir, seine Erwartungen und Träume von dir. Begrabe ihn und vergiss ihn für immer."

Philip zögerte einen Moment, dann schlug er den Deckel der Truhe zu und verschloss ihn wieder, als sein Diener ins Zimmer zurückkehrte. Der Mann war eine ernste, würdevolle und zurückhaltende Person, der Bräutigam des verstorbenen Bischofs gewesen. Seine Würde hatte er von seinen Pferden, seine Würde von seinem Herrn; aber seine Zurückhaltung hatte er sich selbst geschaffen, da er etwas war, das über die Natur des Geschöpfs oder des Menschen hinausging. Sein richtiger Name war Cottier; er war immer als Jemy-Lord bekannt.

„Die Gesellschaft ist nicht angekommen, Sir", sagte er. „Warten oder servieren?"

"Wie spät ist es?" sagte Philip.

„Hat acht geschlagen; aber es sind bald zwei Minuten."

„Servieren Sie das Abendessen sofort", sagte Philip.

Als das Geschirr hereingebracht und der Mann entlassen worden war, nahm Philip seinen Platz am Tisch ein, zog aus seinem Knopfloch eine Blume, die er beim Mittagessen aus seiner Wasserschüssel gepflückt hatte, und setzte sie zunächst an seine Lippen , warf er es auf den leeren Platz vor dem gegenüber aufgestellten Stuhl. Dann setzte er sich zum Essen.

Er aß wenig; und wenn er tat, was er wollte, konnte er seine Gedanken nicht davon abhalten, abzuschweifen. Er dachte an seine Tante und wie verletzt sie letzte Nacht gewesen war; von seinem Onkel und wie er ihn brüskiert und sich dann um ihn gekümmert hatte; des Gouverneurs und wie seltsam das Interesse war, das er ihm entgegengebracht hatte; und schließlich dachte er an Pete und wie spät er tot war und wie bald er vergessen war.

Inmitten all dieser traurigen und teils bitteren Erinnerungen fiel ihm plötzlich wieder ein, dass er mit Kate zu Abend gegessen hatte. Dann kämpfte er darum, klug und sogar ein wenig fröhlich zu sein. Er wusste, dass sie in diesem Moment ihr Abendessen in Sulby einnehmen würde, an ihn denken und glauben würde, dass er bei ihr sei. So versuchte er zu glauben, dass sie bei ihm war, auf dem Stuhl gegenüber saß und über den Tisch zwischen dem weißen Tuch und dem blauen Lampenschirm blickte, aus ihren strahlenden Augen, mit ihren dunklen Haarringen, die auf ihrer Stirn tanzten, und Ihr reifer Mund zuckte fröhlich. Dann schien die Luft des Raumes von einer süßen Präsenz erfüllt zu sein. Er hätte sich vorstellen können, dass es einen Duft von Spitze und zierlichen Dingen gab. "Schatz!" Er lachte – er wusste kaum, ob er selbst gesprochen hatte. Es war ein lieber, köstlicher Blödsinn.

Doch sein Blick fiel auf die Truhe, in der er die Briefe und das Medaillon vergraben hatte, und seine Gedanken schweiften wieder ab. Er dachte an seinen Vater, an seinen Großvater, an sein verlorenes Erbe und daran, wie beinahe er den größten Teil davon zurückerobert hätte, und dann noch einmal an Pete, der schließlich in all seinen Sorgen laut schrie: „Oh, wenn Pete hatte nur gelebt!"

Seine Stimme erschreckte und seine Worte entsetzten ihn. Um beides im ersten Moment der Wiederherstellung des Bewusstseins auszulöschen, füllte er sein Glas bis zum Rand und hob es, erhob sich gleichzeitig, schaute über den Tisch und sagte leise flüsternd: „Deine Gesundheit, Liebling, deine Gesundheit!"

An der Haustür klingelte es, und er stand da und lauschte mit dem Weinglas in der Hand. Als er mehr wusste, sagte eine Stimme an seinem Ellenbogen aus zitternder Düsternis: „Der Herr kann anscheinend nicht kommen; er hat ein Telegramm geschickt."

Es war Jem-y-Lord, der ein Telegramm in der Hand hielt.

Philip riss den Umschlag auf und las:

„Komm morgen mit dem Ramsey-Boot nach Hause und sage es Kirry Peat mit gutem Gewissen."

IV.

Irgendwo in der toten und leeren Morgendämmerung ging Philip zu Bett, erschöpft von einem nächtlichen Streifzug durch die dunklen Straßen. Er schlief vier Stunden lang tief und fest, während um ihn herum bedrückende Träume von gewöhnlichen Dingen zu enormer Größe anschwollen.

Als Jem-y-Lord morgens den Tee in das Schlafzimmer seines Herrn brachte, wurde ihm das Tablett durch das Klirren der Rückseite der Tür fast aus den Händen gerissen, nachdem er sie mit dem Knie aufgestoßen hatte. Das Fenster war halb geöffnet, und eine kalte Meeresbrise wehte ins Zimmer; Doch der Rost und der Herd zeigten, dass in der Nacht ein Feuer entzündet worden war und sein Herr noch schlief.

Jem stellte sein Tablett ab, hob eine Karaffe hoch, die auf dem Tisch stand, hielt sie gegen das Licht, schnaubte wie ein altes Pferd, nickte wissend vor sich hin und schloss das Fenster.

Philip wachte durch den Lärm auf und sah sich verwirrt um. Er hatte das vage Gefühl, dass etwas passiert war, als der Mann sagte:

„Das Pferd wird bald rund sein, Sir.“

„Welches Pferd?“ sagte Philip.

„Das Pferd, auf dem Sie reiten, Sir“, sagte Jem und fügte mit einem nachsichtigen Lächeln hinzu: „Das Pferd, das ich bei Shimmen bestellt habe, als ich den Brief aufgegeben habe.“

„Welcher Brief?“

„Der Brief, den du mir gegeben hast, damit ich ihn abschicke, bevor ich zu Bett gehe.“

In Philipps Gedanken war alles durcheinander und verwirrt. Er musste sich anstrengen, sich zu erinnern. In diesem Moment riefen die Zeitungsjungen die Straße hinter dem Kirchhof: „Sonderausgabe – Tod des Deemster.“

Dann kam alles zurück. Er hatte Kate geschrieben und sie gebeten, ihn um zwei Uhr an diesem Tag in Port Mooar zu treffen. Damals und an diesem einsamen Ort hatte er beschlossen, ihr die Neuigkeit zu überbringen. Er muss alles erzählen; er hatte sich für seinen Weg entschieden.

Ohne Appetit aß er sein Frühstück. Dabei hörte er Stimmen aus einem Stallhof auf der Straße. Er hob den Kopf und schaute mechanisch hinaus. Hinter einem tapferen jungen Pferd mit silberbeschlagenem Geschirr kam ein vierrädriger Hundekarren den Torbogen herunter. Der Mann, der es fuhr, war eine wunderschöne Person in einem leichten Melton-Mantel. Einer seiner bespritzten Füße lag auf der Bremse und er hatte eine große Zigarre zwischen den Zähnen. Es war Ross Christian.

Als Philip den Mann das letzte Mal gesehen hatte, hatte er mit ihm um Kates Ehre gekämpft. Es war wie Peitschenhiebe und Skorpione, jetzt daran zu denken. Beschämt, erniedrigt und in seinen eigenen Augen erniedrigt wandte er den Kopf ab.

<h1 style="text-align:center">V.</h1>

Mitten in der Nacht nach der Melliah drehte Kate sich im Bett um und küsste ihre Hand, weil sie die Hand von Philip gehalten hatte. Als sie morgens aufwachte, empfand sie ein großes Glücksgefühl. Sie öffnete die Augen, erhob sich halb im Bett und sah sich um. Da waren die rosafarbenen Vorhänge, die wie ein Zelt über ihr hingen, da waren die Falten des Strohdachs, auf deren Bettdecke die rissige Tünche schnitt, da waren die Presse und der Waschtisch, da waren die Schafsfelle auf dem Boden, und die Sonne kommt durch das Obstgartenfenster. Aber alles war verklärt, alles schön, alles geheimnisvoll. Sie war wie jemand, der auf dem Meer eingeschlafen war, umgeben von nur einem unerreichbaren Horizont, und im Hafen in einem fremden Land erwachte, das warm und lieblich und voller Sonnenschein war. Sie schloss die Augen wieder, damit nichts die Betrachtung des Geheimnisses störte. Sie verschränkte ihre runden Arme wie ein Kissen hinter ihrem Kopf, ihre Gliedmaßen sanken durch ihr eigenes Gewicht zurück und ihr Mund verzog sich zu einem glücklichen Lächeln. Oh, Wunder aller Wunder! Die ganze Welt wurde verändert.

Sie hörte das Klappern von Stofftieren unten im Zimmer; Es war Nancy, die in der Molkerei rührte. Sie hörte Rufe von jenseits des Obstgartens – es war ihr Vater, der in der Ablage stapelte; Sie hörte ihre Mutter in der Bar reden und das Mühlrad im Teich rauschen. Es schien fast wunderbar, dass die Maschinerie des gewöhnlichen Lebens genauso funktionieren konnte wie eh und je.

Könnte sie selbst dieselbe sein? Sie griff nach einem Handglas, um ihr Gesicht zu betrachten. Als sie es vom Tisch nahm, rutschte es ihr aus den Fingerspitzen, fiel mit der Vorderseite nach unten und zerbrach. Dieser Unfall versetzte ihr einen Moment lang einen Schmerz, als wäre sie ein schlechtes Omen gewesen, doch in diesem Moment fiel Nancy ein Brief ein. Es war der Brief, den Philip in Ballure geschrieben hatte. Als sie wieder allein war, las sie es. Dann steckte sie es in ihren Busen. Es schien vom Geruch des Ginsters, dem Geruch des Tals, des Tholthans, von Philip und allen Freuden heimgesucht zu werden.

Ein schwacher Anflug von Scham überkam sie, um ihr Angst zu machen. Hatte sie gegen ihr Geschlecht gesündigt? War es eine Schande, dass sie umworben und nicht darauf gewartet hatte, gewonnen zu werden? Würde Philip sich trotz all seiner Liebe zu ihr auch für sie schämen? Ihr Gesicht wurde heiß. Sie wusste, dass sie errötete, und sie bedeckte ihren Kopf, als wäre ihr Geliebter da, um es zu sehen. Solche Ängste hielten nicht lange an. Ihre Freude war zu kühn, um vor greifbaren Dingen Angst zu haben. Ihr Glück war so überwältigend, dass sie nur Angst hatte, sie könnte eines Tages aufwachen und feststellen, dass sie jetzt schlief und alles nur ein Traum gewesen war.

Das war Freitag, und gegen Mittag kam von Kirk Michael die Nachricht, dass der Deemster am Nachmittag des Vortages gestorben sei.

„Dann sollten sie Philip Christian in seine Schranken weisen", sagte sie prompt; „Ich bin sicher, niemand hat es besser verdient."

Sie hatten in der Küche mit dem Rücken zu ihr leise geredet, sahen sich aber mit erstaunten Blicken um.

„Um Himmels willen, Kirry", rief Nancy, „bist du es selbst? Was hast du vor einer Woche gesagt?"

„Nun, erwartest du von einem Mädchen, dass es immer das Eine sagt?" lachte Kate.

„Ach nein", sagte Cæsar. „Die Meinung einer Frau ist normalerweise nicht so steif wie der Schwanz eines kämpfenden Katers. In der Regel kommen und gehen sie eher."

Am nächsten Tag, Samstag, erhielt sie Philipps zweiten Brief, den Brief, den sie nach dem Abendessen und dem Eintreffen von Petes Telegramm an Douglas geschrieben hatte. Es war quer, in hastiger Handschrift, auf ein halbes Blatt Notizpapier geschrieben und ähnelte einer Nachschrift, ohne Unterschrift oder Überschrift: –.

"Dringendste. Muss dich sofort sehen. Treffen Sie mich morgen um zwei Uhr in Port Mooar. Wir können dort ohne Unterbrechung reden. Sei mutig, mein Lieber. Es gibt ernste Dinge zu besprechen und zu regeln."

Die Nachricht war knapp und sogar kalt, aber sie beunruhigte sie nicht. Hochzeit! Das war die einzige Vision, die es heraufbeschwor. Der Tod des Deemster hatte die Dinge beschleunigt – das war der Sinn der Dringlichkeit. Port Mooar lag in der Nähe von Ballure – deshalb musste sie so weit gehen. Sie würden sich mit Klatsch, vielleicht Verleumdung, vielleicht sogar Beschimpfungen auseinandersetzen müssen – das war der Grund, warum sie mutig sein musste. Warum und wie sich der Tod des Deemster auf ihre Ehe mit Philip auswirken sollte, konnte sie nicht klären. Sie hatte vage Erinnerungen an Mädchen, die in herrlicher Eile heirateten, mit ihren Ehemännern davonsegelten und weg waren, bevor man Zeit hatte, an ihre Abreise zu denken. Aber diese neue Tatsache ihres Lebens war nur ein Teil des großen Geheimnisses und konnte nicht durch alltägliche Ideen und Ereignisse erklärt werden.

Kate rannte hinauf, um sich anzuziehen, und kam herab wie eine Knospe, die zur Blüte aufbricht. Sie hatte sich sorgfältiger gekleidet als je zuvor. Philip hatte große Erwartungen; er darf nicht enttäuscht werden. Unter dem Vorwand, einkaufen zu gehen, machte sie sich gerade auf den Weg nach Ramsey, als ihr Vater aus dem Stall rief, er sei dafür, in die gleiche Richtung zu fahren. Die Stute wurde an den Gig angeschnallt und sie machten sich gemeinsam auf den Weg.

Cæsar hatte Nachforschungen und Berechnungen angestellt. Er hatte erfahren, dass die *Johannesburg* aus Kapstadt am Tag zuvor in Liverpool angekommen war; und er kam zu dem Schluss, dass Petes Habseligkeiten am Samstagmorgen mit der *Peveril*, *dem wöchentlichen Dampfer nach Ramsay, kommen würden. Die Peveril* verließ Liverpool um acht Uhr; Sie würde um drei Uhr fällig sein. Cäsar wollte um zwei am Kai sein.

„Es ist meine Pflicht als Eltern, Kate", sagte er. „Was gibt es Natürlicheres als etwas für sich selbst? Es ist auch meine Pflicht als Pastor, denn es gibt Menschen aus Manx, die in Gefahr sind, vom Teufel der Habgier heimgesucht zu werden, und es geht darum, das Werk des Herrn zu tun, um sie der Reichweite der Versuchung zu entziehen. Sie können mit ihnen ermahnen, bis Sie schwarz im Gesicht sind, aber es wirft gutes Geld in den Dreck. Einfach *schmeißen!* Überhaupt kein Ring; Auf keinen Fall reaktionsfähig!"

Kate schwieg, und Cæsar fügte vertraut hinzu: „Natürlich ist es auch mein Recht, denn wenn die Geburt eines Mannes *so ist*, gibt es kein Blutserbe, und Besitz ist neun Punkte des Gesetzes." Das ist so, Kate. Sie müssen nicht so genau suchen. Das ist wahr, Mädchen. Ich hatte die Meinung eines Anwalts."

Kate hatte hingeschaut, aber nicht zugehört. Der Inhalt der Rede ihres Vaters war zu trivial, das Interesse war zu weit entfernt. Während sie fuhren, schaute sie immer wieder zum Meer und fragte, wie spät es sei.

„Ach, es ist noch genug Zeit, Frau", sagte Cæsar. „Kein Grund, unruhig zu sein. Sie wird sowieso erst in einer Stunde bei Head sein. Kommst du dann mit mir zum Kai? NEIN? Naja, vielleicht besser nicht."

An der Tür eines Tuchmachergeschäfts stieg sie vom Gig herunter und sagte ihrem Vater, er solle nicht auf sie warten, wenn sie nach Hause gehe. Cæsar befeuchtete seinen Zeigefinger und hielt ihn einen Moment in die Luft.

„Dann kommen Sie nicht zu spät", sagte er, „das Wetter kommt."

Ein paar Minuten später lief sie schnell den Ballure hinauf. Als sie am Ballure House vorbeiging, stellte sie fest, dass sie leise vorging. Es war wie heiliger Boden. Sie schaute nicht hinüber; sie gab kein Zeichen; Es gab nur ein Zittern der Augenlider, ein Zittern des Mundes und ein Anspannen der Hand, die ihre Handtasche hielt, als sie mit gesenktem Kopf weiterging. Als sie am Wassertrog vorbeiging, sah sie den Kugelkopf von Black Tom, der durch ein in zerrissenes und verblasstes Tuch gehülltes Teleskop über die Hecke hinweg seewärts blickte. Obwohl ihr der Mann zuwider war, grüßte sie ihn fröhlich.

„Schöner Tag, Mr. Quilliam."

„Es *war* ein schöner Tag, Ma'am, aber die Bienen kommen nach Hause", sagte Tom.

Er starrte sie finster an wie einen Späher des Feindes, aber das störte sie nicht. Sie war sehr glücklich. Die Sonne schien immer noch. Als sie oben auf dem Hügel angekommen war, begann sie zu hüpfen und zu rennen, wo die Straße bei Folieu abwärts führte. So eilte sie mit leichtem Herzen und leichtem Schritt, an niemanden schlecht denkend und in die ganze Welt verliebt, ihrem Untergang entgegen.

Das Meer darunter lag sehr ruhig und blau. Auf dem Wasser war nichts zu sehen als eine schwarze Rauchlinie aus dem Schornstein eines Dampfschiffes, das noch nicht über den Horizont gestiegen war.

VI.

Philip stellte sein Pferd im Hibernian auf, eine Meile weiter auf der Hauptstraße, und die Zunge der Wirtin, Mistress Looney, lief wie ein Mühlenrennen, während er sein Abendessen aß. Sie kannte seine Familie seit drei Generationen und war voller Geschichten über seinen Großvater, seinen Vater und über sich selbst in seiner Kindheit. Voller Facetten auch über sein Aussehen, das „einigermaßen vielversprechend" war, und über die Mädchen von Douglas, die „weder gut noch mittelmäßig" waren. Sie war auch voller kluger Ratschläge und empfahl die Heirat mit einem warmherzigen Mädchen, das „schöne Dinge an sich hatte – schöne Ländereien und Schweine und so" –, um den „Überfall" von vor dreißig Jahren in Ballawhaine zu kompensieren.

Philip ließ seinen Teller halbvoll stehen und stand vom Tisch auf, um nach Port Mooar hinunterzugehen.

„Aber Junge Veen, du hast nichts zerstört", rief die Wirtin. Und dann schmeichelnd, als wäre er ein Kind gewesen: „Du wirst jetzt ein paar Stücke für mich essen, komm, komm! Gar nicht mehr? Oh, das ist ein Misserfolg, Mr. Philip! Spazieren gehen, oder? Dann nimm deinen Mantel, denn der Klee schließt sich."

Er nahm den Weg, den Pete als Junge verfolgt hatte, als er von der Schule nach Hause kam, als Kate in Cornaa lebte, und ging durch das Wegenetz an der Mühle vorbei und über den Hügel bei Ballajora. Der neue Müller riss das strohgedeckte Häuschen, in dem Kate geboren worden war, ab, um daraus ein Schieferhaus zu errichten. Sie hatten eine Veranda als Schutz für die Kapelle gebaut und die Figur eines geschlachteten Lamms in einen Stein im Giebel geschnitzt. Ein weiteres Lamm – ein lebendes Lamm – wurde vom Metzger von Ballajora getötet, als Philip an den Trümmern vorbeiging. Das hilflose Geschöpf, dessen Kopf vom Block herabgeschwenkt war, sah ihn mit seinen mitleiderregenden Augen an und stieß jenen schmerzerfüllten Schrei aus, der der letzte wilde Ruf des geschlagenen Tieres ist, wenn es den Tod nahe sieht und aufgehört hat, dafür zu kämpfen Leben.

Die Luft war ruhig und das Meer ruhig, aber auf der anderen Seite des Kanals schien ein bleierner Himmel über den englischen Bergen zu schweben, obwohl sie immer noch hell waren und anscheinend die Sonne schien. Als Philip Port Mooar erreichte, kam ein Karren mit einer Ladung Seetang für das Land heraus, und am Strand verschiffte ein Hummerfischer seine Ausrüstung für das Meer.

„Ruhiger Tag", sagte Philip im Vorbeigehen.

„Das Aussehen gefällt mir allerdings nicht besonders", sagte der Fischer. „Eine tödliche dicke Brandung, die dem Wind entgegenkommt." Aber er ließ sein Boot auslaufen, zog das Segel hoch und ritt davon.

Philip schaute auf seine Uhr und ging dann den Strand entlang. Als er zu einer Höhle kam, betrat er sie. Der Seetang war in der Dunkelheit dahinter aufgeschüttet, und zwischen zwei Steinen an der Mündung lagen die Überreste eines kürzlichen Brandes. Plötzlich erinnerte er sich an die Höhle. Es war die Höhle der Carasdhoo-Männer. Er konnte die Stimme von Pete in ihrer grollenden Tiefe hören; er konnte sich selbst hören und sehen. „Sollen wir die Frauen retten, Pete? – das tun wir immer." „Ach ja, die Frauen – und die Jungs." Die Zärtlichkeit dieser Erinnerung war zu viel für Philip. Er kam aus der Höhle und ging über das Ufer zurück.

„Sie wird an der Kirche vorbeikommen", dachte er und kletterte die Klippen hinauf, um nach draußen zu schauen. Dort wuchs eine Reihe von Tannen, ein Kamm aus kleinen, unförmigen, ghulähnlichen Dingern, verkümmert durch die Winde, die im Winter über die Meere fegten. In einer Gabelung davon hing noch ein Vogelnest vom letzten Jahr; aber es war jetzt leer, liedlos, freudlos und tot.

"Sie ist da." sagte er sich und holte geräuschvoll Luft. Eine weiße Gestalt hatte bei der Sonnenuhr die Straße abgebogen und kam mit den Schritten eines Windhundes näher.

Die schwarzen Wolken über den englischen Bergen senkten sich auf das Land. An der anderen Küste gab es einen Sturm, obwohl der Himmel über der Insel immer noch schön war. Das Dampfschiff war über den Horizont gestiegen und steuerte auf die Bucht zu.

VII.

Sie traf ihn am Hang mit einem Freudenschrei und küsste ihn. Es kam ihm in den Sinn, sich zurückzuziehen, aber es gelang ihm nicht, und er erwiderte den Kuss. Dann hakte sie sich bei ihm ein, und sie gingen zum Strand hinunter.

„Ich freue mich, dass Sie gekommen sind", begann er.

„Hast du jemals davon geträumt, dass ich es nicht tun würde?" Sie sagte. Ihr Gesicht war ein Lächeln, ihre Stimme war ein eifriges Flüstern.

„Ich muss dir etwas sagen, Kate – es ist etwas Ernstes."

"Ist es so?" Sie sagte. „So sehr ernst?"

Sie lachte und errötete gleichzeitig. Wusste sie nicht, was er sagen würde? Hat sie nicht erraten, was das für ein ernstes Etwas sein muss? Um die köstliche Spannung zu verlängern, bevor sie sie hörte, tat sie so, als wäre sie in die Dinge um sie herum vertieft. Sie schaute zur Seite auf das Meer, hinauf zu den Ufern und hinunter zu den kleinen Salzwasserklumpen, als sie über sie hüpfte, und schrie auf, als sie die Seestechpalme, die Anemone und die Seemaus sah, die wie Feuer leuchteten. aber er hielt immer noch Philipps Arm fest und hüpfte und pochte darauf.

„Du musst ruhig sein, mein Lieber, und zuhören", sagte er.

„Oh, ich werde gut sein – so sehr gut", sagte sie. "Aber schau! Schauen Sie sich nur die weißen Pferde da draußen an – weit draußen hinter dem Dampfer. Davy legt die Kupfermünzen für den Pfarrer an, nicht wahr?"

Sie bemerkte den ernsten Gesichtsausdruck von Philip, richtete sich mit gespielter Strenge auf und sagte: „Sei still, Katey. Benimm dich. Philip möchte mit Ihnen reden – ernsthaft – sehr ernsthaft."

Dann beugte sie sich vor, legte den Kopf zur Seite, um ihm ins Gesicht zu schauen, und sagte: „Nun, Sir, warum fangen Sie nicht an? Vielleicht denkst du, ich würde schreien. Ich werde es nicht tun – ich verspreche Ihnen, dass ich es nicht tun werde."

Doch die ernste Ernsthaftigkeit seines Gesichtsausdrucks beunruhigte sie, und die Freude ließ allmählich nach. Als Philip sprach, war seine Stimme wie ein gebrochenes Echo seiner selbst.

„Du erinnerst dich, Kate, was du gesagt hast, als ich dir den letzten Brief aus Kimberley brachte – dass, wenn du am nächsten Morgen feststellen würdest, dass es sich um einen Fehler handelte – –"

„ *Ist* es ein Fehler?" Sie fragte.

„Beruhige dich, Kate."

„Ich bin ganz ruhig, Liebes. Ich erinnere mich, dass ich gesagt habe, es würde mich umbringen. Aber ich war sehr dumm. Das sollte ich jetzt nicht sagen. Lebt Pete?"

Sie sprach ohne zu zittern, und er antwortete mit heiserem Flüstern: „Ja."

Dann sagte er mit brechender Stimme: „Wir waren sehr dumm, Kate – es war sehr dumm, so voreilig zu einem Schluss zu kommen – es war schlimmer als dumm, es war böse." Ich habe damals halb an dem Brief gezweifelt, aber Gott verzeih mir, ich *wollte* es glauben, und so –"

„Ich bin froh, dass Pete lebt", sagte sie leise.

Er war entsetzt über ihre Ruhe. Die unregelmäßigen Linien in seinem Gesicht zeigten den ungeordneten Zustand seiner Seele, aber sie ging an seiner Seite, ohne mit einem Augenlid zu zittern oder einen Anflug von Farbe mehr als gewöhnlich. Hatte sie es verstanden?

"Sehen!" sagte er, und er zog Petes Telegramm aus seiner Tasche und gab es ihr.

Sie öffnete es mühelos, und er beobachtete sie, während sie es las, bereitete sich auf einen Schrei vor und war bereit, seine Arme um sie zu legen, falls sie fiele. Aber es gab keine Bewegung außer der Bewegung ihrer Finger, kein Geräusch außer dem Knirschen des dünnen Papiers. Er wandte den Kopf ab. Die Sonne schien; Auf den Tannen lag ein stählernes Licht, und hier und da erhob sich eine weiße Brandung wie ein Seevogel aus der blauen Meeresoberfläche.

"Also?" Sie sagte.

„Kate, du verblüffst mich", sagte Philip. „Das kommt wie eine Gewitterwolke über uns, und Sie scheinen es nicht zu bemerken."

Sie legte ihre Arme um seinen Hals und das Papier raschelte auf seiner Schulter. „Mein Liebling", sagte sie, „liebst du mich noch?"

„Du weißt, dass ich dich liebe, aber –"

„Dann gibt es für mich jetzt keine Gewitterwolke im Himmel", sagte sie.

Die schlichte Erhabenheit der Liebe des Mädchens beschämte ihn. Sein Vertrauen, seine Zuversicht, seine Gleichgültigkeit gegenüber all den bösen Chancen des Lebens, wenn er sie nur noch lieben würde, das war über ihn hinausgegangen. Aber er löste ihre Arme und sagte: „Wir dürfen nicht in einem Narrenparadies leben, Kate. Du hast es Pete versprochen …"

„Aber, Philip", sagte sie, „das war, als ich ein Kind war. Damals war es nur ein halbes Versprechen, und ich wusste nicht, was ich tat. Ich wusste nicht, was Liebe ist. All das kam später, Liebste, viel später – du weißt schon wann."

„Für Pete ist es dasselbe, Kate", sagte Philip. „Er kommt nach Hause, um dich zu holen –"

Sie hielt ihn auf, indem sie sich vor ihn stellte und mit dem Gesicht nach unten sagte, während sie seinen Ärmel strich: „Du bist ein Mann, Philip, und du kannst es nicht verstehen." Wie können Sie und wie kann ich es Ihnen sagen? Wenn ein Mädchen keine Frau, sondern nur ein Kind ist, ist sie ein anderer Mensch. Sie kann dann niemanden lieben – nicht wirklich – um nicht zu sagen Liebe, und die Versprechen, die sie macht, zählen nicht. Es war nicht ich, der es Pete versprochen hat – falls ich es versprochen habe. Es war meine kleine Schwester – die kleine Schwester, die ich vor langer, langer Zeit war, jetzt aber nicht mehr da ist – irgendwo in mir eingeschlafen. Ist das *sehr* dumm, Liebling?"

„Aber denken Sie an Pete", sagte Philip; „Denken Sie daran, wie er aus Liebe zu Ihnen weggeht, fünf Jahre im Ausland lebt, schuftet, schuftet, spart, Entbehrungen, vielleicht auch Gefahren erlebt, und das alles für Sie, alles aus Liebe zu Ihnen. Dann stellen Sie sich vor, wie er nach Hause kommt, sein Herz ist erfüllt von Ihnen, erfüllt von der Hoffnung auf Sie, er dürstet, hungert und sehnt sich nach Ihnen, und er findet Sie für ihn verloren, für ihn tot, schlimmer als tot – es wird ihn töten, Kate."

Das Bild berührte sie nicht. „Es tut mir sehr leid, aber ich liebe ihn nicht", sagte sie leise. „Es tut mir leid – was kann ein Mädchen sonst sein, wenn es einen jungen Mann nicht liebt?"

„Er hat mich verlassen, um mich auch um dich zu kümmern, und du siehst – du siehst es im Telegramm –, dass er im Vertrauen auf meine Loyalität nach Hause kommt. Wie kann ich ihm sagen, dass ich mein Vertrauen gebrochen habe? Wie kann ich ihn treffen und erklären –"

„Ich weiß, Philip. Angenommen, wir haben gehört, dass er tot ist und –"

„Nein, es wäre zu elend. Es ist erst drei Wochen her, seit der Brief angekommen ist – und es wäre nicht wahr, Kate – es würde mich empören."

Sie hob den Blick mit einem zärtlichen Ausdruck beschämter Liebe und sagte noch einmal: „ *Ich* weiß, dann gib mir die Schuld, Philip." Was interessiert mich? Sag, es war alles meine Schuld und ich habe dich dazu gebracht, mich zu lieben. *Mir* ist das Gerede von irgendjemandem egal. Und es ist wahr, nicht wahr? Teilweise wahr, oder?"

„Wenn ich Pete von der Versuchung erzählen würde, würde ich mich selbst verachten", sagte Philip; und dann warf sie den Kopf hoch und sagte stolz:

„Sehr gut, sag die Wahrheit selbst – die einfache Wahrheit, Philip. Sagen wir, wir haben versucht, treu und loyal zu sein und so weiter, und es ist uns nicht gelungen, weil wir uns liebten, und es gab keine Hilfe dafür."

„Wenn ich ihm die Wahrheit sage, werde ich vor Scham sterben", sagte Philip. „Oh, es gibt keinen Ausweg aus diesem elenden Wirrwarr. Ob ich mich mit Täuschung bedecke oder mich der Ausflucht entziehe, ich werde meine Seele für immer beflecken. Ich werde ein niederträchtiger Mann werden und Jahr für Jahr tiefer und tiefer im Sumpf der Lügen und Täuschung versinken."

Sie lauschte, während ihr Blick auf sein zitterndes Gesicht gerichtet war, und ihre Augenlider flatterten, und ihre zärtlichen Blicke begannen, Angst zu bekommen.

„Sagen wir, wir haben geheiratet", fuhr er fort; „Wir sollten nie vergessen, dass Sie Ihr Versprechen und mein Vertrauen gebrochen haben. Diese Erinnerung würde uns ein Leben lang verfolgen. Wir sollten niemals das Glück eines Augenblicks oder den Frieden eines Augenblicks kennen. Pete wäre ein Mann mit gebrochenem Herzen, vielleicht ein Wrack, vielleicht – wer weiß? – selbst gestorben. Er würde immer der Geist zwischen uns sein."

„Und meinst du, ich sollte davor Angst haben?" Sie sagte. „In der Tat, nein. Wenn du bei mir wärst, Philip, und mich immer noch liebst, würde ich mich nicht um alle Geister des Himmels selbst kümmern."

Ihr Gesicht war jetzt totenbleich, aber ihre großen Augen leuchteten.

„Unsere Liebe würde uns im Stich lassen, Kate", sagte Philip. „Das Gefühl unserer Schuld würde es töten. Wie könnten wir uns weiterhin lieben, wenn wir so etwas den ganzen Tag und die ganze Nacht um uns herum haben – an unserem Tisch sitzen – unserem Gespräch zuhören – an unserem Bett stehen? Oh, barmherziger Gott!"

Der Schrecken seiner Vision überwältigte ihn und er bedeckte sein Gesicht mit beiden Händen. Sie zog sie wieder herunter und hielt sie fest in ihren Fingern. Aber das steinerne Licht seiner Augen war furchteinflößender anzusehen, und sie sagte mit besorgter Stimme: „Meinst du, Philip, dass wir – jetzt – nicht heiraten könnten?"

Er antwortete nicht, und sie wiederholte die Frage und sah ihm ins Gesicht wie ein Krimineller, der auf sein Urteil wartet – mit nach vorne geneigtem Kopf und offenem Mund.

„Das können wir nicht", murmelte er. „Gott steh uns bei, wir wagen es nicht", sagte er; und dann versuchte er ihr noch einmal zu zeigen, dass ihre Ehe unmöglich war, nachdem Pete gekommen war, ohne Verrat, Scham und Elend. Doch seine Worte verstummten. Er fing den Blick ihrer Augen auf, und es war wie der mitleiderregende Blick des Lammes unter den Händen des Metzgers.

„Bist du gekommen, um es mir zu sagen?" Sie fragte.

Seine Antwort blieb ihm im Hals stecken. Sie ahnte es eher, als dass sie es hörte.

Ihr Schicksal war über sie hereingebrochen, aber sie schrie nicht. Sie war sich noch nicht vollständig darüber im Klaren, was geschehen war. Es war wie eine Schusswunde im Kampf; Zuerst ein Gefühl der Luft, fast der Erleichterung, dann ein Stich und dann überwältigende Qual.

Sie waren wieder gegangen, aber sie rutschte wie zuvor vor ihm her. Ihre Arme strichen streichelnd über seine Brust und verschränkten sich hinter seinem Nacken.

„Das ist nur ein Scherz, Liebste", sagte sie, „vielleicht eine Prüfung meiner Liebe." Du wolltest dich von mir überzeugen – ganz, ganz sicher –, jetzt, wo Pete lebt und nach Hause kommt. Aber siehst du, ich möchte, dass nur einer mich liebt, nur einer, mein Lieber. Komm jetzt, gestehe. Scheuen Sie sich nicht zu sagen, dass Sie mit mir gespielt haben. Ich werde dir nicht böse sein. Komm, sprich mit mir."

Er brachte kein Wort heraus, und sie ließ ihre Arme von seinem Hals fallen; und sie gingen Seite an Seite weiter und starrten beide aufs Meer hinaus. Die englischen Berge waren zu diesem Zeitpunkt schwarz. Am anderen Ufer tobte ein Sturm, obwohl die Luft auf dieser Seite so weich war wie menschlicher Atem. .

Plötzlich blieb sie stehen, ihre Füße kratzten über den Kies und sie rief mit heiserer Stimme: „Ich weiß, was es ist. Es ist nicht Pete. Ich stehe dir im Weg. Das ist es. Wegen dir kommst du mit mir nicht klar. Ich bin nicht für dich geeignet. Der Abstand zwischen uns ist zu groß."

Er hatte Mühe, es zu leugnen, aber es gelang ihm nicht. Es war Teil der Wahrheit. Er wusste zu gut, wie nah es an der ganzen Wahrheit lag. Pete war im letzten Moment gekommen, um sein Gewissen zu vertuschen, aber Kate zog sich nackt aus und zeigte ihm das Skelett.

„Es ist alles gut für dich", rief sie, „aber wo bin ich? Warum hast du mich nicht in Ruhe gelassen? Warum hast du mich ermutigt? Ja, in der Tat, ermutigen Sie mich! Haben Sie nicht gesagt, dass eine Frau sich zwar im Leben nicht selbst erheben kann, ein Mann sie jedoch erheben könnte, wenn er sie nur liebt? Und hast du mir nicht gesagt, dass es weder unten noch oben gibt, wo wahre Zuneigung herrscht, und dass, wenn eine Frau jemandem gehörte und jemand ihr gehörte, das Gottes Zeichen dafür war, dass sie gleich waren und alles andere nichts bedeutete? – Stolz war nichts und Stellung war nichts und die ganze Welt war nichts? Aber jetzt weiß ich es anders. Die Welt ist zwischen uns. Es war schon immer zwischen uns und du kannst niemals zu mir gehören. Du wirst weitermachen und dich erheben, und ich werde zurückbleiben."

Dann brach sie in schreckliches Gelächter aus. „Oh, ich war ein Narr! Wie ich davon geträumt habe, glücklich zu sein! Ich wusste, dass ich nur ein armes, unwissendes Ding war, aber ich sah mich von dem, den ich liebte, emporgehoben. Und jetzt soll ich allein gelassen werden. Oh, es ist schrecklich! Warum hast du mich getäuscht? Ja, täusche mich! Täuscht mich das nicht? Du hast mich getäuscht, als du mir eingeredet hast, dass du mich mehr liebst als die ganze Welt. Das tust du nicht. Es ist die Welt selbst, die du liebst, und Pete ist nur deine Ausrede."

Während sie sprach, umklammerte sie seine Arme, seine Hände, seine Brust und ihre eigene Kehle, als würde sie von etwas erwürgt. Er antwortete nicht auf ihre Vorwürfe, denn er wusste genau, was sie waren. Sie waren der bittere Schrei ihrer großen Liebe, ihres großen Elends und ihrer großen Eifersucht auf die Welt – der gnadenlosen und geheimnisvollen Macht, die ihn weglockte. Nach einer Weile berührte sie sein Schweigen, und sie kam voller Reue auf ihn zu und sagte: „Nein, nein, Philip, du hast dir nichts vorzuwerfen. Du hast mich überhaupt nicht getäuscht. Ich habe mich selbst getäuscht. Es war meine eigene Schuld. Ich habe dich weitergeführt – das weiß ich. Und doch habe ich diese grausamen Dinge gesagt. Du wirst mir aber verzeihen, nicht wahr? Ein Mädchen kann manchmal nicht anders, Philip. Weinen Sie? Du weinst nicht, oder? Küss mich, Philip, und vergib mir. Das kannst du doch machen, oder?"

Sie fragte wie ein Kind, mit erhobenem Gesicht und geöffneten Lippen. Er wollte gerade nachgeben und streckte die Hand aus, um ihre Stirn zu berühren, als plötzlich das Kind zur Frau wurde, und sie sprang auf seine Brust und hielt ihn inbrünstig, ihr Blut wallte, ihre Brust jubelte, ihre Augen flammten und ihre Leidenschaft Stimme schreit: „Philip, du gehörst mir. Nein, ich werde dich nicht freilassen. Deine Pläne sind mir egal – du sollst sie aufgeben. Dein Vertrauen ist mir egal – du wirst es brechen. Es ist mir egal, ob Pete kommt – lass ihn kommen. Die Welt kommt ohne dich aus – ich nicht. Du gehörst mir, Philip, und ich gehöre dir und niemand anderem und werde es auch nie sein. Du *musst* früher oder später zu mir zurückkommen, wenn du weggehst. Ich weiß es, ich fühle es, es ist in meinem Herzen. Aber ich werde dich niemals gehen lassen. Ich kann nicht, ich kann nicht. Habe ich kein Recht auf dich? Ja, ich habe ein Recht. Erinnerst du dich nicht?... Kannst du jemals vergessen?... Mein *Mann!*"

Das letzte Wort kam gedämpft aus seiner Brust, wo sie ihren Kopf in den Krämpfen ihres Zitterns vergraben hatte, in dem Moment, als ihre Bescheidenheit in dem erbitterten Kampf mit noch stärkerem Schmerz unterging. Doch die Bitte, die ihr das Recht zu geben schien, sich noch fester an sie zu klammern, ließ den Mann auseinanderweichen. Es war die alte, tiefe Tragödie der menschlichen Liebe – die uralte Ungleichheit in der Bindung von Mann und Frau. Sie hatte geglaubt, ihre Eroberung sei ihre Besiegung gewesen. Er konnte nicht anders, es – ihr letztes Wort hatte alles getötet.

„Oh Gott", stöhnte er, „das ist das Schlimmste von allem."

„Philip", rief sie, „was meinst du?"

„Ich meine, weder ich kann dich heiraten, noch kannst du Pete heiraten. Du würdest ihm deine Liebe zu mir mitteilen, und nach und nach würde er es herausfinden, und es würde ihn töten. Es würde auch dich töten, denn du hast mich deinen Ehemann genannt, und du könntest es niemals, niemals, niemals vergessen."

„Ich möchte Pete nicht heiraten", sagte sie. „Wenn ich dich nicht heiraten soll, möchte ich niemanden heiraten. Aber meinst du, dass ich überhaupt nicht heiraten darf – dass ich das jetzt nie mehr kann –"

Ihr fehlte das Wort, und seine Antwort kam schwerfällig und undeutlich: „Ja."

„Und du, Philip? Wie sieht es mit dir selbst aus?"

„So wie es keinen anderen Mann für dich gibt, Kate", sagte er, „so gibt es auch keine andere Frau für mich. Wir müssen alleine durch die Welt gehen."

„Ist das meine Strafe?"

„Es ist die Strafe für beide, Kate, die Strafe für beide gleichermaßen."

Kate hörte auf zu atmen. Ihre geballten Hände lösten sich von seinem Hals und sie trat von ihm zurück, schaudernd vor Reue, Verzweiflung und Scham. Sie sah sich nun zum ersten Mal als gefallene Frau. Nie zuvor hatte ihre Sünde ihre Seele berührt. In diesem Moment fiel sie.

Sie hatten die Höhle inzwischen erreicht, und sie saß auf dem Stein an der Höhlenmündung und weinte heftig. Es zerriss ihm das Herz, sie zu hören. Die Stimme ihres Weinens war wie der schmerzliche Schrei des geschlachteten Lammes. Er musste mit sich selbst ringen, sie nicht in seine Arme zu nehmen und zu trösten. Der Tränenanfall ließ nach und nach nach, und nach einer Weile holte sie tief Luft und schwieg. Dann hob sie ihr

Gesicht, und der letzte Glanz der Herbstsonne fiel auf ihre farblosen Lippen und geschwollenen Augen. Als sie wieder sprach, war es, als würde sie im Schlaf sprechen oder unter dem Bann von jemandem, der sie magnetisiert hatte.

„Es ist falsch von mir, so viel über mich selbst zu denken, als ob das alles wäre. Ich sollte auch Mitleid mit dir haben. Du musst dazu getrieben werden, sonst könntest du nie so grausam sein."

Mit dem Gesicht zum Meer murmelte er etwas über Pete, und sie verstand den Namen und sagte: „Ja, und Pete auch. Da du denkst, dass es für Pete falsch wäre, werde ich dich nicht festhalten. Oh, es wird auch für mich falsch sein! Aber ich werde dir nicht länger den Schmerz bereiten, gegenüber meinen Sorgen taub zu sein."

Sie kämpfte mit der erbarmungslosen Hoffnung, dass sie ihn vielleicht doch zurückgewinnen würde. „Wenn ich ihn aufgebe", dachte sie, „wird er mich dafür lieben." und dann sagte sie mit einem traurigen Klang in ihrer Stimme: „Du wirst jetzt weitermachen und ein großer Mann sein, denn ich werde dich nicht zurückhalten."

„Um Himmels willen, sag nichts mehr davon", sagte er, aber sie achtete nicht darauf.

„Früher fand ich es wunderbar, von einem großartigen Mann geliebt zu werden. Ich weiß nicht. Es ist schrecklich. Wenn ich dich nur für mich alleine haben könnte! Wenn du nur für irgendjemanden nichts sein könntest! Du würdest alles für mich sein, und was sollte mich dann interessieren?"

Zwischen Folter und Liebe wäre er dabei fast zusammengebrochen, aber er packte seine Brust und drehte sich halb zur Seite, denn seine Augen tränten. Sie kam auf ihn zu und berührte mit den Fingerspitzen die Hand, die an seiner Seite hing, und sagte mit einer Stimme wie die eines Kindes: „Phantastisch! Dies ist das Ende von allem, und wenn wir uns jetzt trennen, werden wir uns nie wieder treffen. Überhaupt nicht auf die gleiche Weise – nicht so, wie wir es kennengelernt haben. Du wirst für mich wie jeder andere sein, und ich werde für dich wie jeder andere sein. Miss Cregeen, das wird mein Name sein und Sie werden Mr. Christian sein. Wenn du mich siehst, wirst du dir sagen: „Ja, armes Ding; Vor langer Zeit, als sie ein Mädchen war, habe ich sie dazu gebracht, mich zu lieben. „Niemand hat mich jemals so geliebt." Und schick! Wenn du auf der Straße an mir vorbeikommst, wirst du nicht einmal in meine Richtung schauen. Das wirst du nicht, oder? Nein – nein, besser ist es nicht. Auf Wiedersehen!"

Ihre schlichte Zärtlichkeit hätte ihn fast erstickt. Er musste seine Unterlippe mit den Zähnen festhalten, um den Schrei zu unterdrücken, der aus seiner Zunge sprudelte. Schließlich konnte er es nicht länger ertragen und brach aus: „Ich wünschte, wir hätten uns nie geliebt!" Ich wünschte Gott, wir wären uns nie begegnet!"

Aber sie antwortete mit der gleichen kindlichen Freundlichkeit: „Sag das nicht, Philip. Wir hatten einige schöne Stunden zusammen. Ich würde mich lieber auf diese Weise von dir trennen, obwohl es so schwer und so grausam ist, als dich nie getroffen zu haben. Ist es nicht etwas, woran ich denken muss, dass der wahrste, klügste und edelste Mann auf der ganzen Welt mich geliebt hat? ... Auf Wiedersehen! ... Auf Wiedersehen!

Sein Herz blutete, sein Herz weinte, aber er gab keinen Laut von sich. Sie waren Seite an Seite. Sie ließ seine Hand von ihren Fingerspitzen gleiten und zog sich schweigend zurück. Im Abstand von drei Schritten blieb sie stehen, aber er gab kein Zeichen. Langsam, sehr langsam erklomm sie die niedrige Kuppe des Hügels, versuchte, ihre zitternde Kehle zu beherrschen, und blickte beim Gehen durch ihre Tränen zurück. Philip hörte, wie der Kies unter ihren Füßen wegrutschte, während sie sich die Klippe hinaufmühte, und als sie oben ankam, schien ihm das leise Aufprallen auf dem Rasen das Herz zu berühren. Sie stand einen Moment lang vor dem Himmel und wartete auf ein Geräusch vom Ufer, einen Schrei, ein Wort, das Heben einer Hand, ein Schluchzen, einen Seufzer, ihren eigenen Namen, „Kate", und sie war bereit, zurückzufliegen selbst damals war sie, verwundet und gedemütigt, ein armer, zerrissener Vogel, der im Kalk gekämpft hatte. Aber nein; er war still und regungslos, und sie verschwand hinter dem Hügel. Er sah sie gehen, und alles Licht des Himmels ging mit ihr.

VIII.

Es war so weit zurück zu Hause, so viel weiter als zuvor. Der Kurs ist kurz und einfach, wenn Sie aufs Meer hinausfahren, wenn die Flut mit Ihnen ist, das Wasser glatt ist und die Sonne scheint, aber lang und schwierig ist die Rückkehr zum Hafen, wenn die Wellen gestiegen sind und der Himmel niedrig ist. und der Wind weht auf deinem Bug.

So weit, so weit. Sie glaubte, dass jeder sie ansah und sie als das erkannte, was sie war – eine gebrochene, verlassene, gefallene Frau. Und sie war auch so müde; Sie fragte sich, ob ihre Glieder sie tragen würden.

Als Philip allein gelassen wurde, schien der Himmel auf seinen Schultern zu liegen. Die englischen Berge waren jetzt grau und geisterhaft, und der Sturm, der sich an der anderen Küste ausgebreitet hatte, schien über der Insel zu hängen. Dort, wo lange Zeit das tote Meer gewesen war, gab es Brandungen, und draußen kroch der Sturmvogel dicht an die weißen Wellen heran und gab seinen düsteren Ton von sich.

Der Sturm und die Verwüstung der letzten Stunde hatten ihn so schwer und verwirrt verlassen, dass er zunächst nicht an der rückwärtigen Rauchschweife erkennen konnte, dass der Dampfer den Head umrundet hatte und dass der Karren, den er an der Mündung des Heads getroffen hatte Der Hafen war leer in die Höhle zurückgekehrt, um eine weitere Ladung Seetang zu holen. Auch der Hummerfischer hatte sein Boot in der Nähe auf den Strand gesetzt und schrie durch die hohle Luft, in der jedes Geräusch von einem Grabbeben zu widerhallen schien: „Der Block pfiff an der Mastspitze." Wir werden einen Sturm haben, dachte ich, also bin ich reingekommen."

In dieser Nacht träumte Philip einen Traum. Er saß auf einem Podest mit einem hölzernen Baldachin über sich, das englische Wappen dahinter und ein großes Buch davor; seine Hände zitterten, als er die Blätter umblätterte; er spürte, wie sein Bein schwer herabhing; Die Menschen verneigten sich tief vor ihm und senkten ihre Stimme in seiner Gegenwart. er war der Deemster, und er war alt. Eine junge Frau stand im Dock, Wasser tropfte aus ihren Haaren und sie hatte ihr Gesicht mit den Händen bedeckt. Im Zeugenstand stand ein junger Mann mit gesenktem Kopf. Der Mann hatte die Frau der Schande preisgegeben; Sie hatte in ihrer Scham und Verzweiflung versucht, ihr Leben zu retten. Und als er den Mann ansah, glaubte der Deemster, er spreche mit strenger Stimme: „Zeuge, ich bin gezwungen, sie zu bestrafen, aber oh Gott, dass ich Sie an ihrer Stelle bestrafen könnte!" Was haben Sie zu Ihrer eigenen Meinung zu sagen?" „Ich habe nichts zu meiner Person zu sagen", antwortete der junge Mann, hob den Kopf und der alte Deemster sah sein Gesicht. Dann erwachte Philip mit einem unterdrückten Schrei, denn das Gesicht des jungen Mannes war sein eigenes gewesen.

IX.

Als Cäsar am Kai ankam, sah er sich mit wachsamen Augen um, als fürchtete er, er könnte dort jemanden vor sich finden. Die Luft war klar und er grunzte erleichtert. Nachdem er die Pferdedecke befestigt und die Stute in einen Nasenbeutel gesteckt hatte, begann er, immer noch eifrig Ausschau zu halten, im vorderen Teil des Hafens auf und ab zu gehen. Mit der Zeit fühlte er sich wohler, tauschte Grüße mit dem Hafenmeister aus und pfiff sogar ein wenig, um sich die Zeit zu vertreiben.

„Ruhiger Tag, Mr. Quayle.“

„Noch ruhig genug, Mr. Cregeen; aber was sagt es? „Je größer die Windstille, desto näher kommt der Südwind.“

Als Caesar vom Ende des Piers aus den Rauch des Dampfers um Kirk Maughold Head herumkommen sah, war er in einer spirituellen, fast traurigen Stimmung. Er spürte, wie melancholisch die Aufgabe war, die wenigen Besitztümer, die Kleidung und dergleichen abzuholen, die alles waren, was von einem lieben, verstorbenen Freund übrig geblieben war. Es war jedoch die Pflicht von jemandem, und Cæsar atmete resigniert tief durch.

Der Dampfer kam am Kai an, und es herrschte viel Aufregung und Verwirrung. Cæsar wartete mit einer Hand am Hals der Stute, bis das Schlimmste vorüber war. Dann ging er an Bord und sagte mit feierlicher Stimme zu dem Matrosen am Fuß der Gangway: „Ist hier etwas Eigentum von Mr. Peter Quilliam?“

„Das ist sein Gepäck“, sagte der Seemann und zeigte auf einen mittelgroßen Lederkoffer unter ähnlichen Koffern am Eingang der Luke.

"Hm!" sagte Cäsar, beäugte es von der Seite und dachte darüber nach, wie klein es war. Dann überlegte er, dass es sich vielleicht nicht lohnte, wertvolle Papiere nach Hause zu schicken, und fügte fröhlich hinzu: „Ich nehme sie mit.“

Zu Cäsars Überraschung machte der Seemann keine Schwierigkeiten, doch gerade als er den Stamm mit dem Glauben betrachtete, der die Substanz der erhofften Dinge darstellt, ergriff eine große, hässliche Hand ihn und begann ihn wie einen Kieselstein hin und her zu schaukeln .

Es war Black Tom, der vor Schweiß rauchte.

„Aisy, Mann, aisy“, sagte Cäsar mit erhabener Würde. „Ich habe den Auftritt am Kai.“

„Und ich habe einen steifen Wagen auf dem Markt“, sagte Black Tom.

„Ich brauche keine Hilfe", sagte Cæsar; „Du brauchst dir keine Sorgen zu machen."

„Erwähne es nicht, Cæsar", sagte Black Tom, drehte den Koffer um und beugte seinen Rücken, um ihn anzuheben.

Aber Cæsar legte eine schwere Hand darauf und sagte: „Gough segne mich, Mann, aber es tut mir leid für dich. Der Mammon ist in dein Herz eingedrungen, Tom."

„Dann ist er gerade aus deinem herausgesprungen", sagte Black Tom und ließ den Stamm an einer seiner Ecken herumwirbeln.

Aber Cæsar hielt durch und sagte: „Ich weiß überhaupt nicht, warum du dich vom Teufel der Habsucht überwältigen lassen solltest."

„Ich schaffe es nicht, den Chiss loszulassen", sagte Black Tom, und eine Minute später hatte er ihn auf seiner Schulter.

„Jetzt glaube ich an mein Herz", sagte Cäsar, „ein wenig Gewalt wäre mir verziehen", und er ergriff den Koffer mit beiden Händen, um ihn wieder herunterzulassen.

„Lass die Chiss los, oder ich treibe dich in den Hafen", heulte Black Tom unter seiner Ladung.

„Die Philister seien über dir, Simson", rief Cäsar, und damit kam es zu einem Kampf.

Mitten im Tumult, während die Männer einander ins Gesicht schrieen und der Koffer schulterhoch zwischen ihnen hin und her schwankte, ein sonnenverbrannter Mann mit dichtem Bart und beeindruckender Stimme, ein kräftiger Kerl in Pilotenjacke und weitem … Er hatte einen Hut mit Krempe und eilte die Hüttentreppe hinauf, und ein Hund lief hinter ihm her. Einen Moment später hatte er die beiden Männer getrennt, und der Koffer lag zu seinen Füßen.

Black Tom trat einen Schritt zurück, hob seinen Strohhut, kratzte sich am kahlen Scheitel und murmelte mit ehrfürchtiger Stimme. „Heiliger Seemann!"

Cäsars Gesicht war bläulich, und sein Blick richtete sich auf seine Stirn. „Herr, erbarme dich meiner", murmelte er; „Erbarme dich meiner Seele, o Herr."

„Hab keine Angst", sagte der Fremde. „Ich bin ein lebender Mann und kein Geist."

„Der Mann selbst", sagte Black Tom.

„Peter Quilliam lebendig und herzlich", sagte Cæsar.

„Das bin ich", sagte Pete. „Und was ist nun der Streit zwischen euch beiden? Shuper beabsichtigte, meinen Koffer auf den Strand zu werfen, nicht wahr?"

Doch nachdem er sich von seinem Schrecken über die Vorstellung erholt hatte, dass Pete ein Geist sei, begann Cæsar, ihn dafür zur Rede zu stellen, dass er ein lebender Mensch sei. "Wie ist das?" sagte er. „Antworte mir, junger Mann, ich habe deine Beerdigung gelobt."

„Sie müssen es noch einmal tun, Mr. Cregeen, denn ich bin noch nicht weg", sagte Pete.

„Nein, aber immer noch zehn tote Männer wert", sagte Black Tom. „Und meine Güte, Junge, du siehst überhaupt so schlau und kräftig aus. Habe ein bisschen Stroh am Kinn gedeckt, oder? Fremde Teile haben einen Mann aus dir gemacht, Peter. Hetero, du bist auch wie eine Familie! Du wirst mit mir den Tiefpunkt erreichen – das alte Zuhause, weißt du? Ich werde den Chiss im Handumdrehen an Land bringen, nur Cæsar ist so hilfsbereit, es ist wunderbar. Nein, das wirst du dann nicht?"

Pete schüttelte den Kopf, als er die Gangway hinaufstieg, und als Cæsar das sah, sagte er streng:

„Lassen Sie den Herrn in Ruhe, Mr. Quilliam. Er kennt sein eigenes Geschäft am besten."

„Das tun Sie auch, Mr. Collecting Box", sagte Black Tom. „Aber dein Kopf ist so leer wie ein Mollag und auch voller Wind. Es ist sowieso ein normaler Mensch, wenn du die Netze anderer Leute austreibst und ihnen alles wegnimmst, was auf sie zukommt."

Zu diesem Zeitpunkt waren sie an Land; Einer der Kai-Träger war gerade dabei, den Koffer in die Gig zu laden, und Cäsar entfernte die Pferdedecke und den Nasensack.

„Stehen Sie auf, Herr Peter, und hören Sie nicht auf ihn", sagte Cäsar. „Wenn mein Fleiß und meine Integrität unter der Vorsehung mit Wachstum gesegnet wären –"

„Lass die Vorsehung da raus, du gläubiger Ebenezer, Zachariah, Amen", heulte Black Tom.

„Du hast dein ganzes Leben lang gegen die Vorsehung gekämpft, Tom", sagte Cæsar und nahm seinen Platz neben Pete ein.

„Das hast du aber nicht, du Geizhals", sagte Black Tom; „Du würdest deine Seele für Sixpence verkaufen und deinen hässlichen alten Körper verlosen, wenn du jemanden dazu bringen könntest, Tickets zu nehmen."

„Geh nach Hause, Thomas", sagte Cæsar und drehte die Zügel, „geh nach Hause und versuche, in Zukunft ein besserer Mann zu sein."

Aber das war zu viel für Black Tom. „Ein besserer Mann, oder? Komm mit deiner Fiss zum Kai runter und wieder hoch, und ich zeige dir, wer von uns der bessere Mann ist."

Einen Moment später ratterten Cæsar und Pete über das Kopfsteinpflaster des Marktplatzes, während der Hund hinter ihnen herraste. Pete war voller Fragen.

„Und wie geht es Ihnen, Mr. Cregeen?"

„Ich bin dabei, Herr, ich bin dabei, Herr, lobt den Herrn."

„Und Oma?"

„Genau wie ich, Sir, ich werde nicht um ein Haar jünger, aber ich kümmere mich wenig um spirituelle Dinge."

„Geht sie nach Westen, armer alter Engel? Es sollte für alle schon ein gutes Stück Tageslicht bei ihr sein. Und – und Nancy Joe?"

„Ein glücklicher Sünder immer noch", sagte Cæsar. „Ich nehme an, Sir, Sie würden da draußen jetzt gutes Geld verdienen? Wir haben jedenfalls so etwas gehört."

"Geld!" sagte Pete. "Nun ja. Genug, um den Teufel und den Gerichtsmediziner fernzuhalten. Aber wie ist – wie ist –"

"Jetzt dort! Fürs Leben, nicht wahr?" sagte Cäsar.

„Ja, ein Leben lang; aber das ist nichts", sagte Pete; "wie ist--"

"Wunderbar!" rief Cäsar; „Auch fünf Jahre! Junge Veen, mir ging fast das Licht aus den Augen, als ich dich sah."

„Aber Kate? Wie geht es Kate? Wie geht es dem Mädchen selbst?" sagte Pete nervös.

„Klug, ungewöhnlich", sagte Cäsar.

"Gott segne sie!" rief Pete mit einem Schrei, der auf der anderen Straßenseite zu hören war.

„Wir holen sie bei Crellin ab", sagte Cæsar.

"Was? Crellin ist um die Ecke – Crellin, der Tuchmacher. Ich woa! Lass mich runter! Die Stute ist müde, Vater;" und Pete war mit einem Satz über dem Lenkrad.

Er kam aus dem Laden und sagte, Kate habe ihr mitgeteilt, dass ihr Vater nicht auf sie warten dürfe – sie würde vielleicht vor ihm zu Hause sein. Inmitten einer Schar der „Mob-Bettel"-Kinder der Straße, die er mit Kupfermünzen überschüttete, um die es sich zu mühen galt, stellte sich Pete wieder an Cæsars Seite, und sie machten sich auf den Weg nach Sulby. Der Wind hatte plötzlich zugenommen und heulte durch die engen Gassen, die vom Hafen heraufführten.

„Und Philipp? Wie geht es Philip?" rief Pete.

"Herr. Christian? Gut und herzlich, und er tut Wunder, Sir."

„Ich wusste es", rief Pete mit schallendem Lachen.

„Er geht wie eine Flut und schwemmt alles vor sich her", sagte Cäsar.

„Der aufgehende Tag mit ihm, nicht wahr?" sagte Pete. „Ich habe immer gesagt, er wäre der erste Mann auf der Insel, und er wird mich auch nicht täuschen."

„Der junge Mann hat schon oft ein Auge auf uns geworfen – er war am Mittwoch erst eine Woche bei mir in Melliah", sagte Cæsar.

"Lebender Mann!" rief Pete; „Er und ich sind wie Brüder."

„Dann stimmte es nicht, was sie in dem Brief geschrieben haben, Sir – dass Ihre schwarzen Jungs Sie für tot gehalten haben?"

„Sie haben das getan, Pech für sie", sagte Pete; „Aber ich dachte, es sei keine Sünde, sie zu enttäuschen."

"Gut gut! „Die Lüge begann mit der Welt, und mit der Welt wird sie enden", sagte Cäsar.

Als sie an Ballywhaine vorbeikamen, rief Pete Cäsar ins Ohr, über dem Wind, der in den Bäumen heulte und die reifenden Blätter in Wolken zerstreute: „Und wie geht es Dross?"

„Dieser Verschwender? Ach, wegreißen, wegreißen", sagte Cäsar.

„Er schwimmt auf dem Höhepunkt der Flut, nicht wahr?" rief Pete.

„Vielleicht ja, aber der Teufel fischt dort, wo dieser Kerl schwimmt", antwortete Cäsar.

„Und der alte Mann – der Ballawhaine – steht immer noch über dem Rasen?" heulte Pete hinter seiner Hand.

„Ja, aber scheitern, scheitern, scheitern", rief Cæsar. „Die Welt wird zu schwer für den Mann. Schulden hier und Schulden dort und Schulden überall."

„Dann ist doch nicht viel Wasser im Hafen, was?" rief Pete.

„Nein, aber schon auf den Felsen, wenn ich das nur weiß", rief Cæsar.

Als sie um die Sulby-Brücke abgebogen waren und „The Manx Fairy" in Sichtweite kamen, wurde Petes Aufregung wilder, er sprang von seinem Sitz auf und schrie wie ein Besessener durch den Wind.

„Mein Gott, der richtige Ort! Aber Sie haben mit Stroh gedeckt – ja, das haben Sie. Die Straße! Heiliger Seemann, da ist es! Ist der Brownie immer noch bei dir? Ihre Färse, oder? Steh auf, Molly! Eine Kostprobe der Peitsche wird der Stute keinen Schaden zufügen, Sir. Meinetwegen, hier ist Flora, die uns entgegenhumpelt. Hat sie Rheumatiker, oder? Setz mich ab, Cæsar. Hier sind wir, Mann. Herr, lebe, der Geruch des Kuhstalls. So warm und feucht, das ist großartig! Was, kennst du mich nicht, Flo? Behalten Sie Ihr Temperament, wenn Sie Ihre Zähne verloren haben? Meine Güte, der Verstörte! Wieder die gleiche Stelle! Es ist Rasen, den sie drinnen verbrennen! Und, mein gnädiger Herr, das sind Heringe, die in ihrer Salzlake braten! Aber wo ist Oma? Schauen wir mal rein, Cæsar. Na ja, na ja, na ja!"

So kam Pete nach Hause, lachte, schrie, heulte und brüllte über den Tumult des Windes, der mittlerweile die Stärke eines Sturms erreicht hatte.

„Mutter", rief Cäsar und ging auf die Veranda, „Herr aus der Fremde hier, um ein Wort bei Ihnen einzulegen."

„Ich hatte dort nie jemanden, der mir gehörte", begann Oma.

„Nein, also niemand?" sagte Cäsar.

„Eines, das vielleicht, wenn er überlebt hätte, armer Junge …"

„Oma!" schrie Pete und stürmte in die Bar.

„Meine Güte!" rief Oma; „Es ist sowieso seine eigene Stimme."

„Er ist es", schrie Pete und die alte Seele lag augenblicklich in seinen Armen.

„Ach Schatz! Oh mein Gott!" sie keuchte. „Pete, das ist es sicher. Aber lass mich doch Platz nehmen."

„Dachtest du denn, es sei sein Geist, Mutter?" sagte Cäsar mit nachsichtiger Miene.

„Tat nein", sagte Oma. „Der Junge würde nicht zurückkommen, um niemanden zu plagen, denke ich."

„Trotzdem und trotz der Auflehnung von Petrus macht es alles zunichte", sagte Cæsar. „Es ist eine Art Auferstehung. Ich dachte, ich hätte für seinen Kerl eine umwerfende Sicht, armer Kerl, und siehe da, wem sollte ich in den beiden Augen begegnen, wenn nicht dem Mann selbst!"

„Ach, Schatz! Es ist wunderbar, ich es ist schrecklich! „Ich bin albern vor Freude", sagte Oma.

„Es waren Lügen in dem Brief, den die Manx-Leute schrieben", sagte Cæsar.

„Briefe und Schriften sind alles Lügen", sagte Oma. „Solange ich lebe, werde ich nichts mehr davon nehmen, und wenn dieser Kelly, der Postbote, noch einmal hierherkommt, werde ich ihm den Blasebalg bringen."

„Du dachtest also, ich wäre für immer weg, Oma?" sagte Pete. „Na ja, das dachte ich mir auch. „Werde ich sterben?" Ich sage mir immer wieder; Aber schließlich wurde mir klar, dass es keinen Sinn hatte, wenn ein guter Mann wie ich seine Knochen auf dem kahlen Veldt dort drüben ausschüttete; Also, sehen Sie, ich breitete meine Flügel aus und kam wieder nach Hause."

„Es sind die Taten des Herrn – es ist wunderbar in unseren Augen", sagte Cäsar; und Oma, die sich wieder erholt hatte und geschäftig umherlief, schrie:

„Dann lass mich ihn mal genauer betrachten. Meine Güte, der Schnurrbart! Und außerdem so weich wie Manx-Karden aus der Mühle. Am besten gefällt er mir, wenn er seinen Hut abnimmt. Nun, ich bin stolz, dich zu sehen, Junge. „Tatsächlich, aber ich hätte dich nicht gekannt." „Wer ist der Herr im Konzert mit Vater?" denke ich. Und ich hätte gesagt, dass es der Dempster selbst war, wenn er nicht tot und in seinem Sarg gewesen wäre."

„Das reicht, das reicht", brüllte Pete. „Das ist Oma, die mir den Spaß macht."

„Es hat keinen Sinn zu reden, aber ich kann nicht schweigen; „Nein, das kann ich nicht", rief Oma und holte damit eine Schüssel aus der Küchenkommode und machte sich wütend daran, die Kartoffeln zu schälen, die zum Abendessen da waren.

„Aber wo ist Kate?" sagte Pete.

„Ach ja, wo ist sie? Kate! Kate!" rief Oma und neigte ihren Kopf zur Treppe, und Nancy Joe, die bis jetzt geschwiegen hatte, sagte –

„Ist sie nicht mit dem Auftritt nach Ramsey gegangen, Frau?"

„Ach, was für ein Idiot bin ich! Natürlich hat sie das getan", sagte Oma; „Aber warum ist sie nicht mit Vater zurückgekommen?"

„Sie hat Crellin gesagt, dass sie nicht warten soll", sagte Cæsar.

„Sie wird zu Miss Clucas gehen, um es anzuprobieren", sagte Nancy.

„Würde jetzt nicht vertrauen", sagte Oma. „Sie lässt zwei neue Kleider machen, Pete. Oh, Mädchen sind schrecklich. Nun, kann man es ihnen auch verübeln?"

„Sie soll zweiundzwanzig haben, wenn sie will, Gott segne sie", sagte Pete.

„Meine Güte!" sagte Nancy, „ist der Mann, der Kleider für einen Mormonen kauft?"

„Aber du wirst leer sein, Junge. „Mach die Krähe runter und mach die Bratpfanne an, Nancy", sagte Oma. „Wir werden Kuchen essen. Kuchen? Grob sagte ich Kuchen. Hol mir das Tuch und ich verlege es selbst. Das Tuch, sage ich, Frau. Haben Sie noch nie von einer Tischdecke gehört? Wo ist es? Oh, mein Lieber weiß, wo es jetzt ist! Es ist im Wohnzimmer; Nein, es ist in der Truhe auf dem Treppenabsatz. Nein, es liegt unter der Bettdecke meines eigenen Bettes. Hol es, Mistkerl.

„Darf ich dir eine Handvoll Ginster bringen, Mutter?" sagte Cäsar.

„Machen Sie es ruhig, und bleiben Sie nicht stehen und plappern Sie da. Aber ich mache dich trocken, Pete. Ist es Bier, das du trinken willst, oder ein Tropfen hartes Zeug? Du wirst auf Kate warten? Jetzt gefällt mir das. In diesen Totalisatoren herrscht Leben. „Stetig im Ausland?" Wie kannst du es wagen, Nancy Joe? Du bist viel zu schlau. Natürlich war er im Ausland standhaft – standhaft wie eine Waffe."

„Aber Kate", sagte Pete und trampelte über den Sandboden, „hat sie sich überhaupt verändert?"

„Ach, jetzt ist sie eine Frau, Junge", sagte Oma.

"Segne meine Seele!" sagte Pete.

„Damals sah sie dort ein bisschen weiß und nüchtern aus, aber sie ist frisch und strahlend daraus hervorgegangen, genau wie der Leng in den Bergen. Nun ja, das ist bei jungen Frauen so."

„Ich weiß", sagte Pete. „Nur die Morgenpause mit den Lieblingen."

„Aber sie ist jetzt das hübscheste Mädchen auf der Insel, Pete", sagte Nancy Joe.

„Ich werde auf Kaution gehen", rief Pete.

„Groß und fein und rosig und für alles geeignet."

„Segne mein Herz!"

„Du hättest sie im Melliah sehen sollen; es war eine Trachterei."

"Gott segne mich!"

„Sonnenhaube und rosafarbenes Kleid und enge rote Strümpfe und gerade wie ein normaler Schnitt.“

„Halt deine Zunge, Frau“, rief Pete. „Ich werde zuerst sie selbst sehen, und ich brenne darauf, es zu tun.“

Cäsar kam mit dem Ginster zurück; Nancy schürte das Feuer und Oma rührte Haferflocken und Wasser um. Und während die Kuchen backten, stapfte Pete durch die Küche, untersuchte alles und erkannte mit Gebrüll alte Freunde.

"Segne mich! immer noch derselbe Ort. Da ist die Uhr auf dem Regal, mit dem Kratzer auf dem Zifferblatt und dem großen Finger, der an der Verbindung gebrochen ist, und der Latte – und dem Pick – und der Peitsche – du hast sie allerdings neu bespannt –“

„Um Himmels willen, wie sich der Junge erinnert!“ rief Oma.

„Und der weiße Rumpy“ (die Katze war außerhalb der Reichweite von Petes Hund auf die Kommode gesprungen und musterte ihn von dort aus unerschütterlich), „und der Slowrie – und der Wasserkocher – und der Schürhaken – mein gnädiger, der sehr Poker——“

„Nun, hast du das jemals getan?“ rief Oma erstaunt.

„Und – ja – nein – das ist es aber – ich schwöre es vor dem Dempster – das ist“, sagte Pete und nahm einen dreibeinigen Hocker, „das ist genau der Hocker, auf dem sie auf dem Feuersitz saß.“ vor dem Rasenschrank. Lassen Sie mich jetzt im Namen vergangener Zeiten dort sitzen.“

Er stellte den Hocker in den Kamin, setzte sich darauf und rief dabei zwischen Lachen und Schreien: „Ach, Oma, Mist – Oma, Mist! Ich glaube, seit ich hier sitze, ist die halbe Welt zwischen uns!“

Und Oma selbst brach zusammen und sagte: „Möchtest du nicht die Zange, Junge? Gib dem Jungen die Zange, Frau, nur um zu sagen, dass er zu Hause ist.“

Pete nahm Nancy die Zange aus der Hand und begann, das Feuer mit Ginster zu füllen. „Ach, Oma, war ich jemals weg?“ Er weinte lachend und seine feuchten Augen leuchteten.

„Nancy Joe, hast du überhaupt keine Nase?“ rief Oma. „Der Kuchen brennt zu Asche.“

„Lass es brennen, Mutter“, rief Pete. „So hat sie es gemacht, als sie jung war und vergessen hat. Schilling pro Stück für alles, was verschwendet wird. Oh, der Geruch ist süß!“

Mit diesen Worten legte er den Ginster auf das Feuer, rammte ihn unter die Bratpfanne und erstickte ihn hinter der Krähe. Und während der Haferkuchen knisterte und sprudelte und schwarz wurde, schnupperte er den brennenden Geruch und lachte und weinte inmitten des Rauchs, der durch den Schornstein stieg.

Und währenddessen wedelte Oma selbst mit Tränen über ihre Wangen mit ihrer Schürze vor ihrem Gesicht und sagte: „Er wird mich vor Lachen umbringen, aber das wird er – ja, das wird er!" Aber hinter der Schürze heulte sie zu Nancy: „Es kommt nach Hause, Frau, das ist es – es kommt einfach wieder nach Hause, armer Junge!"

Zu diesem Zeitpunkt hatte sich in Sulby bereits die Nachricht von Petes Rückkehr herumgesprochen? und der Schankraum war bald voller Männer und Frauen, die durch die Glastrennwand in die Küche auf den braungebrannten und bärtigen Mann blickten, der rauchend am Feuer saß und seinen Hund zu seinen Füßen zusammengerollt hatte. „Bald findet eine Hochzeit statt", sagte einer. „Das Mädchen hat Glück", sagte ein anderer. „Erfolg für das feine Mädchen, das sie immer war, und zum Glück haben sie sie vor dem armen Tussi bewahrt, der auf ihrem Backbordbug herumflatterte." – „Die junge Ballawhaine, was?" – „Wer sonst?"

Plötzlich ging der Hund zu ihnen und wurde in Ermangelung seines Herrn zum Mittelpunkt aufgeregten Interesses. Es war ein altes Geschöpf mit einem gefestigten Gesichtsausdruck und einem ernsten Gesichtsausdruck, der zu sagen schien, dass er die Torheiten seiner Jugend überwunden hatte und nun zurückhaltend und entschlossen war, den Frieden zu wahren. Sein Rücken war nach innen gebogen, als ob ein Wagenrad über seinen Rücken gefahren wäre, er hatte riesige Ohren, einen Schwanzstumpf und ein dünnes und stacheliges Fell wie die Borsten eines Schweins, aber weiß und braun gefleckt.

„Herr, rette uns! Aber ein seltsamer Hund – was ist seine Rasse überhaupt?" sagte einer; und dann ertönte eine hallende Stimme aus der Küchentür und sagte:

„Eine Art Manxman, gekreuzt mit einem Schläger. Er hat zwar keinen nennenswerten Schwanz, dafür aber jede Menge Ohren. Ein praktischer Hund, in seiner Kindheit nur ein wenig verwöhnt. Ich bin sowieso nicht für viel Gesellschaft geeignet und habe nicht mehr die Vorstellung von anständigem Benehmen als mein alter Schuh. Runter, Dempster, runter."

Es war Pete. Er wurde mit lauten Begrüßungen begrüßt und erfüllte bald den ganzen Raum mit dem dampfenden Geruch von Spirituosen und Wasser.

„Sie beherrschen immer noch die Manx-Sprache, Mr. Quilliam", sagte Jonaique; „Und du nennst den Hund Dempster; wofür ist das überhaupt?"

„Der alten Insel zuliebe, Mr. Jelly, und der Geraden wegen ist er wie Dempster Mylrea, wenn er ein bisschen krumm ist", sagte Pete.

„Der alte Mann ist tot, Sir", sagte John der Angestellte.

„Das sagst du nicht?" sagte Pete.

„Ja, aber; An einem Mittwoch ging die Sonne über ihm unter. Das Getränk, mein Herr, das Getränk! Ich habe heute den Spatenstich in seinem Grab gemacht."

„Und wer soll jetzt Dempster sein?" fragte Pete. „Wen setzen sie dafür ein?"

„Nun", sagte John der Schreiber, „sie reden und reden, und einige sagen dieses und andere jenes; aber am meisten sagt Ihr alter Freund Philip Christian."

„Ich wusste es – ich habe es immer gesagt", rief Pete; „Trauzeuge der Insel, kein einziger. Oh, er wird mich nicht täuschen."

Der Wind heulte im Schornstein und das Licht begann zu verlöschen. Pete wurde unruhig, ging hin und her und spähte hin und wieder durch das Fenster hinaus, das auf die Straße blickte. Dabei wurde etwas geschubst und geschubst und nachsichtig geflüstert.

„Es ist das Mädchen! Ach, seien Sie ruhig mit so etwas! Im Abstand von fünf Jahren, seid ruhig!"

„Die Wiese ist weiß, die Möwen sitzen wie Papageien beisammen; Was ist das für ein Zeichen, Vater?" sagte Pete.

„Vielleicht nur ein Hauch Regen und ein Windhauch", sagte Cæsar.

„Aber", sagte Pete und blickte zum Himmel auf, „der lange Katzenschwanz ging vor einiger Zeit schräg ab, und jetzt hängt der dicke Rochen da drüben tödlich tief."

„Lassen Sie sich Zeit, Herr", sagte Cæsar. „Es besteht noch keine Notwendigkeit, das Kreuz Vustha (feuriges Kreuz) herumzusenden. Das Mädchen wird sofort nach Hause kommen."

„Aber bei ihr wird es düster sein", sagte Pete.

Die Gesellschaft versuchte, ihn in ein Gespräch über die Lebensweise in den von ihm besuchten Ländern zu verwickeln, doch er antwortete abwesend und ruckartig und ging weiter zur Tür.

„Angenommen, es gäbe dort, wo du herkommst, genug Dempster?“ sagte Jonaique.

„Eine Art Dempster, ja. Einer von ihnen wird Ould-Notwendigkeit genannt, weil er kein Gesetz kennt. Er befestigte die Gesetzesbücher auf seinem Hocker, um sie hoch oben zu halten, und wenn er sie brauchte, konnte er sie weder hoch noch niedrig finden. Allerdings nicht der erste Richter, der sich mit dem Gesetz befasst ... Es kommt, Cæsar, hast du es gehört? Das ist der Regen auf der Straße.“

„Aisy, Mann, aisy, Mann“, sagte Cæsar. „Neue Kleider sind nicht im Handumdrehen fertig. Es wird jetzt Kapellen geben, oder? Kapellen und Konferenzen und angemessener Religionsunterricht?“

„Divil eine Kapelle, Sir, nur eine klapprige Scheune, die jemandem gehört, zu dem sie die Sky Pilots rufen. Ich wollte, dass der alte Geizhals, der es leitet, ihnen ein neues Tabernakel baut, aber er gab nicht auf, bis ihm bei einem Liebesfest ein Klumpen Gips auf den kahlen Kopf fiel, und dann legte er hundert Pfund nieder, und alle schrien: „Schlag ihn noch einmal, Herr – du könntest!“ ... Hörst du das denn? Das ist das Wasser, das von der Kieme herunterkommt. Ich kann es nicht mehr ertragen, Oma.“

Oma stand an der Tür und kämpfte darum, sie gegen den Wind zu halten, während sie in die zunehmende Dunkelheit blickte. „Tat, aber ich selbst habe auch schon Angst davor“, sagte sie, „und mein liebes Herz weiß, wo Kirry um diese Nachtzeit sein kann.“ „Ich mache mich auf die Suche nach ihr“, sagte Pete, und als er seinen Hut aufhob und dem Hund pfiff, war er im Nu verschwunden.

X.

Es war schwer, die Tür hinter ihm zu schließen, da jetzt ein Sturm aus Nordost wehte. Cæsar schlich durch die Molkerei, um zu sehen, ob die Nebengebäude in Sicherheit waren, und kam mit einem zufriedenen Blick zurück. Der Stall und der Kuhstall waren verriegelt, die Scheunen verschlossen, das Mühlrad stand auf der Bremse, das Ofenfeuer brannte sanft und alles war behaglich und dicht. Oma rang die Hände, als er zurückkam und rief: „Kate! Oh, Kate!" und er tadelte sie wegen mangelnden Vertrauens in die Vorsehung.

Jetzt strömten schnell Leute herbei und erzählten schreckliche Geschichten über die Schäden, die der Sturm angerichtet hatte. Es wurde berichtet, dass der Chicken Rock Lighthouse gesprengt wurde, dass die Flut in Ramsey auf 25 Fuß gestiegen war und die Straßen aufgerissen hatte und dass ein Peel-Fischer von seinem Großsegel ins Meer geschleudert worden war und ertrunken war.

Jede Minute kamen mehr ins Haus, und unter ihnen waren alle Einsamen und Hilflosen im Umkreis von einer Meile – die blinde Jane, die Blut beschwörte, aber den Wind nicht bezaubern konnte; Semiah, der Prophet, mit Bart bis zur Hüfte und einem Stab bis zur Schulter; und der alte Juan Vessy, der wie ein Landstreicher „von den Häusern lebte". Die Leute, die bereits dort gewesen waren, hatten Angst, hinauszugehen, und Oma, die immer noch ihre Hände rang und „Kate, Kate" rief, rief alle in die Küche, um sich am Feuer zu versammeln. Dort beklagten sie ihre Jungen auf dem Meer, erzählten Geschichten von früheren Stürmen und stritten sich über die Jahre der Wracks und die Quellen der Winde, die sie verursachten.

Der Sturm steigerte sich zu furchterregender Heftigkeit, und manchmal klang der Wind wie Blätter, die gegen die Wände schlugen, manchmal wie das tiefe Dröhnen der Wellen, die mitten im Ozean auf sich selbst rollen und nie ein Ufer kennen. Es begann im Schornstein zu stöhnen, als wäre es ein wildes Tier, das auf der Flucht war, und dann stieg der Rauch in Wirbeln herab und erfüllte die Küche. Sie mussten das Feuer löschen, um nicht zu ersticken, und sich vom Kamin zurücklehnen, um sich vor der Kälte zu schützen. Die Tür der Veranda flog auf, und sie verbarrikadierten sie mit langstieligen Bürsten; Die Fensterrahmen klapperten, und sie blockierten sie mit den Tischplatten. Trotz aller Bemühungen, den Wind abzuschirmen, war das Haus wie ein Korb und bebte wie ein Schiff auf See. „So etwas habe ich auf dem Wasser selbst noch nie gehört, und das Meer bin ich auch gewohnt", sagte einer. Die anderen stöhnten und murmelten Gebete.

Kelly der Dieb, der ohne Widerstand von Oma hereingekommen war, kniete in einer Ecke mit dem Gesicht zur Wand und flehte den Herrn an, sich daran zu erinnern, dass er Dinge in Briefen gesehen hatte – Briefmarken und so –, sie aber nie berührt hatte. John der Schreiber sagte, er müsse den Deemster begraben; Jonaique, der Friseur, nach dem er geschickt worden war, um den Bischof zu „schneiden"; und Claudius Kewley, der Bauer, dass er drei Felder Gerste noch nicht gemäht und einen Stapel Hafer nicht gedünstet hatte. „Oh Herr", rief Claudius, „lass mich nicht sterben, bis ich nichts mehr zu tun habe!"

Cäsar stand wie ein starker Mann inmitten ihres Stöhnens und Stöhnens, ihres gesenkten Kopfes und ihres Händeklatschens, und als er den Bauern hörte, war sein Blick ernst.

„Cloddy", sagte er, „wie kannst du es wagen, an der Vorsehung Gottes zu zweifeln?"

„Es ist gut zu reden, Herr Cregeen", jammerte der Bauer, „aber Sie haben Ihre eigene Ernte gerettet", und dann hatte Cæsar keine andere Wahl, als den Mann im Gebet zu bestrafen. „Der Herr hatte seinen Sturm geschickt, um einige zu tadeln, die sich seiner Barmherzigkeit zu sehr sicher waren; Aber der Sturm hatte Gnade, nur waren sie nicht geduldig und vertrauten nicht auf Gottes Vorsehung; Es war Milch in der Brust, nur das eigensinnige Kind würde sich keine Zeit nehmen, die Zitze zu finden. Herr, führe sie zur wahren Stille –"

Mitten in Cäsars Gebet ertönte draußen plötzlich ein Gebrüll, und er sprang mit verärgerter Miene abrupt auf. „Ich glaube in meinem Herzen, dass das Mühlrad losgebrochen ist", sagte er, „und wenn das so ist, wird sich das Korn im Ofen wie ein Wirbelwind drehen."

„Vertraue auf Gottes Vorsehung, Cäsar", rief der Bauer.

„Das werde ich tun", sagte Cäsar und hob seinen Hut auf, „aber zuerst lösche ich mein Ofenfeuer."

Als Pete die Veranda verließ, fühlte er sich wie von einem unsichtbaren Flügel getroffen und schnappte nach Luft wie ein Fisch mit zu viel Luft. Ein kurzer Schmerz in der Seite erinnerte ihn in diesem Moment an seine Schusswunde, aber seine Fersen hatten Herz und er machte sich auf den Weg zu rennen. Die Nacht war hereingebrochen, aber ein grüner Riss riss in den bleiernen Himmel, und durch ihn erschien der Vollmond.

Als er in Ramsey ankam, reichte die Flut bis zum alten Kreuz, die Schieferplatten flogen wie Drachen, und der Hafen klang mit dem donnernden Dröhnen der Takelage wie ein Schlachtfeld. Er ging zur Schneiderei und erfuhr, dass Kate seit sechs Stunden nicht mehr dort gewesen war. Beim Tuchmacher erfuhr er, dass man sie um zwei Uhr nachmittags beim Aufstieg nach Ballure gesehen hatte. Die Schallrakete wurde abgefeuert, als er durch die Stadt drängte. Ein Schoner, der in der Bucht vor Anker ging, rief unter seiner Flagge Hilfe. Das Meer war großartig – schiefergrau, durchzogen von weißem Schaum, der wie Quarzadern aussah; Aber die Männer, die bei ruhigem Wasser am Kai herumgestanden hatten, kämpften jetzt, rieben sich und kämpften darum, hinauszugehen, denn das Blut der alten Wikinger floss in ihnen.

Als er am Wassertrog vorbeiging, rief Pete Black Tom an, der sich höflich und versöhnlich verhielt, bis er seinen Auftrag hörte, dann vor Enttäuschung knurrte, seine Frage aber dennoch beantwortete. Ja, er hatte die junge Frau gesehen. Sie ging früh im „Everin" auf und wünschte ihm einen guten Tag. Als Black Tom diese dankbare Nachricht überbrachte, konnte er sich ein Wort der Bitterkeit nicht verkneifen, um das Vergnügen zu verderben. „Und wenn du sie findest", sagte er, „tun Sie gut daran, sie ins Schlepptau zu nehmen, denn ich glaube, es gibt welche, mit denen man ihr ein Seil zuwerfen kann."

„Wer meinst du?" sagte Pete.

„Ich lasse es bei dir", sagte Black Tom; und Pete zog die Tür hinter sich her.

Auf der Hügelkuppe trafen zwei Straßen zusammen, eine davon führte hinauf zum „Hibernian", die andere hinunter nach Port Mooar. Um die Schwierigkeit der Wahl zu lösen, erkundigte sich Pete nach einem Häuschen, das ein paar Schritte weiter entfernt stand, und da Kate nicht gesehen worden war, wie sie die höhere Straße hinaufging, beschloss er, die niedrigere zu nehmen. Aber er bekam übrigens keine Nachricht, denn Billy bei der Mühle wusste nichts, und die Frau bei der Sonnenuhr war zu Bett gegangen. Schließlich tauchte er in Port Mooar ein und kam zu einem kleinen Häuschen, das wie die Arche Noah eines Kindes aussah, mit einer winzigen Veranda und rotem Licht im Inneren und Blick auf die weißen Brandungen, die am Strand entlang rasten. Es war die Hütte des Hummerfischers. Pete erkundigte sich, ob er Kate gesehen hatte. Er antwortete mit Nein; er hatte an diesem Tag niemanden außer Herrn Christian gesehen. Welcher der Christen? Herr Philip Christian.

Die Nachricht brachte Pete nur eine Botschaft in den Sinn. Es schien etwas zu erklären, das ihn allmählich verwirrte – warum Philip ihn nicht am Kai getroffen hatte und warum Kate nichts von seiner Ankunft gehört hatte. Offensichtlich war Philip derzeit in Ballure. Er hatte das an Douglas gerichtete Telegramm noch nicht erhalten.

Pete drehte sich um. Bestimmt hatte Kate irgendwo angerufen. Zu diesem Zeitpunkt würde sie zu Hause sein. Er versuchte zu rennen, aber der Wind wehte ihm jetzt ins Gesicht. Es drehte jede Minute nach Norden und erreichte die Stärke eines Hurrikans. Er band sein Taschentuch über seinen Kopf und unter sein Kinn, um seinen Hut festzuhalten. Sein Haar peitschte seine Ohren wie Stäbe. Manchmal wurde er in die Hecke gefegt; oft wurde er auf die Knie gezwungen. Dennoch kämpfte er sich durch Gischtwolken, die in den Farben eines Regenbogens glitzerten, und rannte wie strömender Regen über den Boden. Seine Augen brannten und der Geschmack auf seinen Lippen war salzig.

Der Vollmond ritt jetzt durch einen wild gesprenkelten Himmel, und als Pete zur Bucht zurückkehrte, konnte er deutlich eine Schar menschlicher Gestalten auf den Klippen über Port Lewaige sehen. Er zitterte vor unbestimmten Ängsten und machte weiter, bis er sich ihnen angeschlossen hatte. Der von der Besatzung verlassene Schoner hatte sein Tau getrennt und rollte wie ein geblendeter Schweinswal auf die Felsen zu. Mit dem Stöhnen eines Lebewesens fiel sie auf sie, und kaum hatte sie den Kopf gesenkt, sprangen die weißen Löwen des Meeres mit einem Geheul über sie hinweg, das Wasser wirbelte durch ihre Bollwerke und füllte ihre Luken, ihr Ruder war entladen , Ihre Segel waren aus ihren Dichtungen gerissen, und das schwimmende Haus, in dem die Menschen gesegelt, gesungen, geschlafen, gelacht und gescherzt hatten, war ein zerbrochenes Wrack im schweren Wellengang.

Kate war noch nicht zurückgekehrt, als Pete nach Sulby zurückkehrte, aber die Aufregung über ihre Abwesenheit wurde für eine Weile durch den Aufruhr um Cæsars Sorgen überschattet. Er stand im Dunkeln oben auf dem Müllhaufen und schrie mit donnernder Stimme zur Tür der Molkerei, die aus der Spitze seines Bartes hallte wie das Ziehen einer Katze. Das Mühlrad drehte sich wie ein „Wirbel" – gab es niemanden, der „die Bremse betätigte"? Das Stalldach wurde abgerissen, und die Stute riss sich in einem tosenden „Abgrund der Hölle" in Stücke – gab es nie eine Schulter für die Tür? Das Stroh des Kuhstalls flatterte wie ein Segel – gab es nichts auf der Welt außer einer Frau (Nancy Joe), die einem Mann half, eine Leiter und einen Stein darüber zu werfen?

Erst als Cæsar beruhigt war, herrschte Stille, um über Kate zu sprechen. „Ich habe von Claughbane erfahren, dass sie zurückgekommen ist", sagte Pete, „und habe sie so nahe an ihrem Zuhause wie dem ‚Ginger' ausfindig gemacht." Sie kann nicht weit weg sein. Wo ist sie?"

Diejenigen, die cool genug waren, verfielen in Vermutungen. Oma hatte keine andere Wahl als zu stöhnen. Nancy stöhnte neben ihr. Der Rest war voller eigener Probleme. Die blinde Jane beklagte ihr Leid.

„Ihr könnt es alle sehen", rief sie, „aber ich weiß nicht, welches Leid auf mich zukommt."

„Still, Frau, still", sagte Pete; „Wir sind alle unser halbes Leben lang gleich wie du selbst – wir sind alle nachts blind."

Mitten im Tumult klopfte es an der Tür und Pete stürzte zur Veranda.

„Warte", rief Cäsar. „Niemand außer dem Mädchen selbst kommt heute Abend hierher. Noch ein Wind wie der letzte und wir werden auch das Dach vom Haus haben."

Dann rief er dem Neuankömmling zu, sein Gesicht zur Verandatür gerichtet, und die Antwort kam mit einem Heulen wie der Wind selbst zu ihm zurück.

"Wer ist da?"

Es war Joney aus dem Tal.

„Wir sind wie Heringe im Fass – wir können dich nicht reinlassen."

Sie wollte nicht hereinkommen. Aber ihr Dach brach auseinander, und das halbe Haus war eingestürzt, und sie konnte ihren Sohn (den Idioten) nicht dazu bringen, sein Bett zu verlassen. Er würde sterben; er würde sterben; Er war die ganze Familie, die sie ihr hinterlassen hatte – würde der Meister nicht kommen und ihn retten?

"Unmöglich!" rief Cäsar. „Wir werden diese schreckliche Nacht vermissen, Joney, und der Herr wird seine Kinder beschützen."

War es Kate? Sie hatte sie im Tal gesehen –

„Lass mich zur Tür gehen", sagte Pete.

„Aber das Haus wird einstürzen", rief Cäsar.

„Lass es kommen", sagte Pete.

Pete schloss die Tür des Barraums, und dann hörte man, wie der Wind durch die Veranda wirbelte.

„Wann hast du sie gesehen, Joney, und wo?" sagte die Stimme von Pete; und die Stimme von Joney antwortete ihm:

„Ich gehe jeden Tag zu Beginn des Sturms an meinem eigenen Haus vorbei."

„Ich komme mit – mach weiter", sagte Pete, und Oma rief über die Bar:

„Zieh Cæsars Mantel über deine Affenjacke."

„Ich habe schon genug gesegelt für so einen Wind, Mutter", rief die Stimme von Pete, und dann erklang das wirbelnde Geräusch auf der Veranda mit einem langgezogenen Surren, und Cæsar kam allein in die Küche zurück.

Petes Wunde schmerzte wieder, aber er drückte seine Hand auf die Stelle und kämpfte sich das Tal hinauf, wobei er Joney hinter sich herzog. Endlich kamen sie zu ihrem Haus. Eine Hälfte des Strohdachs lag über der anderen Hälfte; die Dachsparren waren kahl wie die Rippen des Wracks; der Haferkuchenkuchen klapperte auf der Latte; Das Mehlfass in der Ecke hatte seinen Deckel abgenommen, und das Mehl wirbelte wie ein Wasserspeier in die Luft. Die Kommode war ausgezogen, das zerbrochene Geschirr lag auf dem unbedeckten Boden, und der eiserne Slowrie, der über der Feuerstelle hing, schwankte und schlug gegen die Wand und ertönte wie ein Glockengeläut. Und inmitten dieser Szene der Verzweiflung schlief der idiotische Junge friedlich auf seinem nackten Bett, und darüber huschte der Mond durch einen zerfetzten Himmel.

Die Nacht verging, und die Gesellschaft in der Küche lauschte lange und hörte manchmal Geräusche, als würden Stimmen im Wind weinen, aber Pete kehrte nicht zurück. Dann fingen sie wieder an zu stöhnen, ohne Angst laut zu beten und ohne Scham ihre unentdeckten Sünden zu bekennen.

„Ich werde schrecklich durchsucht – ich kann durch mich hindurchschauen", rief Kelly, der Postbote.

Einige waren hauptsächlich beunruhigt darüber, dass ihnen der Tod in einem Wirtshaus zufallen könnte.

„Ich behalte keine", rief Cäsar.

„Aber du hast uns die Tür nicht öffnen lassen", jammerte der Bauer.

Wenn die Tür breit genug für einen Bischof gewesen wäre, hätte sich keine Menschenseele gerührt. Zum ersten Mal seit jeher lag Nancy Joe auf den Knien.

„O Herr", betete sie, „du weißt genau, dass ich dich nicht oft störe. Aber rette Kate, Herr; Oh, rette und prasarve meine kleine Kirry! Es ist zwanzig Jahre und besser her, seit ich Dich jemals um etwas gebeten habe, und wenn Du nur diesen Wind wegnimmst, verspreche ich, in den nächsten zwanzig Jahren kein weiteres Gebet zu sprechen."

„Sag es auf Manx, Frau", stöhnte Oma. „Ich spreche meine Gebete immer auch in Manx, und der Herr kann auf denjenigen hören, den er am besten kennt."

„Im Singen liegt Gebet und Lob", rief Cäsar. und sie begannen zu singen, alle auf den Knien, die Augen fest geschlossen und die Hände vor dem

Gesicht verschränkt. Sie sangen vom Himmel und seinen friedlichen Ebenen, seinen blauen Seen und sonnigen Himmeln, seinen goldenen Städten und smaragdgrünen Toren, seinen Tempeln und seinen Tabernakeln, wo „die Gemeinden nie auseinanderbrechen und die Sabbate nie enden". Es war ein Trost, die furchtbaren Geräusche des Sturms mit der wilden Zwietracht ihrer eigenen Stimmen zu übertönen. Als sie mit der Hymne fertig waren, fingen sie noch einmal damit an, machten ohne Pause weiter und übertrugen den letzten Ton des letzten Wortes in die ansteigende Tonhöhe des ersten. Während sie sangen, glaubten sie, dass ein heftigerer Windstoß als je zuvor an die Tür schlug, und um ihre Angst davor zu unterdrücken, sangen sie noch lauter. Der Windstoß kam ein zweites Mal, und Cäsar schrie:

„Noch einmal, Brüder", und los ging es mit einem weiteren wilden Jubelruf durch die Hymne.

Es geschah zum dritten Mal, und Cäsar schrie:

„Noch einmal, Geliebte", und sie rasten wieder wie verrückt durch die Hymne.

Dann sprang die Tür wie zuvor mit einem gewaltigen Tritt auf, und Pete, grimmig und mit wildem Blick und grün vom Salzschaum auf seinem Gesicht, trat über die Schwelle, mit dem bewusstlosen Körper von Kate in seinen Armen und dem Idiotischer Junge, der ihm über die Schulter schaut.

„Danke dem Herrn für die Antwort auf seine Gebete", rief Cäsar. „Wo hast du sie gefunden?"

„Im Tholthan oben im Tal", sagte Pete. „Oben im Tholthan der Hexe."

XI.

Am zweiten Morgen danach war die Luft ruhig und voller Algenduft; Der Himmel war rund wie das Innere einer Muschel und blassrosa wie der Schatten einer Flamme. das Wasser war glatt und still; Die Hügel hatten die Erinnerung an den Sturm verloren, und Land und Meer lagen da wie ein schlafendes Kind.

An diesem breiten und ruhigen Morgen kam Kate wieder zu Bewusstsein. Sie war aus dem Delirium in den Schlaf geglitten, wie ein Boot aus dem offenen Meer in den Hafen gleitet, und als sie aufwachte, hörte sie eine Stimme in ihren Ohren, die sie vom Kai zu rufen schien. Es war eine vertraute Stimme und doch war sie unbekannt; Es war, als würde man die Stimme eines Freundes zum ersten Mal nach einer Reise hören. Es schien, als käme es von weit her und klopfte dennoch an die Tür ihres Herzens. Sie hielt einen Moment lang die Augen geschlossen und lauschte; dann öffnete sie sie und schaute noch einmal nach.

Das Licht war trüb und dennoch blendend, als würde glasierter Musselin vor ihren Augen zittern. Oma saß schweigend an ihrem Bett und strickte.

„Warum sitzt du da, Mutter?" Sie fragte.

Oma ließ ihre Nadeln fallen und griff nach ihrer Schürze. „Liebes Herz, lebendig, das Kind ist wieder sie selbst!" Sie sagte.

„Ist etwas passiert?" sagte Kate. "Wie spät ist es?"

„Montagmorgen, Bogh, danke dem Herrn für all seine Barmherzigkeit!" rief Oma.

Die vertraute Stimme kam wieder. Es kam aus Richtung der Treppe. "Wer ist er?" sagte Kate und flüsterte ängstlich.

„Pete selbst, Kirry. Na ja! Oh mein Gott!"

„Pete!" rief Kate entsetzt.

„Ach nein, Frau, aber ein lebender Mann ist wieder zurückgekommen. Keine Angst vor ihm, Mistkerl! Überhaupt nicht tot, aber dennoch zwanzig tote Männer wert, und er hat dich sicher aus dem Sturm gebracht."

"Der Sturm?"

„Ja, der Sturm, Frau. Es wird auf der Insel einen solchen Sturm geben. Ich weiß nicht, seit wann. Er hat dich im Tholthan oben im Tal gefunden. Es ist so, als hätte man sich im Wind verirrt, und das ist kein Wunder. Aber lass mich Vater anrufen. Vater! Vater! Chut! Der Mann ist so taub wie der kleine

Tom Hommy. Vater!" rief Oma und huschte halb wahnsinnig am Treppenkopf herum.

Unten herrschte etwas Aufregung, und die Stimme auf der Treppe sagte: „ *Hier* entlang? Nein *Sir*. Auf diese Weise, wenn *Sie* plazieren.

„Hast du ihn gehört, Kirry?" rief Oma und steckte ihren Kopf zurück ins Zimmer. „Das ist der Mann selbst. Sitzen Sie wie eine alte Bulldogge auf der untersten Stufe und achten Sie darauf, dass Sie niemand stört. Allerdings atmet die gutmütigste Bulldogge, und er hat in der Nacht kein Auge zugetan. Hat dir das Leben gerettet, Liebling. Er hat; Ja, das hat er getan, Gott sei Dank."

Als Kate das Tholthan erwähnte, hatte sie sich an alles erinnert. Sie ließ sich auf das Kissen zurückfallen und rief mit schmerzerfüllter Stimme: „Warum konnte er mich nicht sterben lassen?"

Oma lachte darüber wissend und wischte sich mit dem Zipfel ihrer Schürze über die Augen. „Die Bogh ist auf jeden Fall sie selbst. Wenn sie sich den Tod wünschen, heilen sie immer, Vater! Aber ich gehe stattdessen hinunter. Bleib still, Mistkerl, bleib still!"

Die Stimme von Oma ging gedämpft die Treppe hinunter mit vielen „Aw, ihr Lieben, aw, ihr Lieben!" und dann knisterte es von unten durch den Boden und die offenen Balken und sagte scharf, aber auch mit Zittern: „Nancy Joe, warum nimmst du nicht eine Tasse mit etwas nach oben, Frau?"

„Meine Güte, Herrin Cregeen, gilt das für alle?" sagte Nancy.

„Natürlich ist es wahr. Glaubst du, dass ein armes Kind für immer fasten muss?"

"Was ist das?" schrie die vertraute Stimme erneut. „War es sie selbst, mit der du auf dem Milchschlag gesprochen hast, Oma?"

„Wer sonst, Mann?" sagte Oma, und dann herrschte allgemeiner Tumult.

„Ach, was für eine Freude! Oh, was für eine Freude! Gott segne mich, Oma, ich dachte, sie wäre dafür, nicht mehr zu reden."

„Aus dem Weg", rief Nancy, als würde sie sich an jemandem vorbeidrängen, der den Kessel aufs Feuer werfen wollte. „Diese Menschengeschöpfe haben nicht mehr Auftrieb im Herzen als Brot ohne Balsam."

„Du bist selbst Balsam genug für einen ruhigen Ehemann, Nancy. Aber leihen Sie mir dort einen Blasebalg – ich werde wie eine Flamme explodieren."

Cæsar kam mitten in diesem Tumult ins Haus und grummelte, als er über die Veranda trat: „Der Wind hat mir die Hälfte der Stapel meiner ausgemergelten Mutter weggenommen."

„Egal, Sir", rief Pete. „Das Beste von deiner Melliah ist oben aufbewahrt."

„Ist sie sie selbst?" sagte Cäsar. „Gepriesen sei sein Name!"

Und über das wütende Schnaufen und Keuchen und Quaken der Blasebälge und das Knistern und Brüllen des Feuers hinweg drang die Stimme von Pete in Stößen durch den Boden und schrie: „Ich werde verrückt vor Freude!" Ich werde; Ja, das werde ich, und niemand wird mich aufhalten."

Das Haus, das seit dem Sturm den Atem anzuhalten schien, brach nun in schallendes Gelächter aus. Es begann in der Küche, es lief die Treppe hinauf, es kroch durch die Ritzen im Boden, es ging über das Dach. Aber Kate lag auf ihrem Kissen und stöhnte und drehte ihr Gesicht zur Wand.

Plötzlich erschien Nancy Joe im Schlafzimmer und machte sich an der Tür sauber, indem sie mit der Hand über ihr Haar fuhr. „Gnade mit mir!" rief sie und klatschte beim ersten Anblick von Kates Gesicht in die Hände. „Wer war der geborene Dummkopf, der behauptet hat, die Hochzeit des Mädchens wäre genauso wie auf dem Friedhof wie in der Kirche?"

„Das bin ich", sagte eine tiefe Stimme mitten auf der Treppe, und dann riss Nancy die Tür auf und schleuderte Pete mit einer Breitseite gegen Kate.

„Aber es war Pete, der es getan hat", sagte sie. „So viel Sinn kann man nicht erwarten, aber trotzdem hat er dir das Leben gerettet, Kitty. Dr. Mylechreest sagt es. „Wenn das Mädchen noch eine Stunde herumgelegen hätte", sagt er – Und, meine Güte, wie sehr dieser Mann dich liebt; es ist wunderbar! Gestern drehte und drehte er sich den ganzen Tag auf der untersten Stufe da drüben, genau wie ein lebender Meeraal am Kai, aber die Augen sahen so weich aus, als wäre er eine Woche außerhalb des Wassers gewesen. Und nun! Meinetwegen, *jetzt!* Hörst du ihn, Kirry? Er ist bereit, den Blasebalg zum Platzen zu bringen. Aber es nützt nichts – er ist ein erschreckend guter junger Kerl – das alles ist er … Aber hören Sie einfach zu!"

Von unten war ein zischendes Geräusch zu hören und ein Gefühl von Brennen. „Was sage ich immer? Man kann einem Mann nie vertrauen, dass er vernünftig genug ist, es auszuziehen. Das ist der Kessel, der kocht."

Nancy stolperte nach unten, wo sie mit wütenden Worten auf Pete reagierte, der maßlos lachte. Als nächstes kam Cäsar. Er hatte seine Stiefel ausgezogen und ging leichtfüßig in seinen Strümpfen; aber Kate spürte seine Annäherung an seinem asthmatischen Atem. Als er zur Tür eintrat, schrie er mit der hohen Stimme des Predigers: „Lobe den Herrn, meine Seele, und alles, was in mir ist, lobe seinen heiligen Namen!" Dann verfiel er auch dem Lob von Pete.

„Er hat dich aus dem Rachen des Todes und dem Mund Satans befreit. Es war ein Zeichen, Katherine, und wir können nichts Besseres tun, als der Führung des Heiligen Geistes zu folgen. Er hat dein Leben gerettet, Frau, und das gibt ihm das Recht, es zu haben und zu behalten. Nun, ich habe in diesem Leben nur ein Kind, aber wenn es der Wille des Herrn ist, bin ich bereit. Er war immer mein weißhaariger Junge und hat innerhalb von fünf Jahren sein unabhängiges Vermögen gemacht."

Die Kirchenglocke begann zu läuten, und Kate erhob sich und lauschte.

„Nur die Beerdigung des Dempster, Kitty", sagte Cæsar. „Sie wollten ihn morgen begraben, aber Männer, die trinken, behalten es nicht. Sie werden ihn zusammen mit seinem Vater, dem treuen alten Rechabiter, in die Familiengruft von Lezayre legen. Viele gute Kühe haben ein schlechtes Kalb, und das ist eine schlechte Nachricht für die Kinder eines Mannes; Aber so manches gute Kalb stammt von einer schlechten Kuh, und das ist eine gute Nachricht für den Mann selbst. So war es jedenfalls mit Peter, denn der Herr hat ihn befreit und ihm Wohlstand gebracht, und ich höre aus bester Quelle, dass er fünftausend Goldsulver nach Hause an Mr. Dumbells Bank in Douglas geschickt hat."

Oma brachte eine Schüssel mit Rindertee und Cæsar wurde aus dem Zimmer gescheucht.

„Komm jetzt, Bogh; „Nimm einen Löffel voll und ich werde dich für dich alleine lassen", sagte Oma.

„Ja, lass mich mir selbst überlassen", sagte Kate und nippte müde; und dann ging Oma mit der Schüssel in der Hand davon.

„Hat sie es genommen?" sagte jemand unten.

„Sehen Sie sich das an, wenn Sie zufrieden sind", sagte Oma in jubelndem Ton; und Kate wusste, dass das leere Becken herumgeführt wurde.

Kate legte sich zurück auf das Kissen, lauschte dem Läuten der Glocke und schauderte. Sie fand es gespenstisch, dass die erste Stimme, die sie hörte, als sie wie aus einer anderen Welt kam, die Stimme von Pete gewesen war, und der erste Name, der ihr in den Ohren klang, war Petes Name gewesen. Der Trauerzug der Deemster zog am Haus vorbei, und sie schloss die Augen und schien es zu sehen – den Sarg auf dem offenen Karren, die Männer zu Pferd, die daneben ritten, und dann die Pferde, die an Pfosten und Toren rund um den Kirchhof angebunden waren. und die Menschenmenge aller Schichten am Grab. Vor ihrem geistigen Auge suchte Kate in der

Menschenmenge nach jemandem. War er *da* ? Hatte er gehört, was mit ihr passiert war?

Sie schlief ein und wurde durch den Schritt eines Pferdes auf der Straße und die Stimmen zweier Männer geweckt, die sich unterhielten, als sie näher kamen.

„Mann am Leben, ich freue mich riesig, dich zu sehen! Der Tallygraph? Grob nicht. Ich wusste aber, dass ich dich bei der Beerdigung finden würde." Es war Pete.

„Aber ich hatte vor, danach vorbeizukommen." Es war Philip und Kates Herz blieb stehen.

Die Stimmen wurden für einen Moment erstickt (wie das Summen, wenn die Bienen den Bienenstock betreten), und begannen dann mit einem schärferen Klang aus den darunter liegenden Räumen.

„Wie geht es ihr jetzt, Mrs. Cregeen?" sagte die Stimme von Philip.

„Besser, Sir – viel besser", antwortete Oma.

„Keine Rückkehr der Bewusstlosigkeit?"

„Ach, nein", sagte Oma.

„War sie" – Kate glaubte, die Stimme stockte – „war sie im Delirium?"

„Überhaupt kein Geschwätz", antwortete Oma.

„Gott sei Dank", sagte Philip und Kate spürte, wie ein langer Atemzug der Erleichterung durch die Luft ging.

„Ich habe erst heute Morgen davon gehört", sagte Philip. „Der Postbote sagte es mir beim Frühstück, und ich rief Dr. Mylechreest an, der herauskam. Wenn ich das gewusst hätte – ich habe letzte Nacht sowieso nicht viel geschlafen; aber wenn ich mir jemals vorgestellt hätte –"

„Sie sind ganz gut zu dem Mädchen, Sir", sagte Oma, und dann hörte Kate, die aufmerksam zuhörte, einen zitternden Protestlaut.

„Das bist du aber, und das warst du schon immer", sagte Oma, „und ich sage es hier vor Pete, der es wissen sollte und es nicht weiß."

„Aber nicht wahr?" kam die andere Stimme – die hallende Stimme – die Stimme voller Lachen und Tränen gleichzeitig. „Aber ich mache das, Oma, als ob ich hier gewesen wäre und es gesehen hätte. Ich freue mich, Phil Christian kennenzulernen. Ich habe den Mann im Sommer und im Winter überwintert, nicht wahr? Er ist Holz, das nicht anspringt, Mutter, wehe hoch, wehe tief."

Kate hörte ein weiteres gebrochenes Geräusch, das aus schmerzlichem Protest entstand, und dann bedeckte sie mit einem Übelkeit erregenden Gefühl ihren Kopf, um nichts mehr zu hören.

XII.

Sie war schwach und überanstrengt und schlief ein, während sie zugedeckt lag. Während sie schlief, hallte in ihren Ohren ein Chaos bedeutungsloser Stimmen wider, und ihre eigene Stimme verfolgte sie ständig. Als sie aufwachte, war es wieder heller Morgen und das Haus war erfüllt vom Geruch von kochendem Stockfisch. Daran wusste sie, dass es ein neuer Tag war und die Stunde des frühen Frühstücks. Sie hörte das Klicken von Tassen und Untertassen auf dem Küchentisch, die Schritte ihres Vaters, der aus der Mühle kam, und dann die herzliche Stimme von Pete, der von den Veränderungen auf der Insel sprach, seit er weg war. Neue Häuser, Promenaden, Eisenpfeiler, Wellenbrecher, Seen, Türme – wunderbar und außergewöhnlich! tre-menjous!

„Aber die Jungs – wo sind die Manx-Jungs überhaupt?" sagte Pete. „Wie ein Vogelflug nach Austrillya und Cleveland und ans Kap geflogen, und ich weiß nicht wohin. Es gibt kein Haus in Manx, in dem nicht einer der Jungs aus dem Ausland lebt. Und die Häuser selbst – wo sind die alten Häuser und die Bauernhöfe? Gefällt, alles gefällt oder mit Brettern vernagelt. Und die Boote – wo sind die Boote? Liegt verwesend oben im Hafen."

Omas Schritte kamen in die Küche und Petes laute Stimme wurde zu einem Flüstern. „Wie geht es ihr heute Morgen, Mutter?"

„Ich habe ruhig und schön geschlafen, als ich nach unten kam", sagte Oma.

„Werde ich sie heute selbst sehen, glauben Sie?" fragte Pete.

„Ich weiß es nicht, aber ich werde fragen", antwortete Oma.

„Du bist ein Engel, Oma", sagte Pete, „ein normaler Erzengel."

Kate schauderte vor neuer Angst. Es war klar, dass in den Augen ihres Volkes die alten Beziehungen zu Pete bestehen bleiben sollten. Jeder erwartete, dass sie Pete heiraten würde; Alle schienen bestrebt zu sein, die Ehe voranzutreiben.

Oma kam mit ihrem Frühstück, zog die Jalousie beiseite und öffnete das Fenster.

„Nancy wird das Zimmer ein wenig aufräumen", sagte sie überredend, „und dann sollte ich mich nicht wundern, ob du nach Pete schicken wirst."

Kate stieß einen alarmierten Schrei aus.

„Ach, es schadet nichts, wenn es einem Mädchen schlecht geht", sagte Oma, „und ihr Versprechen ist für alle ein Mann."

Kate versuchte zu protestieren und zu erklären, aber ihr fehlte der Mut. Sie sagte nur: „Noch nicht, Mutter. Ich bin noch nicht in der Lage, ihn zu sehen."

„Sagen Sie nichts mehr darüber. Heute überhaupt nicht – morgen vielleicht", sagte Oma, und Kate klammerte sich an das Wort und antwortete eifrig:

„Ja, morgen, Mutter; vielleicht morgen."

Vor Mittag war Philip wieder gekommen. Kate hörte die Schritte seines Pferdes auf der Straße, das aus Richtung Peel kam. Er hielt an der Veranda an, stieg aber nicht aus, und Oma ging zu ihm hinaus.

„Ich werde heute nicht reinkommen, Mrs. Cregeen", sagte er. „Verbessert sie sich weiterhin?"

„So schön wie schön, Sir", sagte Oma.

Kate kroch aus dem Bett, schlich sich ans Fenster, versteckte sich hinter den Vorhängen und lauschte aufmerksam.

„Was für eine Gnade, alles geht gut", sagte er; Kate konnte seinen schweren Atem hören. „Ist Pete in der Nähe?"

„Nein, aber ich bin nach Ramsey gegangen, Sir", sagte Oma. „Es ist, als würde man ihn treffen, wenn man nach Ballure fährt."

„Ich komme wohl wieder zur Sache", sagte Philip, und das Pferd wirbelte über die Straße.

„Sind Sie also absichtlich von Douglas weggefahren?" sagte Oma, und Philip antwortete mit hörbarer Anstrengung:

„Ich war besorgt. Was für eine Flucht sie hatte! Ich konnte letzte Nacht kaum schlafen, weil ich daran gedacht hatte."

Kate legte ihre Hand an ihre Kehle, um den aufsteigenden Schrei zu unterdrücken, und die Stimme ihrer Mutter klang dick und tief.

„Der Segen des Herrn. „Meister Philip –" begann sie, aber die Füße des Pferdes stampften alles nieder, als es losgaloppierte.

Kate lauschte, während sie kniete, bis der letzte Hufschlag in der Ferne verhallt war, dann kroch sie zurück ins Bett und bedeckte ihren Kopf mit den Kleidern wie zuvor, aber mit einem Sturm anderer Gefühle. „Er liebt mich", sagte sie sich mit einem Schauder im Herzen. „Er liebt mich – er liebt mich immer noch! Und er wird mich niemals, niemals, niemals mit jemand anderem verheiratet sehen."

Sie verspürte jetzt eine enorme Erleichterung und fand plötzlich die Kraft, daran zu denken, Pete gegenüberzutreten. Es kam ihr sogar in den Sinn, ihn sofort holen zu lassen, als ersten Schritt, um den Eindruck zu beseitigen, dass die alten Verwandten bestehen bleiben würden. Sie würde ruhig sein, sie würde kalt sein, sie würde durch ihr Verhalten zeigen, dass Pete unmöglich war, sie würde die Nachricht sanft überbringen.

Pete kam auf Nancys Ruf hin wie das Licht. Kate hörte ihn auf der Treppe mit Nancy flüstern und schwer atmen. Nancy bedrängte ihn und zerrte ihn hin und her, um ihn vorzeigbar zu machen.

„Hier", flüsterte Nancy, „nimm den Kamm und reiße dir die Haare aus, es ist alles durch – andere." Und hör zu – du musst ruhig sein. Versprich mir, dass du still bist. Sie ist wach, niedergeschlagen und nervös, also küsst sie nicht. Hören Sie mich jetzt, kein Küssen.

„Ach, Küssen macht keinen nennenswerten Lärm, Frau", flüsterte Pete; und dann war er im Zimmer.

Kate sah ihn kommen, eine gewaltige dunkle Gestalt zwischen ihr und der Tür. Er sagte zunächst kein Wort, sondern ließ sich bescheiden, demütig und ehrfürchtig auf den Stuhl am Fußende des Bettes gleiten, als hätte er ein Heiligtum betreten. Seine Hand ruhte auf seinem Knie und sie bemerkte, dass das Handgelenk behaart und mit den drei Beinen eines Mannes tätowiert war.

„Bist du es, Pete?" Sie fragte; und dann sagte er mit leiser Stimme, fast flüsternd, als würde er voller Ehrfurcht zu sich selbst sprechen:

„Es ist wieder ihre eigene Stimme! Ich habe es in diesen fünf Jahren in meinen Dramen gehört."

Einen Moment lang blickte er sich hilflos um, richtete seinen wässrigen Blick auf Nancy, als wollte er am liebsten in Schluchzen ausbrechen, wagte es aber aus Angst vor dem Lärm nicht, dann drehte er sich auf seinem Stuhl um und schien kurz davor zu stehen, die Flucht zu ergreifen. Doch in diesem Moment stellte sein Hund, der ihm ins Zimmer gefolgt war, seine Vorderbeine auf die Bettdecke und blickte Kate unverschämt ins Gesicht.

„Runter, Dempster, runter!" rief Pete; und danach, als das Eis durch den Klang seiner Stimme gebrochen wurde, war Pete wieder sein eigener Mann.

„Ist das dein Hund, Pete?" sagte Kate.

„Ach nein, Kate, aber ich bin sein Mann", sagte Pete. „Er macht jedenfalls mit mir, was er will. Habe mich in Kimberley erwischt und nach Hause geholt."

"Ist er alt?"

„Alt, meinst du? Er ist einer der verlorenen zehn Hundestämme und benimmt sich, als ob er die Erde erben müsste."

Sie spürte, wie Petes große schwarze Augen sie anstrahlten.

„Meine Güte, Kitty, was für eine Frau du doch heranwächst!" er sagte.

„Bin ich so sehr verändert?" Sie fragte.

„Geändert, nicht wahr?" er weinte. „Gough, segne mein Herz! Das nette kleine Ding, das du warst, als wir unten im Hafen von Cornaa zusammen Fischer spielten – erinnerst du dich? Die alte Bücklingsbüchse, die auf einem Block für ein Boot auf See rollt – macht es Ihnen etwas aus? Sie selbst stecken ein Stück eines zerbrochenen Besenstiels in den Seilstiel für einen Mast, und ich arbeite am Boden, zuerst an Backbord und dann an Steuerbord, an der Kartoffelschaufel für Ruder, Wind, Ruder und Gezeiten. „Das ist tödliches Dreckswetter, Käpt'n?" ‚Ach, ja, Frau, das große Meer ist außergewöhnlich' – mach dir was aus, Kirry!"

Kate versuchte ein wenig zu lachen und zu sagen, wie lange es seitdem her sei. Aber Pete war erschrocken, lachte schallend, schlug sich aufs Knie und rasselte weiter.

„Oben in der Mühle auch – erinnerst du dich jetzt daran? Du selbst mit dem Deckel eines Fasses als Blumenkorb, den Kimbo an deiner kleinen Hüfte haltend und rufend: „Veilchen!" Swate Veilchen! Frische Veilchen!"' (Er verspottete ihren silbernen Diskant in seinem kräftigen Bariton und brüllte vor Lachen.)

„Und dann ich, Frau, hast du was dagegen? – ich, mit der Schweinestalltür auf meinem Kopf als Fischbrett, die schreit: ‚Makrele!' Feine Damen, frische Damen und Bäuche so groß wie Bischöfe – Mack-er-el!' Oh, Kirry, Kirry! Oh, die lieben alten Zeiten sind vergangen! Oh, die Veränderungen, die Veränderungen!... Kannte ich *dich* damals? Fragst du mich, ob ich dich kannte, als ich dich im Tal fand? Wusste ich, dass ich am Leben war, Kitty? Wusste ich, dass der Wind heulte? Wusste ich, dass sich mein Kopf wie ein Kompass drehte und mein Herz mit hundertzwanzig Pfund auf den Quadratzoll pochte? Habe ich dich geküsst und dich geküsst, während du nutzlos dalagst, und dich hochgehoben und deine armen, schlaffen Arme um meinen Hals gelegt und dich aus dem schmutzigen Tholt getragen, als das deinen Tod bedeuten würde – die erste Aufgabe Ich war auch auf der Insel und kam zurück ... Herr, schütze uns, Kitty, was habe ich getan?"

Kate war auf das Kissen zurückgefallen und schluchzte, als würde ihr das Herz brechen, und als Nancy das sah, stürzte sie sich mit lauten Vorwürfen auf Pete, packte den Mann an den Schultern und seinen Hund am Hals und stieß beide aus dem Zimmer.

„Raus damit“, rief Nancy. „Habe ich dir nicht gesagt, du sollst ruhig sein? Du großer, meckernder Omathaun, du wirst nicht mehr kommen.“

Beschämt, beschämt, gedemütigt und jetzt ruhig genug, ging Pete langsam die Treppe hinunter.

XIII.

Spät in der Nacht hörte Kate, wie Cæsar und ihre Mutter miteinander redeten, als sie zu Bett gingen. Cæsar sagte:

„Ich habe ihn auf die Spur eines guten Hauses gebracht, und er ist heute Morgen nach Ramsey gefahren, um es sich anzusehen."

„Liebes Herz, lebendig, Vater!" Oma antwortete: „Pete ist erst in einer Woche am Samstag zu Hause."

„Der junge Mann ist warmherzig bei der Hochzeit", sagte Cäsar, „und er hat Geld, und der Laden tut nicht weh."

„Aber das Mädchen ist dafür nicht geeignet", sagte Oma.

„Wenn sie wach ist", sagte Cäsar, „wird es ihr nicht schlechter gehen, wenn sie ‚Das werde ich‘ sagen, und wenn sie es gesagt hat, wird sie genug Zeit haben, um sich zu erholen."

Kate zitterte vor Angst. Die Angelegenheit ihrer Ehe mit Pete ging ohne sie weiter. Eine Art übernatürliche Kraft schien es voranzutreiben. Niemand fragte, ob sie es wünschte, niemand stellte in Frage, dass sie es tat. Es galt als selbstverständlich, dass die alten Beziehungen bestehen bleiben würden. Sobald sie gehen konnte, würde man von ihr erwarten, dass sie Pete heiratet. Pete selbst würde es erwarten, weil er glaubte, ihr Versprechen zu halten; Ihre Mutter würde es erwarten, weil sie es immer als etwas verstandenes angesehen hatte; Ihr Vater würde damit rechnen, denn Petes Wohlstand hatte ihm eine neue Sicht auf Petes Frömmigkeit und seinen Stammbaum vermittelt; und Nancy Joe würde es auch erwarten, und sei es nur, weil sie immer noch von ihrem alten Schreckgespenst heimgesucht wurde, dem dunklen Schatten von Ross Christian. Es gab nur einen Weg, diese Erwartungen zu durchbrechen, und das war, sich zu äußern. Aber wie sollte ein Mädchen sprechen? Was sollte sie sagen?

Kate gab vor, krank zu sein. Drei Tage lang lag sie wie ein gejagter Wolf in seinem Loch und bewahrte ihr Bett vor purer Angst vor den Folgen, es zu verlassen. Der vierte Tag war Sonntag. Es war Morgen und die Kirchenglocken läuteten. Cäsar hatte aus seinem Schlafzimmer gerufen, dass jemand seine Schleife binden und dann jemandem die schwarzen Handschuhe zuknöpfen solle. Endlich war er mit den Schritten der Leute, die zur Kapelle gingen, davongegangen. Die erste Hymne war begonnen worden, und ihre traurigen Töne hallten durch die Mühlenwände. Kate lag aufgestützt im Bett und das Fenster ihres Zimmers stand offen. Über dem Dröhnen der Hymne hörte sie das Geräusch von Pferdehufen auf der Straße.

Sie blieben in einiger Entfernung stehen und kamen dann wieder mit den gleichen zwei Stimmen wie zuvor.

Pete redete mit großem Eifer. „Viel Haus, ach, viel, viel“, sagte er. „Sie nennen es Elm Cottage – das Schieferhaus mit der alten Tanne hinter dem Coort House und an der Straße nach Claughbane. Trocken wie ein Knochen und klar wie ein Möwenflügel. Sie könnten mit dem Rücken zur Wand liegen und vom Boden essen. Wasserhähne im Inneren und Wasser so weiß wie Gin. Ich habe die Hütte der „Mona's Isle“ als Sommerhaus im Garten gekauft. Ich habe auch eine Galionsfigur für die Veranda und einen Anker für das Tor, bevor ich fertig bin. Oh, ich habe bestimmt alles Schöne für sie.“

Es herrschte eine kurze Stille, in der nichts außer dem Schritt des Pferdes zu hören war, und dann sagte Philip mit stockender Stimme: „Aber ist das nicht ziemlich eilig, Pete?“

„Kurzes Coorting ist das beste Coorting, und unseres war sowieso lang genug“, sagte Pete. Sie hatten vor der Veranda angehalten, und Petes Lachen drang durch das Fenster.

„Aber denken Sie daran, wie schwach sie ist“, sagte Philip. „Sie hat noch nicht einmal ihr Bett verlassen, oder?“

„Na ja, natürlich, natürlich“, sagte Pete mit festerer Stimme, „wenn das Mädchen nicht fit ist –“

„Es ist so plötzlich, wissen Sie“, sagte Philip. „Hat sie – hat sie – zugestimmt?“

„Um nicht zu sagen, ich habe zugestimmt –“, begann Pete; und Philip nahm ihn hoch und sagte schnell, eifrig und hitzig:

„Sie kann nicht – ich bin sicher, sie kann nicht.“

Wieder herrschte Stille, die nur durch das ungeduldige Scharren des Pferdes unterbrochen wurde, und dann sagte Philip ruhiger: „Lassen Sie Dr. Mylechreest sie auf jeden Fall zuerst sehen.“

„Ich bin kein Mann dafür, die Wiese bis auf den Rasen abzuhäuten, nein –“, sagte Pete in einem traurigen Ton; aber Kate hörte nichts mehr.

Sie zitterte bei einem neuen Gedanken. Bisher war es nur ein vager Vorschlag, und zunächst versuchte sie, ihn zurückzudrängen. Aber es kam wieder, es drängte sich ihr auf, es beherrschte sie, sie konnte ihm nicht widerstehen.

Der Weg, das Schicksal zu brechen, das sie verfolgte, bestand darin, *Philip dazu zu bringen* , seine Meinung zu sagen! Der Weg, die Ehe mit Pete zu verhindern, bestand darin, Philip zu zwingen, sie zu heiraten! Er dachte, sie würde der Heirat mit Pete niemals zustimmen – was wäre, wenn man ihm zu verstehen geben würde, dass sie eingewilligt hatte. Das war der Weg, den Sieg über Philipp zu erringen, der Weg, ihn zu bestrafen!

Er würde ihr keine Vorwürfe machen – er würde die Schuld dem Zufall, dem Schicksal und ihrem Volk zuschieben. Er würde denken, dass sie ihr diese Ehe aufzwingen würden – die Mutter aus Liebe zu Pete, der Vater aus Liebe zu Petes Geld und Nancy aus Angst vor Ross Christian. Er würde wissen, dass sie sich nicht wehren konnte, weil sie nicht sprechen konnte. Er würde glauben, dass sie trotz ihrer Liebe entgegen ihrer Absicht nachgab . Er würde sie als Opfer, als Märtyrerin, als Opfer betrachten.

Es war eine Täuschung – eine kleine Täuschung; es sah auch so harmlos aus – so unschuldig, fast humorvoll, halb lächerlich; und sie war eine Frau, und sie konnte es nicht ablegen. Liebe Liebe Liebe! Es wäre ihre Entschuldigung und ihre Vergebung. Sie hatte sich vergeblich an Philip selbst gewandt. Jetzt würde sie so tun, als würde sie mit ihren alten Beziehungen weitermachen. Es gab so wenig zu tun und die Auswirkungen waren so sicher. In Eifersucht und Angst würde Philip aus sich selbst heraustreten und sie für sich beanspruchen.

Sie hatte Handwerk – alle hungrigen Dinge haben Handwerk. Sie hatte einen Hauch von Ehrgeiz, eine gewisse Liebe zum Luxus und den Wunsch, eine Dame zu sein. Philip zu bekommen bedeutete, alles zu bekommen. Die Liebe wäre befriedigt, der Ehrgeiz erfüllt und die Ziele der Verfeinerung erreicht. Warum nicht den großen Einsatz riskieren?

Nancy kam, um das Zimmer aufzuräumen, und Kate sagte: „Wo ist Pete die ganze Zeit, frage ich mich?"

„Ich sitze diese halbe Stunde auf dem Feuersitz", sagte Nancy. „Ich weiß überhaupt nicht, was mit dem Mann passiert ist. Er schaukelt und stöhnt da wie eine Kuh, die ein totes Kalb leckt."

„Möchte er hochkommen, meinen Sie?"

„Fragen Sie den Mann nicht zweimal, wenn Sie möchten, dass er Nein sagt", sagte Nancy.

Errötend und stammelnd und versuchend, seine schwarzen Locken zu glätten, kam Pete auf Nancys Ruf.

Kate hatte kaum Bedenken. Die Wunde, die sie von Philip erhalten hatte, hatte sie Pete gegenüber gewissenlos gemacht. Dennoch drehte sie ihren Kopf ein wenig zur Seite, als sie ihn begrüßte.

„Geht es dir dann besser, Kirry?" sagte Pete schüchtern.

„Mir geht es fast so gut wie immer", antwortete sie.

„Das bist du aber?“ sagte Pete. „Dann bist du bald unten, oder?“

„Das hoffe ich, Pete – ziemlich bald.“

„Und jetzt für alles geeignet – ja?“

„Oh ja, für alles geeignet.“

Pete lachte aus tiefstem Herzen wie ein Junge. „Ich werde einen Abstecher zu Ballure machen und es Philip umgehend sagen.“

„Philipp?“ sagte Kate mit fragendem Blick.

„Er hat heute Morgen gesagt, du wärst dem nicht gewachsen, Kirry.“

„Gleich was, Pete?“

„Eines Tages den Pfarrer selbst ins Visier zu nehmen, das ist eine Tatsache.“ Und um seine Verwirrung zu verbergen, lachte Pete, bis das Dach zu knacken begann.

Es gab eine kurze Pause, und dann sagte Kate hustend und stotternd und den Kopf zur Seite gelegt: „Ist das so *sehr* anstrengend, Pete?“

Pete sprang von seinem Stuhl auf und lachte erneut wie ein Wahnsinniger. „Sagst du das, Kitty? Das Wort dann, Liebling – das Wort in meinem Ohr – so sanft wie sanft –“

Er beugte sich über das Bett, aber Kate zog sich von ihm zurück, und Nancy zog ihn zurück und sagte: „Komm mit dir, du Gänsehaut!“ Warum sollte man ein armes Mädchen belästigen, um zu erfahren, ob Zucker süß ist und ob sie bereit ist, ihre Liebste gegen einen Ehemann auszutauschen?“

Es war erledigt. Ein Akt – nein, ein halber Akt; ein Wort – nein, überhaupt kein Wort, sondern nur Schweigen. Das gewagte Unterfangen war im Gange.

Oma kam mit Kates Abendessen an diesem Tag, küsste sie auf beide Wangen, spürte, wie sie heiß waren, schüttelte weise den Kopf und flüsterte: „Ich weiß – du brauchst es mir nicht zu sagen !“‘‘

XIV.

Die letzte Hymne wurde gesungen, Cæsar kam aus der Kapelle nach Hause, zog seine beste Kleidung wieder in seine Arbeitskleidung um, und dann wurde in der Küche unter dem Klirren von Tellern und dem heftigen Klappern von Messern und Gabeln geredet und gelacht.

„Phil muss mein Trauzeuge sein", sagte Pete. „Er wird jetzt zu Douglas zurückkehren, aber ich werde dich bitten, mir eine Zeile zu schreiben, Cæsar, und ihn zu fragen."

„Hälst du lange Verpflichtungen, Pete?" sagte Oma.

„Eine Woche", sagte Pete mit der Miene eines Richters; „Jedenfalls nicht viel weniger – keine Regel, wissen Sie."

„Du Gans", rief Nancy, „es müssen drei Sonntage für das Aufgebot sein."

„Dann wird John der Angestellte sie heute Abend in Gang bringen", sagte Pete. „Nancy hat mich dort angezogen, Oma. Da ich nicht die Angewohnheit habe zu heiraten, habe ich das Aufgebote ganz vergessen."

John der Schreiber kam am Nachmittag und es gab eine lebhafte Debatte.

„Wir müssen Brautjungfern und Hochzeitstorten haben, Pete – das ist nur angemessen", sagte Nancy.

„Ach ja, und Tabak und Rum und alles Anständige", sagte Pete.

„Und der Pfarrer – denken Sie daran, jetzt ist es der Pfarrer", sagte Oma; „Keiner ihrer fiesen Obergerichtsvollzieher. Ich weiß nicht auf der Welt, wie eine anständige Frau in ihrem Bett ausruhen kann –"

„Oh, natürlich der Pfarrer – und vielleicht auch die Frau des Pfarrers", sagte Pete.

„Ich glaube, ich schaffe es für morgen zwei Wochen für Sie", sagte John der Schreiber eindrucksvoll, und es ertönte Händeklatschen, das Cäsar schnell unterdrückte, und murmelte:

„Papst! Clan Popery, Sir! Kann jemand nicht heiraten, ohne dass ein Pfarrer einen Mann belästigt?"

Dann stützte Cæsar seine Ellbogen auf den Tisch und schrieb den Brief an Philip. Pete hat nie etwas so Frommes gespendet.

„Verehrter und geehrter Herr, ich schreibe Ihnen zunächst, dass es mir in den Sinn gekommen ist (fest daran zu glauben, dass der Herr gesprochen hat), Katherine Cregeen zu heiraten, die einzige geliebte Tochter von Cæsar

Cregeen, einem angesehenen Mann und örtlichen Prediger , in dessen Haus ich verweile und frei bin, alle seine Gnadenmittel zu nutzen. Hochzeit morgen zwei Wochen in Kirk Christ, Lezayre, elf Uhr vormittags, und der Herr möge es meiner Seele nützen. – Mit Liebe und Ehrfurcht, dein Diener, und ich vertraue dem Herrn, Peter Quilliam.“

Nachdem er dies geschrieben hatte, las Cæsar es laut mit der richtigen Tonhöhe vor. Oma wischte sich die Augen, und Pete sagte: „Wunderschön, Sir – nur haben Sie ihn nicht gefragt.“

„Mein Stift gerät in den Schneidersitz“, sagte Cæsar, „aber das reicht für einen NB.“

„Hinweis: Kommen Sie und holen meinen Trauzeugen?“

Dann wurde noch mehr geredet und noch mehr gelacht. „Du hast Glück gehabt, Pete“, sagte Pete selbst. „Mein Seemann, das bist du aber. Sie ist so süß wie Klee, wenn die Hummeln darüber summen, und so warm wie ein Ginsterstrauch, wenn der Sommer vorbei ist.“

Und dann hörte man Nancy Joe sagen, da Zuneigung ansteckender ist als alle Krankheiten, die Sterbliche kennen: „Ich glaube tief in meinem Herzen, dass ich bald selbst einen Mann haben muss, sonst verliere ich den Gedanken.“

„Habt ihr das gehört, Jungs?“ rief Pete. „Sprich nicht alle auf einmal.“

„Zu spät – ich habe es verloren“, sagte Nancy und es gab noch mehr Gelächter.

Um dieser Frivolität ein Ende zu setzen, stimmte Cäsar eine Hymne an, und sie sangen sie gemeinsam mit fröhlichen Stimmen. Dann betete Cæsar angemessen, John der Angestellte improvisierte Antworten, und Pete ging hinaus, setzte sich auf die unterste Stufe in der Lobby und rauchte die Treppe hinauf, damit Kate sich im Schlafzimmer nicht zu einsam fühlte.

XV.

Währenddessen lag Kate, überwältigt von Scham, Demütigung, Selbstvorwürfen, Entsetzen vor sich selbst und Angst vor allem, mit brennenden Wangen und in der Bettdecke vergrabenem Kopf. Sie brauchte nicht länger so zu tun, als wäre sie krank; Sie war jetzt in Wirklichkeit krank. Das Schicksal hatte ihr gedroht. Sie hatte es angefochten. Sie spielten zusammen. Auf dem Spiel stand ihre Liebe, ihr Leben, ihr Untergang.

Am nächsten Tag hatte sie ein nervöses Fieber entwickelt. Dr. Mylechreest kam ungebeten von der Familie zu ihr. Er war einer dieser großen, schüchternen Männer, die in ihrem Wunsch, weg zu sein, immer dringende Geschäfte woanders zu haben scheinen. Nach einem einzigen Blick auf sie und ein paar gemurmelten Silben ging er hastig davon, als würde jemand um die Ecke auf ihn warten. Doch als er die Treppe hinunterging, traf er Cäsar, der ihn fragte, wie er sie gefunden habe.

„Fieberhaft, sehr; „Lass sie im Bett bleiben", antwortete er. „Was diese Ehe betrifft, muss sie verschoben werden. Sie macht sich selbst Sorgen, und ich übernehme nicht die Verantwortung für die Konsequenzen. Das Ding ist zu plötzlich gefallen. Um die Wahrheit zu sagen – so, Mr. Cregeen – ich habe Angst vor einer Gehirnkrankheit."

„Tut, tut, Doktor", sagte Cæsar.

„Sehr gut, wenn Sie es besser wissen. Guten Tag! Aber lass die Hochzeit warten. *Traa dy liooar* – Zeit genug, Mr. Cregeen. Ausnahmsweise eine wirklich gute Manx-Maxime. Hör auf – hör auf!

„Es ist nicht mein Aufschieben, Doktor. Was kann man mit einem Mann machen, der heiraten möchte? Man kann ein Pferd nicht mit einer Zange zügeln."

Aber als der Arzt weg war, sagte Cäsar zu Oma: „Schließ die Brautjungfern und die Hochzeitstorten und die Geigen und die Albernheiten aus und lass das Mädchen willig heiraten."

„Liebes Herz, am Leben, Vater, was ist denn so eilig?" sagte Oma.

„Und Gott segne meine Seele, was ist das für eine Aufregung?" sagte Cäsar. „Erst erhebt einer dies, dann ein anderer dies, als ob alle darauf bedacht wären, die Sache zu stoppen. Es geht weiter, das sage ich euch; hörst du mich? Es gibt so manchen Ausrutscher – aber egal. Was mit der Feder geschrieben ist, kann nicht mit der Axt herausgeschnitten werden, also lasst es alle in Ruhe."

Kate war in einer Ekstase des Jubels. Der Arzt war von Philip geschickt worden. Es war Philip, der versuchte, die Ehe zu verhindern. Er würde es niemals ertragen können; er würde sie bald beanspruchen. Es könnte heute sein, es könnte morgen sein, es könnte am nächsten Tag sein. Die Chancen standen bei ihr. Das Schicksal wurde am schlimmsten. So hielt sie an ihrem blinden Glauben fest, dass Philipp eingreifen würde.

Das war Montag, und am Dienstagmorgen kam Philip wieder. Er war sehr ruhig, aber das Herz hat Ohren und Kate hörte ihn. Petes Brief hatte ihn erreicht und sie konnte sein weißes Gesicht sehen. Nach ein paar Worten alltäglicher Konversation zog er Pete aus dem Haus. Was hatte er zu sagen? Dachte er, dass Pete unter allen Umständen aufgehalten werden musste? War er kurz davor, eine saubere Sache daraus zu machen? Wollte er alles erzählen? Unmöglich! Er konnte nicht; er wagte es nicht; es war *ihr* Geheimnis.

Pete kam allein ins Haus zurück und sah ernst und sogar traurig aus. Kate hörte, wie er ein paar Worte mit ihrem Vater wechselte, als sie durch die Lobby in die Küche gingen. Cæsar sagte:

„Stehen Sie auf Ihren eigenen Kopf, Sir, das ist mein Rat an Sie."

In der Intensität ihrer Qual konnte sie keine Ruhe finden. Sie schickte nach Pete.

„Was ist mit Philip?" Sie sagte. "Kommt er? Was hat er dir erzählt?"

„Schlechte Nachrichten, Kate – sehr schlecht", sagte Pete.

Für einen Moment herrschte eine beängstigende Stille. Es war wie die schreckliche Stille in dem Moment, in dem sich das Blatt wendet, und man hat das Gefühl, als wäre der Welt etwas passiert. Dann verhärtete Kate ihr Gesicht und sagte: „Was ist los?"

„Er ist krank und möchte in einer Woche weg. „Er kann nicht zur Hochzeit kommen", sagte Pete.

"Ist das alles?" sagte Kate. Ihr Herz hüpfte vor Freude. Sie konnte nicht anders – sie lachte. Sie durchschaute Philipps Entschuldigung. Es war nur sein Vorwand – er dachte, Pete würde ohne ihn nicht heiraten.

„Ach, aber so etwas hast du noch nie gesehen, Kirry", sagte Pete; „Er war so weiß und wach und narvös. Arbeit und Sorgen, das ist das Ausmaß der Sache. Auf dieser Welt wird nichts getan, ohne den Preis dafür zu zahlen, und das ist so wahr wie das Evangelium. „Das Meer ruft mich, Pete", sagt er und dann lacht er, aber es war, als würde ein Geist selbst grinsen."

In der Selbstsucht ihres geschwächten Geistes freute sich Kate immer noch. Philip litt. Es war eine weitere Zusicherung, dass er ihr zu Hilfe kommen würde.

„Wann geht er?" Sie fragte.

„Am Dienstag", antwortete Pete.

„Gibt es nicht eine Möglichkeit, in einer Woche die Erlaubnis des Bischofs zum Heiraten zu bekommen?" sagte Kate.

„Aber wirst du es tun?" sagte Pete mit einem Freudenschrei.

„Fragen Sie zuerst Philip. Es hat keinen Sinn, sich zu ändern, wenn Philip nicht kommen kann."

„Er soll – er muss. Ich werde kein Nein akzeptieren."

„Du darfst mich jetzt küssen", sagte Kate, und Pete nahm sie in seine Arme und küsste sie.

Sie war für ihn noch tot, wegen der Wunde, die Philip ihr zugefügt hatte, aber bei der Berührung seiner Lippen schien ein Gefühl des Entsetzens alle ihre Glieder zu verkrampfen. Mit einem Schauder kroch sie ins Bett und verbarg ihr Gesicht, hasste sich selbst, verabscheute sich selbst und wünschte sich den Tod.

Er stand einen Moment an ihrer Seite und weinte wie ein großer Junge in seinem großen Glück. „Ich weiß nicht, warum sie mich so sehr mag, aber das ist bei den Frauen immer so, Gott segne sie!"

Sie hob ihr Gesicht nicht und er ging leise zur Tür. Auf halbem Weg drehte er sich um und hob einen Arm über seinen Kopf. „Gottes Ruhe und Gottes Friede seien mit dir, und möge der Mann, der dich erwischt, ein Clan-Herz und eine Clan-Hand behalten und fit sein für die gute Frau, die er für seine Frau gewonnen hat."

Im nächsten Moment rannte er die Treppe hinunter und die Küche hallte von seinem Lachen wider.

XVI.

Das Schicksal hat einen Treffer erzielt. Kate hatte sich gesagt, dass Philip ihrer überdrüssig war, dass er sie nicht mehr liebte, dass er, nachdem er alles genommen hatte, was er ertragen konnte, sich wünschte, mit ihr fertig zu sein, dass er versuchte, sie zu vergessen, und dass sie eine Belastung sei auf ihn, als sie sich plötzlich an den Tholthan erinnerte und sich zum ersten Mal an eine mögliche Eventualität erinnerte. Warum hatte sie nicht schon früher daran gedacht? Warum hatte *er* nie daran gedacht? *Falls* es dazu kommen sollte! Die Aussicht erschreckte sie nicht; es überwältigte sie nicht mit Verwirrung oder bedrückte sie mit Scham; es drohte nicht wie ein Blitz einzustürzen; Der Gedanke daran kam mir wie das Flüstern eines Engels entgegen.

Sie hatte keine Angst. Es war nur eine Idee, nur eine Möglichkeit, nur ein Traum mit Konsequenzen, aber auf einen Schlag brachte es sie Philip so viel näher. Es gab ihr ein Recht auf ihn. Wie konnte er es wagen, sie so leiden zu lassen? Sie würde nicht zulassen, dass er sie verließ. Er war ihr Ehemann, und er musste sich an sie klammern, was auch immer geschah. Auf der anderen Seite der Leere, die sie getrennt hatte, zog eine geheimnisvolle Macht sie zusammen. Sie war er, und er war sie, und sie waren eins, denn – wer weiß? – wer könnte das sagen? – Vielleicht hatte es die Natur selbst so gewollt.

So war die erste Wirkung des neuen Gedankens auf Kate ein rasender Jubel. Sie hatte jetzt nur noch eines zu tun. Sie musste nur zu Philippus gehen, wie Bathseba zu David ging. Allerdings konnte sie nicht sagen, was Bathseba sagte. Sie hatte keine Gewissheit, aber ihre Argumente waren nicht weniger überzeugend. „Haben Sie noch nie darüber nachgedacht, was möglicherweise passieren könnte?" Das würde sie jetzt zu Philip sagen. Und Philip würde zu ihr sagen: „Liebling, daran habe ich noch nie gedacht. Wo war mein Kopf, über den ich nie nachgedacht habe?" Dann, trotz seiner Pläne, trotz seines Versprechens gegenüber Pete, trotz der Welt, trotz sich selbst – ja, trotz seiner eigenen Seele, wenn sie zwischen ihnen stand – würde er sich an sie klammern; Sie war sich dessen sicher – sie konnte es schwören – er konnte nicht widerstehen.

„Er wird alles glauben, was ich ihm sage", dachte sie und sagte: „Komm zu mir, Philip; Ich fürchte mich." In der Qual ihres klopfenden Herzens hätte sie sich in diesem Moment gefreut, wenn sie sicher gewesen wäre, dass sie sich in der Lage befand, die die Welt eine beschämende Frau nennt. Mit diesem Anspruch konnte sie sich vorstellen, zu Philip zu gehen und ihm, ihren Kopf an seiner Brust, süß das große Geheimnis zu erzählen – die wundersame Neuigkeit. Und dann die Freude, die Verzückung, der lange Kuss der Liebe! "Meins meins meins! er gehört endlich mir!"

Das konnte nicht ganz so sein; sie war nicht so glücklich wie Bathseba; Sie war sich nicht sicher, aber ihr Recht war trotzdem dasselbe. Oh, es war eine Freude, es war köstlich!

Die kleinen List ihres Geschlechts, die kleinen Täuschungen, mit denen sie sich getarnt hatte, fielen nun von ihr ab. Sie sagte sich: „Ich werde mit dem Unsinn über die Ehe mit Pete aufhören." Es war gemein, es war töricht, es war eine erbärmliche Kleinigkeit, es war böse, es war eine Lebensverschwendung – vor allem tat es ihrer Liebe zu Philip sehr, sehr Unrecht! Wie konnte sie jemals daran gedacht haben?

Am nächsten Morgen war sie schon wach und zog sich gerade an, als Oma mit einer Tasse Tee ins Zimmer kam. „Ich fühle mich so viel besser", sagte sie, „dass ich denke, ich werde heute mit der Kutsche nach Douglas fahren, Mutter."

„Tu es, Mistkerl", sagte Oma fröhlich, „und Pete wird mit dir gehen."

"Ach nein; Ich muss ganz allein sein, Mutter."

„Ach, ach! Vielleicht eine kleine Besorgung! Einkaufen ist es? Geschenke, was? Dann nimm deinen Tay. Und Oma ließ die Jalousien herunter und sagte: „Auch du wirst einen wunderschönen Morgen haben." Ich kann den Turm so deutlich sehen." Dann drehte sie sich um: „Hast du heute Morgen die Glocken gehört, Kitty?"

„Warum, welche Glocken, Mama?" sagte Kate mit einem Bissen Brot und Butter.

„Die Glocken für Christian Killip. Ihr alter Schatz nahm sie schließlich mit in die Kirche. Er würde sich nicht von deinem Vater erholen, bis er es getan hat – und von ihrem zweijährigen Baby zu Weihnachten. Aber was denkst du jetzt? Robbie hat sie an der Kirchentür zurückgelassen und ist mit dem Ramsey-Paket auf dem Weg nach England. Oh, mein Lieber, das hat er aber. „Du kannst mich zwingen, sie zu heiraten", sagte er, „aber du kannst mich nicht zwingen, mit ihr zusammenzuleben", sagte er, und er war die Straße hinunter wie Staub."

„Ich glaube nicht, dass ich heute nach Douglas gehe, Mutter", sagte Kate mit gebrochener Stimme. „Mir geht es schließlich nicht so gut."

„Ach, der Mist!" sagte Oma. „Sie war zu selbstsicher, nicht wahr? So ist es bei ihnen allen, wenn sie reparieren."

Mit fröhlichen Protesten half Oma ihr zurück ins Bett und ging dann mit besorgtem Gesicht weg, um Cæsar zu sagen, dass sie kranker denn je sei.

Sie war tatsächlich krank; aber ihre schlimmste Krankheit war die des Herzens. „Wenn ich zu ihm gehe und es ihm sage", dachte sie, „wird er mich heiraten – ja. Keine Angst, dass er mich an der Kirchentür oder anderswo zurücklässt. Er wird bei mir bleiben. Wir werden bis zuletzt Mann und Frau sein. Die Welt wird nichts wissen. Aber *ich* werde es wissen. Solange ich lebe, werde ich mich daran erinnern, dass er sich nur geopfert hat, um einen Fehler zu beheben, der niemals sein wird – niemals, niemals!"

Cäsar kam in großer Angst herbei. Er schien in ständiger Angst zu leben, dass im letzten Moment ein Hindernis auftauchen könnte, das die Ehe verhindern könnte. „Chut, Frau!" er sagte spielen-. völlig. „Hab ein gutes Herz, Kitty. Die Sonne geht bei dir noch gar nicht unter."

In dieser Nacht waren laute Stimmen aus der Bar zu hören. Die Rede war von der Hochzeit, die am Morgen stattgefunden hatte, und von ihren seltsamen und schmerzhaften Folgen. John, der Angestellte, sagte: „Aber Sie würden doch von dem Nebenkind hören, ist das so?"

„Kein Wort", sagte jemand.

„Aber noch nichts davon gehört? Das Kind zur Hochzeit holen, um ihm den schlechten Ruf zu nehmen – nicht wahr? Sie stellten das kleine Ding auf – es sind nur drei – zwei, Oma, nicht wahr, nur zwei?

„Das sagst du nicht!"

„Ach, die Wahrheit ist genug, Sir! Es ist die alte Manx-Art der Legitimation. Die Pfarrer wissen nichts davon, aber ich habe es schon oft gesehen."

„John hat recht", sagte Mr. Jelly; „Und ich kann Ihnen mehr erzählen – der Mann ging nur deshalb *in* die Kirche."

„Würde nicht vertrauen", sagte John der Angestellte. „Die Frau hat daraus ohnehin keinen großen Ehemann gemacht."

„Nein", sagte Pete – er hatte vorher nichts gesagt – „aber das Kind bekam den Namen seines Vaters."

„Das sind keine Berge von dickem Brei, Sir", sagte jemand. „Bobbie ist weg. Was nützt ein Vater, wenn er nichts tut, um dich großzuziehen?"

„Fragen Sie Ihren Sohn, ob Sie so etwas haben", sagte Pete; „Einige von euch haben es getan. Fragen Sie mich. Ich weiß einigermaßen gut, was es bedeutet, ohne den Namen eines Vaters im Rücken durch die Welt zu gehen. Wenn Ihr Junge wie ich ist, weiß er es früh und er weiß es spät. Er weiß es, wenn er auf dem Bett im Giebelboden seine Gebete spricht: „Gott segne Mutter – und vielleicht auch Großmutter" – in seinen kleinen Texten gibt es nie kein „Vater". Und er weiß es, wenn er zu einem kleinen Kerl heranwächst und einen Beruf ergreift, und das Biest des Lebens ihn in den Griff bekommt. Im Verhältnis 10 zu 1 wird er dann zu einem Waistrel, und wenn es sich

stattdessen um ein Mädchen handelt, wird sie bei 100 zu nichts zu einer –
nun ja, noch schlimmeren Person. Nur eine Vorstellung, oder? Nur eine
Parzon-Lüge, oder? Den Namen deines Vaters zu haben ist nichts – oder?
Das sagt der Mann. Aber frag das *Kind* und halte deinen Mund für einen
Narren."

Danach herrschte Stille und Summen, und Kate, die vom Bett aus nach
der Tür gegriffen hatte, umklammerte sie mit fieberhaftem Griff.

„Aber Christian Killip ist sowieso nichts als ein Trottel, Sir", sagte Cæsar.

„Nachts ist jede Katze schwarz, Vater – das Mädchen ist in
Schwierigkeiten", sagte Pete. „Nein, nein! Wenn ich von einer Frau Unrecht
getan hätte und sie ein Kind von mir bekommen würde, würde ich sie
heiraten, wenn sie mich nehmen würde, obwohl ich sie schließlich hassen
würde wie die Sünde selbst."

Oma in der Küche wischte sich über diese mutigen Worte die Augen, aber
Kate im Schlafzimmer schwankte in einem Delirium des Zorns. "Nie nie
nie!" Sie dachte.

Oh ja, Philip würde sie heiraten, wenn sie sich ihm aufdrängte, wenn sie
eine mögliche Eventualität andeutete. Auch er war ein tapferer Mann; Er
hatte auch eine erhabene Seele – er würde nicht zurückschrecken. Aber nein,
nicht wegen des Reichtums der Welten.

Philip liebte sie, und allein seine Liebe sollte ihn auf ihre Seite bringen.
Ihm sollte kein anderer Zwang auferlegt werden, weder der Gedanke an ihre
mögliche zukünftige Position noch an die Konsequenzen für einen anderen.
Es war die einzige Gerechtigkeit, die einzige Sicherheit, das einzige Glück
jetzt oder in der Zukunft.

„Er soll mich um *meinetwillen heiraten* ", dachte sie, „um meinetwillen – nur
um meinetwillen."

So versperrte ihr Stolz in der wilden Unordnung ihrer Seele – dem Sturm
widerstreitender Leidenschaften – den einen großen Weg.

XVII.

Es gab schließlich keine Hilfe dafür – sie musste so weitermachen, wie sie begonnen hatte, mit dem alten Plan, der alten Chance, dem alten Glücksspielrisiko. Herzkrank und beschämt, während sie auf Philip wartete und auf jeden Schritt lauschte, behielt sie ihr Zimmer noch zwei Tage länger. Dann kam Cäsar und versammelte sie.

„Gough segne mich, aber niemand wird es glauben", sagte er. „Die Hochzeit für Montag und die Braut im Bett für einen Mittwoch. Die Leute werden sagen, dass es überhaupt nicht klappt."

Das beunruhigte sie. Dies erklärte zum Teil, warum Philipp nicht kam. Wenn er der Meinung wäre, dass keine Gefahr für die Ehe bestehe, würde er es nicht eilig haben, einzugreifen. Am nächsten Tag (Donnerstag) kämpfte sie sich hoch und zog ein leichtes Tuch an. Sie fühlte sich schwach und nervös und sah blass und weiß aus wie vom Frost zerfressene Apfelblüten. Pete hätte sie nach unten getragen, aber sie wollte es nicht zulassen. Sie stellten sie zwischen einem Stapel Kissen vor einem Feuer im Wohnzimmer auf, mit seiner Schüssel mit Seevogeleiern, die einen schwachen, ungewohnten Geruch hatte, und seinen Tischen aus altem Porzellan, die bei jedem Schritt und jedem Geräusch leicht zitterten und klingelten. Die Küche war mit dem Müll der Schneiderinnen bedeckt, die sich auf die Hochzeit vorbereiteten. Es gab Mieder zum Anprobieren und Entscheidungen, bei denen es um Stilpunkte ging. Kate war mit allem einverstanden. Mit schwacher und tonloser Stimme sagte sie ihnen immer wieder, sie sollten tun, was sie für richtig hielten. Erst als sie hörte, dass Pete zahlen sollte, setzte sie ihren Willen durch, und der bestand darin, die Kleider auf eins zu beschränken.

„Um Himmels willen, Kirry", rief Nancy, „das nenne ich einen guten Ehemann ruinieren – der Mann war bereit, Kleider für ein Internat zu kaufen."

Pete kam, setzte sich auf einen Hocker zu ihren Füßen und erzählte Geschichten. Es waren lustige Geschichten über sein Leben im Ausland, und ab und zu ertönte Gelächter aus der Küche, wo sie sich die Mühe machten, seine Worte durch die Türen, die sie offen hielten, mitzubekommen. Aber Kate hörte kaum zu. Manchmal zeigte sie Anzeichen von Ungeduld und blickte sich schnell um, als sich die Tür öffnete, als erwarte sie jemanden. Als sie sich in diesen Momenten erholte, stellte sie fest, dass Pete mit den großen, ernsten, feuchten Augen eines Hundes zu ihr aufblickte.

Er begann von dem Haus zu erzählen, das er gemietet hatte, entschuldigte sich dafür, dass er sie nicht konsultiert hatte, und schilderte den Fortschritt der Einrichtung.

„Ich habe alles in die Hände von Cannell & Quayle gelegt, Kitty", sagte er, „und sie machen es wunderbar." Marmorplatten, Gott sei Dank, wie eine Metzgertheke; Teppiche so weich wie Gänseblümchen und Spiegel so groß wie ein Mann."

Kate hatte ihn nicht gehört. Sie versuchte sich an alles zu erinnern, was sie über die Gerichte auf der Insel wusste – wo sie abgehalten wurden und an welchen Tagen.

„Hast du Philip in letzter Zeit gesehen?" Sie fragte.

„Nicht seit Montag", sagte Pete. „Er ist in Douglas und arbeitet wie verrückt, um am Montag hier zu sein, Gott segne ihn!"

„Was hat er gesagt, als er hörte, dass wir den Tag geändert hatten?"

„Ich wollte erst einmal da raus. ‚Ich segele am Dienstag', sagte er."

„Hast du ihm gesagt, dass *ich* es vorgeschlagen habe?"

„Vertrau mir, dass ich das überhaupt nicht vergessen habe. „Ach, dann", sagt er, „gibt es keine Wahl mehr", sagt er."

Kates blasses Gesicht wurde blasser, die dunklen Ringe um ihre Augen wurden noch dunkler. „Ich glaube, ich gehe wieder ins Bett, Mutter", sagte sie mit derselben tonlosen Stimme.

Pete half ihr zum Fuß der Treppe. Die großen, feuchten Augen blickten sie ständig an. Es fiel ihr schwer, ein ausgeglichenes Gesicht zu bewahren.

„Aber wirst du dafür geeignet sein, Liebling?" sagte Pete.

„Natürlich wird sie fit sein, Sir", sagte Cæsar. „Welches Mädchen ist in der Woche vor ihrer Hochzeit jemals mehr als mittelmäßig?"

Am nächsten Tag überredete sie ihren Vater, sie nach Douglas zu bringen. Sie hatte dort kleine Besorgungen zu erledigen, die in Ramsey nicht erledigt werden konnten. Der Morgen war schön, aber kalt. Pete half ihr beim Aufsteigen und sie fuhren davon. Wenn sie Philip nur sehen könnte, wenn Philip sie nur sehen könnte, würde er an ihrem Gesichtsausdruck erkennen, dass sie die Ehe nicht geschlossen hatte – dass ihr irgendeine Art von Zwang auferlegt wurde. Sie verbrachte vier Stunden damit, von Geschäft zu Geschäft zu gehen und auf der Straße zu verweilen, doch sie sah nichts von Philip. Ihr Schritt war langsam und müde, ihre Gesichtszüge waren verhärmt und ausgehungert, aber Cæsar schaffte es kaum, sie aus der Stadt herauszubringen. Schließlich begann das Tageslicht zu schwinden, und dann gab sie seinen Zudringlichkeiten nach.

„Wie kurz sind die Tage jetzt", sagte sie seufzend, als sie aufs Land rannten.

„Ja, im September sind sie einen Hahnenschritt kürzer", sagte Cäsar; „Aber wenn eine Frau einmal einkaufen geht, reicht der Mittsommertag selbst nicht aus – sie will das Land der Mitternachtssonne."

Pete hob sie in der Dunkelheit an der Tür der „Fee" aus der Kiste, und seine großen Arme umschlossen sie, er trug sie ins Haus und setzte sie auf den Feuersitz. Wenn sie dazu in der Lage gewesen wäre, wäre sie aufgestanden; sie fühlte so etwas wie Abscheu bei seiner Berührung; aber er sah sie mit der stummen Beredsamkeit der Liebe an, und sie schämte sich.

Das Haus war an diesem Abend voller Gerüchte. Sie sprachen über die Hochzeitsbräuche früherer Zeiten. Einer beschrieb die „Bezahlhochzeiten", bei denen der Hut herumging und jeder Gast etwas für die Kosten des Frühstücks und die Kosten für die beginnende Haushaltsführung spendete – ein unhöflicher Vorläufer der Praxis des modernen Hochzeitsgeschenks. Ein anderer schilderte die unregelmäßigen Ehen, die in Gasthäusern geschlossen wurden, als es auf der Insel auf tausend Einwohner drei Brauereien und dreißig Trinkläden gab. Der Zöllner legte zwei Stöcke kreuzweise auf den Boden und sagte zu Braut und Bräutigam:

„Hüpfe über die Stöcke und liege gekreuzt auf dem Boden, und du bist für immer Mann und Frau."

Es gab einiges Gelächter darüber, aber Kate saß auf dem Feuersitz und nippte schweigend an ihrem Tee, und Pete sagte leise: „Aber es gibt keinen Grund zum Lachen. Ich erinnere mich an ein Mädchen über Foxal Way, das mit so einem Mann verheiratet war, und dann ging er nach Kinsale und wurde wegen der Heringsunruhen festgehalten – macht es Ihnen etwas aus? Allerdings war sie ein stämmiges Mädchen, und als der Mann weg war, kamen die Jungen und belästigten sie, erst einer und dann noch einer, darunter auch gute. Und eine große Ehre für alle, sie waren dafür da, dass sie ungefähr zu Recht zum Parzon gebracht wurden. Aber nein! Dachten sie, dass sie Bettelei begangen hatte? Sie war mit einem Mann verheiratet und das war für ein anständiges Mädchen sowieso nicht genug. Und so wollte sie es nicht und sie tat es nicht, und zuletzt kam ihr eigener Junge zurück, und sie lebten als Mann und Frau zusammen, und warum sollten sie das nicht?"

Diese Frage des Mannes, der im Begriff war, in die Kirche zu gehen, wurde mit schallendem Gelächter beantwortet, durch das die Stimme von Oma in liebevoller Protestierung erklang: „Ach, Pete, es ist schrecklich, dich zu hören, Mistkerl."

„Was soll denn daran schlimm sein, Oma?" sagte Pete. „Ist es nicht der Allmächtige und nicht der Parzon, der die Ehe schließt?"

„Ach, Junge Veen, Junge Veen", rief Oma, „du warst früher ein guter Mann, aber du bist sehr schlecht abgefallen."

Kate war im Fieber der Vorfreude. Sie wollte Pete ihr Herz öffnen, ihn anflehen, sie zu verschonen, ihm sagen, dass es unmöglich sei, dass sie jemals heiraten würden. Pete würde dafür sorgen, dass Philip nach allen wahren Gesetzen, menschlichen und göttlichen, ihr Ehemann war. In dieser Stimmung verbrachte sie einen Großteil des folgenden Tages, dem Freitag, und wälzte sich im Bett hin und her, denn die Erschöpfung des Tages in Douglas hatte sie wieder an ihr Zimmer gefesselt.

Am Abend kam sie die Treppe hinunter und ließ sich wie zuvor auf dem Feuerplatz nieder. In der Küche waren vier oder fünf alte Frauen und spinnten Garn für ein Deckenset, das Oma als Hochzeitsgeschenk gedacht hatte. „Als die Arbeit des Tages fast erledigt war, kamen zwei oder drei alte Männer, die alten Ehemänner der alten Frauen, um ihre Räder wieder nach Hause zu tragen. Dann, als die Räder noch einmal surrten, schickte Pete die alten Weiber dazu, Geschichten aus alten Zeiten zu erzählen.

„Erzähl uns von der Zeit, als du jung warst, Anne", sagte Pete zu einer alten Dame von achtzig Jahren. Ihr 84-jähriger Mann saß neben ihr und nuckelte an seiner Pfeife.

„Nun", sagte die alte Anne und streckte ihre Arme nach dem Garn aus, „ich war genauso nahe daran, fremd zu werden, genau wie Sie, Sir, jetzt genauso nahe, wie es egal ist." Es war genau an dem Tag, an dem ich diesen Mann heiratete, und sein Bruder machte sich auf den Weg nach Australien. Jemmy war mein alter Schatz, nur dass ich ihn aufgegeben hatte, weil er ständig meine Taschentaschentücher stahl. Aber er kam an diesem Morgen und klopfte an mein Fenster und fragte: „Kommst du, Anne?" sagt er, und ich zog meinen Pericut an und schlich mit ihm hinaus und hinunter zum Kai. Aber mein Herz verlor mich, als ich die weißen Pferde auf dem Wasser sah, und stattdessen kam ich nach Hause und ging mit diesem in die Kirche."

Während die alte Anne ihre Geschichte erzählte, öffnete ihr alter Mann seinen Mund immer weiter, bis der Pfeifenstiel aus seinem zahnlosen Zahnfleisch auf seine Weste fiel. Dann streckte er seinen linken Arm aus und ließ seine geballte Hand mit einem Schlag auf ihre Schulter fallen.

„Und lebst du länger als sechzig Jahre mit mir zusammen", sagte er, „und hast mir das noch nie erzählt?"

Pete versuchte, seine alte Eifersucht zu besänftigen, aber sie ließ sich nicht besänftigen, und er schulterte das Steuer, humpelte davon und sagte: „Und ich habe zwei Pfund fünf ausgesandt, um einen Stein auf das Grab des Mannes zu legen!"

Als das alte Paar weg war, gab es lautes Gelächter, aber Pete sagte trotzdem: „Aber ein Heiliger ist ein Heiliger, und die alte Dame hatte kein Recht, es zu sagen." Es war auch das Geheimnis des Toten, und sie hat das Andenken des alten Mannes befleckt. Wenn jemand Unrecht getan hat, ist das Beste, was er als Nächstes tun kann, verdammt wenig darüber zu sagen."

Kate stand auf und ging zu Bett. Eine weitere Tür war ihr verschlossen und sie fühlte sich krank und schwach.

XVIII.

Der nächste Tag war Samstag. Kate erinnerte sich, dass Philip samstags nach Ballure kam. Sie war sicher, dass er auch nach Sulby kommen würde. Wenn er sie nur ansah, würde er den Kummer erraten, der ihr die Farbe aus den Wangen geraubt hatte. Dann würde er mit Pete und ihrem Vater sprechen; er würde sie befreien; er würde alles auf sich nehmen. So wartete sie den ganzen Tag, wie ein weißäugiger Spieler, der sein letztes Geld aufs Spiel gesetzt hat, und lauschte und beobachtete. Beim Frühstück sagte sie sich: „Er wird heute Morgen kommen." Beim Abendessen: „Er wird heute Abend kommen." Beim Abendessen: „Er wird heute Abend kommen."

Aber Philip kam nicht und sie wurde sowohl hysterisch als auch unruhig. Sie schaute auf die Uhr; Die Minuten vergingen mit Füßen aus Blei, aber die Stunden mit Flügeln aus Feuer. Sie war jetzt wie eine Kriminelle, die auf Gnade hoffte. Jedes Mal, wenn die Uhr zum Schlagen anrief, fühlte sie sich ihrem Untergang eine Stunde näher.

Die Anstrengung erschöpfte sie. Sie warf Philip vor, dass er sie dieser grausamen Ungewissheit überließ, und litt unter den Schmerzen eines Menschen, der gleichzeitig zu lieben und zu hassen versucht. Dann machte sie sich Vorwürfe, weil sie das Datum der Hochzeit geändert hatte, und entschuldigte Philipp mit der Begründung, sie habe es eilig. Sie fühlte sich wie eine Hexe, die durch ihren eigenen Zauber brannte. Die Hoffnung ließ sie im Stich, und auch Will brach zusammen. Dennoch entschied sie, dass die Hochzeit verschoben werden sollte.

Das war am Samstagabend. Am Sonntagmorgen war sie noch einen Schritt weiter gegangen. Der letzte jämmerliche Rest der Erwartung, dass Philip eingreifen würde, schien damals verloren gegangen zu sein, und sie hatte beschlossen, dass sie, komme was wolle, überhaupt nicht heiraten sollte. Es besteht kein Grund, sich an Pete zu wenden; Es besteht keine Notwendigkeit, das Geheimnis Philipps zu verraten. Alles, was sie tun musste, war zu sagen, dass sie die Hochzeit nicht fortsetzen würde und keine Macht der Welt sie dazu zwingen sollte.

Mit dieser Entschlossenheit und einem Gefühl großer Erleichterung ging sie die Treppe hinunter. Cäsar kam aus dem Predigtraum und Pete aus dem neuen Haus in Ramsey. Sie setzten sich zum Abendessen zusammen. Nach dem Abendessen würde sie sich zu Wort melden. Cæsar schärfte das Tranchiermesser am Stahl und sagte: „Wir haben das Mädchen Christian Killip heute zur Kommunion zurückgebracht."

„Das arme Ding", sagte Oma, „aber schade, dass sie jemals davon abgehalten wurde."

„Vielleicht ja, vielleicht nein", sagte Cäsar. „Auf jeden Fall notwendig; ein schorfiges Schaf infiziert die Herde."

„Und hat die Ehe dem armen Schaf denn Gnade geschenkt, Cäsar?" sagte Pete.

„Sie ist Mistress Robbie Teare und eine anständige Frau, Sir", sagte Cæsar und wühlte sich ins Zeug, „und das ist alles, was eine christliche Kirche zu bieten hat."

Kate aß an diesem Tag nicht zu Abend und äußerte sich auch nicht so, wie sie es beabsichtigt hatte. Eine übernatürliche Macht schien im letzten Moment herabgekommen zu sein und den einzigen verbleibenden Fluchtweg zu versperren. Sie war dem Sturm auf der Spur. Der Sturm war bereit, über sie hereinzubrechen. Wohin könnte sie fliegen, um Schutz zu suchen?

Was ihr Vater über das Mädchen gesagt hatte, offenbarte ihr ihr Leben im Lichte ihrer Beziehung zu Philip. Der Gedanke an den möglichen Zufall, den sie mit so viel Freude und so viel Kraft vorhergesehen hatte, hatte das Bewusstsein ihrer moralischen Position geweckt. Sie war eine gefallene Frau! Was war sie sonst noch? Und wenn der Notfall eintreten sollte, was würde aus ihr werden? In der Intensität der pietistischen Ansichten ihres Vaters würde der bloße Schatten der Schande seine Familie überwältigen, seine Sekte stürzen und seine religiösen Ansprüche zunichte machen. Kate zitterte bei der Vorstellung, dass eine solche Katastrophe über sie hereinbrechen könnte. Sie sah sich von Haus und Hof vertrieben. Wohin könnte sie fliegen? Und obwohl sie floh, wäre sie nicht immer noch der Grund für Kummer und Schande für alle, die sie zurückgelassen hat – ihre Mutter, ihren Vater, Pete, alle anderen?

Wenn sie nur die Vergangenheit herausreißen könnte, könnte sie zumindest diese Ehe verhindern. Oder wenn sie ein Mann gewesen wäre, könnte sie damit aufhören, denn ein Mann kann sündigen und trotzdem mit festem Gesicht in die Zukunft blicken. Aber sie war eine Frau, und die Taten einer Frau mögen zwar ihre eigenen sein, aber die Konsequenzen sind für sie nicht erkennbar. Oh, das Elend, eine Frau zu sein! Sie fragte sich, was sie tun könnte, und es gab keine Antwort. Sie konnte das Netz der Umstände nicht durchbrechen. Ihre Situation mochte falsch und unehrenhaft sein, aber es gab kein Entrinnen daraus. Es gab nirgendwo einen Hoffnungsschimmer.

Spät in der Nacht – Sonntagabend – saßen sie zusammen in der Küche, Kate wie immer auf dem Feuerplatz, Pete auf dem Hocker neben der Rasenkammer, rauchte im Kamin, Cæsar las laut vor, Oma hörte zu und Nancy kochte das Abendessen , als die Verandatür aufsprang und jemand eintrat. Kate erhob sich mit einem erschrockenen Freudenschrei, blickte sich gespannt um und setzte sich dann voller Verwirrung wieder hin.

Es war das Mädchen Christian Killip, ein blasses, schwaches, verängstigtes Wesen mit dem Maul und den Augen eines Hasen.

„Ist Mr. Quilliam hier?" Sie fragte.

„Hier ist der Mann selbst, Christian", sagte Oma. „Was willst du von ihm?"

„Oh, Gott segne Sie, Sir", sagte das Mädchen zu Pete, „Gott segne Sie für immer und ewig."

Dann wandte sie sich wieder an Oma und erklärte ihr in weiblicher Manier und mit vielen Worten, dass jemand Unbekanntes ihr am Tag zuvor zwanzig Pfund für das Kind per Post geschickt hatte und sie erst jetzt erraten hatte, wer es sein musste, als John der Angestellte war hatte ihr erzählt, was Pete eine Woche zuvor gesagt hatte.

Pete grunzte und glitzerte, rauchte im Schornstein und sagte: „Das reicht, Ma'am, das reicht." Glauben Sie nicht alles, was Sie hören. John sagt sowieso mehr als sein Amen."

„Ich streiche Ihre Verzeihung, Miss", sagte das Mädchen zu Kate, „aber ich konnte nicht anders, als zu kommen – ich konnte nicht wirklich – nein, ich konnte nicht", und dann begann sie zu weinen.

„Wo ist das Kind?" sagte Pete und erhob sich mit wildem Blick. "Was! Könntest du sagen, dass du das kleine Ding allein gelassen hast und schläfst? Gehen Sie dann noch einmal darauf zurück, immajent. Gute Nacht!"

„Gute Nacht, Sir, und Gott segne Sie, und wenn Sie morgen heiraten, segne Gott auch Ihre Frau!"

„Das reicht – das reicht", sagte Pete und führte sie zur Veranda.

„Sie verdienen eine gute Frau, Sir, und möge der Herr Ihnen beiden gütig sein."

„Tut! Tut!" sagte Pete und führte sie aus dem Haus.

Sie strich in dieser Nacht das Haar ihres Babys zärtlicher als je zuvor und küsste es immer wieder.

Kate konnte kaum atmen, sie konnte kaum sehen. Ihr Stolz und ihr Wille waren völlig zusammengebrochen. Dieser großherzige Mann liebte sie. Er würde notfalls sein Leben geben, um sie zu retten. Morgen würde er sie heiraten. Hier war also ihr Zufluchtsstein – dieser starke Mann an ihrer Seite.

Sie konnte nicht länger gegen das Schicksal ankämpfen. Seine unsichtbare Hand trieb sie weiter. Es war eine blinde Macht, die sie zerrte. Wenn Philip nicht kommen wollte, um sie zu beanspruchen, musste sie Pete heiraten.

Und Pete? Sie wollte Pete nichts Böses antun. Sie hatte die Dinge noch nicht aus Petes Sicht betrachtet. Für den verängstigten Wanderer war er wie der Kamelsack in der Wüste, wenn die Sandwolke über ihm zusammenbricht. Er fliegt dorthin. Es schützt ihn. Aber was ist mit dem Kamel selbst, dessen Kopf im Sturm steckt? Bis der Sturm vorüber ist, denkt er nicht daran.

XIX.

In der Zwischenzeit befand sich Philip selbst mitten in seinen eigenen Qualen. Als er von Kates Krankheit erfuhr, wurde er von Gewissensbissen überwältigt, und als er sich erkundigte, ob sie im Delirium gewesen sei, wurde er von einem Gefühl der Gemeinheit bedrückt, das er noch nie zuvor empfunden hatte. Bei seinem Treffen mit Pete wurde ihm zum ersten Mal klar, wie sehr ihn seine Doppelzüngigkeit erniedrigt hatte. Er war stolz darauf, ein Ehrenmann zu sein, und plötzlich wurde er aus den Pfaden geworfen, die er ehrenhaft gehen konnte.

Als der erste Schock über Kates Katastrophe vorüber war, erinnerte er sich an das Interview mit dem Gouverneur. Die Deemsterschaft brannte in seinem Kopf mit wachsendem Fieber des Verlangens, aber er bewarb sich nicht darum. Er erwähnte es Tante Nan gegenüber nicht einmal. Sie erfuhr von seinen Aussichten durch Peter Christian Balla-whaine, der mit dieser Glückwunschbotschaft zum ersten Mal ihr Haus betrat. Die süße alte Seele war wild aufgeregt. Alle Hoffnungen ihres Lebens standen kurz vor der Verwirklichung, die Visionen und Träume wurden wahr. Philip würde zurückgewinnen, was sein Vater verloren hatte. Hatte er seinen Antrag schon gestellt? NEIN? Er würde es jedoch tun; es war seine Pflicht.

Aber Philip konnte sich nicht für die Deemstership bewerben. Sich kaltblütig hinzusetzen und dem Innenminister zu schreiben, während Kate krank im Bett lag, wäre zu sehr, als würde man den Lohn des Teufels dafür verlangen, dass man sie geopfert hat. Dann kam Pete mit seinem Vortrag über die Hochzeit. Das beunruhigte ihn nicht wirklich. Es war erst die letzte Umdrehung des alten Rades, die in Gang gesetzt worden war, bevor Pete ging. Kate wollte nicht zustimmen. Sie hatten ihre Zustimmung als selbstverständlich angesehen. Er fühlte sich leicht, ruhig und sicher.

Als nächstes kam sein alter Meister, der Studienfreund seines Vaters, der jetzt zum Wahlhelfer befördert wurde. Er war stolz auf seinen Schüler und hatte erfahren, dass Philip der erste Favorit des Gouverneurs war.

„Ich wusste es immer", sagte er. „Das habe ich, Ma'am, das habe ich. Als ich ihn zum ersten Mal sehe, denke ich: ‚Hier liegt das Zeug zum besten Anwalt der Insel', und er wird mich übrigens auch nicht enttäuschen."

Der gute Kerl war ein lautes, herzliches, robustes Wesen, ein Junggeselle, und als er über den verstorbenen Deemster sprach, sagte er, dass Frauen normalerweise die größten Hindernisse in der Karriere eines Mannes seien. Dann bat er Tante Nan um Verzeihung, aber die alte Dame zeigte keine Wut. Sie stimmte zu, dass dies in einigen Fällen der Fall gewesen sei. Junge Männer sollten vorsichtig sein, welche Stolpersteine sie ihrem eigenen Fortschritt in den Weg stellen.

Philip hörte schweigend zu und war sich trotz all der selbstlosen Beratung einer gewissen zynischen Bitterkeit bewusst. Dennoch stellte er keinen Antrag auf die Deemstership. Dann kam Cäsars Brief, in dem er die Heirat ankündigte und sogar einen Termin dafür festlegte. Dies versetzte ihn in einen Anfall gewaltiger Empörung. Er war sich sicher, dass übermäßiger Druck ausgeübt wurde. Sie zwangen das Mädchen. Es war seine Pflicht, die Ehe zu beenden. Aber wie? Es gab einen klaren Kurs, aber diesen Kurs konnte er nicht einschlagen. Er konnte seinen festen Entschluss, das Mädchen nicht selbst zu heiraten, nicht zurücknehmen. Es blieb nur noch eines: sich auf Kate zu verlassen. Sie würde niemals zustimmen. Da *sie ihn* nicht heiraten konnte , würde sie keinen Mann heiraten. Sie würde tun, was er tat – sie würde leiden und allein dastehen.

Zu diesem Zeitpunkt erwachte Philipps Liebe, die trotz seines Willens seit dem Melliah und in seinem erbitterten Kampf mit seinen weltlichen Zielen abgekühlt war, plötzlich zu neuer Heftigkeit, als ein anderer Mann sich näherte. Aber sein Ehrgeiz kämpfte mit seiner Liebe, und er begann sich zu fragen, ob es in dieser Sache mit Kate überhaupt einen Unterschied machte, ob er das Deemstership annahm oder verließ. Kate erholte sich; Er hatte sich nichts vorzuwerfen, und es wäre töricht, den Ehrgeiz seines Lebens der Liebe einer Frau zu opfern, die niemals seine sein könnte, einer Frau, die er niemals heiraten könnte. Daraufhin schrieb er seinen Brief an den Innenminister. Es war ein brillanter Brief seiner Art, einfach, natürlich, stark und vernünftig. Er hatte die ruhige Gewissheit, dass nichts so Gutes die Insel verlassen würde, doch er konnte sich nicht dazu durchringen, es zu posten. Ein Zittern der alten Zärtlichkeit kam zurück, als er es in der Hand hielt, einige Visionen von Kate mit ihren zuckenden Lippen, ihren leidenschaftlichen Augen, einige Flüstern ihrer unterdrückten Liebe.

Dann kam erneut Pete mit dem entscheidenden Schlag. Kate *hatte* zugestimmt. Für Zweifel war kein Platz mehr. Seine frühere Empörung wirkte fast komisch, sein Selbstvertrauen absurd. Kate war bereit, Pete zu heiraten, und welches Recht hatte er schließlich, ihr die Schuld zu geben? Welches Recht hatte er, die Ehe zu beenden? Er hatte dem Mädchen schon genug Unrecht getan. Ein guter Mann kam und bot ihr seine Liebe an. Sie würde es nehmen. Wie sollte er es wagen, sie davon abzuhalten, eine andere zu heiraten, da er sie selbst nicht heiraten konnte?

In dieser Nacht schickte er seinen Brief an den Innenminister und beruhigte die nagenden Gefühle seiner Liebe mit ehrgeizigen Träumen. Er würde den Platz seines Vaters wiedererlangen; er würde die Traditionen seines Großvaters wiederbeleben; die Christen sollten ihre alte Stellung auf der Isle of Man wieder einnehmen; Der Letzte ihrer Rasse sollte ein starker und gerechter Mann sein. Nein, er würde nie heiraten; Er würde allein leben, ein ruhiges Leben, ein friedliches, leicht melancholisch gefärbtes, aber nicht ganz unglückliches, nicht ohne Heiterkeit.

Unter allen anderen Gefühlen, die ihn stärkten und stützten, lag eine heimliche Bitterkeit gegenüber Kate – eine gewisse Verachtung für ihre Wankelmütigkeit, ihre Leichtigkeit, ihre oberflächliche Liebe, ihre Bereitschaft, mit der alten Liebe Schluss zu machen und sich der neuen zu widmen. Es gab eine Art Stolz auf seine eigene höhere Art von Hingabe, seine strengere Leidenschaft. Pete lud ihn zur Hochzeit ein, aber er ging nicht hin, er erfand irgendeine Ausrede.

Dann kam die Änderung des Tages, um seiner vermeintlichen Bequemlichkeit gerecht zu werden, und auch Kates eigene Einladung. Sehr gut, sei es so. Kate widersetzte sich ihm. Ihre Einladung war eine Herausforderung. Er würde es nehmen; er würde zur Hochzeit gehen. Und wenn sich ihre Blicke trafen, wusste er, wessen Blick fallen musste.

XX.

Früh am nächsten Tag wurde der schlafende Morgen durch den Klang einer Hupe geweckt. Es begann irgendwo im Dorf, wanderte die Schlucht hinunter, überquerte die Brücke, stapfte über die Felder und schlängelte sich schließlich unter immer stärker werdendem Zwietrachtstöhnen um das Haus der Braut. Dieser ruhelose Geist im grauen Licht war als Vorbote der bevorstehenden Hochzeit gedacht. Es stammte aus der heiseren Lunge von Mr. Jonaique Jelly.

Noch vor Tagesanbruch war „The Manx Fairy" bereits in Bewegung. Irgendwann in den frühen Morgenstunden wurde das Haus von Nancy Joe zum letzten Mal entstaubt. Dann beendete Oma das Backen ihrer Kuchen auf Herd und Grill. Danach kamen einige Nachbarn und trugen das Rindfleisch, Hammelfleisch, Hühner und Enten, die für das Tagesessen bestimmt waren, zu ihren eigenen Feuern. Die Arbeit der Frauen stand im Vordergrund und alle untätigen Männer wurden aus dem Weg gedrängt.

Gegen neun Uhr wurde das Frühstück im Stehen geschluckt. Dann begannen alle darüber nachzudenken, sich anzuziehen. In dieser Angelegenheit mussten die Männer erledigt werden, bevor die Frauen beginnen konnten. Schon hörte man sie aus unsichtbaren Regionen oben um Hilfe rufen. Oma nahm Cæsar auf die Hand. Pete war für Nancy Joe verantwortlich.

Im letzten Moment stellte sich heraus, dass Pete vergessen hatte, sich ein weißes Hemd zu besorgen. Er hatte nichts zum Heiraten außer dem Flanellhemd, in dem er aus Afrika nach Hause kam. Das würde niemals gehen. Es war nicht angemessen, es war nicht respektabel. Es blieb keine andere Wahl, als sich ein Hemd von Cæsar auszuleihen. Cæsars Hemd hatte ein altes Muster, und Pete scheute sich, es anzunehmen. „Nimm es, sonst hast du keines", sagte Nancy und schob ihn zurück in sein Zimmer. Als er daraus hervorkam, ging er mit steifem Hals die Treppe hinunter. Er trug einen Kragen, der ihm auf beiden Seiten bis zu den Ohren reichte und an seinen Wangen abragte wie die Flügel einer weißen Fledermaus, mit zwei langen, spitzen Spitzen auf der Höhe seiner Augen, die er offenbar aufmerksam beobachtete, um dem Stich ihrer gebügelten Stärke zu entgehen. Im selben Moment erschien Cäsar in Entenhosen, einer geblümten Weste, einem Schwalbenschwanzmantel und einem hohen Hut aus rauem schwarzem Biber.

Die Küche war inzwischen voller Männer und Frauen, und draußen auf der Straße versammelten sich Gruppen junger Burschen, einige mit Pferden, gesattelt und aufgezäumt, um nach der Zeremonie zum Heimrennen der

Braut zu gehen; andere mit geladenen Waffen zum Abfeuern, als die Prozession erschien; und andere wieder mit Reihen bedruckter Taschentücher, die sie als Ersatz für Fahnen von Baum zu Baum hingen.

Mit jedem Augenblick wurde die Menschenmenge draußen größer und die Gesellschaft drinnen immer dichter. John der Schreiber rief auf dem Weg zur Kirche vorbei und flüsterte Pete zu, dass alles bereit sei und sie einen wunderschönen Psalm singen würden.

„Es gibt nicht viele Männerhochzeiten, bei denen ich mir die gleiche Mühe machen würde", sagte John. „Wenn Sie durch die Gasse kommen, schauen Sie nach oben, Sir, dann werden Sie mich sehen."

„Er ist nur ein armes Ding", sagte Mr. Jelly in Petes Ohr, als John, der Angestellte, ging. „Der Mann hat nicht mehr Musik als meine alte Sau. Haben Sie heute Morgen die Hupe gehört, Sir? Ich bin noch nie so früh für eine Hochzeit aufgestanden. Ich werde dir „das Schwarze und das Graue" geben, wenn du in die Kirche gehst."

Oma kam in einer riesigen Haube herab, die einem Halbmond ähnelte und unter der ihre weiße Mütze sichtbar war; und Nancy Joe erschien hinter ihr, bis zur Unkenntlichkeit mit Bändern bedeckt und um viele Zoll größer für den Türmchen aus Federn und Blumen auf dem Kopf, der normalerweise nackt war.

Dann begannen die Kirchenglocken zu läuten, und Cæsar stieß ein langes „A – hm!" aus. und sagte mit großer Stimme: „Ist die Kutsche angekommen?"

„Es kommt jetzt über die Brücke", sagte jemand an der Tür, und im nächsten Moment hielt ein Planwagen vor der Veranda.

"Alles bereit?" fragte Cäsar.

„Halt, Sir", sagte Pete und wandte sich dann an Nancy Joe: „Ist es froh, dass ein Mann an seinem Hochzeitstag dabei sein sollte, Nancy?"

„Natürlich, du Gans. Was sonst?" Sie antwortete.

„Nun, in einem solchen Hemd kann kein Mann glücklich sein", sagte Pete; „Ich gehe zurück, um es auszuziehen."

Zwei Minuten später tauchte er in seinem Flanellhemd unter seinem blauen Pilotenanzug wieder auf, sah einfach und natürlich aus und war in jeder Hinsicht ein Mann.

„Jetzt ruf die Braut", sagte Cäsar.

XXI.

Kate war in den dunklen Stunden mit einem Geräusch in ihren Ohren wach gehalten worden, das dem gemessenen Läuten ferner Glocken ähnelte. Als das Tageslicht kam, schlief sie unruhig, und als sie aufwachte, hatte sie ein Gefühl der Benommenheit, als hätte sie eine Droge eingenommen und sei noch nicht von deren Wirkung genesen. Nancy kam in ihr Zimmer gehüpft und rief: „Es ist dein Hochzeitstag, Kitty!" Sie antwortete, indem sie mechanisch wiederholte: „Es ist dein Hochzeitstag, Kitty."

Auf ihrem Gesicht lag ein Ausdruck der Gelassenheit; sie lächelte sogar ein wenig. Eine Art unbestimmte Fröhlichkeit überkam sie, wie man sie empfindet, wenn man lange in Todesangst und Spannung am Bett einer kranken Person sitzt und diese tot ist. Nancy zog den kleinen Fenstervorhang beiseite, beugte sich hinunter, schaute hinaus und sagte: „Glücklich, die Braut, auf die die Sonne scheint", sagen sie, und schauen Sie! die Sonne scheint."

„Oh, aber die Sonne ist ein alter Schlaumeier", antwortete sie.

Sie kamen, um sie anzuziehen. Sie stolperte ständig gegen Dinge und lachte dann leicht. Das Kleid war das neue, und als sie es angezogen hatten, traten sie von ihr zurück und schrien vor Freude. Sie nahm das kleine zerbrochene Handglas, um sich selbst zu betrachten. Ihre großen Augen funkelten mitleiderregend.

Die Kirchenglocken begannen ihr Hochzeitsgeläut zu läuten. Sie musste angestrengt zuhören, um es zu verstehen. Alle Geräusche schienen sehr weit weg zu sein; alles schien weit weg zu sein. Sie lebte in einer Art toten weißen Morgendämmerung des Denkens und Fühlens.

Schließlich sagten sie, die Kutsche sei bereit und alles warte auf die Braut. Sie wiederholte ihre Botschaft wie eine Maschine, machte eine langsame Geste und folgte ihnen die Treppe hinunter. Als sie sich dem Boden näherte, schaute sie sich in den Gesichtern unten um, als erwartete sie, jemanden zu sehen. In diesem Moment sagte ihr Vater: „Mr. Christian soll uns in der Kirche treffen."

Sie lächelte schwach und beantwortete die Grüße der Leute in einem undeutlichen Ton. Als sie ihr blasses Gesicht sah, ertönte ein nachsichtiges Flüstern. „Blass, aber vornehm", sagte jemand, und dann streckte Nancy ihre Hand aus und zog den Schleier der Braut über ihr Gesicht.

Im nächsten Moment war sie außerhalb des Hauses und stand hinten im Wagen. Der Kutscher mit seiner weißen Rosette hielt auf der einen Seite die Tür auf, und ihr Vater hob auf der anderen Seite ihre Hand.

„Soll ich dann gehen?" fragte sie mit hilfloser Stimme.

"Naja, was denkst *du* ?" sagte Cäsar. „Soll der Mann sich davonmachen und sich selbst heiraten, meinen Sie?"

Es gab Gelächter unter den Leuten, die um sie herum standen, und sie lachte auch und stieg in die Kutsche. Ihre Mutter folgte ihr, zerknittert in lauter alter Seide, und als Nächste kam Nancy Joe, die nach Lavendel und Haaröl duftete. Dann kam ihr Vater herein und dann Pete mit seiner großen, herzlichen Präsenz.

Sechs Salutschüsse wurden direkt von den Kutschenfenstern abgefeuert. Die Pferde tänzelten, Nancy schrie und Oma zuckte zusammen, aber Kate gab kein Zeichen. Die Leute schlossen sich um die Kutschentür und schrien wie auf einem Jahrmarkt. „Viel Glück für dich, Junge. Viel Glück! Viel Glück!" Pete antwortete mit rollender Stimme, als würde er das niedrige Dach abheben und gleichzeitig Geld in Handvoll herausschleudern, während die Pferde wegzogen.

Sie gingen langsam die Straße entlang. Von irgendwo vorn erklang der Klang einer Klarionette. Es spielte „The Black and the Grey". Unmittelbar dahinter war das Trampeln von Menschen zu hören, die mit gleichmäßigem Schritt gingen, und auf beiden Seiten das Rascheln einer unregelmäßigen Menschenmenge. Der Morgen war warm und schön. Hier und da glitzerten die letzten goldenen Zweige des Stechginsters auf den Hecken, zusammen mit den ersten Zweigen des Herbstginsters. Sie kamen an zwei oder drei Häusern vorbei, deren Dächer der jüngste Sturm verloren hatte, und ein- oder zweimal stießen sie auf einen umgestürzten Baumstamm, dessen dünne Blätter im welken Gras gelb wurden.

Kate schwebte vage durch diese Anblicke und Geräusche. Für sie war alles wie ein Traum – ein Wachtraum im Schattenland. Sie wusste, wo sie war und wohin sie wollte. Ein Funke Hoffnung blieb noch übrig. Sie erwartete fast ein Wunder. Philip würde in der Kirche sein. Es würde etwas Übernatürliches passieren.

Sie hielten scharf an, das Fensterglas klapperte, und das Gespräch, das im Wagen geführt worden war, verstummte. „Hier sind wir", rief Cäsar; Draußen waren Stimmen zu hören, und dann traten die anderen drinnen zurück. Sie sah eine Hand, die ihr ausgestreckt wurde, und wusste, wem es gehörte, bevor ihr Blick zum Gesicht wanderte. Philip war da. Er half ihr beim Aussteigen.

„Soll ich auch runterkommen?" fragte sie hilflos.

Cæsar sagte etwas, das die Leute wieder zum Lachen brachte, und dann lächelte sie wie verblasster Sonnenschein und nahm die Hand von Philip. Sie hielt es einen Moment lang in der Hand, als erwartete sie, dass er etwas sagen würde, aber er lüftete nur seinen Hut. Sein Gesicht war weiß wie Marmor. Er wird noch sprechen, dachte sie.

Über dem Tor zum Kirchhof befand sich ein Bogen aus Blumen und immergrünen Pflanzen mit der Inschrift in farbigen Buchstaben: „Gott segne das glückliche Paar." Der abschüssige Weg, der wie zu einer Senke hinabführte, war mit Vergoldungen und Fuchsiastreifen übersät.

Unten stand die alte Kirche, mit Efeu umhüllt, wie ein mit grünem Moos bedeckter Meeresfelsen.

Auf den Arm ihres Vaters gestützt betrat sie die Veranda. Die Kirche war voller Menschen. Als sie unter der Galerie hindurchgingen, war Vogelgezwitscher zu hören. Die Sonntagsschulmädchen waren dort oben, schauten nach unten und unterhielten sich eifrig. Dann hörte das Husten und Husten auf; es gab eine Art tiefe Inspiration; Die Kirche schien für einen Moment den Atem anzuhalten. Danach gab es unterbrochene Ausrufe, und das Husten und Husten begann von neuem. „Wie blass!" – „Nicht fit, armes Ding." Alle hatten Mitleid mit ihren ausgehungerten Gesichtszügen.

„Stehen Sie hier", sagte jemand mit sanfter Stimme.

"Muss ich?" sagte sie ganz laut.

Plötzlich wurde ihr bewusst, dass sie allein vor der Kommunionbank stand, ihr gegenüber der Pfarrer – der alte, rotgesichtige Pfarrer Quiggin – in seinem weißen Chorhemd. Jemand kam und stellte sich neben sie. Es war Pete. Sie sah ihn nicht an, aber sie spürte wieder seine warme Präsenz und war erleichtert. Es war wie Schutz vor den Augen der Umgebung. Nach einem Moment drehte sie sich um. Philip war einen Schritt hinter Pete. Sein Kopf war geneigt.

Dann begann der Gottesdienst. Die Stimme des Pfarrers murmelte leise Worte, aber sie hörte nicht zu. Sie versuchte, den über dem Chorbogen aufgedruckten Manx-Text zu buchstabieren: „Bannet T'eshyn Ta Cheet ayns Ennyn y Chearn" („Gesegnet ist, wer im Namen des Herrn kommt").

Plötzlich bekamen die Worte des Pfarrers eine Bedeutung und ließen sie zittern.

„.... wird vom heiligen Paulus als ehrenhaft unter allen Menschen empfohlen und darf daher von niemandem unternommen oder unbeabsichtigt, leichtfertig oder mutwillig in die Hand genommen werden – "

Sie schien zu wissen, dass Philipps Blick auf sie gerichtet war. Sie befanden sich auf ihrem Hinterkopf und der Schleier über ihrem Gesicht begann zu zittern.

Die Stimme des Pfarrers war wieder zu hören –

„Wenn also jemand einen berechtigten Grund darlegen kann, warum sie nicht rechtmäßig zusammengefügt werden dürfen, soll er jetzt sprechen, sonst schweigt er in Zukunft für immer."

Sie drehte sich halb um. Ihr Blick fiel auf Philip. Sein Gesicht war farblos, fast wild; seine Stirn war totenweiß. Sie war sich sicher, dass etwas passieren würde.

Jetzt war der Moment für das Wunder. Es schien ihr, als ob die ganze Gemeinde zu ahnen begann, welche Verbindung zwischen ihm und ihr bestand. Es war ihr egal, denn er würde es bald verkünden. Er würde es jetzt tun; er hatte den Kopf gehoben, er wollte gerade sprechen.

Nein, es gab kein Wunder. Philipps Augen fielen vor ihren Augen und sein Kopf senkte sich. Er grub nur mit einem seiner Füße im roten Filz herum. Sie fühlte sich müde, so sehr müde, und oh! so kalt. Der Pfarrer hatte seine Lesung fortgesetzt. Als sie ihn einholte, sagte er:

„- wie ihr es tun werdet, antwortet am großen Tag des Gerichts, wenn die Geheimnisse aller Herzen enthüllt werden, dass ihr es jetzt bekennt, wenn einer von euch irgendein Hindernis kennt, weshalb ihr nicht rechtmäßig verheiratet werden dürft."

Der Pfarrer hielt inne. An diesem Punkt hatte er immer innegehalten. Die Pause hatte für ihn keine Bedeutung, aber für Kate wie sehr! Behinderung! Es gab tatsächlich ein Hindernis. Bekennen? Wie konnte sie jemals gestehen? Die Warnung machte ihr Angst. Es schien, als wäre es nur für sie gemacht worden. Sie hatte es schon einmal gehört und sich nichts dabei gedacht. Jetzt schien es ihre Seele zu verbrennen. Sie begann heftig zu zittern.

Es gab ein undeutliches Murmeln, das sie nicht verstand. Der Pfarrer schien mit Pete zu sprechen –

„-liebt sie, tröstet sie, ehrt und behütet sie ... solange ihr beide lebt."

Und dann erklang Petes Stimme, voll und kräftig aus seiner großen Brust, aber weit weg, und ging an ihrem Ohr vorbei wie eine Stimme in einer Muschel: „Das werde ich."

Danach schienen ihr die Worte des Pfarrers direkt ins Gesicht zu fallen.

„Willst du diesen Mann zu deinem Ehemann haben, um nach Gottes Anordnung im heiligen Stand der Ehe zusammenzuleben? Willst du ihm gehorchen und ihm dienen, ihn lieben, ehren und ihn in Krankheit und Gesundheit bewahren? und alles andere aufgebend, behaltet euch bei ihm, solange ihr beide leben werdet?"

Kate war weit weg. Sie buchstabierte den Manx-Text „Bannet T'eshyn Ta Cheet", aber die Buchstaben tanzten in- und auseinander und gelbe Lichter schossen aus ihren Augen. Plötzlich wurde ihr bewusst, dass die Stimme des Pfarrers verstummt war. Es herrschte leeres Schweigen, dann ein unruhiges Rascheln, und dann sagte jemand etwas in sanftem Ton.

„Äh?" sagte sie laut.

Die Stimme des Pfarrers ertönte jetzt flüsternd an ihrer Brust: „Sag: ‚Das werde ich'."

„Ah, ich", murmelte sie.

"Ich werde! Das ist alles, meine Liebe. Sagen Sie es mit mir: ‚Ich – werde es tun.'"

Sie formte ihre Lippen, um zu sprechen, aber der Pfarrer brachte die Worte nur zur Hälfte hervor. Das nächste, was sie wusste, war, dass eine verirrte Hand ihre Hand hielt. Sie fühlte sich jetzt sicherer, da ihre armen kalten Finger in dieser großen, warmen Handfläche lagen.

Es war Pete, und er sprach wieder. Sie hörte ihn nicht so sehr, als dass sie spürte, wie seine Stimme in ihren Adern prickelte.

„Ich, Peter Quilliam, nehme dich, Katherine Cregeen –"

Aber es war alles ein vages Murmeln, das sich in nichts auflöste und wie eine Welle mit einem langen, aufwärts gerichteten Plätschern leiser Geräusche endete.

Der Pfarrer sprach wieder mit ihr, sanft, sanft, liebkosend, fast so, als wäre sie ein verängstigtes Kind. „Hab keine Angst, mein Lieber! Versuchen Sie, nach mir zu sprechen. Lass dir Zeit."

Dann laut: „‚Ich, Katherine Cregeen'."

Ihre Kehle gurgelte; Sie stockte, aber sie sprach ausführlich mit der tonlosen Stimme von jemandem, der im Schlaf spricht.

„‚Ich, Katherine Cregeen –'"

„‚Nimm dich, Peter Quilliam –'"

Die tonlose Stimme brach – „Nimm dich, Peter Quilliam –"

Und dann kamen alle wie im Eiltempo, wobei einige der Worte deutlich wiederholt wurden, und einige von ihnen brummten und fielen –

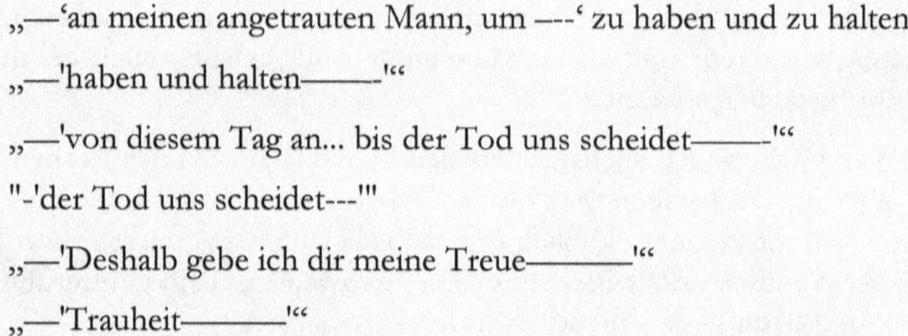

„—'an meinen angetrauten Mann, um ---' zu haben und zu halten"

„—'haben und halten———'"

„—'von diesem Tag an... bis der Tod uns scheidet———'"

"-'der Tod uns scheidet---'"

„—'Deshalb gebe ich dir meine Treue———'"

„—'Trauheit———'"

Das letzte Wort erklang wie ein gebrochenes Echo, und dann raschelte es in der Kirche und man hörte viel Atem. Einige der Schulmädchen auf der Galerie streckten die Hand mit geöffneten Lippen und tanzenden Augen über die Kirchenbänke aus.

Pete hatte ihre linke Hand genommen und steckte ihr den Ring an den Finger. Sie war sich seines warmen Atems und der Worte bewusst:

„Mit diesem Ring traue ich dich, mit meinem Körper bete ich dich an und mit all meinen weltlichen Gütern schenke ich dir, Amen."

Wieder ließ sie ihre kalte Hand in Petes warmer Hand. Er streichelte es von außen mit seinem anderen.

Es war alles ein Traum. Sie schien sich davon zu erholen, als sie den Gang entlangging. Gespenstische Gesichter lächelten sie auf beiden Seiten aus der Luft an, und der Chor auf der Galerie hinter den Schulmädchen sang den Psalm, während die heisere Stimme von John the Clerk das erste Wort jeder neuen Strophe vortrug, während seine Kameraden sangen das letzte Wort des vorhergehenden –

> „Deine Frau wird sein wie der fruchtbare Weinstock an den Mauern deines Hauses;
>
> Deine Kinder mögen die Olivenzweige rund um deinen Tisch.
>
> Wie es am Anfang war, wie es jetzt ist und wie es immer sein wird;
>
> Welt ohne Ende, A-Männer."

Sie waren jetzt alle in der Sakristei und standen in einer Gruppe zusammen. Ihre Mutter wischte sich die Augen, Pete lachte und Nancy Joe stieß ihn an und flüsterte hörbar: „Küss sie, Mann – das ist nur respektabel."

Der Pfarrer beugte sich über den Tisch. Er sprach mit Pete und sagte dann: „Auch eine beachtliche Note." Als nächstes ist die Dame an der Reihe."

Das aufgeschlagene Buch lag vor ihr und die Feder wurde ihr in die Hand gegeben. Als sie es hinlegte, steckte der Pfarrer seine Brille wieder in die Scheide, und eine nervöse Stimme, die sie erregte und erschreckte, sagte von hinten: „Lassen Sie mich der Erste sein, der Ihnen Glück wünscht, Frau Quilliam."

Es war Philipp. Sie drehte sich zu ihm um und ihre Blicke trafen sich für einen Moment. Aber sie nahm nur seine markante Nase wahr, sein scharf geschnittenes Kinn, sein schnelles Lächeln wie Sonnenschein, das wie vor einer Wolke verschwand. Er sagte noch etwas – etwas über ein neues Leben und einen Neuanfang –, aber sie konnte die Bedeutung nicht erfassen, ihr Verstand wollte es nicht erfassen. Im nächsten Moment waren sie alle im Freien.

XXII.

Philip hatte Qualen erlitten – zunächst die Qual eines unwiderstehlichen Hasses auf Kate. Er wusste, dass dieser Hass unlogisch war, dass er ungeheuerlich war; aber es stärkte seinen Stolz, es bewahrte ihn vor Selbstverachtung, bei der Hochzeit anwesend zu sein. Als die Kutsche am Kirchentor vorfuhr und er Kate beim Aussteigen half, glaubte er, sie blicke zu ihm auf wie jemand, der sagt: „Sehen Sie, die Dinge sind doch gar nicht so schlimm!" Und als sie ihm zu Beginn des Gottesdienstes ihr Gesicht zuwandte, hatte er den Eindruck, dass darin ein Ausdruck wilden Triumphs, Sieges und Verachtung zu erkennen war. Doch als die Zeremonie voranschritt und er ihre Abwesenheit, ihre Leere, ihre erbärmliche Dummheit bemerkte, wurde er von einem schrecklichen Gefühl ihres Irrtums bedrückt. Hat sie diesen Schritt aus Verärgerung getan? Dachte sie daran, ihn zu bestrafen, und vergaß dabei den Preis, den sie dafür zahlen müsste? Würde sie morgen früh ohne ihren Ärger und ihre Eitelkeit aufwachen und sich einer schrecklichen Zukunft gegenübersehen – der schlimmsten und schrecklichsten, die einer Frau möglich ist – der Zukunft, mit einem Mann verheiratet zu sein und einen anderen zu lieben?

Faugh! Würde ihn seine eigene Eitelkeit selbst dort verfolgen? Schande, Schande! Er zwang sich, die Pflicht eines Trauzeugen zu erfüllen. In der Sakristei ging er auf die Braut zu und murmelte die üblichen Wünsche. Sein Herz verschlang sich wie ein schnelles Feuer, und er konnte kaum noch in ihre mitleiderregenden Augen schauen und sprechen. So sehr er in diesem Augenblick auch kämpfen mochte, er konnte eine leidenschaftliche Zärtlichkeit nicht aus seinem Herzen verbannen. Das machte ihm Angst und er beschloss sofort, Kate nicht mehr zu sehen. Er muss fair zu ihr sein, er muss sich selbst treu bleiben. Aber als er hinter ihr den mit Blumen übersäten Weg von der Kirchentür bis zum Tor hinaufging, überkam ihn erneut das Nagen des Wurms der vergrabenen Liebe, und er fühlte sich wie ein Mann, der durch den Dreck gezogen wurde.

XXIII.

Vier Reitpferde, jedes mit seinem bereitstehenden Reiter, hatten am Tor des Kirchhofs gewartet und den Kies abgescharrt. In dem Moment, als Braut und Bräutigam die Kirche verließen, machten sich die Pferde in rasendem Galopp auf den Weg zum Haus des Kaisers. Kate und Pete, Cæsar, Oma und Nancy sowie Philip und Pfarrer Quiggin kehrten im überdachten Wagen zurück.

An der Straßenbiegung versperrte eine Gruppe tapferer Mädchen aus den letzten Maisfeldern des Jahres den Weg. Mit gespanntem Strohseil des Stapelplatzes forderten sie eine Mautgebühr, bevor die Kutsche passieren durfte. Pete, der an der Tür saß, streckte den Kopf heraus und fragte feierlich, ob die Straßenfrauen ihre Obhut in Silber oder in Naturalien annehmen würden – eine halbe Krone pro Stück oder einen Kuss rundherum. Sie lachten und antworteten, dass sie nichts dagegen hätten, beides zu nehmen. Daraufhin warf Pete, während er hinter vorgehaltener Hand flüsterte, dass die Herrin zusah, eine Papiertüte in die Luft, die wie eine Kanonenkugel aufstieg, wie eine Muschel in der Luft zerplatzte und wie ein Schauer über ihre weißen Sonnenhauben fiel.

An der Tür von „The Manx Fairy" warteten die vier Reiter mit rauchenden Pferden. Der erste, der ankam, wurde bereits mit einer Flasche Rum belohnt. Er hatte noch ein weiteres altes Privileg. Als die Kutsche vor die Tür fuhr, trat er mit der Hochzeitstorte auf die Braut zu und zerbrach sie über ihrem Kopf. Dann gab es ein Gerangel um die Stücke unter den Mädchen, die sich um sie versammelten, damit sie sie ins Bett bringen und von einem kommenden Tag träumen konnten, an dem sie selbst genauso stolz und glücklich sein würden.

Das Hochzeitsfrühstück (ein Hochzeitsessen) wurde auf dem Dachboden der Mühle, der Kapelle der Christen, serviert. Cæsar saß am Kopfende des Tisches, mit Oma auf der einen Seite und Kate auf der anderen. Pete saß neben Kate und Philip neben Oma. Der Pfarrer saß am Fußende, Nancy Joe, eine angesehene Dame, die viel Beachtung fand, zu seiner ehrfürchtigen Rechten. Jonaique Jelly saß in der Mitte des Tisches, mit deutlicher Verachtung im Gesicht, denn John, der Angestellte, saß ihm gegenüber und hatte eine Geige zwischen den Knien.

Die Nachbarn brachten Rind- und Hammelfleischstücke, Hühner und Enten mit. Cæsar und der Pfarrer geschnitzt. Black Tom, der im Rahmen eines Waffenstillstands eingeladen worden war, servierte den Schnaps aus einem 18-Gallonen-Fass und saugte ihn selbst auf wie die Sohle eines alten Schuhs. Dann sagte Cäsar Gnade, und die Gesellschaft fiel. So ein Lärm, so ein Sport, so eine Spreu, so ein Gelächter! Alles war ein Scherz – jedes Wort hatte Witz. „Wie geht es Ihnen, John?" – „Mir geht es seit einem Monat nicht mehr so gut, Sir; aber was heißt es, zwei hungrige Mahlzeiten machen die dritte zum Vielfraß." – „Wie geht es *dir*, Tom?" – „Keine Zeit, mir einen ordentlichen Bissen zu gönnen, Cäsar; Ich war so mit dem Trinken beschäftigt." – „Ach, da werden einige sein, deren Spitzenwerke bald nicht mehr funktionieren." – „Haben Sie genug, Jonaique?" – „Viel, Sir, viel. Genug hier unten, um eine Menagerie zu versorgen. Bei dem Mann, der die Mahlzeiten bekommt, ist es an jedem Tag der Woche Sonntag Insbesondere Herr Cregeen. Essen ist für mich nichts anderes, als einen leeren Sack zu füllen."

Oma lobte den Hochzeitsgottesdienst – er war wunderschön – er war wunderschön – sie glaubte nicht, dass der alte Parzon so etwas hätte machen können; aber Cäsar kritisierte sowohl die Kirche als auch den Klerus – er konnte sich nicht vorstellen, was das Kreuz auf der Kanzel und der Unterrock auf dem Pfarrer bedeuten sollten. „Popery, Sir, Clan Popery", flüsterte er über Oma hinweg zu Philip.

Die Hammelkeulen, die Vogelbrüste und die Rindfleischstücke gingen weg, und heraus kam ein Apfelpudding, so rund wie ein wohlgenährter Lachs und so lang wie ein zwanzig Pfund schwerer Kabeljau. Es gab einen Willkommensruf. „Nichts von deinem Dynamitpudding, der so grün wie Gras und so sauer wie Essig ist."

Kate wurde aufgefordert, den ersten Schnitt des Monsters zu machen. Seit sie nach Hause gekommen war, war eine leichte Farbe in ihre Wangen zurückgekehrt. Sie redete ein wenig und lachte manchmal sogar, als würde die Last auf ihrem Herzen jeden Moment leichter werden. Sie erhob sich auf den Ruf hin, nahm mit der Hand, die der Schüssel am nächsten war, das Messer, das ihr Vater ihr hinhielt, und stach es in den Pudding. Während sie dies tat und alle Augen auf sie gerichtet waren, blitzte der Ehering an ihrem Finger im Licht auf und wurde von allen gesehen.

„Sehen Sie sich das aber an", rief Black Tom. „Da gibt es die Frau als Ehemann, wenn Sie wollen. Schämt sie sich, es zu zeigen, nicht wahr? Nicht sie, der Sumpf."

Dann gab es viel Gekicher unter den jüngeren Frauen und Schreie: „Ach, das arme Mädchen! Der Kirchenbesuch hat sie zur Linkshänderin gemacht!"

„Zeit genug, meine Schönheiten", rief Pete; „Und denken Sie daran, dass es Ihnen eines Tages nicht so ergehen wird."

Das Geschirr wurde weggeräumt, und der Pfarrer erhob sich, um sich zu bedanken.

„Ich habe diese Gnade noch nie zuvor gehört, Pfarrer Quiggin", sagte Pete, „und dann" – er zündete seine Pfeife an – „dann war es ein Begräbnisgottesdienst."

„Ein *Bestattungsgehilfe* !"

Ein Dutzend Stimmen wiederholten die Worte, und einen Moment später war es am Tisch still.

„Ja, aber", sagte Pete. „Es war oben in Johannesburg. Zwei Freunde ließen sich dort nieder und einer heiratete ein Mädchen. Auch eine nette kleine Sache; einige der Burenmädchen, wissen Sie; aber überhaupt nicht viel Ballast bei ihr. Der Ehemann ging für die Consolidated Co. aufs Land, und als er zurückkam, gab es Ärger. Chum hatte die Frau ein wenig umschwärmt!"

„Aw, Schatz!" – „Aw, na ja!"

"Tun? Der Ehemann? Er ging mit einem Repetiergerät auf den Kumpel los und nahm ihn mit. Er ist so ein Badesessel-Typ – er ist überhaupt nicht kampfbereit. 'Barmherzigkeit!' er weint. „Ich kann nicht", sagt der Ehemann. „Verzeihen Sie ihm dies einmal", sagt die Frau. „Es passiert nur, wenn eine Frau sich selbst verliert", sagt der Mann. 'Gnade Gnade!' 'Sag deine Gebete.' „Gnade, Gnade, Gnade!" 'Zu spät!' und der Mann erschoss ihn. Die Frau fiel in Ohnmacht, aber der Mann sagte: „Er hat seine Gebete allerdings nicht gesprochen – ich muss es für ihn tun." Dann ging er neben dem Körper auf die Knie, aber er vergaß alle Gebete – bis auf ein bisschen Gnade, also sagte er stattdessen das."

Laute Atemzüge von allen Seiten folgten Petes Geschichte, und Cäsar beugte sich zu Philip hinüber, dessen Gesicht aschefarben geworden war, und sagte: „Schrecklich, Herr, schrecklich! Aber dennoch und für alle, richtig genug, eh! Was heißt es? Besser ein Feind als ein schlechter Freund."

Philip antwortete geistesabwesend; sein Blick war auf die gegenüberliegende Seite des Tisches gerichtet. Plötzlich erhoben sich die Leute wegen Kate.

„Wasser, da", rief Pete. „Ich bin mir sicher, dass es ein donnernder Dummkopf ist, der Menschen mit beerdigungswürdigen Geschichten zu Tode erschreckt."

„Nein, nein", sagte Kate; „Ich bin nicht ohnmächtig. Warum solltest du das denken?"

„Natürlich nicht, Mistkerl", sagte Nancy, die im Nu hinter ihr stand. „Weiß ist sie? Nun, was ist damit, Mann? Es wird nur am Hochzeitstag eines Mädchens angemessen. Aber nimm doch eine kleine Mahlzeit, Frau – da, da!"

Kate trank das Wasser, während das Glas an ihren Zähnen klirrte, und begann dann zu lachen. Am Ende des Tisches erhob sich das gerötete Gesicht des Pfarrers. „Freunde", sagte er, „lasst uns nach dieser tragischen Geschichte ein wenig Eitelkeit frönen." Füllen Sie Ihre Gläser bis zum Rand und trinken Sie mit mir auf das Wohl des glücklichen Paares. Wir alle kennen beide. Wir wissen, dass die Braut eine gute Tochter und ein süßes Mädchen ist – eines, das von Natur aus so rein ist, dass niemand jemals ein böses Wort sagen oder einen bösen Gedanken denken kann, wenn sie in der Nähe ist. Wir kennen den Bräutigam für einen echten Manxman, einfach und robust und wahrhaftig, der alles sagt, was er denkt, und der alles denkt, was er sagt. Gott war sehr gut zu ihnen. Solche jungfräulichen und durchsichtigen Seelen haben großen Grund, dankbar zu sein. Es steht ihnen nicht zu, mit dem schlimmsten Feind des Menschen zu kämpfen, dem inneren Feind, dem Feind schlechter Leidenschaften. Deshalb können wir ihnen von ganzem Herzen Freude über ihre Verbindung wünschen und die feste Hoffnung, dass sie glücklich und zufrieden sein werden, ganz gleich, was ihnen auf den Wegen dieser Welt widerfährt."

„Ach, das ist ein wunderschöner Rat", sagte Oma und wischte sich die Augen.

„Papst, nur Papst", murmelte Cäsar. „Was ist mit der Erbsünde?"

Es gab einen Chor des Applauses. Kate lachte immer noch. Philipps Kopf war gesenkt.

„Und jetzt, Freunde", fuhr der Pfarrer fort, „war Kapitän Quilliam im Ausland ein erfolgreicher Mann, aber er musste nach Hause kommen, um die beste Arbeit zu leisten, die er je geleistet hat." (Eine Stimme: „Mach es selbst, Parzon.") „Es stimmt, ich habe es noch nie selbst gemacht. Eitelkeit aller Eitelkeiten, Liebe ist nichts für mich. Es war der Wille des Herrn, mich hierher zu bringen, um das Heiraten zu übernehmen, und die Liebe meinem Volk zu überlassen. Aber da ist ein junger Mann, der die ganze Welt vor sich hat und alles, was dieses Leben versprechen kann, außer einer Sache, und das ist das Beste von allem – eine Frau." (Kates Lachen wurde lauter.) „Heute Morgen hat er seinem Freund geholfen, ein reines und schönes Mädchen zu heiraten. Nun möchte ich ihn an den Text erinnern, in dem es heißt: „Geh und tue es dir gleich.""

Der Toast wurde im Stehen getrunken, mit „Cap'n Pete"-Rufen, und unter lautem Hämmern auf dem Tisch, Stampfen auf dem Boden und anderem donnernden Applaus rollte sich Cap'n Pete zusammen, um zu antworten. Nach einer kurzen Pause, in der er allen Seiten weises Augenzwinkern und Nicken zuwarf, sagte er: „Ich selbst bin kein großer Fan von öffentlichen Reden. Ich habe heute Morgen meine beste und kürzeste Rede in der Kirche gehalten – das *werde ich tun* . Der Parzon hat meinem *dooiney molla gesagt* , er solle tun, was ich heute getan habe. Er kann nicht. Ich bitte um Verzeihung der Damen, es gibt nur eine Frau auf der Insel, die zu ihm passt, und ich habe sie." (Kates Lachen wurde schrill.) „Meine Frau –"

Bei diesem Wort, das mit einer Miene lebenslanger Vertrautheit ausgesprochen wurde, verloren zwanzig Tonpfeifen durch den Aufprall auf den Tisch ihre Köpfe, und Pete wurde von schallendem Gelächter unterbrochen.

„Gough, Gott segne mich, darf ein verheirateter Mann seine Frau nicht in Gesellschaft erwähnen? Na dann. Herrin Kapitän Peter Quilliam –"

Dieser Bissen war das Signal für eine weitere ausgelassene Unterbrechung und ein allgemeiner Aufruf, noch mehr zu trinken.

„Geht das bei dir auch nicht? Ich werde jedoch nicht darauf zurückkommen. „Wen Gott zusammengefügt hat, soll niemand trennen" – ist es das nicht, Parzon Quiggin? Was sagen Sie – kein Mann außer dem Dempster? Nun ja, der Dempster ist hier – ich werde ihn auf jeden Fall davon befreien . "

Kates Lachen wurde explosiv und unkontrollierbar. Pete nickte seitwärts, um die Lücke in seiner Beredsamkeit zu schließen, und fuhr dann fort. „Aber wenn mein *verdammter Molla* meine Frau nicht heiraten kann, kann er eines für sie tun – er kann ihr Haus in Ramsey zu seinem Zuhause machen, wenn er für immer nach Douglas geht und alle zwei Wochen hierher kommt, um seine Freunde zu besuchen."

Kate lachte maßloser denn je; aber Philip erhob sich mit einem alarmierten Blick halb von seinem Platz und sagte über den Tisch: „Da ist meine Tante in Ballure, Pete."

„Sie wird dir folgen", sagte Pete.

„Es gibt genug Hotels für Reisende", sagte Philip.

„Um die Hälfte zu viele, und deshalb habe ich öffentlich gefragt", sagte Pete.

„Ich kenne das brüderliche Gefühl –", begann Philip.

„Ist es ein Versprechen?" forderte Pete.

„Wenn ich Ihrer Freundlichkeit nicht entkommen kann –"

„Nein, das kannst du nicht; also ist Schluss damit."

„Es wird mich noch töten –"

„Mögest du niemals sterben, bis es dich fertig macht."

Als Philip sich Petes Willen unterwarf, ertönte ein allgemeiner Jubelchor, durch den Kates schrilles Lachen wie ein Schrei hallte. Pete tätschelte ihren Handrücken und fuhr fort: „Und jetzt, junge Leute, lasst euch von einem alten, erfahrenen verheirateten Mann einen kleinen Rat geben – er hat heute Morgen alle seine weltlichen Güter abgeschworen, also hat er nicht viel anderes zu tun geben. Ich glaube selbst nicht an Junggesellen. Sie sind wie eine Wanne ohne Griff – es gibt nichts, woran man sie festhalten könnte." (Vieles Stupsen und Flüstern am Ende des Tisches.) „Was ist das da unten? „Der Pfarrer", sagen Sie? Oh, der Pfarrer ist ein großartiger Mann, aber er ist nur ein Parzon, wissen Sie? Herr Christian, nicht wahr? Er hat zu viel zu tun, um an Frauen zu denken. Wir leben im 19. Jahrhundert, Jungs, und für einige von uns ist es mittelmäßig schwer zu ernähren. Wenn das Angeln den Hunden und die Landwirtschaft den Hunden überlassen wird, werfen Sie sich nicht Hals über Kopf auf den Schwanz des Touristen. Wenn Sie den pumpenden Motor in sich haben, im Klartext, wenn Sie den unbeugsamen Charakter des Rael Manxman haben, dann tun Sie, was ich getan habe – gehen Sie fremd. Dann nutzen Sie Ihre Chance. Was sagt Shake-spar?" Pete hielt inne. „Was sagt er jetzt?" Pete kratzte sich an der Stirn. „Irgendwas mit einer Überschwemmung." Pete streckte energisch seine Hand aus. „'Behalte die Flut im Griff', sagt er, 'so wirst du reich werden.'"

Dann verfiel Pete in Gefühle, warf einen Blick auf Kates Kopf und fuhr fort: „Und wenn du auf die alte Insel zurückkommst – und es gibt keinen vergleichbaren Ort –, kannst du das Mädchen deines Herzens heiraten, Gott segne sie. Die Arbeit ist schwarz, aber das Geld ist weiß, und die Liebe ist auf Kartoffeln und Heringen dreimal am Tag so süß wie auf nichts zum Abendessen und jeden Abend der Woche das Gleiche zum Abendessen. Während Ihrer Abwesenheit werden Sie von ihr träumen. „Ist sie treu?" „Ist sie wahr?" Sie ist grobschlächtig und wartet darauf, dich mitzunehmen, sobald du nach Hause kommst." Kate lachte immer noch, als könnte sie nicht aufhören. „Passt auf die richtige Sorte auf, Jungs. Es gibt noch viele davon. Wenn die jungen Männer heutzutage klüger und gebildeter sind als ihre Väter, sind die jungen Frauen hübscher und tugendhafter als ihre Mütter. Also *Ben-my-Chree* , meine Lieben, und genug im Spind, um den Teufel und den Gerichtsmediziner zu vertreiben."

Durch die Jubelsalve, die Petes Rede folgte, ertönte die getränkte Stimme von Black Tom: „Vertreibe die Krähe beim Hochzeitsfrühstück."

Alle standen auf und schauten. Eine große Krähe, schwarz wie die Nacht, war durch die offene Tür der Mühle hereingekommen, ruhig, gelassen, wie aus Gewohnheit, um das Getreide zu holen, das normalerweise dort lag.

„Es droht eine Scheidung", sagte Black Tom.

„Verjagt es", rief jemand.

„Es ist die neue Frau, die es tun muss", sagte ein anderer.

„Wo ist Kate?" rief Nancy.

Aber Kate schaute nur hin und lachte weiter wie zuvor.

Die Krähe drehte den Schwanz und ergriff die Flucht, als sie ein so eifriges Publikum vorfand. Dann sagte Pete: „Wem gehört das zu den Wundern der alten Frau?"

Und Cäsar antwortete: „Koors nicht, und auch keine Feen." Ich habe die ganze Nacht auf Cronk-ny-airy-Lhaa geschlafen – vor meinen Gnadentagen, glaube ich – und habe nie eine Fee gesehen."

„Aber es wäre ein Narr von einer Fee, wenn *du* ihn sehen würdest, Cæsar", sagte Black Tom.

Um neun Uhr stand Cæsars Auftritt vor der Tür von „The Manx Fairy", um Braut und Bräutigam nach Hause zu bringen. Sie hatten „Mylecharane" und „Keerie fu Snaighty" und „Hunting the Wren" und „The Win' that Shook the Barley" gesungen, und dann hatten sie die Tische abgeräumt und zur Geige von John the Clerk getanzt die Klarionette von Jonaique Jelly. Kate hatte mit wilden Augen und geröteten Wangen an allem teilgenommen, aber immer heftig, heftig, fast stürmisch, bis die Leute aus Angst vor ihrer Hysterie die Freude an ihrer Herzlichkeit verloren und Cæsar Pete zuflüsterte, er solle sie mitnehmen, und ihn vorbeibrachte Gig, um sie zu beschleunigen.

Kate ging hinauf, um ihren Umhang und Hut zu holen, und in der Zeit zwischen ihrer Abreise und ihrem Wiederauftauchen standen Oma und Nancy Joe, beide verherrlichte Wesen, Nancy mit ihrer ungewohnten Mütze schief, inmitten einer Gruppe von Frauen, die sich zurückzogen, und fragend und mitfühlend.

„Ich weiß überhaupt nicht, wie sie so lange mithalten konnte", sagte Oma.

„Und mein liebes Herz weiß, wie *ich* mithalten soll, wenn sie weg ist", sagte Nancy mit der Schürze vor den Augen.

Kate kam bereit herunter. Alle folgten ihr auf die Straße, und alle standen mit den Blitzen der Gig-Lampen im Gesicht um den Gig herum, während Pete sie auf den Sitz schwang und sie körperlich in seinen großen Armen hochhob.

„Sie würden sich heute Nacht nicht für einen rostigen Nagel ertränken, nicht wahr, Kapitän?" rief jemand lachend.

„Du gehst auf Kaution", sagte Pete, sprang an Kates Seite, drehte die Zügel, ließ die Peitsche knallen, und sie fuhren davon.

XXIV.

Philip hatte an der Tür der Veranda gestanden und darum gekämpft, seine Seele zu beherrschen, und alle seine Kräfte eingesetzt, um fröhlich und sogar fröhlich auszusehen. Aber als Kate vorbeikam, hatte sie ihn mit einem flehenden Blick angesehen, und dann schien er alles zu verstehen – dass sie einen Fehler gemacht hatte und dass sie es wusste, dass ihr Lachen bitterer als Tränen gewesen war, dass ein Zwang gewesen war ihr angezogen, und dass sie eine elende und elende Frau sei. Im nächsten Moment war sie mit einem Geruch nach Spitze und Parfüm vorbeigegangen; Und dann war eine Flut von Zärtlichkeit, Mitleid und wahnsinniger Eifersucht über ihn gekommen, und er hatte sich nur mit Mühe zurückhalten können. In einem Augenblick hielt er sich selbst fest, und im nächsten Moment hatten sich die Räder der Maschine in Bewegung gesetzt, das Pferd war in Bewegung geraten, die Frauen waren wieder ins Haus getruppt, und vor ihm war nichts als der breite Rücken von Cæsar, der blickte in die Dunkelheit nach den verschwindenden Gig-Lampen und atmete asthmatischen Atem.

„Deshalb wird ein Mann seinen Vater und seine Mutter verlassen und an seiner Frau festhalten", sagte Cäsar. „Sie haben noch genug Zeit, Sir; Komm rein, komm rein."

Aber der Mann war in diesem Moment für Philip abscheulich, das Haus war abscheulich, die Menschen und die Gespräche darin waren abscheulich, und er verschwand unbemerkt.

Zu spät! Der Qual seiner eigenen Gedanken konnte er nicht entkommen – seiner verlorenen Liebe, seinem verlorenen Glück, seinen Erinnerungen an die Vergangenheit, seinen Träumen von der Zukunft. Eine Stimme – es war seine eigene Stimme – schien ihn ständig zu verspotten: „Du warst ihrer nicht würdig. Du kanntest ihren Wert nicht. Sie ist weg; und was hast du stattdessen!"

Die Entemsterung! Das spielte jetzt keine Rolle mehr. Ein Name, ein nutzloser Name! Liebe war das einzig Wertvolle, und sie ging verloren. Ohne sie war alles andere nichts, und er hatte es weggeworfen. Er war ein Monster gewesen, er war ein Narr gewesen. Der Gedanke an seine Torheit war unerträglich; die Erinnerung an seinen Egoismus war erdrückend; die Erinnerung an seine berechnenden Überlegungen zog ihn erneut in den Staub. Mit einem Gefühl erdrückender Scham stürzte er sich die dunkle Straße entlang und versuchte, nicht an den Gig zu denken, der vor ihm dahingeschwungen war.

Er würde die Insel verlassen. Morgen würde er nach England segeln. Egal, ob er die Chance auf einen Aufstieg verpasst hat. Morgen, Morgen! Aber heute Nacht? Wie konnte er die Stunden bis zum Morgen mit den schwarzen Gedanken überleben, die die Dunkelheit erzeugte? Wie konnte er schlafen? Wie wach liegen? Welche Droge würde Vergesslichkeit bringen? Kate! Pete! Heute Abend! Oh Gott! Oh Gott!

XXV.

Sechs Schritte des Pferdes in die Dunkelheit und Kates Hysterie war verflogen. Sie war den ganzen Tag über in sich selbst verloren gewesen, und nun hatte sie wieder Besitz von sich selbst. Sie wurde ruhig und schweigsam und sogar ernst. Aber Pete redete fröhlich weiter über die Ereignisse des Tages. Als sie an den Türen der Häuser entlang der Straße vorbeikamen, standen sie im Dämmerlicht und winkten ihnen zu, und Pete antwortete mit Schreien und Gelächter. Als sie über die Brücke bogen, sahen sie eine kleine Gruppe auf der Veranda des „Ginger".

„Da drüben wartet Gesellschaft auf uns", sagte Pete und berührte die Stute mit der Peitsche.

„Lass uns weitermachen", sagte Kate nervös flüsternd.

„Ach, lasst uns gut nachbarschaftlich sein, wissen Sie", sagte Pete. „Es wäre unanständig, die Leute überhaupt zu enttäuschen. Wir werden nur eine Minute lang herumschnüffeln und die Zeit im Galopp verkürzen. Woa, Mädel, woa, Stute, woa, bogh!"

Als der Gig an der Tür des Gasthauses anhielt, rief eine Stimme von der Veranda: „Freude für Sie, Kapitän, und Freude für Ihre Dame, und Ihnen beiden ein langes Leben und Wohlstand, und möge der Herr Ihnen Kinder schenken Gesundheit und Glück, sie großzuziehen, und mögen Sie die Kinder Ihrer Kinder sehen, und mögen sie Sie gesegnet nennen."

„Brille rund. Mrs. Kelly", rief Pete.

„Mach bitte weiter", flüsterte Kate genervt und zupfte an Petes Ärmel.

Die Sterne kamen heraus; der Mond gab einen Piepton von sich; Das späte Heu des Curragh verbreitete einen süßen Duft durch die Nacht. Kate schauderte und Pete bedeckte ihre Schultern mit einer Decke. Dann fing er an, Snatches zu singen. Er sang Teile aller Lieder, die an diesem Abend gesungen worden waren, kehrte aber immer wieder zu einem alten Manx-Liedchen zurück, das beginnt:

> *„Kleiner roter Vogel auf dem schwarzen Rasenboden,*
>
> *Wo hast du letzte Nacht geschlafen?"*

So sang er wie ein großer Junge, als er die dunkle Straße hinunterrollte, und Kate saß neben ihm und zitterte.

Sie kamen in die Stadt, ratterten die Parliament Street entlang, passierten das Gerichtsgebäude unter den Bäumen, bogen um die scharfe Ecke am Marktplatz und hielten am Elm Cottage an der Ecke.

„Endlich zu Hause", rief Pete und sprang zu Boden.

Im Haus begann ein Hund zu bellen. „Hast du ihn gehört?" sagte Pete. „Das ist der verantwortliche Meister."

Die Tür zur Veranda wurde geöffnet und eine bequem aussehende Frau mit einer Witwenmütze kam mit einer brennenden Kerze im Schatten ihrer Hand heraus.

„Und das ist Ihre Haushälterin, Mrs. Gorry", sagte Pete.

Kate antwortete nicht. Ihr Blick war starr auf die Hinterhand des Pferdes gerichtet, die im Licht der Lampen dampfte. Pete hob sie herunter, so wie er sie hochgehoben hatte. Dann nahm Mrs. Gorry sie bei der Hand und führte sie mit den Worten: „Achten Sie auf den Schritt, Ma'am – hier entlang, Ma'am" durch das Tor und den Gartenweg entlang und hinauf zur Veranda. Die Veranda öffnete sich zu einer quadratischen Halle, die als Wohnzimmer eingerichtet war. Ein Feuer brannte, eine Lampe wurde angezündet, der Tisch war zum Abendessen gedeckt und der Ort war warm und gemütlich.

" *Dort!* Was sagst du dazu *?* " rief Pete und kam mit der Peitsche in der Hand hinterher.

Kate sah sich um; sie sprach nicht; Ihre Augen begannen sich zu füllen.

„Ist es nicht passend für eine Dempster-Dame?" sagte Pete und schwenkte die Peitsche wie ein Schausteller durch den Raum.

Kate konnte es nicht mehr ertragen. Sie sank auf einen Stuhl und brach in Tränen aus. Petes strahlendes Gesicht verschwand augenblicklich.

„Liebes Herz, am Leben, Liebling, was ist das?" er sagte. „Mein armes Mädchen, was beunruhigt dich überhaupt? Sag es mir jetzt – sag es mir, Mistkerl, sag es mir."

„Es ist nichts, Pete, nichts. Frag mich nicht", sagte Kate. Aber sie schluchzte immer noch, als würde ihr das Herz brechen.

Pete blieb einen Moment an ihrer Seite und strich ihr mit der Hand den Arm glatt. Dann sagte er mit einem Knacken und einem Zittern in seiner großen Stimme: „Es *ist* schwer für ein Mädchen, das weiß ich, Vater und Mutter und alles und jeden zu lieben, was ihr seit ihrer Kindheit süß und lieb war. und zum Haus ihres Mannes zu kommen und zu sagen: „Die Vergangenheit war sehr gut für mich; Aber dennoch und vor allem bin ich dafür, Ihnen die Zukunft anzuvertrauen.' Es ist schwer, Liebling; Ich weiß das es schwierig ist."

„Oh, verlass mich! verlasse mich!" rief Kate und weinte immer noch.

Pete strich sich mit dem Ärmel über die Augen und sagte: „Bringen Sie sie nach oben, Mrs. Gorry, während ich die Stute am ,Sattel' aufstelle."

Dann pfiff er dem Hund zu, der ihn vom Kaminvorleger aus beobachtet hatte, und verließ das Haus. Der Griff der Peitsche zog ihn über den Boden.

Mrs. Gorry brachte Kate voller Ärger in ihr Zimmer. Würde sie ihr Abendessen nicht essen? Dann waren Salze gut gegen Kopfschmerzen – sollte sie eine Flasche aus ihrer Schachtel mitbringen? Nach vielen erfolglosen Nachfragen und nervösen Protesten wünschte die gute Seele Kate eine gute Nacht und verließ sie.

Da sie allein war, brach Kate in noch wildere Weinanfälle aus. Die Sturmwolke, die sich zusammengezogen hatte, war endlich zerplatzt. Es schien, als ob die ganze Last des Tages bis dahin verschoben worden wäre. Die wochenlang angehäuften Hoffnungen hatten darauf gewartet, vor ihren eigenen Augen zunichte gemacht zu werden. Es war alles vorbei. Der Kampf mit dem Schicksal war beendet, und die hektische Fröhlichkeit, mit der sie ihre Vorstellung von dem Ort, an dem der blinde Kampf sie zurückgelassen hatte, unterdrückt hatte, machte den Rückschlag der Kranken noch bitterer.

Sie dachte an Philip und ihre Sorgen ließen nach. Irgendwo aus dem noch nicht zerstörten Teil ihrer Weiblichkeit kam ein Anflug weiblichen Stolzes, der sie tröstete. Sie sah Philip endlich vom Standpunkt der Rache aus. Er liebte sie; er würde nie aufhören, sie zu lieben. Tun Sie, was er konnte, um den Gedanken an sie zu vertreiben, sie würde immer bei ihm sein; je sicherer mit ihm, desto vorwurfsvoller und unerreichbarer, denn sie würde die Frau eines anderen Mannes sein. Wenn er sie tagsüber und angesichts der weltlichen Ziele, für die er sie geopfert hatte, von sich trennen konnte, würde er sie bei Einbruch der Nacht nicht mehr von sich trennen können. Er würde nie schlafen, aber er würde sie sehen. In jedem Traum streckte er seine Arme nach ihr aus, aber sie war nicht da und er erwachte schluchzend und gequält. Dieser Gedanke erfüllte eine wahre Freude, obwohl er ihr so schrecklich das Herz zerriss.

Sie schöpfte Kraft aus dem grausamen Trost, und Mrs. Gorry im Zimmer unten, die aufmerksam zuhörte, hörte, wie ihr Weinen aufhörte. Während sie ihr Gesicht immer noch in beiden Händen hielt, redete sie sich ein, dass sie sich nichts vorzuwerfen hätte; dass sie nicht anders hätte handeln können; dass sie diese Ehe nicht wirklich geschlossen hatte; dass sie sich dem nur ergeben hatte und von der erbarmungslosen Flut mitgerissen wurde, die aus ihrem Vater, Pete und allen bestand. Sie sagte sich auch, dass sie es schließlich gut gemacht hatte. Hier lag es in einem sicheren Hafen vor dem heftigen Sturm, der es bedroht hatte. Sie war in Sicherheit, sie hatte Frieden.

Der Raum lag still. Die Nacht war innerhalb dieser Mauern sehr ruhig. Kate senkte ihre Hände und blickte sich um. Das Feuer brannte sanft und wärmte ihren Fuß auf dem Schaffellteppich, der davor lag. Auf einem Tisch hinter ihrem Stuhl brannte eine Lampe. Auf der einen Seite befand sich ein Kleiderschrank in der Form einer alten Presse, aber mit einem hohen Spiegel in der Tür; Auf der anderen Seite stand das Bett, dessen rosafarbene Vorhänge wie ein Zelt hingen. Der Ort hatte einen seltsam vertrauten Eindruck. Es schien, als hätte sie es ihr ganzes Leben lang gewusst. Sie stand auf, um sich umzusehen, und dann sprang der innere Sinn zur äußeren Vision, und sie sah, wie es war. Das Zimmer war eine Reproduktion ihres eigenen Schlafzimmers zu Hause, nur neuer und luxuriöser. Es war fast so, als wäre ein Geist ihrer selbst dort gewesen, während sie schlief – als hätte ihre eigene Hand alles in einem Traum ihrer Kindheit getan, in dem gewöhnliche Dinge großartig geworden waren.

Kates Augen füllten sich erneut und sie drehte sich um, um ihren Umhang auszuziehen. Dabei sah sie etwas auf dem Frisiertisch, an dem ein Etikett befestigt war. Sie nahm es auf. Es war ein kleiner Spiegel, ein Handglas wie ihr altes, nur in Elfenbein gerahmt, und auf dem Etikett stand:

Anstelle desjenigen, der mit liebevoller Liebe zu Kirry bruk ist.

Torf.

Ihr Herz schlug jetzt wie wild. Eine Flut von Gefühlen war über sie hinweggeströmt. Sie ließ das Glas fallen, als ob es ihr in den Fingern brennen würde. Mit beiden Händen bedeckte sie ihr Gesicht. Alles im Raum schien sie zu beschuldigen. Bisher hatte sie nur an Philip gedacht. Jetzt dachte sie zum ersten Mal an Pete.

Sie hatte ihm Unrecht getan – zutiefst und schrecklich, jenseits von Sühne und Hoffnung auf Vergebung. Er liebte sie; er hatte sie geheiratet; er hatte sie zu sich nach Hause gebracht, in diesen sicheren Hafen, und sie hatte ihn betrogen und betrogen – sie hatte es zugelassen, dass sie mit ihm verheiratet war, während sie immer noch einen anderen Mann liebte.

Eine plötzliche Ohnmacht erfasste sie. Ihr wurde schwindelig und sie wäre fast gestürzt. Eine noch schrecklichere Erinnerung war zurückgekommen. Der Gedanke war, als würden Raben mit ihren schwarzen Flügeln auf ihr Gehirn schlagen. Sie spürte, wie ihre Schläfen gegen ihre Hände schlugen. Sie schienen ihr das Leben aus dem Herzen zu saugen.

In diesem Moment erklang die Stimme von Pete, die das Echo zwischen dem Haus und der Kapelle hinter dem Garten überlagerte –

„Kleiner roter Vogel auf dem schwarzen Rasenboden,

Wo hast du letzte Nacht geschlafen?"

Sie hörte, wie er das Gartentor öffnete, es zurückschlug, mit eifrigen Schritten den Weg heraufkam, die Haustür schloss und sie innen festkettete. Dann hörte sie unten seine tiefe Stimme sprechen.

„Besser jetzt, Mrs. Gorry?"

„Ach, besser, Sir, ja, und ruhig genug in diesen zehn Minuten."

„Gib ihr Zeit, du Mistkerl! Seien Sie ruhig mit Gleichgesinnten, seien Sie ruhig."

Plötzlich hörte sie, wie er Mrs. Gorry für die Nacht fortschickte und sagte, er solle kein Abendessen wollen und bald zu Bett gehen. Dann wurde es still im Haus, und der Geruch von Tabakrauch wehte die Treppe hinauf.

Kates heißer Atem an ihren Händen wurde feucht auf ihrem Gesicht. Sie spürte, wie sie ohnmächtig wurde, und ergriff den Kaminsims.

„Das kann nicht sein", dachte sie. „Er darf nicht kommen. Ich werde zu ihm gehen und sagen: ‚Pete, vergib mir, ich bin wirklich die Frau eines anderen.'"

Dann würde sie ihm alles erzählen. Ja, sie würde jetzt alles gestehen. Oh, sie hätte keine Angst. Seine Liebe war groß. Er würde tun, was sie wollte.

Sie machte einen Schritt auf die Tür zu und wurde wie von einem Bordstein hochgezogen. Pete würde sagen: „Meinst du, dass du mich als Tarnung benutzt hast? Bitten Sie mich, Seite an Seite mit Ihnen in diesem Haus zu leben und niemanden ahnen zu lassen, dass wir getrennt sind? Warum hast du mich dann gestern nicht gefragt? Warum fragst du mich heute, wenn es zu spät ist, eine Wahl zu treffen?"

Nein, sie konnte nicht gestehen. Wenn das Geständnis gestern schwierig gewesen wäre, wäre es heute tausendmal schwieriger, und morgen würde es tausendmal schwieriger sein.

Kate holte den Umhang auf, den sie beiseite geworfen hatte. Sie muss verschwinden. Überall, überall, egal wo. Das war das Einzige, was ihr blieb – der einzige Ausweg aus dem wilden Gewirr aus Angst und Schmerz. Pete war im Flur; Hinten muss es einen Ausweg geben; sie würde es finden.

Sie senkte die Lampe und drehte die Türklinke. Dann sah sie, wie sich auf dem Treppenabsatz ein Licht bewegte, und hörte einen leisen Schritt auf der Treppe. Es war Pete mit einer Kerze, der auf seinen bestrumpften Füßen heraufkam. Er blieb auf halbem Weg stehen, als hätte er das Klicken des Riegels gehört, und ging dann geräuschlos wieder nach unten.

Kate schloss die Tür. Sie würde nicht gehen. Wenn sie in dieser Nacht das Haus verließ, würde sie Pete mit Misstrauen und Schande überhäufen. Das wahre Geheimnis würde nie ans Licht kommen; der wahre Täter würde niemals leiden; aber der Finger der Verachtung würde gegen den einen Mann erhoben werden, der sie beschützt und beschützt hatte, und er würde vor Demütigung und blinden Selbstvorwürfen sterben.

Diese Überlegung hielt sie für einen Moment zurück, und als der Stress vorbei war, überkam sie eine weitaus schrecklichere Angst. Für immer oder für immer war sie nun mit Pete verheiratet, und er hatte die Rechte eines Ehemanns. Er hatte ein Recht, zu ihr zu kommen, und er *würde* kommen. Es war unvermeidlich; Es musste so sein. Keine Jungen- oder Mädchenliebe mehr, kein Werben, kein Trödeln, kein Leugnen, sondern eine düstere Realität des Lebens – eine Realität, die jede Frau erlebt, die mit einem Mann verheiratet ist. Sie war mit Pete verheiratet. Im Auge der Welt, im Auge des Gesetzes gehörte sie ihm, und vor ihm zu fliehen war unmöglich.

Sie muss bleiben. Gott selbst hatte es so gewollt. Die Schande über ihre frühere Beziehung zu Philipp war ihr eigenes Geheimnis. Gott allein wusste davon und er würde es beschützen. Es war die dunkle Kammer ihres Herzens, die nur Gott öffnen konnte. Er würde es erst am Tag des Gerichts aufschließen, und dann würde Philipp an ihrer Seite stehen, und sie würde es auf ihn zurückwerfen und sagen: „Sein, nicht mein, o Gott", und der große Richter aller würde es tun Richter zwischen ihnen.

Aber sie fing wieder an zu weinen, wie ein Kind im Dunkeln. Als sie ihren Umhang ein zweites Mal ablegte, zerknitterte ihr Kleid, und sie blickte darauf hinab und erinnerte sich, dass es ihr Hochzeitskleid war. Dann schaute sie sich im Zimmer um und erinnerte sich, dass es ihr Hochzeitszimmer war. Sie erinnerte sich daran, wie sie davon geträumt hatte, in ihrem Brautkleid in ihr Hochzeitszimmer zu kommen – stolz, verängstigt, vor Liebe prickelnd, errötend vor Freude, während sie vor sich hin flüsterte: „Das ist für mich – und das – und das." *Er* hat es gegeben, denn er liebt mich und ich liebe ihn, und er gehört mir und ich gehöre ihm, und er ist meine Liebe und mein Herr, und er kommt zu –"

Es klopfte leise an der Tür. Es verursachte ihr eine Gänsehaut. Es klopfte erneut. Es kreischte durch und durch sie.

„Kirry", flüsterte eine Stimme von draußen.

Sie rührte sich nicht.

„Es ist nur Pete.“

Sie sprach weder, noch bewegte sie sich.

Einen Moment lang herrschte Stille, und dann ertönte erneut die Stimme: „Ich komme rein, Liebling!“

TEIL IV
MANN UND FRAU.

ICH.

Am nächsten Morgen sagte Kate zu sich selbst: „Mein Leben muss heute von vorne beginnen." Sie hatte ein Geheimnis, das Pete nicht teilte, aber sie war nicht die erste Frau, die ihrem Mann etwas vorenthalten hatte. Wenn Menschen Geheimnisse hatten, deren Offenlegung anderen schaden würde, sollten sie sie für sich behalten. Honour verlangte, dass sie felsenfest dabei sein sollte, Philip aus ihrer Seele zu tilgen. Sie erinnerte sich an das Versprechen, das Pete Philip bei der Hochzeit abverlangt hatte, ihr Haus in Ramsey zu seinem Zuhause zu machen, und sah, dass Philip kommen musste, und sei es nur, um den Schein zu wahren, und fragte sich, ob sie ihn daran hindern sollte. Aber nein! Sie beschloss, die Leidenschaft zu besiegen, die seine Anwesenheit zu einer Gefahr machte. Es gab keine Sicherheit in der Trennung. In ihrer Beziehung zu Philip war sie wie der Sträfling, der sein Leben neu beginnt – der einzige Ort, an dem er eine sichere Karriere aufbauen kann, ist genau dort, wo sein Verbrechen bekannt ist. „Lass Philip kommen", dachte sie. Sie machte sein Zimmer fertig.

Sie war verheiratet. Es war ihre Pflicht, eine gute Ehefrau zu sein. Pete liebte sie – seine Liebe würde es ihr leicht machen. Sie saßen beim Frühstück im Flur und sie sagte: „Ich möchte meine eigene Haushälterin sein, Pete."

„Und das ist auch richtig", sagte Pete. „Seien Sie Ihre eigene Frau, Liebling – nicht die Frau Ihrer Frau – und haben Sie Mrs. Gorry als Ihr Hausmädchen."

Um ihren Geist von bösen Gedanken abzulenken, machte sie sich sofort an die Arbeit und beschäftigte sich mit kleinen Pflichten, kleinen Sparmaßnahmen, kleinen Sorgen, kleinen Problemen. Aber die Tugenden des Haushaltens waren genau die, auf die sie sich nicht vorbereitet hatte. Ihre erste Hammelkeule war auf die Größe einer gekräuselten Haxe geröstet, und ihr erster Pudding hatte die Farbe und Konsistenz eines stark verbrannten Ziegelsteins. Als Köchin erholte sie sich nicht so schnell, aber Pete aß alles, was seine makellosen Zähne durchbeißen konnten, und schob die Schuld auf seinen Appetit, als seine Verdauung nachließ.

Sie bemühte sich in anderen Branchen, das Bewusstsein für ihre Pflicht als Ehefrau wachzuhalten. Sie kaufte beim Tapezierer Papierrollen und machte sich daran, jeden Schrank im Haus zu tapezieren. Die Muster fügten sich nicht zusammen und die Paste haftete nicht. Sie zeichnete die neuen Decken, die Oma ihr geschickt hatte, in Kammgarn ab, mit einem P, einem Q und einem K ineinander verschlungen. Dann überholte sie die Wäsche; zweimal pro Woche wurde jedes Zimmer gereinigt; bemalte jedes verfügbare Holzgerät mit Farbe, die nicht trocknete, weil sie sie selbst gemischt hatte, um sechs Pence pro Stein zu sparen, und das Terpentin vergessen hatte. Pete hob voller Bewunderung die Hände über all ihre Fehler. Sie hatte gedacht, es wäre einfach, einem guten Ehemann eine gute Ehefrau zu sein. Es war schwer – schwer für jeden, am schwersten von allen für sie. Im Schoß jeder übermäßig verwöhnten Frau liegen die Ruinen einer glücklichen Frau.

Sie konnte sich nicht lange an irgendetwas halten, aber eine Woche lang gab sie Pete jeden Abend Unterricht in Lesen, Schreiben und Rechnen. Seine Lektüre war mühsam, seine Rechtschreibung war exzentrisch, er rechnete mit den Spitzen seiner schweren Finger, und er schrieb mit der Zunge in der Wange und dem schwerfälligen Daumen auf der Federspitze.

„Welcher Buchstabe ist das, Pete?" sagte sie und zeigte mit ihrer Stricknadel auf die Seite eines Gedichtbandes vor ihnen.

Pete blickte erstaunt auf. „Bist du es , *den* du fragst, Kitty? Wenn *du* es nicht weißt, weiß *ich* es nicht."

„Das ist ein großes M, Pete."

"Ist es jetzt?" sagte Pete und betrachtete den Brief mit forschendem Blick. „Meine Güte, die Gerade ist wie das Tor zur langen Wiese."

„Und das ist ein großes A."

„Sakes lebendig, die Gerade ist wie die Kupplung des Wagenhauses."

„Und das ist ein B."

„Gough segne mich, sagst du das? Aber gerade ist es wie ein Stierhuf."

„Und MAB bedeutet Mab – Königin Mab", sagte Kate und strickte weiter.

Pete sah mit großen Augen zu ihr auf. „Ich nehme an, jetzt", sagte er mit stolzer Stimme, „ich nehme an, dass du alle großen Zaubersprüche selbst kennst, Kitty?"

"Nicht alle. Manchmal muss ich im Wörterbuch nachschauen", sagte Kate.

Sie zeigte ihm das Buch und erklärte ihm seinen Nutzen.

„Und bringt es dich dazu, jedes Wort zu buchstabieren, Kitty?" er hat gefragt.

„Jedes gewöhnliche Wort", sagte Kate.

„Mein Gott!" sagte Pete und berührte voller Ehrfurcht das Buch.

Am nächsten Tag brütete er eine Stunde lang über dem Wörterbuch, aber als er sein Gesicht hob, zeigte sich ein Ausdruck von Skepsis und Verachtung. „Dieses Buchstabierbuch bringt dir nichts, Liebling", sagte er.

„Ist es nicht? Pete?“

„Nein, nichts“, sagte Pete. „Hier habe ich nach einem gewöhnlichen Wort gesucht – einem *ganz* gewöhnlichen Wort – und es ist nicht drin.“

„Welches Wort ist das?“ sagte Elate und beugte sich über seine Schulter.

„ *Liebe* “, sagte Pete. „Sehen Sie“, er zeigte mit seinem großen Zeigefinger, „dort sollte es sein, und wo ist es?“

„Aber *Liebe* beginnt *da* “, sagte Kate, „und du siehst *dich an* . Hier ist sie – Liebe.“

Pete pfiff lange, ließ sich dann in seinen Stuhl zurückfallen, blickte langsam auf und sagte: „Sie müssen also zuerst wissen, wie das Wort beginnt; ist es das, Kitty?“

„Warum, ja“, sagte Kate.

„Dann bist du es, der die Rechtschreibung übernimmt, Liebling; also stellen wir es wieder ins Regal.“

Zwei Wochen lang las Kate Petes Korrespondenz und beantwortete sie. Es war reichlich und abwechslungsreich. Briefe von Erben verlorener Vermögen, in denen Aktien als Gegenleistung für den Kauf aus der Kanzlei angeboten werden; von Veranstaltern von Unternehmen, die Tanzpaläste vorschlagen, um den Bedürfnissen englischer Besucher gerecht zu werden; von Pfarrern, die um Abonnements für neue Orgeln bettelten; von modischen Damen, die Pete bitten, Basare zu eröffnen; von Predigern, die ihn zu Jubiläumsteetreffen einluden und sagten, der Methodismus sei stolz auf ihn. Wenn jemand Geld wollte, küsste er den Blarney Stone und beantragte Pete. Kate stand zwischen ihm und den schlimmsten Blutegeln. Mit den besten von ihnen schaffte er es, heimlich und heimlich mit sich selbst umzugehen. Manchmal gab es Anerkennungen für wohltätige Zwecke, von denen Kate nichts wusste. Dann würde er sie wegschieben und sie würde versuchen, sie nicht zu sehen. „Wenn ich ihn ganz aufhalte, werde ich ihn verwöhnen“, dachte sie.

Eines Tages brachte die Post einen großen Umschlag mit einem großen Siegel auf der Rückseite, und Kate zog eine Pergamenturkunde heraus und begann, den Vermerk zu lesen: „Leihbrief an Cæsar Cre——“

„Das ist nichts“, sagte Pete, schnappte sich das Dokument und steckte es in seine Jackentasche.

Kate hob den Blick mit einem Ausdruck voller Schmerz, Scham und Demütigung, und das war das Ende ihrer Tätigkeit als Sekretärin.

II.

Einen Monat nach ihrer Hochzeit kam ein Mann mit der Miene eines Menschen durch das Tor, der etwas Erniedrigendes tat. Der Hund, der träge vor der Veranda in der Sonne gelegen hatte, sprang auf und bellte wütend.

„Wer kommt da den Weg herauf, seine Augen sind überall um ihn herum wie eine Jakobsmuschel?" sagte Pete.

Kate schaute. „Es ist Ross Christian", sagte sie mit stockendem Atem.

Ross kam herauf und Pete traf ihn an der Tür. Sein Gesicht war aufgedunsen und blass, seine Sprache war sanft und lispelnd, doch um ihn herum lauerte ein Hauch von Leichtigkeit und Ironie.

„Dein Hund findet nicht so leicht Freunde, Peter", sagte er.

„Er ist wie sein Herr, Sir; Es verstößt gegen die Grundsätze seines Lebens", sagte Pete.

Ross lachte ein wenig. „Möchte, dass man sich ihm mit Rücksicht nähert, nicht wahr, Kapitän?"

„Sehen Sie, er hat so lange auf der Welt gelebt und so ein Tal gesehen", sagte Pete.

Ross blickte scharf auf und sagte in einem anderen Tonfall: „Ich bin gerade vorbeigekommen, um Ihnen zu Ihrer Rückkehr nach Hause in Sicherheit, Gesundheit und Wohlstand zu gratulieren, Mr. Quilliam."

„Gerne geschehen, Sir", sagte Pete.

Pete ging voran ins Haus. Ross folgte ihm, verneigte sich distanziert vor Kate, die gerade ein Kleid auszog, und setzte sich auf einen Stuhl.

„Ich darf Ihnen jedoch nicht verheimlichen, dass ich ein anderes Ziel habe – eigentlich eine Privatangelegenheit", sagte Ross und warf Kate einen Blick zu.

Das Kleid raschelte in Kates Fingern, ihre Schere fiel auf den Tisch und sie stand auf, um zu gehen.

Pete hob die Hand. „Meine Frau kennt mein ganzes Geschäft", sagte er.

Ross stieß ein weiteres leises Gelächter aus. „Sie werden sich daran erinnern, was man über ein Geheimnis sagt, Captain – zu groß für einen, richtig für zwei, eng für drei."

„Ein Mann und seine Frau sind eins, Sir – also sind das insgesamt zwei", sagte Pete.

Kate nahm die Schere und fuhr unbehaglich mit ihrer Arbeit fort. Ross drehte sich auf seinem Sitz um und sagte: „Nun, ich habe das Gefühl, ich *muss* es dir sagen, Peter."

„Quilliam, Sir", sagte Pete und griff nach einer Pfeife. aber Ross tat so, als hätte er es nicht gehört.

„Vielleicht nur natürlich, denn tatsächlich geht es um unseren Vater."

„Zunge mit mir, Zunge mit dir", dachte Pete und leuchtete auf.

„Vor fünf Jahren zahlte er mir ein Taschengeld und schickte mich nach London, um Jura zu studieren. Er glaubt, dass ich als Anwalt in England zugelassen wurde, und möchte, dass ich angesichts dieser vakanten Anwaltsstelle in Manx zugelassen werde."

Petes Pfeife hörte auf zu paffen. "Also?"

„Das ist unmöglich", sagte Ross.

„Die Dinge sind nicht mit dir gekommen, was?"

„Um die Wahrheit zu sagen, Kapitän, als ich zum ersten Mal hinaufstieg, geriet ich in extravagante Gesellschaft. Ich dachte, meine Freunde wären reiche Männer, und ich war nie ein Geizhals. Da war Monty, der Schirmherr des Fancy" – die Schere in Kates Hand klickte und stoppte – und Ross platzte heraus: „Tatsächlich wurde ich *nicht* angerufen, und ich habe überhaupt nie gelernt."

Ross rutschte auf seinem Stuhl hin und her und blickte unter seinen Brauen Kate an. Pete beugte sich vor und blähte wortlos den Schornstein auf.

„Du siehst, ich spreche frei, Peter – irgendetwas zwingt mich. Nun, wenn ein Mann seine kleinen Fehler nicht seinem eigenen Bruder Peter offenbaren kann …"

„Reden wir nicht über Brüder", sagte Pete. „Was soll ich für dich tun?"

„Leihen Sie mir genug, um mir zu helfen, das zu tun, was unser Vater glaubt, dass ich es bereits getan habe", sagte Ross und fügte dann hastig hinzu: „Oh, ich gebe Ihnen meine Handschrift dafür."

„Sie sagen mir, Sir", sagte Pete, „Ihre Handzettel sind so billig wie Kaurischnecken."

„Jemand hat mich Ihnen gegenüber verleugnet, Captain. Aber um unseres Vaters willen – er hat sein ganzes Herz auf dieses Deemstership gesetzt – vielleicht ist noch Zeit dafür."

„Ja", sagte Pete und schlug mit der offenen Hand auf den Tisch, „und es gibt bessere Männer, die ihn füllen."

Ross warf Kate einen Blick zu und ein Lächeln, das halb höhnisch war, huschte über sein böses Gesicht. „Wie schön", sagte er, „wenn die guten Freunde der Frau auch die guten Freunde des Mannes sind."

„Einfach so", sagte Pete, und dann lachte Ross ein wenig und das Klicken von Kates Schere hörte wieder auf. „Was Sie betrifft, Sir", sagte Pete und erhob sich, „wenn es keine Respektlosigkeit ist, sind Sie wie der Kormoran, der sich selbst erstickt und seinen Fisch kopfüber verschlingt." Die Kiemen stecken in Ihrem Muskelmagen, Sir, aber Sie sollten nicht zum Sohn Ihres Vaters kommen, um Ihnen dabei zu helfen, ihn herunterzurammen."

Als Ross hinausging, kam Cæsar herein. „Dieser Spinner wollte etwas", sagte Cæsar.

„Die Flut ist auf ihn niedergeschlagen", sagte Pete.

„Das war schon immer so und wird auch immer so sein. Er wurde bei Niedrigwasser geboren und wird auf den Felsen sterben. Geld leihen, was?" sagte Cäsar mit einem forschenden Blick.

„Ich versuche es", sagte Pete gleichgültig.

„Dann leihen Sie es, Herr", sagte Cæsar prompt. „Er darf nicht auf sein Erbe vertrauen, sondern es verleihen. Oder leihen Sie es dem alten Mann mit einer Hypothek auf Ballawhaine. Er ist der Besen des Feuers – er wird zu Ihnen kommen, Herr, beim Tod des Vaters, und wer hat mehr Recht?"

Der Schaft von Petes Pfeife löste sich von seinem Mund, während er einige Augenblicke dasaß und die Asche auf der Jockeybar ausklopfte. „Da ist aber etwas dran", sagte er mechanisch. „Aber es gibt noch einen anderen, der den ersten Anspruch auf alles hat. Er hätte das Haus jetzt, wenn jeder sein eigenes hätte. Ich muss darüber nachdenken – ich muss darüber nachdenken."

III.

Philip hatte die Insel am Morgen nach der Hochzeit verlassen. Er war ins Ausland gegangen, und als sie zum ersten Mal von ihm hörten, war er in Kairo. Die Reise hatte ihm gutgetan – die langen, ruhigen Nächte auf dem Mittelmeer – das alleinige Gehen an Deck – die weiche Luft – die fernen Lichter – er hatte das Gefühl, er fühle sich besser – jedenfalls ruhiger. Er hoffte, dass sie sich in ihrem neuen Zuhause wohlfühlen und glücklich waren. Kate musste den Brief laut vorlesen. Es war wie ein Pochen in Philipps Herzen, das aufgrund der großen Entfernung schwach und schwach war und kaum zu spüren war. Dann musste sie im Namen von Pete darauf antworten.

„Sag ihm, er soll schnell sein und aus dem Land Ägypten und dem Haus der Knechtschaft herauskommen", sagte Pete. „Sagen wir, es gibt keinen Sinn dafür, dass ein gutaussehender junger Mann in einem Land lebt, in dem es auf der Sonnenseite einer Decke kein hübsches Gesicht gibt. Schreiben Sie, dass Kirry sich ihr mit Liebe und bestem Respekt anschließt und dass sie damit beschäftigt ist, Schönfärberei zu betreiben, und dass er besser nichts mit den Töchtern des Pharaos zu tun haben sollte."

Als sie das nächste Mal von Philipp hörten, war er in Rom. Er hatte unter Schlaflosigkeit gelitten, war aber ansonsten nicht unwohl. Das Leben in dieser Stadt war wie eine Existenz nach dem Tod – das ganze wirkliche Leben lag hinter einem. Aber es war nicht unangenehm, unter dem großen Mond inmitten der Wracks der Vergangenheit zu spazieren. Er gratulierte Frau Quilliam zu ihrer aktiven Tätigkeit – Arbeit war dasselbe wie Leiden – sie war Stärke und Kraft. Kate musste diesen Brief auch lesen. Es war wie ein Schluchzen, das über das Meer kam.

„Gib ihm eine fröhliche Berührung, damit er seinen Schwanz behält", sagte Pete. „Sag ihm, dass die Römer furchtbar eifersüchtige Kerle sind, und wenn er für eine Tasse Tay in ein Wirtshaus kommt, soll er darauf achten und die Mädchen nicht auf die Knie nehmen – die Römer mögen das nicht."

Das letzte Mal, als sie von Philip hörten, war er in London. Sein alter Schmerz war gewichen; Er glaubte, es ginge ihm fast wieder gut, aber er hatte ein starkes Feuer überstanden. Der Gouverneur war sehr gut gewesen – er hielt das Deemstership irgendwie offen – er umgab ihn auch mit Londoner Freunden – er war jede Nacht draußen. Dennoch zog ihn eine unsichtbare Kraft nach Hause – vielleicht würden sie ihn bald wiedersehen, oder es könnte später sein, dass er sechs Monate weg gewesen war, aber er hatte das Gefühl, dass es nicht nur Verschwendung und Unterbrechung gewesen war – er würde mit einer neuen, tragenden Kraft zurückkehren.

Dieser Brief konnte nicht beantwortet werden, da er keine Adresse enthielt. Es kam per Nachtpost mit dem Dampfer des gleichen Tages aus England. Zwei Stunden später lief Mrs. Gorry mit einem Auftrag in die Stadt und sagte:

„Ich glaube in meinem Herzen, dass ich Herrn Philip Christian auf der Straße vorbeigehen sah.“

"Wann?" sagte Pete.

„In dieser Minute“, antwortete sie.

„Chut! Frau“, sagte Pete; „Der Mann ist in London. Schauen Sie, hier ist sein Brief“ – er fuhr mit dem Zeigefinger über die Überschrift – „London, 21. Januar – das war gestern. Sehen Sie!“

Mrs. Gorry war ratlos. Aber am nächsten Abend war sie zur selben Zeit mit demselben Auftrag unterwegs und kam mit verängstigtem Blick ins Haus geflogen und machte die gleiche Ankündigung.

„Dann seht selbst“, rief sie, „er geht die Gasse am Garten hinauf.“

"Unsinn! „Es wird braun, wenn du mit deiner Gerste isst“, sagte Pete; und dann flüsterte er Kate hinter seiner Hand zu: „Whisht! Es sind die Sehenswürdigkeiten, die sie sieht, das arme Ding – und kein Wunder, wenn ihr Mann sie in letzter Zeit so sehr umarmt.“

Aber am dritten Abend kam auch Mrs. Gorry von einem ähnlichen Auftrag zurück, zur gleichen Stunde, mit der gleichen Aussage.

„Da bin ich mir sicher“, keuchte sie. Sie hatte jetzt Angst. Eine Vorstellung vom Übernatürlichen hatte sie erfasst.

„Die Frau schafft es“, sagte Pete und begann, sie ins Kreuzverhör zu nehmen. Wie war Herr Christian gekleidet? Sie hatte es in dieser Nacht nicht bemerkt, aber in der ersten Nacht hatte er einen Mantel getragen, der einem alten Manx-Umhang ähnelte. In welche Richtung ging er? Sie konnte sich heute Abend nicht sicher sein, in welche Richtung es ging, aber in der Nacht zuvor war er den Weg zwischen der Kapelle und dem Garten hinaufgegangen. Hatte sie sein Gesicht überhaupt gesehen? Als sie es zum ersten Mal sah, war es sehr dünn und blass.

„Oh, ich würde Sie nicht täuschen, Sir“, sagte Mrs. Gorry und fing an zu weinen.

„Gough, Gott segne mich, aber das ist doch tödlich seltsam“, sagte Pete.

„Wie spät war es genau, Jane?“ fragte Kate.

„Jeden Abend um zehn Uhr“, antwortete Mrs. Gorry.

„Gibt es jetzt irgendeinen Zeitunterschied", sagte Pete, „zwischen der Isle of Man und London, Kitty?"

„Nichts Besonderes", sagte Kate.

Pete kratzte sich am Kopf. „Ich muss Black Tom im Visier haben. Eine schmutzige alte Hose, Gott verzeih mir, wenn er mein Großvater ist, aber er kennt die Manx-Geschichten ziemlich genau. Wenn es jetzt Mittsommertag wäre und Philip irgendwo im Bett gelegen hätte, wäre es möglicherweise sein Geist gewesen, der während des Schlafens dorthin zurückgekehrt wäre, wo sein Herz ist – so etwas wird jedenfalls erzählt."

Kate las das Geheimnis auf ihre eigene Art und Weise, und am folgenden Abend, kurz vor zehn Uhr, ging sie in den Salon der Halle, von wo aus ein Fenster auf die Straße hinausging. Der Tag war trüb und die Nacht neblig. Eine schwere weiße Hand schien auf die Oberfläche von Meer und Land herabgestiegen zu sein. Alles lag still und tot und gespenstisch. Kate war im dunklen Raum und zitterte, aber nicht vor Angst. Plötzlich bewegte sich eine Form, die wie ein Schatten aussah, unter einer Lampe hindurch, die gegenüber schimmerte. Sie konnte nur die Umrisse eines spanischen Umhangs erkennen. Aber sie lauschte auf die Schritte, und sie kannte sie. Sie kamen und hielten inne, kamen wieder hoch und hielten wieder inne, und dann gingen sie vorbei und verstummten und starben in der dichten Nachtluft.

Kates Augen waren rot und geschwollen, als sie zum Abendessen zurückkam. Sie hatte sich versprochen, Philipps Leiden zu genießen. Es gab keine Freude, sondern nur einen Schrei der Sehnsucht aus der Tiefe, wo die Liebe nach Liebe ruft. Sie versuchte erneut, den Gedanken an Philip in die tiefste Tiefe ihres Wesens sinken zu lassen. Es war schwer – es war unmöglich; Pete stärkte für immer die Erinnerung an ihn – an seine Art, sein Aussehen, seine Stimme, sein Lachen. Was er sagte, war nur das Echo ihrer eigenen Gedanken; aber es war trotzdem Schmerz und Qual. Am liebsten hätte sie geweint: „Lass mich in Ruhe – lass mich in Ruhe!"

Die Leute in der Stadt begannen über Mrs. Gorrys mysteriöse Geschichten zu sprechen.

„Philip wird jetzt gezwungen sein zu kommen", dachte Kate; und er kam. Kate war allein. Es war Nachmittag; Das Abendessen war zu Ende, der Herd wurde gefegt, das Feuer angefacht und der Teppich heruntergelassen. Er betrat leise die Veranda, klopfte leicht an die Tür und betrat das Haus. Er hoffte, dass es ihr gut ging. Sie antwortete mechanisch. Er fragte nach Pete. Sie antwortete ausdruckslos, dass er seit dem Morgen auf einer Angeltour nach Peel unterwegs gewesen sei. Es war ein alltägliches Gespräch – kurz, kalt, fast trivial. Er sprach leise, stand mitten auf dem Boden und schwang seinen weichen Hut gegen sein Bein. Sie stand am Feuer, eine Hand auf dem Kaminsims, den Kopf halb zur Seite gelegt, und schaute seitwärts zu seinen Füßen; aber sie bemerkte, dass seine Augen größer aussahen als zuvor und dass seine Stimme, obwohl so sanft, einen tieferen Ton hatte. Zuerst dachte sie nicht daran, ihn zu bitten, sich zu setzen, und als sie daran dachte, konnte sie es nicht tun. Die armen kleinen Worte wären eine formelle Anerkennung für alles gewesen, was so schrecklich passiert war – dass sie die Herrin in diesem Haus und die Frau von Pete war.

IV.

Sie standen so da, in einer Stille, die nur schwer zu brechen und noch schwieriger aufrechtzuerhalten war, als Pete selbst wie ein Windstoß zurückkam und Philip mit beiden Händen begrüßte.

„Setz dich, Junge, setz dich", rief er; „Nicht dieser – dieser Aisy. Meins? Nun, wenn es mir gehört, gehört es dir. Du hast noch nicht zu Abend gegessen, oder? Ich auch nicht. Ist noch ein kalter Kumpel übrig, Kitty? NEIN? Dann brate uns ein Kotelett, Liebling."

Zu diesem Zeitpunkt hatte sich Kate wieder erholt und machte sich auf den Weg, um diesen Auftrag zu erledigen. Während sie weg war, ratterte Pete weiter wie ein Mühlenrennen – fragte nach den Reisen, lachte über die Mädchen und schwärmte von Mrs. Gorry und ihrem Geist von Philip.

„Ich habe heute bei Peel einen Nickey gekauft, Phil", sagte er; „Gutes kleines Boot – ein normaler Klipper. Ach, ich werde als nächstes selbst mit den Heringen beginnen, sagt mein Herr, und warum sollte ich das nicht tun? Zu viele der Manx-Fische machen dem Fischen den Grundel zum Verhängnis. Es steckt jedoch noch Leben im alten Hund. Wäre jedenfalls so, wenn die eingerosteten Kays alles für die Branche tun würden. Sie bauen genügend Anlegestellen für die Ausflügler, aber niemals einen Wellenbrecher in der Größe einer Zahnbürste für die Fischer. Das erinnert mich daran, Phil – die Jungs sind auf mich los, um dich dazu zu bringen, beim Tynwald Court eine Petition für bessere Häfen einzureichen. Sie verlieren so manches Pfund, weil sie nicht bei jedem Wetter rauskommen. Aber wenn das Kind nicht weint, wird die Mutter ihm keine Brust geben. Also schimpfen wir so lange, bis sie glauben, wir hätten bei Douglas Blähungen oder eine Besiedelung des Herzens oder so etwas. Die Männer freuen sich auf dich, Phil. „Das ist der Junge für uns", sagen sie. „Er hat unserem Freund schon einmal die Treue gehalten, und er wird es wieder tun", sagen sie."

Philip versprach, die Petition zu verfassen, und dann kam Frau Gorry herein und legte das Tuch nieder.

Unterdessen hatte Kate sich eingeredet, dass sie es nicht gut gemacht hatte. Wo war die Genugtuung, die sie sich am Abend ihres Hochzeitstages versprochen hatte, als sie Philip auf dem Höhepunkt einer großen Rache gesehen hatte, wenn sie ihn glauben ließ, dass auch sie litt? Sie muss klug sein, sie muss schwul sein, sie muss glücklich und in ihren Mann verliebt wirken.

Sie kehrte mit einer rauchenden Schüssel und einem strahlend strahlenden Gesicht in den Salon zurück.

„Ich fürchte, sie sind nicht sehr gut, Liebes", sagte sie.

„Chut!" sagte Pete; „Wir sind nicht wählerisch. Phil und ich haben es heute schon einmal schwer gehabt."

Sie lachte fröhlich und verschwand unter dem Vorwand, Befehle zu erteilen, wieder. Aber sie hatte das Essen, das sie auf den Tisch gestellt hatte, nicht geleugnet. Das Hammelfleisch war schlecht gefüttert, schlecht geschlachtet, schlecht geschnitten und vor allem schlecht gekocht. Es zu essen war eine Tortur. Philip bemühte sich, Pete nicht merken zu lassen, wie sehr er sich abmühte. Pete kämpfte tapfer darum, seine eigenen Bemühungen zu verbergen. Der Schweiß begann auf ihrer Stirn auszubrechen. Mitten in einem wilden Gespräch hielt Pete inne und schaute zu Philip auf. Philip riss mit Messer und Gabel los und antwortete vage. Dann schaute Pete sich suchend um, erhob sich auf die Zehenspitzen, ging heimlich zur Küchentür, kam zurück, holte ein Stück gelbes Papier von der Anrichte, peitschte die Koteletts von seinem eigenen Teller und dann von Philip hinein und stopfte sie in seinen Jackentasche.

„Es hat keinen Sinn, die Gefühle anderer zu verletzen", sagte er; und dann erschien Kate lächelnd wieder.

"Bereits fertig?" sagte sie mit angehobener Stimme.

"Ha! Ha!" lachte Pete. „Zwei hungrige Männer, Kate! Du behältst uns lieber eine Woche als zwei Wochen, oder?"

Kate stand überrascht über der leeren Schüssel. Pete zwinkerte Philip wütend zu. Philipps Blick wanderte über die Tischdecke.

„ *Sie* weiß nicht viel über den Appetit eines hungrigen Mannes, oder, Phil?"

„Aber", sagte Kate – „aber", stammelte sie – „was ist aus den Knochen geworden?"

Pete kratzte sich durch seinen Bart am Kinn. "Die Knochen? Oh, die Knochen? Ach nein, wir essen die Knochen überhaupt nicht." Dann mit einem Ansturm, als seine Augen leuchteten: „Aber der Hund, sehen Sie – grob gesagt, wir geben die Knochen immer dem Hund – Dempster ist tot auf Knochen."

Dempster lag in diesem Moment in voller Länge unter dem Tisch und schnarchte hörbar. Mrs. Gorry räumte das Tuch weg, und Kate begann mit dem Nähen und wandte sich der Anrichte zu.

„Hat jemand mein Muster gesehen?" Sie fragte.

"Muster?" sagte Pete und griff in seine Jackentasche. „Sagen Sie mal Muster", murmelte er und kramte an seiner Seite herum. „Ist es das?" Und herauskam das gelbe Papier, zerknittert und fettig, das mit den Koteletts hineingegangen war. „Gott sei Dank, so dumm ein Mann jetzt ist – ich habe es für eine Pfeifenlampe gehalten."

Kates Lächeln verschwand und sie floh hinaus, um ihr Gesicht zu verbergen. Dann flüsterte Pete Philip zu: „Lass uns einen kleinen Rundgang zum ‚Pflug' machen."

Sie verließen gerade das Haus, um Besorgungen zu machen, als Kate in den Flur zurückkam. „Ich mache nur einen kleinen Spaziergang, Kirry", sagte Pete. „Sie sagen mir, dass es nach dem Abendessen wunderbar für eine Weckverdauung der Brust ist", und er hustete wiederholt und schlug sich auf die schallende Brust.

„Warte einen Moment, dann gehe ich mit", sagte Kate.

Es gab keine Hilfe dafür. Kates Einkäufe führten sie in Richtung „Pflug". Die alte Frau Beatty, die Wirtin, stand an der Tür, als sie vorbeikamen, und als sie sah, wie Pete sich im Inneren der drei näherte, sagte sie laut – ohne Unfug zu meinen: „Ihr Brot, Ihr Käse und Ihr Porter sind wie immer fertig. Kapitän."

V.

Der Mann brachte sie um. Seine verwöhnte und verehrte Frau zu sein, obwohl sie wusste, dass sie seiner Liebe und Zärtlichkeit nicht würdig war, war kein Glück – es war zermürbendes Elend, das den Tod in ihre Seele brachte. Wenn er ihr die Schuld für ihre Inkompetenz gegeben hätte; ob er sie gescholten hätte, weil sie sein Zuhause trostlos gemacht hatte; ja, wenn er sie geschlagen hätte, hätte sie das Leben ertragen und ihre äußeren Leiden als ihre innere Strafe hinnehmen können.

Sie verfiel in hysterische Anfälle, saß stundenlang lustlos da, die Füße auf dem Kotflügel. Petes Verhalten machte sie wütend. Als die Zeit verging und sich die Freundlichkeit von Pete entwickelte, wurde ihr der Mann immer unangenehmer, und sie bekam Anfälle von Zänkerei. Pete ließ den Kopf hängen und machte sich Vorwürfe. Es machte ihr nichts aus, wenn er Dinge sagte – er war nur ein grober Kerl. Dann brach sie in Tränen aus und bat ihn, ihr zu verzeihen, und er war in einem Moment völlig aus dem Häuschen, wie ein Hund, der überredet wird, nachdem man ihn geschlagen hat.

Ihr Leiden erreichte einen Höhepunkt – ihr wurde bewusst, dass sie im Begriff war, Mutter zu werden. Dies löste bei ihr schreckliche Ängste aus. Sie dachte wieder an einen möglichen Notfall, der sie am Vorabend ihrer Hochzeit mit widersprüchlichen Gefühlen zerrissen hatte. Es war unmöglich, sicher zu sein. Der Gedanke war vielleicht nicht mehr als eine krankhafte Einbildung, geboren aus ihrem Unglück, aus ihrer heimlichen Liebe zu Philip, aus ihrem heimlichen Abscheu vor Pete (dem Unzulänglichen, dem Unhöflichen, dem Unsympathischen), aber dennoch erfasste er sie mit der Kraft von eine überwältigende Überzeugung, die ihr von Tag zu Tag stärker wurde, sie saß wie ein Albtraum in ihrem Herzen – das Kind, das ihr geboren werden sollte, war nicht das Kind ihres Mannes.

VI.

Trotz Petes Einladungen kam Philip selten. Er war voller Ausreden – Arbeit – neues Studium – der Gouverneur – seine Tante. Pete sagte „Coorse" und „Sartenly" und „Würde nicht trauen", bis Philip sich zu schämen begann und eines Abends kam, stärker als sonst aussehend, mit einer nachhaltigeren Fröhlichkeit, und mit den Worten ins Haus stürzte Worte: „Endlich bin ich da!"

„Über Nacht bleiben?" sagte Pete.

„Na ja", sagte Philip.

„Das ist sowohl Glück als auch Pech, denn ich bin gerade dabei, dass Peel mit zwei der Jungs bei nächtlicher Flut meinen Nickey abholt. Aber du wirst bleiben und deiner Frau Gesellschaft leisten, und ich werde morgen früh mit der ersten Flut zurück sein. Du wirst ihm dankbar sein, nicht wahr, Kate?" er weinte und ließ seine Stimme über seine Schulter fallen; und dann flüsternd: „Sie ist manchmal etwas deprimiert, und was für ein Wunder, und sie ist so nah – aber du wirst sehen, du wirst sehen", und er zwinkerte und nickte wissend.

Es gab kein Zurückweichen, keine Abkehr von der Bescheidenheit vor Petes großem Glauben. Kate sah aus, als würde sie „Gnade, Gnade!" rufen. Aber als sie den gleichen Appell in Philipps Gesicht sah, war sie geschockt.

Pete ging, und dann setzten sich Kate und Philip zum Tee. Während der Tee dauerte, war es nicht schwer, die Stille mit Gemeinplätzen zu füllen. Als es vorbei war, brachte sie ihm eine Pfeife und sie verfielen in schwierige Pausen. Philip schnaufte heftig und versuchte, glücklich auszusehen. Kate bemühte sich, Philip nicht merken zu lassen, dass sie sich unwohl fühlte. Jeden Moment nahm ihre Fantasie eine neue Wendung. Er begann, ein Buch zu lesen, und während sie schweigend dasaßen, fand sie es nicht nett von ihm, sie gleichgültig zu behandeln. Als er sprach, hatte sie das Gefühl, dass er sich weniger höflich verhielt als zuvor. Er ging zum Klavier und sie sangen ein Einzellied: „Oh, wer wird die Tiefen so frei überwinden?" Ihre Stimmen passten ganz gut zusammen, aber sie brachen zusammen. Je mehr sie versuchten, die Vergangenheit zu vergessen, desto mehr erinnerten sie sich daran. Er drehte seine Fingerspitzen über die Tastatur; Sie schwang sich auf einen Fuß und hielt sich an der Kerzenhalterung fest, während sie über Pete sprachen. Dieser Name schien sie gegen die Späher der Leidenschaft zu wappnen. Pete war ihr Bollwerk. Es war das alte Thema, aber jetzt als Tragödie und nicht mehr als Komödie gespielt.

„Es ist schön zu sehen, dass Sie sich in diesem schönen Haus eingelebt haben", sagte er.

„ *Ist es nicht* wunderschön?" Sie antwortete.

„Du solltest sehr glücklich sein."

„Warum sollte ich nicht glücklich sein?" mit einem kleinen Lachen.

„Warum eigentlich? Ein Zuhause wie ein Nest und ein Ehemann, der dich anbetet …"

Sie lachte erneut, weil sie nicht sprechen konnte. Die Sprache war wie dünne Gaze, das Lachen war rollender Rauch; Also lachte und lachte sie.

„Was für ein schönes, herzhaftes Geschöpf er ist!" sagte Philip.

„Ist er das nicht?" sagte Kate.

„Bildung und Intellekt passen nicht immer zusammen."

„Jede Frau könnte einen solchen Ehemann lieben", sagte Kate.

„So einfach, so natürlich, so unverdächtig –"

Doch das kam ihnen zu nahe, und so verfielen sie wieder ins Schweigen. Die Stille war schrecklich; die Macht davon war gnadenlos. Wenn sie die dürftigsten Gemeinplätze hätten aussprechen können, hätte sich der Zauber vielleicht aufgelöst. Philip dachte, er würde aufstehen, aber es gelang ihm nicht. Kate versuchte sich abzuwenden, fühlte sich aber wie angewurzelt. Die Gesichter beiseite gelegt, blieben sie einige Augenblicke dort, wo sie waren, als ob ein Geist zwischen ihnen gewandert wäre.

Mrs. Gorry kam herein, um das Abendessen vorzubereiten, und dann erholte sich Kate. Sie erlangte ihre Fähigkeit zu lachen zurück und lachte über alles. Er wurde nicht getäuscht. „Sie liebt mich immer noch", sagte die Stimme seines Herzens. Er hasste sich selbst für diesen Gedanken, aber er verfolgte ihn mit gnadenloser Beharrlichkeit. Er erinnerte sich an den Abend des Hochzeitstages und an den flehenden Blick, den sie ihm zuwarf, als er mit Pete wegging; und er kam auf die Idee zurück, dass sie auf Zwang ihres Vaters, Cäsar, des habgierigen Heuchlers, geheiratet hatte. Er sagte sich, es würde leicht sein, auf dem warmen Herd ein neues Feuer zu entfachen. Als sie lachte und er in ihre schönen Augen sah und das nervöse Zucken ihres Mundes wahrnahm, spürte er etwas von der alten Erregung, der alten Leidenschaft, der alten bedingungslosen Liebe von ihr, die ihn trotz allem liebte, und nur, weil sie es musste . Aber nein! Hatte er sechs Monate umsonst im Ausland verbracht? Er würde stark sein; er würde loyal sein. Wenn nötig, würde er diese Frau vor sich selbst retten.

Schließlich zündete Kate eine Kerze an und sagte: „Ich muss dir dein Zimmer zeigen."

Sie unterhielt sich fröhlich, als sie nach oben ging. Auf dem Treppenabsatz öffnete sie die Tür des Zimmers über der Halle, ging hinein und zog die Jalousie herunter. Sie war immer noch gut gelaunt, sagte, er hätte vielleicht kein Nachthemd, also hatte sie eines von Petes weggelassen, hoffte, er würde es groß genug finden, und lachte erneut. Er nahm ihr auf der Schwelle die Kerze ab und küsste die Hand, die sie gehalten hatte. Einen Moment lang stand sie da und zitterte wie ein Fohlen, dann sprang sie davon; Irgendwo dahinter ertönte das Klirren einer Tür, und Kate war in ihrem eigenen Zimmer, kniete vor dem Bett und hatte ihr Gesicht in der Tagesdecke vergraben, um das Schluchzen zu unterdrücken, das durch die Wände dringen könnte.

Trotz all ihrer Leichtigkeit und trotz all ihres Lachens war der alte quälende Gedanke immer noch bei ihr gewesen. Sollte sie es ihm sagen? Konnte er es verstehen? Würde er glauben? Würde er versuchen, sie zu befreien, wenn er die Schwere der schrecklichen Lage erkannte, in die sie bald geraten würde? Und wenn er es nicht tat, nicht wollte, nicht konnte, sollte sie ihn dann nicht für immer hassen? Dann überkam sie die alte, schlichte Liebe, die reine Leidenschaft, beim Anblick seines Gesichts, bei der Berührung seiner Hand, beim Klang seiner Stimme? Oh, was hätte sein können – was hätte sein können!

Pete's Nickey kam mit der Morgenflut in den Hafen und die drei frühstückten zusammen. Während Kate sich schwerfällig vor dem Feuer bewegte, krähte, gurrte Pete und zwinkerte klug am Tisch herum.

„Mehr Milch, Mama", wimmerte er und ahmte dann allerlei Babygeplapper nach.

Nach dem Frühstück rauchten die Männer und Kate begann zu nähen. Sie beschäftigte sich mit den kleinen Arbeiten, so hübsch, so voller zartem Humor und köstlicher Freude, die der Zärtlichkeit einer Frau normalerweise neue Wege eröffnen. Philipps Blick fiel auf sie und sie ließ das winzige Stück weißes Leinen, an dem sie gerade arbeitete, in ihren Schoß fallen. Pete sah das, schlich sich an die Rückenlehne ihres Stuhls, griff über ihre Schulter, riss ihr das weiße Ding aus den Fingern, hielt es ausgestreckt in seinen schweren Händen und brüllte wie ein Schmiedeblasebalg. Es war ein Babyshirt.

„Macht nichts, Liebling", überredete er sie, als Kates Gesicht rot wurde. „Philip muss für den Jungen eines Tages eine Art Vater sein – zumindest ein Pate –, also wird es ihm nichts ausmachen, seinen Kleinen zu sehen. Wir müssen ihn auch Philip nennen. Was sagst du, Kirry-Philip, ist es einverstanden?"

VII.

Als ihre Zeit näher rückte, vertiefte sich in ihr die Überzeugung, dass sie nicht im Haus ihres Mannes eingesperrt werden könne. In einer solchen Krise dabei zu sein, war wie das Leben in einem Vulkanland. Ein falscher Schritt, ein leidenschaftlicher Impuls, und der Boden unter ihren Füßen würde platzen. „Ich muss für eine Weile nach Hause gehen, Pete", sagte sie.

„Du musst grob sein", sagte Pete. „Niemand mag den alten Engel, wenn ein Mädchen so ist."

Pete brachte sie im Gig zurück zu ihrer Mutter, fuhr sehr langsam und hob sie so sanft auf und ab, als wäre sie ein Kind gewesen. Sie atmete frei, als sie Elm Cottage verließ, aber als sie sich in ihrem eigenen Schlafzimmer im „The Manx Fairy" niederließ, wurde ihr klar, dass sie nur von Elm zu Elend geschritten war. So viele Erinnerungen lebten dort wie Geister – Erinnerungen an unschuldigen Schlaf und an freudiges Erwachen inmitten des Zwitscherns der Vögel und des Klapperns des Kieses. Der alte, vertraute Ort, das kleine Zimmer mit dem armen kleinen Fenster, das auf den Obstgarten hinausgeht, das arme kleine Bett mit seinen rosafarbenen Vorhängen, die wie ein Zelt aussehen, die süßen alten Decken, das Waschbecken, die Wäschepresse, die Jalousie mit demselben alten Muster, der Schaffellteppich unter den Füßen, die weiß getünchten Scraas über dem Kopf – alles beim Alten, aber, o Gott! wie unterschiedlich!

„Lass mich mich im Glas betrachten, Nancy", sagte sie und Nancy gab ihr das Handglas, das am Morgen nach dem Melliah zerbrochen war.

Sie schob es verärgert weg. „Was nützt so etwas?" Sie sagte.

Pete spukte Tag und Nacht im Haus herum. Es gab dort kein Bett für ihn und er sollte nach Hause gehen, um zu schlafen. Aber er wanderte in der Dunkelheit über den Curragh zum Ufer, und im Morgengrauen stand er wieder vor der Tür und brachte den kalten Hauch der Morgendämmerung ins Haus, während das lange Flüstern um die offene Tür herum zu hören war. „Wie geht es ihr jetzt?"

Die Frauen trieben ihn körperlich heraus, und dann trieb er sich wie ein verstoßener Hund auf der Straße herum. Wenn er ein Seufzen vom Milchboden hörte, setzte er sich an den Giebel und stöhnte. Oma versuchte ihn zu trösten. „Lass dich nicht darauf ein, Junge. „Bald wird alles eine Freude sein", sagte sie, „und du wirst ein Kind haben, das du dafür vorweisen kannst."

Aber Pete war verbittert und rebellisch. „Wer will das Kind überhaupt?" sagte er. „Ich will nur sie selbst; und sie überschüttet mich; O Herr, sie überschüttet mich. Gott vergib mir!" er murmelte. „O guter Gott, vergib mir!" Er stöhnte: „Es ist aber nicht fair. Gott weiß, das ist nicht fair", murmelte er heiser.

Schließlich kam Nancy Joe heraus und nahm ihn ernsthaft in die Hand.

„Schau her, Pete", sagte sie. „Wenn du die Frau töten willst, und zwar ziemlich schnell, dann gehst du so weiter, wie du gehst. Aber wenn Sie es nicht tun, machen Sie sich auf den Weg und kehren erst zurück, wenn Sie gesucht werden."

Dies beruhigte Petes Unruhe. Der Fischfang hatte zu Beginn dieser Saison begonnen, und er ging für eine Nacht zum Heringsangeln.

Kate wartete lange und die Frauen beobachteten sie zitternd. „Es ist ein oder zwei Wochen zu früh", sagte einer. „Das Wetter ist warm", sagte ein anderer. „Das Boghee Millish! „Sie ist ein bisschen zu früh", sagte Oma.

In Kates eigenen Gefühlen lag weniger Angst.

„Sterben Frauen oft?" Sie fragte.

„Der Anteil ist gering", sagte der Arzt.

Eine halbe Stunde später sprach sie erneut.

„Stirbt das Kind manchmal?"

„Nun, ich habe gewusst, dass es passieren kann, aber nur, wenn die Mutter einen Schock erlitten hat – zum Beispiel ihren Mann verloren hat."

Sie lag wälzend auf dem Bett und wünschte sich ihren eigenen Tod, hoffte auf den Tod des ungeborenen Kindes und fürchtete sich davor, dass es kommen würde, damit sie es nicht hassen und verabscheuen würde. Endlich ertönte der erste Schrei des Kindes – dieser Schrei aus der Stille, der noch nie zuvor in der Luft gebrochen worden war, der aber fortan eine der Stimmen der Welt zum Lachen und zum Weinen, zur Freude und zum Kummer für die sein sollte, die ihn ertragen hatte ins Leben. Dann rief sie ihnen zu, ihr das Baby zu zeigen, und als sie das taten, brachten sie es mit leisem Gurren und törichten Worten zur Sprache, suchten das kleine, faltige Gesicht mit einem ängstlichen Blick ab, dann hob sie ihre Arme, um den Anblick auszuschließen, und rief „Nimm es weg" und drehte sich zur Wand. Ihre vage Angst war jetzt Gewissheit; Das Kind war das Kind ihrer Sünde – sie war eine schlechte Frau.

Doch es gibt keine Scham, keine Angst, kein Entsetzen, aber das Flehen eines Neugeborenen kann seinen Lärm übertönen. Das Kind weinte erneut und der grausame Kampf zwischen Liebe und Angst um die Mutterschaft war gewonnen. Das Herz der Mutter erwachte und schwoll an. Auf jeden

Fall hatte sie ihr Baby bekommen. Es war alles, was sie hatte, trotz allem, was sie erlitten hatte; aber es war genug und ein teurer und kostbarer Preis.

„Sind Sie sicher, dass es in Ordnung ist?" Sie fragte. „Ganz, ganz gut? Sieht sein kleines Gesicht nicht aus, als hätte seine Mutter geweint – nein?"

„Es ist keine Tat", sagte Oma, „aber es wurde ein so hübsches Baby wie nie zuvor geboren."

Die Frauen huschten auf und ab, kicherten auf den Treppenabsätzen, lachten auf der Treppe und beruhigten sich *über* ihre eigenen Geräusche, als sie in den Raum schlichen. Mit einem gequälten Wimmern weinte das Kind immer noch, und Oma sagte ihm mit vielen Kopfbewegungen und mit mächtig strenger Stimme, dass sie jetzt, da es endlich da *war* , nichts mehr von seinen Klagen hören würden ; und Kate selbst sagte mit gefalteten Händen mit leisem Murmeln wie ein Gebet: „Gott ist sehr gut, und der Arzt ist auch gut." Gott ist gut, uns Ärzte zu geben."

„Bleib ruhig, ich komme in ein oder zwei Stunden zurück", sagte Dr. Mylechreest auf halbem Weg durch die Tür.

„Liebes Herz, was wird der Vater sagen?" rief Oma, und dann brach im ganzen Haus das überraschte Lächeln aus, das jedes Haus erreicht, nachdem die Zwillingsengel des Lebens und des Todes lange über seinem Dachbaum gebrütet haben und schließlich vor dem Gesicht eines kleinen Kindes verschwunden sind.

VIII.

Als Pete im strahlenden Sonnenschein des frühen Morgens den Kai erreichte, verkaufte John, der Angestellte, auf einem Fass den nächtlichen Fang der Boote.

„Ich habe Neuigkeiten für Sie, Mr. Quilliam", rief er, als Petes Boot mit halb gesetzten Segeln im Hafen einlief. Pete kam an Land, sprang an Land und ging hinauf zu John, der am Ende des Stegs, umgeben von einer Schar von Käufern in kleinen Springkarren, Gebote für den Fisch entgegennahm.

„Einen Moment, Kapitän", rief er über seinen ausgestreckten Arm, an dessen Ende sich ein Hering befand, dessen Kiemen sich noch öffneten und schlossen. „Zehn Mais dieser Sorte für die letzte Partie, gut genährt, lebendig und munter – wie viel für sie? Fünf Schilling? Danke – und drei, fünf und drei. Es ist schon drin, Jungs – erst fünf und drei – und sechs, *danke* . Bei fünf und sechs – sechs Schilling schadet es nicht? Alles fertig um sechs – *und sechs?* Alles um sechs und sechs fertig? „Sieben Schilling", rief jemand mit einer Stimme wie ein Nebelhorn. „Sie gehören Annie the Cadger", sagte John und ließ sich zu Boden fallen. „Und jetzt, Kapitän Quilliam, gehen wir und machen dem Jungen den Kopf nass."

Pete raste wie eine Lawine auf Sulby zu und rief allen auf dem Weg seine Grüße zu. Aber als er sich der „Fee" näherte, wischte er sich die dampfende Stirn, hielt den Atem an und tat so, als hätte er die Nachricht nicht gehört.

„Wie geht es dem armen Mädchen jetzt?" sagte er mit sanfter Stimme, versuchte kraftvoll und elend auszusehen und spielte seine Rolle dreißig Sekunden lang großartig.

Dann schauten sich die Frauen gegenseitig an und sahen wundersam und wissend aus, und nickten Pete von der Seite zu, glucksten und kicherten und sagten: „Schau ihn dir an – *er* weiß nichts, oder?" „Natürlich nicht, Frau – diese Männergeschöpfe nützen nichts."

„Geht einem Mann aus dem Weg", rief Pete mit Brüllen und stürmte zur Treppe.

Nancy blockierte ihn am Fuße der Gruppe und legte ihm beide Hände auf die Schultern. „Dann wirst du ruhig sein", flüsterte sie. „Du warst immer ein vernünftiger Mann, Pete, und sie ist eine wundervolle Wache – ich verspreche dir, du wirst ruhig sein."

„Wie eine Maus sein", sagte Pete, zog seine langen Seestiefel aus und schlich auf Zehenspitzen ins Zimmer.

Da lag sie mit dem Morgenlicht auf ihr und einem Gesicht, das so weiß war wie die Decke, die sie mit ihren langen Fingern zupfte.

„Gott sei Dank für eine lebende Mutter und ein lebendes Kind", sagte Pete mit gebrochenem Gurgeln und zog dann die Bettwäsche ein wenig herunter, und da lag auch das Kind auf dem Kissen ihres anderen Arms.

Dann tat er, was er wollte, um still zu sein, er konnte nicht anders, als zu schreien.

"Er ist da! Ja, ist er! Das ist er aber! Freude! Freude!"

Die Frauen stürzten sich auf ihn wie ein Schwarm Gänse. „Heraus, Sir, wenn Sie sich nicht besser benehmen können!"

„Entschuldigen Sie, meine Damen", sagte Pete demütig, „ich habe nicht die Angewohnheit, Babys zu bekommen. Ein bisschen aufgeregt, sehen Sie, Herrin Nancy, Ma'am. Konnte nicht umhin, ein gewaltiges Gebrüll auszustoßen, wenn ich nicht so etwas benutzt habe." Dann wandte ich mich wieder dem Bett zu und sagte: „Ach, Kitty, was ist das doch für eine Schönheit!" Und das Große! Schon so groß wie meine Faust. Und das Fett! Es ist so dick wie eine Schmeißflasche. Und das gerade! Nun ja, auch nicht *besonders* gerade, aber sein Teint sieht jetzt so aus! Gib ihn mir, Kitty. Ich gebe ihn mir, dem jungen Schlingel. Lass mich ihn trotzdem festhalten."

„ *Er*, tatsächlich! Hören Sie dem Mann zu", sagte Nancy.

„Es ist ein Mädchen, Pete", sagte Oma und hob das Kind aus dem Bett.

„Ein Mädchen, oder?" sagte Pete zweifelnd. „Nun", sagte er mit einem Kopfschütteln, „Gott sei Dank für ein Mädchen." Dann, mit einem weiteren, entschlosseneren Wedeln, „Ja, Gott sei Dank für eine lebende Mutter und ein lebendes Kind, wenn es ein Mädchen ist", und streckte seine Arme aus, um das Baby zu nehmen.

„Aisy, jetzt, Pete – aisy", sagte Oma und hielt es ihm hin.

„Sind sie wirklich pleite, Oma?" sagte Pete. Ein guter Geist blickte aus seinem großen Jungengesicht. „Komm zu deinem alten Papa, du kleiner Flussuferläufer. Gott segne mich, Kitty, was für ein Gewicht er hat! Dieses Kind ist ein Viertelhundert, wenn es eine Unze wiegt. Er ist es, ich werde auf Kaution dafür sorgen, dass er es ist. Schaue ihn an! Guy Heng, Oma, hast du so etwas jemals gesehen? Es ist absolute Perfektion. Kitty, ich hätte kein besseres haben können, wenn ich es schick gemacht hätte. Wo ist dieser Tom Hommy jetzt? Der meckernde kleine Ziegenbock prahlte unverschämt mit seinem neuen Baby und sagte, er würde es nicht für zwei der besten Kühe in seinem Kuhstall hergeben. Das wird ihn umhauen, denke ich. Was wollen Sie damit sagen, Herrin Nancy, Ma'am? Nicht umsonst, oder? Du hattest recht,

Oma. „Bald wird es eine große Freude sein", sagten Sie, und haben wir nicht das Kind, das wir dafür vorweisen können? Ich habe meinen Strumpf am Montag von innen nach außen angezogen, Ma'am. „Ich habe Glück", sage ich, und das hatte ich auch. Schauen Sie sich das jetzt an! Er schüttelt seinem Vater seine kleine Faust. Das ist er allerdings. Dieses Kind kennt mich. Oh, Sie sind schlau, Nancy, aber – überhaupt kein Unsinn, Herrin Nancy, gnädige Frau. Nichts wird mich überzeugen, aber dieses Kind kennt mich."

„Hörst du den Mann?" sagte Nancy. „ *Er* und *er*, und *er* und *er!*"Es ist ein Mädchen, das sage ich dir; ein Mädchen – ein Mädchen – ein Mädchen."

„Na ja, dann ein Mädchen – ein Mädchen, wir werden es schaffen", sagte Pete mit entschlossener Resignation.

„Er ist betrogen", sagte Oma. „Er wollte einen Jungen, der arme Kerl!"

Aber Pete spottete über die Idee. "Ein Junge? Niemals! Nein, nein – ein Mädchen für dein Leben. Ich bin ja selbst ganz für Mädchen, was, Kitty? Das war schon immer so, und jetzt habe ich zwei davon."

Das Kind begann zu weinen, und Oma nahm es zurück und wiegte es mit dem Gesicht nach unten auf ihren Knien.

„Meine Güte, die Stimme auf ihn!" sagte Pete. „Er ist als Kapitän geboren – zumindest als Hafenmeister."

Das Kind schlief, und Oma legte es der Länge nach auf das Kissen neben Kate.

„Jetzt ist es ruhig wie eine Jenny Wren", sagte Pete. „Sehen Sie sich den Bogh an, der im Schlaf lächelt. Genau wie eine Baby-Meerjungfrau auf dem Ei eines Dornhais. Aber wo ist der alte Mann überhaupt? Hat er es gesehen? Wir müssen es in den Zeitungen haben. Die *Zeiten?* Ja, und der 'Tiser auch. „Die geliebte Frau von Mr. Captain Peter Quilliam, eines Jungen – eines Mädchens", sage ich. Oh, das Wunder, dass es die ganze Insel geben wird – jeder wird es kennenlernen. Zeitungen sind wie Frauen – schrecklich schlecht darin, Geheimnisse zu bewahren. Was wird Philip sagen? Aber hast du nicht auch nur einen Zahn voll, Oma? Gin für die Damen, Nancy. Meine Güte, das Haus ist praktisch. Wie viel Uhr war es? Warte, erzähl es mir nicht! Es war doch heute Morgen fünf Uhr, nicht wahr? Ja? Gough segne mich, ich wusste es! Hochwasser auf die Minute genau – ach, er wird in die Welt aufsteigen und auf dem Höhepunkt der Flut sterben. Woher wusste ich, wann das Kind geboren wurde, Ma'am? So aisy wie aisy. Wir lagen hinter Cronk ny Irrey Lhaa und schauten bei der Fischeruhr nach Tageslicht. Nur hell genug, um das Schwarz Ihres Nagels zu sehen, Ma'am. Plötzlich hörte ich das Schreien eines Babys auf dem Wasser. „Es ist das namenlose Kind von Earey Cushin", singt einer der Jungen. „Rauf mit der Schlagkraft", sage ich. Und als wir die Netze einholten und auf die Knie gingen, sagten wir wie üblich ein kleines Gebet: „Gott segne mein neugeborenes Kind", sage ich, „und Gott segne mein." Auch die Mutter des Kindes‘, sage ich, und Gott liebt und beschützt sie immer und behüte und beschütze auch mich selbst.‘" Vom Bett her ertönte ein leises Stöhnen.

"Luft! Gib mir Luft! Öffne die Tür!" Kate schnappte nach Luft.

„Das Zimmer wird ihr zu heiß", sagte Oma.

„Kommen Sie, einer von uns ist zu viel", sagte Nancy. „Raus", und sie fegte Pete mit ihrer Schürze aus dem Schlafzimmer, als wäre er ein Schwarm Enten.

Pete blickte von der Tür aus zurück und ein Umhang, der an der Innenseite der Tür hing, streifte sein Gesicht.

"Gott segne sie!" sagte er mit leiser Stimme. „Gott segne und belohne sie dafür, dass sie das für mich durchgemacht hat!"

Dann berührte er den Umhang mit seinen Lippen und verschwand. Einen Moment später schlich sich sein lockiger schwarzer Haarschopf auf halber Höhe um den Türpfosten herum wie der Kopf eines großen Jungen.

„Nancy", flüsterte, „lege die Zange über die Wiege; Es ist schade, die Feen in Versuchung zu führen. Und, Oma, ich würde es nicht allein lassen, in den Kuhstall zu gehen – die kleinen Leute sind erschreckend schlecht darin, sich umzuziehen."

Mit dem Gesicht zur Wand lauschte Kate ihm mit schmerzendem Herzen. Als Pete zu Boden ging, kam der Arzt zurück.

„Es geht ihr kaum noch so gut", sagte der Arzt. „Lass sie das Kind besser nicht stillen. Bringen Sie es von Hand nach oben. Es wird für beide das Beste sein."

So wurde vereinbart, dass Nancy zur Krankenschwester ernannt werden und nach Elm Cottage gehen sollte und dass Mrs. Gorry an ihrer Stelle nach Sulby kommen sollte.

Vierundzwanzig Stunden lang versuchte Kate ihr Möglichstes, ihr Herz vor dem Kind zu verschließen. Am Ende dieser Zeit, als sie einige Minuten mit der Kleinen allein war, hörte man sie mit sanfter, leiser Stimme dazu singen. Nancy blieb mit der langen Bürste in der Hand in der Küche stehen, und Oma blieb beim Stricken in der Bar stehen.

„Das ist in etwa so", sagte Nancy.

„Armes Ding, armer Kirry! Was wäre ein Wunder, wenn sie ein bisschen den Verstand verloren hätte, der Mistkerl, und es ihr seit ihrer Hochzeit nicht gut gegangen wäre?"

Bei den ungewohnten Geräuschen schlichen sie gemeinsam nach oben und fanden Pete, den sie vermisst hatten, vor der Schlafzimmertür, halb zusammengekrümmt und mit angehaltenem Atem, um zu lauschen.

"Stille!" sagte er, weniger mit seiner Zunge als vielmehr mit seinem Mund, den er ausstreckte, um den Ton darzustellen. Dann flüsterte er: „Sie füllt den ganzen Raum mit Musik. Hören! Es ist so gut wie Märchenmusik in Glentrammon. Und es ist die kleine Fee selbst, die es aus ihr herauskitzelt."

Am nächsten Tag kam Philip, und für Pete nützte nichts, als dass er nach oben ginge, um das Kind zu sehen.

„Es ist nur Phil", sagte er durch die Tür und zerrte Philip hinter sich in Kates Zimmer, denn die Vertrautheit, die eine große Freude zulässt, bricht mit Konventionen. Kate blickte nicht auf und Philip versuchte zu fliehen.

„Er hat auch gute Nachrichten für sich", sagte Pete. „Sie sollen ihn morgen in einem Monat zum Dempster machen."

Dann richtete Kate ihren Blick auf Philipps Gesicht, und der ganze Ruhm des Erfolgs schwand unter ihrem Blick. Er stolperte die Treppe hinunter und eilte davon. Da war der alte, hartnäckige Gedanke: „Sie liebt mich immer noch", aber jetzt, in der Gegenwart des Kindes, funktionierte er, mit welch großem Unterschied! Als er das kleine, flaumige Gesicht betrachtete, überkam ihn ein neues Gefühl. Ihr Kind – ihres – das hätte auch seins sein können! Hatte sich sein Geschäft gelohnt? War irgendeine Beförderung auf der Welt einem Pulsieren von Petes schlichter Freude, einem Schimmer des Polarlichtglanzes, der das Zuhause eines armen Mannes erleuchtet, wenn er zum ersten Mal Vater ist, einem Moment göttlicher Partnerschaft mit dem Baby, das frisch von Gott kommt, gegenüberzustellen? ?

Drei Wochen später nahm Pete seine Frau bei Cæsars Auftritt mit nach Hause. Alles war noch so wie damals, als er sie brachte, außer dass das Kind in den Schals, mit denen sie umhüllt war, nun mit seinen rosafarbenen Augenlidern zum Himmel und seiner flachen weißen Flasche an ihrer Brust lag. Es war ein wunderschöner Frühlingsmorgen, und das junge Sonnenlicht fiel auf die Zweige des Curragh und das Gold des Ginsters am Straßenrand. Pete war so albern wie ein Junge, und er zwitscherte und krächzte den ganzen Weg nach Hause wie jeder Vogel und jedes Tier im Himmel und auf Erden. Als sie Elm Cottage erreichten, hob er seine Frau so zärtlich hoch, als wäre sie das Baby gewesen, das sie in ihren Armen gehalten hatte. Er war stark und sie war leicht, und halb half er ihr, halb trug er sie zur Verandatür. Nancy war da, um ihr das Kind aus den Händen zu nehmen, und während sie das tat, rief Pete, der wieder am Kopf des Pferdes stand: „Das ist das letzte Möbelstück, auf das das Haus gewartet hat, Nancy." Was wäre ein Haus ohne Kind? Nur ein Raum ohne Uhr."

„In der Tat eine Uhr", sagte Nancy; „Die Uhren stehen still, aber hier läuft alles wie am Schnürchen."

„Verführe den Nachtmann nicht in Versuchung, Nancy", rief Pete; aber er war voller kindlicher Freude.

Kate trat ein. Das Feuer brannte im Wohnzimmer, die Kaminöfen glänzten wie Glas, in den Ornamenten auf dem Kaminsims hingen Zweige von Fuchsienknospen – alles war warm und fröhlich und heimelig. Sie setzte sich, ohne ihren Hut abzunehmen. „Warum kann ich nicht ruhig und glücklich sein?" Sie dachte. „Warum kann ich mich nicht dazu bringen, ihn zu lieben und zu vergessen?"

Aber sie war wie jemand, der eine Wüste unter dem Meer durchquerte – eine riesige unter Wasser liegende Sahara. Über ihrem Kopf lag ihr ganzes Leben, mit all ihrer Liebe und all ihrem Glück, und die Dinge um sie herum waren nur die geisterhaften Schatten, die sie warfen.

IX.

Je mehr Kate erkannte, dass sie sich in der Lage einer schlechten Frau befand, desto mehr kämpfte sie darum, eine gute Frau zu sein. Sie flüchtete in die Religion als Zufluchtsort. Es gab keinen Glauben an ihre Religion, keinen Glauben, kein Glaubensbekenntnis, keine mystischen Gefühle, sondern nur Angst, Scham und Reue. Dennoch war es leidenschaftlich genug. Am Sonntagmorgen ging sie zu den Christen, am Sonntagnachmittag zur Kirche, am Sonntagabend zur Wesleyan-Kapelle und am Mittwochabend zum Missionshaus der Primitives. Ihre Katholizität gefiel ihrem Vater nicht. Er sah in ihr zitterndes Gesicht und fragte, ob sie heimlich irgendein Gebot gebrochen hätte. Sie wurde blass und antwortete „Nein.“

Pete folgte ihr, wohin sie auch ging, und als er das sah, folgten ihm einige der niedereren Vertreter der religiösen Menschen. Sie beschimpften einander heftig, als sie versuchten, an seine Geldsäcke zu gelangen. „Du wirst nie dorthin gehen“, sagte einer. „Sie halten an der Wahl fest – einer seelenzerstörenden Doktrin.“ „Ein anständiger Mann kann sich nicht der Cowley-Bande anschließen“, sagte ein anderer. „Sie leugnen die Erbsünde und sind um nichts besser als Ungläubige.“

Pete maß sie alle bis auf die Taschen ihrer Westen.

„Sie erinnern mich“, sagte er, „wenn Sie mit Ihren Doktrinen am Tor sind, an die Kaffern draußen in Kimberley. Wenn einer von ihnen einen alten Hut auf dem Gelände fand, den ein Weißer weggeworfen hatte, zündeten sie nach Einbruch der Dunkelheit ein Lagerfeuer an und tranken einen normalen Tynwald Coort darauf. Dort hockten sie auf ihren Hintern, nichts war von ihnen zu sehen außer ihren Augen und Zähnen, und es gab so viele Fragen wie den Katechismus. „ *Wer* hat es gefunden!“ sagt einer. „ *Wo* hat er es gefunden?“ sagt ein anderer. „Wenn *er* es nicht gefunden hätte, wer hätte es sonst gefunden?“ So blieben sie bis zwei Uhr morgens, das Feuer war erloschen, und alle kreischten vor sich hin wie Affen im Dunkeln. Und alles über einen Hut mit einem Loch darin, der kein halbes Cent wert ist.“

„Blasphemie“, riefen sie. „Aber dennoch und für immer geben Sie der Witwe und leihen dem Herrn – Sie praktizieren die Religion, an die Sie nicht glauben, Cap'n Quilliam.“

„Dann sind wir also zu zweit.“ sagte Pete, „denn du glaubst an die Religion, die du nicht praktizierst.“

Aber Cæsar bekam Pete trotz seiner Skepsis schließlich. Es war Zeit für das jährliche Lagertreffen. Kate ging los, und Pete folgte ihr wie ein großer Hund auf den Fersen. Die Truppe versammelte sich an der Sulby Bridge und marschierte zu einem Erweckungschor durch das Dorf. Sie hielten an einem Feld von Cæsar in der Schlucht an – es war das Melliah-Feld vom letzten Jahr – und Cæsar bestieg einen Karren, der dort abgestellt worden war und als Kanzel diente. Dann sangen sie noch einmal, und nachdem sie sich in viele Gruppen aufgeteilt hatten, gingen sie in kleine Kreise, die wie Ginsterringe auf den Bergen aussahen. Danach versammelten sie sich wieder zu den Klängen eines anderen Refrains und versammelten sich erneut um den Karren für Cæsars Predigt.

Es ging um die Pflicht zur sündlosen Vollkommenheit. Heutzutage gab es auf der Insel böse Menschen und glückliche Sünder, die ihnen sagten, es sei nicht gut, in diesem Leben fehlerlos zu sein, denn Tugend erzeuge Stolz, und Stolz sei eine Todsünde. Andere sagten, dass ein Mensch umkehren müsse, um gerettet zu werden, er auch sündigen müsse, um umzukehren. Lehren des Teufels – hören Sie nicht auf sie. Könnte ein Mann im Glaubenshaushalt auch nur eine Sekunde leben, ohne eine Sünde zu begehen? Natürlich konnte er. Eine Minute? Sicherlich. Eine Stunde? Daran besteht kein Zweifel. Wenn ein Mensch dann eine Stunde ohne Sünde leben könnte, könnte er einen Tag, eine Woche, einen Monat, ein Jahr – nein, ein ganzes Leben lang leben.

Als er so weit kam, war Cäsar ins Schwitzen geraten, er zog seinen Mantel aus, hängte ihn über das Rad und ging in Hemdsärmeln weiter. Sie sollen keine Ausreden für Rückfällige finden. Es war ein Trick des Teufels, sich um Sie zu kümmern und zu vergessen, den Riemen (den Preis) zu bezahlen. Es war eine alte und gute Regel, dass jeder, der sich der Sünden des Fleisches schuldig machte, in dieser Welt öffentlich bestraft werden sollte, damit seine Sünden ihm am Tag des Herrn nicht angerechnet würden.

Cäsar warf seine Weste ab und schloss mit einer leidenschaftlichen Ermahnung, in der er seine Zuhörer aufforderte, sich von geheimen Sünden zu befreien. Wenn man die Redekunst anhand ihrer Wirkung beurteilen kann, dann war Cäsars Predigt eine großartige Rede. Es begann inmitten des Schweigens seiner eigenen Anhänger und der *Schts* und *Pshaws* einer kleinen Gruppe seiner Feinde, die sich außerhalb der Menge herumtrieben, um den „Waddler" und den „Zöllnerprediger" lächerlich zu machen. Aber es endete inmitten lauter Lobrufe und Flehen aller seiner Zuhörer, Seufzen und Stöhnen und dem körperlichen Umklammern eines anderen am Arm in Anfällen von Angst und Verzückung.

Als Cäsars Stimme verstummte wie eine Meereswelle, sprang jemand aus dem Gras, um zu beten. Und bevor das erste Gebet zu Ende war, begann ein zweites. Mittlerweile hatten die Büßer begonnen, sich durch die Menge hindurchzubewegen, und sie fielen weinend und stöhnend vor dem Karren auf die Knie. Kate war unter ihnen, und als sie ihren Platz einnahm, hielt Pete sich immer noch an ihrer Seite. Ein heftiger Schauder lief über ihre Schultern und ihre feuchten Augen fielen auf das Gras. Pete nahm ihre Hand und als er spürte, wie sie zitterte, füllten sich auch seine eigenen Augen. Über ihren Köpfen ragte Cäsar mit feurigen Augen und flammendem Gesicht auf. In einer kurzen Pause zwischen zwei Gebeten erhob er seine Stimme zu einem Hymnus. Die Leute schlossen sich ihm in der zweiten Bar an, und dann ging das Wehklagen der Büßer in einem allgemeinen Ruf der Erweckungsmelodie unter:

„Wenn irgendein armes, wanderndes Kind von Dir

Habe heute die göttliche Stimme verschmäht,

Nun, Herr, das gnädige Werk beginnt,

Er liege nicht mehr in Sünde.

Kate schluchzte laut – das arme Gefäß menschlicher Leidenschaften, das hin und her geworfen wurde, gequält von dem Feuer, das sie verzehrte.

Als die Büßer ruhiger wurden, standen sie einer nach dem anderen auf, um von ihren Erfahrungen mit Satan und der Erlösung zu berichten. Schließlich nutzte Cæsar seine Gelegenheit und sagte: „Und jetzt wird uns Bruder Quilliam seine Erfahrung mitteilen."

Pete erhob sich von Kates Seite mit tränenüberströmten Augen und einem Jubelgeschrei, das größtenteils scherzhaft war. „Sei guten Mutes, Peter, fürchte dich nicht."

„Ich habe nicht viel zu erzählen", sagte Pete – „nur eine Geschichte von Rückschritten. Bevor ich genug verdiente, um mich ins Land zu tragen, arbeitete ich einen Monat lang in Kapstadt auf den Booten. Mein Herr war ein frommer alter Holländer, der den Namen Jan erhielt. Eines Samstagabends verlor ein großes Schiff draußen seinen Anker, und am Sonntagmorgen wurden vierzig Pfund dafür geboten, es zu finden. Alle Bootsleute zogen aus, außer Jan. ,Sechs Tage sollst du arbeiten', sagt er, ,aber der siebte ist der Sabbat.'"

Petes Ansprache wurde hier von lauten Dankesrufen unterbrochen.

„Den ganzen Tag lang sah er, wie die Boote in der Bucht tobten, und um nicht in Versuchung zu geraten, ging er ins Schlafzimmer, zog die Jalousien herunter, ging auf die Knie und kämpfte wie verrückt. Und etwas aus dem Himmel sagte zu ihm: „Es ist der Tag des Herrn, Jannie; Sie werden keinen Ha'p'ort bekommen.' Sie taten es auch nicht; Aber als auf Jans Uhr zwölf Uhr Mitternacht stand, explodierten wir beide wie Raketen. Nun ja, wir waren keine zehn Minuten auf dem Wasser, als unser Ringen diesen Anker erwischte."

Es gab laute „Ruhm!"-Rufe.

„Jan schrie: ‚Der Herr hat uns so gerade darauf gestellt wie den Deckel eines Wasserkochers!'"

Große „Halleluja!"-Rufe

„Aber als wir an Land kamen, stellten wir fest, dass Jans Uhr zwanzig Minuten vorging, und das war das Ende der Religion des alten Mannes."

An diesem Tag verbreitete sich die Nachricht, dass sowohl Pete als auch Kate bekehrt worden seien. Ihre Namen wurden in die Klasse eingetragen und sie erhielten ihre vierteljährlichen Eintrittskarten.

Am nächsten Morgen machte sich Kate zu ihrem Gottesdienst auf den Weg zur Kirche. Ihre häuslichen Pflichten hatten zu diesem Zeitpunkt ihr Interesse verloren und sie überließ es Nancy, das Abendessen zu kochen. Pete hatte sich freiwillig bereit erklärt, die Betreuung des Kindes zu übernehmen. Dies begann er, indem er sich mit seiner Pfeife in einen Sessel neben der Wiege setzte und unbeirrt hineinschaute, bis der Kleine erwachte. Dann wiegte er es, kramte in seinem Gedächtnis nach einem Kinderlied, um es zu beruhigen, und rauchte und sang zusammen.

„Ein Frosch, den er umwerben würde,

Kitty allein, Kitty allein,

(Puff Puff.)

Eine wunderbare Art von Beau,

Kitty allein und ich!"

(Puff, Puff, Puff.)

Die Sonne schien durch die Tür, und der Schatten eines Mannes fiel auf das Wiegenkopf. Es war Philipp. Pete öffnete seinen Mund zu einem unausgesprochenen „Still", und Philip setzte sich schweigend hin, während Pete weiter rauchte und sang.

„Aber als ihr Mann, die Ratte, nach Hause kam,

Kitty allein, Kitty allein,

Beten Sie, wer ist hier, seit ich weg bin?

Kitty allein und ich!" (Puff Puff)

Pete hatte die Mitte des Verses über „den würdigen Herrn" erreicht, als das leise Winseln in der Wiege zu einem langen Atemzug wurde und verstummte.

„Endlich weg, Gott segne es", sagte Pete. „Und wie geht es dir, Philip? Und wie läuft die Petition?"

Den Kopf auf die Hand gestützt, starrte Philip geistesabwesend ins Feuer und hörte nichts.

„Wie läuft die Petition ab?" sagte Pete.

„Darüber wollte ich sprechen", sagte Philip. „Es tut mir leid zu sagen, dass es keine, aber schlechte Auswirkungen hatte. Es hat nur die Aufmerksamkeit auf die Tatsache gelenkt, dass Manx-Fischer keine Hafengebühren zahlen."

„Und auch richtig", sagte Pete. „Die Häfen sind die Häfen unserer Väter und wurden uns vor vierzig Jahren freigegeben."

„Dennoch", sagte Philip, „sind die Gebühren zu verlangen." Der Gouverneur hat eine Anordnung erlassen."

„Dann werden wir uns dagegen wehren – jeder Fischer auf der Insel", sagte Pete. „Und wenn sie dich zum Dempster machen, wirst du uns im Tynwald Coort unterstützen."

„Pass auf dich auf, Pete, pass auf dich auf", sagte Philip.

Dann kam Kate aus der Kirche und Pete begrüßte sie mit einem Zuruf. Philip stand auf und verneigte sich schweigend. Die Spuren der Gebete der Woche waren auf ihrem Gesicht zu sehen, aber sie hatten ihr keinen Trost gebracht. Sie hatte sich ständig Trost durch die Religion geschworen, aber jede neue Übung der Hingabe schien die Wunde aufzureißen, aus der sie verblutete.

Sie legte ihren Umhang ab und trat zur Wiege. Das Kind schlief friedlich, aber sie überzeugte sich, dass es ihm nicht gut gehen musste. Ihre eigenen Hände waren kalt und feucht, und als sie das Kind berührte, dachte sie, seine Haut sei feucht. Plötzlich wurden ihre Hände heiß und trocken, und als sie das Kind erneut berührte, glaubte sie, seine Stirn sei fiebrig.

„Ich bin sicher, sie ist krank", sagte sie.

„Chut! Liebe", sagte Pete; „Nicht kranker als ich."

Aber um ihre Ängste zu beruhigen, ging er zum Arzt. Der Arzt war auf dem Land und würde wahrscheinlich erst in einigen Stunden zurückkommen. Kates Ängste nahmen zu. Jedes Mal, wenn sie das Kind ansah, übertrug sie ihm die Symptome ihres eigenen Zustands.

„Mein Kind liegt im Sterben – da bin ich mir sicher", rief sie.

„Unsinn, Liebling", sagte Pete. „Noch vor einer Stunde sah es so frech aus wie ein Kater."

Schließlich überkam sie ein neuer Schrecken und sie schrie: „Mein Kind stirbt ungetauft."

„Nun, das werden wir bald reparieren, Liebling", sagte Pete. „Ich werde den Pfarrer holen." Und er nahm seinen Hut und ging hinaus.

Er rief Pfarrer Quiggin an, der versprach, ihm sofort zu folgen. Dann ging er weiter nach Sulby, um Cäsar, Oma und einige andere zu holen, da er keine Angst um das Leben des Kindes hatte, aber eine gewisse Hoffnung hatte, Kates Melancholie durch die Fröhlichkeit eines Tauffestes zu vertreiben.

In der Zwischenzeit waren Philip und Kate mit der Kleinen allein, außer in den Pausen, in denen Nancy zwischen Flur und Küche hin und her ging. Sie war unruhig und voller Erwartung und zuckte bei jedem Geräusch und jedem Schritt zusammen. Er konnte sehen, dass sie ganze Nächte ohne Schlaf verbracht hatte und eine Existenz durchlebte, die sich selbst verbrannte.

Er tat, was er wollte, um ihre Leiden als die üblichen Folgen einer Geburt zu erklären, er konnte nicht anders, als sie mit der alten schmeichelhaften Lösung aufzulösen. Sie zahlte die Strafe dafür, den falschen Mann geheiratet zu haben. Und sie war schuld. Welchem Zwang auch immer ihr auferlegt wurde, sie hätte ihm standhalten müssen. Es gab keine Situation im Leben, aus der man nicht entkommen konnte. Hatte *er* nicht einen Ausweg aus einer im Wesentlichen gleichen Situation gefunden? So überkam ihn trotz Kates Schmerz ein gewisser Stolz auf sein eigenes Verhalten.

Aber seine Zärtlichkeit kämpfte mit seiner Selbstgerechtigkeit. Er schaute in ihr mitleiderregendes Gesicht und seine Kraft ließ fast nach. Sie sah ihm in die Augen und liebevolles Mitleid überkam ihn fast. Ein- oder zweimal schien sie etwas sagen zu wollen, aber sie sagte nichts, und er sagte wenig. Doch es fehlte ihm all seine Entschlossenheit, sie nicht in seine Arme zu nehmen und zu trösten, seine Tränen nicht mit ihren zu vermischen, ihr nicht von sechs Monaten zu erzählen, die er vergeblich damit verbracht hatte, sie aus seinem Herzen zu tilgen, nicht zu flüstern freudlose Tage und Nächte, die durch die Wiederholung ihres Namens trostlos wurden. Aber nein, er wäre stärker als das. Es war noch nicht zu spät, den Weg der Ehre zu gehen. Er würde nicht länger zwischen Mann und Frau stehen.

Pete kam zurück und brachte Oma und Cæsar mit. Der Pfarrer kam bald nach ihnen. Kate saß mit dem Kind auf ihrem Schoß und brütete darüber wie ein Vogel über seinem Nest. Das Kind schlief immer noch im Schlaf der Gesundheit und Unschuld, aber die Augen der Mutter waren wild.

„Scheiß, Mist!“ sagte Oma und küsste ihre Tochter. Kate antwortete nicht. Nancy Joe bekam rote Augenlider und begann, sich die Nase zu putzen.

„Hier ist der Prazon, Liebling“, flüsterte Pete und Kate stand auf. Die Gesellschaft erhob sich mit ihr und stellte sich im Halbkreis vor das Feuer. Es war jetzt zwischen Tageslicht und Dunkelheit, und der Feuerschein blitzte in ihren Gesichtern.

„Sind der Pate und die Patinnen anwesend?“ fragte der Pfarrer.

"Herr. Christian wird Pate stehen, Parzon; und Nancy und Oma werden Patinnen sein."

Nancy nahm das Kind aus Kates Armen und der Gottesdienst zur privaten Taufe begann mit den gewaltigen Worten: „Innig geliebt, denn alle Männer werden in Si-- gezeugt und geboren."

Der Pfarrer blieb stehen. Kate war gestolpert und fast gestürzt. Pete legte seinen Arm um sie, um sie aufrecht zu halten, und dann ging der Gottesdienst weiter.

Da wandte sich der Pfarrer mit sanfterer Stimme und einer Kopfneigung an Philipp.

„Verzichte im Namen dieses Kindes auf den Teufel und alle seine Werke, auf den eitlen Prunk und die Herrlichkeit der Welt, mit allen begehrlichen Begierden desselben und den fleischlichen Begierden des Fleisches, damit du es nicht tust Folgt ihr und lasst euch nicht von ihnen leiten?"

Und Philip antwortete mit fester, leiser Stimme: „Ich verzichte auf sie alle."

Der Pfarrer nahm das Kind von Nancy. „Nennen Sie dieses Kind."

Nancy sah Kate an, aber Kate, die heftig atmete, gab kein Zeichen.

„Kate", flüsterte Pete; „Kate, natürlich."

„Katherine", sagte Nancy und auf diesen Namen wurde das Kind getauft.

Als der Gottesdienst zu Ende war, kam Dr. Mylechreest herein. Oma hielt die kleine Katherine an sich und er beherrschte sein Gesicht und sah sie an.

„Mit dem Kind ist nicht viel los", sagte er.

„Ich wusste es", rief Pete.

„Aber vielleicht ist die Mutter etwas schwach und nervös", fügte er leise hinzu.

„Sie ist grob, der Sumpf", rief Pete.

„Lassen Sie sie mehr Gesellschaft sehen", sagte der Arzt.

„Das wird sie", sagte Pete.

„Wenn das nicht reicht, schicken Sie sie für eine Weile weg."

"Ich werde."

„Neue Szenen, neue Gesellschaft; lieber außerhalb der Insel."

„Ich bin bereit."

„Sie wird als andere Frau zurückkommen.“

„Ich werde das Gleiche ertragen“, sagte Pete; und während die Gesellschaft lachte, riss er die Tür auf und rief: „Komm herein!“ und ein halbes Dutzend Männer, die draußen gewartet hatten, marschierten in die Halle. Wegen der Anwesenheit großartiger Menschen traten sie mit schüchternen Blicken ein.

„Jetzt nimm einen Schluck Saft, Nancy“, rief Pete.

„Auch nicht allzu viel Aufregung“, sagte der Arzt und mit dieser Warnung ging er. Der Pfarrer ging mit ihm. Philip war zuerst herausgeschlüpft, ohne dass es irgendjemand bemerkte. Oma trug die kleine Katherine in die Küche und badete sie vor dem Feuer. Kate lag mit Kissen gestützt im Sessel in der Ecke. Dann brachte Nancy das Bier und Pete begrüßte es mit einem Schrei. Cæsar sah beunruhigt aus und stand auf, um zu gehen.

„Das Getränk gehört Ihnen, Sir“, sagte Pete; „Halten Sie an und probieren Sie es.“

Aber Cæsar konnte nicht bleiben; es wäre kaum angemessen.

„Man tauft seine erste Enkelin nicht jeden Tag“, sagte Pete. „Genießen Sie es, solange Sie leben, Sir; du wirst noch lange tot sein.“

Cæsar verschwand, aber der Rest der Gesellschaft befolgte Petes Rat und begann, es sich bequem zu machen.

„Die letzte Taufe, bei der ich dabei war, war gestern“, sagte John the Clerk. „Es war Christian Killips Kleines, bevor sie verheiratet war, und es hat das Wasser wie jedes andere Kind vertragen.“

„Die letzte Taufe, bei der ich dabei war, war meine eigene“, sagte Black Tom, „als ich zum Erben ernannt wurde, aber ich habe noch nie geerbt.“

„Das ist die Wahrheit“, sagte eine asthmatische Stimme aus der Hintertreppe.

„Nun, die letzte Taufe, bei der ich dabei war, fand in Kimberley statt“, sagte Pete, „und ich war an diesem Tag selbst Pfarrer. Aber ja, Parzon Pete. Und auch Pate und Patin, und das Baby war auch Peter Quilliam. Oh, das war überhaupt nicht zum Lachen. Auf dem Gelände ist immer ein Laster voller Frauen unterwegs, die sich wie Kletten an die Jungs klammern. Schmutzige kleine Hosen einer Regel, aber menschliche Geschöpfe für alle. Eine von ihnen bekam von jemandem ein Kind, das dann starb und keine Ruhe finden konnte, weil es noch nicht getauft war. Im Umkreis von fünfzig Meilen gab es nirgendwo einen Pazon, und es war auch Nacht, und die Frau lag am Lagerfeuer und sank. „Was ist zu tun?“ sagen die Männer. „*Ich werde es tun*“, sagte ich und tat es. Einer der Kerle holte eine Frühstücksdose mit

Wasser aus dem Fluss, und ich tauchte meine Hand hinein. „Wie heißt es?"
sage ich; aber die arme Seele war zu weit weg, um zu sprechen. Also gab ich
dem Kind meinen eigenen Namen, obwohl ich die Mutter von Noahs Tante
nicht kannte, und die großen Kerle, die barhäuptig dastanden, begannen zu
heulen wie Babys. „Ich taufe dich, Peter Quilliam, im Namen des Vaters und
des Sohnes und des Heiligen Geistes, Amen." Dann starb das Mädchen
glücklich und fröhlich, und warum sollte sie das nicht tun? Die Worte waren
die gleichen, und das Wasser war das gleiche, und wenn die Hand nicht so
sauber wäre wie sonst, würde sich der da oben vielleicht nicht um den
Unterschied kümmern."

Kate stand mit geröteten Wangen auf. Der Raum war zu eng geworden.
Pete half ihr in den Salon, wo ein helles Feuer brannte, stützte sie dann ab,
wickelte sie wieder ein und kehrte auf ihre Bitte hin zu seinen Gästen zurück.
Zu diesem Zeitpunkt war die Kompanie gewachsen, und es waren Frauen
und Mädchen darunter. Sie sangen und spielten und tanzten schließlich.

Kate hörte sie. Durch die geschlossene Tür zwischen Flur und Salon
empfand sie ihre Fröhlichkeit. Von Zeit zu Zeit steckte Pete den Kopf vor
Lachen und rief laut flüsternd: „Hast du das gehört, Kate? Es ist reich!"

Schließlich kam auch Philip, in der einen Hand seinen Hut und in der
anderen einen Karton. „Der Pate ist ein Geschenk für die kleine Katherine",
sagte er.

Kate öffnete den Deckel und zog eine Kinderkapuze aus scharlachrotem
Plüsch heraus.

„Du bist sehr gut", sagte sie ausdruckslos.

„Lass uns nicht über das Gute reden", antwortete er; und er drehte sich
zum Gehen um.

„Warte", stockte sie. „Ich habe dir etwas zu sagen. Schließ die Tür."

XI.

**Philip wurde blass. "Was ist
es?" er hat gefragt.**

Sie versuchte zu sprechen, aber zunächst gelang es ihr nicht.

„Bist du unglücklich, Kate?" er geriet ins Stocken.

„Kannst du nicht sehen?" Sie antwortete.

Er setzte sich ans Feuer und stützte sein Gesicht auf seine Hände. „Ja, wir haben beide gelitten", sagte er leise.

„Warum hast du mich ihn heiraten lassen?"

Philip hob den Kopf. „Wie hätte ich dich behindern können?"

"Wie? Fragst du mich wie?" Sie sprach etwas bitter, aber er antwortete leise.

„Ich habe es versucht, Kate, aber ich konnte nichts tun. Du schienst entschlossen. Tun Sie, was ich tun würde, um Ihre Ehe zu verhindern, zu verzögern, ganz zum Scheitern zu bringen, je mehr Sie sich beeilen und beeilen. Dann dachte ich mir: Na ja, vielleicht ist es das Beste. Sie versucht zu vergessen und zu vergeben und von vorne zu beginnen. Welches Recht habe ich, ihr im Weg zu stehen? Habe ich ihr nicht schon genug Unrecht getan? Ein guter Mann bietet ihr seine Liebe an und sie nimmt sie an. Lass sie es tun, wenn sie kann, Gott steh ihr bei! Ich mag leiden, aber ich bin jetzt nichts mehr für sie. Lass mich meinen Weg gehen."

Sie legte ihre Arme auf den Tisch und verbarg ihr Gesicht darin. „Oh, ich kann es nicht ertragen", sagte sie.

Er stand langsam auf. „Wenn es meine Anwesenheit hier ist, die dir wehtut, Kate, werde ich gehen. Es war nur ein schmerzhaftes Vergnügen, und ich war gezwungen, es zu ertragen. Du wirst mich davon freisprechen, dass ich freiwillig gekommen bin, Kate. Aber ich werde dich nicht quälen. Ich werde weggehen und nie wiederkommen."

Sie hob ihr Gesicht und flüsterte leidenschaftlich: „Nimm mich mit."

Er schüttelte den Kopf. „Das ist unmöglich, Kate. Du bist jetzt verheiratet. Dein Mann liebt dich sehr. Er ist tausendmal ein besserer Mann als ich."

„Glaubst du, ich weiß nicht, was er ist?" sie weinte und warf sich zurück. „Deshalb kann ich nicht mit ihm zusammenleben. Es bringt mich um. Ich sage dir, ich kann es nicht ertragen", schrie sie und stand auf. "Lieb mich!

Habe ich nicht versucht, mich dazu zu bringen, *ihn zu lieben* ? Habe ich nicht versucht, eine gute Ehefrau zu sein? Ich kann nicht – ich kann nicht. Er spricht nie, aber er quält mich. Es kann nichts passieren, aber es schneidet mich durch und durch. Ich kann in diesem Haus nicht leben. Die Wände erdrücken mich, die Decke fällt auf mich, die Luft erstickt mich. Ich sage dir, ich werde sterben, wenn du mich nicht herausholst. Nimm mich, Philip, nimm mich, nimm mich!"

Sie packte ihn flehend am Arm, aber er ließ nur seinen Kopf zwischen beiden Händen sinken und sagte mit tiefer, dicker Stimme: „Still, Kate, still! Ich kann und werde es nicht tun. Du bist verrückt, wenn du daran denkst."

Dann sank sie atemlos und träge wieder in den Stuhl und schluchzte tief und leise. Aus der Halle drangen Tanzgeräusche und „Hooch!"-Rufe. und die Stimme von Pete, der schrie:

„Mit Ferse und Zehen auf den Boden aufschlagen

„Bis der Himmel den Brettern unten hilft. "

„Ja, ich bin verrückt oder werde es bald sein", sagte sie hart. „Daran habe ich heute Morgen gedacht, als ich auf dem Heimweg von der Kirche den Fluss überquerte. Es würde bald *da drüben sein* , dachte ich. Kein Ärger mehr, keine Träume mehr, kein Aufwachen mehr in der Nacht, um den Atem desjenigen neben mir zu hören und die Stimme aus der Dunkelheit, die schreit …"

„Kate, was sagst du?" unterbrach Philip.

„Oh, du brauchst nicht zu denken, dass ich eine schlechte Frau bin, denn ich bitte dich, mich von meinem Mann wegzunehmen. Wenn ich das wäre, könnte ich es vielleicht dreist herausstellen und hier weiterleben und so tun, als würde ich es vergessen; Viele Frauen tun es, sagen sie. Und ich habe auch keine Angst, dass er mich jemals herausfinden wird. Ich muss nur meine Lippen schließen, und er wird es nie erfahren. Aber *ich* werde es wissen, Philip Christian", sagte sie mit einem trotzigen Blick in seine Augen, als er sie hob.

Ihre Vorwürfe schmerzten ihn weniger als ihre mitleiderregenden Bitten, und im nächsten Moment schluchzte sie wieder. „Oh, was kann Gott tun, außer mich sterben zu lassen! Ich dachte, er würde es tun, wenn das Kind kam; aber Er tat es nicht, und dann – bin ich schließlich eine böse Frau? – betete ich, dass Er mein unschuldiges Baby trotzdem nehmen würde."

Doch vor Wut über ihre Schwäche wischte sie die Tränen weg und sagte: „Ich bin keine schlechte Frau, Philip Christian; und deshalb werde ich nicht mehr hier leben. Es gibt etwas, das Sie nie erraten haben und das ich Ihnen nie gesagt habe; aber ich muss es dir jetzt sagen, denn ich kann mein Geheimnis nicht länger für dich behalten."

Er hob den Kopf mit einem Geräusch in seinen Ohren, das wie Flügelschlag im Dunkeln war.

„Dein Geheimnis, Kate?"

„Wie glücklich ich war", sagte sie. „Vielleicht war ich schuld – ich liebte dich so sehr und hatte solche Angst, dich zu verlieren. Vielleicht haben Sie gedacht, dass alles, was zwischen uns passiert ist, im Laufe der Zeit immer wieder zurückgehen würde . Aber seitdem läuft es in die andere Richtung. Ja, und solange ich lebe und solange das Kind lebt –"

Ihre Stimme zitterte wie die Sehne eines Bogens und verstummte. Er stand auf.

„Das Kind, Kate? Sagten Sie das Kind?"

Sie antwortete nicht sofort und murmelte dann mit gesenktem Kopf: „Habe ich dir nicht gesagt, dass da etwas war, was du nie erraten hättest?"

„Und ist es das?" sagte er mit einem ängstlichen Flüstern.

"Ja."

"Sie sind sicher? Du betrügst dich nicht selbst? Das ist keine Hysterie?"

"NEIN."

„Du meinst, dass das Kind –"

"Ja."

Seine Fragen waren keuchend gekommen, wie kurze Brecher aus einem steigenden Meer; Ihre Antworten waren wie die Minutenpistole darüber herabgefallen. Dann, in der Stille, drang Petes Stimme durch die Wand. Er sang ein raues altes Liedchen –

> *„Ich wollte zufällig nach Covent Gardens gehen,*
>
> *Um einige der schönsten Blumen zu sehen, die in den Gärten wachsen. "*

Nancy kam mit einem Korb voller Kohlen herein. „Der Kleine schläft", sagte sie und ging am Feuer auf die Knie. Sie hatte die Tür angelehnt gelassen, und Petes Lied hallte durch den Raum –

> *„Die erste war die schöne Nancy, so zart und hell,*
>
> *Die andere war eine Jungfrau, und sie trug Lorbeeren. "*

„Oma hat sie gebadet und sie ist dort wie ein kleiner Engel im Kinderbett“, sagte Nancy. „Und ‚Liebes Herz, am Leben, Oma‘, sage ich, ‚sie ist wie ihr Vater, wenn sie schläft.‘“

Nancy wischte den Kamin und ging weg. Als sie die Tür schloss, verebbte Petes Stimme.

Philipps Lippen zitterten, seine Augen wanderten über den Boden, er wurde ganz blass, er versuchte zu sprechen und konnte es nicht. Sein ganzer Selbststolz wurde in einem Augenblick zunichte gemacht. Die Ehre, in der er versucht hatte, aufrecht wie in einer Rüstung zu stehen, wurde ihm genommen. Ohne es zu wissen, hatte er eine Rechnung bei Nature angelegt. Er hatte vergessen, dass eine Sünde Konsequenzen hat. Die Natur hat nicht vergessen. Sie hatte ihre eigene Rechnung beibehalten. Es fiel ihm schwer zu glauben, dass er schließlich ein moralischer Mann war, ein freier Mann; aber die Natur war ein strengerer Moralist; sie hatte ihn an die Vergangenheit gekettet, sie hatte ihn an sich gebunden.

Er stand immer noch mit gesenktem Kopf am Feuer. „Wussten Sie das, bevor Sie mit Pete verheiratet waren?“ fragte er, ohne aufzusehen.

„Hätte ich ihm ohne das nicht schon genug Unrecht getan?“ Sie antwortete.

„Aber haben Sie daran gedacht, dass es vielleicht passieren könnte?“

„Und wenn ja, was dann?“

„Wenn du es mir gesagt hättest, Kate, hätte nichts und niemand zwischen uns kommen sollen – nein“, sagte er mit entschiedener Stimme, „weder Pete noch die ganze Welt.“

„Und war es nicht deine eigene Pflicht, dich zu erinnern? War es meine Aufgabe, zu dir zu kommen und zu sagen: ‚Philip, es könnte etwas passieren, ich habe Angst?‘“

War das der Zwang, der sie in die Ehe mit dem falschen Mann getrieben hatte? War das alles Hysterie? Konnte sie sicher sein? Auf jeden Fall konnte sie diesen schrecklichen Gedanken nicht denken und weiterhin mit ihrem Mann zusammenleben.

„Du hast recht“, sagte er mit gesenktem Kopf. „Sie können hier nicht länger leben. Dieses Leben der Täuschung muss ein Ende haben.“

„Dann nimmst du mich mit, Philip?“

„Ich muss, Gott vergib mir, ich muss. Ich dachte, es wäre Sünde. Aber *das* ist lange her. Es wird eine Strafe sein. Wenn ich es schon vorher gewusst hätte – und ich bin immer wieder hierher gekommen, um auf sein Glück zu blicken –, aber wenn ich einmal – und dann erst vor einer Stunde – den Eid bei seiner Taufe geträumt hätte – O Gott!"

Ihre Tränen flossen wieder, aber eine Art Gelassenheit hatte sich jetzt über sie gelegt.

„Verzeih mir", flüsterte sie. „Ich habe versucht, es für mich zu behalten——
——"

„Du konntest es nicht behalten; du hättest es nie so lange behalten sollen; Der Finger Gottes selbst hätte es dir ausbrennen sollen."

Er sprach hart und sie empfand Schmerzen; aber es gab auch eine heimliche Freude.

„Ich ruiniere dich, Philip", sagte sie und beugte sich über ihn.

„Wir treiben beide in den Ruin, Katherine", antwortete er heiser. Er war ein verlassener Schiffsrumpf, ohne Ankerplatz und ohne Hand am Ruder – kaputt, blind, dem Untergang entgegenrollend.

„Ich kann dir nichts bieten, Kate, nichts als ein verborgenes Leben, ein Leben im Dunkeln. Wenn Sie zu mir kommen, werden Sie einen Ehemann, der Sie verehrt, für einen verlassen, mit dem Ihr Leben niemals verbunden werden kann. Sie werden ein Leben in Respekt an der Seite eines guten Mannes gegen ein Leben in Demütigung und Schande eintauschen. Wie kann es jetzt anders sein? Es ist zu spät, zu spät!"

„Denk nicht daran, Philip. Wenn du mich liebst, kann es für mich keine Demütigung und keine Schande geben. Ich liebe dich, Liebes, ich kann nicht anders, als dich zu lieben. Liebe mich nur ein wenig, Philip, nur ein wenig, Liebster, und es wird mich nie interessieren – nein, es wird mir nie, nie egal sein, was auch immer passiert."

Ihre leidenschaftliche Hingabe beseitigte alle seine Skrupel. Seine Kehle schnürte sich zu, seine Augen wurden trübe. Sie legte zärtlich einen Arm auf seine Schulter.

„Ich werde dir folgen, wohin du auch gehen musst", sagte sie. „Du bist mein richtiger Ehemann, Philip, und war es schon immer. Wir werden einander lieben, und das wird alles wiedergutmachen. Es gibt nichts, was ich nicht tun werde, um dich vergessen zu lassen. Wenn du weggehen musst – weit weg – egal wohin – werde ich mit dir gehen – und auch mit dem Kind – und wenn wir arm sein müssen, werde ich mit dir zusammenarbeiten."

Aber er schien sie nicht zu hören, als er mit vergrabenem Gesicht am Feuer hockte. Und in der Stille drang erneut Petes gedämpfte Stimme durch die Wand und sang sein raues Liedchen:

Unbewusst berührten sich ihre Hände und ihre Finger verschränkten sich.

„Es wird ihm das Herz brechen", murmelte er.

Sie ergriff seine Hand nur noch fester und ging neben ihm in die Hocke. Sie waren wie zwei schuldige Seelen an den Altarstufen und lauschten der fröhlichen Glocke, die im Turm für die glückliche Welt draußen schwingt.

Die Tür öffnete sich mit einem Knall, und Pete rollte herein und schallte vor Lachen.

„Hast du geglaubt, dass es sich um eine Erdwelle handelte, Philip?" „Oder eine Amsel, die ein bisschen beschwipst ist, oder?" schrie er. Gott segne mich, Mann, aber es ist gut von dir, dass du da oben im Schornstein sitzt wie eine gute alte Dohle und der armen Frau Gesellschaft leistest, während ihr selbstsüchtiger alter Mann wie ein Schwarzkehlchen mit dem Schwanz flirtet. Die Firma geht jetzt, Kitty. Werden sie dir gute Nacht sagen? NEIN? Mach es, wie du willst, Mistkerl. Du siehst sowieso müde aus. Dempster, die Jungs fragen, wann die Zeremonie stattfindet, und kommst du an diesem Abend nach Hause zu Ramsey? Aber um Himmels willen, Mann, dein Auge ist mit Blut bespritzt, so schlimm wie das Ei eines Rotkehlchens."

In seinem Leiden und seiner Erniedrigung hatte Philip das Gefühl, als sehnte er sich danach, dass die Erde sich öffnete und ihn verschluckte.

„Blutunterlaufen, oder?" er sagte. "Schon gut. Die Zeremonie? Ich soll den Eid morgen um drei Uhr beim Sonderrat in Douglas ablegen. Ja, ich komme für die Nacht zurück nach Ballure?"

„Fahren, was?"

"Ja."

„Sechs Uhr vielleicht?"

„Vielleicht sieben bis acht."

"Das ist in Ordnung. Allerdings sind die Jungs sterblich neugierig. Es gehört zur Rasse dieser Manx-Modelle, wissen Sie. Laxey Art, jetzt?"

„Ich fahre bei St. John's vorbei", sagte Philip.

Mit einem Blick wundersamer Weisheit und einem wissenden Augenzwinkern über Philipps Rücken zu Kate ging Pete hinaus. Dann wurde in der Halle und auf den Wegen vor dem Haus viel und leise geredet.

Philip verstand, was es bedeutete. Er warf einen Blick zurück zur Tür, beugte sich zu Kate und sagte flüsternd, ohne ihr in die Augen zu sehen:

„Die Kutsche soll um halb sieben kommen. Es wird einen Moment in der Parsonage Lane stehen bleiben und dann über Laxey nach Douglas zurückfahren."

Sein Gesicht war gebrochen und hässlich vor Scham und Demütigung. Als sie das sah, dachte sie an ihr Geständnis, und es kam ihr jetzt abscheulich vor; Aber das Gefühl, dass die Krise vorbei sei, erfüllte mich mit großer Erleichterung.

Pete rief auf der Veranda: „Gute Nacht allerseits! Gute Nacht!"

"Gute Nacht!" kam mit vielen Stimmen zurück.

Oma kam bis zum Hals vermummt herein. „Wie soll ich nach Sulby zurückkommen, und dein Vater ist in diesen zwei Stunden weg?" Sie sagte.

„Er nicht", sagte Pete und kam mit zusammengekniffenem Auge und einem Finger an der Nase hinterher. „Der alte Mann war die ganze Nacht auf der Hintertreppe und hat wunderbar zugehört und zugeschaut. Seine Rinde ist gewaltig, aber sein Biss ist nicht der Rede wert."

Und dann erklang eine klagende Stimme aus dem Saal und sagte: „Kommst du *nie* nach Hause, Mutter?" Ich bin erschöpft davon, auf dich zu warten."

Seit der Geburt des Babys war in Oma ein kleines Stück Jugend erblüht.

„Gute Nacht, Pete", rief sie vom Tor aus, „und viele glückliche Rückblicke auf den Tauftag."

„Eins hat dir gereicht, Mutter", sagte Cæsar, und dann hallte seine Stimme über die Straße.

Philip war in die Halle gekommen. „Du hast noch genug Zeit", sagte Pete. „Zuerst ein Glas? NEIN? Ich habe Ihre Stute zum Mitre geschickt. Da ist sie; Das ist ihr Fuß auf dem Weg. Ich muss dich sowieso verabschieden. Wo ist diese Laterne überhaupt?"

Sie stiegen aus. Pete hielt das Licht, während Philip aufstieg, und führte ihn dann im tiefen Schatten des alten Baumes zur Straße.

„Gute Nacht für eine Fahrt, Phil. Hören! Das ist das Aufwirbeln des Ziegenmelkers, der zum Ballure Glen hinaufsteigt. Ok, Gute Nacht! Gute Nacht, und Gott segne dich, alter Kerl!"

Kate drinnen hörte den gedämpften Klang von Philipps „Gute Nacht", das Knirschen der Hufe der Stute auf dem Kies und das Klirren des Gebisses in ihren Zähnen. Dann schloss sich die Verandatür mit einer hohlen Vibration wie bei einem Tresorraum, die Kette rasselte darüber, und Pete war zurück im Zimmer.

„*Was* für eine Nacht wir hatten! Und jetzt ins Bett."

- 334 -

XII.

Kate war am nächsten Morgen früh auf, aber Pete rührte sich vor ihr. Sobald er die Nachricht von Philipps Ernennung erfahren hatte, hatte er zu Ehren des Tages der Zeremonie eine Trommel- und Blaskapelle organisiert. Die Blechbläser waren von Laxey geliehen worden, aber die Trommel hatte Pete gekauft.

„Lass uns eine große Trommel haben", sagte er; „Etwas mit einer Stimme, nicht im Geringsten mit einem Tupfen, das mit einem Knall wie Blasentang losgeht."

Das Pergament war einen Meter breit, die Stahlringe um es herum glichen den Reifen eines Hundekarrens, und die schwarzen Trommelstöcke glichen laut Pete den Kugelköpfen zweier Nigger. Jonaique Jelly spielte Klarionette und John the Widow spielte Posaune, aber die Trommel war das Hauptinstrument. Pete selbst hat es gespielt. Er hämmerte, dröhnte, donnerte. Während er das tat, strahlten seine Augen vor Entzücken. Für Pete sprach eine große Heldenseele aus der Trommel. Mit dem Riemen über den Schultern kümmerte er sich nicht sonderlich um die Melodie. Als das Herz in seiner Brust hüpfte, fielen die Niggerköpfe auf die mächtige Ausbuchtung davor; und das war sicherlich das Ende und Ziel aller Musik.

Die Band übte in der Hütte, die Pete mitten in seinem Garten als Sommerhaus eingerichtet hatte. Sie trafen sich an diesem Morgen bei Tagesanbruch zur letzten Probe. Und da sie vor ihrer Morgenmahlzeit aufstanden, waren sie gezwungen zu rauchen und zu trinken sowie zu spielen. Dies taten sie mit einer einzigen Pfeife und einem einzigen Topf, die jeder der Reihe nach vom Tisch nahm, wenn es ihm zufiel, ein paar Takte Pause zu machen.

Während ihre gedämpfte Melodie durch die Holzwände und den dichten Rauch ins Haus drang, bereitete Kate das Frühstück vor. Sie tat alles sorgfältig, denn sie war ruhiger als sonst und fühlte sich von der Last befreit, die sie gedrückt hatte. Aber einmal lehnte sie, während sie sich über die Bratpfanne beugte, ihren Kopf auf den Kaminsims und blickte geistesabwesend ins Feuer; und einmal erhob sie sich beim Klang der Trommel vom Tischtuch und drückte ihre Hand fest auf ihre Stirn.

Das Kind wachte im Schlafzimmer oben auf und weinte. Nancy Joe ging mit flatternden Bewegungen nach oben und brachte sie unter viel Gegacker und Gegacker wieder nach unten. Kate nahm das Kind und fütterte es aus einem Fläschchen, das auf dem Herd erhitzt worden war. Sie war sehr zärtlich mit dem Kleinen, küsste alle seine Extremitäten, wie es Frauen tun, streichelte seine Beine und steckte seine Füße in ihren Mund.

Pete kam herein, heiß und schwitzend, und Kate gab Nancy das Kind zurück.

„Hould hard", rief Pete; „Zieh sie noch nicht aus. Gib mir einen Halt von ihr, dem kleinen Schurken. Mein Seemann! Aber was ist das für ein Kind! Schauen Sie sich das jetzt an. Sie hat meinen Daumen fest im Griff. Was für eine Faust, gewiss! Es liegt in meiner Hand wie eine Meg. Hast du bei deinem letzten Backen ein Stück Teig an die Wand geklebt, Nancy? Genauso gut, um den bösen Blick fernzuhalten. Coo-oo-oo! Sie macht es regelmäßig, genau wie die Flut eines Sommertages. Ja, Kitty, ich hätte nicht gedacht, dass Babys so viel Spaß machen."

Kate, die am Tisch saß, schenkte gerade den Tee ein, und ein plötzlicher Impuls ergriff sie.

„So ist es", sagte sie. „Erstens ist die Frau alles; aber das Kind kommt, und dann auf Wiedersehen von der Mutter, die es gebracht hat."

„Nein, bei Gough!" sagte Pete. „Das Kind ist um der Mutter willen 18 Karat Gold wert, aber die Mutter ist um des Kindes willen Diamanten." Wenn ich diese Kleine verlieren würde, Kitty, wäre das so, als würde ich die Hälfte von dir verlieren."

„In der Tat verlieren!" sagte Nancy. „Wer redet von Verlieren? Sieht sie so aus, segne ihr kleines Herz!"

„Bring sie in die Küche, Nancy", sagte Kate.

„Heute gibt es etwas Seltenes", sagte Pete mit einem Bissen. „Ich fahre nach Douglas, um zu sehen, wie Philip Dempster gemacht hat. Über St. John's mit sich selbst nach Hause kommen. Es ist alles arrangiert, Frau. Jungs treffen sich pünktlich um sieben Uhr in der Kutsche von Kirk Christ Lezayre. Dann steige ich aus, greife auf die Trommel, die Band legt los und wir bringen ihn triumphierend nach Ramsey. „Oh, das machen wir großartig", sagte Pete und blies über den Rand seiner Untertasse. „John the Clerk spielt hervorragend auf den Posaunen, und Jonaique ist mit der Klarinette nicht zu schlagen – der Mann ist Musik für sein kleines Rückgrat. Auch die Stadt wird herauskommen und die Fischer schreien wie ein Mann. Wir müssen dem Gouverneur zeigen, dass wir es schaffen. Ein Freund ist ein Freund, sage ich, und wir sind dafür, dass wir uns für den Mann einsetzen, der sich für uns einsetzt. Und wenn er dort zum Tynwald Coort geht, wird es bei einigen von ihnen Kiefersperre und Masern geben. Wenn der alte Gouverneur eine Zunge wie eine Feile hat, hat Philip eine Zunge wie eine Sense – er wird sie niedermähen. „Keine Hafengebühren", sagt er, „bis wir eine berechtigte Hoffnung auf Hafenverbesserungen haben." Wenn Sie möchten, bauen Sie in Douglas Dämme für Ihre Ausflügler, aber verlangen Sie nicht von den Fischern, dass sie dafür bezahlen.""

Pete wischte sich den Mund ab und rauchte seine Pfeife. „Es wird ein seltener Staub sein, aber wir denken nicht nur an uns selbst. Oh, nein, nein. Wenn es nichts zu tun gäbe, würden wir ihm für alle eine kleine Melodie geben, Coming Home Dempster."

Pete leuchtete auf. „Mein Seemann! Ich werde heute ein stolzer Mann sein, Kitty. Habe ich das nicht immer gesagt? „Er wird der erste lebende Manxman sein", sage ich immer wieder, und er wird mich auch nicht enttäuschen."

Kate hatte Angst, Pete könnte ihr ins Gesicht schauen. Als sie einen Riss im Stoff seines Mantels sah, zückte sie ihre Nadel und begann, ihn zu vernähen, wobei sie sich eng darüber beugte.

„Was für ein Auge eine Frau jetzt hat", sagte Pete. „Das war der Stahl der Trommel, der mich seitwärts schlug, als ich etwas aufgeregt war. Gott segne mich, Kitty, mir bleibt nichts übrig, wenn ich das alles überstanden habe. Sie sind schrecklich, wenn es um Kleidung und Schlagzeug geht."

Er blies den Rauch durch ihr Haar, als sie unter ihm kniete. „Nun, er hat alles verdient. Meine Güte, die Jahre, die ich ihn kenne! Er und ich waren wie Brüder. Ja, das haben wir, seit ich ein kleiner Junge in Jacken war und wir gemeinsam auf Maughold Head nisteten. Und das Heiraten hat keinen Unterschied gemacht. Wenn ein Mann heiratet, verkürzt er normalerweise das Segel und wirft etwas Ballast aus, aber ich überhaupt nicht. Du bekommst eine Erkältung, Kitty. NEIN? Auf jeden Fall schaudernd. Chut! Dieses Kleid ist wie Papier; Du solltest wärmere Sachen darunter haben. Geh heute Abend nicht raus, Liebling, aber heute Abend, etwa fünfundzwanzig Minuten besser als sieben, öffne einfach die Tür und lausche. Dann werden wir uns wie verrückt darauf einlassen, und wenn du die Trommel dröhnen hörst, wirst du dir sagen: ‚Pete ist da und macht weiter, soweit er weiß.'"

„Oh, Pete, Pete!" rief Kate und ließ sich wieder zu seinen Füßen fallen

„Warum, was ist das überhaupt?" sagte Pete.

„Du warst sehr, sehr gut zu mir, Pete, und wenn ich dich nie wieder sehe, wirst du das Beste von mir denken, nicht wahr?"

Sie verspürte den Drang, alles zu erzählen – sie konnte ihm kaum widerstehen.

Er strich ihr die schwarzen Wellen aus der Stirn und sagte zärtlich: „Heute geht es ihr nicht so gut, das ist alles. Ihre Augen sprudeln wie das Waschbecken." Dann laut und lachend: „Sieh mich nie wieder, oder? Allerdings bin ich noch nicht bereit, dich mit dem Himmel zu teilen. Aber ich muss tun, was der Arzt gesagt hat – Sie nach England schicken. Das werde ich jetzt, das werde ich", sagte er und hob drohend seinen großen Finger.

Sie rutschte rückwärts zu Boden, landete aber im nächsten Moment auf Petes Brust. „Mein armer kleiner Kirry! Du bist nicht bereit, bei mir zu bleiben, oder? Tut, tut! Sie wird bald so schlau sein wie eh und je."

Sie entfernte sich von ihm mit Scham und Selbstvorwürfen, vermischt mit dem alten Gefühl persönlicher Abneigung, das sie nicht überwinden konnte.

Dann klickte das Gartentor und Ross Christian kam den Weg herauf. „Er klebt so fest an mir wie eine Napfschnecke", sagte Pete.

"Herr. Quilliam", sagte Ross, „diesmal komme ich von meinem Vater."

„,Tat, Mann', sagte Pete.

„Er ist ein wenig unter Gelddruck."

„Und Herr Peter Christian schickt zu mir?"

„Er dachte, Sie würden vielleicht gern eine Hypothek aufnehmen."

„Auf Ballawhaine?"

Ross stammelte und stotterte: „Na ja, sicherlich, wie Sie sagen, auf Balla — "

„Denken, nachdenken", murmelte Pete. Er blickte einen Moment lang mit leerem Blick vor sich hin und sagte dann scharf: „Ich habe jetzt keine Zeit, darüber zu sprechen, Sir. Ich fahre nach Douglas, aber wenn Sie eine Weile innehalten und mit Mrs. Quilliam darüber reden möchten, werde ich alles hören, wenn ich zurückkomme. Guten Tag, Kate. Kümmere dich um meine Frau. Guten Tag, Nancy; Ich kümmere mich um meine beiden Mädchen, während ich weg bin. Und Kitty, Mistkerl" (flüsternd), „denke bitte an Robbie Clucas, den Stoffhändler, um schöne warme Unterwäsche zu holen." Auf Wiedersehen! Ein anderer! Nur noch eins" (dann laut) „Guten Tag, Sir, guten Tag."

XIII.

Philip hatte in Ballure nicht geschlafen. Als er vorbeikam, lag das Haus im Dunkeln. Er fuhr nach Douglas. Zwischen Ort und Ort sind es sechzehn Meilen, sechs davon über die steile Landzunge von Kirk Maughold. Bevor er den Gipfel des Anstiegs erreichte, war er eine Stunde unterwegs gewesen, und die Nacht war schon fast Morgen. Nachdem er Ramsey verlassen hatte, hatte er niemanden mehr gesehen, außer einem betrunkenen Bergmann mit seinem Bündel am Stock, der zu einer beschwipsten Travestie eines tapferen Liedes nach Hause marschierte.

Seine Selbstgerechtigkeit wurde zunichte gemacht; sein Stolz lag im Staub. Seit er nach Hause zurückgekehrt war, hatte er darum gekämpft, sich im Sinne eines ehrenhaften Mannes stark und entspannt zu fühlen; aber jetzt wurde er gewaltsam aus dem Weg geworfen, den er eigentlich hatte gehen wollen. Was er tun wollte, war notwendig, war unvermeidlich, doch in seiner Beziehung zu Kate befand er sich in der Position eines unmoralischen Mannes, eines Verräters, eines Ehebrechers mit einem vulgären Geheimnis, das er durch Lügen wahren und mit den Dienern teilen musste. Und wie waren die Aussichten? Was wäre das Ende? Hier herrschte eine Situation, aus der es kein Entrinnen gab. Es darf keinen falschen Glamour, keine Verkleidung, keine Selbsttäuschung geben. Am Vorabend seiner Beförderung zu den Würden und Pflichten eines Richters machte er den ersten Schritt auf dem Weg zum Verbrecher!

Der Mond schien voll. Es war tief unten am Himmel, zu seiner Rechten, und warf seinen Schatten auf die Straße. Er führte sein Pferd den langen Hügel hinauf. Das gleichmäßige Tempo, die Stille der Nacht, die schläfrigen Geräusche des unsichtbaren Baches und des fernen murmelnden Meeres überwältigten ihn gegen seinen Willen und er döste im Sattel ein. Als er die Hügelkuppe erreichte, weckte ihn der gleichmäßige Schritt des Pferdes, und er wusste, dass er an diesem verlassenen Ort an der Grenze zwischen Gemeinde und Pfarrei vorbeikam, der als „Tom Alone's“ bekannt ist.

Er öffnete die Augen, ohne zu merken, dass er geschlafen hatte, und glaubte, ein anderes Pferd und einen anderen Reiter neben sich zu sehen. Sie waren links von ihm, gingen Schritt für Schritt und gingen mit ihm wie sein Schatten. „Es *ist* mein Schatten“, dachte er und zwang seinen Kopf, um hinzusehen. Da war nichts außer einer weißgetünchten Mauer, die einen

Schafstall umzäunte. Der Mond war unter den Bergen auf der rechten Seite verschwunden, und die Nacht wäre ohne die Sterne dunkel gewesen. Mit einem Staunen, das an Schrecken grenzte, packte Philip mit zitternden Knien den Sattel und brachte sein Pferd in Trab.

Als die harte Fahrt sein Blut erwärmt und seine Wangen zum Leuchten gebracht hatte, sagte er sich, er sei das Opfer einer Fantasie geworden. Es war nichts; es war eine Täuschung des Sehens; ein bloßer Schatten, den sein verwirrtes Gehirn ausstieß. Zu diesem Zeitpunkt lief er im Schritttempo durch Laxey, und als die Pferdefüße die Echos der schlafenden Stadt hallten, wurde sein Herz mutiger.

Am nächsten Tag unterhielt er sich mittags mit seinem Diener Jem-y-Lord in seinen Zimmern in der Athol Street. Er war kürzlich Mieter des gesamten Hauses geworden. Sie waren in seinen alten Gemächern im ersten Stock und blickten auf den Kirchhof.

„Ich kann mich auf dich verlassen, Jemmy?"

„Das darfst du, Deemster."

Seine Stimme war leise und heiser, sein Blick war gesenkt, er fummelte in den Papieren auf dem Tisch herum. „Besorgen Sie sich die Kutsche, einen Landau, von Shimmin, aber fahren Sie sie selbst. Seien Sie um vier Uhr im Regierungsbüro – wir gehen bei St. John's vorbei. Wenn Ramsey versucht, das Pferd aus der Kutsche zu holen, widerstehen Sie ihm. Ich werde an der Spitze der Stadt aussteigen. Fahren Sie dann weiter auf die Gasse zwischen der Kapelle und Elm Cottage. Sobald die Dame zu Ihnen kommt, legen Sie los. Zurück nach Laxey – sind die Zimmer oben fertig?"

"Sie werden."

„Die beiden vor Ihrem eigenen und das kleine Wohnzimmer dahinter. Wir werden keine anderen Bediensteten brauchen – die Dame wird die Haushälterin sein."

„Das verstehe ich durchaus, Deemster."

Philip drehte sein Gesicht zur Seite und sagte mit belegter Stimme: „Und du weißt schon, welcher Name …"

„Ich weiß welchen Namen, Deemster."

„Sie haben nichts dagegen?"

„Überhaupt nichts, Deemster."

Phillip holte tief Luft. „Ich bin noch nicht Deemster, Jemmy. Vielleicht hätte es sein können … aber Gott weiß es. Du bist ein guter Kerl – das werde ich nicht vergessen."

Er machte einen Antrag, den Mann zu entlassen, aber Jemmy ging nicht.

„Bitte um Verzeihung, Euer Ehren –"

"Ja?"

„Euer Ehren haben beim Frühstück nichts gegessen – und letzte Nacht wurde nicht im Bett geschlafen."

„Ich war spät dran – dann hatte ich Arbeit zu erledigen."

„Aber ich habe deinen Fuß auf dem Boden gehört – das hat mich mal geweckt."

„Vielleicht muss ich heute Reden halten... Hol mir ein Glas Wasser."

Jemmy brachte eine Wasserflasche und ein Glas mit. Als Philip das Wasser nahm, schien eine eisige Taubheit seinen Arm zu erfassen. „Ich – nun ja, ich – ich erkläre, dass ich nicht heben kann – ah! Danke."

Der Mann hob Philipps Arm an seinen Mund; Das Glas klapperte gegen seine Zähne, während er trank.

„Verzeihung, Euer Ehren. Du siehst in letzter Zeit zehn Jahre älter aus. Je früher dieser Tag vorbei ist, desto besser."

„Schlaf, Jemmy – ich will nur schlafen. Ich muss heute Nacht in Ballure lange, lange schlafen."

Er verließ das Haus um drei Minuten vor drei und trug seinen Umhang über dem Arm. Es war ein heißer Tag Anfang Juni, und als er zur Tür hinaustrat, schlug ihm die Straßenluft ins Gesicht wie der Druck aus einem offenen Ofen. Er schwankte und wäre fast gestürzt. Die Hitze der Sonne war wie eine Last auf seinem Kopf, ihre blendenden Strahlen ließen seine Sicht trüben und er hatte ein Geräusch in seinen Ohren wie fließendes Wasser. Als er die Straße entlangging, sah er sein wanderndes Spiegelbild in den Schaufenstern. „Jemmy hatte recht", dachte er. „Mein schlimmster Feind würde mir heute nicht vorwerfen, dass ich zu jung aussehe."

Am Eingang zu den Regierungsbüros bildete sich eine kleine Menschenmenge. Kutschen fuhren vor, entließen ihre Passagiere und fuhren weiter. Der Bischof, der Generalstaatsanwalt und schließlich der Gouverneur mit seiner Frau und seiner Tochter betraten das Haus. Im Tumult dieser Ankünfte erreichte Philip unbemerkt die Tür. Als er erkannt wurde, verstummten plötzlich die Stimmen und dann erklang leises Geschwätz. Mit festem Schritt ging er allein hinein, alle Blicke auf ihn gerichtet.

Die Tür öffnet sich zu einem schmalen Durchgang, der weder breit noch sehr hell ist, und der Sonnenschein draußen machte die Düsternis drinnen noch grauer und ungewisser. Als Philip über die Schwelle trat, war ihm bewusst, dass jemand herauskam. Als er noch zwei Schritte gegangen war, fuhr er abrupt an, mit dem Gefühl, in einen Spiegel zu treten. Im nächsten Augenblick sah er, dass das, was er für das Spiegelbild seines eigenen Gesichts in einem Glas gehalten hatte, das tatsächliche Gesicht eines anderen Mannes war.

Der Mann kam gerade heraus, als er hineinging. Sie näherten sich einander. Zwei Schritte weiter waren sie Seite an Seite. Er blickte den Mann mit schleichendem Entsetzen an. Der Mann sah ihn erstaunt und ängstlich an. So kreuzten sie Auge in Auge und kamen vorbei. Dann drehte jeder den Kopf über die Schulter und schaute dem anderen nach: Philip trat in die Dunkelheit, der Fremde schritt ins Licht.

Im nächsten Moment wurde die schmale Tür durch eine schwerfällige Gestalt, die hindurchrollte, verdunkelt. Dann legte sich eine schwere Hand auf Philipps Schulter und eine herzliche Stimme rief: „Hilloa, Christian; Ich bin stolz, dich zu sehen, Junge! Du hast den alten Idioten überflügelt; Aber ich wusste immer, dass du mir den Weg weisen würdest ... Du bist ein bisschen verrückt, oder? Hände sind sowieso wie Eis. Kommen Sie mit – kein Grund zur Sorge – wir werden Ihnen nicht die Dosis Illiam Dhone verabreichen – müssen Sie die Christen heutzutage nicht zum Märtyrer machen, wissen Sie."

Er war Philipps alter Meister, der Kassenschreiber. Er nahm Philipps Arm, um ihn weiterzuschwingen; aber Philip, der immer noch auf die Straße blickte, sagte zögernd: „Haben Sie vielleicht einen Mann – einen jungen Mann – durch die Tür gehen sehen?"

"Wann?"

„Wie du reingekommen bist."

"War dort?" sagte der Angestellte zweifelnd; dann, wie durch ein plötzliches Licht: „Tragte er einen runden Hut und eine Affenjacke?"

„Vielleicht – ich weiß es kaum – ich habe es nicht beobachtet."

„Das wird der Mann sein. Er war den halben Vormittag bei mir, um die Aufnahme in den Rat zu besprechen. Er sagte, er hätte dich sein ganzes Leben lang gekannt. Ast wie ein Dornenstrauch, aber irgendwie konnte ich am Ende nicht nein zu dem Kerl sagen. Er sollte aber drinnen sein."

„Es ist nichts", dachte Philip. „Nur ein weiterer Schatten eines müden Gehirns. Jemmys Vortrag über mein verändertes Aussehen – das Spiegelbild in den Schaufenstern – die plötzliche Dunkelheit nach dem blendenden Sonnenlicht – das ist alles, das ist alles. Schlaf, ich will schlafen."

Als der Gouverneur seinen Platz mit dem ersten Deemster zu seiner Rechten einnahm und Philip auf den Stuhl zu seiner Linken bedeutete, ging ein unwillkürliches Murmeln über den Kontrast, der sich dort bot – der sehr alte Deemster mit dem runden, rotbraunen Gesicht, der schnell war , strahlende Augen und ein angenehmer, jugendlicher, sogar fröhlicher Ausdruck; der andere, sehr jung, mit langem, blassem, kraftvollem Gesicht, großen Augen und einem müden Ausdruck des Alters.

Philip überreichte seinen Auftrag, den er vom Innenminister erhalten hatte, und ihm wurde der Amtseid geleistet. Er küsste eine fleckige Kopie eines in Leder gebundenen Testaments und wiederholte die Worte nach dem Gouverneur mit einem kräftigen Krächzen, das die Luft zu zerschneiden schien:

„Bei diesem Buch und bei seinem heiligen Inhalt und bei den wunderbaren Werken, die Gott auf wundersame Weise in sechs Tagen und sieben Nächten im Himmel oben und auf der Erde unten gewirkt hat, schwöre ich, Philip Christian, dass ich es ohne Respekt tun werde von Gunst oder Freundschaft, Liebe oder Hass, Verlust oder Gewinn, Blutsverwandtschaft oder Affinität, Neid oder Bosheit, führen Sie die Gesetze dieser Insel gerecht aus, zwischen unserer Souveränen Dame, der Königin, und ihren Untertanen auf dieser Insel und zwischen Partei und Partei, ebenso gleichgültig wie das Rückgrat des Herings inmitten der Fische liegt."

Als Philip diese Worte aussprach, nahm er in dieser Versammlung nur ein einziges Gesicht wahr. Es war nicht das Gesicht des Gouverneurs, des Bischofs, eines Würdenträgers der Kirche oder des Staates – sondern ein raues, eifriges, dunkles Gesicht über einem schwarzen Bart im Griff einer großen braunen Hand, mit funkelnden Augen, geöffneten Lippen und … ein Ausdruck jungenhaften Stolzes – es war das Gesicht von Pete.

„Es bleibt mir nur noch übrig", sagte der Gouverneur, „Euer Ehren zu dem hohen Amt zu gratulieren, in das Sie Ihre Majestät mit Freude berufen hat, und Ihnen ein langes Leben und Gesundheit zu wünschen, damit Sie diese Pflichten erfüllen können, mit tadelloser Ehre für sich selbst." und Auszeichnung für Ihr Land."

Es sprach noch jemand anderes, und dann antwortete Philipp. Er sprach klar, bestimmt und gut. Ein Hinweis auf seinen Großvater löste Beifall aus. Seine Bescheidenheit und natürliche Art hinterließen einen starken Eindruck. „Seine Exzellenz hat schließlich gar nicht so unrecht", wurde allgemein geflüstert.

Noch ein paar Geschäfte, und der Rat löste sich zu allgemeinem Klatsch auf. Dann, auf dem Bürgersteig draußen, während die Kutschen Schlange standen, erklangen erneut Glückwünsche, Einladungen und Warnungen. Der Gouverneur lud Philip zum Abendessen ein. Er entschuldigte sich und sagte, er habe versprochen, bei seiner Tante in Ballure zu speisen. Die Damen ermahnten ihn, sich zu schonen, und empfahlen einen Urlaub; und dann rief der Gerichtsschreiber stolz wie ein Pfau, stolzierte hier und da und überall hin und nahm die Miene eines Wächters an: „Das geht aber noch nicht, denn er hält morgen früh sein erstes Gericht in Ramsey ab." .. Zieh den Umhang an, Christian. Es wird kalt fahren. Gute Männer sind rar."

Endlich kam ein offener Landauer heran, mit Jem-y-Lord auf dem Logensitz und Pete, der am Kopf des Pferdes vorbeiging, seinen Hals glättete und seine Ohren kitzelte.

„Du hast von dem jungen Mann gesprochen, Christian, und siehe da, hier ist der große Kerl selbst. „Na, junger Mann", klopft er Pete auf die Schulter, „sehen Sie, wie Ihr Deemster den Eid leistet, was?"

„Er ist mein Cousin", sagte Philip.

"Cousin! Ist er also – kann er vielleicht – Ah! ja, natürlich, sicherlich ——" Der gute Mann stammelte und hielt inne, als er sich an die Hochzeit von Philipps Vater erinnerte. Er öffnete die Kutschentür und trat für Philip beiseite, aber Philip sagte:

„Steigen Sie ein, Pete." und mit einem beschämten Blick rollte Pete in die Kutsche. Philip nahm neben ihm Platz, inmitten des Stimmengewirrs der Leute, die um die Tür herum standen.

"So wie du willst; „Guten Tag, Junge, guten Tag", sagte der Kassierer und knallte die Tür hinter sich zu. Die Kutsche begann sich zu bewegen.

„Guten Tag, Euer Ehren", riefen mehrere aus der Menge.

Philip hob seinen Hut. Die Hüte der Männer gingen zu ihm hoch. Einige der Mädchen wischten sich die Augen.

XIV.

Während Pete und Philip von Douglas aus über die Straße fuhren, saß Kate mit dem Kind auf dem Schoß vor dem Feuer in Elm Cottage. Ihre Augen waren unruhig, ihr Verhalten aufgeregt. Von Zeit zu Zeit schaute sie aus dem Fenster. Die untergehende Sonne hinter dem Haus hielt noch den Tag mit horizontalen Lichtstrahlen im Frühlingsgrün der transparenten Blätter fest.

„Möchtest du die Prozession heute Abend nicht sehen, Nancy?" Sie sagte.

„Ach, Sterblicher", sagte Nancy. „Aber ich werde kein Lave bekommen. ‚Pass auf meine beiden Mädchen auf‘, sagt er –"

„Du kannst gehen, Nancy; „Ich kümmere mich um das Baby", sagte Kate.

„Aber der Mann selbst, Frau; er wird hungrig wie ein Jäger nach Hause kommen."

„Ich kümmere mich auch um sein Abendessen", sagte Kate. „Nehmen Sie den Schlüssel mit, damit Sie eintreten können, und seien Sie um halb acht zurück."

Dann fing Nancy an, in der Küche umherzufliegen wie Spucke aus der Bratpfanne – sie füllte den Wasserkocher, zündete die Lampe an und packte die Nachtwäsche für das Baby zusammen. Kate beobachtete sie und warf einen Blick auf die Uhr.

„War es in der Stadt ruhig, als du Speck essen gingst, Nancy?" Sie sagte.

„Ruhig genug", sagte Nancy. „Alle sind bereits weg von Le-Zayre geflogen – außer denen, die zum Kai wollten."

„Fährt der Dampfer denn heute Abend?"

„Ja, der *Peveril* ; aber nicht genug Wasser, um sie bis halb sieben schwimmen zu lassen, sagten sie. Hier ist das Nachthemd der Kleinen und hier ist ihre Aktentasche, Gott segne sie – gerade groß genug für eine Bandage für das Handgelenk einer Person, wenn sie es sich beim Rühren verstaucht."

„Leg sie zum Lüften auf den Kotflügel, Nancy – ich werde mich noch eine Weile nicht ausziehen, Baby. Und sehen Sie – es ist fast sieben."

„Ich werde meinen Schal feststecken und fortbewegen wie der Wind", sagte Nancy. „Das Moor!" sagte sie mit der Nadel zwischen den Zähnen. „Sie ist wieder weg. Glaubst du jetzt wirklich, dass die Engel im Himmel so süß und unschuldig sind, Kirry? Ich tu nicht. Das können sie nicht, wenn sie erwachsen sind. Und die armen Kerle müssen die Jakobsleiter erklimmen. Wenn es dann Männer sind – aber das ist sowieso lächerlich."

„Die Uhr schlägt, Nancy. Es hat keinen Sinn, zu gehen, wenn alles vorbei ist", sagte Kate und der Fuß, mit dem sie das Kind schaukelte, beschleunigte sich jetzt, da das Kleine schlief.

„Um Himmels willen! Lass mich die Schnüre meiner Haube binden, Frau. Schade, dass du nicht selbst kommen kannst, Kitty. Aber wenn sie ihr Geld wert sind, werden sie auf jeden Fall hier herumflitzen und dir eine kleine Melodie liefern."

„Hast du den Schlüssel, Nancy?"

„Ja, und ich bin in einer Stunde zurück. Und pass auf, dass du das Baby bald ins Bett bringst, und pass auf dich auf – und pass auf dich auf –"

Mit so vielen Warnungen, als wäre sie die Geliebte und Kate die Dienerin gewesen, verließ Nancy das Haus. Draußen war es mittlerweile dunkel.

Kate stand sofort auf, legte das Kind in die Wiege und begann, den Tisch für Petes Abendessen zu decken – die Menage, die Teller, die Teekanne auf dem Herd zum Erwärmen und dann – aus Gewohnheit – zwei Tassen und Untertassen. Doch der Anblick der Tassen weckte ihr schmerzhaftes Bewusstsein. Sie stellte eines davon zurück in den Schrank, zündete die Kohle am Feuer an, stellte den Kessel auf die Flamme, stellte den Schmortopf mit drei Scheiben Speck vor die Gitterstäbe, zündete dann eine Kerze an und blickte sich nervös um , drehte sich um, um nach oben zu gehen.

Im Schlafzimmer zog sie ihren Umhang an, steckte mit zitternden Fingern Hut und Schleier fest, dann nahm sie ihre Handtasche aus der Tasche und leerte den Inhalt auf den Frisiertisch.

„Nicht meins", dachte sie. Und als sie in diesem Moment vor dem Spiegel stand, erblickte sie ihre Ohrringe. „Ich darf nichts von ihm nehmen", sagte sie sich und hob die Hände an die Ohren. Dann traf sie ihr Herz. „Als ob Pete jemals an so etwas denken würde", dachte sie. „Nein, nicht, wenn ich alles nehmen würde, was er auf der Welt hat. Und muss *ich* an sie denken? ... Doch ich kann sie nicht – ich werde sie nicht mitnehmen."

Sie öffnete eine Schublade und legte alles schnell hinein – das Geld, die Ohrringe, den Halter von ihrem Finger, und dann hielt sie inne, als sie den Ehering berührte. Ein abergläubischer Instinkt hielt sie zurück. Doch der Ring war das Zeichen ihres gebrochenen Bundes. „Mit diesem Ring habe ich dich geheiratet –" Sie riss auch den Ehering ab und warf ihn zusammen mit dem Rest.

„Er wird sie finden", dachte sie. „Es wird nichts anderes geben, was ihm sagen könnte, was passiert ist. Er wird kommen und ich werde weg sein. Er wird anrufen und es wird keine Antwort geben. Er wird nach mir suchen, und ich werde für immer für ihn verloren sein. Kein Wort blieb zurück. Keine Zeile, um zu sagen: „Vielen Dank und auf Wiedersehen und Gott segne dich, lieber Pete, für all deine Liebe und Güte."

Es war grausam – sehr grausam – doch was konnte sie schreiben? Was konnte sie sagen, was nicht besser unausgesprochen bleiben sollte? Die geringste Silbe – nein, die Unsicherheit wäre freundlicher. Vielleicht würde Pete denken, sie sei tot – vielleicht, dass sie sich selbst zerstört hatte. Selbst das wäre nicht so bitter wie die Wahrheit. Er würde darüber hinwegkommen – er würde sich versöhnen. „Nein", dachte sie, „ich kann nichts schreiben – ich kann keine Nachricht hinterlassen."

Sie schloss schnell die Schublade und nahm die Kerze. Während sie das tat, bewegte sich der Schatten ihrer selbst um sie herum. Die Montage erfolgte vom Boden bis zur Wand, von der Wand bis zur Decke. Als sie ging, schien es auf ihr zu liegen, über ihr zu hängen, auf sie zu drücken und sie zu zerquetschen. Ihr wurde kalt und ihr wurde schlecht, und sie eilte zur Tür. Der Raum war voller anderer Schatten – der Erinnerungen an schlaflose Nächte und schmerzhaftes Erwachen. Diese starrten sie aus allen vertrauten Dingen an – der Uhr, die in ihrem Ständer auf dem Kaminsims tickte, dem Griff des Kleiderschranks, den rosafarbenen Vorhängen des Bettes, dem weißen Kissen darunter. Sie fühlte sich wie ein verängstigtes Kind. Mit einem entsetzten Blick über die Schulter schlich sie aus dem Zimmer.

Als sie wieder unten war, atmete sie freier. Überall um sie herum war Licht, und das Wohnzimmer war hell und warm. Der Kessel sang jetzt im fröhlichen Feuer, die Katze schnurrte auf dem Teppich und es roch nach langsam gebratenem Speck. Sie schaute auf die Uhr – es war Viertel nach sieben. „Zeit, Baby zu wecken", dachte sie.

Sie nahm aus einer Truhe die Outdoor-Kleidung des Kindes – einen Bademantel, einen Pelzmantel und eine weiße Kapuze. Ihre Finger hatten eine scharlachrote Kapuze in einem Karton berührt, aber „das nicht", dachte sie und ließ sie stehen. Sie breitete die Kleidung auf ihrem Stuhl aus und hob das Kleine dann von der Wiege auf ihren Kissenarm. Das Kind erwachte, als es es hochhob, und stieß einen ärgerlichen Schrei aus, den es mit einem gurgelnden Kuss erstickte.

„Ich kann den Schatz jetzt ohne Scham lieben", dachte sie. „Sein süßes Gesicht wird mir keine Vorwürfe mehr machen."

Mit leisem Gurren an der Wange des Babys bückte sie sich, um das Gewand zu nehmen, das zu ihren Füßen lag, als ihr Blick auf die runde Stelle in der Wiege fiel, an der das Kind gelegen hatte. Das ließ sie wieder an Pete denken. Er würde nach Hause kommen und das kleine Nest kalt und leer vorfinden. Es würde ihn töten; es wäre ein zweiter Trauerfall. War es nicht genug, dass sie selbst wegging? Muss sie ihm auch das Kind rauben? Er liebte es; er war begeistert davon. Es war das Licht seiner Augen, die Freude seines Lebens. Es zu verlieren wäre ein Schlag wie ein Todesstoß.

Doch könnte eine Mutter ihr Kind zurücklassen? Unmöglich! Die volle Flut der Mutterschaft überkam sie, und ihr zärtlicher Egoismus riss alles nieder. „Das kann ich nicht", dachte sie; „Komme, was wolle, ich kann und werde sie nicht verlassen." Und dann griff sie nach dem Kinderpelz.

„Aber es wäre eine Art Sühne", dachte sie. Den Kleinen Pete zu überlassen, wäre in gewisser Weise eine Wiedergutmachung für das Unrecht, das sie ihm angetan hat. Sich Tag für Tag und Stunde für Stunde den Anblick des süßen Gesichtes des Kindes zu verweigern – das wäre ebenfalls eine Strafe, und sie hatte es verdient, bestraft zu werden. „Kann ich sie verlassen?" Sie dachte. "Kann ich? Oh, welche Mutter könnte das ertragen? Nein, nein – niemals, niemals! Und doch sollte – ich muss – Oh, das ist schrecklich!"

Inmitten dieser Qual der Unsicherheit dachte das Baby an Pete und an das Unrecht, das sie ihm angetan hatte, und drückte dennoch das Kind mit zitternden Armen an ihre Brust, als würde es jemand wegreißen, und das Baby regelte alles selbst. Mit einem unartikulierten Wimmern der Kommunikation schmiegte es sich an sie, die Augen geschlossen, aber sein Kopf drückte mit dem Instinkt des Saugens gegen ihre Brust, obwohl es nie gesaugt hatte.

„Ich bin schließlich nur eine halbe Mutter", dachte sie.

Die höchsten Freuden, die tiefsten Rechte der Mutterschaft waren ihr verwehrt worden – das Kind, das es von der Mutter nimmt, die Mutter, die dem Kind gibt, das Kind und die Mutter eins –: das war nicht ihr gewesen.

„Mein kleines Baby kann ohne mich leben", dachte sie. „Wenn ich sie verlasse, wird sie mich nie vermissen."

Bei diesem Gedanken wäre sie fast zusammengebrochen und hätte fast ihr Ziel verloren. Es war wie eine Strafe Gottes im Voraus, wie Gottes Hand sie leitete – um das Kind so aus der Abhängigkeit von sich selbst zu befreien.

„Ja, ich muss sie bei Pete lassen", dachte sie.

Sie legte das Kind wieder in die Wiege, halb bekleidet, und wiegte es, bis es wieder schlief. Dann hing sie über dem winzigen Bett wie eine Mutter über dem kleinen Sarg, der bald für immer vor ihren Augen verschlossen sein wird. Ihre Tränen regneten auf die kleine Tagesdecke. „Mein süßes Baby, meine kleine Katherine! Vielleicht werde ich dich nie wieder küssen – dich nie wieder sehen – vielleicht wirst du zu einer Frau heranwachsen und weißt nichts mehr von deiner Mutter!"

Die Uhr tickte laut im stillen Raum – es war fünfundzwanzig Minuten nach sieben.

„Noch ein Kuss, mein kleiner Schatz. Wenn sie es dir jemals sagen... werden sie sagen, weil deine Mutter dich verlassen hat... Oh, wird sie denken, dass ich sie nicht geliebt habe? Stille!"

Durch die Wände des Hauses drang der Klang einer aus der Ferne spielenden Band. Sie schaute noch einmal auf die Uhr – es war fast halb sieben. Fast im selben Augenblick hörte man das Rumpeln von Kutschenrädern auf der Straße. Sie blieben in der Gasse stehen, die zwischen der Kapelle und dem Ende des Gartens verlief.

Kate erhob sich von den Knien und öffnete leise die Tür. Das Haus war für sie wie ein Kerker gewesen, und sie floh daraus wie eine Gefangene auf der Flucht. Ein schriller Pfiff durchdrang die Luft. Die *Peveril* verließ den Kai. Durch die Straßen war ein Geräusch zu hören, als würde Wasser über Steine laufen. Es war das Rascheln der Schritte der Stadtbewohner, die der Prozession entgegenliefen.

Sie stieg aus. Der Garten war dunkel und still wie ein Gefängnishof; Kaum ein Blatt bewegte sich, aber der Mond brach durch die alte Tanne, als sie ihr besorgtes Gesicht zum unbeschwerten Himmel hob. Sie stand da und hörte zu. Die Band kam näher. Sie konnte den Schlag der großen Trommel hören.

Boom! Boom! Boom!

Pete war da. Er trug zu Philipps Triumph bei. Das war der hörbar gemachte Schlag seines großen Herzens.

Dabei blieb ihr selbst für einen Moment das Herz stehen. Beim Gedanken an den tapferen Mann, der nichts Besseres verlangte, als sie zu lieben und zu schätzen, und bei der Erinnerung an den anderen, auf dessen Gnade sie sich verlassen hatte, wurde es ihr kalt. Die Band hörte auf. Es gab ein Geräusch, als ob eine mächtige Rakete am Himmel zerschmettert würde. Die Leute jubelten und klatschten in die Hände. Dann drang ein klarerer Ton an ihr Ohr. Es war die Uhr im Haus, die die halbe Stunde schlug.

Nancy würde bald zurück sein.

Kate hörte aufmerksam zu und neigte ihren Kopf nach innen. Wenn das Kind in diesem Moment aufgewacht wäre, wenn es sich bewegt und geweint hätte, wäre es für immer zurückgekehrt. Sie kehrte für einen Moment zurück und warf sich erneut über die Wiege. Noch ein Krampf anhaltender Zärtlichkeit. „Leb wohl, mein Kleiner! Ich lasse dich bei ihm, Liebling, weil er dich sehr liebt. Du wirst erwachsen und für ihn immer ein gutes, gutes Mädchen sein. Auf Wiedersehen, mein Haustier! Mein Schatz, mein Schatz! Du wirst ihn für alles belohnen, was er für mich getan hat. Du bist die Hälfte von mir, Liebste – die unschuldige Hälfte. Ja, du wirst die Sünde deiner Mutter auslöschen. Du wirst alles sein, wofür er mich hält, war es aber nie. Leb wohl, meine süße Katherine, mein kleines, liebes Baby – lebe wohl – lebe wohl – lebe wohl!"

Sie sprang auf und floh schließlich auf Zehenspitzen wie ein Dieb aus dem Haus und zog die Tür hinter sich her.

Als sie das Klicken des Schlosses hörte, verspürte sie sowohl Elend als auch Jubel – ungeheure Qual und ungeheure Erleichterung. Wenn die kleine Katherine jetzt weinen würde, könnte sie nicht zu ihr zurückkehren. Die Tür war geschlossen, das Haus war verschlossen, das Gefängnis blieb zurück. Und hinter ihr lagen auch der Verrat, die Doppelzüngigkeit und die Täuschung von zehn erdrückenden Monaten.

Sie eilte durch den Garten zu einer Seitentür in der Mauer, die zur Gasse führte. Der Weg war für ihre stolpernden Füße wie eine Welle des Meeres. Ihre Atmung war kurz, ihr Sehvermögen war schwach, ihre Schläfen pochten hörbar. Auf der anderen Seite des Gartens berührte etwas ihr Kleid und sie stieß einen leisen Schrei aus. Es war Petes Hund Dempster. Er blickte aus der Dunkelheit der Büsche zu ihr auf. Im Licht durch die Jalousien des Hauses konnte sie die Ohren und wachsamen Augen seiner Fledermaus sehen.

Boom! Boom! Boom!

Die Band hatte wieder angefangen. Es kam näher. Philipp! Philipp! Er war jetzt ihre einzige Zuflucht. Alles andere war leer.

Die Seitentür war wenig benutzt worden. Die Scharniere und der Bolzen waren rostig und steif. Als sie es öffnete, brach sie sich die Nägel. Von der anderen Seite ertönte das leichte Klirren einer Panzerkette, und über der Mauer schwebte ein weißes Tuch aus rauchendem Licht.

Die Kutsche stand auf der Fahrbahn, und der Fahrer – Philipps Diener Jem-y-Lord – stand mit offener Tür. Kate stolperte über die Stufe und fiel auf den Sitz. Die Tür war geschlossen.

Dann kam ihr ein neuer Gedanke. Es ging um das Kind, um Philip, um Pete. Indem sie die Kleine hinter sich ließ, obwohl sie es so selbstlos gemeint hatte, hatte sie das Einzige getan, was große Konsequenzen nach sich ziehen musste. Es würde seine Strafe, seine Bestrafung, seine Vergeltung mit sich bringen. Stoppen! Sie würde trotzdem zurückgehen. Ihr Gesicht lehnte an der Glasscheibe; sie kämpfte mit dem Riemen. Aber die Kutsche fuhr. Sie hörte das Rumpeln der Räder; es war wie ein ohrenbetäubender Nachhall vom Tag des Untergangs. Dann schwanden ihre Sinne und die Kutsche fuhr weiter.

XV.

Vor dem Ballure House herrschte eine Menschenmenge, die den Garten, den Zaun, die Hauptstraße und die Spitze der gegenüberliegenden Steinmauer bedeckte. Die Band hatte aufgehört zu spielen und die Leute schrien, klatschten in die Hände und jubelten. An der Tür – die offen stand – stand Philip barhäuptig, und ein Lichtstrahl im Haus hinter ihm beleuchtete hundert der eifrigen Gesichter, die sich in der Dunkelheit versammelt hatten. Er hob die Hand zum Schweigen, aber es dauerte lange, bis er sprechen durfte. Von allen Seiten flogen raue, rauhe – fast unhöfliche – aber herzliche bis zur Heimeligkeit und liebevolle bis zur Vertraulichkeit reichende Begrüßungen auf ihn ein. „Viel Glück für dich, Junge!“ – „Bravo für Ramsey!“ – „Die Christen für dein Leben!“ – „Ein Stück vom alten Block – Dempster Christian der Sechste!“ – „Still, Mann, er redet!“ – „Los, Phil!“ – „Lass es sein, Junge!“ – „Still! Stille!"

„Mitbürger“, sagte Philip – seine Stimme klang wie eine zitternde Glocke über dem Meer – „Sie können nie wissen, wie sehr mich Ihr Empfang bewegt hat.“ Ich kann nicht sagen, ob ich im Grunde meines Herzens mehr stolz darauf bin oder mich mehr schäme. Sich überhaupt dafür zu schämen, würde *Sie entehren* , und zu stolz darauf zu sein, würde *mich entehren* , ich bin Ihres Glaubens und Ihrer guten Kameradschaft nicht würdig. Ah!“ – er hob die Hand, um das Murmeln des Widerspruchs zu unterdrücken (die Menge war jetzt von einem Ende zum anderen verstummt) – „lasst mich den Gedanken aller aussprechen.“ Indem du mich ehrst, denkst du auch an andere („Nein“, „Ja“); Du denkst an mein Volk – vor allem an jemanden, der dort unter den Weiden lag, ein zerstörter, gebrochener, enttäuschter Mann – mein Vater, Gott schenke ihm Frieden! Ich werde es Ihnen nicht verheimlichen – seine Erinnerung war mein Wegweiser, sein Scheitern war mein Leuchtfeuer, seine Hoffnungen mein Leuchtfeuer, seine Liebe mein Stern. Ob im Guten oder im Bösen, mein Anker lag in den Tiefen seines Grabes. Gott bewahre, dass ich zu lange im Griff einer toten Hand hätte leben sollen. Mein Ziel war es, das wiederzugewinnen, was er verloren hatte, und an diesem Tag wurde es teilweise wiederhergestellt. Gott gebe zu, dass ich für diesen Erfolg vielleicht nicht zu viel bezahlt habe.“

Es gab Rufe: „Nein, Sir, nein.“

Er lächelte schwach und schüttelte den Kopf. „Liebe Landsleute, Sie glauben, dass ich des Namens, den ich trage, würdig bin. Es gibt einen unter euch, einen alten Kameraden, einen bewährten und bewährten Freund, dessen Glaube ein Ansporn wäre, wenn er nicht ein Vorwurf wäre –“

Seine Stimme brach, aber sie hallte immer noch über dem Meer der Köpfe. „Nun, ich werde versuchen, meine Pflicht zu erfüllen – von dieser Stunde an werden Sie sehen, wie ich es versuche. Liebe Mitmenschen, Sie werden mir helfen, um die Ehre meines Amtes zu wahren, um unserer kleinen Insel willen, und – ja, und auch um meiner selbst willen, ich weiß, dass Sie es tun werden – um ein guter Mann und ein aufrichtiger Richter zu sein . Aber" – er stockte, seine Stimme konnte sich kaum halten – „aber wenn es jemals so aussehen sollte, dass Ihr Vertrauen fehl am Platz war – wenn ich in der kommenden Zeit den Eindruck erwecken sollte, dieser Ehre unwürdig zu sein, untreu zu dem Eid, den ich geleistet habe." Tag, um Gottes Gerechtigkeit zwischen Mensch und Mensch zu üben, ein Übeltäter, kein Gerechter der Ungerechten, ein weiß getünchtes Grab, in dem Sie einen Zufluchtsturm gesucht haben – denken Sie daran, ich bete für Sie, meine Landsleute, denken Sie daran, so sehr Sie auch sein mögen Wenn ich dann leide, wird es jemanden geben, der mehr leiden wird – das werde ich selbst sein."

Der allgemeine Eindruck an diesem Abend war, dass die Rede des Deemster nicht angemessen gewesen war. Die Leute lösten sich mit einigen feuchten Anstrengungen von der früheren Begeisterung und beklagten sich darüber, dass sie wie Männer seien, die zum Jiggen gekommen seien und in einer nassen Decke nach Hause geschickt würden. Es hätte ein oder zwei Witze geben sollen, ein herzliches Glückwunschwort, eine kleine natürliche Verherrlichung von Ramsey und eine leise Ohrfeige gegen Douglas, Peel und Castletown, ein paar Feuerwerkskörper, ein oder zwei Rip-Rap und etwas allgemeine Erleuchtung. „Aber um Himmels willen! Wie ernst war der junge Dempster! Und die Melancholie! Und das Geheimnisvolle!"

„Chut!" sagte Pete. „In euch steckt so viel Komik, Jungs. Ich wundere mich in der Welt, dass du nicht wegen Pantalons entführt wirst. Gehen Sie für alle nach Hause, wischen Sie sich die Augen und erinnern Sie sich an die Worte, die er gesprochen hat. Ich selbst werde sie jedenfalls nicht vergessen."

Pete reichte der kleinen Jonaique die große Trommel und drehte sich um, um ins Haus zu gehen. Tante Nan war im Flur und hüpfte wie ein Kanarienvogel in einem braunen Seidenkleid, das wie verwelkte Farne raschelte, um Philip herum, umarmte ihn, zog ihn auf die Höhe ihres Gesichts und küsste ihn auf die Stirn. Die Tränen regneten über die Herbstsonne auf ihren faltigen Wangen und ihre Stimme schwankte zwischen einem Lachen und einem Weinen.

"Mein Junge! Mein lieber Junge! Der Junge meines Jungen! Der eigene Junge meines eigenen Jungen!"

Philip befreite sich endlich und ging nach oben, ohne den Kopf zu drehen, und dann sah Tante Nan Pete in der Tür stehen.

„Bist du es, Pete?" sagte sie mit Mühe. „Willst du nicht kurz reinkommen? NEIN?"

„Dann nur eine Minute – nur um Ihnen viel Freude zu wünschen, Miss Christian, Ma'am", sagte Pete.

„Und du auch, Peter. Ah!" Sie sagte mit einer vogelartigen Kopfdrehung: „Du musst heute Abend ein stolzer Mann sein, Pete."

„Stolz ist nicht das richtige Wort dafür, Ma'am – ich bin völlig außer mir."

„Er hat Gefallen an dir gefunden, als du noch ein kleiner, barfüßiger Junge warst, Pete."

„Das hat er getan, Ma'am."

„Und jetzt, wo er Deemster selbst ist, besitzt er dich immer noch."

„Ach, lassen Sie ihn dafür in Ruhe, Ma'am."

„Haben Sie gehört, was er in seiner Rede über Sie gesagt hat? Es ist nicht so, dass das nicht jeder an seiner Stelle früher getan hätte, Pete."

„„Tat nein, gnädige Frau."

„Er ist seinen Freunden treu, was auch immer sie sein mögen."

„Wahr wie Stahl."

Das Dienstmädchen trug das Geschirr ins Esszimmer, und Tante Nan sagte angespannt: „Du wirst doch nicht zum Abendessen bleiben, Pete, oder? Vielleicht möchtest du nach Hause zur Herrin. Nun, zu Hause ist es für uns alle das Beste, nicht wahr? Martha, ich werde dem Deemster persönlich sagen, dass das Abendessen auf dem Tisch steht. Nun, gute Nacht, Peter. Ich freue mich immer so sehr, dich zu sehen."

Sie wollte gerade nach oben gehen, aber Pete hatte einen Schritt ins Esszimmer gemacht und blickte sich voller Ehrfurcht um.

„Mein Gott, Miss Christian, Ma'am, was für Gefühle sagen Sie, barfüßiger Junge? Du bist genau dort, und außerdem frorst und hungrig, schläfst im Giebelhaus mit der Kuh und bekommst nicht viel außer der Milch, die ich von ihr geklaut habe, und dafür eine Beleidigung des alten Mannes. Philip hat mich eines Abends hierher geholt – das war der Anfang, Ma'am. Sehen Sie dort das Pfeffer-Salz-Ei an der Schnur? Es ist ein Tommy Noddy's. Philip hat es in Gob-ny-Garvain nisten lassen. Hat ihn allerdings fast das Leben gekostet. Sehen Sie, Ma'am, Tommy Noddy hat nur einen, und sie kämpft wie verrückt dafür. Wir befanden uns auf einer Höhe von vierzig Faden und höher auf einer Höhle und hatten zwei gerade Felsen unter uns im Meer, die wie die Hufe eines Elefanten aussahen, wissen Sie, als wir auf dem blauen

Boden hinausliefen. Und Phil hatte gerade seine kleine Hand auf dem Sims, wo das Ei lag, als die großen weißen Flügel auf seinem nackten Kopf auftauchten. Wenn ich an diesem Tag keinen Stock gehabt hätte, wäre es für uns beide eine himmlische Hilfe gewesen, Ma'am. Im nächsten Moment spritzte Tommy Noddy die Klippen hinab, voller Federn und Blut, sonst wäre Philip nicht Dempster geworden ... Oh, ich habe Ihnen Angst gemacht, Ma'am, obwohl es schon so lange her ist ? Das Herz ist doch eine quadratische Sache, nicht wahr? Habe weder gestern noch morgen etwas bekommen. Nun, gute Nacht, Ma'am." Pete ging zur Tür, als er nach unten schaute und sagte: „Was ist das überhaupt?" Runter, Dempster, runter!"

Der Hund war in den Flur getrottet, als Pete gerade hinausging. Er stellte seine großen Ohren auf und wedelte mit seinem Schwanzstumpf vor sich hin.

„Mein Hund, Ma'am? Ja, Ma'am, und in gewisser Weise wie sein Herr. Überhaupt nicht viel von sich selbst, aber es steckt Blut in ihm, und vielleicht wird es in der nächsten Generation besser herauskommen . Du suchst nach mir, Dempster? Dann lasst uns den Weg nehmen."

„Vielleicht werden Sie zu Hause gesucht, Pete?"

„Würde nicht vertrauen. Gute Nacht, gnädige Frau." Tante Nan hüpfte in ihrem raschelnden Kleid nach oben, erleichtert und froh über den süßen Egoismus ihrer Liebe, Pete loszuwerden und Philip für sich zu haben.

XVI.

Pete ging pfeifend in die Dunkelheit, während der Hund vor ihm fuhr. „Aber ich bin schuld", dachte er. „Hätte direkt nach Hause gehen sollen."

In der Stadt war es jetzt ruhig, die Straßen waren verlassen und Pete begann zu rennen. „Sie wäre auch allein. Das muss Nancy in der Menge dort drüben bei Mistress Beatty gewesen sein. „Ich habe sie rausgeholt, um das Zeug zu sehen, das ist so. Sollte aber jetzt zurück sein."

Als Pete sich Elm Cottage näherte, erhellte der Mond über den Baumwipfeln die Scheiben der oberen Fenster wie mit zwanzig hellen Lampen. Noch einen Schritt, und das Haus war dunkel.

„Sie wird auf mich warten. Wenn ich auch zuhöre, werde ich auf Kaution gehen."

Zu diesem Zeitpunkt war er am Tor und der Hund keuchte zu seinen Füßen, die Nase dicht am Gitter.

„Sei still, Hund, sei still."

Dann öffnete er lautlos den Riegel, trat auf Zehenspitzen hinein und schloss das Tor ebenso lautlos hinter sich.

„Ich werde ein Spiel mit ihr machen; Ich werde sie überraschen."

Seine Augen begannen schelmisch zu tanzen, wie die eines Kindes, und er kroch mit großen Katzenschritten den Weg entlang, halb zusammengekrümmt und den Atem anhaltend, damit er nicht laut lachte.

„Die süßen Kreaturen! Aber ein Mann sollte ihnen keine Angst machen", dachte er.

Als er die Veranda erreichte, ließ er sich auf allen Vieren nieder und begann unten an der Tür zu miauen wie ein trauriger Kater. Dann lauschte er mit dem Ohr auf den Pfosten. Er erwartete einen leisen Alarmschrei, die heisere Stimme von Nancy Joe und das Klappern von Füßen auf dem Weg zur Veranda. Es gab keinen Ton.

„Sie ist oben", dachte er und trat einen Schritt zurück, um zur Vorderseite des Hauses hinaufzuschauen. In den darüberliegenden Räumen gab es kein Licht.

"Ich weiß was es ist. Nancy ist noch nicht zu Hause und Kirry ist beim Schaukeln eingeschlafen."

Er schlich sich ans Fenster und versuchte, in den Flur zu schauen, aber die Jalousie war heruntergelassen, und durch die schmalen Öffnungen an den Seiten konnte er nicht viel sehen.

„Sie schläft, das ist es. Im Haus war es ruhig und sie kam vorbei und rockte die Kleine, das ist alles."

Er kratzte eine Handvoll hellen Kies ab und warf ein wenig davon gegen das Fenster. „Das wird sie an etwas erinnern", dachte er und lachte leise.

Dann lauschte er noch einmal mit dem Ohr am Fensterbrett. Drinnen war kein Lärm zu hören. Er warf noch mehr Kies und wartete, weil er dachte, er könnte sie beim Atmen erwischen, aber er konnte nichts hören.

Dann erhob er sich hastig und legte seine Verspieltheit ab, ging zur Tür und versuchte, sie zu öffnen. Die Tür war verschlossen. Er kehrte zum Fenster zurück.

„Kate!" rief er leise. „Kate! Bist du da? Hörst du mich? Es ist Pete. Hab keine Angst, Kate, Mistkerl!"

Es gab keine Antwort. Er konnte das Rauschen des Meeres am Ufer hören. Der Hund hatte sich auf ein Ende des Fensterbretts gesetzt und begann zu jammern.

„Was ist das überhaupt? Sie kann nicht draußen sein. Konnte das Kind sowieso nicht mitnehmen. Wo ist diese Nancy? Welches Recht hatte die Frau, sie zu waschen? Sie ist ohnmächtig geworden und wurde allein gelassen; Das ist es, was passieren wird."

Er versuchte, das Fenster zu öffnen, doch der Riegel wurde zerschossen. Dann versuchte er es mit den anderen Fenstern, der Hintertür und dem Fenster über der Halle, das er vom Dach der Veranda aus erreichte; aber sie wollten sich nicht rühren. Als er zum Flurfenster zurückkehrte, war die weiße Jalousie dunkler. Die Lampe im Zimmer ging aus.

Das Mondlicht tropfte durch die Blätter der Bäume auf ihn herab. Er fand ein paar Streichhölzer neben seiner Pfeife in seiner Seitentasche, zündete eins an, betrachtete die Schärpe und holte dann sein Taschenmesser heraus, um die Scheibe unter dem Riegel zu entfernen. Seine Hand zitterte und zitterte und durchbrach mit einem Ruck das Glas. Es schnitt ihm das Handgelenk auf, aber er spürte die Wunde nicht mehr, als wenn es das Glas und nicht sein Arm gewesen wäre, der geblutet hätte. Er steckte seine Hand hinein, schob den Riegel zurück, schob dann die Fensterfront hoch und kletterte an der Jalousie vorbei ins Zimmer. Die Katze, die drinnen auf dem Sims saß, rieb sich an seiner Hand und schnurrte.

„Kirry! Kate!" er flüsterte.

Mit dem Windhauch vom Fenster hatte die Lampe ihren letzten Glanz verloren, und bis auf das schlummernde Feuer war es im Haus dunkel. Er wagte es kaum, aufzustehen, aus Angst, auf etwas zu treten. Als er schließlich in der Mitte des Bodens war, stand er mit gespreizten Beinen da, zündete ein weiteres Streichholz an, hielt das Licht über seinen Kopf und blickte nach unten und umher wie ein Mann in einer Höhle.

Da war nichts. Das Kind, vom Zug der Nachtluft geweckt, begann in der Wiege zu weinen. Er nahm es auf und brachte es mit sanften, zärtlichen Worten und brechender Stimme zum Schweigen. „Still, Pfusch, still! Dann wird Mammie dazu kommen. Mammie wird für alle kommen."

Er zündete eine Kerze an und schlich durch das Haus, das Licht mit sich herumtragend. Es gab nirgends ein Zeichen, bis er ins Schlafzimmer kam und sah, dass Hut und Umhang, die Kate täglich trug, verschwunden waren. Dann wusste er, dass er ein Mann mit gebrochenem Herzen war. Mit einem Schrei der Verzweiflung hörte er in seiner Suche auf und stürzte schwerfällig die Treppe hinunter.

Er hatte den Moment der Verzweiflung abgewendet, aber das konnte er jetzt nicht mehr. Das leere Haus und das Kind, das Kind und das leere Haus; diese ließen nur eine Interpretation zu. „Sie ist weg, Mistkerl, sie hat uns verlassen; Sie wollte nicht bei uns bleiben, Gott vergib ihr!"

Er saß mit dem Kleinen auf den Knien auf einem Hocker und schluchzte, während das Kind weinte – zwei Kinder weinten gleichzeitig. Plötzlich sprang er auf. „Ich bin nicht dafür, es zu glauben", dachte er. „Welche lebende Frau könnte so etwas tun? Es gibt keine atmende Mutter, die nicht mehr Darm hat. Und sie liebte die Kleine und mich auch – und tut es und tut es immer noch."

Er sah, wie es war. Sie war krank, verstört, vielleicht sogar – Gott steh ihr bei –, vielleicht sogar verrückt. Solche Dinge passierten Frauen nach der Geburt – das hatte der Arzt selbst gesagt. Unter den Strapazen ihrer körperlichen Probleme und geplagt von seelischen Ängsten war sie vor ihrem Baby, ihrem Mann und ihrem Zuhause geflohen, verfolgt von weiß Gott was für Krankheitsphantomen. Aber es würde ihr besser gehen, sie würde zurückkommen.

„Still, bogh, still", wimmerte er zärtlich. „Mammie wird wieder nach Hause kommen. Dennoch wird sie auf alle Fälle zurückkommen."

Das Klicken eines Schlüssels im Schloss war zu hören, und er kroch zurück zum Hocker. Nancy kam keuchend und schwitzend herein.

„Liebes Herz, lebendig! Was für ein Rennen ich hatte, um nach Hause zu kommen", sagte sie und atmete die Nachtluft ein.

Sie warf gerade ihre Mütze und ihren Schal ab und redete, bevor sie sich umsah.

„Solches Gedränge und Gezänk, so etwas hast du noch nie erlebt, Kirry. Oh, meine beste Sonntagshaube, die ich nur einmal getragen habe, sieh nur, wie zerknittert sie ist! Aber was denkst du jetzt? Das Baby des armen Christian Killip ist für alle tot. Mitten im Jubel gestorben. Oh, mein Lieber, ja, und die Band spielt genau im selben Moment „The Conquering Hero". Armes Ding! Sie war abgelenkt, und das war kein Wunder. Ich rannte umher, um die arme Seele zu sehen, und – warum, was ist denn mit der Lampe überhaupt nicht in Ordnung? Bist du das auf dem Stuhl, Kirry? Pete, oder? Wo ist dann die Herrin?"

Sie nahm den Schürhaken und entzündete das Feuer. „Was ist mit dir los, Mann? Du hast deine Fingerknöchel gehäutet wie Kartoffelschalen. Mann, Mann, warum weinst du überhaupt?"

Dann sagte Pete mit tiefem Krächzen: „Hör auf, Nancy, und nimm mir das Kind aus den Armen."

Sie nahm ihm das Baby ab, und er stand schwach wie ein alter Mann auf.

„Herr, rette uns!" Sie weinte. „Auch das Fenster ist zerbrochen. Was ist passiert?"

„Nichts", knurrte Pete.

„Was passiert dann mit Kirry? Ich ließ sie zu Hause, als ich um sieben ausging.

„Ich ersticke vor Durst, Frau. Kannst du einem Mann nicht etwas zu trinken geben?"

Er fand eine Schüssel Milch auf dem Tisch, auf dem das Abendessen gedeckt war, und schluckte sie in einem Schluck hinunter.

„Sie ist weg – das ist es. Ich sehe es in deinem Gesicht. Dann ging sie zum Fuß der Treppe und rief: „Kirry! Kate! Katherine Cregeen!"

"Hör auf damit!" rief Pete und zog sie von der Treppe zurück.

„Warum redest du dann nicht?" Sie weinte. „Wenn du Mann genug bist, die Wahrheit zu ertragen, bin ich Frau genug, sie zu hören."

„Hör mir zu, Nancy", sagte Pete mit erhobener Faust. „Ich gehe für eine Stunde aus, und bis ich zurück bin, bleib hier bei dem Kind und sag niemandem etwas."

"Ich wusste es!" rief Nancy. „Deswegen hat sie mich so schnell rausgeschickt. Oh, mein Lieber! Oh, mein Lieber! Warum hast du sie heute Morgen mit diesem Mann verbracht?"

„Hörst du mich, Frau?" sagte Pete; „Sag niemandem etwas. Mein Herz liegt schon schwer genug. Öffne deine Lippen und du wirst mich sofort töten."

Dann verließ er das Haus, taumelnd, stolpernd, fast gebückt. Sein Hut lag auf dem Boden; er war barhäuptig geworden.

Er drehte sich zu Sulby um. „Sie ist da", dachte er, „Wo sollte sie sonst sein? Das arme, wandernde Lamm will nach Hause."

XVII.

Der Barraum von „The Manx Fairy" war an diesem Abend voller Klatsch und Tratsch, und das Pfeifen vieler Pfeifen verstummte bei einer Geschichte, die Mr. Jelly erzählte.

„Seltsam genug, denke ich. „Tat, aber es ist tödlich seltsam." Apropos Märchenbücher – im „Pilgrim's Progress" selbst gibt es nichts Vergleichbares. Der Sohn eines Sohnes kommt mit Prozessionen und Musikkapellen nach Dempster, in dem Moment wird der Sohn des anderen Sohnes wie ein Hund aus dem Haus geworfen."

„Seltsam ungewöhnlich", sagte John die Witwe, und andere Stimmen stimmten ihm zu.

Jonaique sah sich im Raum um und erwartete, dass ihn jemand befragen würde. Da niemand dies tat, außer mit fragenden Blicken, sagte er: „Mein alter Mann hat alles gehört. Er ist seit der Zeit von Iron Christian selbst Schneider im großen Haus."

„Wahrheit genug", sagte Cæsar.

„Und er nähte einen Anzug für den großen Mann in der Küche, während oben die schlechte Arbeit erledigt wurde."

„Das sagst du nicht!"

„'Du hast mich ausgeraubt!' sagt der Ballawhaine.

„Liebes Herz, lebendig!" rief Oma. „An seinen eigenen Sohn, nicht wahr?"

„„Du hast mich betrogen!' sagt er: „Du hast mich betrogen, du hast mein Geld unterschlagen und mir das Herz gebrochen!" sagt er. „Ich habe ein Vermögen für dich ausgegeben, und was hast du mir zurückgebracht?" sagt er. „Das", sagt er, „und das – und das – unverschämte Fälschungen, allesamt!" sagt er."

„Der Herr hilf uns!" murmelte Cäsar.

„„Sie nennen mich einen Geizhals, nicht wahr?' sagt er. „Ich zermürbe mein Volk zu Staub, oder?" Wozu dann? Für *wen* ? Ich war dir jedenfalls ein guter Vater und auch ein Narr, wenn es niemand weiß!' sagt er."

"Niemand! Hat er „Niemand" gesagt, Mr. Jelly?" sagte Cäsar und verzog den Mund.

meinen Vater gekümmert hättest ', sagt er, ‚hätte er dich schon vor langer Zeit als Lügner und Dieb abgestempelt.' „Mein Gott, Vater", sagt Ross und wirkte

für den Moment albern. „Ein Dieb, verstehst du mich?" sagt der Ballawhaine;
‚Ein Dieb, der jeden Penny, den ich auf der Welt habe, gestohlen und mich
als ruinierten Mann zurückgelassen hat.‘"

"Hat er das gesagt?" sagte Cäsar.

„Das hat er aber", sagte Jonaique. „Der alte Mann hörte von der
Küchentreppe aus zu, und der junge Ross schlängelte sich wie ein Köter aus
dem Haus."

„Und wohin ist er gegangen?" sagte Cäsar.

„Zum Teufel gegangen, denke ich", sagte Jonaique.

„Nun, er wäre gut genug für ihn mit einem gebrochenen Rücken – schade,
dass der alte Mann ihn nicht gebrochen hat", sagte Cæsar. „Aber wo ist der
Verschwender jetzt?"

„Ich bin mit dem Paket für heute Abend nach England gefahren, heißt
es."

„Gepriesen sei Gott, von dem alle Segnungen ausgehen", sagte Cäsar.

Aus der Ecke kam hinter einer Rauchwolke ein Grunzen. „Du hast deine
eigenen Gründe, das zu sagen, Cæsar", sagte die heisere Stimme von Black
Tom. „Eine Zeit lang redeten die Leute dort immer wieder darüber, dass er
‚die Tochter von jemandem und auch das Geld des alten Geizhalses berauben
würde.‘"

„Antworte einem Narren entsprechend seiner Torheit", murmelte Cäsar;
Und dann sprang die Tür auf, und Pete kam taumelnd ins Zimmer. Jeder
Pfeifenstiel wurde augenblicklich abgesenkt und Omas Nadeln hörten auf zu
klicken.

Pete war immer noch barhäuptig, sein Gesicht war gespenstisch weiß und
sein Blick wanderte umher, aber er versuchte, sich so zu ertragen, als wäre
nichts passiert. Er lächelte fürchterlich und nickte rundherum, wie es ein
Mann manchmal im Kampf tut, sobald die Kugel ihn trifft, drehte sich zu
Oma um und bewegte ein wenig die Lippen, als ob er glaubte, etwas zu sagen,
obwohl er keinen Laut von sich gab. Danach holte er seine Pfeife heraus und
rammte sie mit dem Zeigefinger, dann nahm er einen Tropfen vom Tisch
und bückte sich zum Feuer, um Feuer zu machen.

„Ist hier jemand, der mir gehört?" sagte er mit einer Stimme wie eine
Krähe und hustete dabei, während die Flamme über der Pfeifenmündung
tänzte.

„Nein, Pete, nein", sagte Oma. „Wen haben Sie überhaupt gesucht?"

„Niemand“, antwortete er. „Niemand Besonderes. „Ach, nein“, sagte er und paffte, bis seine Lippen quasselten, obwohl die Pfeife keinen Rauch ausstieß. „Kommen Sie einfach rein, um meiner Pfeife Feuer zu machen. Muss jetzt gehen. Bis dann, Jungs! Langsam! Auf Wiedersehen, Oma!“

Niemand antwortete ihm. Er nickte noch einmal durch den Raum und lächelte ängstlich, ging mit einer flotten Bewegung zur Tür und stürzte so mit dem Anschein von Unbekümmertheit aus dem Haus, das tote Rohr hing kopfüber im Mund und den Kopf zur Seite gelegt, als wäre es sein eigenes Der Hut war verwegen über sein unbedecktes Haar gekippt.

Als er gegangen war, blickte die Gruppe einander überrascht und ängstlich ins Gesicht, als wäre ein Geist am helllichten Tag zwischen ihnen vorbeigegangen. Dann brach Black Tom das Schweigen.

„Männer“, sagte er, „das war eine Lüge.“

„Si———“, begann Cæsar, aber der Protest blieb in seiner trockenen Kehle stecken.

„In Ramsey ist etwas los“, fuhr Black Tom fort. „Ich glaube an mein Herz, dass ich ihm folgen werde.“

„Ich werde Sie begleiten, Mr. Quilliam“, sagte Jonaique.

„Und ich“, sagte John der Angestellte.

„Und ich“ – „Und ich“, sagten die anderen, und eine halbe Minute später war der Raum leer.

„Vater“, wimmerte Oma durch die Glastrennwand, „solltest du nicht besser die Stute satteln und nachsehen, ob mit Kirry etwas schief läuft?“

„Dasselbe habe ich auch gedacht, Mutter.“

„Dann komm, weg mit dir. Der Herr sei uns allen gnädig!“

XVIII.

Sobald er außer Hörweite war, begann Pete zu rennen. Innerhalb einer halben Stunde war er wieder im Elm Cottage. „Um diese Zeit wird sie zu Hause sein", sagte er sich, aber er wagte nicht, die Wahrheit zu plötzlich zu erfahren. Er schlich zum Flurfenster und lauschte auf die zerbrochene Scheibe. Das Kind weinte und Nancy Joe redete mit sich selbst und schluchzte, während sie das Kleine badete.

„Segne sein kostbares Herz, es ist so schön wie die Engel im Himmel. Ich habe ihre Mutter hundertmal auf demselben Knie gebadet. „Das habe ich getan, und zwar tausendmal." Mutter, tatsächlich! Was für Mütter gibt es jetzt überhaupt? Sie muss ein Herz haben – so hart wie Stein, um so etwas zu lieben. Es kann kein Tropfen Natur in ihr sein... Meine Güte, Nancy, was soll ich sagen? Kate ist es? Deine eigene kleine Kirry, und du machst sie schwarz! Oh, Schatz! – Oh, Schatz! Der Sumpf! – der Sumpf!"

Pete konnte nicht hineingehen. Er kroch zurück zur Hütte im Garten und lehnte sich dagegen, um Luft zu holen und nachzudenken. Dann bemerkte er, dass der Hund mit über dem Kiefer hängender langer Zunge auf dem Weg stand. Es hörte auf zu keuchen, um kläglich zu jammern, und wandte sich dann dem dunkleren Teil des Gartens zu.

„Er sagt mir etwas", dachte Pete.

In diesem Moment ratterte ein Auto die Seitenstraße entlang, und das Licht seiner Lampe schoss durch die Büsche zu seinen Füßen.

„Das alte Tor muss offen sein", dachte er.

Er schaute und sah, dass es so war, und dann dämmerte ihm ein neues Licht.

„Sie ist zu Philip gegangen", sagte er sich. „Sie ist über Claughbane nach Ballure gegangen, um mich zu finden."

Fünf Minuten später klopfte er im Ballure House. Sein Atem ging in Stößen, der Schweiß stand in Perlen auf seinem Gesicht und sein Kopf war immer noch nackt, aber er benahm sich tapfer, als wäre alles in Ordnung. Sein Klopfen wurde von der Magd beantwortet, einem großen Mädchen mit fröhlichem Gesichtsausdruck, in einem schwarzen Kleid, einer weißen Schürze und einer schneeweißen Mütze. Pete nickte und lächelte sie an.

„War jemand für mich da? NEIN?" er hat gefragt.

„Nein, Sir, nein, ich glaube nicht", antwortete das Mädchen, und als sie Pete ansah, richtete sich ihr Gesicht auf.

Drinnen raschelte es wie von Herbstlaub, und dann rief eine zwitschernde Stimme: „Ist es Captain Quilliam, Martha?"

„Ja, gnädige Frau."

An der Esszimmertür fand eine geflüsterte Besprechung statt, und Tante Nan kam durch den Flur gehüpft. Aber Pete entfernte sich bereits in der Dunkelheit.

„Soll ich den Deemster rufen, Peter?"

„Ach, nein, Ma'am, nein, es lohnt sich nicht, ihn zu belästigen. Alles Gute, Miss Christian, Ma'am, alles Gute für Sie."

Tante Nan und Martha standen im Licht der offenen Tür, als das Eisentor des Gartens mit einem Klicken zuschnappte und Pete über die Straße schwang.

Er war auf dem Weg zu dem Weg, der zum Ufer am Fuße des Ballure Glen führt. „Das lässt sich nicht leugnen", dachte er. „Es muss für alle gelten. Der Ärger in ihrem Kopf hat sie dazu getrieben. Armes Mädchen, armer Schatz!"

Er hatte gegen eine schreckliche Idee gekämpft, und der Sumpf der Verzweiflung war ihm schließlich bis in die Kehle gestiegen. Der Mond stand hinter den Klippen, und er tastete sich durch die Schatten am Fuße der Felsen wie jemand, der nach etwas sucht, das er fürchtet, zu finden. Er fand nichts und sein eingängiger Atem wurde zu Seufzern.

„Gott sei Dank, jedenfalls nicht hier!" er murmelte.

Dann ging er das Ufer entlang in Richtung Hafen. Die Flut war immer noch hoch, die Wellen berührten seine Füße; Auf der einen Seite das dunkle Meer, das nicht von einem Licht durchbrochen wird, auf der anderen Seite die trübe, blinzelnde und einschlafende Stadt.

Er erreichte das Ende des steinernen Piers an der Hafenmündung und blickte mit dem Rücken zur Seeseite des Leuchtturms in das graue Wasser hinunter, das unter der runden Mauer wogte und stöhnte. Eine schwarze Wolke schwebte wie ein Schlittschuh über dem Mond, und ein erschrockener Tölpel huschte unter den Pierstufen hervor in die neblige Wasserstraße des Mondes. Es war nichts anderes zu sehen.

Er wandte sich wieder der Stadt zu, folgte der Kailinie und warf einen Blick auf den Hafen, als er die Stufen erreichte. Noch immer sah er nichts von dem, was er suchte. „Aber damals war Hochwasser, und jetzt ist Ebbe", sagte er sich.

Am Ufer oder auf dem Pier hatte er niemanden getroffen, aber als er an den Schuppen vor dem Liegeplatz für die Dampfer vorbeikam, gesellte sich zu ihm der Hafenmeister, der mit seinem Mantel über dem Arm auf dem Heimweg für die Nacht war . Dann versuchte er, die Frage zu stellen, die ihm entglitten war, wagte es aber nicht und stammelte nur unbeholfen:

„Gibt es heute Abend Neuigkeiten, Mr. Quayle?"

„Sind Sie es, Kapitän? Wenn du keine hast, habe ich keine. Für die Nachrichten sind es unabhängige junge Rover wie Sie, nicht die armen alten Kerle, die wie ein Schiffskabel an den Hafenpfosten gebunden sind. Aber ich habe dich gehört. Du hättest eine Macht der Musik im Jenseits. Scheinbar gute Arbeit bei Ballure.

„Dann ist nichts Neues bei dir, Daniel? NEIN?"

„Außer dass ich diese späten Abfahrten ein wenig satt habe und je früher sie uns einen Wellenbrecher bauen, desto besser. Wenn der junge Deemster das für uns besorgt, wird er es tun."

Sie näherten sich einer Lampe an der Ecke des Marktplatzes.

„Es ist, als ob Sie wüssten, dass der junge Ballawhaine heute Abend mit dem Boot überquert hat? Mit dem alten Mann stimmt etwas nicht, sagen sie mir. Aber Junge, Veen, was ist überhaupt aus deinem Hut geworden?"

"Mein Hut?" sagte Pete und tastete an seinem Kopf herum. „Oh, mein Hut? Natürlich auf dem Pier weggeblasen."

„'Tat, Mann! Auch nicht viel Wind. Sie werden für Ihr Zuhause und die junge Frau da sein, nicht wahr, Kapitän?"

„Muss sein", sagte Pete mit einem leeren Lachen. Und der Hafenmeister, der Junggeselle war, lachte herzlicher und fügte hinzu:

„Ihr verheirateten Männer seid wie Adam, ihr habt die Rippe eurer Freiheit verloren, aber stattdessen habt ihr eine herzliche kleine Frau an eurer Seite."

"Ha! Ha! Ha! Gute Nacht!"

Petes Lachen hallte durch den leeren Marktplatz.

Der Hafenmeister hatte nichts gesehen. Pete holte tief Luft, folgte der Linie des Hafens bis zur Brücke am Ende und kehrte dann durch die Stadt zurück. Er hatte wieder vergessen, dass er barhäuptig war, und ging mit gewaltigem Schritt und der Miene eines Mannes, dem nichts Ungewöhnliches passiert war, die Parliament Street entlang. In jeder Seitenstraße standen Menschen in Gruppen und unterhielten sich eifrig mit dem leisen Zischen, das Frauen von sich geben, wenn sie Geheimnisse besprechen. Sie waren so vertieft, dass Pete unbemerkt an einigen von ihnen vorbeiging. Er fing Bruchstücke ihres Gesprächs auf.

„Der Schlingel", sagte einer.

„Clane hat den alten Mann sowieso ruiniert", sagte ein anderer.

„Schon wieder Ross Christian", dachte Pete. Aber ein größeres Geheimnis überschwemmte alles. Dennoch hörte er die Leute, als er vorbeikam.

„Aber sie hat Recht, was auch immer sie bekommt – sie wusste, was er war."

„Auch das Kind zu beschimpfen, das gefühllose Geschöpf."

Dann fielen die scharfen Stimmen der Frauen wie Blitze in das trübe Bewusstsein von Pete.

„Whisht, Frau! der Ehemann selbst", sagte jemand.

Es gab ein Geräusch von Füßen, das an das Plätschern zurückweichender Wellen erinnerte, und Pete bemerkte, dass eine der Gruppen einen Halbkreis gebildet hatte und ihm gegenüberstand, als er die Straße entlang schritt. Er nickte fröhlich über beide Seiten, warf seinen bloßen Kopf zurück und trottete weiter. Aber seine Zähne waren fest zusammengebissen und sein Atem ging schnell und hörbar.

„Ich sehe, was sie sagen", murmelte er.

Vor seinem eigenen Haus fand er eine Menschenmenge. Ein Reitpferd, von dem eine Dampfwolke aufstieg, stand mit den Zügeln über dem Kopf und war mit dem Torpfosten verbunden. Es war Cæsars Stute Molly. Alle Augen waren auf das Haus gerichtet, und niemand sah Pete, als er hinter ihm herkam.

„Black Tom sagt, daran besteht kein Zweifel", sagte eine Frau.

„Mit dem jungen Ballawhaine weg, was?" sagte ein Mann.

„Schäm dich für sie, das Luder", sagte eine andere Frau.

Pete bahnte sich mit beiden Armen seinen Weg, lächelte und nickte wütend. „Wenn Sie, plaze, gnädige Frau, wenn *Sie* plaze."

Als er weiterging, hörte er Stimmen hinter sich. „Armer Mann, er weiß es noch nicht." – „Es tut mir leid, ihn anzusehen."

Die Haustür stand offen. Auf der Schwelle stand ein junger Mann mit langen Haaren und einem langen Notizbuch. Er stellte Fragen. „Zuletzt um sieben Uhr gesehen – mit Kind allein gelassen – Ehemann mit Prozession unterwegs – sonst noch Informationen?"

Nancy Joe antwortete mit dem Kind auf dem Schoß mürrisch vom Hocker vor dem Feuer aus, und Cäsar lehnte mit dem Gesicht nach unten auf dem Kaminsims.

Pete erfasste die Situation mit einem Blick. Dann legte er seine große Hand auf die Schulter des jungen Mannes und schwang ihn zur Seite, als hätte er einen Wirbel gedreht.

„Was machst du?" er hat gefragt.

Der junge Mann stockte etwas. Tut mir leid, dass ich dazwischenkomme – Captain Quilliams Ärger.

"Was für ein Problem?" sagte Pete.

„Muss ich sagen – das beklagte – ich meine beunruhigende – tatsächlich das mysteriöse Verschwinden –"

„Welches Verschwinden?" sagte Pete mit einem Ausdruck des Erstaunens.

„Kann es sein, mein Herr, dass Sie noch nicht gehört haben –"

„Was gehört? Deine Zunge ist wie eine Rübenuhr in der Taschentasche – raus damit, Mann."

„Ihre Frau, Kapitän –"

"Was? Meine Frau hat … Was? Das ist also das Jeel! Meine Frau ist auf mysteriöse Weise verschwunden – Oh mein Gott!"

Pete brach in schallendes Gelächter aus. Er schrie, brüllte, hielt sich an den Seiten, krümmte sich, schaukelte auf und ab und warf sich schließlich auf einen Stuhl, warf den Kopf zurück, streckte die Beine aus und schüttelte, bis das Haus selbst zu beben schien.

"Das ist gut! das ist reich! das macht alles zunichte!" er weinte.

Das Kind erwachte auf Nancys Knie und schickte seine dünne Pfeife durch Petes tollen Bass. Cäsar öffnete den Mund und sperrte den Mund auf, und der junge Mann, jetzt weiß und ängstlich, kratzte sich an die Tür und drückte sich mit dem Rücken zur Tür und sagte:

„Dann ist es vielleicht doch nicht wahr, Kapitän?"

„Natürlich ist es nicht wahr", sagte Pete.

„Vielleicht weißt du, wohin sie gegangen ist."

„Natürlich weiß ich, wo sie geblieben ist. Ich habe sie selbst dorthin geschickt!"

„Aber das hast du doch?" sagte Cäsar.

„Ja, das habe ich – mit dem Nachtsegeln nach England."

„'Tat, Mann!' sagte Cäsar.

„Der Arzt hat es angeordnet. Du hast ihn selbst gehört, Großvater."

„Nun, das stimmt auch", sagte Cæsar.

Der junge Mann klappte sein langes Notizbuch zu und trat rückwärts in eine Schar von Frauen, die auf die Veranda gekommen waren. „Natürlich, wenn Sie das sagen, Kapitän Quilliam –"

„Das sage ich", rief Pete; und der Reporter verschwand.

Die Stimmen zweier Frauen kamen aus dem Abgrund weißer Gesichter, in den der Reporter versunken war. „Ich bin wirklich froh, dass sie Lügen über sie erzählt haben, Kapitän", sagte der erste.

„Natürlich sind Sie das, Herrin Kinnish", rief Pete.

„So etwas hätte ich von derselben Frau nie glauben können, und ich wusste immer, dass das Kind von Hand großgezogen wurde", sagte der andere.

„Natürlich geht das nicht, Herrin Kewley", antwortete Pete.

Aber er schwang sich hoch und trat ihnen die Tür vor der Nase zu. Da die Fremden ausgeschlossen waren, sagte Cäsar vorsichtig:

„Mähnen Sie das, Peter?"

„Molly raucht am Tor wie ein Bierbottich, Vater", sagte Pete.

„Die Hälfte wurde dir noch nicht gesagt, Peter. Hört mir zu. Es ist nur richtig, dass du es hörst. Als du in Kimberley warst, hat dieser Ross Christian das Mädchen schrecklich belästigt."

„So lange sie nicht im Stall ist, wird ihr kalt werden", sagte Pete.

„Ich habe ihn selbst zurechtgewiesen, Sir, und er hat mir auf die Stirn geschlagen. Sehen! Hier ist das Zeichen seiner Hand über meiner Schläfe, und ich werde es mit ins Grab tragen."

„Ross Christian! Ross Christian!" murmelte Pete ungeduldig.

„Durch die zurückhaltende Gnade des Herrn, Sir, habe ich mich zurückgehalten – aber wenn Mr. Philip in dieser Nacht nicht dort gewesen wäre – ich werde nicht mit Gewalt zurückhalten, nein, widerstehen Sie nicht dem Bösen – aber Mr. Philip kämpfte gegen die lockere Leber mit seiner Faust für mich; er hat ihn gezüchtigt, Herr; Er-"

„D———der Mann!“ rief Pete und sprang auf. „Was bedeutet er mir oder meiner Frau?“

Cæsar ging verärgert, wütend und unzufrieden nach Hause. Und dann, als alles vorbei war und die lange Anstrengung vorüber war, riss Pete das quälende Kind aus Nancys Armen, küsste es und weinte darüber.

„Gib sie mir, der Sumpf“, schrie er heiser wie ein Rabe, setzte sich dann auf den Schemel vor dem Feuer und wiegte die Kleine und sich selbst zusammen. „Wenn ich nicht etwas Unschuldiges hätte, an das ich mich klammern könnte, würde ich verrückt werden, das sollte ich tun. Oh, Katherine Bogh! Katherine Bogh! Mein kleiner Mistkerl! Meine Güte, ich werde Mist bauen!“

In den tiefen Stunden der Nacht, nachdem Nancy murrend und schluchzend an der Seite des Kindes eingeschlafen war, stand Pete vom Sofa im Wohnzimmer auf und stahl sich wieder aus dem Haus.

„Vielleicht kommt sie mit der Morgenflut“, sagte er sich. „Wenn sie es tut, was ist dann mit einer Lüge, Gott vergib mir? Gott steh mir bei, was ist denn überhaupt los?“

Wenn sie es nicht täte, bliebe er bei seiner Geschichte, damit sie, wenn sie zurückkam, wo auch immer sie gewesen war, als ehrliche Frau nach Hause zurückkehren würde.

„Und das *wird* auch so sein“, dachte er. „Ja, das wird auch so sein, trotz all ihrer schmutzigen Zungen – so sicher wie die des Herrn im Himmel.“

Der Hund trottete vor ihm her, als er sich Ballure näherte.

XIX.

Philip hatte an diesem Abend beim Abendessen nicht viel gegessen. Er hatte auf den Flügel eines Geflügels gepickt, war unruhig, abwesend, beschäftigt und wie ein Mann, der um Fassung ringt. Von Zeit zu Zeit hatte er auf einen Schritt oder eine Stimme gelauscht, sich dann wieder beruhigt und ein wenig gelacht.

Tante Nan hatte sein Unbehagen mit der natürlichen Aufregung nach den Ereignissen dieses großen Tages erklärt. Sie hatte seinen Teller mit guten Sachen beladen und zwitscherte im Licht der Lampe vor sich hin.

„So nett von dir, Philip, dass du Pete bei all deinem Erfolg nicht vergisst. Er ist wirklich so eine gute Seele. Es würde ihm das Herz brechen, wenn du ihn vernachlässigst. Gewiss, einfältig wie ein Kind, und natürlich ziemlich ungebildet, aber –"

„Pete ist geeignet, der Freund von irgendjemandem zu sein, Tante."

„Der Freund, ja, aber Sie werden nicht gerade zulassen, dass der Begleiter –"

„Wenn er einfach ist, dann ist es die Einfachheit einer Natur, die zu groß für kleine Dinge ist."

„Der liebe Kerl! Er ist kein bisschen eifersüchtig auf dich, Philip."

„Solche Gefühle sind weit unter seiner Würde, Tante."

„Er ist schließlich dein Cousin ersten Grades, Philip. Das lässt sich nicht leugnen. Wie er sagt, ist das Blut der Christen in ihm."

Das Gespräch nahm eine Wendung. Tante Nan begann, über den anderen Peter zu sprechen, Onkel Peter Christian aus Ballawhaine. Dies war der Tag der Demütigung des großen Mannes. Der Sohn, in den er vernarrt war, war in Ungnade gefallen. Sie versuchte es, konnte aber nicht anders; Sie kämpfte, konnte aber dem Impuls nicht widerstehen – in ihrem geheimen Herzen jubelte die zarte kleine Seele.

„So schade", seufzte sie. „Es ist so rührend, wenn ein Vater – egal wie egoistisch er auch sein mag – an der Liebe zu einem undankbaren Sohn zugrunde geht. Es tut mir wirklich leid. Aber ich habe ihn vor sechs Jahren gewarnt. Nicht wahr?"

Philip war weit weg. Er sah Visionen von Pete, der nach Hause ging, dem verlassenen Haus, der leeren Wiege, dem verlassenen Mann, allein und mit gebrochenem Herzen.

Sie standen vom Tisch auf und gingen in das kleine Wohnzimmer, Tante Nan auf Philipps Arm, stolz und glücklich. Sie flatterte zum Klavier und sang, um ihn ein wenig aufzuheitern, mit zitternder alter Stimme ein altes Lied.

> *„Vom Wanderfalken*
>
> *Der Kuckuck beschwert sich,*
>
> *Er hat ihr warmes Nest zerrissen,*
>
> *Er hat ihre Jungen verstreut. "*

Plötzlich stand Philip steif auf und flüsterte heiser: „Ist das nicht seine Stimme?"

„Wer ist, Liebling?"

„Petes."

„Wo, Liebste?"

"In der Halle."

„Ich höre niemanden. Lass mich sehen. Nein, Pete ist nicht hier. Aber wie blass du bist, Philip. Was ist los?"

„Nichts", sagte Philip. „Ich dachte nur –"

„Nimm etwas Wein, Liebes, oder etwas Brandy. Du hast dich heute übermüdet, und das ist kein Wunder. Du musst heute Nacht eine lange, lange Ruhe haben."

„Ja, ich gehe sofort ins Bett."

"So früh! Nun ja, vielleicht ist es das Beste. Du willst schlafen: Das zeigen deine Augen. Martha! Ist im Zimmer des Deemsters alles bereit? Alles außer der Lampe? Nimm es auf, Martha. Philip, trinkst du zuerst etwas Brandy und Wasser? Ich werde es dann in Ihr Zimmer tragen; Möglicherweise benötigen Sie es nachts. Geh vor mir, Liebes. Ja, ja, das musst du. Glaubst du, ich möchte, dass du siehst, wie alt ich bin, wenn ich nach oben gehe? Ah! Als ich zum ersten Mal nach Bal-lure kam, musste ich nicht über das Geländer klettern."

Als Philip den Treppenabsatz erreichte, wandte er sich seinem alten Zimmer zu, dem Schlafzimmer, das er seit seiner Kindheit bewohnt hatte, dem Schlafzimmer des Vaters seiner Mutter, des alten Capt'n Billy.

„Heute Abend nicht so, Philip. Hier entlang – *dorthin!* Was sagen Sie *dazu?* "

Sie stieß die Tür des Zimmers gegenüber auf, und der Schein des Feuers dringte auf sie herein.

„Das Zimmer meines Vaters", sagte Philip und trat zurück.

„Oh, ich habe es ausgestrahlt, und es ist kein bisschen schlimmer, weil ich so lange den Mund gehalten habe. Sehen Sie, es ist wie Toast. Oo-oo-oo! Nicht das geringste Anzeichen meines Atems. Kommen!"

„Nein, Tante, nein."

"Hast du Angst vor Geistern? Hier lebt nur ein Geist, Philip, die Erinnerung an deinen lieben Vater, und der wird dir niemals schaden."

„Aber dieser Ort ist zu heilig. Niemand hat hier geschlafen, seitdem –"

„Deshalb, Liebste. Aber jetzt haben Sie die Hoffnungen Ihres Vaters erfüllt und es muss Ihr Zimmer für die Zukunft sein. Ah! Wenn er dich nur selbst sehen könnte, wie stolz wäre er! Armer Vater! Vielleicht tut er es. Wer weiß – vielleicht – küss mich, Philip. Sehen Sie, was für ein alter Idiot ich doch bin. So glücklich, dass ich weinen muss. Aber denken Sie daran, Sie müssen jedes Mal in diesem Zimmer schlafen, wenn Sie nach Ramsey kommen, um Gericht zu halten. Ich weigere mich, dich länger mit Elm Cottage zu teilen. Sprechen Sie über Eifersucht! Wenn Pete nicht eifersüchtig ist, kenne ich jemanden, der es ist – oder bald sein wird. Aber Philip – Philip Christian –"

"Ja?"

Das süße alte Gesicht wurde ernst. „Der größte Mann hat seine Sorgen, Zweifel und Spaltungen. Das ist nur natürlich – draußen auf dem offenen Feld des Lebens. Aber schämen Sie sich nicht, hierher zu kommen, wenn Sie in Schwierigkeiten sind. Dafür ist ein Zuhause da, Philip. Nur ein Ort des Friedens und des Schutzes vor der rauen Welt, wenn sie dich verletzt und verletzt. Ein ruhiger Ort, Liebling, mit Erinnerungen an Vater und Mutter und unschuldige Kindheit – und vielleicht mit einer alten Gans von Tante, die den ganzen Tag und jeden Tag an dich denkt und so eitel und dumm ist – und – und die dich liebt . Philip, besser als jeder andere auf der Welt."

Philipps Arme lagen um die alte Seele, aber er hatte sie nicht gehört. Mit einem entsetzten Blick zum Fenster sagte er mit leiser, schneller Stimme: „Ist das nicht ein Schritt auf dem Kies?"

„N-nein, nein! Du bist heute Abend nervös, Philip. Liegen und ruhen. Wenn du schläfst, schleiche ich mich zurück und schaue dich an."

Sie verließ ihn und er sah sich um. Nirgendwo auf der Welt hätte Philipp einen Ort voller Schrecken finden können. Es war wie ein Grab toter Dinge – seines toten Vaters, seiner toten Mutter, seiner toten Jugend, seiner toten

Unschuld, seiner abgeschlachteten Freundschaft und seinem empörten Gewissen.

Über dem Kamin hing ein Porträt seiner Mutter. Es war das Bild eines hübschen Mädchens, jung und sanft, mit vollen, reifen Lippen und leuchtend braunen Augen. Philip schauderte, als er es betrachtete. Das Porträt war wie der Geist seiner selbst, der durch den Schleier des Gesichts einer Frau blickte.

Dagegen und über der Bettkante hing ein Porträt seines Vaters. Die Augen waren voller Licht, die Wangenlinien waren rund; der Mund schien vor einem zärtlichen Lächeln zu beben. Aber Philip konnte es nicht so sehen, wie es war. Er sah es mit struppigem Haar, feucht und lang wie Schilfrohr, mit blassen und eingefallenen Wangen, Augen wie Lampen im Nebel, ohne Hemd am Hals und durch mühsames Atmen auseinandergehaltene Lippen.

In der Nähe des Fensters stand das Feldbett, in dem er einst mit Pete geschlafen hatte, und am Morgen war er aufgesprungen und hatte gelacht. Überall, wo immer sein Blick ruhen konnte, erhob sich ein Phantom seines verlorenen und begrabenen Lebens. Und Tante Nannies Liebe und Stolz hatten ihn in diese Folterkammer geführt!

Draußen war die Nacht ruhig genug; aber es schien tot in diesem Raum zu liegen, so still und still war es. Es gab eine Uhr, aber sie ging nicht; und da war ein Käfig für einen Vogel, aber kein Vogel pickte darin, Philipp glaubte, ein Klopfen an der Tür des Hauses zu hören. Niemand antwortete, also klingelte er nach dem Dienstmädchen. Sie kam mit einem Lächeln nach oben.

„Hast du nicht ein Klopfen an der Haustür gehört, Martha?“

„Nein, Sir“, sagte das Mädchen.

"Seltsam! Sehr eigenartig! Ich hätte schwören können, dass es das Klopfen von Mr. Quilliam war.“

„Vielleicht war es das, Sir. Ich gehe hin und schaue nach.“

"Egal. Ich habe heute Abend ein Singen in meinen Ohren. Das muss es sein.“

Das Mädchen hat ihn verlassen. Er warf seine Stiefel ab und begann im Zimmer umherzuschleichen, als würde er etwas tun, bei dem er Angst hatte, entdeckt zu werden. Jedes Mal, wenn sein Blick auf das Porträt seines Vaters fiel, senkte er den Kopf und drehte sich zur Seite. Plötzlich hörte er Stimmen im Raum unten. Diesmal war das Geräusch in seinen Ohren kein Träumen. Er öffnete lautlos die Tür und lauschte. Es war Pete. Martha antwortete ihm. Tante Nan rief aus dem Esszimmer, und Pete sagte leichthin „Nein, nein“ und ging. Das Gartentor klickte und die Haustür wurde leise geschlossen. Dann schloss Philip lautlos die Tür seines eigenen Zimmers.

Einen Moment später öffnete Tante Nan es wieder. Sie trug eine brennende Kerze.

„Was für eine außergewöhnliche Sache, Philip. Martha sagt, Sie dachten, Sie hätten Peter klopfen hören, und wissen Sie, dass er in diesem Moment den Hügel hinaufgekommen sein muss? Er war auch so seltsam und sah so wild aus. Gefragt, ob jemand hier gewesen sei und sich nach ihm erkundigt habe; als ob es irgendjemand tun sollte. Ich wollte nicht, dass ich dich anrufe, und lachte über nichts. Wirklich, wenn ich ihn nicht als nüchternen Mann gekannt hätte –"

Philip fühlte sich krank und fröstelte, und er begann zu zittern. Ein unwiderstehlicher Impuls erfasste ihn. Es war wie die halb unterdrückte Angst, die Schuldige dazu bringt, den Ermittlungen zu ihren ermordeten Opfern beizuwohnen.

„Etwas stimmt nicht", sagte er. „Wo sind meine Stiefel?"

„Gehst du nach Elm Cottage, Philip? Schade, dass der Kutscher zurück nach Douglas fuhr. Solltest du nicht besser Martha schicken? Außerdem ist es vielleicht nur meine Einbildung. Warum sich überhaupt Sorgen machen? Du bist zu zartherzig – das bist du tatsächlich."

Philip floh nach unten wie einer, der vor der Folter flieht. Während er im Flur seinen Mantel anzog, begann er zu ahnen, was vor ihm lag. Er sollte zu Pete gehen und so tun, als wüsste er nichts; er sollte Petes Geschichte hören und sich überraschen lassen; Er sollte Pete trösten – vielleicht um ihm bei seiner Suche zu helfen, denn er wagte nicht, den Anschein zu erwecken, als würde er *nicht* helfen –, er sollte an Petes Seite gehen und nach dem suchen, von dem er wusste, dass sie es nicht finden sollten. Er sah sich selbst wie eine Schlange durch die Straßen kriechen, und die Rolle, die er spielen musste, empörte ihn. Er ging wieder nach oben.

„Wenn ich es mir genauer überlege, musst du recht haben, Tante."

„Das bin ich sicher."

„Wenn nicht, wird er wiederkommen."

„Ich bin mir sicher, dass er das tun wird."

„Wenn mit Pete etwas nicht stimmt, kommt er zuerst zu mir."

„Es kann nichts falsch sein außer dem, was ich sage. Vielleicht nur ein Glas zu viel und auch keine große Sünde, wenn man den Tag bedenkt und wie stolz er auf dich ist, Philip. Ich glaube in meinem Herzen, dass der junge Mann nicht stolzer und glücklicher sein könnte, wenn er stattdessen in Ihrer eigenen Haut stünde."

„Gute Nacht, Tante“, sagte Philip mit einem dicken Gurgeln.

"Gute Nacht Schatz. Ich gehe zu Bett, und geh wohlgemerkt selbst.“

Als Philip allein war, lehnte er sich gegen den Kaminsims und blickte auf das Bild seines Vaters. Er begann, seinen Vater mit sich selbst zu vergleichen. Er war ein Erfolg, sein Vater war ein Misserfolg. Mit siebenundzwanzig war er auf jeden Fall Deemster; Mit dreißig war sein Vater als gebrochener Mann gestorben. Er hatte bekommen, wofür er gearbeitet hatte; er hatte den Platz seines Volkes wiedererlangt; Und doch war er ein gemeiner Mann im Vergleich zu dem, der nichts getan und alles verloren hatte.

Sein Vater hatte sich nur das Scheitern vorzuwerfen gehabt; aber er musste sich auch selbst Schande vorwerfen. Das Vergehen seines Vaters war ein Fehler gewesen; sein eigenes war ein Verbrechen. Wenn sein Vater bereit gewesen wäre, Liebe und Freundschaft zu verraten, hätte er vielleicht Erfolg gehabt. Weil er selbst keinem von beiden treu geblieben war, hatte er nicht versagt. Das Übermaß an Tugenden seines Vaters hatte ihn niedergeschlagen. Jeder Akt seiner Selbstsucht hatte ihn nach oben getrieben. Sein Vater hatte zuerst an Liebe und Wahrheit und ein anständiges Leben gedacht und zuletzt an Geld, Rang und Applaus. Die Welt hatte seinem Vater entsagt, weil sein Vater zuerst der Welt entsagt hatte. Aber es hatte ihm die Arme geöffnet, war ihm mit Jubelrufen und Jubelrufen gefolgt und hatte ihn mit Ehren überhäuft. Und doch, elender Mann, liege besser im Schlamm und Schleim eines zerbrochenen Lebens, sei besser tot und im Grab – denn die Toten in seinem Grab müssen ihn verachten.

Ein schreckliches Bild entstand vor Philip. Es war ein Bild von sich selbst in der kommenden Zeit. Ein alter Mann – groß, mächtig, vielleicht sogar geliebt, vielleicht verehrt, aber herztot, der dem Grab entgegen taumelte, und der Hohn einer prächtigen Beerdigung, mit Menschenmengen und Trommeln und feierlicher Musik. Dann plötzlich eine große Stille, als hätte der Schnee zu fallen begonnen, und ein großes weißes Licht und eine schreckliche Stimme, die schreit: „Wer ist dieser, der mit Staub statt einem blutenden Herzen und Asche statt einer lebenden Seele kommt?“

Philip schrie laut auf, als er die Vision sah, während er sie Stück für Stück zusammenfügte. Sein Schrei erstarb mit einem Kribbeln in den Porzellanornamenten des Kaminsimses, und er erinnerte sich, wo er war. Dann klopfte es zweimal sanft an die Tür seines Zimmers. Er fasste sich ein wenig, schnappte sich ein Buch und rief „Komm rein!“

Es war Tante Nan. Sie trug ihr Nachthemd und ihre Nachtmütze. In ihrer Hand hielt sie eine Kerze und die Flamme zitterte.

„Was gibt es zu tun, mein Kind?“ Sie sagte.

„Ich lese nur laut vor, Tante. Habe ich dich geweckt?"

„Aber du hast geschrien, Philip."

„Macbeth, Tante. Sehen Sie, die Bankettszene. Er ist König geworden, wissen Sie, aber sein Gewissen –"

Er hörte auf. Die kleine Dame sah ihn zweifelnd an und zog an der Schnur ihrer Nachtmütze, wodurch diese zur Seite fiel und ihrem besorgten alten Gesicht ein groteskes Aussehen verlieh.

„Nimm ein wenig Brandy, Liebes. Ich habe es hier auf dem Frisiertisch gelassen."

„Mach dir um mich keine Sorgen, Tante. Gute Nacht nochmal. Dort! Geh wieder ins Bett."

Halb überredend, halb zwingend zog er sie zur Tür, und sie ging langsam, widerstrebend, zweifelnd hinaus, die umherirrenden Schnüre ihrer Mütze liefen über ihre Schultern, und ihre nackten Füße knabberten am Saum des Nachthemdes hinter ihr .

Philip blickte auf das Buch, das er sich in seiner Eile geschnappt hatte. Was hatte ihm dieses Buch aller Bücher in die Hand gegeben? Was hatte ihn ausgerechnet in dieses Zimmer geführt? Und in dieser Nacht aller Nächte? Welcher höllische Teufel hatte Tante Nan dazu verleitet, ihn zu foltern? Er würde nicht bleiben; er würde zurück in sein eigenes Bett gehen.

Draußen auf dem Treppenabsatz hörte er eine leise Stimme. Es kam aus Tante Nans Zimmer. Ein Speer aus Kerzenlicht schoss aus ihrer Tür, die angelehnt war. Er hielt inne und schaute hinein. Das weiße Nachthemd lag neben dem Bett, die Nachtmütze war in der Bettdecke vergraben. Eine Katze hatte sich daneben niedergelassen und schnurrte leise. Tante Nan war auf den Knien. Philip hörte seinen eigenen Namen –

„Gott segne meinen Philip an dem großen Ort, zu dem er heute berufen wurde. Gib ihm Weisheit, Kraft und Frieden!"

Heilige Frau, mit Engeln, die über dir schweben, wer hat es gewagt, an Teufel zu denken, die deine Unschuld und Liebe in Versuchung führen?

Philip ging zurück in das Zimmer seines Vaters. Er begann, sich mit seiner Position abzufinden. Obwohl er seinen Vater auf eigene Kosten gepriesen hatte, hatte er nichts anderes getan, als die Hoffnungen seines Vaters zu verwirklichen. Und schließlich hätte er nicht anders handeln können. Zu keinem Zeitpunkt hätte er sich anders verhalten können, als er es getan hat. Was hatte er sich selbst vorzuwerfen? Wenn es Sünde gegeben hätte, wäre er von blinden Mächten hineingezogen worden, denen er nicht befehlen konnte. Und was für ihn galt, galt auch für Kate.

Ah! er konnte sie jetzt sehen. Sie war dorthin gegangen, wohin er sie geschickt hatte. In ihren wunderschönen Augen standen Tränen, aber die Zeit würde sie wegwischen. Die Doppelzüngigkeit ihres alten Lebens war vorbei; der zersetzende Betrug, die tägliche Qual, die stündliche Untreue – alles wurde zurückgelassen. Wenn es Reue gab, war es die Schuld des Schicksals; und wenn sie unter Schamgefühlen litt, war sie eine Frau, und sie würde es freudig ertragen, um des Mannes willen, den sie liebte. Sie hat alles für ihn durchgemacht. Der Himmel segne sie! Trotz des Menschen und seines Gesetzes war sie seine Liebe, sein Liebling, seine Frau – ja, seine Frau – aufgrund des Rechts der Natur und Gottes; und, was auch wolle, er würde sich bis zuletzt an sie klammern.

Plötzlich durchschnitt eine dicke Stimme die stille Luft der Nacht.

„Philipp!“

Endlich war es Pete. Er rief vom Fenster unten herauf. Philip stöhnte und bedeckte sein Gesicht mit seinen Händen.

„Philipp!“

Mit steifen Schritten ging Philip zum Fenster und warf den Flügel hoch. Es war Sternenlicht und die Zweige bogen sich in der Nachtluft.

„Bist du es, Pete?“

"Ja, ich bin es. Ich habe die Lampe gesehen, also wusste ich, dass du überhaupt im Bett warst. Ein bisschen studieren, das ist so, oder? Ich dachte, ich würde das Haus nicht wecken, sondern einfach schreien und es dir sagen.“

„Was ist los, Pete?“ sagte Philip. Seine Stimme zitterte wie ein Segel beim Wenden.

„Überhaupt nicht viel. Nur die Frau ist mit dem Nachtdampfer nach England gefahren.

"Nach England?"

„Ach, es ist auch Zeit dafür, denke ich; So wach und nervös war sie in letzter Zeit. Erinnern Sie sich, was der Arzt damals gesagt hat, als wir das Kind tauften? „Schick sie von der Insel weg“, sagt er, „und sie wird als eine andere Frau nach Hause kommen.“ War allerdings nicht dafür, hinzugehen. Sie weinte und schrie, sie würde die Kleine nicht ausschütten. Ich musste also ein wenig Autorität an den Tag legen. Natürlich hat ein Ehemann das Recht dazu, Philip, oder? Nun, ich werde die Straße wieder nehmen. Ein toller Abend, nicht wahr? Das ist ein Mann, der nicht bereit ist, ins Bett zu gehen.“

Philip zitterte und fühlte sich krank. Er versuchte zu sprechen, brachte aber außer einem unartikulierten Geräusch nichts hervor. Als Pete wegging, kreischte eine Eule im Tal. Philip zog den Flügel herunter, zog die Jalousie herunter, zog die Vorhänge zu, stolperte in die Mitte des Bodens und lehnte sich gegen das Bett.

„Das ist der Anfang vom Ende", dachte er.

Die Doppelzüngigkeit, die Täuschung, die täglichen Qualen, die Kate hinter sich gelassen hatte, sollten von nun an seine eigenen sein! Mit einem Mal sah er wie ein Blitz den Weg vor sich. Es ging über Klippen, Abgründe und Sumpfgebiete, wo sein Fuß bei jedem Schritt ausrutschen konnte.

Sein Kopf begann zu schwirren. Er nahm die Brandyflasche vom Frisiertisch, schenkte ein halbes Glas ein und trank es auf einmal aus. Dabei ruhten seine Augen über dem Glasrand auf dem Porträt seiner Mutter über dem Kamin. Das Gesicht, wie er es damals sah, war nicht mehr das Gesicht der gewinnenden Braut. Es war das lebendige Gesicht, wie er es in Erinnerung hatte – trübe, aufgedunsen, grob und betrunken. Sie lächelte ihn an, sie winkte ihm zu.

Es war tatsächlich der Anfang vom Ende. Er war der Sohn seiner Mutter und seines Vaters. Der Vater hatte bis zu diesem Tag regiert, aber jetzt war die Mutter an der Reihe. Er konnte ihr nicht widerstehen. Sie lebte in seinem Blut und er gehörte ihr.

Noch nie zuvor hatte er rohe Spirituosen angerührt, und der Brandy eroberte ihn sofort. Da ihm schwindelig wurde, versuchte er, sich auszuziehen und ins Bett zu gehen. Er zog seinen Mantel und seine Weste aus und warf sich die Hosenträger über die Schultern. Dann stolperte er und musste sich am Bettpfosten festhalten. Seine Hand wurde kalt und lockerte ihren Griff. Benommenheit überkam ihn. Er rutschte aus, er rutschte, er fiel und rollte mit ausgestreckten Armen auf den Boden. Das Feuer ging aus und die Lampe erlosch.

Dann ging die Sonne über dem Meer auf. Es war ein wunderschöner Morgen. Die Stadt erwachte; Auf den Straßen jubelten die Menschen einander fröhlich zu, und vom großen Kirchturm läuteten Freudenglocken zum ersten Gerichtstag des neuen Deemster. Doch der Deemster selbst lag noch immer mit feuchter Stirn und verfilztem Haar auf dem Boden hinter der Jalousie des abgedunkelten Zimmers.

TEIL V.
MANN UND MANN.

ICH.

Es war Samstag und der Marktplatz war mit Karren und Ständen der Landbevölkerung bedeckt. Nach einer Finte, Frühstück zu essen, zündete sich Pete seine Pfeife an, rief nach einem Korb und verkündete seine Absicht, das Marketing zu übernehmen.

„Sie kommen, um die Herrin zu holen, Kapitän?“

„Ich bin eine Art Graswitwe, Ma'am. Was sind Ihre Eier heute, Herrin Cowley?“

„Sechzehn heute Morgen, Sir, und auch die Richtigen. Sie sagten mir, dass du sie verloren hast.“

„Dann gib mir einen Schilling wert. Gibt es Neuigkeiten von deiner Seite, Mag?“

„Zwei – vier – acht – sechzehn – es sieht so aus, als würden wir eine frühe Ernte bekommen, Kapitän.“

„Bist du es, Liza? Und wie ist deine Butter heute?“

„Heute ist es schlecht, Sir, und der Ha'penny hat nur dreizehn Pence gekostet. Sehnt sich der Kleine nach der Geliebten, Kapitän?“

„Dann nehme ich ein paar Pfund. Was für eine Sehnsucht überhaupt, wenn es darum geht, von Hand nach oben zu kommen? Leg es in ein Kohlblatt, Liza.“

So ging Pete, den Korb am Arm und die Pfeife im Mund, von Stand zu Stand, plauderte, lachte, feilschte, kaufte und rief seine Grüße über den allgemeinen Lärm und Tumult hinweg, während er sich seinen Weg durch die Menge bahnte er lauschte aufmerksam und beobachtete eifrig, warf die Enterhaken aus, um den Anker zu fangen, den er verloren hatte, und hatte die ganze Zeit das Gefühl, dass, wenn irgendein Auge Anzeichen von Wissen zeigte, wenn irgendjemand mit „Capt'n, ich kann Ihnen sagen, wo sie ist“ anfing, er muss sich wie ein Tiger auf den Mann stürzen und die Offenbarung in seiner Kehle ersticken.

Am nächsten Tag, Sonntag, kamen seine Freunde aus Sulby, um zu testen und Fragen zu stellen. Er saß in Hemdsärmeln auf einem Liegestuhl in seiner Schiffskajüte, rauchte eine lange Pfeife und tat so, als wäre er entspannt und im Frieden mit der ganzen Welt.

„Guten Morgen, Kapitän“, sagte John der Angestellte.

„Es *ist* ein schöner Morgen, John“, sagte Pete.

„Auch auf dem Meer gut", sagte Jonaique.

„Wunderbar schön auf dem Meer, Mr. Jelly."

„Aber ein schöner, fairer Wind, wenn jemand im Paket nach Liverpool fährt. Meinen Sie, war es für die Herrin am Freitagabend genauso gut, Mr. Quilliam?"

„Ich werde galantieren", sagte Pete.

„Aber mutig – das hätte ich bei derselben Frau nicht gedacht – das würde ich nicht sagen", sagte Jonaique.

„Auch allein und so früh am Morgen auf der anderen Seite gelandet", sagte John der Angestellte.

„Clever, ungewöhnlich! „Es ist nicht so, dass jede Frau es getan hätte", sagte Kelly, der Postbote.

„Ach, wir haben in diesen Tagen mächtige Jungs von Frauen – wir haben Geld", schniefte der Polizist, und dann lachten sie alle zusammen.

Pete beobachtete, wie sie schmeichelten, schmeichelten und mit dem Schwanz wedelten, und dann sagte er: „Chut! Was ist so wunderbar daran, dass eine Frau alleine nach Liverpool geht, wenn jemand auf der Bühne auf sie wartet?"

Die lachenden Gesichter wurden plötzlich länger. „Und sie hatte es auch", sagte John der Angestellte.

Pete schnaufte wie wild, rollte sich auf seinem Sitz herum, lachte wie ein Mann, dessen Mund voll Wasser ist, und sagte: „Na ja, so freundlich – natürlich mein Onkel."

Jonaique runzelte die Stirn. „Onkel", sagte er mit einem Klicken im Hals.

„Ja, mein Onkel Joe", sagte Pete.

Jonaique sah hilflos zu John dem Angestellten hinüber. John der Angestellte verzog den Mund, als wollte er pfeifen, und sagte dann stockend: „Nun, ich kann nicht wirklich sagen, dass ich jemals zuvor von Ihrem Onkel Joe gehört habe, Kapitän."

"NEIN?" sagte Pete mit einem Ausdruck des Erstaunens. „Nicht mein Onkel Joseph? Derjenige, der vor vierzig Jahren die Insel verließ und im Bus- und Taxiunternehmen begann? Nun, das ist merkwürdig. Wo wohnt er? Gott segne mich, wo ist das jetzt? Chut! Es ist Clane, der mich vergessen hat. Aber ich habe ihn selbst gesehen, wie er aus Kimberley nach Hause kam, und seitdem schreibt er ununterbrochen. „Schick sie hinüber", sagt er; „Sie wird wie ein Augenzwinkern wieder ihre eigene Frau sein." Und Sie haben noch nie etwas von ihm gehört? Nicht Onkel Joey mit der Glatze? Gut gut! Allerdings ein kluger alter Mann. Der Mensch ist lebendig, er ist auch lebhaft, lächerlich und in guter Gesellschaft. Wenn man das Gesicht dieses Mannes betrachtet, würde man sagen, dass die Sonne regelmäßig scheint. Oh, es werden schöne Zeiten sein, die sie mit Onkel Joe verbringen wird. Keine Frau könnte in der Nähe dieses Mannes krank sein. Er würde dir das Gesicht vor Lachen zerbrechen, wenn es vor einem Zwinkern platzen würde. Und Sie haben noch nie von meinem Onkel Joe aus der Scotland Road am Clarence Dock gehört? Wenn ich jetzt darüber nachdenke!"

Mit verwirrten Blicken gingen sie davon, und Pete ging ins Haus. „Sie versuchen mich zu fangen; Sie wollen meine arme kleine Kirry beschämen. Ich muss ihren Namen süß halten", dachte er.

Die Kirchenglocken hatten begonnen zu läuten, und er sagte sich, dass er sich, so schwer sein Herz auch sein mochte, wie immer verhalten musste.

„Sie wird heute Morgen selbst zur Kirche gehen, Nancy", sagte er und zog seinen Mantel an, „also gehe ich einfach rüber zur Kapelle."

Als er gerade zum Abendessen nach Hause kam, schwang er sich den Weg hinauf, als er Stimmen im Haus hörte.

„Es ist schockierend zu sehen, wie der Mann dies und das beißt." Es war Nancy; sie deckte den Tisch; Es gab ein Klappern von Messern und Gabeln. „Zum Fressen gebissen, aber nur pickend wie ein Rotkehlchen; beim Einschlafen gebissen, aber nachts nie ein Augenzwinkern; Er wollte unbedingt lachen, scherzen und zwinkern, und ein Gesicht sah ihn an wie ein Geist, und sein Haar war durch und durch – andere. Vom Fluss zum Kai zu laufen und mit all dem Müll herumzulaufen – das ist schockierend, Ma'am, es ist schockierend!"

„Still-bye, still-bye!" Es war die Stimme von Oma, leise und zitternd; sie schaukelte die Wiege.

„Du kannst auch nicht mit ihm reden, aber er schimpft skandalös mit dir. „Ich bin es nicht gewohnt, beschimpft zu werden", sage ich, „und muss man mir beibringen, meine eigene Kitty zu respektieren?" Aber ich muss mich schämen, wenn ich das kleine Moor dort sehe, und es ist so hilflos und so schön. „Stericks, sagen Sie? Ja, in der Tat, gnädige Frau, und wenn ich noch länger hier bleibe, verliere ich mich auch selbst, mit seinem Beißen und Beißen."

„Lass ihn dabei sein, Nancy. Sein armer Kopf ist so verfilzt und durcheinander, dass er wie Blutwurst ist – man kann nicht sagen, was drin ist. Aber er ist trotzdem gut; Oh, richtig gut, er ist für alle, und die Welt ist kalt und grausam. Laß ihn in Ruhe, Frau; lass ihn in Ruhe, armer Junge.

Das Kind erwachte und weinte, und im Schutz dieser Aufregung und des Krähens und Gurrens der beiden Frauen trat Pete zurück zum Tor, schlug heftig dagegen, schwang sich geräuschvoll den Kies hinauf und rollte mit einem Schrei und einem Geschrei ins Haus lachen.

"Gut gut! Oma, mein Kerl! Wer hätte jetzt schon daran gedacht, Oma zu sehen? Und wie geht es dem alten Engel heute? Du hast also den Kleinen da? Oh, du Schurke, du. Du bist auf Omas Schoß, oder? Wie geht es Cäsar? Und wie geht es Frau Gorry? Schauen Sie sich das jetzt an – haben Sie das jemals getan? Öffnen Sie zuerst ein Auge, um sicherzustellen, dass die Welt in Ordnung ist. Das Kind ist weise. Coo-oo-oo! Klug mit dem Abendessen, Nancy – wunderbar hungrig, die Kapelle macht einen Mann. Coo-oo! Wie ist sie jetzt, Oma?"

„Wenn ich sie so auf mein Knie setze, kann ich meine eigene kleine Kirry wieder sehen", sagte Oma, blickte reumütig nach unten, wiegte das Kind mit einem Knie und beugte sich darüber, um es zu küssen.

„Also ist sie wie die Mama, oder?" sagte Pete, blies in das Baby und kitzelte es mit seinem breiten Zeigefinger am Kinn. „Mammy ist zum alten Onkel gegangen – nicht wahr, mein kleines Mädchen?"

Daraufhin fing Oma an, sich selbst und das Kind zu wiegen und mit zittriger Stimme eine Hymne zu singen. Dann, während Nancy das Abendessen auftischte, begann Pete mit einem Rasseln und Rauschen, seinen Mantel auszuziehen und in Hemdsärmeln über den Boden zu stampfen, über Kates Glück an dem Ort zu reden, wohin sie gegangen war.

„Das Haus des alten Mannes ist enorm großartig – man würde es nicht glauben. Ein königlicher Dempster-Palast. Die Erhabenheit darauf ist eine Show und ein Muster. Viel zu essen, viel zu trinken und ein Junge an der Tür mit weißen Knöpfen auf seinem braunen Mantel, Gott sei Dank – wie ein Rübenfeld im Winter. Dann der Mann selbst; Meine Güte, wie glücklich dieser Mann ist – Happy Joe nennen sie ihn. Ich würde es nicht trauen, aber er wird Kate ins Theater mitnehmen. Na ja, und warum nicht, wenn jemand etwas deprimiert ist? Eine fröhliche Berührung und los geht's – wo ist da überhaupt der Schaden? Fakt ist, Oma, deshalb konnten wir dir nicht sagen, dass Kate geht. Cæsar hätte Einwände erhoben. Er ist fit genug dafür – ha, ha, ha!"

Oma sah zu Pete auf, als er lachte, und die breite Rose auf seinem Gesicht verwelkte.

"Hm! Hm!" sagte er und räusperte sich; „Ich habe schreckliche Lust auf einen Raucher." Und am Esstisch vorbei, der jetzt rauchte und fertig war, schlüpfte er aus dem Haus.

Cæsar war Petes nächster Besucher. Er sagte nichts über Kate, und Pete erwähnte Onkel Joe auch nicht. Das Interview war kurz und düster. Es war eine Lüge, dass Ross Christian von seinem Vater geschickt worden war, um ihn um einen Kredit zu bitten, aber es stimmte, dass Peter Christian dringend Geld brauchte. Er wollte sechstausend Pfund als Hypothek auf Ballawhaine. Hatte Pete so viel zu leihen? Kein Bedarf an persönlichem Verkehr; Cæsar würde als Vermittler fungieren.

Pete brauchte nur einen Moment zum Nachdenken. Ja, er hatte das Geld und er würde es leihen. Cæsar sah Pete an; Pete sah Cæsar an. „Er redet diesen ganzen Blödsinn", dachte Cæsar, „aber er weiß, wohin das Mädchen gegangen ist. Er weiß, wer sie entführt hat; er versucht, den Schurken mit aller Gewalt aus seinem eigenen Haus zu vertreiben; und auch recht genug, und die Rache des Herrn selbst."

Aber Petes Gedanken waren eine andere Sache. „Der alte Mann wird nicht mehr leben, um es einzulösen, und der junge wird es nie versuchen – eines Tages wird es für Philip reichen."

II.

Drei Tage lang ertrug sich Pete seiner Gewohnheit entsprechend und dachte daran, die bösen Zungen der kleinen Welt um ihn herum zum Schweigen zu bringen und den teuren Namen, den sie nur darauf warteten, zu beflecken und zu zerstören, süß und lebendig zu halten. Am Dienstagmorgen war die Belastung unerträglich geworden. Unter dem Vorwand, geschäftlich, zum Vergnügen, Gott weiß was für eine Torheit und Unsinn zu sein, begann er, die Insel zu durchkämmen. Er besuchte jede Gemeinde im Norden, durchquerte jedes Dorf, erklomm jede Schlucht, fand seinen Weg in jede abgelegene Hütte und knüpfte Bekanntschaft mit jeder allein lebenden alten Frau. Manchmal war er in der vagen Morgendämmerung wach und schlich wie ein Dieb durch die stillen Straßen, still, verstohlen und vorsichtig, bis er die Straßen, die Felder oder das offene Curragh erreichte und seinen Schritten Schwung verleihen konnte und Atem für seine Lungen und Stimme für die Schreie, die von ihm ausgehen.

Zwei lange Wochen verbrachte er auf dieser wilden Suche, und in der Zwischenzeit war er nach außen so glücklich wie ein Junge – er pfiff, lachte, schimpfte, heulte, redete Unsinn, irgendeinen Unsinn, und schlug die Fersen hoch wie ein Kind. Aber wohin er auch ging und wie früh er auch mit seinen Besorgungen begann, er versäumte es nicht, um sieben Uhr abends wieder zu Hause zu sein – gewaschen, gekämmt, in seinen Hausschuhen und Hemdsärmeln, und rauchte einen langen Lehm über dem Garten Tor, als der Postbote mit den Briefen vorbeikam.

„Sie wird schreiben", sagte er sich. „Wenn sie sich ein wenig bessert, wird sie unseren Geist aufrütteln und schreiben. „Lieber Pete, entschuldige, dass ich nicht vorher geschrieben habe" – so ist es nun einmal. Ach, vertraue ihr, vertraue ihr."

Doch Tag für Tag folgte, und es kam kein Brief von Kate. Zehn Abende hintereinander rauchte er über dem Tor, gemächlich, weitgehend, fast träge, wobei er immer auf den Schirm der Mütze des Postboten achtete, wenn diese am Gerichtsgebäude um die Ecke bog, und seinen Fußspitzen folgte, als sie den Bordstein verließen , um zu sehen, ob sie in seine Richtung zeigten – und wandte sich dann mit einem tiefen Atemzug und einem unterdrückten Stöhnen zur Seite, das in einem Rasseln der Kehle und einem Vorwand, zu spucken, endete.

Der Postbote sah ihn im Vorbeigehen und seine kleinen Augen funkelten verräterisch.

„Noch nichts für Sie, Kapitän", sagte er schließlich.

„Chut!" sagte Pete mit einer mächtigen Rauchwolke; „Mein Geschäft wird nicht durch Korrespondenz erledigt, Mr. Kelly."

„Ach, nein; aber wenn die Frau eines Mannes weg ist –", begann der Postbote.

„Oh, ich verstehe", sagte Pete mit einem Ausdruck von Intelligenz und dann mit einer erhabenen Handbewegung: „Sie ist wie ihr Ehemann, Mr. Kelly – sie kümmert sich überhaupt nicht viel um Briefe."

„Aber Sie werden sich nach einer Zeile sehnen, Kapitän – das ist nur natürlich."

„Keine Nachrichten sind gute Nachrichten – ich kann es ihr guttun."

„Natürlich ist das wahr, ja! Aber dennoch und vor allem zeigt der Vorgeschmack auf einen Brief – er schadet nicht, Capt'n – auch ein leichter Brief und manchmal süß zu bekommen, wissen Sie –, dass eine Frau einen Mann nicht vergisst, wenn sie weg ist."

"Herr. Kelly! Herr Kelly!" sagte Pete, die Hand vor dem Gesicht, die Handfläche nach außen.

"Nicht nötig? Nun, ich lasse es bei dir. Gute Nacht, Kapitän."

„Gute Nacht, Sir", sagte Pete.

Er hatte gelacht und geredet und in gespieltem Protest und vorgetäuschter Gleichgültigkeit die Augenbrauen und die Hände hochgezogen, aber die Worte des Postboten hatten ihn bis ins Mark getroffen. „Die Leute haben Verdacht", dachte er. „Sie sagen Dinge."

Das brachte ihn zum Fluchen, aber ihm kam ein Gedanke, der ihn stattdessen ins Schwitzen brachte. „Philip wird sie hören. Sie werden ihm sagen, dass sie mir nicht schreibt; dass ich nicht weiß, wo sie ist; dass sie mich verlassen hat und dass sie eine schlechte Frau ist."

Kate ein gutes Verhältnis zu Philip zu verschaffen, war ein Ziel, das in Petes Augen keinen anderen Rivalen hatte als eines: Philip ein gutes Verhältnis zu Kate zu verschaffen. Aus dem Schattenland seiner Erinnerung an die schreckliche Nacht seines Todes kam eine Erinnerung, die bis dahin tot dagelegen hatte, nun in ihren Grabgewändern zurück, um ihn zu quälen. Das hatte Cæsar über Philipps Kampf mit Ross Christian gesagt. Philip selbst hatte es nie erwähnt – das sah ihm ähnlich. Aber als böse Zungen von Ross erzählten und Unheil andeuteten, würde Philip bereits etwas wissen; er wäre vorbereitet, vielleicht würde er zuhören und glauben.

Zwei Tage länger saß Pete in der Qual dieses neuen Schreckens und der verbissenen Ungeduld seiner alten Hoffnung. „Sie wird schreiben. Sie wird mich nicht mehr lange ertragen. Aber sie schrieb nicht, und in der zweiten Nacht, bevor er vom Tor zum Haus zurückkehrte, hatte er seinen Plan geschmiedet. Er muss den Skandal unter allen Umständen zum Schweigen bringen. So sehr sein eigenes Herz auch vor Zweifeln, Ängsten und Befürchtungen bluten mochte, Philip durfte niemals aufhören zu denken, dass Kate gut, süß und wahrhaftig war.

„Geh ins Bett, Nancy", rief er und stürzte wie ein betrunkener Mann in den Flur. „Ich habe heute Abend Arbeit zu erledigen und möchte das Haus für mich alleine haben."

„Meine Güte, sind es dann Sie selbst, der vom Bett spricht?" sagte Nancy. „Auch sieben im Leben und das Kind keine Stunde aus meinen Händen? Und meine Liebe weiß, was für eine Arbeit es ist, wenn man sie nicht mit guten Leuten um sich herum erledigen kann."

„Komm, steig aus, Frau; Du siehst müde aus, ein Sterblicher. Der Kleine macht dich fertig. Aber was soll das heißen, Nancy – Bett ist halbes Brot. Auch die Wahrheit ist genug, und die andere Hälfte ist Schönheit. Steigen Sie jetzt aus. Du verwöhnst deinen Teint fürchterlich – ich werde diesen Ehemann nie für dich bekommen."

So überredete er sie, beschwichtigte sie, beobachtete sie, wich ihr aus, nörgelte sie, trieb sie und brachte sie schließlich ins Bett. Als er allein war, sah er sich um, lauschte, schloss die Türen des Wohnzimmers und der Küche, steckte den Riegel an der Tür der Treppe und die Kette an die Tür der Veranda, zog seine Stiefel aus und ging auf Zehenspitzen. Dann blies er die Lampe aus, füllte und putzte sie, zündete sie wieder an und ging auf den Kaminvorleger, um das Licht des Feuers einzufangen. Danach richtete er den Tisch ab, zog den Sessel heran, holte aus einem Eckschrank Stifte und Tinte, einen Löschblock, ein Päckchen Briefpapier und Umschläge, einen Stab Siegellack, eine Schachtel Streichhölzer, eine Briefmarke, das Wörterbuch, und das Schulheft, in dem Kate ihm das Schreiben beigebracht hatte.

Als die Uhr neun schlug, saß Pete mit dem Stift in der Hand und der Zunge in der linken Wange am Tisch. Eine halbe Stunde später wurde er durch eine Unterbrechung überrascht.

"Wer ist da?" schrie er mit wilder Stimme und sprang mit einem Ausdruck des Entsetzens auf, wie ein Mann, der bei einem Verbrechen ertappt wurde. Es war nur Nancy, die unter dem Vorwand, sie hätte die Babyflasche vergessen, die Treppe heruntergeschlichen kam. Er gab eine Art entschuldigendes Knurren von sich, reichte die flache Flasche durch eine spaltähnliche Öffnung und befahl ihr, wieder ins Bett zu gehen.

„Um Himmels willen!" sagte Nancy und ging nach oben. „Münzt der Mann Geld?" Oder ist es der Whiskey selbst, der ihm schadet?"

Zwei Stunden später glaubte Pete, ein Gesicht am Fenster zu sehen, und er nahm einen Stock, löste die Kette von der Tür und stürzte in den Garten. Es war niemand; die Stadt schlief; die Nacht war nahezu luftlos; nur die leiseste Brise bewegte die Blätter der Bäume; Nirgendwo war Lärm zu hören, außer dem gemessenen Schlagen des Meeres, das immer wieder am Ufer hin- und herschwankte.

Er trat zurück ins Haus, wo das Feuer zwitscherte und der Wasserkocher sang und alles andere ruhig war, nahm seine Aufgabe wieder auf und beendete sie irgendwo in den dunklen Stunden vor der Morgendämmerung. Die Finger seiner rechten Hand waren damals bis zum ersten Glied tintenschwarz, sein Kragen war offen, sein Hals war nackt, seine Augen leuchteten, die Stränge in seinem Gesicht waren groß und blau, große Perlen kalten Schweißes standen auf seiner Stirn , und der Teppich um seinen Stuhl herum war so weiß übersät, als wäre ein Schneesturm darauf gefallen.

Er ging auf die Knie, sammelte diese Überreste ein und verbrannte sie mit der Miene eines Mannes, der die Beweise seiner Schuld vernichtet. Dann legte er die Tinte und das Wörterbuch, den Löschblock und das Siegellack zurück und ersetzte sie durch einen Laib Brot, ein Tafelmesser, eine Flasche Brandy und ein Trinkglas. Danach machte er mit einer Schaufel Holz das Feuer an, damit es bis zum Morgen brennen konnte; entfernte die Lampe vom Tisch in die Fensternische, damit sie ihr Licht in die Dunkelheit draußen werfen konnte; und entfesselte die Außentür, damit ein Wanderer der Nacht, falls es einen gab, ohne anzuklopfen eintreten konnte.

Er tat dies alles auf die abwesende Weise eines Mannes, der es jede Nacht tat. Dann öffnete er die Treppenhaustür und lauschte einen Moment lang auf den Atem der Schläfer über ihm, schlich sich in das dunkle Wohnzimmer mit Blick auf die Straße und legte sich zum Schlafen auf das Sofa.

Es war erledigt! Petes großer Plan war im Gange! Das mächtige Geheimnis, das er mit solch einem schrecklichen Geheimnis umhüllt hatte, lag in einem Umschlag in der inneren Brusttasche seiner Affenjacke, unterzeichnet, versiegelt, abgestempelt und adressiert.

Pete hatte einen Brief an sich selbst geschrieben .

III.

Am nächsten Tag rief der Ausrufer: „Tolles Treffen – Manx-Fischer – auf Zigzag in Peel, wenn morgen früh Boote einlaufen – protestieren Sie gegen Hafensteuern."

„Das Ding selbst", dachte Pete und drückte seine Hand fest auf die Außenseite seiner Brusttasche. Um fünf Uhr nachmittags ging er zum Hafen hinunter, wo sein Nickey am Kai lag, und rief dem Kapitän zu: „Nehmen Sie heute Abend einen seltsamen Mann mit, Mr. Kemish?" Dann ließ er sich an Deck fallen und half, das Boot in die Bucht zu holen.

Sie mussten es nur mit Stangen aus der Kaimauer herausziehen, denn die Flut war niedrig und es gab keinen Wellenbrecher. Es war noch früh in der Heringssaison, aber der Fischfang war in vollem Gange. Fünfhundert Boote aus allen Gegenden machten sich auf den Weg zur Angelrunde. Es lag am südwestlichen Ende der Insel. Bevor Petes Boot es erreichte, saß die Flotte wie ein Schwarm Seevögel zusammen, und die Sonne war fast untergegangen.

Die Sonne ging in dieser Nacht sehr wütend und rot über den Hügeln von Mourne unter; der Himmel im Nordwesten war dunkel und düster; Die runde Linie des Meeres war trüb und gebrochen, aber es wehte kaum Wind und das Wasser war ruhig.

„Herbringen und schießen", schrie Pete, und sie ließen die Segel landeinwärts der Flotte fallen, vor der Küste der Calf Island, wo ihre beiden Lichter eins bildeten. Das Boot wurde mit dem Kopf in den Wind gebracht, und die Flut drehte gegen sie; Die Netze wurden über die Steuerbordseite geschossen und fielen nach achtern. Der Bug wurde auf die Linie der schwimmenden Mollags geschwenkt, und Boot und Netze begannen zusammen zu treiben.

Das Abendessen wurde serviert, die Pumpe wurde in Betrieb genommen, die Lichter wurden eingeschaltet, das kleine Boot wurde mit einer Fackel herumgeschickt, um die bösen Geister zu verscheuchen, und dann brach die Nacht herein – eine dunkle Nacht, ohne Mond und Sterne, die die bösen Geister ausschloss Insel, obwohl sie so nah war, und sogar die Felsen von Hen and Chicken. Der erste Mann für den Ausguck übernahm seine einstündige Wache am Ruder, und der Rest ging nach unten.

Petes Koje stand unter der Hütte, und das Licht der Lampe fiel auf einen frankierten Umschlag, den er von Zeit zu Zeit aus seiner Brusttasche hervorholte, um die Inschrift lesen zu können. Es lief-

Capn Peatr Quilliam,

Er betrachtete es liebevoll, zärtlich, sehnsüchtig, aber auch mit einer gewissen Ehrfurcht, als wäre es die Schatulle mit einem verborgenen Schatz, und er wüsste kaum, was darin enthalten war. In der schwach beleuchteten Kabine herrschte Stille, aus dem Netzboiler spritzten in Abständen heiße Wassertropfen, das Feuer des Kochherds rutschte und fiel, die Männer atmeten schwer von unsichtbaren Betten aus und das Meer spülte, als das Boot rollte.

„Was sie sagt, frage ich mich! Ich wundere mich! Gott segne sie!" murmelte er und dann schlief auch er ein.

Zwei Stunden vor dem Einholen stellten sie den Fischfang unter Beweis, indem sie ein „Paar" des Netzes einholten, guten Hering fanden und zum Zeichen, dass es ihnen gut ging, ins Horn bliesen. Dann schwebten aus den schwarzen Tiefen rundherum, in denen kein Boot zu sehen war, lautlos die Lichter anderer Boote achtern, bis die Gesellschaft um sie herum in der Dunkelheit wie eine kleine Stadt aus Meer und Nacht wirkte.

Beim ersten Blick des Morgens über die runde Schulter des Kalbs erwachte die kleine Stadt. Man hörte das Klicken der Winde und die Rufe der Männer, als die Netze schwer und weiß vor Fischen zu den Booten zurückkamen. Als alle an Bord waren, gingen die Männer, wie es ihre Gewohnheit war, auf das Deck hinunter, jeder Mann auf den Knien, das Gesicht in der Mütze, und dann sprangen sie mit einem Schrei (vielleicht einem Fluch) auf, schwangen sich in den Wind und hoben die Stange hoch Segeln und für zu Hause gemacht. Der dunkle Nordwesten senkte sich inzwischen, und das Meer begann zu springen.

„Frühstück, Jungs", sang Pete, den Kopf über dem Begleiter, und alle bis auf den Steuermann gingen nach unten. Es gab einen Topf voller Tropfenfische, und jeder aß sein Heringsfilet. Es war ein toller Angelabend gewesen. Einige der Boote waren bis zum Mund voll und alle hatten reichlich.

„Wenn wir einen Markt finden, werden wir mittelmäßig abschneiden", sagte Pete.

„Wir müssen zuerst nach Hause", sagte der Kapitän, und im selben Moment schlug eine See mit der Wucht eines Vorschlaghammers in die Luvseite, und der Block am Masttop begann zu singen.

„Wir werden heute Morgen nach Peel rennen, Jungs", sagte Pete und unterdrückte seine Stimme mit einem Bissen.

"Schälen?" sagte der Meister und schoss seine Lippe hervor. „Sie haben dort überhaupt keinen Hafen mit einer Brise wie einer Katzenpfote, geschweige denn einem Nordwestwind."

„Ich bin dafür, zu dem Treffen zu gehen", sagte Pete unzusammenhängend.

Dann kreuzten sie vor dem aufkommenden Sturm und zogen mit der Flotte los, die wie ein Möwenschwarm im Wind wirbelte. Das Meer stürzte herab wie ein Schwarm Seeschweine und wusch die Gesichter der Männer, die in Ölzeug auf dem Lukendeckel saßen und den Hering aus den Netzen in den Laderaum schüttelten.

Doch ihre Arbeit begann erst, als sie nach Peel kamen. Die Flut war zurück; es gab keinen Wellenbrecher; Die Hafenmündung war schmal, und vierhundert Boote kamen, um Schutz zu suchen und ihre Ladungen an Land zu bringen. Es war eine Szene des Tumults und der Verwirrung – Geschrei, Fluchen und Kämpfe unter den Männern, und Gedränge und Knarren zwischen den Booten, als sie sich auf den Weg zur Hafeneinfahrt machten und Seile auf den Kai warfen, wo fünfzig Seile um einen Pfosten gewickelt waren oder Anker am Ufer des Burgfelsens auswerfen, der steil und gefährlich zum Liegen war.

Pete wurde irgendwie gelandet, aber sein Nickey mit der Hälfte der Flotte drehte um und umrundete die Insel. Als er an Land sprang, drehte sich der hilflose Hafenmeister, der mit einer Trompete über das Babel gebrüllt hatte, zu ihm und sagte: „Um Gottes willen, Kapitän Quilliam, wenn Sie einen Freund haben, der Ihnen Geld leihen kann." Wenn Sie uns helfen, gehen Sie um sieben Uhr zur Besprechung.

„Das mache ich gerne", sagte Pete, aber er hatte zuerst etwas anderes zu tun. Es war die Aufgabe, die ihn nach Peel geführt hatte, und kein Auge durfte sehen, wie er es tat. Langsam und schlau, wie jemand, der etwas Zweifelhaftes tut und so tut, als würde er nichts tun, schlich er durch die Stadt – hinter dem alten Gerichtsgebäude und die Castle Street hinauf, auf den Marktplatz und über ihn hinweg zu den Geschäften die die Hauptverkehrsstraße bilden.

In einem dieser Läden, einem kleinen Laden mit nur einem Raum, dessen kleiner Fensterladen noch offen stand, die Tür aber halb geöffnet war und von dem man ein stampfendes Geräusch hörte, blieb er faulenzend stehen und drehte sich halb auf dem Absatz, als ob er müßig zuschauen würde zurück. Es war das Postamt.

Er blickte sich verstohlen um, steckte eine zitternde Hand in die Brusttasche, zog den Brief heraus, verdeckte ihn mit der flachen Handfläche und gab ihn auf den Posten. Dann wandte er sich eilig ab und verschwand im Nu wie ein Mann, der sich vor Verfolgung fürchtet, eine steile und gewundene Gasse hinunter, die zum Ufer führte. Der Morgen war früh; die Geschäfte waren noch nicht geöffnet; nur aus den Häusern der Fischer breiteten sich kräuselnde Rauchkränze aus; Die stillen Straßen hallten von seinen leisesten Schritten wider.

Aber auf der Uferstraße war genug los. Fischer in Seestiefeln und Südwestbooten, mit Ölzeug über dem einen Arm und einer Heringsschnur in der anderen Hand, marschierten vom Hafen hinauf zum Zigzag am Felsen namens Creg Malin. Es war am Ende der Bucht, wo Klippe, Strand und Meer zusammen eine Tasche bildeten wie der Steert des Schleppnetzes.

„Es sind überhaupt nicht die Fischer, sondern die Bauern, an die sie denken", sagte einer.

„Du hast recht", sagte Pete, „und es ist ein Teil von uns selbst, der dafür verantwortlich ist."

"Wie ist das?" sagte jemand.

„Aisy genug", sagte Pete. „Als ich von Kimberly nach Hause kam, traf ich einen alten Fischer – *du* kennst den Mann, Billy – nun ja, das weißt *du*, Dan – Phil Nelly aus Ramsey. „Wie läuft's mit dem Angeln, Phil?" sagt ich. Er gab mir ein Hm! und ein Heben seines Halses, und „Ich fische nicht mehr", sagt er. „Die Frau betreibt ein Privathotel", sagt er. „Und was machst du denn selbst", sage ich. „Ich laufe umher", sagt er, und, Gott segne mich, wenn der Mann nicht ein Halsband und einen Stock in der Hand hätte und über Werbung für die Insel plapperte, wenn du platzierst."

Beim Klang von Petes Stimme versammelte sich eine Gruppe Männer um ihn. „Das ist auch nicht das Schlimmste", sagte er. „Neulich bin ich über Tom Hommy gestolpert – *Sie* kennen Tom Hommy, ja, das wissen Sie, den kleinen tauben Mann oben in Ballure. Er lag in der Hecke neben dem Wirtshaus, drei Laken im Wind. „Warum bist du nicht mit den Booten draußen, Tom?" Sagte ich. „Waschen soll ich, wenn die Kinder auf der Straße mehr verdienen können?" sagt der betrunkene Verschwender. „Und da drüben werfen eure Jungs und Mädels Saltos auf das Heck des Wagens der Ausflügler?" sagt ich. „Ja", sagt er; „Und sie werden an einem Tag bei ihren Kapriolen mehr verdienen als ihr Vater in einer Woche bei den Heringen."

„Ich glaube es genug", sagte einer. „Der Mann hat ungefähr recht", sagte ein anderer; und eine mürrische Stimme hinter ihm sagte: „Wunderbar, wie wohlhabend die Insel ist, seit die Besucher hierher gekommen sind."

„Verschwinde mit dir, denn eine Schande für den Namen Manxman", sang Pete über die Köpfe derer hinweg, die dazwischen standen. „Wissen Sie, was die alte Insel bedeutet, wenn die Landwirtschaft den Hunden und der

Fischfang dem Teufel übergeht? Es kommt auf eine Insel der Herbergsverwalter und Mietautofahrer. Überhaupt nicht die Isle of Man, sondern die Isle of Manchester."

Bei diesem letzten Wort gab es einen gewaltigen Schrei. Eine weitere Minute später wurde Pete schulterhoch über die Menge auf die höchste Biegung des Zickzackpfads gehoben und aufgefordert, weiterzugehen. Unter ihm befanden sich fünfhundert Gesichter, die in der kühlen Morgenluft ihren heißen Atem ausstießen. Die Sonne schoss über die Klippen, ein Blätterdach aus Rauch über ihren Köpfen. Oben auf dem Felsen plapperten die Seevögel, und das weiße Meer selbst kletterte am Strand entlang.

„Männer", sagte Pete, „es gibt nicht viel zu sagen. Die Arbeit heute Morgen sagte alles. Gestern Abend haben wir doch richtig geangelt, nicht wahr? Vierhundert Boote kamen nach Peel, und wir hatten nicht weniger als zehn Mais pro Stück. Das heißt – du, der du schlau im Rechnen und Rechnen bist, hast es jetzt gesagt – das sind doch viertausend Mais, nicht wahr?" (Rufe „Richtig.") „Oh, du bist schnell, wunderbar. Kein Grund zur Sorge, wenn es um Geld geht. Viertausend Mais stehen bereit und warten auf die Dampfer nach England – aber haben wir ihn gelandet? Nein, auch nicht die Hälfte davon. Die andere Hälfte ist zu anderen Häfen umgeschifft, zu spät für die heutige Ausfahrt, und die Hälfte davon wird verrotten und zurück ins Meer geworfen werden. Das ist es, was die Manx-Fischer heute Morgen verloren haben, weil sie keine Häfen haben, die ihnen Schutz bieten, und trotzdem reden sie davon, Hafengebühren zu erheben."

„Mann, er ist ein Junge!" – „Er ist alles" – „Los, Kapitän. Was sollen wir tun?"

"Tun?" rief Pete. „Ich sage dir, was du tun sollst. Das ist Freitag. Nächsten Donnerstag ist der alte Mittsommertag. Das ist Tynwald-Coort-Tag. Kommen Sie am Donnerstag nach St. John's – jeder von Ihnen kommt – kommen Sie in Ihren Seestiefeln und Ihren Trikots – lassen Sie den Gouverneur sehen, wie Sie es schaffen. „Geben Sie uns die berechtigte Hoffnung auf eine Verbesserung des Hafens, und wir werden dafür bezahlen", sagen Sie. „Wenn Sie es nicht tun, werden wir es nicht tun; Und wenn du versuchst, uns zu erschaffen, sind wir zweitausend Mann stark und werden wie ein Mann aufstehen. „Erschrecken Sie nicht; Sie haben das Recht, sich für einen guten Zweck einzusetzen. Ich werde jemanden bitten, für Sie zu sprechen. Du kennst den Mann, den ich führe. Er ist heute schon der Freund des Fischers gewesen, und er wird seine Mütze nicht vor dem Trauzeugen abnehmen, der seinen Fuß auf den Tynwald Hill setzt."

Es wurde vereinbart. Zwischen diesem Tag und dem Tynwald-Tag sollte Pete die Sympathie von Philip gewinnen und nach Port St. Mary fahren, um die Zusammenarbeit der Fischer auf der Südseite zu gewinnen. Zu diesem

Zeitpunkt war die Stadt in Aufruhr, die Sonne schien am Strand und die Fischer gingen truppweise zu Bett.

IV.

Pete war am selben Abend wieder in seiner Schiffskajüte im Garten, mit noch schwererem Herzen, weil es für eine kurze Stunde seine Sorgen vergessen hatte. Die Blumen öffneten sich, die Rosen krochen über die Veranda, die Amsel sang oben auf dem Baum; aber seine eigene Blume der Blumen, seine Rose der Rosen, sein Vogel der Vögel – wo war sie? Der Sommer kam, kam, kam – er kam mit seinem Licht, er kam mit seiner Musik, er kam mit seiner Süße – aber er kam nicht.

Im Haus schlug die Uhr sieben, und Pete ging mit der Pfeife in der Hand zum Tor. Heute Abend ist es nicht nötig, auf den Gipfel des Postboten zu achten, es ist nicht nötig, seine Zehen nachzuzeichnen.

„Ein Brief für Sie, Mr. Quilliam."

Als Pete diese Worte hörte, weckte er sich mit halbgeschlossenen Augen, als würde er den Sonnenuntergang genießen, mit einem Ausdruck des Erstaunens.

"Was? Für mich, oder? Ein Brief, sagen Sie? Oh, ich verstehe", er nahm es und drehte es in der Hand, „nur ein Satz von der Herrin, das ist so. Gut gut! Ein Brief für mich, wenn Sie es wünschen", und er lachte wie ein Mann, der sehr gekitzelt ist.

Er hatte es nicht eilig. Er rammte seine tote Pfeife mit dem Finger, zündete sie erneut an, saugte daran, ließ sie quaken, holte tief Luft und sagte dann leise: „Mal sehen, was es überhaupt Neues gibt."

Er öffnete den Brief gemächlich und las Teile davon laut vor, als würde er sich selbst vorlesen, während er dabei den Briefträger auf der anderen Seite des Tors in müßigem Geschwätz hielt. „Und wie leben Sie heute, Mr. Kelly? Oh, ihm *geht es so viel besser*, das ist außergewöhnlich. Ja, ein schöner Abend, sehr, Mr. Kelly, nett, nett – *so glücklich und bequem, und Onkel Joe ist so gut* – schweres Gepäck für Sie heute Abend, Sie sagen? Oh, schwer, ja, schwer – alles *Liebe an Oma und alle fragenden Freunde* – nichts, Mr. Kelly, nichts – nur ein Zeilenschreiber, der denkt, ein Mann könnte unruhig werden. Sie brauchte es jedoch nicht – sie brauchte es nicht. Aber scheiße! Schon gut. Einen Brief zu schreiben ist für sie überhaupt nichts. Gott sei Dank würde sie das in weniger als anderthalb Stunden schaffen", hielt ihr ein halbes Blatt Papier hin. Das ist wahr, Sir." Dann schaue ich mir den Brief noch einmal an: „Was ist das denn? PN. Am Ende eines Briefes steht immer eine PN, Mr. Kelly. PN: *Ich hatte vorher erwartet, zu Hause zu sein, aber ich konnte nicht entkommen, weil Onkel Joe mich ins Theater brachte* . Hahaha! Ein mächtiger Junge ist Onkel Joe. Aber, Mr. Kelly, Mr. Kelly", mit ernstem Blick, „kein Wort davon an Cæsar?"

Der Postbote hatte Pete aus den Augenwinkeln seines Frettchens beobachtet. „Wissen Sie, Captain, was Black Tom sagt?"

"Was ist das?" sagte Pete mit einem plötzlichen Tonwechsel.

„Er sagt, dass es keinen Onkel Joe *gibt*. "

„Nein, Onkel Joe?" rief Pete und hob gleichzeitig seine Stimme und seine Augenbrauen.

Der Postbote signalisierte sein Einverständnis mit einem Kopfnicken.

„Nun, das ist großartig", sagte Pete leise und hob sein Gesicht, als wollte er das Erstaunen des Himmels selbst hervorrufen. „Nein, Onkel Joe?" wiederholte er in einem Tonfall leerer Ungläubigkeit. „Fragen Sie den Mann, ob er im Bett liegt. Warum", und Petes Augen öffneten und schlossen sich wie die einer Puppe, „er wird sagen, dass als nächstes keine Tante Joney kommt."

Der Postbote blickte fragend auf.

„Noch nie von Tante Joney gehört – der Frau von Onkel Joe? NEIN? Nun, wirklich, wirklich – schlafe ich? Nicht Tante Joney, die Primitive? Oh, eine gute alte Frau wie immer. Ein Heiliger, falls es jemals einen solchen gab, der auch einen triumphalen Tod starb. Allerdings gibt es für sie keine Theaterbesuche. Sie wird sich nicht bestrafen. Nein, aber sie geht regelmäßig in die Kapelle und steht mitten in der Nacht ihres Lebens auf, um ihre Gebete zu sprechen. „Das ist sie. Also sagt Black Tom, dass es keinen Onkel Joe gibt?"

Pete stieß einen langen Pfiff aus, unterbrach ihn dann plötzlich mit offenem Mund und sagte aus lauter Kehle: „Ich verstehe."

Er legte seinen Mund dicht an das Ohr des Postboten und flüsterte: „Haben Sie Black Tom jemals von dem Vermögen sprechen hören, das er durch die Kanzlei erwartet?" Der Schirm des Postboten wackelte nach unten. "Du hast? Tom denkt darüber nach, sich alles selbst zu schnappen. Ha, ha! Das ist es! Ha, ha!"

Der Postbote ging blinzelnd und kichernd davon, und Pete taumelte den Weg hinauf, biss sich auf die Lippe und murmelte: „Mach weiter so, Pete, mach weiter so – es geht allerdings eine harte Furche." Dann laut: „Ein Brief von der Herrin, Nancy."

Nancy traf ihn auf der Veranda und reinigte ihre teigbedeckten Finger.

„Da bist du ja", sagte Pete und wedelte mit dem Brief auf einer Hand.

„Meine Güte, am Leben!" sagte Nancy. „Ist es aber per Post gekommen, Pete?"

„Sehen Sie sich die Briefmarke an, Frau, und überzeugen Sie sich selbst", sagte Pete.

„Meine Güte, ich! Von Kirry, sagst du?"

„Dann lass mich rein, dann lese ich dir Teile vor."

Nancy widmete sich mit verwirrtem Blick wieder dem Kneten, und Pete folgte ihr und öffnete den Brief.

„Es geht ihr ganz gut, Nancy – es ist überhaupt nicht nötig, diesen Teil zu lesen. Aber sehen Sie", fuhr er mit dem Zeigefinger über die Schrift: „ *Küsse für das Baby und liebe Grüße an Nancy und sag Oma, sie soll sich keine Sorgen machen?*" et setterer, et setterer. Sehen?"

Nancy blickte zu ihr auf, während sie pochte und hämmerte, und sagte: „Hat Mr. Kelly es Ihnen gegeben?"

„Das hat er getan", sagte Pete, „in dieser Minute am Tor. Es ist seine Zeit, nicht wahr?"

Nancy warf einen Blick auf die Uhr. „Ich nehme an, es muss richtig sein", sagte sie.

„Nimm es in deine Hand, Frau", sagte Pete.

Nancy reinigte ihre Hände, nahm den Brief, drehte ihn um und fühlte ihn in ihren Fingern, als wäre er aus Leinen. „Und das ist von Kirry, oder? Es ist auch schön. Ich habe nicht viel Bildung, Pete, aber ich selbst verlange nicht mehr als einen Brief. Es ist wie eine Pfefferminze in deinem Kleid am Sonntag – wenn es dir schlecht geht, weißt du sowieso immer, dass sie da ist." Sie sah es sich noch einmal an und sagte dann wie jemand, der etwas Seltsames sagt: „Ich hatte selbst einmal einen Brief – eine Urkunde, die ich hatte, Pete." Es war vom Vater. Er fuhr mit der *Schwarzen Schaluppe hinunter* und tauschte Orangen mit den Schwarzen irgendwo auf ihrer eigenen Insel. Sie legten eines Tages im Hafen von London an, als sie dort eine Beerdigung abhielten. Wie heißt dieser hier nach den großen Stiefeln? Wellingtons, das ist der Mann. Sie schrieben alles darüber nach Hause – die Menschen und die Streitwagen und die Kampfpferde und die Musik auf den Straßen und in den Kathedralen – und wir hörten nie wieder ein Wort von ihnen – nie. „An Miss Annie Cain – Ihren liebevollen Vater, Joe Cain." Ich wusste alles – jedes Wort – und habe es zehn Jahre lang in meiner Schachtel unter dem Lavendel aufbewahrt."

Philip kam später. Er sah abgemagert und müde aus; sein Gesicht war blass und abgespannt; seine Augen waren rot, schnell und wandernd; sein Haar war ungepflegt und zerzaust; sein Schritt war schwankend und unsicher.

„Gau lebendig, Mann", rief Pete, „hast du nicht geschworen, Gerechtigkeit zwischen Mann und Mann zu schaffen?"

Philip blickte alarmiert auf. "Also?" er sagte.

„Nun", rief Pete mit gerunzelter Stirn und geballter Faust, „es gibt einen Mann, dem Sie nicht gerecht werden."

"Wer ist er?" sagte Philip mit gesenktem Blick.

„Du selbst", sagte Pete und Philip holte tief Luft. Pete lachte, protestierte, dass Philip nicht so hart arbeiten dürfe, und erzählte dann von der morgendlichen Besprechung.

„Tremenjous! Die Rede ist von Begeisterung! Mann, Mann, Mann! Habe ich nicht gesagt, dass wir als ein Mann aufstehen würden? Das werden wir auch. Wir fahren am Tynwald -Tag mit zweitausend Mann nach Tynwald Coort. Tynwald Coort? Ja, und warum nicht? Trommel- und Pfeifenbands, Gott segne euch – zwei davon. Vielleicht nicht viel Musik, aber es wird genug Lärm geben. Es ist alles geklärt. Fischer aus der Südseite kommen den Foxal Way hinauf; Männer auf der Nordseite gehen bei Peel hinunter. Treffen unter Harry Delanys Baum und gemeinsamer Aufstieg auf den Hügel. Aber kein Gebrüll – kein lautes Singen – überhaupt keine Störung des Coort."

"Gut gut! Was dann?" sagte Philip.

„Dann möchten wir, dass du für uns sprichst, Dempster. Oh, nicht viel – überhaupt nichts, was dich ermüden könnte. Sagen Sie ihnen einfach rundheraus, dass wir das nicht tun werden – das reicht."

„Es ist eine ernste Angelegenheit, Pete. Ich muss darüber nachdenken."

„Ach, denk und denke genug nach, Dempster – aber pass auf, dass du es tust. Die Jungs zählen auf dich. „Er ist unser Anker und das wird er tun", sagen sie; Aber stören Sie die Häfen auf jeden Fall", streckte er seine Hand nach etwas auf dem Kaminsims aus. "Was denken Sie?"

„Nein", sagte Philip mit einem langen, müden und erleichterten Atemzug.

„Dann rate mal", sagte Pete und legte seine Hand hinter sich.

Philip schüttelte den Kopf und lächelte schwach. Dann beugte sich Pete mit dem Gesichtsausdruck eines Jungen an seinem Geburtstag über Philip und sagte halb flüsternd über seinen Kopf hinweg: „Ich habe von Kate gehört."

Philip drehte sich gespenstisch um, seine Lippe zitterte und er stammelte: „Du hast – du hast – von Kate gehört, nicht wahr?"

„Sehen Sie sich das an", rief Pete, und mit triumphierendem Schwung kam der Brief herum.

Philipps Atmung wurde schwer und laut. Langsam, sehr langsam streckte er seine Hand aus, nahm den Brief und betrachtete die Aufschrift.

„Lesen Sie es – lesen Sie es", sagte Pete; „Überhaupt keine Geheimnisse."

Mit gesenktem Kopf, die Augenbrauen verdeckten die Augen, mit zitternden Händen, die den Umschlag zerrissen, nahm Philip den Brief heraus und las ihn abschnittsweise – zerbrochen, verschwommen, verwischt, wie vom Rauch einer Vorschiffslampe.

> *„Hirschtorf, ich werde so viel besser... das bin ich*
>
> *glücklich und bequem... manchmal sehne ich mich nach einem Anblick*
>
> *Die Kleinen schlagen ins Gesicht... nicht mehr im Moment... deine eigenen*
>
> *trew Frau. "*

„Bist du schon zum PN gekommen, Philip?" sagte Pete. Er kniete vor dem Feuer und zündete seine Pfeife mit roter Kohle an.

> *„Axpektin, zu Hause zu sein, aber... gib meine Liebe und Güte*
>
> *Respekt an den Dempster, wenn du ihn siehst, er war so gut zu mir*
>
> *als „wir dir die Hälfte gaben, warst du nie towl"*

„Sie macht einen Mann nicht unruhig, wissen Sie", sagte Pete.

Philip konnte nicht sprechen. Seine Kehle würgte; seine Zunge füllte seinen Mund; Seine Augen schwammen in Tränen, die sie verbrannten. Nancy, die bei Sulby gewesen war, um die Nachricht von dem Brief zu überbringen, kam in diesem Moment herein, und Philip hob den Kopf.

„Ich habe meiner Tante gesagt, sie soll mich heute Abend nicht erwarten, Nancy. Ist mein Zimmer oben fertig?"

„Ach, ja, immer bereit, Euer Ehren", sagte Nancy mit einem Knicks.

Er stand auf, den Kopf zur Seite gelegt, nahm eine Kerze aus Nancys Hand, entschuldigte sich bei Pete – er war müde, schläfrig, hatte morgen einen anstrengenden Tag –, sagte „Gute Nacht" und ging die Treppe hinauf – stolpernd und zappelnd – zerrissen Er öffnete seine Schlafzimmertür und stieß sie mit einem kräftigen Knall zurück wie ein Mann, der vor einem Feind flieht.

Pete dachte, es sei ihm gelungen, Bewunderung zu erlangen, aber er kümmerte sich um Philip und fühlte sich nicht wohl. Er hatte keine Bedenken. Schreiben hieß für ihn schreiben, und mehr war es nicht. Aber mitten in der Nacht hörte Philip, der nicht geschlafen hatte, irgendwo unten eine tiefe Stimme, die wie ein Schluchzen klang. Er öffnete seine Tür, kroch auf die Treppe hinaus und lauschte. Das Haus war dunkel. An einem unsichtbaren Ort sagte die Stimme:

„Herr, vergib mir, dass ich Philip betrogen habe. Ich konnte jedoch nichts dagegen tun; Du weißt es selbst, ich konnte es nicht. Eine Lüge ist eine schmutzige Sache, Herr. Es ist, als würde man Teig kauen – er bleibt im Hals stecken und erstickt. Aber ich musste es tun, um mein armes, verlorenes Lamm zu retten, und wenn ich es nicht täte, würde ich selbst verrückt werden – Du weißt, dass ich es tun sollte. Also vergib mir, Herr, um Kirrys willen. Amen."

Die dicke Stimme verstummte, das Haus lag still, dann erwachte das Kind in einem Raum dahinter, und sein dünner Schrei drang durch die Dunkelheit. Philip kroch erschrocken zurück.

„Das musste *sie* durchmachen! Oh Gott! Mein Gott!"

V.

Cæsar rief am nächsten Tag an und brachte Pete zum Büro des Obervogts, wo die Hypothekenangelegenheiten erledigt wurden. Die Taten von Ballawhaine wurden dann Cæsars Obhut zur Verwahrung und sicheren Aufbewahrung anvertraut, und er trug sie mit großen Schritten und einem Gesicht voller grimmigem Triumph in seinen Safe in der Mühle.

„Der alte Ballawhaine liegt im Sterben", dachte er; „Und wenn wir den Jungen eines Tages rausschmeißen, ist es nur die Hand des Herrn an einem Schurken."

Als Pete seinen großen Scheck in Empfang nahm, war ihm klar geworden, dass er durch rücksichtsloses Ausgeben und noch rücksichtsloseres Geben weniger als hundert Pfund auf seinem Konto hatte. „Egal", dachte er; „Philip wird es mir zurückzahlen, wenn er zu seinem Recht kommt."

Oma war mit Nancy im Elm Cottage, als Pete nach Hause kam. Das Kind nahm sein Morgenbad, und die beiden Frauen knieten zu beiden Seiten der Wanne und gackerten und krähten wie zwei alte Hühner über einem Ei.

„Ach, hast du *das jemals* getan, Nancy? „Tat, nein; So einen kleinen Engel *hast* du noch nie gesehen. Up-a-daisy!"

„Ich muss weinen, Oma, wenn ich es so schön sehe. Warme Handtücher, sagen Sie? Ich bin ein Mädchen dieser Art – wenn ich mein Herz niedergeschlagen habe, kann ich es nie wieder hochbringen. Fullers Erde, oder? Hier dann."

„Buh – loo – loo! das Moormillish! Nancy, wir müssen sie bald verkürzen."

Und damit kamen sie zu einer ernsthaften Beratung über Kleider und Unterröcke und andere Geheimnisse, die der Mensch nicht kannte. Pete saß da und schaute zu und hörte zu. „Die Leute werden sich über sie schämen, wenn sie sehen, wie die Oma alles tut", dachte er.

In dieser Nacht schlenderte er durch die Stadt und betrachtete aus dem Augenwinkel die Schaufenster. Er versuchte, sich wie ein Arbeiter zu benehmen, der in sauberer Kleidung seinen Streifzug am Samstagabend genießt, aber auf den Straßen herrschte Gedränge, und er wurde beobachtet. „Nicht hier", sagte er sich. „Ich kann hier nichts kaufen. Zum Schlafen reicht es überhaupt nicht, und ein Mann ist nicht immer im Bett, wenn er schläft."

Einige Stunden später, als Nancy und das Kind oben waren, fiel Pete etwas ein, das ganz unten in einer Schublade lag. Als er zur Schublade ging, um sie zu öffnen, stellte er fest, dass sie beim Ziehen steif war, und sie kam mit einem Ruck zurück, was zeigte, dass sie in letzter Zeit nicht bewegt worden war. Pete fand, wonach er suchte, und stieß auf etwas anderes. Es handelte sich um eine Pappschachtel, die mit einer Schnur umwickelt war, die auf besondere Weise geknotet war. „Kates Knoten", dachte Pete seufzend. Er zog es heraus, öffnete den Deckel und nahm eine Babykapuze aus scharlachrotem Plüsch heraus. „Genau das", dachte er. Er hielt es mit offenem Mund über seine große braune Hand und lachte vor Freude. „Sie hat es für das Kind gekauft und nie benutzt." Seine Augen glitzerten. „ *Genau das*", dachte er und nahm dann Stift und Papier zur Hand, um etwas Passendes dazu zu schreiben.

Das hat er geschrieben:

„Für die kleine Katerin von ihrer Luvin-Mutter"

Dann hielt er es auf Armeslänge von sich und betrachtete es. Das Abonnement erstreckte sich über die gesamte Vorderseite eines halben Blattes Papier. Aber der triumphale Erfolg seiner früheren Bemühungen hatte ihn mutig gemacht. Er konnte der Versuchung nicht widerstehen, mehr zu schreiben. Also drehte er das Papier um und schrieb auf die Rückseite:

„Sag Papa, er soll sich keine Sorgen um mich machen, ich scheine zu Hause zu sein

aber nicht unbedingt"

Seine Augen schwammen, als er das herunterbekam, aber sie leuchteten wieder auf, als ihm etwas einfiel.

„Wir hatten tolle Zeiten, Onkel Jo —"

„Muss die alte Kuh weiter melken", dachte er

„Gestern fuhr ich mit mir zu den Prinzen von Wales"

Er konnte nichts dagegen tun – er begann, sich an seinen eigenen Erfindungen zu erfreuen.

„Flaggen und Verbote voller Musik den ganzen Tag und Luminerashuns alle

Nachts war es großartig, wir saßen oben auf einem Umnibus, der hinunterfuhr, Herr

„Segne mich", sagte Pete, ließ seinen Stift fallen und rieb sich die Hände, während er hinreißend über seine eigene Fiktion nachdachte. „Das nächste, was wir hören, wird sie in ihrer Kutsche und ihrem Paar mitfahren."

Trotzdem schluchzte er ein wenig, auf eine leise, unterdrückte Art, aber er konnte sich kein Wort mehr verkneifen –

„Liebe Grüße an alle, die uns fragen, und liebe Grüße an den Dempster

wenn ich ihn nicht vergessen habe."

Als diese zweite Liebesfälschung beendet war, ging er auf Zehenspitzen durch das Haus, fand braunes Papier und Bindfäden, steckte die Kapuze zurück in die Schachtel, wobei sein halbes Laken zwischen den Rüschen hervorlugte, wo das kleine Gesicht hingehörte, und erfand es Mit seinen ungeschickten Fingern formte er ein unförmiges Paket, das er wie zuvor an sich selbst adressierte. Danach verrichtete er seine gewohnte Pflicht mit der Lampe und der Tür und legte sich im Wohnzimmer zum Schlafen nieder.

Am Montag beim Abendessen brach er verdrießlich aus: „Schreckliche Belästigung, Nancy – ich muss wegen dieser donnernden Demonstration nach Port St. Mary fahren."

Dann holte er unter dem Sofa im Wohnzimmer ein braunes Papierpaket hervor, stopfte es unter seinen Mantel, knöpfte es zu und schmuggelte es aus dem Haus.

VI.

Am frühen Nachmittag setzten sie die Segel und liefen bei einer angenehmen Brise, die die Segel so lange spielen ließ, bis das Meer zischte, die Küste entlang. Der Tag war nass und freudlos; Ein dichter Nebel hüllte das Land ein, und als sie an Laxey vorbeikamen, konnten sie gerade noch den oberen Bogen des großen Rades erkennen, der wie ein dunkelbrauner Geist eines Regenbogens am grauen Himmel aussah. Als sie Douglas erreichten, lichtete sich der Nebel, aber es regnete in strömendem Nieselregen. Auf dem eisernen Pier spielte eine Band Tanzmusik, die wie eine Schlangenzunge aus der Mündung der Bucht schoss. Der Dampfer aus England kam um die Spitze herum, und auf dem Vorderdeck drängten sich seine seekranken Passagiere wie eine Menschenmenge, die Männer mit bedruckten Taschentüchern über die Mützen gebunden, die Frauen mit den Röcken über den herabhängenden Federn. Mittschiffs spielten eine Harfe und eine Geige lebhafte Melodien. Die Stadt war wie ein Hahn, der mit gesenktem Schwanz wütend in der Nässe krähte.

Als sie in Port St. Mary ankamen, war der Nebel aufgestiegen und der Regen hatte aufgehört, aber das Fischerdorf sah unter einer sinkenden Wolke schwarz und düster aus. Die Flut war zurückgegangen und viele Boote lagen am Strand und im seichten Wasser zwischen den Felsen.

Pete wurde an Land gebracht; sein Nickey ging um das Kalb herum bis zum Heringsgrund hinter der Schulter; Am Kai warteten mehrere Fischer mit ernsten Blicken und den Händen tief in den Hosentaschen auf ihn.

„Es besteht überhaupt kein Grund, viel zu beten", sagte Pete und zeigte auf die auf Grund liegenden Boote. „Da seid ihr, Jungs, mindestens fünfzig, und ihr habt keinen Platz, um euch vor den Felsen zu verstecken. Dennoch sind sie dafür, Ihnen Hafengebühren zu besteuern."

„Machen Sie weiter, Kapitän", sagte einer der Fischer. „Hier sind fünfhundert Männer, die dich durch dick und dünn unterstützen."

Pete gab sein braunes Papierpaket genauso heimlich auf, wie er seinen Brief aufgegeben hatte, und verließ Port St. Mary noch in derselben Nacht nach Douglas. Die Straßen waren voller Reisebusse und voller Vergnügungshungriger aus Port Erin. Diese fröhlichen Seelen trugen noch immer die Kleider, die am Morgen durchnässt waren; ihre Stiefel waren feucht und kalt; Die Nachtluft fror sie, aber sie murrten nicht. Sie sangen und lachten und aßen Orangen, hielten häufig an Straßenhäusern an und reichten Bierflaschen mit gezogenem Korken herum. Auf ihre Art waren sie eine fröhliche und fröhliche Gesellschaft. Manchmal vermischte sich „Hold the Fort", das in einer Pause gesungen wurde, mit „Molly and I and the Baby", aus kräftigen Kehlen, die hinterherkamen. Während sie sich durch Castletown kämpften, schrien sie den Rotröcken, die am Schloss herumlungerten, wildes Heulen zu, und als die Dunkelheit hereinbrach, schliefen sie ein – die Männer normalerweise auf den Schultern der Frauen; und dann hörte man die Hufe der Pferde über die schlammige Straße plätschern, und jeder Reiter ließ seine Peitsche knallen, während ein Chor röchelnden Schnarchens zu hören war.

Douglas strahlte vor Licht, als sie aus dem dunklen Land hinabstiegen. Lange, gewundene Lichtschweife dort, wo die belebten Straßen waren, verliefen hin und her, hierhin und dorthin, und ergossen sich in die weiten Plätze und Marktplätze wie das Rennen eines Curragh-Feuers. Die Schläfer erwachten und schüttelten sich. „Gehen wir heute Abend ins Schloss?" sagte einer. "Was denken Sie?" sagte ein anderer, und alle lachten über die dumme Frage.

„Ich werde hier schlafen", dachte Pete. „Ich habe Douglas noch nicht durchsucht."

Der Fahrer besorgte ihm ein Bett im Haus seiner Mutter. Es war eine Herberge in der Church Street mit Blick auf den Kirchhof. Da er sich so nahe an der Athol Street befand, dachte Pete, er würde einen Blick auf die Außenseite von Philips Gemächern werfen. Er beleuchtete problemlos das Haus, obwohl die Straße dunkel war. Es gehörte zu einer Reihe von Häusern mit Messingschildern, jedes mit seinem Namen und immer dem Wort *Advocate*. An Philipps Haus war nur ein kleines Schild angebracht, dessen Name in dem unheimlichen Licht kaum zu lesen war. Es hieß: *The Deemster Christian*.

Nachdem er diese Inschrift buchstabiert hatte, schlich sich Pete davon. Das war das letzte Haus auf der Insel, das er besuchen wollte. Er hatte fast Angst davor, in derselben Stadt gesehen zu werden. Philip könnte denken, er sei in Douglas, um nach Kate zu suchen.

Pete schlenderte durch die engen Gassen Post-Office Place, Heywood Lane und Fancy Street, bis er ans Meer kam. Die Nacht war voll von geschäftigem Treiben, und der Ferienort schien ganz dem Vergnügen überlassen zu sein. Die Stufen der Terrassen waren überfüllt; Wanderfotografen stellten ihre Kameras auf die Bordsteine; jedes offene Fenster hatte seine dunklen Köpfe mit dem Licht dahinter; In den Häusern klirrten Klaviere, auf der Straße schlängelten sich Harfen, klingelnde Straßenbahnwaggons, die wie Toastständer aussahen, fuhren über die Biegung der Bucht; Es gab einen stetigen Strom von Menschen auf dem Bürgersteig, und vom Rand des Wassers bis zur Klippenspitze, drei Teile rund wie ein Hufeisen, blitzte und zischte und funkelte und strahlte die Stadt unter ihren tausend Lichtern mit der Pracht eines Waldbrandes.

Pete erinnerte sich an das Blinzeln und Tasten der lieben, alten, halberleuchteten Stadt im Norden; Er erinnerte sich an das dunkle Dorf am Fuße der einsamen Hügel mit seinem Forellenbach, der sich unter der niedrigen Brücke vergrub, und er dachte: „Vielleicht hat sie das alles satt, das arme Ding!"

Er betrachtete das Gesicht jeder Frau, die an ihm vorbeiging, und sehnte sich danach, einen Blick auf ein Gesicht zu erhaschen, das er zu sehen fürchtete. Er sah es nicht und wanderte wie eine verlorene Seele durch die kleine, fröhliche Stadt, bis er mit der Welle, die um die Bucht floss, zu dem Ort trieb, der als Schloss bekannt war.

Es handelte sich um einen Tanzpalast in einem Garten, der nach Art eines Wintergartens gebaut war, mit einem Erdgeschoss für diejenigen, die zum Tanzen kamen, und Galerien für diejenigen, die zum Schauen kamen. Pete saß am vorderen Geländer der Galerie und spähte in die Gesichter unten. Dreitausend junge Männer und junge Frauen tanzten, die Männer in Flanellhemden und bunten Schals, die Frauen in leichten Musselintüchern und Strohhüten. Manchmal waren die weißen Lichter im Glasdach rot, blau und gelb gefärbt. Das leise Summen der Füße der Tänzer, das Klirren und Klirren der Blechblasinstrumente, das Dröhnen der großen Trommel, das Beben des Glashauses selbst und das leise Grollen des hohlen Bodens darunter – es war wie ein Schlachtfeld vertont.

„Vielleicht war sie müde, das arme Ding; Gott weiß, dass sie das kann", dachte Pete.

Seine Augen wurden verschwommen und sein Kopf wurde schwindelig, als er eine Duftwolke hinter sich wahrnahm und eine sanfte Stimme an seinem Ohr sagte: „Hast du denn nach jemandem gesucht?"

Erschrocken drehte er sich um und sah den Sprecher an. Es war ein junges Mädchen mit einem hübschen Gesicht voller Puder. Er konnte dem kleinen Ding nicht böse sein; Sie war so jung und sie lächelte.

„Ja", sagte er, „ich *habe* jemanden gesucht." und dann versuchte er sie abzuschütteln.

„Ist es Maudie, du Mähne, Liebes? Sind Sie der junge Mann aus Dublin?"

„Lass mich, mein Mädchen; Laß mich", sagte Pete, tätschelte ihre Hand und drehte sich um.

Das Mädchen blickte ihn mitleidig an und sagte dann dicht an seinem Hals: „Ein guter Junge wie du sollte sich nicht den Kopf zerbrechen, weil er das beste Mädchen ist, das es gibt."

Er schaute wieder in das hübsche Gesicht und die wenig wissende Miene begann zu verschwinden. „Du bist ein Manx-Mädchen, nicht wahr?"

Das Lächeln verschwand wie ein Blitz. "Wie kannst du das Wissen? Meine Zunge sagt es dir nicht, oder?" Und das kleine Ding schämte sich.

Pete nahm die eng behandschuhten Finger in seine große Handfläche. „Du bist also meine kleine Landsfrau?" er sagte. "Wie alt bist du?"

Die geschminkten Lippen begannen zu zittern. „Sechzehn zur Ernte", antwortete sie.

"Mein Gott!" rief Pete aus.

Die dunklen Augenlider blinzelten; sie fing an zu weinen. „Es war nicht meine Schuld. Er war zu Besuch bei meiner Mutter in Ballaugh und hat mich allein gelassen."

Pete holte einen Souverän aus seiner Tasche und drückte ihn in die Hand des Mädchens.

„Geh heute Abend nach Hause, meine Liebe", flüsterte er und kletterte dann aus dem Haus.

"Nicht dort!" schrie Pete in seinem Herzen; „Nicht da – ich schwöre bei Gott, sie ist nicht da."

Damit war seine Suche beendet. Er beschloss, noch am selben Abend nach Hause zu gehen und ging in seine Unterkunft zurück, um seine Rechnung zu bezahlen. Als Pete aus der Athol Street abbog, wurde er beinahe von einer prächtigen Equipage überrollt, auf deren Loge sich zwei Männer in Leder befanden und ein Mann dahinter. „Die Kutsche des Gouverneurs", sagte jemand. Im nächsten Moment hielt es an Philipps Tür, sein Insasse stieg aus, dann drehte es sich um und entfernte sich. „Es war der junge Deemster", sagte ein Mädchen zu ihrer Begleiterin, als sie vorbeihüpfte.

Pete hatte die große, dunkle Gestalt gesehen, gebeugt und schwach, als sie schwerfällig die Stufen hinaufstieg. „Genau die Wahrheit", dachte er, „es gibt nichts auf dieser Welt, ohne den Preis dafür zu zahlen."

Es war drei Uhr morgens, als Pete Ramsey erreichte. Elm Cottage war dunkel und still. Er musste immer wieder klopfen, bevor er Nancy weckte. „Wenn das jetzt Kate gewesen wäre!" dachte er und eine neue Angst erfasste ihn. Sein armer Liebling, sein wanderndes Lamm, hätte sie zweimal klopfen können? Wo war sie heute Nacht? Er hatte sie sich im Glück und im Überfluss vorgestellt – war sie in Armut und Not? Die ganze Welt schlief – schlief sie? Seine Hoffnung schwand; sein großer Glaube brach zusammen.

„Herr, verlass mich nicht! Meister, stärke mich! Meine arme verlorene Liebe, wo ist sie? Was ist sie? Soll ich ihr Gesicht noch einmal sehen?"

Etwas Kaltes berührte seine Hand. Es war der Hund. Ohne zu bellen hatte er seine Nase in Petes Handfläche gelegt. „Was, Dempster, Mann, Dempster!" Die Ohren der Fledermaus waren gespitzt – Pete spürte sie –, ein Schwanz wedelte, und Pete tröstete sich bei dem ramponierten alten Freund, der ihm auf den Fersen gewesen war.

Nancy öffnete die Tür, öffnete sie einen Zentimeter, hielt sich eine Kerze über den Kopf und spähte hinaus. „Meine Güte, ist es der Mann selbst? Aber bist du nach Hause gekommen?"

„Bei John the Flayers Pony", sagte Pete; und er lachte und machte sich über seinen nächtlichen Spaziergang lustig.

Doch als Nancy am nächsten Morgen mit dem Kind nach unten kam, war Pete damit beschäftigt, mit einem Schraubenzieher die Kette von der Tür zu lösen. „Schrecklich altmodisch, diese Ketten – müssen mit der Zeit gehen, wissen Sie."

„Was setzen Sie dann an seine Stelle?" sagte Nancy.

„Du wirst sehen, du wirst sehen", sagte Pete.

Um sieben Uhr abends rauchte Pete über dem Tor, als Kelly der Dieb mit einem Paket aus braunem Papier auftauchte. „Paket für Sie, Mr. Quilliam", sagte der Postbote mit der Miene eines Mannes, der etwas wusste, was er nicht wissen sollte.

Pete blinzelte und sah verwirrt aus. „Das sagst du nicht!" er sagte.

„Na ja, wenn das Ihr Name ist", begann der Postbote und hielt Pete die Adresse zum Lesen hin.

Pete warf einen forschenden Blick darauf. „Cap'n Peatr Quilliam, das ist es freundlicherweise, *Lm Cottig* – ja, es muss richtig sein", sagte er und nahm das Paket vorsichtig entgegen. Dann mit einem langen „O———o!" Er schloss die Augen und nickte mit dem Kopf: „Ich weiß – so etwas wie ein Geschenk der Mutter an die Kleine. Eine Frau geht wunderbar rücksichtsvoll mit einem Baby um, wenn sie Mutter ist, Mr. Kelly."

Der Postbote kicherte, warf seinen Finger seewärts über eine Schulter und sagte: „Warum schreibst du ihr dann nicht zurück?"

"Was ist das?" sagte Pete scharf und ließ das Paket knarren.

„Warum schreibst du ihr nicht, um ihr zu sagen, wie es der Kleinen geht, sage ich?"

Pete sah den Postboten an, als wäre die Idee vom Himmel gefallen. „Ich muss einen Kopf haben, so dick wie ein Ankerpfahl, Mr. Kelly. Weißt du, ich habe nie daran gedacht. Ich bin wie Goliath, als er den Stein des kleinen David an seine Stirn bekam – so etwas ist mir noch nie in den Sinn gekommen."

„Tun Sie es für alle, Mr. Quilliam", sagte der Postbote und ging davon.

„Das werde ich, das werde ich", sagte Pete; und dann ging er ins Haus.

„Schere, Nancy", rief er und warf das Paket auf den Tisch.

„Meine Güte, ein Paket!" rief Nancy.

„Man kann auch sagen, woher es kommt. Sehen Sie diesen Knoten, Frau?" sagte Pete mit einem wissenden Augenzwinkern.

„Was zum Teufel ist das, Pete?" sagte Nancy.

"Ich wundere mich!" sagte Pete. „Es gibt sowieso genug Papiere darüber. Ein Brief? „Das schauen wir uns später an", sagte er hochmütig, und dann kam die scharlachrote Kapuze heraus. „Gough segne mich, was ist das für ein Ding überhaupt?" und er hielt es an der Krone hoch.

Nancy stieß einen erschrockenen Schrei aus, nahm ihm die Kapuze aus der Hand und schalt ihn rundheraus. „Diese Männer sind geeignet, einem Engel die Flügel zu verderben."

Dann zog sie das Baby aus der Wiege, probierte die Kapuze über dem kleinen runden Kopf und schrie vor Freude.

„Jetzt habe ich darüber nachgedacht, weißt du?" Sie sagte. „Das war ich, ja, das war ich; Glauben Sie mir oder nicht, das war ich. ‚Kirry wird dem Kleinen das nächste Mal etwas schicken, wenn sie schreibt', dachte ich, und siehe da – hier ist es."

„Etwas spricht uns an, Nancy", sagte Pete. „Tatsächlich tut es das."

Das Kind gurgelte und schnurrte, und trotz seiner schönen Kopfbedeckung war es in seine nackten Zehen versunken.

„Und da bist du selbst, Pete – du gehst zu Peel und zu Douglas, und ich weiß nicht wohin – und du hast noch nie an die Kleine gedacht – und weißt, dass wir auch dafür sind, sie zu verkürzen."

Pete senkte den Kopf und sah beschämt aus.

„Na ja, nein – natürlich habe ich das nie getan – das ist die Wahrheit", stockte er.

VII.

Pete ging raus, um ein Blatt Briefpapier und einen Umschlag, einen Stift und eine Briefmarke zu kaufen. Davon hatte er zu Hause reichlich, aber das war ihm nicht förderlich. Er ging in so viele Geschäfte wie möglich und ließ überall Hinweise auf den Zweck fallen, für den seine Einkäufe verwendet werden sollten. Schließlich ging er zum Friseur auf dem Marktplatz und sagte: „Würdest du mir eine Adresse schreiben, Jonaique?"

„Grob, das werde ich tun", sagte der Friseur und strich mit einer samtenen Hand über eine Wange des Postboten, der auf dem Stuhl saß, während er die andere Wange schaumig ließ, während er zum Stift griff.

„Mistress Peter Quilliam, Betreuung von Master Joseph Quilliam, Esquire, Scotland Road, Liverpool", diktierte Pete.

„Welche Nummer, Kapitän?" sagte Jonaique.

"Nummer?" sagte Pete verwirrt. „Gott sei Dank, wie lautet die Nummer jetzt? Oh", durch eine plötzliche Eingebung, „fünfhundertfünfzehn."

„Fünfhundert – sagen Sie mal *fünf* ", sagte der Postbote mit deutlich lesbarer Hälfte seines Mundes.

„Fünf", sagte Pete mit Nachdruck. „Ach, sie sind gut drauf."

„Wenn *Sie* das sagen, Kapitän", sagte der Friseur und fügte hinzu: „515."

Pete kehrte mit dem frankierten und adressierten Umschlag in seinen Händen nach Hause zurück. „Mach schnell den Tisch frei", rief er. „Ich muss Kirry schreiben. Werde ich ihr deine Liebe schenken, Nancy?"

Pete machte es sich unter langem Hecheln und Hüpfen und Räuspern vor einem Blatt Notizpapier bequem, als sich die Tür öffnete und Philip das Haus betrat. Sein Gesicht war hager und abgemagert; Seine Augen brannten wie von einem Feuer, das von innen aufstieg.

„Ich bin gekommen, um Sie zu warnen", sagte er; „Du bist in großer Gefahr. Sie müssen diese Demonstration stoppen."

„Setzen Sie sich, Sir, setzen Sie sich", sagte Pete.

Philip schien nicht zu hören. Er ging mit kurzen, nervösen, geräuschlosen Schritten auf und ab. „Der Gouverneur hat gestern Abend nach mir geschickt, und ich habe ihn völlig außer sich vorgefunden. „Deemster", sagte er, „man sagt mir, dass es in Tynwald zu Unruhen kommen wird – haben Sie davon gehört?" Ich sagte: „Ja, ich hatte von einem Fischertreffen in Peel gehört." „Sie reden von ihren Rechten", sagte er; „Ich werde ihnen etwas von einem Recht beibringen, das sie scheinbar vergessen haben – das Recht des Gouverneurs, die Unruhestifter von Tynwald abzuschießen, ohne Richter oder Geschworene." „Das ist ein sehr altes Vorrecht, Exzellenz", sagte ich; „Es stammt aus mehr gesetzlosen Tagen als unseren." Du wirst es niemals benutzen.' „Werde ich nicht?" sagte er. „Hören Sie, ich sage Ihnen, was ich bereits getan habe." Ich habe dem Regiment in Castletown befohlen, am Tynwald-Tag auf dem Tynwald-Hügel zu sein. Jeder von ihnen – es sind dreihundert – soll zwanzig Schuss Kugelpatrone haben. Wenn die Vagabunden dann versuchen, den Hof zu stören, brauche ich nur meine Hand zu heben – also – und sie werden wie Gras niedergemäht." „Das kann nicht so gemeint sein", sagte ich und versuchte, seine große Rede auf die leichte Schulter zu nehmen. „Beurteilen Sie selbst – sehen Sie", und er zeigte mir ein Papier. Es handelte sich um einen Befehl, die Krankenwagen auf dem Boden zu stationieren, und um eine Bitte an die Ärzte von Douglas, anwesend zu sein."

„Dann haben wir dem alten Jungen gezeigt, dass wir es schaffen", sagte Pete.

„,Wenn Sie einen der Rädelsführer kennen, Deemster', sagte er mit einem Blick in mein Gesicht – jemand war bei ihm gewesen – es gibt überall Verräterien –"

„Es ist immer noch der Lauf der Welt", sagte Pete.

„,Sagen Sie ihm', sagte er, ,dass ich keinem Menschen das Leben nehmen möchte – ich möchte niemanden in die Strafanstalt schicken.'" Es war sinnlos zu protestieren. Der Mann war verrückt, aber er meinte es ernst. Sein Plan war Torheit – wahnsinnige Torheit –, aber er basierte auf einer Art Rechtsanspruch. „Also, um Himmels willen, Pete, hör auf mit dieser Sache. Hören Sie sofort auf, und zwar endlich. Es geht um Leben oder Tod. Wenn Sie jemals geglaubt haben, dass mein Wort etwas wert ist, dann werden Sie jetzt tun, was ich Ihnen sage. Gott weiß, wo ich selbst wäre, wenn der Gouverneur tun würde, was er droht. Hör auf, hör auf; Ich habe nicht geschlafen, weil ich daran gedacht habe."

Pete hatte am Tisch gesessen und an der Spitze des Stifts herumgekaut, und jetzt schenkte er dem bleichen und wilden Gesicht von Philip ein kühles, kühnes Lächeln.

„Es ist gut von dir, Phil... Wir haben aber doch ein Recht, dort zu sein, nicht wahr?"

„Sie haben sicherlich ein Recht, aber –"

„Dann, bei Gott, gehen wir", sagte Pete, ließ den Stift fallen und schlug mit der Faust auf den Tisch.

„Die Strafe liegt bei dir, Pete – bei dir. Du bist der Mann, der leiden wird – du zuerst – du allein.“

Pete lächelte wieder. „Es nützt nichts – ich bin unverbesserlich. Ich bin wie Dan-ny-Clae, der Schafdieb, als er starb. „Ich gehe zum ewigen Gericht – was soll ich tun?“ sagt Dan. „Gib alles zurück, was du gestohlen hast“, sagt der Parzon. „Ich werde es zuerst wagen“, sagt der alte Schlingel. Diesmal ist es der andere Kerl, der gestohlen hat; aber ich werde es wagen, Philip. Der Tod mag es sein, und das Urteil auch, aber ich werde es wagen, Junge.“

Philipps Blick wanderte über den Boden. „Dann wirst du deinen Plan für nichts ändern, was ich dir gesagt habe?“

„Das werde ich aber“, sagte Pete, „zumindest aus einem Grund. *Sie* werden keinen Ärger bekommen – ich werde selbst der Sprecher der Fischer sein. Oh, ich werde genug reden, wenn sie meine Hautschuppen in die Höhe treiben. Ich werde einfach meine Arme vor meiner Brust ausbreiten und sagen: „Eure Exzellenz“, ich werde sagen: „Sie können es nicht tun und Sie werden es nicht tun – *weil es nicht* richtig ist.“ Aber scheiße! Ärgerlich für all diesen Raub! Schauen Sie hier – Mann am Leben, schauen Sie hier! Sie vergisst die Kleine nicht, verstehen Sie?“, und mit einer stolzen Handbewegung deutete Pete auf die scharlachrote Kapuze. Es lag quer über dem Rücken eines Porzellanhundes auf dem Kaminsims, an dessen Schnüre Petes halbes Blatt Papier befestigt war.

Philip erkannte es. Die Kapuze war das Geschenk, das er als Pate gemacht hatte. Seine Augen blinzelten, sein Mund zuckte, die Stirnstränge bewegten sich.

„Also sie – sie hat das geschickt“, stammelte er.

„Hören Sie hier“, sagte Pete, löste das Papier und las die Nachricht laut mit schwungvoller Stimme und Gestik vor – „Für die kleine Katherine von ihrer liebevollen Mutter … Papa, keine Sorge … Liebe Grüße an alle neugierigen Freunde.“ .. besten Respekt an den Dempster, wenn ich ihn nicht vergessen habe.“ Dann warf er das Papier ganz nebenbei ins Feuer. „Ach, was ist das für ein kleiner Brief“, sagte er mit großer Stimme, als er in Flammen aufging und verbrannte.

Philipps blutunterlaufene Augen schienen von seinem Kopf auszugehen.

„Nancy hat recht – so etwas wäre einem Mann doch nie in den Sinn gekommen – oder?“ sagte Pete und blickte stolz von Philip zur Motorhaube und von der Motorhaube zurück zu Philip.

Philip antwortete nicht. Etwas schien ihn zu erdrosseln.

„Aber wenn eine Frau weggeht, lässt sie ihre Augen hinter sich, sozusagen. „Was bekomme ich für die, die zu Hause sind?" Sie denkt nach, und da kommt ein schönes, warmes kleines Ding für das Baby. Oh, den Frauen geht es gut, Philip. Sie sind das, woraus sie ihre Herrscher machen, Gott segne sie!"

Philip hatte das Gefühl, er müsse schreiend aus dem Haus rennen. Einen Moment lang stand er vor Pete auf, als wollte er etwas sagen, und dann drehte er sich zum Gehen um.

„Ich schlafe heute Nacht nicht, oder? Müssen Sie zu Douglas zurückkehren? Dann schreibst du mir vielleicht zuerst einen Brief?"

Philip nickte mit dem Kopf und kam mit fest geschlossenem Mund zurück, setzte sich an den Tisch und nahm den Stift.

"Was ist es?" er hat gefragt.

„Soll ich dir die Worte geben, Phil? Ja? Nun, wenn Sie nicht denken, Mähne ..."

Pete holte seine Pfeife aus der Westentasche und begann zu diktieren:

> *"Liebe Frau."'*

Daraufhin stieß Philip einen unwillkürlichen Schrei aus.

„Ach, am besten fängt man gleich richtig an, wissen Sie. „Liebe Frau", sagte Pete noch einmal.

Philip rief seinen Entschluss ins Gespräch und legte die Worte nieder. Seine Hand fühlte sich kalt an; sein Herz fühlte sich bis ins Mark erfroren an. Pete zündete sich eine Kerze an und ging auf und ab, während er seinen Brief diktierte. Nancy saß strickend neben der Wiege und hatte einen Fuß auf der Wippe.

> *„„Freut mich, deinen Willkommensbrief zu bekommen, Liebling, und die Haube*
>
> *für das Baby'———-"*

„Machen Sie weiter", sagte Philip mit teilnahmsloser Stimme.

„Hast du das verstanden, Philip? Ach, du bist aber wunderbar schlau im Umgang mit dem Stift ...

> *„Wenn sie es auf ihrem kleinen Kopf hat, würdest du wahnsinnig lachen. "*

Sie ist heterosexuell wie der kleine Johannes der Täufer in der Kirche

Fenster'-"

Pete hielt inne; Philip hob seinen Stift und wartete.

"Bereits erledigt? Mann Veen, es gibt kein Halten für dich ...

„Freut mich zu hören, dass du dich bei Onkel Joe so wohl und wohl

fühlst."

und Tante Joney. Schenke dem Paar meine innigste Liebe und

Beste Grüße. Wir verstehen uns wunderbar und ich bin genauso glücklich

als Sandboy. Manchmal geht es Oma ein bisschen schlecht

Sehnsucht, und Nancy auch, aber ich sage ihnen, dass du zu Hause sein

wirst

Zumindest für ihre Beerdigung, Sarmon, und dann werden sie getröstet

wunderbar."'

„Schreiben Sie nicht seinen Unsinn und seine Lügen auf, Euer Ehren", sagte Nancy.

„Chut! Frau; Wo ist überhaupt der Schaden? Eine fröhliche Geste, um jemanden bei Laune zu halten, wenn er nicht zu Hause ist – was, Philip?" und Pete appellierte an ihn, indem er seinen Schreibarm anstupste.

Philip gab kein Zeichen. Mit einem Ausdruck der Benommenheit starrte er auf das Papier, während er schrieb. Pete schnaufte und fuhr fort:

„'Cæsar ist immer noch dabei, die Bibel genauso durchzulesen wie ein

Schleppnetzboot, das die kleinen Texes fischt. Der Dempster

Wirf einen Blick auf uns, Reg'lar, und du wirst ihn nicht vergessen

weder. „Tat nein, aber ständig an dich denken, und

Ich vertraue darauf, dass es dir besser geht, nach Hause zu gehen———'

... Ich fahre zu schnell, oder? Also schlage ich dich endlich, nicht wahr?"

Auf Philipps Stirn war kalter Schweiß ausgebrochen, und er blickte mit den Augen eines gejagten Hundes auf.

„Soll ich – muss ich das schreiben?" sagte er hilflos.

„Robust – machen Sie weiter", sagte Pete, stieß Rauchwolken aus und lachte.

Philip hat es geschrieben. Seine Hand war jetzt steif. Es breitete sich aus und spritzte über das Papier.

> *„„Was mich betrifft, ich bin eine Art Graswitwe, und wenn Sie*
>
> *Wenn sie mich noch lange ohne Frau halten, werden sie mich besteuern*
>
> *ein Junggeselle.'"*

Pete legte seine Pfeife auf den Kaminsims, räusperte sich wiederholt und bekam plötzlich Hustenanfälle.

> *„„Freut mich zu hören, dass du bald nach Hause kommst, Liebling (hust).*
>
> *Liebste Kirry, ich vermisse dich, Sterblicher (hust), schlimmer noch*
>
> *bei Kimberley (Husten). Wenn ich zu Bett gehe, frage ich mich: „Wo ist sie?"*
>
> *heute Abend?' Ich sage. Und wenn ich aufstehe: „Wo ist?"*
>
> *sie jetzt?' Ich denke. Und in der dunklen Mitternacht frage ich*
>
> *Ich frage mich: „Schläft sie, frage ich mich?" (Hust, hust.) Komm*
>
> *Schnell nach Hause, Mistkerl; aber nicht bevor es dir überhaupt gut geht.'*

... Du solltest sie niemals zu früh holen, weißt du", sagte er flüsternd über Philipps Schulter hinweg und stieß ihn erneut am Ellbogen an.

Philip antwortete zusammenhangslos und zuckte unter Petes Berührung zusammen, als hätte er sich verbrannt. Der Husten hielt an; Das Diktieren begann von neuem.

> *„Ich halte hier ein warmes Nest für dich, Liebling. Es wird eine geben*
>
> *Willkommen von allen, und niemand sagt etwas anderes als das*
>
> *gut und freundlich. Also komm bald nach Hause, meine wahre kleine Frau,*
>
> *bevor das törichte Herz deines Mannes verliert*
>
> *ihn'--"*

Pete hustete heftig und streckte Hals und Mund schief. „Dieser Husten, den ich im Nacken habe, könnte mich in Stücke reißen", sagte er. „Ein Löffel kalter Pinjane, Nancy – das tut verdammt gut, um den Hals weicher zu machen."

Nancy nickte über der Wiege – sie war eingeschlafen.

Philip war weiß, schwindelig und krank geworden. Für einen Moment erfasste ihn ein schrecklicher Impuls. Er wollte Pete überfallen; ihn ergreifen, ihn erwürgen. Das Bewusstsein seiner eigenen Minderwertigkeit, seiner eigenen Doppelzüngigkeit ließ ihn Pete hassen. Allein die Freundlichkeit des Mannes machte ihn krank. Er konnte nicht anders – der letzte Funke seines Selbststolzes kämpfte um sein Leben. Dann warf er aus Scham, aus Gewissensbissen, aus Entsetzen vor sich selbst und aus Angst vor allem die Feder weg, ergriff seinen Hut, rief „Gute Nacht" mit einer Stimme, die dem Knurren eines Tieres in Angst glich, und rannte aus dem Haus .

Nancy erwachte aus dem Schlaf. „Meine Güte, Grasher!" Sie weinte, und die Wiege schaukelte heftig unter ihrem Fuß.

„Er ist so sanftherzig und mitfühlend", flüsterte Pete, als er die Tür schloss. (*Hust, hust*) ... „Aber der Brief ist fertig – und hier ist der Umschlag."

VIII.

Am folgenden Abend war der Deemster in seinen Zimmern in der Athol Street. Sein Hut war auf dem Kopf, sein Umhang war über dem Arm, er stützte seinen Ellbogen auf den Fensterrahmen und blickte geistesabwesend auf den Kirchhof. Jem war hinter ihm und antwortete in seinem Rücken. Ihre Stimmen waren leise; sie bewegten sich kaum.

„Alles in Ordnung oben?" sagte Philip.

„Ganz gut, Euer Ehren."

„Fröhlicher und zufriedener?"

„Viel mehr, außer wenn Euer Ehren nicht zu Hause ist. „Der Deemster ist zurück", wird sie sagen, und ihr armes Gesicht wird wie Sonnenschein an einem regnerischen Tag sein."

Philip schwieg einen Moment und sagte dann mit kaum hörbarer Stimme:

„Machen Sie sich nicht so viele Sorgen um das Kind, Jemmy?"

„Aber ich bin genauso gespannt darauf, davon zu hören. „War er heute in Ramsey? Hat er sie gesehen? Geht es ihr gut?' Das ist das Wort konstant, Sir."

Der Deemster schwieg wieder und Jem zog sich mit einer tiefen Verbeugung zurück. „Jemmy, ich gehe zum Government House und komme möglicherweise zu spät. Warte nicht auf mich."

Jem antwortete halb flüsternd: „Jemand wartet oben auf Euer Ehren, ob ich es tue oder nicht. ‚Er ist jetzt zu Hause', wird sie sagen und sich dann ins Bett schleichen."

Philip murmelte schwer und heiser: „Die Karaffe ist leer – lassen Sie eine weitere Flasche weg." Dann drehte er sich um, um das Zimmer zu verlassen, wobei er den Blick vom Gesicht seines Dieners fernhielt.

Er fand den Gouverneur genauso gewalttätig wie zuvor und wollte ihn unbedingt überfallen, bevor er Zeit zum Sprechen hatte.

"Sie erzählen mir. Deemster, dass der Anführer dieses Aufstands eine Art linker Verwandter von Ihnen ist. Sicherlich können Sie den Mann aufhalten."

„Ich habe es versucht, Exzellenz, und bin gescheitert", sagte Philip.

Der Gouverneur hob das Kinn. „Mir wurde gesagt, dass der Kerl nicht einmal seinen eigenen Namen schreiben kann", sagte er.

„Es ist wahr", sagte Philip.

„Ein Analphabet und völlig ungebildeter Mensch."

„Trotzdem ist er der weiseste und stärkste Mann auf dieser Insel", sagte Philip entschieden.

Der Gouverneur runzelte die Stirn und die Pockennarben auf seiner Stirn schienen anzuschwellen. „Der weiseste und stärkste Mann auf dieser Insel muss sie verlassen", sagte er.

Philip gab keine Antwort. Er war gekommen, um zu flehen, aber er sah, dass es aussichtslos war. Der Gouverneur legte seine rechte Hand auf die Brust seiner weißen Weste – er war nach dem Abendessen allein im Speisesaal – und warf Philip einen wütenden und gebieterischen Blick zu.

„Deemster", sagte er, „wenn Sie, wie Sie sagen, diesen niederträchtigen Schlingel nicht aufhalten können, können Sie eines tun – ihn sich selbst überlassen."

„Das heißt", sagte Philip aus einem Mundwinkel, „zu dir."

„Ich bin es, und wer hat mehr Recht?" sagte der Gouverneur hitzig.

Philip hielt sich in der Hand. Er schwieg, und sein Schweigen wurde als Unterwerfung interpretiert. Während er ein paar Nüsse knackte und sie kaute, schlug der Gouverneur einen anderen Ton an.

„Es würde mir leid tun, Herr Christian, wenn irgendetwas zwischen Ihnen und mir käme – sehr leid. Wir waren bisher gute Freunde, und Sie werden zugeben, dass Sie mir etwas schulden. Sehen Sie es nicht selbst – dieser Mann entehrt mich in den Augen der Insel? Wenn Sie Ihr Bestes gegeben haben, um seinen Hals vom Halfter fernzuhalten, lassen Sie die Konsequenzen seine eigenen sein."

„Äh?" sagte Philip, den Blick auf den Boden gerichtet.

„Du hast deine Pflicht gegenüber dem Mann erfüllt, sage ich. Gönnen Sie sich ein Glas Wein."

Philip sprach immer noch nicht. Der Gouverneur erkannte seinen Vorteil, ahnte jedoch nicht, welche erbarmungslose Macht darin lag.

„Der Kerl ist Ihr Verwandter, Deemster, und ich werde Sie nicht bitten, sich um ihn zu kümmern. Das wäre unmenschlich. Wenn es keine Hoffnung mehr gibt, ihn morgen zurückzuhalten – so klug er auch ist, wenn er nicht auf vernünftigere Ratschläge hört, werde ich Sie nur anflehen –, aber das ist Sache der Polizei. Sie sind jetzt ein hoher Beamter. Es wäre schade, dir Schmerzen zu bereiten. Bleiben Sie zu Hause – ich entschuldige Sie gern – Sie sehen aus, als würde Ihnen ein Tag Ruhe gut tun.

Philip trank schnell hintereinander zwei Gläser Wein. Der Gouverneur schenkte ihm ein Drittel ein und fuhr fort:

„Ich weiß nicht, was Sie für den Mann empfinden – es kann keine Freundschaft sein. Ich bin sicher, er ist dir ein Dorn im Auge. Und solange er hier ist, wird er es immer sein."

Philip blickte fragend, zweifelnd und ängstlich auf.

"Ah! Ich wusste es. Selbst wenn diese Angelegenheit vorübergeht, wird Ihre Zeit kommen. Du wirst dich trotzdem mit dem Kerl streiten – du weißt, dass du das tun wirst – es liegt in der Natur der Sache – wenn er der Mann ist, den du sagst."

Philip trank das dritte Glas Wein und stand auf, um zu gehen.

„Überlassen Sie ihn mir – ich kümmere mich um ihn. Du wirst mit ihm fertig sein, und ich schätze, es ist auch ein gutes Ende, ihn loszuwerden. Und jetzt kommen Sie zu den Damen – sie werden wissen, dass Sie hier sind."

Philip entschuldigte sich und ging mit fieberhaften Gesten und aufgeregtem Gesicht davon.

„Der Gouverneur hat recht", dachte er, als er über die dunklen Straßen nach Hause ging. Pete war ihm ein Dorn im Auge und würde es immer bleiben; sein Feind, sein unerbittlicher Feind, ungeachtet seiner Liebe zu ihm.

Das Elend des vergangenen Monats war nicht länger zu ertragen. Ständige Angst davor, entdeckt zu werden, ständige Bewachung der Zunge, Wachsamkeit und Schutz bei jedem Akt des Lebens – heute, morgen, am nächsten Tag, immer so weiter, bis das Leben in Elend oder Schande endete – das war unerträglich, das war es unmöglich, es konnte nicht versucht werden.

Dann kamen Gedanken, die zu furchterregend waren, um Form anzunehmen – zu schrecklich, um Worte zu fassen. Sie waren wie das Flattern unsichtbarer Flügel, die nachts an ihm vorbeizogen, aber ihre Bedeutung war folgende: Wenn Pete an seinem Vorhaben festhält, wird es einen Aufruhr geben. Sollte jemand verletzt sein, wird Pete transportiert. Wenn jemand getötet wird, wird Pete wegen seines Lebens angeklagt.

„Nun, ich habe meine Pflicht ihm gegenüber erfüllt", wimmerte sein Herz. „Ich habe versucht, ihn zurückzuhalten. Ich habe versucht, den Gouverneur zurückzuhalten. Es ist nicht meine Schuld. Was kann ich noch tun?"

Philip ging schnell. Dies war der Weg, dem Bösen zu entkommen, das seinen Weg belagerte. Das Schicksal streckte ihm die Hände entgegen. Wenn die Menschen Unrecht getan hatten, taten sie noch mehr Unrecht, um den

Folgen ihres ersten Fehlers zu entgehen; aber das war in seinem Fall nicht nötig.

Es war spät. Vom Meer wehte eine starke Brise. Es spritzte ihm Salz ins Gesicht, als er den Hügel hinunter in die Stadt schwang. Sein Blut stand in Flammen. Er hatte ein noch nie dagewesenes Gefühl von Mut und sogar Wildheit. Etwas sagte ihm, dass er kein so guter Mann war wie früher, aber es war ein prickelndes Vergnügen zu spüren, dass er ein stärkerer Mann war als zuvor.

Sollte er es Kate erzählen? NEIN! Lass die Sache weitergehen; lass es enden. Nachdem es vorbei war, würde sie sehen, wo ihr Konto lag. Als er so dachte, lachte er laut.

Die Stadt war ruhig, als er dort ankam. Er war so versunken gewesen, dass er trotz der scharfen Luft seinen Umhang über dem Arm trug. Jetzt zog er es an und zog die Kapuze fest über seinen Kopf. Ein Hund, ein obdachloser Hund, folgte ihm auf den Fersen. Er vertrieb es, aber es hing weiterhin um ihn herum. Schließlich landete es vor seinen Füßen und er stolperte mit einem seiner großen, schnellen Schritte darüber. Dann trat er den Hund, und er überquerte heulend die dunkle Straße. Er war ein schlimmerer Mann, und er wusste es.

Er öffnete sich mit seinem Hausschlüssel ins Haus und schlug die Tür hinter seinem Rücken zu. Doch kaum hatte er die weiche, wollige, stehende Luft in seinem Inneren eingeatmet, überkam ihn eine Veränderung. Seine wilde Kraft ließ nach und er begann zu zittern.

Der Flur und das Treppenhaus lagen im Dunkeln. Dies geschah auf seinen Befehl – da er zu spät kam, vergaß er immer, das Gas auszuschalten. Aber die Lampe seines Zimmers brannte auf dem Kerzenständer am Treppenkopf und warf ein langes Lichtschwert in den Treppenschacht.

Von einer unbekannten Furcht erschüttert, hatte er einen Fuß auf die erste Stufe gesetzt, als er glaubte, die Schritte von jemandem die Treppe herunterkommen zu hören. Es war ein vertrauter Schritt. Er war sich sicher, dass er es wusste. Es muss ein Schritt sein, den er täglich hörte.

Er blieb stehen und der Schritt schien ebenfalls stehen zu bleiben. In diesem Moment hörte man auf einem oberen Treppenabsatz das Schlurfen von Füßen in Pantoffeln, und Jem-y-Lord rief nach unten: „Sind Sie es, Euer Ehren?“

Mit Mühe antwortete er: „Ja.“

„Ist irgendetwas los?“ rief der Diener.

„Da kommt jemand nach unten, nicht wahr?“ sagte Philip.

„Kommt jemand nach unten?" wiederholte der Diener, und das Licht veränderte sich, als würde er die Lampe anheben.

„Kommst du runter, Jem?"

„Ich komme runter? Ich bin hier und halte die Lampe, Euer Ehren."

„Eine weitere meiner Fantasien", dachte Philip; Und er ergriff das Geländer und machte sich auf den Weg von Neuem. Der Schritt kam. Er wusste es jetzt; es war sein eigener Schritt. „Ein Echo", sagte er sich. „Ein Traum", dachte er, „eine Fata Morgana des Geistes"; und er zwang sich, hinaufzugehen. Die Stufe kam herunter. Es ging auf der Treppe an ihm vorbei, an der Wand vorbei, während er am Geländer entlangging, mit einem unwiderstehlichen Abwärtsdrang, kopfüber und schwer.

Dann kam einer dieser Momente teilweiser Bewusstlosigkeit, in denen das Gefühl eines Geräusches Gestalt annimmt. Es schien Philip, als wäre die Gestalt eines Mannes an ihm vorbeigegangen. Er erinnerte sich sofort daran. Es war dasselbe, das er in der Lobby des Ratssaals gesehen hatte, seine eigene Gestalt, aber in einen Umhang gehüllt, wie er ihn damals trug, und mit einer Kapuze über dem Kopf. Der Körper war zur Hälfte zur Seite gedreht, das Gesicht verborgen und die ganze Gestalt hatte Verachtung, Abscheu und Abscheu zum Ausdruck gebracht.

„Heute Abend geht es Ihnen nicht gut, Euer Ehren?" sagte die ferne Stimme von Jem-y-Lord. Er hielt die blendende Lampe an das Gesicht des Deemster.

„Ein bisschen schwach – das ist alles. Geh ins Bett."

Dann war Philip allein in seinem Zimmer. "Gewissen!" er dachte. „Pete mag gehen, aber *das* wird mich bis zum Ende begleiten. Welche, o Gott? – welche?"

Er schenkte ein halbes Glas aus der Flasche auf dem Tisch ein und trank es in einem Zug aus. Im selben Moment hörte er über sich einen leichten Fuß. Es war der Fuß einer Frau; es überquerte den Boden und hörte dann auf.

IX.

Am nächsten Morgen schlief der Deemster noch, während die Sonne in sein Zimmer schien. Er wurde von einem donnernden Lärm geweckt, der von einem in seinen Hinterkopf getriebenen Nagel kam. Als er die Augen öffnete, bemerkte er, dass jemand an seine Tür klopfte und mit kräftigem Bass schrie:

„Christian, sage ich! Willst du überhaupt jemals aufstehen?"

Es war der Sachbearbeiter. Unter einem seiner heftigen Schläge gab der Riegel der Tür nach und er betrat den Raum.

„Entarteter Manxman!" er brüllte. „Im Bett am Tynwald-Morgen. Puh! Dieses Zimmer riecht nach totem Schlaf, toten Geistern und totem allem. Lassen Sie mich an das Fenster gehen – Sie werfen Ihre Kleidung überall auf den Boden. Ah! das ist frischer! Kopfschmerzen? Das sollte ich denken. Dann steh auf und ich fahre dich nach St. John's."

„Ich glaube nicht, dass ich heute gehen werde, Sir", sagte Philip mit einem schwachen Wimmern.

"Nicht gehen? Heilige Heilige! Richter seiner Insel und nicht nach Tynwald gehen! Was wird der Gouverneur sagen?"

„Er sagte gestern Abend, er würde meine Abwesenheit entschuldigen."

„Entschuldigen Sie Ihre Fiddlesticks! Die Luft wird dir guttun. Ich habe den Wagen unten. Hören! Es schlägt zehn Uhr bei der Kirche. Ich gebe Ihnen fünfzehn Minuten, gehe in Ihr Frühstückszimmer und schaue mir die *Times an*.

Der Angestellte rollte hinaus, und dann hörte Philip seine laute Stimme durch die Tür im Gespräch mit Jem-y-Lord.

„Und wie geht es Frau Cottier heute?"

„Mittelmäßig, Sir, vielen Dank, Sir."

„Lass uns nicht zu viel von ihr sehen, Jemmy."

„Seit ich nach Douglas gekommen bin, geht es mir nicht gut, Sir."

Tassen und Untertassen klapperten, die Zeitung knarrte, der Angestellte räusperte sich und es herrschte Stille.

Philipp erhob sich schweren Herzens, immer noch in der Qual seiner großen Versuchung. Er erinnerte sich an die Vision der vergangenen Nacht und zitterte, so hell der Morgen auch war. Auf der Isle of Man werden solche

Visionen als Vorboten des Todes verstanden, und der Mann, der sie sieht, soll „seine Seele sehen". Aber Philip hatte keinen Aberglauben. Er wusste, was die Vision war: Er wusste, was die Vision bedeutete.

Jem-y-Lord kam mit heißem Wasser herein, und Philip sagte leise, ohne sich umzusehen, als sich die Tür schloss: „Wie geht es jetzt, mein Junge?"

„Es macht mir schon wieder Sorgen, Euer Ehren", sagte der Mann halb flüsternd. Er beschäftigte sich einen Moment lang im Raum und fügte dann hinzu: „Irgendwie lernt sie Dinge kennen. Gestern Abend habe ich gerade ein paar Flaschen abgeholt und bin ihr auf der Treppe begegnet. Als ich sie das nächste Mal sah, weinte sie."

Sagte Philip verwirrt und fummelte am Rasiermesser herum. „Sag ihr, dass ich vorhabe, sie nach Tynwald zu sehen."

„Das habe ich, Euer Ehren. „Das ist es nicht, Mr. Cottier", antwortete sie mir."

„Meine Perücke und mein Kleid heute, Jemmy", sagte Philip und ging in seiner Robe als Deemster hinaus.

Der Tag war hell und die Straßen waren voller Fahrzeuge. Bremsen, Wagonettes, Omnibusse, Privatkutschen und Lastkarren, alle bis zum Äußersten beladen, stiegen aus Douglas über die Straße nach Peel. Die Stadt schien zu schreien; der alte Inselfelsen selbst schien zu lachen.

„Gott sei Dank, Christian", sagte der Kassierer und schaute auf seine Uhr, „weißt du, dass es halb elf ist?" Der Gottesdienst beginnt um elf Uhr. Fahren Sie weiter, Kutscher. Sie müssen in einer halben Stunde acht Meilen zurücklegen."

„Bei diesem Verkehr auf der Straße kann man nicht schneller fahren, Sir", sagte der Kutscher über seine Schulter.

„Ich war so in die Zeitung vertieft", sagte der Angestellte, „dass – Nun, wenn wir zu spät kommen, sind wir zu spät, das ist alles."

Philip verschränkte die Arme vor der Brust und ließ den Kopf hängen. Er kämpfte einen großen Kampf.

„Keine Ahnung, dass die Fischeraffäre so ernst werden würde", sagte der Sachbearbeiter. „Es scheint, als hätte der Gouverneur jeden Soldaten und Rentner rausgeschickt. Wenn ich meine Landsleute kenne, werden sie davon nicht viel ertragen."

Philip holte tief Luft: Da war eine Staubwolke; Die Frauen auf der Bremse lachten.

„Ich höre ein Flüstern, dass der Rädelsführer ein Freund von dir ist, Christian – ‚ein irregulärer Verwandter eines hohen Beamten‘, wie der Reporter sagt."

„Er ist mein Cousin, Sir", sagte Philip.

"Was? Der große, lockige Kerl, den du in der Kutsche nach Hause gebracht hast? ... Ich sage, Kutscher, es ist nicht nötig, so schnell zu fahren . "

Philipps Kopf war immer noch gesenkt. Der Kassierer saß da und beobachtete ihn mit besorgtem Gesicht.

„Christian, ich bin mir nicht sicher, ob der Gouverneur doch nicht recht hatte. Ist es das, was Ihnen seit einem Monat Sorgen bereitet? Du bist der Zweite für ein Geheimnis. Wenn es etwas Gutes zu erzählen gibt, dann stehst du wie die Sonne; aber wenn es schlechte Nachrichten gibt, ist eine Eule im Vergleich zu dir ein Kopfpapagei, wenn es ums Reden geht."

Philip machte eine schwache Anstrengung zu lachen und zu sagen, dass sein Kopf immer noch schmerzte. Sie befanden sich auf der Seite des steilen Hügels, der nach Greeba hinaufführte. Die Straße vor uns war wie ein Staubtrichter; Die Straße dahinter war wie der Schweif eines Kometen.

„Schade, dass so ein guter Junge in Schwierigkeiten gerät", sagte der Angestellte. „Ich mag den Schlingel. Er schlang sich um das Herz eines alten Mannes wie ein Seil um eine Winde. Einer der großen, herzlichen Hunde, die einen sagen lassen: „Bei Gott, und ich bin auch ein Manxman." Er hat in dieser Angelegenheit Recht, was auch immer der Gouverneur sagen mag. Und der Gouverneur weiß es, Christian – deshalb ist er so darauf bedacht, Sie zu entschuldigen. Er kann die Schlüssel einschüchtern; Und was den Rat betrifft, wir bekommen unseren Lohn, Gott segne uns, und sind so viele ausgestopfte Bekassinen auf seinem Stock. Aber du – du bist anders. Dann ist der Mann dein Verwandter, und Blut ist dicker als Wasser, wenn es nur – Warum, was ist das?"

Dahinter ertönte ein Jubelschrei; Die Kutschenreihe wirbelte wie eine lange Schlange einen halben Meter nahe der Hecke herum, und durch den grauen Staub schoss ein großer überdachter Wagen im Galopp eines Feuerwehrautos vorbei. Der Angestellte saß kerzengerade da.

„Was zum Teufel?"

„Es ist ein Krankenwagen", sagte Philip zwischen zusammengebissenen Zähnen.

Einen Augenblick später galoppierte ein zweiter Wagen vorbei, dann ein dritter und schließlich ein vierter.

„Nun, auf meinem – Ah! Guter Tag. Arzt! Guten Tag, guten Tag!"

Der Angestellte hatte Freunde auf den Waggons erkannt und erwiderte ihre Grüße. Als sie weg waren, sah er Philip zuerst an und rief dann: „Coachman, gleich um die Ecke." Wir gehen wieder nach Hause – und riskieren es."

„Wir können hier nicht umkehren, Sir", sagte der Kutscher. „Die Fahrzeuge kommen wie ein Bienenschwärm heran. Wir müssen sowieso bis Tynwald gehen."

„Weiter", sagte Philip mit entschlossener Stimme.

Nach einer Weile sagte der Angestellte: „Christian, es lohnt sich nicht, wegen dieser Angelegenheit Ärger zu machen. Schließlich ist der Gouverneur der Gouverneur. Außerdem war er ein guter Freund für dich."

Philip ging durch ein Fegefeuer, und sein alter Herr versorgte es von allen Seiten mit Brennstoff. Sie näherten sich Tynwald und konnten die Fahnen, Zelte und die Menge wie ein riesiges Lager sehen und das tiefe Summen einer Menge hören, wie das Rauschen eines fernen Meeres.

X.

Tynwald Hill ist das alte Parlamentsgelände der Menschheit. Es ist ein offenes Grün in der Mitte der Insel, mit Hügeln auf drei seiner Seiten und einer breiten Ebene, die auf der vierten Seite zur Küste hin abfällt. Dieses Grün hat die Form einer Gitarre. In der Mitte der Gitarre befindet sich ein ummauertes Gehäuse in Form eines Banjos. Am Ende steht eine Kirche. Die runde Trommel ist der Berg, der aus vier Kreisen besteht, von denen der oberste etwa sechs Schritte breit ist.

Die Kutsche mit dem Deemster und dem Gerichtsschreiber war am Westtor der Kirche vorgefahren, und ein Polizist hatte die Tür geöffnet. Von der Veranda erklang Gesang.

„Eine Viertelstunde zu spät", sagte der Kassierer und blickte auf seine Uhr. „Sollen wir hineingehen, Euer Ehren?"

„Lasst uns stattdessen einen Rundgang über die Messe machen", sagte Philip.

Die Kutschentür wurde geschlossen und sie begannen, sich über das Grün zu bewegen. Der offene Teil war mit Hütten, Karren, Ständen und Schauzelten bedeckt. Es gab billige Buben mit schäbigen Uhren, Phrenologen mit zwei Stühlen, dicke Frauen, Zwerge, wandernde Minnesänger, umherziehende Karamellverkäufer in Hutschachteln aus Blech und andere glänzende und schleimige Kreaturen mit der Luft und dem Fett der Städte. Es gab auch ein paar Ochsen und Pferde, die angebunden und mit Leinen behängt waren und den Staub unter dem trockenen Rasen aufwirbelten.

Die Menschenmenge war bereits dicht und wurde mit jedem Augenblick größer. Als die Bremsen eintrafen, fuhren sie mit einem Schwung heran, der die Menschen auf beiden Seiten in die Luft jagte. Einige brachten wohlerzogene Besucher mit, andere brachten einen Ausbruch von Raufbolden mit sich.

Am Hals der Umzäunung und rund um das runde Ende stand ein Regiment Soldaten mit Gewehren und Bajonetten. Die Stufen zum Berg waren mit Binsen ausgelegt. Oben standen zwei Sessel unter einem Baldachin, der an einem Fahnenmast in der Mitte hing. Diese Stühle waren noch leer und der Berg und seine Zugänge blieben frei.

Die Sonne stand über uns, die Hitze war groß, der Geruch war bedrückend. Hin und wieder vermischte sich der Lärm des Gottesdienstes in der Kirche mit dem Krachen der Spielzeugschießstände und dem Geplapper der billigen Wagenheber. Schließlich ertönte ein weiteres Geräusch – ein unheilvollerer Klang – der Klang von Musikkapellen, die in der Ferne spielten. Es kam sowohl aus dem Süden als auch aus dem Westen, aus der Richtung von Peel und aus der Richtung von Port St. Mary.

„Sie kommen", sagte der Angestellte, und als Philip den Kopf drehte, um zuzuhören, zitterte es und wurde noch blasser.

Als die Bands näher kamen, hörten sie auf zu spielen. Plötzlich kam eine große Prozession von Männern aus dem Westen schweigend zum Rand des Hügels und wandte sich in die Richtung, aus der die Männer aus dem Süden kommen sollten. Sie trugen Trikots und Seestiefel, marschierten zu viert und trugen nichts in ihren kräftigen Händen. Ein tapferer Kerl ging fest an ihrer Spitze. Es war Pete.

Philip konnte die Belastung nicht länger ertragen. Er stieg aus der Kutsche. Der Kassierer stieg ebenfalls aus und folgte ihm mit schwankenden, unregelmäßigen Schritten.

Unter einem großen Baum an der Kreuzung dreier Straßen trafen sich die beiden Fischerkompanien und bildeten ein großes Gedränge. Um den Baumstamm herum befand sich eine niedrige Mauer, und als Pete darauf stand, ragte er deutlich über den anderen hervor.

„Jungs", sagte er gerade, „da sind dreihundert bewaffnete Soldaten auf dem Hügel dort drüben, mit je zwanzig Schuss Kugelpatrone." Du gehst zum Coort, weil du das Recht hast, dorthin zu gehen. Du gehst friedlich hinauf, und wenn du dort ankommst, wirst du dich unter die Soldaten mischen, drei auf jeden Mann, zwei auf jeder Seite und einer dahinter. Dann werden Ihre Sprecher Ihre Beschwerde vorbringen. Wenn ihnen zugehört wird, wollen Sie nichts Besseres. Aber wenn das nicht der Fall ist und das Wort gegeben wird, auf sie zu schießen, dann wirst du, bevor Zeit dafür ist, jeden Mann der Dreihundert auf den Rücken strecken und ihm seine Waffe wegnehmen. Tun Sie den Soldaten nicht weh – die armen Soldaten tun nur, was man ihnen sagt. Aber lassen Sie sich auch nicht von den Soldaten verletzen. Sie gehen dorthin, um Gerechtigkeit zu erlangen. Du gehst nicht dorthin, um zu kämpfen. Aber wenn jemand gegen dich kämpft, lass ihn nie den Tag vergessen, an dem er es getan hat. Brechen Sie jeden Toffee-Stand auf der Messe auf, wenn Sie nichts Besseres finden. Und wenn Blut vergossen wird, lass den Mann, der es mir befiehlt. Und jetzt geh hinauf, Jungs, wie Männer und wie Männer."

Es gab keinen Jubel, kein Geschrei, kein Händeklatschen. Nur gebrochene Ausrufe und eine Art verwirrtes Gemurmel. „Komm", flüsterte der Kassierer und legte seine Hand durch Philipps zitternden Arm. „Der arme Teufel glaubt kaum daran, dass er der Erste sein wird, der fällt, wenn Blut vergossen wird." "Gott im Himmel!" murmelte Philip.

XI.

Die Menschenmenge auf Tynwald hatte sich inzwischen dicht am Hals der Umzäunung und dicht um den Berg versammelt. Unter den Klängen der Nationalhymne, gespielt von der Regimentskapelle, war der Gouverneur aus der Kirche gekommen. Er trug einen Dreispitz und ein Schwert, und das Staatsschwert wurde aufrecht vor ihm getragen. Mit seinen Schlüsseln, seinem Rat und seinem Klerus ging er zur Hügelspitze. Dort nahm er einen der beiden Stühle unter dem Baldachin; der andere wurde vom Bischof in seinem Rasen aufgenommen. Ihre Anhänger kamen zurück und lösten sich auf dem Hügel in einer wahllosen Masse auf. In der obersten Runde wurden mehrere Damen zum Platz zugelassen. Sie standen mit noch geöffneten Sonnenschirmen hinter den Stühlen.

Es gibt Männer, vor denen sich die dichteste Menschenmenge trennt und ihnen Platz macht. Die Menge hatte sich geteilt und Platz für Philip gemacht. Als der Hof „umzäunt" wurde, erschien er mit seinem Begleiter am Fuße des Berges. Dort wurde er von vielen erkannt, doch er antwortete kaum auf ihre Grüße. Der Gouverneur machte eine respektvolle Verbeugung, lächelte und bedeutete ihm, an seine Seite zu treten. Er stieg langsam hinauf und hielt bei jeder zweiten Stufe inne, wie ein Mann, der nicht sicher ist, ob er höher gehen sollte. Schließlich stand er zur Rechten des Gouverneurs und alle Augen waren auf ihn gerichtet, denn der Günstling der Großen wird bevorzugt. Er war damals die höchste Figur auf dem Berg, während der Gouverneur und der Bischof saßen. Die Menschen konnten ihn vom Ende des Tynwalds aus sehen, und er konnte die Menschen sehen, wie sie dicht gedrängt unten auf dem Grün standen.

Die Arbeit des Gerichts begann. Es ging darum, die Gesetze zu verkünden. Philipps älterer Kollege, der alte Deemster mit dem fröhlichen Gesicht, las die Titel der Gesetze auf Englisch vor.

Dann begann der Gerichtsmediziner des Premier Headings, in Manx dieselben Titel zu rezitieren. Niemand hörte sie; kaum jemand hörte zu. Die Damen auf dem Berg plauderten untereinander, die Keys und der Klerus vermischten sich und unterhielten sich, die Beamten des Rates blickten auf die Menge und die Menge selbst, die nichts zu hören, nichts mehr zu sehen hatte und gleichgültig gegenüber Taten war, die sie nicht verstehen konnten, nahmen ihre Vergnügungen inmitten der Frivolitäten des Jahrmarkts wieder auf.

In dieser fünfzehntausendköpfigen Versammlung befanden sich drei Personen, die den Lauf der Dinge mit fieberhaftem Interesse verfolgten. Der erste von ihnen war der Gouverneur, dessen ruhelose Augen mit fast wildem

Licht von einer Seite zur anderen rollten; der zweite war der Hauptmann des Regiments, der das Gesicht des Gouverneurs auf ein Zeichen aufmerksam beobachtete; der dritte war Philip, der auf die Menge herabblickte und etwas sah, das nur für ihn selbst eine Bedeutung hatte.

Die Fischer kamen leise herbei, dreitausend Mann stark. Ein halbes Hundert von ihnen saßen um das Magazin herum – die Munition stand ihnen zur Verfügung. Der Rest drängte, drängte und drängte sich mit den Ellbogen durch die Menschen, bis sie die Reihe der Wache erreichten. Wo ein roter Mantel war, lagen dahinter drei Trikots und Mützen, Philip sah alles von seiner Höhe auf dem Berg. Sein Gesicht war totenbleich, seine Augenlider zitterten, seine Unterlippe zitterte, seine Hand zuckte; als man ihn ansprach, antwortete er kaum; Er war wie ein Mann, der mit sich selbst Rat hält und halb fürchtet, dass jeder seine verborgenen Gedanken lesen könnte. Er befand sich in den letzten Zügen seiner Versuchung. Der entscheidende Moment war nahe. Es war schwer mit dem Schicksal seines späteren Lebens. Er dachte an Pete und die Qual seiner Gesellschaft; von Kate und dem endlosen Elend ihrer Existenz; seiner selbst und der tiefen Doppelzüngigkeit, zu der er verpflichtet war. Von all dem könnte er für immer befreit werden – wodurch? Indem er nichts tut und seine Pflicht bereits getan hat? Lass ihn sich nur beherrschen, und dann – Befreiung von einer von Qualen gefesselten Existenz – von ständiger Angst und Wachsamkeit – Frieden – Schlaf – Liebe – Kate!

Jemand sprach über seine Schulter mit ihm. Es war nichts – nur der Witz eines geistreichen Kerls, Nachkomme eines spanischen Freibeuters. Die Damen erregten seinen Blick, lächelten und verneigten sich vor ihm. Ein kleiner Mann, dessen dunkles Gesicht afrikanisches Blut zeigte, streckte die Hand aus und zitierte etwas über die weiten Grenzen der Freiheit.

Der Gerichtsmediziner war fertig, das Verfahren war beendet – es gab eine Bewegung – etwas war passiert – der Gouverneur war halb von seinem Stuhl aufgestanden. Zwölf Männer in Seestiefeln und blauen Trikots hatten die Linie der Wache passiert und standen auf halber Höhe der Stufen des Berges. Einer von ihnen begann zu sprechen. Es war Pete.

„Gouverneur“, sagte er; aber der Hauptmann des Regiments war in einem Augenblick bei ihm, und beim nächsten Atemzug waren zwanzig Soldaten um seine Gefährten. Die Fischer blieben wie eine Mauer stehen und die Soldaten wichen zurück. Es kam kaum zu Raufereien.

„Gouverneur“, sagte Pete erneut und berührte seine Mütze.

Der Gouverneur drehte sich auf seinem Sitz um. Als er zuerst Pete und dann den Kapitän ansah, war er gerade dabei, seine Hand zu heben, als sie plötzlich von einer anderen Hand an seiner Seite gehalten wurde und eine leise Stimme an sein Ohr flüsterte: „Nein, Sir; um Himmels willen, nein!"

Es war Philipp. Der Gouverneur sah ihn erstaunt an. "Wie meinst du das?"

„Ich meine", sagte Philip und flüsterte immer noch heiß und ungestüm über ihn, „dass es nur einen Weg zurück zum Regierungsgebäude gibt, aber wenn Sie Ihre Hand heben, ist es einer zu viel; Ich meine, wenn Blut vergossen wird, wirst du diesen Berg nie mehr verlassen. Ich meine, deine dreihundert Soldaten sind nur wie dreihundert Kaninchen in den Klauen von dreitausend Krähen."

Im nächsten Augenblick hatte er den Gouverneur verlassen und stand den Fischern gegenüber.

„Fischer", rief er und hob beide Hände vor sich, „lasst es hier heute keinen Ärger geben, keinen Aufruhr, um Gottes willen, kein Blutvergießen." Hört mir zu. Ich bin der Enkel eines Fischers; Ich war selbst Fischer; Ich liebe die Fischer. Solange ich lebe, werde ich dir beistehen. Deine Rechte sollen meine Rechte sein, deine Sünden meine Sünden, und wohin du gehst, werde ich auch gehen."

Dann wandte er sich wieder dem Gouverneur zu, verneigte sich tief und sagte mit respektvoller Stimme:

„Eure Exzellenz, diese Männer wollen nichts Böses; sie möchten mit Ihnen sprechen; sie haben eine Petition zu stellen; sie werden loyal und friedfertig sein."

Aber der Gouverneur, der sich von seiner ersten Angst erholt hatte, war nun in Flammen aufgegangen.

„Nein", sagte er mit dem Akzent der Autorität; „Dies ist keine Zeit und kein Ort für Petitionen."

„Verzeihen Sie mir, Exzellenz", sagte Philip mit einer tieferen Verbeugung; „Dies ist die Zeit aller Zeiten, der Ort aller Orte."

Die Keys und der Klerus strömten allgemein auf die Stufen zu, und nun rief einer aus ihrer Gruppe: „Soll Tynwald Court in einen Bärengarten verwandelt werden?" Und ein anderer sagte mit zynischer Stimme: „Vielleicht hat Ihre Exzellenz den Platz eines anderen eingenommen."

Philip erhob sich zu seiner vollen Größe und antwortete, während er den Blick auf die Lautsprecher richtete: „Wir sind freigeborene Männer auf dieser Insel, Exzellenz. Wir sind nicht nach Tynwald gekommen, um vom Enkel eines spanischen Piraten Ordnung oder vom Sohn eines schwarzen Häuptlings Freiheit zu lernen."

„Haltet durch, Jungs!" rief Pete und hob eine Hand gegen seine Anhänger, als wollte er sie zum Schweigen bringen. Er kochte vor Verlangen zu schreien, bis ihm die Kehle platzte.

Der Gouverneur hatte mit dem Kapitän schnelle Blicke gewechselt und leise geflüstert. Er sah, dass er überlistet war, dass er hilflos war, dass er sogar in persönlicher Gefahr schwebte. Der Kapitän biss sich vor Verärgerung ins Bein, weil er mit diesem Aufstand nicht ernsthafter gerechnet hatte – weil er seine Männer nicht in Kolonne aufgestellt hatte.

„Euer Exzellenz wird die Fischer hören?" sagte Philip.

„Nein, nein, nein", sagte der Gouverneur. Er war zumindest ein mutiger Mann, wenn auch ein eitler und dummer.

Für einen Moment herrschte Stille. Dann stand Philip aufrecht da und bemühte sich, sich zu beherrschen. „Möge es Ihrer Exzellenz gefallen, dass Sie hier eine stolze Position einnehmen. Sie sind der Herrscher dieser Insel unter Ihrer souveränen Dame, unserer Königin. Aber wir, Ihre Untertanen, Ihre Diener, sind in einer noch stolzeren Position. Wir sind Manxmen. Dies ist das Gericht unseres Landes."

„Hould hard", rief Pete erneut.

„Seit tausend Jahren stehen Männer mit unserem Blut und unserem Namen auf diesem Hügel, um die Stimme des Volkes zu hören und Gerechtigkeit zwischen Mensch und Mensch zu üben. Dafür war der Ort gedacht. Wenn es diese Bedeutung verloren hat, reißen Sie es nieder – es ist eine Show und eine Täuschung."

"Bravo!" rief Pete; Er konnte sich nicht länger zurückhalten, und sein Wort wurde sowohl auf dem Hügel als auch auf dem Grün darunter mit einem Schrei aufgenommen.

Philipps Stimme war zu einem schrillen Schrei angewachsen, aber sie war leise und sanftmütig, als er hinzufügte und sich dabei noch tiefer verneigte:

„Euer Exzellenz wird die Fischer hören?"

Der Gouverneur rollte auf seinem Sitz herum. „Weiter", sagte er ungeduldig.

Die Männer reichten ihre Petition ein. Drei oder vier von ihnen sprachen kurz und auf den Punkt. Sie hatten Häfen gehabt, die Häfen ihrer Väter, die ihnen vor vierzig Jahren freigegeben worden waren; Bitten Sie sie nicht, Hafengebühren zu zahlen, bis geeignete Häfen zur Verfügung stehen:

Der Gouverneur gab sein Versprechen. Dann erhob er sich, die Musikkapelle stimmte „God save the Queen" an und die Legislative kehrte in die Kapelle zurück.

Philipp begleitete sie. Er hatte eine große Schlacht geschlagen und gesiegt. Durch reinigende Feuer war der wahre Mann zum Vorschein gekommen, aber er hatte den Preis für seinen Sieg bezahlt. Sein Auge brannte wie glühende Kohle, seine Wangenknochen schienen sich zu verbiegen. Er ging allein; sein alter Kollege war ihm vorausgegangen. Aber hin und wieder, als er den langen Weg zur Kirchentür entlangging, drängten sich Fischer und Bauern zwischen den Gewehren der Wachen hindurch und sagten mit heiserer Stimme: „Lass mich dir die Hand schütteln, Dempster."

Die Szene wiederholte sich mit noch größerer Erregung eine halbe Stunde später, als Philip, nachdem das Gericht vertagt war und der Gouverneur in bedrohlichem Schweigen gegangen war, herauskam, weiß und lächelnd und auf den Arm seines alten Herrn, des Gerichtsschreibers gestützt. Er konnte sich kaum durch die dichte Menschenhecke reißen, die den Weg zum Tor säumte. Als er in die Kutsche stieg, verschwand sein Lächeln. Er sank in den Sitz, vergrub sich in der Ecke und ließ seinen Kopf auf seine Brust fallen. Die Leute begannen zu jubeln.

„Fahren Sie weiter", rief er.

Der Jubel wurde laut.

„Fahr, fahr", rief er.

Die Leute jubelten noch lauter. Sie dachten, sie hätten an diesem Tag einen großen Triumph gesehen – einen Mann, der über den Gouverneur triumphierte. Aber es hatte einen größeren Triumph gegeben, den sie nicht gesehen hatten – einen Mann, der über sich selbst triumphierte. Nur einer sah das, und es war Gott.

XII.

Pete schien außer sich zu sein. Er lachte, bis er weinte; er weinte, bis er lachte. Seine klangvolle Stimme ertönte überall.

"Höre ihn? Meine Güte, es war wie ein Signalhorn. Niemand außer ihm selbst kann sprechen. Wenn die anderen tuckern, heißt es nur „Polly, stell den Wasserkocher auf" (imitiert einen dreifachen Hackton). Sehen Sie dort den kleinen Papageientaucher auf seinem Rasenthron? Es sah aus, als hätte Ould Nick sich eine Woche lang Erbsen ins Gesicht geschlagen."

Petes Enthusiasmus steigerte sich zur Raserei, und er fing an, über den Jahrmarkt zu fegen, sein Land zu beklagen und seine Landsleute mit Gräueltaten zu beschimpfen.

„ *Mannin veg villish* (süße kleine Isle of Man), mit euren englischen Gouverneuren und euren englischen Bischöfen und euren eigenen Jungs im Wert von zehn von ihnen." *Manninee Graihagh* (geliebte Manxmen), du vertreibst sie, um Bischöfe für andere und Gouverneure im Ausland zu sein – und du selbst gehst vor die Hunde und zum Teufel, und d——— dich."

Petes prophetische Stimmung sank in eine fröhliche Stimmung. Er kaufte die Restbestände eines umherziehenden Toffee-Verkäufers und hämmerte auf den Deckel der Blechhutschachtel, um die Kinder zu verprügeln. Sie folgten ihm wie Hasen, die im Schnee hüpfen; und er verteilte sein Kopfgeld im umgekehrten Verhältnis zur Größe, einen kurzen Stock an einen großen Jungen, einen langen Stock an einen kleinen und zwei Stöcke an ein Mädchen. Das Ergebnis war ein infantiler Krieg. Hier eine zehnjährige Jungfrau, die ihre Listen ausrichtet, um gegen einen massigen zwölfjährigen Kerl um ihre sechsjährige Schwester zu kämpfen; und dort wischte eine Mutter ihrem fünfjährigen Jungen die Augen und flüsterte: „Still, Bogh; Stille! Du sollst die Blase haben, wenn wir das Schwein töten."

Pete begann zu trinken. „Wie geht es, Faddy? Ich freue mich über dich, Juan. Bist du im Leben, Thom! Ein halbes Glas Rum schadet nicht, Jungs. Überhaupt nicht das Getränk – nur die gute Gesellschaft, wissen Sie."

Er begrüßte auch die Frauen, aber sie waren weniger bereit, sich behandeln zu lassen. „Ich hätte mehr Respekt vor meiner Vierteljahreskarte, Sir", sagte Betsy – sie war eine Primitive, mit ihrem Mann auf der „Planbeg". „In Ihrer Tasche ist ein Loch, Kapitän; Hör auf mit deiner Faust, Mann", sagte Liza – sie war eine Gombeen-Frau, und als sie einen Penny in die Hand bekam, war er lebenslang gefangen. „Chut! Frau", sagte Pete, „was steht in dem guten Buch? „Reichtum hat Flügel"; Dann lasst die Vögel fliegen", und los ging er, schwankend und schwankend und lachend sein furchteinflößendes Lachen.

Pete wurde fröhlich. Er suchte die Überreste der Fischerbande zusammen und heuerte sie an, um ihn durch den Jahrmarkt zu begleiten. Es waren drei kleine Musiker, inzwischen völlig betrunken, und ihre Aufgabe bestand darin, „Hail, Isle of Man" zu spielen, während er vor ihnen herstolzierte.

> *„Gegrüßet seist du, Isle of Man,*
>
> *Swate Ozean lan',*
>
> *Ich liebe deine vom Meer umgebene Grenze."*

„Spiel auf, Jackie."

> *„Die gesäte Gerste,*
>
> *Kartoffeln runter,*
>
> *Wir werden unsere Boote in Ordnung bringen."*

So bahnte er sich seinen Weg durch den Jahrmarkt, tänzelte, lachte, rief Proteste über seine Schulter, als die beschwipste Musik verstummte, tat so, als wäre er sehr betrunken, versuchte zu zeigen, dass er weitermachte, dass er es tat, dass er keine Sekunde Zeit hatte dachte, aber beobachtete trotzdem alles, studierte jedes Gesicht und lauschte den Gesprächen aller.

„Eine Menge Geld geht auf ihn los, Liza – eine Menge Geld – Millionen, sagen sie." – „Dann gibt er es wie ein paar Pfunde aus. Die Manx-Jungs sind nicht für ein Vermögen geeignet – nein, das sind sie nicht. Ich frage mich in aller Welt, was für eine Frau er wohl hat. *Ich* gebe meinem Mann nicht die Handtasche. Drei Ha'pence sind genug, um einem Mann auf einmal etwas zu geben." – „Frau, meinst du? Weißt du das nicht, Frau?" Dann etwas Flüstern.

„Bass, Junge – mehr Bass, sage ich dir."

> *„Wir haben dann weiter gesucht"*
>
> *Der wohltuende Sex,*
>
> *Unsere Sweatarts in Port Erin."*

„Wer *ist* der Mann überhaupt?" – „Warum, Capt'n Quilliam aus Kimberley." – „'Tat, Mann! Der, der mit einigen von Cæsar Glenmooars Familie geheiratet hat?" – „Sie hat ihn jedoch verlassen und ist mit einem

Nichtsnutz weggegangen." – „Das sagen Sie nicht?" – „Nun, ich habe die junge Frau selbst gesehen – –"

„Sollte, Jungs!"

Pete war plötzlich herangetreten und stoppte seine Musiker mit einer Armbewegung.

„Haben Sie gesprochen, Mr. Corteen?"

„Nichts, Kapitän. Kein Grund zum Starren. Ich habe nur gesagt, dass ich bei der Lagerversammlung in Sulby war und gesehen habe –"

„Mach weiter, Jackie."

Der unglückliche Mann täuschte sich selbst mindestens genauso sehr wie jeder andere. Nachdem ich in jedem Gesicht nach dem Licht der Intelligenz gesucht, auf ein Wort gewartet, auf einen Blick geachtet und jeden Augenblick erwartet hatte, dass jemand aus dem Süden oder Norden, aus dem Osten oder Westen sagen würde: „Ich habe sie gesehen"; Dennoch versuchte er, die brennende Kohle seiner Angst mit der Asche gespielter Fröhlichkeit zu überdecken und sich einzureden, dass Kate nicht auf der Insel wäre, wenn niemand in Tynwald sie gesehen hätte; dass er unwissentlich die Wahrheit gesagt hatte und dass er so glücklich war, wie der Tag lang war.

XIII.

Ein Mann in einem Wagen trieb eine Kuh mit langen Hörnern vor sich her. Kutscher, Pferd, Gig und Kuh waren wie belebte Staubgestalten, aber Pete erkannte sie.

„Bist du es, Cäsar? Du bist also dafür, Horney zu verkaufen?"

„Es tut mir im Herzen leid, das zu tun, Sir. Sie hat mir und den Meinen schon so manches gute Glas Milch geschenkt", und Cäsar war dem Weinen nahe.

„Sie wird in Anfälle geraten, nicht wahr, Cæsar?"

„Still, Mann! Still, Mann!" sagte Cäsar und sah sich um. „Eine gute Kuh, sehr; aber zweimal gesunken, seit ich heute Morgen das Haus verlassen habe."

„Ich würde einen schlechten Sixpence dafür geben, wenn Cæsar diese Kuh verkauft", dachte Pete.

Drei Männer feilschten um ein Pferd. Zwei verkauften, der dritte (es war Black Tom) kaufte.

„Aufstieg um fünf Jahre, Sir. Von Mahomet gezeugt. „Oh, ich habe die Papiere, die das beweisen", sagte einer der beiden.

"Welcher Mann? Fünf?" schrie Black Tom in das offene Maul des Pferdes. „Sie wird den längsten Tag ihres Lebens nie acht sehen."

„Es hat keinen Sinn, den Mann zu betrügen", sagte der andere Händler auf Manx. „Sie ist sechzehn – zumindest neun."

„Fairplay, Jungs; „Ich habe vor einem armen Kerl Englisch gesprochen", sagte Black Tom schnaubend.

„Mein Bruder sagt, sie sei sieben", sagte der erste der beiden.

„Du donnernder Lügner", sagte Black Tom in Manx. „Er sagt, sie sei sechzehn."

„Dann mit Ponys handeln?" fragte Pete.

„Alles, Sir; irgendetwas. „Einkauf für Bauern oben auf dem Lonan Way", sagte Black Tom.

„Komm schon", sagte Pete; „Hier ist Cäsar mit einer langhörnigen Kuh."

Sie fanden den guten Mann, der eine weiße Kuh mit langen Hörnern an das Steuerrad der hochgeklappten Kutsche band.

„Wie geht es, Cäsar? Und wie viel kostet das Langhorn?" sagte Black Tom.

„Aw, schauen Sie sich die Basis (das Biest) an, Mr. Quilliam. Untersuchen Sie sie selbst", sagte Cæsar.

„Mittelmäßiger Krug, gutes Viertel, fünf Kälber – sind es fünf, Cæsar?" sagte Black Tom und hielt eines der langen Hörner.

„Drei, Sir, und im Februar kalben sie wieder."

„Kein Milchfieber? NEIN? Tritt ein bisschen beim Melken auf? Niemals? Passt? Hatten Sie jemals Anfälle, Cæsar?" öffnete eins der Augen der Kuh weit.

„Haben Sie mich in diesen Jahren als anständigen Mann kennengelernt, Herr Quilliam –", begann Cäsar in verletztem Ton.

„Nun, was ist die Zahl?"

„Vierzehn Pfund, Sir! und sie wird die Straße nehmen, bevor ich mit einem Pfund weniger nach Hause gehe!"

„Vierzehn – was! Zehn; Ich gebe dir zehn – keinen Penny mehr."

„Guten Tag , Herr Quilliam", sagte Cæsar. Dann, wie durch einen nachträglichen Gedanken: „Du bist ein alter Freund von mir, Thomas; ein sehr alter Freund, Tom – ich teile dir den Unterschied auf."

„Zerbrich einen Strohhalm daran", sagte Black Tom; und die Transaktion war abgeschlossen.

„Ich hatte hier einen Klanstreik – die Basis ist fünfzehn wert", kicherte Black Tom in Petes Ohr, als er die Kuh in einen dahinter liegenden Stall trieb.

„Ich muss wohl eine andere Kuh anstelle des armen alten Horney kaufen", flüsterte Cæsar, als er in den Viehstand sprang.

„Zuschlagen, Jackie", rief Pete.

> *„Westlich der Mine,*
>
> *Der Tag läuft gut.*
>
> *Die Flut wendet sich gegen uns. "*

Zehn Minuten später hörte Pete einen fürchterlichen Schrei, der den Lärm übertönte, den er selbst machte. Im Schuppen war die Sprachverwirrung gewaltig.

„Was ist das überhaupt?" fragte er mit unschuldigem Gesichtsausdruck.

„Die Kuh des Mannes hat Anfälle", rief Black Tom. „Ich bekomme mein Geld zurück. Der alte Psalm singende Tommy Noddy! Dachte er, dass er die Kollekte aufheben würde? Mein Geld! Meine zwölf goldenen Pfund!"

Wenn Black Tom nicht so kahl wie eine Blase gewesen wäre, hätte er sich vor Demütigung die Haare ausgerissen. Aber Pete beruhigte ihn.

„Cæsar ist auf der Suche nach einer anderen Kuh – verkaufe ihm wieder seine eigene. Impozz'ble? Wer sagt, dass es unmöglich ist? Schneiden Sie ihre langen Hörner ab, und er wird sie nie mehr von ihrer Großmutter kennen lernen."

Dann kam Pete zu Cæsar und sagte: „Tom hat eine Mailie-Kuh (ohne Horn) zu verkaufen, und das ist genau das, was Sie wollen."

„Ist sie eine gute Postbotin?" fragte Cäsar.

„Zehn Liter jeden Tag, Cæsar, und fünfzehn Pfund Butter pro Woche", sagte Pete.

„Wo ist die Basis, Sir?" sagte Cäsar.

Sie trafen Black Tom, der eine hornlose, weiße Kuh vom Stall zum Grün führte.

„Kommst du zusammen, Peter?" sagte er fröhlich.

Cæsar beäugte die Kuh einen Moment lang zweifelnd und sagte dann forsch: „Was kostet die Post, Herr Quilliam?"

„Ach, schauen Sie sich zuerst die Basis an, Mr. Cregeen. Untersuchen Sie sie selbst, Sir."

„Ja – ja – nun ja; eine mittelmäßig gute Basis genug. Vier Kälber, Thomas?"

„Zwei, Sir, und für Januar wieder Kälber. Vierundzwanzig Liter neue Milch jeden Tag deines Lebens und Butter, die für dich die Butter zum Platzen bringt."

„Überhaupt kein Fieber? Keine Passungen? NEIN?"

„Ach, kennen Sie mich schon seit Teenagerjahren, Mr. Cregeen –"

„Na, was sagst du dazu – elf Pfund für die Kuh, Tom!"

„Dreizehn, Cäsar; und wenn Sie einen alten Freund warnen –"

„Halten Sie Ihre Hand, Mr. Quilliam; Ich bin kein Mann, wenn ich ein Schnäppchen mache ... Manx-Notizen oder der Staub, Thomas? Gut? Hier also – eins – zwei – drei – vier ..." (und wirft der Kuh einen weiteren prüfenden Blick über die Schulter zu). „Aber es ist wunderbar, die Gerade ist sie wie die alte Horney ... fünf – sechs – sieben ... in Farbe und Größe, ich habe eine Mähne ... acht – neun – zehn ... und wenn sie jetzt eine Postkuh warnt ... elf – zwölf –" (das Geld hängt an seinem Daumen). „Wird das ausreichen, Mr. Quilliam? NEIN? Eine halbe Eins also? Oh, du bist hart, Tom... dreizehn."

Nachdem er das letzte Pfund bezahlt hatte, stand Cæsar einen Moment da und dachte über seinen Kauf nach, dann sagte er zweifelnd: „Na, wenn ich es nicht getan hätte... Oma wird sagen, es ist die gleiche Basis zurück———" (die Kuh begann zu taumeln) . „Ja, und es – nein, sicher – ein Mailie für alle –" (die Kuh fiel). „Es hat jedenfalls die gleichen Anfälle", rief Cæsar; und dann stürzte er zum Kopf der Kuh. „Es *ist* die gleiche Basis. Die Hörner werden ihr abhauen. Mein Geld zurück! Gib mir mein Geld zurück – meine dreizehn gelben Sovereigns – den Schweiß meines Angesichts!" er weinte.

„Ach, nein", sagte Black Tom. „Es gibt überhaupt kein Geld, das man zurückgeben kann. Wenn die Kuh gut genug war, dass Sie sie verkaufen konnten, ist sie auch gut genug, dass Sie sie kaufen konnten", und er drehte sich mit einem triumphierenden Lachen auf dem Absatz um.

Cäsar würgte vor Ärger.

„Macht nichts, Sir", sagte Pete. „Wenn Tom dich ausgenutzt hat, wird beim Gericht alles wieder in Ordnung gebracht. Diese Genugtuung hast du jedenfalls."

"Habe ich? Nein, das habe ich nicht", sagte Cæsar zwischen seinen Zähnen hervor. „Der Mann ist klug. Er wird sich bekehren, bevor er stirbt, und dann wird es kein Wort darüber geben, meiner Kuh die Hörner abzuschneiden."

„Zuschlagen, Jackie", rief Pete.

> *„Gegrüßet seist du, Isle of Man,*
>
> *Swate Ozean làn',*
>
> *Ich liebe deine vom Meer umgebene Grenze. "*

XIV.

Der Himmel wurde bedeckt, es begann zu regnen und die Karren eilten herbei. In einer halben Stunde war Tynwald Hill leer, und die Menschen spritzten von allen Seiten weg wie große Regentropfen, die herab prasselten.

Pete mietete eine Bremse, die zurück nach Norden fuhr, und holte seine Freunde aus Ramsey zusammen. Als diese Platz nahmen, strömten hilflose und verlassene Menschen in die gleiche Richtung – junge Mütter mit Kindern, alte Männer und alte Frauen. Pete zog sie hoch, bis die Sitze und der Boden verstopft waren und die Bremse nicht mehr halten konnte. Er bekam einen kleinen Dank. „Was für eine Erniedrigung und Geschwätzigkeit! Ich erkläre, dass mein schwarzes Merinokleid, das ich nur einmal angezogen habe, völlig verdorben sein wird." – „Wenn sie nicht bald anfangen, werde ich die Neuralgie fürchterlich ertragen."

Sie machten sich endlich auf den Weg und fuhren am Ende einer Reihe steifer Karren ratternd über die Bergstraße. Die Glockenblumen nickten mit gewaschenen Gesichtern von der Hecke aus, und die Unterhaltung war lebhaft und fröhlich.

„Unsere Thorns saugen einen Hafer und haben einen guten Preis bekommen." – „Wofür hast du nicht die Stute von Corlett Beldroma gekauft, Juan?" – „Wollte ich tot wie ein Hering getötet werden?" – „Kicks , macht sie? Bate sie, Mann; bete sie. Ein Pferd ist wie eine Frau. Wenn du sie nicht ab und zu verprügelst –"

Sie hielten an jedem Durchgangshaus an – es war immer auf halbem Weg irgendwohin. Die Männer betranken sich außerordentlich und begannen zu singen. Daraufhin wurden die Frauen sehr wütend.

„Um Himmels willen! Sie sind nicht besser als viele Cottonies." – „Das stimmt, aber sie sind schlimmer als alle Cottonies, Ma'am. Eine Entschuldigung für solche *Leute* . Das ganze Jahr über in ihren Baumwollspinnereien, und zu Hause gibt es nichts außer einem handtellergroßen Stück Gras im Hinterhof, auf dem man herumhüpft wie eine Lerche im Käfig."

Der Regen fiel in Strömen, der Bergpfad wurde steil und öde, die wenigen Häuser, an denen man vorbeikam, waren leer und mit Brettern vernagelt, Ginsterbüsche zischten im aufkommenden Wind, Gänse huschten und kreischten über das unbebaute Land, eine einzelne schwarze Krähe flog über das bleierner Himmel, und auf dem Meer draußen schwebte eine hohe Rauchsäule immer weiter, wo der Vergnügungsdampfer seine Touristenfracht um die Insel beförderte. Dann wichen die Lieder Seufzern, einige der Männer fingen an, sich zu streiten, andere brachen in betrunkenes Schluchzen aus.

Pete hielt sie alle auf Trab. Er neckte und lachte und erzählte lustige Geschichten. Obwohl er erstickt, erstickt und im Herzen verletzt war, machte er dennoch weiter und kämpfte darum, alle und auch sich selbst davon zu überzeugen, dass nichts falsch war, dass er ein fröhlicher Kerl war und keinen zweiten Gedanken verschwendete.

Dennoch war er froh, nach Hause zu kommen, wo er nicht länger den Heuchler spielen musste. Als er durch Sulby fuhr, stieg er aus der Bremse und blickte zur „Fee" hinein. Das Haus war geschlossen. Oma saß für Cæsar auf und lauschte auf das Geräusch der Räder. Sie hatte etwas Ungewöhnliches und Geheimnisvolles an sich. Zusammengekauert über dem Feuer rauchte sie, ein langer Ton in kleinen blauen Rauchwolken, die kaum zu sehen waren. Die süße alte Seele in ihren Sorgen hatte die Pfeife als Tröster angenommen. Pete konnte sehen, dass seit dem Morgen etwas passiert war, aber sie sah ihn mit feuchten Augen an und er hatte Angst, Fragen zu stellen. Er begann von den großartigen Taten des Tages in Tynwald zu sprechen, dann von Philip und schließlich von Kate, wobei er sich ein wenig übermütig dafür entschuldigte, dass die Mutter nicht früher zu dem Kind nach Hause gekommen war, sondern protestierte, dass sie das Kleine unendlich in die Irre geführt hatte die Geschenke.

„Geschenke, segne euch", begann er begeistert –

„Du hast nicht genug gegessen, Pete, das stimmt", sagte Oma.

"Aß? Hast du gegessen? rief Pete. „Wenn Sie mich auf der Messe gesehen hätten, hätten Sie gesagt: ‚Dieser Mann hat das Innere eines Kalkofens!' Oh nein, Oma, ich lasse meine Kinnlade nicht weit wandern. Wenn ich etwas vor mir habe, ist es – unten – genau wie ein Strauß."

Als er in der Dunkelheit davonging, hörte er, wie Cæsar in der Gig knarrte, während der alte Horney, jetzt der alte Mailie, vor ihm hersprang.

Nancy wartete im Elm Cottage auf Pete. Sie versuchte ihn nach oben zu drängeln.

„Komm, Mann, komm", sagte sie; „Geh ins Bett und ich bringe deine Kleidung zum Feuer."

Er hatte seit Kates Weggang nie mehr im Schlafzimmer geschlafen. „Chut! Ich habe die Angewohnheit, zu schlafen, verloren", antwortete er. „Ich habe immer den Giebelboden genutzt, wissen Sie, und den Wind über dem Strohdach."

Um nicht zu vermuten, dass er sich anders verhielt als gewöhnlich, ging er in dieser Nacht nach oben. Aber-

„Federbetten sind sicher,

Pentit-Zimmer sind schön,

Aber ein Kuss, meine liebe Liebe

Besser ist weit als einer. "

Der Regen fiel immer noch, das Meer war laut, der mächtige Hauch der Nacht ließ die Mauern des Hauses erbeben und tobte durch die Stadt. Er war nass und müde und sehnte sich nach trockener Haut, einem warmen Bett und Ruhe.

„Dennoch würde ich gern aufstehen und rinnen

Wenn ich es nicht wüsste, würde ich meine Liebste treffen. "

Die lange angestrengte Verzückung des Glaubens und der Zuversicht brach zusammen. Er sah, wie es zerbrach. Er konnte sich nicht mehr selbst betrügen. Sie war weg, sie war verloren, sie würde nicht mehr an seiner Brust liegen.

"Gott hilf mir! O Herr, hilf mir", schrie er in seinem gebrochenen und brechenden Herzen.

XV.

Als Kate an ihren Mann dachte, nachdem sie ihn verlassen hatte, war sie nicht beschämt. Sie hatte ihn verletzt, aber sie hatte dadurch nichts gewonnen. Im Gegenteil, sie hatte gelitten, sie hatte die Trennung von ihrem Kind durchgemacht. Um den schweren Schlag zu mildern, hatte sie die zärtlichsten Gefühle ihres Herzens verletzt. So oft sie an Pete und das große Unrecht dachte, das sie ihm angetan hatte, erinnerte sie sich an dieses Opfer, sie weinte über diese Trennung. So versöhnte sie sich mit ihrem Verhalten gegenüber ihrem Mann. Wenn sie ihr Glück auf Kosten von Petes Leiden erkauft hätte, wäre ihre Reue vielleicht tief gewesen; Aber sie hatte nur Scham und Demütigung und die Trennung ihrer liebsten Bindungen akzeptiert.

Als sie in der Verzückung leidenschaftlicher Zuversicht gesagt hatte, dass es keine Demütigung und keine Schande geben könne, wenn sie Philipps Liebe besitze, hatte sie noch nicht von der schleichenden Erniedrigung eines Lebens im Dunkeln, unter einem falschen Namen, in einer falschen Verbindung geträumt : ein Leben unter einem Dach mit Philip, doch nicht an seiner Seite, unerkannt, unerkannt, verborgen und unterdrückt. Selbst im Augenblick dieses Geständnisses hegte sie irgendwo im geheimen Teil ihres Herzens, wo ihre Liebe zur Vornehmheit und ihr Wunsch, eine Dame zu sein, lagen, die Hoffnung, dass Philip einen Ausweg aus der Gemeinheit ihrer Beziehung finden würde. Sie wusste kaum wie, dass sie offen neben ihm leben würde, und es war ihr egal, was für ein Skandal es kosten würde, denn mit Philip als ihrem Eigentum würde sie stolz und glücklich sein.

Philip hatte diesen Ausweg nicht gefunden, dennoch machte sie ihm keine Vorwürfe. Sie begann zu erkennen, dass die größte Schande ihrer Beziehung nicht ihre, sondern seine war. Seit sie in Philipps Haus lebte, begann der Mann in ihm zu verfallen. Sie konnte die Augen vor dieser schnellen Demoralisierung nicht verschließen und wusste genau, dass dies die Folge ihrer Anwesenheit war. Die Täuschungen, die Ausflüchte, die gemeinen Veränderungen, die ihm Tag für Tag, durch jeden Zufall, durch jeden Zufall aufgezwungen wurden, stürzten ihn in immer tiefere Erniedrigung. Und als sie dies erkannte, erfasste sie eine neue Angst, bitterer als jede Demütigung, erdrückender als jede Schande – die Angst, dass er aufhören würde, sie zu lieben, die Angst, dass er sie schließlich hassen würde, als er erkannte, wie tief sie war sie hatte ihn heruntergezogen.

XVI.

Zurück aus Tynwald stand Philip in seinem Zimmer. Von Zeit zu Zeit ging er zum Fenster, das halb geöffnet war, denn die Luft war dicht und schwer. Ein nebliger Regen fiel vom leeren Himmel und das Tageslicht begann zu schwinden. Die Grabsteine unten waren nass, die Bäume tropften, der Kirchhof war verlassen. In einer Ecke unter der Mauer liegt der eckige Holzdeckel, den ein Totengräber über ein offenes Grab legt. Plötzlich öffneten sich die Eisentore und eine Bestattungsgesellschaft trat ein. Es bestand aus drei Personen und einem offenen Sarg. Einer der drei war der Küster der Kirche, ein anderer war der Pfarrer, der dritte war ein Polizist. Der Küster und der Polizist trugen den Sarg zur Kirchentür, die der Pfarrer öffnete. Dann ging er in die Kirche, und die beiden anderen folgten ihm. Einen Moment später ertönten drei Glockenschläge. Einige Minuten später erschien die Bestattungsfirma wieder. Er ging auf das offene Grab in der Ecke an der Mauer zu. Der Deckel wurde entfernt, der Sarg gesenkt, der Polizist hob halb seinen Helm und der Küster legte eine achtlose Hand an seine Mütze. Dann öffnete der Pfarrer ein Buch und schloss es wieder. Der Trauergottesdienst war zu Ende. Eine halbe Stunde länger arbeitete der Küster allein im strömenden Regen und schaufelte die Erde zurück ins Grab.

„Irgendein Waisenkind", dachte Philip; „irgendein freundloser, obdachloser, namenloser Obdachloser."

Er ging lautlos die Treppe zum darüberliegenden Stockwerk hinauf und schlich wie ein Schatten durch das Haus. Er klopfte mit schwerer Hand an eine Tür über seiner eigenen, und von drinnen antwortete ihm eine Frauenstimme:

"Ist jemand da?"

„Das ist es!", sagte er. „Ich komme, um dich zu sehen."

Dann öffnete er die Tür und schlüpfte ins Zimmer. Es war in jeder Hinsicht ein Raum wie sein eigener, nur war die Decke niedriger und es befand sich darin ein Bett. Eine Frau stand mit dem Rücken zum Fenster, als hätte sie sich gerade vom Blick auf den Kirchhof umgedreht. Es war Kate. Sie hatte Philip erwartet und auf ihn gewartet, aber sie schien von Verwirrung überwältigt zu sein. Als er über den Boden ging, um zu ihr zu gehen, taumelte er, und dann richtete sie den Blick auf sein Gesicht.

„Du bist krank", sagte sie. "Hinsetzen. Soll ich nach dem Brandy klingeln?"

„Nein", antwortete er. „Wir hatten einen harten Tag in Tynwald – einige Probleme – einige Aufregung – ich bin müde, das ist alles."

Er saß am Ende des Bettes und blickte auf den Regenschleier, der schräg über den quadratischen Kirchturm und den Himmel fiel.

„Ich war vor zwei Tagen in Ramsey", sagte er; „Das ist es, was ich dir sagen wollte."

"Ah!" Sie verschränkte ihre Hände vor sich und blickte ebenfalls hinaus. Dann fragte sie mit zitternder Stimme: „Geht es der Mutter gut?"

"Ja; Ich habe sie nicht gesehen, aber – ja, sie hält tapfer stand."

„Und – und –" die Worte blieben ihr im Hals stecken, „und Pete?"

„Na ja, auch – auf jeden Fall gesundheitlich."

„Du meinst, er hat ein gebrochenes Herz?"

Mit einem tiefen Atemzug antwortete er: „Wenn man ihm zuhört, könnte man meinen, er sei fröhlich genug."

„Und die kleine Katherine?"

„Es geht ihr auch gut. Ich habe sie nicht wach gesehen. Es war spät und sie lag in der Wiege. So rosig und frisch und wunderschön!"

"Mein süßer Schatz! Sie war auch sauber? Sie kümmern sich um sie, nicht wahr?"

„Mehr Sorgfalt könnten sie nicht ertragen."

„Mein liebstes Baby! Ist sie gewachsen?"

"Ja; Sie reden davon, sie bald aus den langen Kleidern zu holen. Nancy ist für sie wie eine zweite Mutter."

Kates Fuß stampfte auf den Boden. „Oh, warum kann ihre eigene Mutter nicht –", begann sie und dann mit stockender Stimme, „aber das kann wohl nicht sein ... Verändern sich ihre Augen? Sind sie noch blau? Aber sie hat geschlafen, sagen Sie. Mein liebes Baby! War es sehr spät? Neun Uhr? Nur neun? Ich dachte in diesem Moment an sie. Es ist wahr, ich denke immer an sie, aber ich erinnere mich, weil die Uhr schlug. „Sie wird jetzt in ihrem kleinen Bettchen liegen", dachte ich, „gebadet und sauber und so hübsch in ihrem Nachthemd, dem mit der Rüsche!" Mein süßer, süßer Engel!"

Ihre Rede war verwirrt und gebrochen. „Glaubst du, wenn ich sie nie sehe, bis ... Werde ich sie erkennen, wenn ... Es ist jedoch sinnlos, daran zu denken. Ist ihr Haar wie... Welche Farbe hat es, Philip?"

„Fair, ziemlich fair; so schön wie meines war –"

Sie wirbelte herum, stand ihm gegenüber und rief: „Philip, Philip, warum kann ich meinen Liebling nicht für mich alleine haben?" Hier würde es ihr gut gehen. Ich konnte sie zum Schweigen bringen. Oh, sie würde dich nicht stören. Und ich sollte so glücklich sein, mit meiner kleinen Kate Gesellschaft zu haben. Die Zeit mit mir ist manchmal lang, Philip, und ich könnte den ganzen Tag mit ihr spielen. Und dann, nachts, wenn sie im Kinderbett lag, konnte ich ihr einen kleinen Vorrat an Kleidern machen – ihre Kleider und ihre kleinen Schürzen, und –"

„Unmöglich, Kate, unmöglich!" sagte Philip.

Sie drehte sich zum Fenster. „Ja", sagte sie mit erstickter Stimme, „ich nehme an, es wäre sogar Diebstahl, sie jetzt wegzuholen. Denk nur! Eine Mutter, die ihr eigenes Kind stiehlt! O gnädiger Himmel, habe ich so weit von meinem unschuldigen Baby entfernt gesündigt? Mein Kind, mein Kind! Meine kleine Katherine!"

Ihr Busen hob und senkte sich, und sie sagte in hartem Ton: „Ich glaube, sie halten mich für eine schlechte Mutter, weil ich sie anderen überlassen habe, sie zu pflegen und zu lieben, sie jeden Tag und den ganzen Tag zu sehen, sie süß zu baden." Körper, und ihr gelbes Haar zu kämmen, in ihre kleinen blauen Augen zu schauen und all ihre hübschen, hübschen Art zu beobachten – Oh, ja, ja." Sie sagte mit zunehmender Emotion: „Ich vermute, dass sie das von mir denken."

„Sie denken nur das Gute von dir, Kate – nichts als das Gute und Freundliche."

Sie schaute auf den Regen, der unaufhörlich fiel, und sagte mit leiser Stimme: „Erzählt Pete immer noch die gleiche Geschichte – dass ich nur für kurze Zeit weg bin – dass ich zurückkomme?"

„Er schreibt sich jetzt Briefe und sagt, dass sie von dir kommen."

"Von mir?"

„Solch einfache Dinge – alles auf seine Art – voller Liebe und Glück – *ich fühle mich so glücklich und wohl* – es ist erbärmlich. Er ist wie ein Kind – er ahnt nie etwas. Es geht Ihnen besser, Sie haben Spaß und freuen sich darauf, bald nach Hause zu kommen. Schicken Sie auch Küsse und Geschenke für das Baby und Grüße an alle. Es gibt auch Nachrichten für mich. *Deine treue und liebevolle Frau* – es ist schrecklich."

Sie bedeckte ihr Gesicht mit beiden Händen. „Und erzählt er es allen?"

"Ja; Dafür sind die Buchstaben gedacht. Er denkt, dass er deinen Namen wertschätzt und deine Wohnung sauber hält, damit du jederzeit zurückkehren kannst und kein Skandal dich berührt."

„Oh, warum erzählst du mir das, Philip? Es zieht mich zurück. Und das Kind zieht mich auch zurück... Zeigt es dir die Briefe?"

„Schlimmer noch, Kate – viel schlimmer – er zwingt mich, ihnen zu antworten. Ich habe neulich Abend eine beantwortet. Oh, wenn ich daran denke! *Liebe Frau, ich freue mich über Ihre Willkommensbriefe*. Gott weiß, wie ich den Stift gehalten habe – ich war so schwindlig, dass ich ihn fallen ließ. Er hat dir alle Neuigkeiten mitgeteilt – über deinen Vater, deine Oma und alle anderen. Alles auf seine eigene helle Art – der arme alte Pete, die fröhlichste und sonnigste Seele der Welt. *Der Dempster wirft regelmäßig ein Auge auf uns – er vertraut darauf, dass es Ihnen besser geht, wenn Sie das Haus verlassen*. Es war schrecklich – schrecklich! *Liebste Kirry, ich vermisse dich, Sterblicher – schlimmer als Kimberley. Also komm bald nach Hause, meine wahre kleine Frau, zu deinem törichten alten Ehemann, denn sein Herz verliert ihn.*"

Er sprang auf und begann, auf dem Boden herumzutrampeln. „Aber warum erzähle ich dir das? Ich sollte meine eigene Last tragen."

Ihre Hände hatten sich von ihrem Gesicht gelöst, das voller Mitgefühl war. „Und musstest *du* das alles schreiben?" Sie fragte.

„Oh, er meinte es nicht böse. Er dachte nicht daran, jemanden zu verletzen! Er hätte nie gedacht, dass jedes Wort mich bis ins Mark brennen und brennen lassen würde."

Seine Stimme wurde tiefer und sein Gesicht wurde hart und hässlich. „Aber es war dasselbe, als wäre ein Teufel aus der Hölle in den Mann eingedrungen und hätte ihm gesagt, wie er mich foltern soll – als hätte mich der grausamste Tyrann auf Erden gezwungen, zur Feder zu greifen und mein eigenes Todesurteil niederzuschreiben. Ich hätte ihn töten können – ich konnte nicht anders – ja, ich hatte in diesem Moment das Gefühl, als ob – Oh, was sage ich?"

Er blieb stehen, setzte sich wieder ans Ende des Bettes und hielt seinen Kopf zwischen seinen Händen.

Sie kam und setzte sich neben ihn. „Philip", sagte sie, „ich ruiniere dich. Ja, ich korrumpiere dich. Ich, der dich so hoch und rein gehabt hätte – und dich so reingesinnt –, ich bringe dich in den Ruin. Mich hier zu haben zerstört dich, Philip. Niemand besucht dich jetzt. Du verschließt allen die Tür ... Ich habe dich letzte Nacht kommen hören, Philip. Ich höre dich jede Nacht. Ja, ich weiß alles. Oh, am Ende wirst du mich hassen – ich weiß, dass du das tun wirst. Warum schickst du mich nicht weg? Es ist besser, mich rechtzeitig wegzuschicken, Philip. Außerdem wird es keinen Unterschied machen. Wir sind im selben Haus, treffen uns aber nie. Schicken Sie mich jetzt weg, bevor es zu spät ist."

Er ließ seine Hand sinken und tastete nach ihrer Hand; er versuchte, ihr nicht ins Gesicht zu sehen. „Wir haben beide gelitten, Kate. Wir können einander niemals hassen – wir haben füreinander gelitten."

Sie klammerte sich fest an die Hand, die er ihr reichte, und sagte: „Dann wirst du mich nie im Stich lassen, was auch immer passiert?"

„Niemals, Kate, niemals", antwortete er; und mit einem unterdrückten Schrei warf sie ihre Arme um seinen Hals.

Der Regen prasselte weiterhin mit einem monotonen Plätschern auf die Dächer und auf die Gräber. „Aber was ist zu tun?" Sie sagte.

„Gott weiß", antwortete er.

„Was soll aus uns werden, Philip? Sollen wir einander nie wieder anlächeln? Wir können eine solche Last nicht ewig tragen. Heute, morgen, übermorgen, im nächsten Jahr – soll das ein Leben lang so weitergehen? Ist das Leben? Gibt es nichts, was es beenden könnte?"

„Ja, Kate, ja; Es gibt eine Sache, die es beenden wird – nur eine Sache."

„Meinst du – *Tod?* "

Er hat nicht geantwortet. Sie erhob sich langsam von seiner Seite und kehrte zum Fenster zurück, lehnte ihre Stirn an die Scheibe und blickte auf den verlassenen Kirchhof und den Küster bei seiner Arbeit im Regen hinunter. Plötzlich brach sie die Stille. „Philip", sagte sie, „ich weiß jetzt, was wir tun sollten. Ich frage mich, ob wir noch nie darüber nachgedacht haben."

"Was ist es?" er hat gefragt.

Sie stand vor ihm. Ihr Atem ging schnell. „Sag Pete, dass ich tot bin."

"Nein nein Nein."

Sie nahm beide Hände. „Ja, ja", sagte sie.

Er hielt sein Gesicht von ihr fern. „Kate, was sagst du?"

„Was ist natürlicher, Philip? Denken Sie nur: Wenn Sie jemand anders gewesen wären, wäre es schon dazu gekommen. Du musst mich dafür gehasst haben, dass ich dich in diesen Sumpf der Täuschung hineingezogen habe, du musst mich im Stich gelassen haben und ich muss ins Verderben gegangen sein. Oh, ich sehe alles – als ob es wirklich passiert wäre. Ein einsamer Raum irgendwo – allein – versinkend – sterbend – unbekannt, unbenannt – vergessen – –"

Seine Augen wanderten durch den Raum. „Es wird ihn töten. Wenn sein Herz brechen kann, wird es es brechen", sagte er.

„Er hat einen schwereren Schlag überlebt, Philip. Glaubst du, er leidet nicht? Glaubst du, dass er trotz all seiner klugen Art und hoffnungsvollen Reden und der Briefe und Geschenke nicht leidet?"

Er befreite seine Hände und begann, wie zuvor durch den Raum zu stapfen, aber mit gesenktem Kopf und hinter ihm verschränkten Händen.

„Es wäre grausam, ihn zu täuschen", sagte er.

„Nein, Philip, aber nett. Der Tod ist nicht grausam. Die Wunde, die es verursacht, wird heilen. Es wird nicht für immer bluten. Sobald er denkt, ich sei tot, wird er vielleicht ein wenig weinen, und dann –" – sie unterdrückte ein Schluchzen – „dann ist alles vorbei." „Armes Mädchen", wird er sagen, „sie war schuld daran." Ich habe sie einmal geliebt und ihr nie Unrecht getan . Aber sie ist tot, und sie war die Mutter der kleinen Katherine – vergessen wir ihre Fehler' –"

Er hatte sie nicht gehört; er stand vor dem Fenster und blickte nach unten. „Du hast recht, Kate, ich denke, du musst recht haben."

„Das bin ich sicher."

„Er wird leiden, aber er wird darüber hinwegkommen."

„Ja, tatsächlich. Und du, Philip – er wird dich nicht länger quälen. Keine Briefe mehr, keine Geschenke mehr, keine Nachrichten mehr –"

„Ich werde es tun – ich werde es morgen tun", sagte er.

Sie breitete ihre Arme weit aus und rief: „Küss mich, Philip, küss mich. Wir werden wieder leben. Ja, wir werden immer noch zusammen lachen – küss mich, küss mich."

„Noch nicht – wenn ich zurückkomme."

„Sehr gut – wenn du zurückkommst."

Sie sank auf einen Stuhl und weinte vor Freude, und er ging hinaus, wie er hereingekommen war, lautlos, heimlich, wie ein Schatten.

Wenn ein Mann, der kein Krimineller ist, einer tiefen Doppelzüngigkeit im Leben verfallen ist, wird er an jeder Lüge festhalten und dabei die Maske der Wahrheit tragen, die ihn vor Scham und Schmerz zu schützen scheint. Er mag in jeder anderen Beziehung ein weiser Mann sein, ein kluger Mann, ein weitsichtiger und sogar ein listiger Mann, aber in dieser Beziehung – der seiner eigenen Ehre, seines eigenen Ruhms, seiner eigenen Sicherheit – ist er mit Sicherheit ein Patzer, Stümper und Narr. Das ist die Rache der Natur, das ist Gottes eigene Rache!

XVII.

Philip ging vom Ballure House zum Elm Cottage. Es war spät, und die Nacht war dunkel und still – eine schwüle, feuchte und stehende Nacht, ohne Wind oder Luft, Mond oder Sterne. Die Straße war still, die Bäume standen still, das Meer war nur ein fernes Rauschen.

Und während er ging, bemühte er sich, sich einzureden, dass es ihm bei dem, was er vorhatte, gut gehen würde. „Es wird nicht falsch sein, ihn zu täuschen", dachte er. „Es wird nur zu seinem eigenen Besten sein. Die Spannung würde ihn töten. Er würde verkümmern. Der Seelensaft des Mannes würde versiegen. Warum sollte ich dann zögern? Außerdem ist es teilweise wahr – wahr in seinem eigenen Sinne, und das ist der wahre Sinn. Sie *ist* tot – tot für ihn. Sie kann niemals zu ihm zurückkehren; Sie ist für immer für ihn verloren. Es ist also doch wahr – es ist wahr."

„Es ist eine Lüge", sagte eine Stimme an seinem Ohr.

Er begann. Er hätte sicher sein können, dass jemand gesprochen hatte. Doch es war niemand an seiner Seite. Er war allein auf der Straße. „Es muss meine eigene Stimme gewesen sein", dachte er. „Ich muss laut nachgedacht haben." Und dann setzte er seinen Spaziergang und seine Meditation fort.

„Und wenn es eine Lüge ist, ist es dann ein Verbrechen?" fragte er sich. „Sicher ist es – wie sehr sicher! – es war ein weiser Mann, der das gesagt hat – ein großer Fehler, wenn er einmal begangen wurde, ist das erste Glied in einer Kette. Die anderen Verbindungen scheinen ebenfalls Verbrechen zu sein, sind es aber nicht – sie sind Konsequenzen. *Unsere* Schuld liegt schon lange zurück, und selbst damals war es teilweise die Schuld des Schicksals. Wenn wir uns an die Vergangenheit erinnern könnten, könnten wir nicht anders handeln, es sei denn, unser Schicksal wäre anders. Und was folgte, war nur die Konsequenz. Das war die Konsequenz, als Kate mit Pete verheiratet war; Das war die Konsequenz, als sie ihn verließ – und *das* ist die Konsequenz."

„Es ist eine Lüge", sagte dieselbe Stimme an seiner Seite.

Er hörte auf. Die Dunkelheit um ihn herum war grässlich – er konnte nichts sehen.

"Wer ist da?" er forderte an.

Es gab keine Antwort. Er streckte nervös seine Hand aus. Es war niemand an seiner Seite. „Es muss der Wind in den Bäumen gewesen sein", dachte er; aber in der stehenden Feuchtigkeit dieser Luft konnte es keinen Wind geben. „Es war wie meine eigene Stimme", dachte er. Dann erinnerte er sich, wie sein Mann in Douglas ihm erzählt hatte, dass er sich in letzter Zeit angewöhnt hatte, mit sich selbst zu reden. „Es war meine eigene Stimme", dachte er und fuhr noch einmal fort.

„Eine Lüge ist eine schlechte Grundlage, auf der man aufbauen kann – das steht fest. Das, was sein sollte, kann nicht auf dem beruhen, was nicht ist. Es wird umstürzen; es wird zugrunde gehen; es wird alles zerstören. Trotzdem--"

„Es ist eine Lüge", sagte die Stimme erneut. Diesmal konnte es keinen Zweifel geben. Es war ein leises, tiefes Flüstern. Es schien ihm direkt ins Ohr gesprochen zu werden. Es war nicht seine eigene Stimme, und doch berührte sie seinen Sinn mit dem Klang, als käme es von ihm selbst. Es muss seine eigene Stimme sein, die zu sich selbst spricht!

Als ihn dieser Gedanke packte, überkam ihn ein tödlicher Schauer. Sein Herz hämmerte gegen seine Rippen und eine eisige Kälte überkam ihn. „Nur derselbe quälende Traum", dachte er. „Bevor es eine Vision war; jetzt ist es eine Stimme. Es entsteht durch Einsamkeit und Trennung. Ich muss dem widerstehen, ich muss stark sein. Es wird mich in eine Unterdrückung wie in den Wahnsinn treiben. Männer ‚sehen ihre Seelen' erst, wenn sie durch religiösen Wahnsinn oder Verbrechen an den Rand des Wahnsinns grenzen."
"Eine Lüge! eine Lüge!" sagte die Stimme.
„Das ist der Wahnsinn selbst. Gesichter in die Dunkelheit zu malen und Stimmen in der Luft zu hören, ist Wahnsinn. Mehr kann der Verrückte nicht tun."
"Eine Lüge!" sagte die Stimme noch einmal. Er warf einen Blick über die Schulter. Es war, als hätte ihn jemand berührt und gesprochen.
Er ging schneller. Die Stimme schien mit ihm zu gehen. „Ich werde mich festhalten", dachte er; "Ich werde keine Angst haben. Die Vernunft lässt einen Menschen erst dann im Stich, wenn er sich erlaubt zu *glauben*, dass sie versagt. „Ich werde verrückt", denkt er; und dann schreit er und ist wirklich wütend. Ich werde nicht von meinem Kurs abweichen. Wenn ich das jetzt tue, bin ich verloren. Der Schrecken wird mich beherrschen, und ich werde für immer sein Sklave sein."
Er war von Ballure in die Ramsey Road abgebogen und konnte in der Ferne die Lichter der Stadt sehen. Aber die Stimme verfolgte ihn weiterhin beharrlich, belagernd, despotisch.
"Großer Gott!" Er dachte: „Was soll der imaginäre Teufel zum Schrecken dieser Präsenz?" Dein eigenes Auge, deine eigene Stimme, immer bei dir, immer hinter dir! Keine Dunkelheit, die so dicht ist, dass sie den Anblick verdecken könnte, kein Lärm, der so laut ist, dass er den Ton dämpfen kann!"
Er ging schneller. Noch immer schien die Stimme an seiner Seite zu schreiten, ein unsichtbares Ding, mit bedächtigem und lautlosem Schritt, vor dem es kein Entrinnen gab.

Er hielt plötzlich an und ging langsamer. Seine Knie schwankten, er trat wie auf Wellen; dennoch machte er weiter. „Ich werde nicht nachgeben. Ich werde mich beherrschen. Ich werde tun, was ich beabsichtigt habe. Ich bin nicht verrückt“, dachte er.

Zu diesem Zeitpunkt befand er sich am Tor von Elm Cottage, und mit einem Anflug von Entschlossenheit ging er mutig zur Tür und klopfte.

XVIII.

Pete war erst spät am Morgen aufgewacht. Noch im Bett hatte er Oma und Nancy unten im Zimmer gehört. Der erste Klang ihrer Stimmen verriet ihm, dass etwas nicht stimmte.

„Ach, Gott segne mich, Gott segne mich!" sagte Nancy wie mit erhobenen Händen.

„Es war Kelly, der Postbote", sagte Oma in einem traurigen Ton – dem Ton, in dem sie zwischen den Zügen ihrer Pfeife gesprochen hatte.

"Der Dreck!" sagte Nancy.

„Er war heute Morgen vor dem Frühstück bei Cæsar", sagte Oma.

"Jetzt dort!" rief Nancy. „Aber es gibt solche Männer. Ich bin nur auf Unfug aus. Es ist süßer als all ihre Gebete an sie ... Aber wo kann sie dann sein? Hat sie sich selbst davongemacht, das arme Ding?"

„Das habe ich Cæsar gefragt", sagte Oma. „Wenn sie mit der jungen Ballawhaine weg ist, warum gehst du dann nicht nach England und holst sie nach Hause?" sagt ich.

„Und was hat Cäsar gesagt?"

„,Nein', sagt er, ,kein Schritt', sagt er. ,Wenn sie tot ist', sagt er, ,werden wir es erst einen Tag früher erfahren, und wenn sie noch am Leben ist, wird es für uns den längsten Tag unseres Lebens eine Schande sein.'"

„Ach, Bolla Veen, Bolla Veen!" sagte Nancy. „Wenn manche Männer religiös werden, ist für sie nichts weiter drin als ein ausgenommener Hering, und sie sind zu nichts anderem zu gebrauchen, als sie zum Räuchern in den Schornstein zu stellen."

„Es ist Black Tom, Frau", sagte Oma. „Cæsars gefiederter Sterblicher von der Zunge des Mannes. „Das ist Wasser für ihn", sagt er. „Er wird mir sagen, ich solle mein eigenes Haus in Ordnung bringen, und mir wird auch ein örtlicher Prediger helfen." Aber wie geht es dem Mann selbst?"

„Pete?" sagte Nancy. „Ach, letzte Nacht müde genug und noch nicht unten... Still!... Es ist sein Fuß auf dem Dachboden."

"Armer Junge! armer Junge!" sagte Oma.

Das Kind weinte, und dann begann jemand im Takt einer langgezogenen Hymne auf den Boden zu schlagen. Oma muss mit dem Baby auf den Knien vor dem Feuer gesessen haben.

„Etwas ist passiert", dachte Pete, während er seine Kleidung anzog. Einen Moment später war tatsächlich etwas passiert. Er hatte eine Schublade des Frisiertischs geöffnet und den Ehering und die Ohrringe dort gefunden, wo Kate sie zurückgelassen hatte. Zu diesem Zeitpunkt herrschte im Raum unten Aufregung, aber Pete hörte es nicht. Er weinte in seinem Herzen. "Es kommt! Ich weiß es! Ich fühle es! Gott hilf mir! Herr, vergib mir! Amen! Amen!"

Cäsar, der Postbote und der Polizist als Abordnung der „Christen" hatten gerade das Haus betreten. Black Tom war bei ihnen. Er war das Frettchen, das sie aus ihren Löchern geholt hatte.

„Geh nach Hause, Frau", sagte Cäsar zu Oma, „das ist kein Ort für dich." Es ist der Aufenthaltsort der Sünde und der Täuschung."

„Es ist das Zuhause des Kindes meines Kindes, und das reicht mir", sagte Oma.

„Geh zurück, sage ich dir", sagte Cäsar, „und komm nicht mehr in dieses Haus der Schande."

„Nimm sie, Nancy", sagte Oma und gab das Kind ab. „Schade genug, denke ich, wenn eine Frau ihr Herz vor ihrem eigenen Fleisch und Blut verschließen muss, um ihren Mann nicht zu respektieren", und sie ging weinend davon.

Aber Cæsars Gefühle wurden durch seine pietistischen Ansichten eingedämmt. „Jeder, der Häuser oder Brüder oder Schwestern oder Vater oder Mutter oder Frau oder Kinder oder Land um meines Namens willen verlassen hat, wird das Hundertfache erhalten", sagte Cäsar und richtete seinen Blick darauf Schwarzer Tom.

„Nun, wenn ich jemals!" sagte Nancy. „Der Ehemann, der so etwas jetzt von mir wollte ... Hundertfach, tatsächlich! Nein, nicht um das Hundertfache, den ekligen Dreck."

„Rümpfe nicht die Nase, Frau, sondern rufe deinen Herrn", sagte Cäsar.

„Das ist also mehr, als manche tun müssten, und ich werde meinen Meister auch nicht anrufen – nein, danke", sagte Nancy.

„Ich habe ihm etwas zu sagen, und ich bin auch gekommen, um es zu tun", sagte Cäsar.

„Der Teufel kam weiter als je zuvor, und es war nur eine Lüge, die er für all das vorbrachte", sagte Nancy.

„Halten Sie den Mund, Nancy Cain", sagte Cäsar, „und nehmen Sie dem Kind dieses papische Ding vom Kopf." Es war die scharlachrote Kapuze.

„Schade, dass das Geld, das für solche Zwecke verschwendet wird, nicht den Armen gegeben wurde."

„Das Gleiche habe ich schon einmal gehört, Cæsar Cregeen", sagte Nancy. „Es war Judas Iskariot, der es zuerst sagte, und Sie stehlen es nur einem Dieb."

„Chut!" rief Cæsar, angestachelt vom Lachen von Black Tom. „Ich werde den Mann selbst anrufen. Peter Quilliam!" und er ging zur Treppentür.

„Gehen Sie zurück", rief Nancy, hielt das Kind wie ein Kissen über einen ihrer Arme und hob den anderen drohend hoch.

„Ach, du wirst niemals deine Hand zum Mann Gottes heben, Frau", kicherte Black Tom.

„Werde ich das aber nicht?" sagte Nancy grimmig, „oder auch der Mann des Teufels", fügte sie hinzu und blickte sich selbst an.

„Der Frau ist nicht zu trauen, Sir", schnaufte der Polizist. „Sie ist sowieso nur eine Ungläubige. Ich habe gehört, dass sie sagte, sie hätte nicht geglaubt, dass der Wal Jona verschluckt hätte."

„Das ist also der Unterschied zwischen uns", sagte Nancy; „Denn es gibt einige von euch Manx-Menschen, denen man glauben würde, wenn Jonah den Wal verschlucken würde."

Die Treppentür öffnete sich hinter Nancy, und Pete betrat den Raum. „Was ist das, Freunde?" fragte er mit besorgter Stimme.

Cæsar trat mit einem gelben Umschlag in der Hand vor. „Was ist *das*, Sir?" er antwortete.

Pete nahm den Umschlag und öffnete ihn.

„Das ist Ihr Brief, den Sie über das Büro für unzustellbare Briefe an Sie zurückgeschickt haben, nicht wahr?" sagte Cæsar.

"Also?" sagte Pete.

„Hier gibt es niemanden mit diesem Namen, oder?" sagte Cäsar.

"Also?" sagte Pete noch einmal.

„Briefe aus England kommen nicht über Peel, aber Ihr erster Brief hatte den Peel-Poststempel, nicht wahr?"

"Also?"

„Pakete aus England kommen nicht über Port St. Mary, aber Ihr Paket wurde in Port St. Mary abgestempelt, nicht wahr?"

"Irgendetwas anderes?"

„Die Handschrift in dem Brief war nicht Ihre eigene Handschrift, oder? Die Adresse auf der Außenseite des Pakets war nicht Ihre eigene Adresse – oder?“

"Ist das alles?"

„Genug, um weiterzumachen, denke ich.“

„Was ist mit Onkel Joe?“ sagte Black Tom mit einem weiteren Kichern.

„Deine Geliebte ist nicht in Liverpool. Du weißt nicht, wo sie ist. Sie ist den Weg aller Sünder gegangen“, sagte Cäsar.

„Willst du mir das sagen?“ sagte Pete.

"NEIN; „Wir kommen, um Ihnen zu sagen“, sagte Cäsar, „dass wir sie als notorische Schwachsinnige aus dem Unterricht nehmen müssen.“ Und wir kommen, um Sie aufzufordern, auf Ihre eigene Erlösung zu achten. Sie haben uns betrogen, Mr. Quilliam. „Du hast den Geist des Herrn betrübt“ mit einem weiteren „Schimmer“ in Richtung Black Tom; „Sie haben Verachtung über die Gemeinschaft gebracht, die Sie zu ihren Mitgliedern zählt. Du hast das Licht deines Gesichts auf den Weg eines Übeltäters gelegt und den Kopf eines Kindes Gottes voller Trauer ins Grab gebracht.“

Cäsar war von seiner selbstgefälligen Frömmigkeit bewegt und begann Geräusche in seiner Nase zu machen. „Lasst uns den Fall dem Herrn vorlegen“, sagte er; und er ging auf die Knie und betete:

„Unser Bruder hat uns betrogen, o Herr, aber wir vergeben ihm großzügig. Vergib auch seine Sünden, damit er am Ende dem Höllenfeuer entgeht. Zähle deine Magd nicht für eine Tochter Belials, wo auch immer sie heute ist. Möge es gut für sie sein, vom Körper der Gerechten abgeschnitten zu werden. Gewähre ihr, dass sie diese Barmherzigkeit in ihrem fleischlichen Körper verspürt, bevor ihre ewige Seele zum ewigen Gericht berufen wird. Herr, stärke deinen Diener. Seine natürlichen Zuneigungen sollen nicht wie die Schlinge des Vogeljägers für seine Füße sein. Auch wenn es ihn sehr betrübt, sogar zu Tränen und Kummer, hilf ihm, den Kürbis auszureißen, der in seinem eigenen Busen wächst –“

„Liebes Herz, lebendig!“ rief Nancy und klapperte mit ihren Holzschuhen. „Es ist ein Wunder in der Welt, dass der Mann sich nicht schämt, seine eigene Tochter vor dem Allmächtigen selbst anzuschwärzen.“

„Seid barmherzig, o Herr“, fuhr Cäsar fort, „gegen alle Ungläubigen, die in heidnischer Finsternis in einem christlichen Land leben und den Samstag nicht vom Sonntag unterscheiden können und unhöflich, ungemein und schlecht mit der Zunge sind – –“

„Hör jetzt damit auf." rief Nancy, „das ist für mich bestimmt."

Pete hatte dies schweigend überstanden, aber mit einem wütenden, elenden Gesicht.

„Bitte entschuldigen Sie alle", sagte er. „Ich werde nicht leugnen, was Sie sagen. Ich bin wie der Fisch am Fuß des Schleppnetzes – das Netz nähert sich mir und ich bin gefangen. Das Spiel ist vorbei. Ich habe dich betrogen. Ich *habe* diese Briefe selbst geschrieben. Ich habe weder Onkel Joe noch Tante Joney. Meine Frau hat mich verlassen. Ich weiß nicht, wo sie ist oder was aus ihr wird. Ich bin fertig, und ich bin dafür, den Schwamm hochzuwerfen."

Es gab zufriedenes Grunzen. „Aber hast du nicht das Bedürfnis nach Vergebung, Bruder", sagte Cäsar.

„Das tue ich nicht", sagte Pete. „Was ich getan habe, habe ich zum Besten getan, und wenn ich etwas falsch gemacht habe, muss mir der Allmächtige vergeben – das ist auch schon alles."

Cæsar schoss seine Lippe hervor. Pete richtete sich zu seiner vollen Größe auf und schaute von Angesicht zu Angesicht, bis sein Blick auf den Postboten fiel.

„Aber man braucht einen Dieb, um einen Dieb zu fangen", sagte er. „Wer von euch war der Dieb, der mich erwischt hat? Vielleicht war ich nur ein tollpatschiger Dummkopf, und vielleicht warst du klug und ungewöhnlich schlau, aber ich denke, einige von euch sind von all dem nicht erschüttert genug."

Er hielt ihm den gelben Umschlag hin. „Dieser Brief war versiegelt, als Sie ihn mir gaben, Mr. Cregeen – woher wussten Sie, was darin war? „Auf Sarvice Ihrer Majestät", sagen Sie. Aber es sind nicht nur tote Buchstaben, die mit solchen Wörtern einhergehen."

Der Postbote beschäftigte sich mit seinen Vorderhaaren.

„Der Herr hat seine eigene Art, sein Werk zu tun, nicht wahr, Cäsar? Allerdings habe ich noch nie gehört, dass das Öffnen der Briefe anderer Leute dazu gehörte."

Mr. Kellys Frettchenaugen funkelten fast von selbst.

Pete warf Brief und Umschlag ins Feuer. „Du bist gekommen, um mir zu sagen, dass du meine Frau aus dem Unterricht ausschließen wirst. In Ordnung! Du kannst mich auch rausschmeißen, und wenn das Geld, das ich dir gegeben habe, irgendwo zur Hand ist, kannst du es gleichzeitig rausschmeißen und einen Clan-Job machen."

Black Tom krümmte sich vor unterdrücktem Lachen in der Ecke der Kommode, und Cæsar krümmte sich unter seinen forschenden Blicken.

„Du weißt eine Menge über das alte Buch, und ich weiß nicht viel", sagte Pete, „aber heißt es da nicht irgendwo: ‚Wer unter euch ohne Sünde ist, werfe den ersten Stein?' Als Heiliger bin ich selbst keine Erwähnung wert, deshalb überlasse ich es dir."

Seine Stimme begann zu brechen. „Du denkst offenbar eine Menge über das gebrochene Gesetz nach, aber ich denke mehr über das gebrochene Herz nach. Irgendwo gibt es so etwas, du gehst auf Kaution. Die Frau, die gegangen ist, hat vielleicht etwas falsch gemacht – ich sage nicht, dass sie es nicht getan hat, das arme Ding; aber wenn sie wieder nach Hause kommt, darfst du sie rausschmeißen, aber ich werde sie zurücknehmen, was auch immer sie ist und was auch immer sie getan hat – also hilf mir, Gott, ich werde es tun – und ich werde nicht auf den Tag des Jüngsten Gerichts warten, um sie zu fragen Allmächtig, wenn ich es richtig mache."

Dann setzte er sich mit dem Rücken zu ihnen auf einen Stuhl vor dem Feuer.

„Jetzt kannst du nach Hause gehen, um zu stillen", sagte Nancy und wischte sich die Augen, „und lass mich die Küche versüßen – sie braucht genug Wasser, wenn es um Schmutzige wie dich geht."

Auch Cæsar wischte sich das Auge – das, das Black Tom am nächsten war. „Kommen Sie", sagte er mit klagender Resignation, „unser Auftrag war nutzlos. Der Äthiopier kann seine Haut nicht verändern, und der Leopard seine Flecken nicht."

„Nein, aber er kann einen Überlack besorgen, der sie abdeckt", sagte Nancy. „Oh, dieser Floh klebt doch, Cæsar? Gib nicht dem Spiegel die Schuld, wenn dein Gesicht hässlich ist."

Cæsar tat so, als hätte er sie nicht gehört. „Nun", sagte er und seufzte in Petes Rücken, „wir werden trotz aller Erscheinungen beten, dass wir eines Tages alle gemeinsam in den Himmel kommen."

„Nein, danke, nicht ich", sagte Nancy. „Ich würde es mir nicht erlauben, irgendwohin mit Leuten wie dir zu gehen."

Der Job in Cäsar konnte nicht länger ertragen. „Eitles und undankbares Weib", rief er, „die von meinem Brot gegessen und von meinem Kelch getrunken hat –"

„Du verfluchst mich, oder?" sagte Nancy. „Um Himmels willen! Du musst in den Binsen bei der Tochter des Pharao gefunden und zum Propheten gemacht worden sein."

„Es nützt nichts, Worte zu verlieren, Sir, wenn eine alleinstehende Frau mit einem einzigen Mann allein lebt", sagte Herr Niplightly.

Nancy warf das Kind vom rechten Arm auf den linken und schlug dem Polizisten mit dem Handrücken ins Gesicht. „Nimm das als Heilmittel gegen ein krankes Herz", sagte sie, „und sag dem Dempster, dass ich es dir gegeben habe."

Dann wandte sie sich gegen den Postboten und Black Tom. „Da raus, du kleiner Dieb, ist dein Mund nur ein schmutziger Stadtbrunnen und deine Zunge ist die Pumpe darin. Geh nach Hause und stirb, du große schwarze Spinne – du bist fähig genug dafür und auch böse genug. Raus damit, ihr alle!" Sie weinte und knallte die Tür hinter ihnen zu, dann öffnete sie sie wieder für einen Abschiedsschuss. „Und wenn es wahr ist, dass ihr zusammen auf dem Weg in den Himmel seid, sagt mir einfach Bescheid, und ich werde sehen, ob ich den anderen Ort nicht selbst ertragen kann."

XIX.

An diesem Abend saß Pete mit einem Fuß auf der Schaukelwippe, einem Arm auf dem Tisch und spielte mit der anderen Hand zärtlich mit dem Ring und den Ohrringen, die er in der Schublade des Frisiertischs gefunden hatte, als es hastig klopfte an der Tür. Es hatte den hohlen Nachhall eines Klopfens auf den Sargdeckel.

„Komm rein", rief Pete.

Es war Philip, aber es war fast so, als wäre der Tod eingetreten, so dünn und knochig waren seine Wangen, so wild seine Augen, so kalt seine Hände.

Pete war auf alles vorbereitet. „Du hast mich auch herausgefunden, wie ich sehe", sagte er trotzig. „Du brauchst es *mir nicht zu sagen* – es geht um die Jagd nach gefangenen Fischen."

„Sei mutig, Pete", sagte Philip. „Es wird ein großer Schock für Sie sein."

Pete blickte auf und sein Verhalten veränderte sich. „Sagen Sie es laut, Sir. Es ist ein armer Mann, der es nicht ertragen kann –"

„Ich bin mit dem traurigsten Auftrag gekommen", sagte Philip und nahm so weit weg wie möglich Platz.

„Sie haben sie gefunden – Sie haben sie gesehen, Sir. Wo ist sie?"

„Sie ist –", begann Philip und hielt dann inne.

„Mach weiter, Kumpel; „Ich habe heute schon einmal Ärger erlebt", sagte Pete.

„Kannst du es ertragen?" sagte Philip. „Sie ist –" und er hielt wieder inne.

„Sie ist – wo?" sagte Pete.

„Sie ist tot", sagte Philip schließlich.

Pete stand auf. Philipp stand ebenfalls auf und verkündete nun seine Botschaft mit dem stürmischen Rausch eines Wasserfalls.

„Tatsächlich ist das alles schon vor einiger Zeit passiert, Pete, aber ich konnte mich nicht dazu durchringen, es dir vorher zu sagen. Ich habe es versucht, aber es gelang mir nicht. Es war in Douglas – mit Fieber – in einer Unterkunft – allein – unbeaufsichtigt – –"

„Halten Sie sich fest, Sir! Gib mir Zeit", sagte Pete. „Ich habe mir in Kimberley eine Schusswunde zugezogen, und seitdem habe ich ab und zu einen Stich in der Seite und manchmal etwas Atembeschwerden."

Er taumelte zur Verandatür und öffnete sie, dann kam er keuchend zurück: „Tot! tot! Kate ist tot!"

Nancy kam gerade aus der Küche, und als sie hörte, was er sagte, hob sie beide Hände und stieß einen durchdringenden Schrei aus. Er nahm sie bei den Schultern, drehte ihr den Rücken zu, schloss die Tür hinter ihr und sagte, während er seine rechte Hand fest an sich drückte: „Frauen sind mutig, Sir, aber wenn der Sturm über einen Mann hereinbricht –" Er brach ab und murmelte erneut: „Tot! Kirry ist tot!"

Das Kind, durch Nancys Schrei geweckt, wimmerte jetzt unruhig. Pete ging zur Wiege und wiegte sie mit einem Fuß, wobei er in zitternder Diskantstimme sang: „Still, tschüss! Still, tschüss!

Philipps Atmung war unterdrückt. Er fühlte sich wie ein Mann am Rande eines Abgrunds, der den Drang verspürt, sich darüber zu stürzen. „Gott vergib mir", sagte er. „Ich könnte mich umbringen. Ich habe dir das Herz gebrochen;———"

„Keine Angst vor mir, Sir", sagte Pete. „Ich bin ein riesiger Hulk, der das Wetter gesehen hat. Ich werde überhaupt nicht von innen heraus zerfallen. Gib mir Zeit, Kumpel, gib mir Zeit." Und dann murmelte er wie zuvor: „Tot! Kirry ist tot! Still, tschüss! Mein Kirry ist tot!"

Der Kleine schlief, und Pete lehnte sich in seinem Stuhl zurück, nickte ins Feuer und sagte mit schwacher, kindlicher Stimme: „Ich kenne sie schon mein ganzes Leben lang, weißt du? Sie ist mein kleiner Schatz, seit sie ein kleines Mädchen war, und sie hat den Schulmeister geohrfeigt, weil er mich unrechtmäßig geschlagen hat. Was für ein kleines Ding damals, Kumpel, mit ihren braunen Füßen und dem wirren Haar. Und jetzt ist sie eine Frau und sie ist tot! Der Herr sei mir gnädig!"

Er stand auf und begann schwerfällig über den Boden zu laufen, wobei er sich hin und her stürzte, als würde er die Treppe hinaufgehen. „So aufgeweckt und glücklich war sie auch, als ich nach Kimberley aufbrach; mit ihrem hübschen Gesicht neben den aufsteigenden Steinen am Morgen, voller Gelächter und Unfug. Fünf Jahre lang habe ich es so in meinen Dramen gesehen, und jetzt ist es weg. Kirry ist weg! Mein Kirry! Gott hilf mir! O Gott, erbarme dich meiner!"

Er blieb in seinem unsicheren Gang stehen, setzte sich und starrte ins Feuer. Seine Augen waren rot; Es schien, als würden Blutspritzer aus dem Herzen zu ihnen aufsteigen; aber von einer Träne war nichts zu sehen. Philip versuchte nicht, ihn zu trösten. Es kam ihm vor, als würde ihm die erste Silbe im Hals stecken bleiben.

„Ich sehe, wie es war, Sir“, sagte Pete. „Während meiner Abwesenheit veränderte sich ihr Herz, und als ich zurückkam, dachte sie, sie müsse ihr Wort halten. Mein armes Lamm! Sie war sowieso nur ein Kind. Aber ich war ein Mann – ich hätte sehen sollen, wie es war. Ich bin auch wie ein Ertrinkender – die Dinge kommen auf mich zurück. Ich sehe sie jetzt deutlich genug. Aber es ist zu spät! Meine arme Kirry! Und ich dachte, ich würde sie so glücklich machen!“ Dann mit einem hilflosen Blick: „Sie würden es nicht glauben, Sir, aber ich habe nie etwas anderes gedacht. Nein, das war ich nicht; es ist eine Tatsache. Ich war wie ein Seemann, der die ganze Heimreise lang daran arbeitete, einen Käfig zu bauen und ihn schön zu bemalen, für den Turteltaubenvogel, den er irgendwo in den sonnigen Ländern gefangen hat; aber wenn er es hineinsteckt, ist es nur Wegwollen, armes Ding.“

Mit einem Gefühl unterwürfiger Gemeinheit saß Philip da und hörte zu. Dann sagte er, während sein Blick über den Boden wanderte: „Sie haben sich nichts vorzuwerfen. Du hast alles getan, was ein Mann tun konnte – alles. Und sie war auch unschuldig. Es war die Schuld eines anderen. Er kam zwischen euch. Vielleicht dachte er, er könne nichts dagegen tun – vielleicht redete er sich selbst ein – Gott weiß, welche Lüge er sich selbst erzählte –, aber sie ist unschuldig, Pete; Glaub mir, sie ist –“

Pete schlug mit der Faust schwer auf den Tisch, und die Ringe, die darauf lagen, zuckten und kribbelten. „Was geht mich das an?“ er weinte heiser. „Was kümmert es mich, ob sie unschuldig oder schuldig ist? Sie ist tot, nicht wahr? und das reicht. Verfluche den Mann! Ich will nichts von ihm hören. Sie gehört jetzt mir. Warum sollte er hierher kommen und sich zwischen mich und meine eigenen stellen?“

Das zerrissene Herz und das zerschlagene Gehirn konnten es nicht mehr ertragen. Pete ließ seinen Kopf auf den Tisch fallen. Plötzlich ließ seine Wut nach. Ohne den Kopf zu heben, streckte er seine Hand über die Ringe, um nach Philipps Hand zu tasten. Philipps Hand zitterte in seinem Griff. Er hielt das für Mitgefühl und schämte sich noch mehr.

„Gib mir Zeit, Kumpel“, sagte er. „Ich werde bald mein eigener Mann sein. Mein Kopf ist fürchterlich benommen – ich weiß nicht, ob ich dich richtig verstanden habe. In Douglas, sagen Sie? Auch alleine? Sicherlich nicht allein? Auch nicht ganz allein? Sie hat dich herausgefunden, nicht wahr? *Du wärst da, Phil? Du wärst selbst bei ihr? Es würde ihr an nichts fehlen?“

Philip antwortete heiser, sein Blick wanderte immer noch. „Wenn es dich trösten soll ... ja, ich *war* bei ihr – sie wollte nichts.“

„Mein armes Mädchen!“ sagte Pete. „Hat sie etwas geschickt – hatte sie welche – vielleicht hat sie zuletzt ein oder zwei Worte gesagt, was?“

Philip klammerte sich an die Frage. Endlich gab es etwas, das er ohne Unwahrheit sagen konnte. „Sie hat ein Gebet um Vergebung geschickt", sagte er. „Sie sagte mir, ich solle dir sagen, du sollst so wenig wie möglich an sie denken; nicht zu sehr um sie zu trauern und zu versuchen, sie zu vergessen, damit auch ihre Sünde vergessen werde."

„Und der Kleine – irgendetwas über den Kleinen?" fragte Pete.

„Das war der bitterste Kummer von allen", sagte Philip. „Es war so schwer, dass man sie für eine unnatürliche Mutter halten muss. „Meine Katherine! Meine kleine Katherine! Mein süßer Engel!' Es war ihr Weinen den ganzen Tag."

„Ich verstehe, ich verstehe", sagte Pete und nickte zum Feuer; „Sie hat das Kleine meinetwegen zurückgelassen und wollte es die ganze Zeit bei sich haben. Armes Ding! Du würdest sie trösten, Philip? Du würdest sie ruhig gehen lassen?"

„‚Dem Kind geht es gut und es geht ihm gut', sagte ich ihr. ‚Er denkt nichts von dir selbst als das, was gut und freundlich ist', sagte ich."

„Gottes Friede ruhe auf ihr! Mein Liebling! Meine Frau!" sagte Pete feierlich. Dann plötzlich in einem anderen Tonfall: „Weißt du, wo sie begraben liegt?"

Philip zögerte. Er hatte diese Frage nicht vorhergesehen. Wo war sein Kopf gewesen, an den er nie gedacht hatte? Aber jetzt gab es kein Zurück mehr. Er musste weitermachen. Er muss Lüge in Lüge erzählen. „Ja", stockte er.

„Könnten Sie mich zum Grab bringen?"

Philip keuchte; der Schweiß brach ihm auf der Stirn aus.

„Machen Sie sich keine Sorgen, Sir", sagte Pete; „Ich bin wieder mein eigener Mann. Könnten Sie mich zum Grab meiner Frau bringen?"

„Ja", sagte Philip. Er war in den Stromschnellen. Er war am Rande des Niederschlags. Er musste hinübergehen. Er machte einen Sprung mit verbundenen Augen. Lüge auf Lüge; Lüge auf Lüge!

„Dann fangen wir morgen mit der Kutsche an", sagte Pete.

Philip erhob sich mit steifen Gliedern. Er hatte nur eine einzige Lüge erzählen wollen, und schon hatte er viele davon erzählt. Wahrlich: „Eine Lüge ist ein Krüppel." es kann nicht alleine bestehen. „Gute Nacht, Pete; Ich werde nach Hause gehen. Mir geht es heute Abend nicht gut.

„Wir werden den Bus morgen früh vor dem Tor deiner Tante anhalten", sagte Pete.

Sie gingen gemeinsam zur Tür und standen einen Moment lang in der feuchten und leblosen Dunkelheit.

„Die Welt wird immer wunderbar einsam, Mann, und du bist alles, was mir jetzt noch bleibt, Phil – du und das Kind. Allerdings bin ich nicht zum Jammern. Als meine Schusswunde dort entfernt wurde, war ich über der großen Steppe, Hunderte von Meilen von irgendwoher entfernt, hinter dem letzten Busch und dem letzten Grashalm, mit den Steinen und der Asche und dem Staub – ungefähr so weit, Man würde sagen, als die Welt am Ende war und sie nie wieder danach strebte, sich selbst und die alte Insel und die alten Gesichter wiederzusehen. Ich bin überhaupt nicht so einsam. Gute Nacht, alter Kerl, und Gott segne dich!"

Das Tor öffnete und schloss sich, Philip stolperte die Straße entlang. Er hasste Pete. Diesen aufgeschlossenen Mann zu hassen, der ihn in die Verstrickung von Lügen hineingezogen hatte, war die einzige Quelle seines unterdrückten Gewissens.

Pete ging zurück zum Haus und murmelte: „Kirry ist tot! Kirry ist tot!" Er befestigte den Riegel an der Tür, sagte: „Mach die Fensterläden zu, Nancy" und kehrte dann zu seinem Stuhl neben der Wiege zurück.

Später in derselben Nacht überbrachte Pete Sulby die Nachricht. Oma war in der Bar und er teilte es ihr sanft, zärtlich und liebevoll mit.

Aus der Küche kamen laute Stimmen. Cæsar befand sich dort im wütenden Streit mit Black Tom. Zwischen ihnen auf den Knien lag eine aufgeschlagene Bibel. Tom zog es zu sich, ließ seinen stumpfen Zeigefinger auf die Seite gleiten und rief: „Da ist der Text – der euch festnageln wird – *Zöllner und Sünder*.“

Cäsar lehnte sich in seinem Sitz zurück und sagte mit vernichtender Verachtung: „Es ist ein schlechtes Geschäft – ich gebe Ihnen die Freiheit, das zu sagen.“ Es sind Männer wie du, die es schlimm machen. Aber ist es für ein schlechtes Unternehmen besser, in schlechten oder in guten Händen zu sein? In London gibt es einen großen Gemeindepfarrer, sagen sie mir, der ist scharf darauf, das Wirtshaus mit der Kirche zu verbinden und die Pfarrer zu Wirten zu machen. So waren sie alle früher auf der Isle of Man, und schade, dass es nicht mehr so ist. Oh, ich habe ernsthaft darüber nachgedacht, Sir. Ich habe es zu einem Gebetsthema gemacht. „Werde ich mein Publikum aufgeben oder soll ich daran festhalten, um es vor schlechteren Händen zu bewahren?“ Und ich bin fest davon überzeugt, dass der Herr gesprochen hat. „Es ist ein kleiner Weinberg – eine kleine Arbeit in einem kleinen Weinberg.“ Bleib dabei, Cæsar, und das werde ich auch tun.“

Pete betrat die Küche und warf Cæsar mit einer Art wilder Melancholie seine Neuigkeit zu, als würde er sagen: „So, ist das genug für dich? Bist du nun zufrieden?"

„ *Mair yee shoh* – es ist die Hand Gottes“, sagte Cæsar.

„Eine mittelmäßig schlechte Hand“, sagte Pete; „Ich habe jedenfalls schon Besseres gesehen.“

Ein großer spiritueller Stolz erfasste Cäsar – der schwarze Tom beobachtete ihn und zog energisch seine großen Augenbrauen. Mit fest geschlossenem Mund und zurückgeworfenem Kopf sagte Cäsar mit Grabesstimme: „Der Herr hat gegeben, und der Herr hat genommen.“ Gepriesen sei der Name des Herrn!“

Pete stieß ein wildes Gelächter aus.

„Spüren Sie es nicht, Sir?“ sagte Cäsar.

„Kein Gefühl in meiner Nähe“, sagte Pete. „Soweit ich weiß, habe ich dem Herrn nie etwas Böses zugefügt, aber Er hat meine junge Frau genommen und mein armes, unschuldiges Kleines mutterlos gelassen.“

„Unerforschlich die Weisheit und Gerechtigkeit Gottes", sagte Cäsar.

„Undurchsuchbar?" sagte Pete. „Das ist alles. Aber ich weiß nicht, ob Sie es Gerechtigkeit nennen. Ich bin nicht ich selbst. Das ist nicht meine Bilanz. Blasphemie? Ich lasse es bei dir. Ein Spötter, oder? So sei es. Der Herr hat mich geleckt und ich habe genug. Aber ich werde dafür jedenfalls nicht auf die Knie gehen. Beim Allmächtigen und mir geht es ums Aufhören."

Mit diesem Wort auf den Lippen verließ er den Ort, grimmig, unerbittlich, fast wild, ein grimmiges Lächeln huschte über sein asches Gesicht.

XXI.

Oma kam am nächsten Morgen mit zwei Enteneiern für Petes Frühstück zum Elm Cottage. Sie kochte sie gerade in einem Topf, als Pete die Treppe herunterkam.

„Kommen Sie jetzt", sagte sie überredend, während sie sie auf den Tisch legte, während das Wasser von den Muscheln rauchte. Aber Pete konnte nicht essen.

„Er hat heutzutage kein Essen mehr vernichtet", sagte Nancy. Kurz bevor sie ihre Schürze zusammengerollt hatte, schlüpfte sie auf die Straße und brachte ein kleines, in ein Stück Zeitungspapier gewickeltes Päckchen zurück.

„Vielleicht wird er sie unterwegs essen", sagte Oma. „Ich werde sie trotzdem in das Taschentuch in seinem Hut stecken."

„Mein Glaube, nein, Frau!" rief Nancy. „Er ist der Unfug zum Schwitzen. Er wird sich die Stirn abwischen und die Eier vergessen. Aber hier – wo ist deine Westentasche, Pete? Haben Sie irgendwo Platz für einen Heusamen? Da! … Es ist eine Vierteldrehung, armer Junge", flüsterte sie Oma hinter vor.

So wetteiferten sie miteinander um kleine Aufmerksamkeiten für den niedergeschlagenen Mann. Währenddessen pfiff Crow, der Fahrer der Douglas-Kutsche, ein fröhlicher alter Sünder mit einer Knollennase und kurzen Haaren, der wie die Stahlstifte einer elektrischen Bürste aufrecht stand, während er seine Pferde auf dem Marktplatz abstellte. Dann wirbelte er um die Ecke und hielt am Tor an. Dann wurden die Frauen plötzlich still und hielten ihre Schürzen an den Mund, als ob ein Leichenwagen vor der Tür stehen geblieben wäre; Aber Pete lief geschäftig umher und schrie laut, um die Aufregung über seinen Abschied zu verbergen.

„Leb wohl, Oma; Ich werde ein Wort für dich sagen, wenn ich dort bin. Auf Wiedersehen, Nancy; Ich werde dich selbst auch nicht vergessen. Auf Wiedersehen, Lil Bogh", ließ sich neben der Wiege auf ein Knie fallen. „Welches Recht hat das Herz eines Mannes, ihn zu verlieren, während er so ein kleines Unschuldiges zum Leben hat? Auf Wiedersehen!"

Am Tor stand eine Schar Frauen, die über Kate redeten. „Ach, ein ziviler Mensch, sehr – ein ziviler Mensch war es nie." – „Ich bin es, der sie auch vermissen wird. Ich habe ihr, so könnte man sagen, bis zu ihrem Todestag Eier serviert. „Guten Morgen, Christian Anne", sagt sie – einfach so. Willkommen, sagen Sie? Ich war zu Hause vor der Tür der Frau." – „Und wie schön, dass sie im Gig mit dem Baby nach Hause kam! Erst gestern könnte man sagen. Und jetzt, Lord-a-massy!" – „Still! es ist er selbst! Ich bin fit genug, um zu weinen, wenn ich den Mann ansehe. Das fröhliche Herz ist ihm gebrochen." – „Still!"

Sie senkten den Kopf, damit Pete ihrem Blick ausweichen konnte, und hielten ihm die Kutschentür auf, in der Erwartung, dass er wie zu einer Beerdigung hineingehen würde. Aber er begrüßte sie mit „Guten Morgen allerseits" und sprang mit Crow auf den Logenplatz.

Der Bus hielt am Tor des Ballure House an, um den Deemster aufzunehmen. Philip sah dünn und abgemagert aus und ging mit einer tödlichen Schwäche, aber auch einer fieberhaften Entschlossenheit. Hinter ihm kam Tante Nan mit einem Lappen in der Hand, mit ihrer weißen Mütze, mit kleinen nervösen Aufmerksamkeiten und einem Gesicht voller Angst.

„Fahren Sie heute rein, Philip", sagte sie.

„Nein, nein", antwortete er, küsste sie, schob sie mit sanftem Protest auf die andere Seite des Tors und kletterte an Petes Seite. Dann sagte die alte Dame:

„Guten Morgen, Peter. Es tut mir so leid für Ihre große Mühe und Ihr Vertrauen ... Aber Sie werden den Deemster nicht zu lange draußen reiten lassen, wenn er wächst ... Er hatte eine schlaflose Nacht und – –"

„Mach weiter, Crow", sagte Philip mit entschiedener Stimme.

„Dafür werde ich sorgen, Miss Christian, Ma'am", rief Crow über seine Schulter. „Seine Ehren studieren ein bisschen zu hart – das ist es, was *er* tut. Aber ein Gentleman nützt nicht viel, wenn seine Frau Witwe ist, wie der Mann sagte – oder? Aber Sie sehen selbst ganz gut aus, Miss Christian, Ma'am. Tatsächlich werde ich jeden Tag jünger. Ich muss das Kapitän von East Indee noch abholen. Ich werde das. Ha! Ha! Komm schon, Boxer!" Dann machten sie sich mit einem Peitschenhieb auf den Weg.

Der Tag war ruhig und schön. Der alte Barrule trug seine gelbe Mütze aus blühendem Ginster, die Vögel sangen auf den Bäumen, und auch das Meer am Ufer sang mit dem Klang ferner Freudenglocken. Es war ein herzzerreißender Tag für Pete, aber er versuchte, sich tapfer zu ertragen.

Er saß zwischen Philip und dem Fahrer. Auf der anderen Seite von Crow befanden sich zwei weitere Passagiere, ein Bauer und ein Fischer. Der Bauer, ein unflätiger Bursche mit langem Stock und zwei Hunden, die auf der Straße umherrennen und bellen, kam vom Mittsommermarkt zurück, auf dem er seine Schafe verkauft hatte; Der Fischer, ein einfaches Geschöpf, kam mit einer Schachtel Fisch zwischen den Beinen vom Makrelenfang in Kinsale nach Hause.

„Seit ich im März auf der Toilette war, hat meine Frau ein kleines Baby bekommen", sagte der Fischer und lachte über sein gebräuntes Gesicht. „Ein Junge, meinst du? Oh, noch ein Junge, natürlich. Jetzt sind es drei – alles Männer. Ich habe einen Brief im Ramsey-Postamt erhalten. Sie versteht sich bestens, und die alte Frau ist damit beschäftigt, für sie zu sorgen."

„Kopf hoch, Boxer – wir machen ihm beim Hibernian den Kopf nass", sagte Crow.

„Ich bin überhaupt nicht besonders", sagte der Fischer fröhlich. „Der Mack'rel war diese Saison jedenfalls mittelmäßig."

Und dann malte er auf seine einfache Art sein Zuhause und die Freude, dorthin zurückzukehren, mit dem neuen Baby, der Mutter im Wochenbett, der Großmutter als Haushälterin und den anderen Kindern, die auf neue Kleider warten Er kaufte sich neue Jacken aus den Einkünften des Fischfangs und ging herum, um dem Lebensmittelhändler zu bezahlen, was er während seines Aufenthalts im Kin-Sale auf den „Riemen" gelegt hatte, bis Pete schmolz und nicht mehr zuhören konnte.

„Ich bin überzeugt, dass es ihr immer noch nicht gut ging, als sie wegging", flüsterte er und drehte seine Schulter zu den Männern und sein Gesicht zu Philip. Er sprach mit leiser Stimme, knapp über dem Rumpeln der Räder, und versuchte, Kates Schuld abzuschwächen und sie bei Philip zu entschuldigen.

„Es hat keinen Sinn, an irgendjemanden zu denken, oder, Sir?" er sagte. „Wir können nicht in die Seele eines anderen Menschen kriechen, wie es so schön heißt."

Danach stellte er viele Fragen – über Kates Krankheit, über den Arzt, über die Beerdigung, über alles außer dem Mann – von ihm stellte er keine Fragen mehr. Philip musste antworten. Er war wie ein Gefangener, der auf der Galeere angekettet war – er musste weitermachen. Sie überquerten die Brücke über den Ballaglass, die zur Mühle von Cornaa führt.

„Da ist das Tal, Sir", sagte Pete. „Ach, die lieben alten Tage! Im Wasser waten, über die Steine springen, auf die Stämme klettern – ach, mein Lieber! Oh, mein Lieber! Damals barhäuptig und barfuß, mein Herr; aber klug, außergewöhnlich und auch eine schreckliche Vorstellung davon, elegant zu sein. Sie drehte Farne um ihren kleinen Hals als Spitze, klebte eine Bergdistel, die im Tau glitzerte, auf ihre Brust als Diamanten, wickelte eine Spur Fuchsia um ihren Kopf als Krone – ach, mein Lieber! Oh, mein Lieber! Und nun – na ja, zum Nachdenken! denken!"

Auf der anderen Seite der Kutsche gab es Gelächter.

„Was sagen *Sie*, Kapitän Pete?" schrie Krähe.

"Was ist das?" fragte Pete.

Der Fischer hatte den Fahrer und den Bauern im Hibernian behandelt und wurde mit kräftiger Spreu belohnt.

„Ich erzähle hier Dan Johnny, dass man diesen Kindern, die kommen, wenn ein Mann nicht zu Hause ist, nicht viel trauen kann. Am besten werfen Sie mit der Kleinen einen Blick auf die weise Frau von Glen Aldyn, oder? Ein Mann mag es nicht, einen Kuckuck im Nest großzuziehen – was sagen Sie, Kapitän?“

„Ich sage, du bist ein dreckiger alter Teufel, Crow; und ich möchte dich nicht von deinem Platz werfen“, sagte Pete; und damit wandte er sich wieder Philipp zu. *

Der Fahrer war beleidigt, aber der Bauer beruhigte ihn, indem er an seine Angst appellierte. „Es wäre unhöflich, ihn anzupacken, derselbe Kerl – ich habe gesehen, wie er in Tyn-wald mit einer Hand ein Zelt aufgebaut hat.“

„Es ist ein Wunder, dass sie nicht endgültig nach Hause gekommen ist“, sagte Pete an Philipps Ohr – „am Ende, wissen Sie? Konnte es nicht ertragen, nehme ich an? Allerdings gibt es keinen Grund zur Angst, wenn sie es nur gewusst hätte. Bis dahin hatte ich es auf mittlerem Niveau gehalten. Und ich hätte dem ersten Mann, der mit der Zunge wedelte, den Kopf gebrochen. Aber vielleicht war es ich selbst, vor dem sie Angst hatte! Erschreckt von mir! Armes Ding! armes Ding!"

Philipp litt unter Qualen. Petes schlichte Trauer mitzuerleben, zu hören, wie er der irrenden Frau verzeiht, und die Gedanken seines Herzens anzuvertrauen, so wie einem Vater ein kleines Kind anvertraut werden könnte – es war Angst, es war Qual, es war Entsetzen. Mehr als einmal verspürte er den Drang, seine Last abzuwerfen, zu gestehen, alles zu erzählen. Aber er dachte darüber nach, dass er dazu kein Recht hatte – dass er das Geheimnis nicht preisgeben durfte. Auch seine Angst hielt ihn zurück. Er blickte in Petes Gesicht, das so voller männlicher Trauer war, und schauderte, als er daran dachte, dass es von Wut verwandelt worden war.

„Setzen Sie sich hart, meine Herren. „Hier geht es um Hosen“, rief Crow.

Sie befanden sich am Ende des steilen Abstiegs, der nach Laxey hinunterführte. Die weiße Stadt lag verstreut über den grünen Ufern des Tals, und das große Wasserrad stand in den Tiefen der Bergkieme dahinter.

"Sie ist da! Sie ist dort! Es ist sie selbst an der Tür. Sie ist oben. Sie hält Ausschau nach der Kutsche“, rief der Fischer und kletterte auf den Sitz.

„Aisy alle“, rief Crow.

„Es nützt nichts, Mr. Crow. Nichts wird mich überzeugen, außer sie selbst mit der Kleinen in einer Decke an der Tür.“

Bevor die Kutsche an der Brücke anhielt, sprang der Fischer zu Boden, schulterte sein Fass, rief „Alles Gute“ und verschwand in einer Gasse der Stadt.

Der Fahrer stieg aus. Eine Menschenmenge versammelte sich. Es galt, Pakete aufzunehmen, abzusetzen und die Pferde zu tränken. Als die Kutsche wieder abfahrbereit war, war der Bauer mit seinen Hunden weg, aber es gab einen Passagier für einen Innenplatz. Es war ein Mädchen, ein aufgewecktes junges Ding mit einem hübschen Gesicht und lachenden schwarzen Augen. Sie war elegant gekleidet, nach ihrer Landmode, mit einem mit scharlachroten Mohnblumen bedeckten Hut und einer riesigen Brosche am Hals ihres Oberteils. In einer Hand trug sie einen riesigen Strauß duftender Goldmünzen. Eine Gruppe Mädchen kam, um sie zu verabschieden, und es gab viel Gekicher und Geschwätz und allgemeine Aufregung.

„Vergisst du den Beutel und die Pfeife, Emma?“

"Lassen Sie mich sehen; bin ich? NEIN; es ist hier in meinem Kleid.“

„Nun, ihr werdet um neun Uhr beim Bus zusammenkommen, ist das so?“

„Das werden wir wohl tun, Liza, wenn der Dampfer nicht zu spät kommt.“

„Nun denn, meine Damen, ab von der Stufe! Ist bei dir im Stroh noch Platz für ein kleines Kalb, Fräulein? Freckend? Tut! Nur ein kleines Kalb, so Clan wie Clan – und Atem so schwül wie Ihr eigener, Fräulein. Da sind Sie – es wird ruhig bleiben, bis wir in Douglas ankommen. Alles bereit? Dann sind wir bereit. Jetzt Kragenarbeit, meine Herren. Heben Sie das Pferd an, Sir. Danke schön! Danke schön! Nicht Sie, Euer Ehren – bleiben Sie, wo Sie sind, Dempster.“

XXII.

Pete stieg aus, um den Hügel hinaufzugehen, aber Philip war froh, dass er einen Vorwand hatte, auf seinem Platz zu bleiben, auch wenn er so tat, als würde er aussteigen. Es entlastete ihn auf jeden Fall für eine Weile von Petes Gesellschaft. Er hatte Zeit, sich noch einmal zu fragen, warum er dort war, wohin er wollte und was er tun würde. Aber sein Gehirn war eine trübe Wüste. Aus dem Labyrinth tauchte nur ein Bild auf. Es handelte sich um die Beerdigung des namenlosen Waisenkindes im Grab am Fuße der Mauer. Wenn er sich einer Absicht bewusst war, dann war es die vage Vorstellung, in dieses Grab zu gehen. Aber es lag nur als ultimatives Ziel vor ihm. Er wartete und wartete auf eine Gelegenheit zur Flucht. Wenn es kam, sei Gott gepriesen! Wenn es nicht kam, helfe Gott und vergib ihm!

Währenddessen ging Pete hinterher und fing Fragmente eines Gesprächs zwischen dem Mädchen und Crow auf.

„Sie werden ihn also treffen, wenn er nach Hause kommt, Miss, nicht wahr?"

„Mein Glaube, woher weißt du das? Aber es liegt an Ihnen selbst, dass Sie Dinge wissen, Mr. Crow. Ist er im Ausland gesegelt? Jawohl; und am kommenden Montag eine Woche lang neun Monate weg. Aber es wurde am Dienstag in der Zeitung in Holyhead gesprochen und gestern in Liverpool ausgezahlt. Das sind seine Initialen, falls Sie es wissen wollen – Zeuge Jehovas, ich habe sie selbst auf den Beutel eingearbeitet. Ich habe ihm auch ein Netz für eine Jacke gesponnen. Mit den Bergleuten lieb sein, während Jemmy weg war? Habe ich, sagen Sie? Wie die Leute reden *werden* !"

„Ach, überhaupt nichts für ungut. Aber es tut mir leid, dass Sie sich keine weiteren Sorgen machen, Missy. Diese Matrosenjungen sind sowieso nichts Besonderes. Segne dein Herz, nein; aber von einem Schweinefleisch so müde zu werden wie von einem Schwein vom Braukorn. Konstante? Chut! Wenn so etwas im Ausland ist, legt er sich auf das erste Mädchen, das ihm in die Quere kommt."

Das Mädchen lachte und schüttelte tapfer den Kopf, aber die Tränen begannen aus ihren Augen zu fließen und die Hand, die die Blumen hielt, zitterte.

„Hör nicht auf den Mann, mein Lieber", sagte Pete. „In diesen alten Junggesellen steckt zu viel Komisches. Dein Junge brennt darauf, zu dir nach Hause zu kommen. Lass dich davon abhalten, Emma. Das Paket reicht ihm nicht halbwegs aus, und er hat schreckliche Lust, in die Luft zu steigen und das Marssegel auszufahren."

Auf dem Gipfel des Hügels kletterte Pete wieder an Philipps Seite und sagte: „Das Herz ist eine eckige Sache, Sir. Es hat die gleichen Winde und Gezeiten wie alles andere auch. Der Wind weht an einem Tag in entgegengesetzte Richtungen, und das Gleiche gilt auch für das Herz selbst. Veränderbar? Vielleicht! Wir sollten nicht zu streng damit umgehen ... Wenn ich es nur jetzt gewusst hätte ... Sie war nicht viel besser als ein Kind, als ich nach Kimberley ging ... und was war ich dann? Ich war sowieso nur gewöhnliches Zeug ... Wenn Sie darüber nachdenken, passte ich nicht besonders zu ihresgleichen, Sir ... Wenn ich es nur erraten hätte, als ich zurückkam ... hätte ich es tun können, Sir „Ich liebte die Frau wie das Leben, aber wenn ich es jetzt nur gewusst hätte ... Nun, und was ist Liebe, wenn sie nur an sich selbst denkt? Wenn ich zu dem Zeitpunkt, als ich nach Hause kam, geglaubt hätte, sie würde einen anderen Mann lieben, hätte ich sie ihm überlassen können – ja, das konnte ich; Ich bin überzeugt, dass ich es könnte – also hilf mir, Gott, ich könnte es."

Philip verschwendete auf dieser Reise wie ein Stück Wachs. Pete sah, wie sein Gesicht dahinschmolz, bis es eher wie ein Skelett als wie das Gesicht eines wirklich lebenden Menschen aussah.

„Du nimmst es bestimmt gar nicht so schlimm auf, Phil", sagte Pete. „Sie wird genau dort mittelmäßig sein, wo sie hingegangen ist, Sir. Sie wird da drüben recht haben", sagte er und rollte seinen Kopf zur Seite dorthin, wo die Sonne gerade ihrem Untergang entgegenging. Und dann murmelte er leise, als hätte er halb Angst, dass sie es nicht tun könnte, in seinen Bart: „Gott sei gütig zu meinem armen Mädchen mit gebrochenem Herzen und vergib ihr um Christi willen ihre Sünden."

Ein älterer Herr stieg in Onchan in die Kutsche.

„Hallo, Deemster!" er weinte. „Du siehst so nüchtern aus wie eine alte Krähe. Nüchtern! Alte Krähe! Ha, ha!"

Er war ein scherzhafter Mensch mit hoher Abstammung auf der Insel.

„Crow geht nie nach Hause, ohne ein- oder zweimal von der Kiste zu steigen, um unterwegs das Mondlicht zu genießen – nicht wahr, Crow?"

„Das reicht, Pfarrer, das reicht!" brüllte Krähe. Und dann beugte sich seine Ehrfurcht über den Fahrer und richtete die Welle seines Witzes auf Philip.

„Und wie geht es der jungen Haushälterin, Deemster?"

Philip schauderte sichtlich und gab eine unartikulierte Antwort:

„Gut aussehende junge Frau, sagen sie mir. Jem-y-Lord hat anscheinend Geschmack. Aber seien Sie vorsichtig, Euer Ehren; Pass' auf dich auf! ‚Du sollst die Frau deines Nächsten nicht begehren, noch seinen Ochsen, noch seinen Esel' –"

Philip lachte laut. Der elende Mann krümmte sich auf seinem Sitz.

„Befolgen Sie den Rat eines alten Geigenspielers, Deemster – haben Sie nichts mit den Frauen zu tun. Wenn sie jung sind, sind sie Kätzchen, die mit dir spielen, aber wenn sie alt sind, sind sie Katzen, die dich kratzen."

Pete verdrehte seinen Körper, bis die gesamte Breite seines Rückens den Pfarrer vor Philipps Gesicht schützte.

„Vor vierzehn Tagen, sagten Sie, Sir?"

„Vierzehn Tage", murmelte Philip.

„Mittlerweile werden auf ihrem Grab Gänseblümchen wachsen", sagte Pete leise.

Der Pfarrer hatte sein Nasenglas aufgehängt. „Wer ist dieser Kerl, Crow? Kapitän – was? Der Cousin seiner Ehren? *Cousin?* Oh, natürlich – ja – ich erinnere mich – Tynwald – ah – hm!"

Die Kutsche setzte ihre Passagiere auf dem Marktplatz ab. Pete erkundigte sich nach der Uhrzeit der Rückreise und erfuhr, dass es um sechs Uhr losging. Er half dem Mädchen auszusteigen und führte sie zum Pier, wo eine Menschenmenge auf die Ankunft des Dampfers wartete. Dann schloss er sich wieder Philipp an, der ihn durch die Stadt führte.

Der Deemster wurde von allen beobachtet. Während er durch die Straßen ging, wurde viel geflüstert und geschubst, und man verneigte sich und hob den Hut. Er reagierte auf nichts davon. Er erkannte niemanden. Er, der für seine Höflichkeit berühmt war, für sein anmutiges Benehmen bekannt war und für sein Lächeln wie Sonnenschein geliebt wurde – umso strahlender und gewinnender, wenn es wie aus einer Wolke hervorbrach –, erwiderte an diesem Tag den Gruß eines Mannes und antwortete auf den Gruß einer Frau. Sein Gesicht war hart wie eine Marmormaske. Es ging vorbei, ohne den Anschein zu erwecken, es zu sehen.

Pete ging einen Schritt hinterher. Sie sprachen kein Wort, als sie durch die Stadt gingen. Kein Wort und kein Zeichen wechselten zwischen ihnen. Philip bog in eine Seitenstraße ein und hielt vor einem Eisentor, das auf einen Kirchhof führte. Sie befanden sich auf dem Kirchhof von St. George's.

„Das ist der richtige Ort", sagte Philip heiser.

Pete nahm seinen Hut ab.

Das Tor war teilweise geöffnet. Es war Samstag und der Organist war allein in der Kirche und übte Lieder für den Sonntagsgottesdienst. Sie gingen durch.

Der Kirchhof war eine längliche Einfriedung mit hohen Mauern, die an den Längsseiten von Häuserreihen überragt wurde. Eine dieser Reihen war die Athol Street, und eines der Häuser gehörte dem Deemster.

Es war inzwischen schon später Nachmittag. Lange Schatten wurden von den Grabsteinen nach Osten geworfen; Das horizontale Sonnenlicht ließ die Blätter sehr hell erscheinen.

Philip ging geräuschvoll, ruckartig und unregelmäßig, wie ein Mann, der sich seiner Schwäche bewusst ist und entschlossen ist, sie zu überwinden. Pete ging so leise hinterher, dass sein Fuß auf dem Kies kaum zu hören war. Der Organist spielte Cowpers bekannte Hymne:

„Gott bewegt sich auf mysteriöse Weise

Seine Wunder zu vollbringen."

Es gab eine breite Allee, die von Gräbern mit Gittern gesäumt war und zur Kirchentür führte. Von hier aus bog Philip in einen schmalen Pfad ein, der durch eine kahle Grünfläche führte, die mit Holzpflöcken und kleinen, unbehauenen Schieferplatten übersät war, wie ein verlassenes Böschungsgelände. In der hintersten Ecke dieses Raumes blieb er vor einem Hügel nahe der Mauer stehen. Es war das neu geschaffene Grab. Die Narben des Rasens waren noch nicht verheilt und der Spaten glänzte auf dem Gras.

Philip zögerte einen Moment und sah sich zu Pete um, als würde er selbst dann, selbst dort, ein Geständnis ablegen. Aber er sah keinen Ausweg aus den Maschen seiner eigenen Lügen, und mit einem tiefen Atemzug der Unterwerfung deutete er nach unten, drehte den Kopf über die Schulter und sagte mit seltsamer Stimme:

"Dort."

Die Stille war lang und schrecklich. Schließlich sagte Pete mit gebrochenem Flüstern:

„Lass mich, Sir, las mich."

Philip wandte sich ab und atmete hörbar. Einen Moment länger blieb Pete stehen, wo er war, und hielt seinen Hut mit beiden Händen vor sich fest. Dann ging er auf die Knie. „Oh, vergib mir meine harten Gedanken über dich", sagte er. „Jesus, vergib mir meine harten Gedanken über meine arme Kirry."

Philip hörte nichts mehr. Die Orgel war sehr laut und triumphierend.

„Tief in unergründlichen Minen

Von nie versagendem Können,

Er hütet seine strahlenden Pläne

Und er wirkt seinen souveränen Willen.“

Ein roter Sonnenstrahl fiel von der Mauer auf Petes unbedeckten Kopf. Die gesegneten Tränen waren zu ihm gekommen. Er schluchzte laut; Endlich war er allein mit seiner Liebe.

Er war tatsächlich allein mit ihr. In diesem Moment blickte Kate vom Fenster ihres Zimmers herab. Sie sah ihn am Grab eines anderen knien und beten.

Philip wusste nie, wie er aus dem Kirchhof herauskam. Er kroch heraus, kroch an der Wand entlang und schlich durch das Tor – herzkrank und fast tot. Als er zu sich kam, stand er in der Athol Street, und eine Gruppe fröhlicher Kerle in einem Kutschenwagen, die aus dem goldenen Sonnenuntergang herausfuhren, ratterten unter Schreien und schallendem Gelächter an ihm vorbei.

XXIII.

Kate stand mit offener Tür in ihrem Zimmer und schlug in der ersten hilflosen Benommenheit der Angst die Hände gegeneinander, als sie einen Mann die Treppe heraufkommen sah. Seine Beine schienen beim Aufstieg nachzugeben; er war gebeugt und schwach und sah aus wie in hohem Alter. Als er näher kam, hob er sein Gesicht, das alt und verdorrt war. Dann sah sie, wer es war. Es war Philipp.

Sie stieß einen unwillkürlichen Schrei aus, und er lächelte sie an – ein hartes, gefrorenes, schreckliches Lächeln. „Er ist verloren", dachte sie. Ihr verängstigter Gesichtsausdruck drang zu seiner Seele. Er wusste, dass sie alles gesehen hatte. Zuerst versuchte er zu sprechen, aber er brachte nichts heraus. Dann ergriff ihn ein wahnsinniges Verlangen, sie zu ergreifen – an den Armen, an den Schultern, an der Kehle. Er überwand diesen Impuls, stand regungslos da und fuhr sich mit den Händen durchs Haar. Sie senkte den Blick und ließ den Kopf hängen. Ihre Erniedrigung in den Augen des anderen war vollkommen. Er schämte sich vor ihr, sie schämte sich vor ihm. Einen Moment lang standen sie sich schweigend gegenüber, in erbarmungslosem und schrecklichem Schweigen, und dann wandte er sich langsam, sehr langsam, benommen und niedergeschlagen ab und kroch aus dem Haus.

„Es ist das Ende – das Ende." Welchen Sinn hatte es, weiter zu gehen? Er war zu tief gefallen. Seine Erniedrigung war erbärmlich. Es war hoffnungslos, irreparabel, unheilbar. „Beende alles – beende alles." Die Worte hallten in seinem Innersten wider.

Er blieb am Kai stehen und ging zur Fährtreppe, wo Boote darauf warteten, gemietet zu werden. Kürzlich hatte er abends eines gemietet und war um den Kopf herumgezogen, um den Atem und die Stille des Meeres zu genießen.

„Gehen Sie heute Abend weit hinaus, Euer Ehren?" fragte der Bootsmann.

„Weiter denn je", antwortete er.

Zieh, zieh! Weg von der schrecklichen Vergangenheit. Weg von der schrecklichen Gegenwart. Der Dampfer war angekommen und hatte seine Passagiere entlassen. Sie pulsierte immer noch am Ende des roten Piers wie ein Pferd, das nach einem Rennen schnauft.

Irgendwo auf der Promenade spielte eine Band einen Walzer. Vergnügungsboote schossen durch die Bucht. Seevögel saßen auf dem Wasser, wo die Abwasserkanäle der fröhlichen Kleinstadt ins Meer münden.

Zieh, zieh! Er floh vor Reue, vor Verzweiflung, vor der tiefen Doppelzüngigkeit eines Doppellebens, vor der Lüge, die das Herz eines lebenden Mannes getötet hatte. Wie tief war er gefallen! Könnte er tiefer fallen, ohne in die Kriminalität zu verfallen?

Zieh, zieh! Als nächstes würde er ein Krimineller sein. Wenn ein Mann in seinen eigenen Augen erniedrigt war und sie in den Augen einer geliebten Frau liebte, lockte ihn das Verbrechen. Er würde es vielleicht versuchen, aber er konnte nicht widerstehen; er muss nachgeben, er muss fallen. Es war die einzige verbleibende Verschlechterung. Es ist besser, alles zu Ende zu bringen, bevor man in den letzten Abgrund stürzt.

Zieh, zieh! Er war der Richter seiner Insel, und er hatte die Justiz empört. Da er einen falschen Titel innehatte und von einer falschen Ehre lebte, war er des Respekts eines Mannes und des Wohlwollens einer Frau sicher. Die Enthüllung lag über ihm. Er wäre in Ungnade gefallen, das Gesetz wäre in Ungnade gefallen, die Insel wäre in Ungnade gefallen. Ziehen, ziehen, ziehen, bevor es zu spät ist; draußen, weit draußen, weiter als die Flut zurückkehrt oder das Meer dem Ufer Geschichten erzählt.

Er war gerudert wie ein Sklave, der seinen Ketten entkam, aus Angst, überholt und zurückgeschleppt zu werden. Die Stimmen des Hafens waren jetzt verstummt, die Musik der Band war gedämpft, die Pferde, die die Promenade entlang liefen, schienen wie Ameisen zu kriechen, und der Verkehr auf den Straßen war nicht lauter als ein dumpfes unterirdisches Grollen. Er war aus dem Rand des glatten blauen Wassers herausgeschossen, in dem die Insel wie auf einem Spiegel lag, und aus dem Schatten des Hügels auf die Bucht. Das Meer um ihn herum lief jetzt grün und glitzernd, und die rote Sonne –? Licht fiel wie Rauch darauf herab. Nur die Kirchtürme und Türme und Glaskuppeln der Stadt ragten in die leuchtende Luft. Er konnte die Silhouette des gedrungenen Turms von St. George vor dem sterbenden Glanz des Himmels erkennen. Sieben Jahre lang war er sein Nachbar gewesen, und es hatte so glückliche und so grausame Stunden erlebt. All die Freude an der Arbeit, die Süße des Erfolgs, die Träume von Größe, das rosige Erröten der Liebe und dann – die Qualen des Gewissens, die Visionen, das Grauen, die heimliche Schande, die Selbstaufgabe und, als letztes, alles , die doppelte Existenz als Ehemann und Ehefrau, verborgen, unvollständig, unerfüllt und doch voller zärtlicher Bindungen, die so oft wie ätzende Bindungen gewirkt hatten, jetzt aber so süß waren, als die Stunde gekommen war, sie zu lösen.

Wie weit schien alles zu sein! Und flog er so von der Insel? Die Insel, die ihn geehrt hatte, die ihn mehr belohnt hatte, als er verdient hatte, und früher als er es sich erträumt hatte, die keine Eifersucht erlitten hatte, die ihn behindert hätte, keine Rivalität, die ihn beunruhigt hätte, keine Ungleichheit in Alter und Dienst, die ihn zurückgehalten hätte – die kleine Insel das schien ihm die Arme zu öffnen und zu rufen: „Philip Christian, Sohn deines Vaters, Enkel deines Großvaters, Erster von Manxmen, komm herauf!"

Oh, was hätte sein können! Sinnloses Bedauern! Ziehen, ziehen und vergessen.

Aber das Zuhause seiner Kindheit! Ballure – Tante Nan – der Tod seines Vaters wurde durch eine Hoffnung erhellt – die letzte, aber ah! Wie eitel! – Port Mooar – Pete, „Das Meer ruft mich." Zieh, zieh! Das Meer rief ihn tatsächlich. Ich rufe ihn in den tiefen Schoß, der Tod ist, nicht Geburt.

Er war weit draußen. Die Sonne war untergegangen, die Insel streckte sich wie ein aschgrauer Vogel über den Horizont; Der große Flügel der Nacht senkte sich vom Himmel, und aus den geheimnisvollen Tiefen des Meeres erklang das tiefe Summen, die mächtige Stimme, die das Organ der Welt ist.

Er nahm die Ruder in die Hand und seine winzige Muschel begann zu treiben. In diesem Moment fiel sein Blick auf etwas am Boden des Bootes. Es war eine Blume, ein gebrochener Stiel, eine zerrissene Rose und ein paar verstreute Rosenblätter. Nur ein Relikt der letzten Bewohner, aber es brachte den Duft der Liebe, ein Gefühl der Zärtlichkeit, strahlender Augen, einer Liebkosung, eines Kusses zurück. Seine Gedanken wanderten zurück zu Sulby, zum Melliah, zum Tal, zu den Tagen voller zitternder Liebe, als sie am Rande des Abgrunds schwebten. Seitdem wurden sie darüber geschleudert. Es war eine gewisse Erleichterung, dass er nicht länger zwischen Liebe und Ehre kämpfen musste.

Und Kate? Wenn alles vorbei war und sich herumsprach: „Der Deemster ist weg", was würde dann mit Kate passieren? Sie würde immer noch in seinem Haus in der Athol Street sein. Das wäre der Anfang des Bösen! Sie würde auf ihn warten, und wenn die Hoffnung auf seine Rückkehr verloren ging, würde sie um ihn weinen. Das wäre der Schlüssel zur Entdeckung! Die Wahrheit würde ans Licht kommen. Auch wenn er sich auf dem Meeresgrund befand, würde die Wolke, die über seinem Leben hing, zerbrechen. Es war unvermeidlich. Und sie würde dort sein, um den Sturm allein zu ertragen – allein mit der Insel, die betrogen worden war, allein mit Pete, der belogen und betrogen worden war. War das gerecht? War das mutig?

Und dann – was dann? Was würde aus ihr werden? Offen beschämt, angeklagt, wie sie sein musste, mit der ganzen Last des Verbrechens, vor dessen Bürde er geflohen war, angeklagt seines Untergangs, eine Delilah, eine Isebel, welches Schicksal sollte ihr widerfahren? Wohin würde sie gehen? Bis zu welcher Tiefe? Er sah sie tiefer sinken, als jemals ein Mensch sinkt; er hörte ihre Bitten, ihre Bitten.

„Oh, was habe ich getan", rief er, „dass ich weder leben noch sterben kann?"

Dann, in diesem Delirium der Angst, in dem sich die Ordnung der Natur umkehrt und äußere Objekte keine Empfindungen mehr hervorrufen, sondern Empfindungen sozusagen äußere Objekte erzeugen, glaubte er, etwas am Boden des Bootes zu sehen, wo die zerbrochene Rose war gewesen. Es war die Gestalt eines Mannes, ausgestreckt, still und leblos. Sein Blick wanderte zum Gesicht. Das Gesicht war sein eigenes. Es war aschgrau und starrte in den grauen Himmel. Das Gehirnbild war er selbst, und er war tot. Er sah es sich an und es verschwand. Es blieb nichts übrig als die verstreuten Rosenblätter und die zerrissene Blüte am abgebrochenen Stiel.

Der schreckliche Schatten war verschwunden; er hatte das Gefühl, dass es für immer verschwunden war. Es war tot und würde ihn nicht länger verfolgen. Es hatte von einem Reich des Bösen gelebt, und seine bösen Taten hatten ein Ende. Er würde „seine Seele nicht mehr sehen". Die Tränen strömten ihm in die Augen und machten ihn blind. Sie waren die ersten, an die er sich erinnern konnte, seit er ein Junge war. Allein zwischen den beiden Spiegeln von Meer und Himmel fiel die Kette, die er so lange geschleppt hatte: von ihm weg. Er war wieder ein freier Mann.

"Geh zurück! Dein Platz ist an ihrer Seite. Schleichen Sie sich nicht aus dem Leben und überlassen Sie es einem anderen, dafür zu bezahlen. Leiden ist eine großartige Sache. Es ist der Kampf der Seele, ihre Sünde abzuwerfen. Akzeptiere es, geh damit durch und gehe gereinigt daraus hervor. Geh zurück zur Insel. Dein Leben ist noch nicht zu Ende."

XXIV.

„Wir wollten dir gerade ein kleines Geschrei hinterherschicken, Dempster, als wir sahen, wie du etwas über dem Kopf zurückkamst. „Er treibt auf der Flut nach Hause", sage ich, und das warst du auch. Muss für alle ein mittelschwerer Zug gewesen sein. Wir dachten, du hättest dich dort verlaufen."

„Ich *war* fast verloren, aber Gott sei Dank bin ich wieder hier", sagte Philip.

Er sprach fröhlich und ging mit leichten Schritten davon. Es war jetzt volle Nacht; Die Stadt war erleuchtet, und die Musiker auf dem Bürgersteig schwangen ihre Banjos und Harfen. Philip verspürte eine Art körperliche Regeneration, eine Erneuerung der Jugend, eine Neugeburt des Herzens und der Hoffnung. Er war wie ein Mann, der aus einer abscheulichen Gehenna voller wahnsinniger Krankheit kam; Er dachte, er sei noch nie in seinem Leben so leicht, so lebhaft und so glücklich gewesen. Die Zukunft war vage. Er wusste noch nicht, was er tun würde. Es wäre etwas Radikales, etwas, das zum Kern seiner Erkrankung vordringen würde. Oh, er würde stark sein, er würde entschlossen sein, er würde den letzten Pfennig zahlen, er würde nicht darauf warten, die Kosten zu berechnen. Und sie – sie würde bei ihm sein. Ohne sie konnte er nichts tun. Der Partner seiner Schuld würde auch seine Erlösung teilen. Gott segne sie!

Er betrat das Haus und schloss die Tür fest hinter sich. In der Halle brannte noch das Licht, es war also noch nicht sehr spät. Mit lautem Schritt stieg er die Treppe hinauf und schwang sich in sein Zimmer. Die Lampe stand auf dem Tisch, und in dem Kreis, den ihr blauer Schirm bildete, lag ein Brief. Er nahm es bestürzt auf. Es war in Kates Handschrift:

"Verzeihen Sie mir! Ich gehe weg. Es ist alles meine Schuld. Ich habe einem Mann das Herz gebrochen und einem anderen zerstöre ich die Seele. Wenn ich noch länger hier bleibe, bist du ruiniert und verloren. Ich bin nur ein Mühlstein um deinen Hals. Ich sehe es, ich fühle es. Und doch habe ich dich so geliebt und wollte so stolz auf dich sein. Dein Herz ist mutig genug, obwohl ich es so tief gesenkt habe. Du wirst stark, gut und wahrhaftig leben, aber das kann niemals so sein, solange ich bei dir bin. Ich war von Anfang an weit unter dir. Die ganze Zeit habe ich nur darüber nachgedacht, wie sehr ich dich liebe, aber du hattest noch so viele andere Dinge zu bedenken. Mein Leben scheint ein einziger langer Kampf um die Liebe gewesen zu sein. Ich denke, es war auch ein grausamer Kampf. Wie dem auch sei, ich bin geschlagen, und oh! so müde.

"Folge mir nicht. Ich bete von dir, dass du nicht versuchst, mich zu finden. Es ist meine letzte Bitte. Stellen Sie sich vor, ich befinde mich auf einer langen Reise. Vielleicht bin ich es – der große Gott des Himmels weiß es.

„Ich nehme das kleine gesprungene Medaillon vom Boden der Eichenkiste. Es ist das einzige Bild, das ich finden kann, und es wird mich auch an jemand anderen erinnern – meine kleine Katherine, mein mutterloses Baby.

„Ich habe nichts, was ich bei dir lassen kann, außer das hier (*es war eine Haarsträhne von ihr*). Zuerst dachte ich an den Ehering, den du mir gegeben hast, als ich hierherkam, aber er ließ sich nicht lösen, und außerdem konnte ich mich nicht von ihm trennen.

"Auf Wiedersehen! Ich hätte das schon längst tun sollen. Aber du wirst mich jetzt nicht hassen? Wir könnten nie wieder glücklich zusammen sein. Auf Wiedersehen!"

TEIL VI
MENSCH UND GOTT.

ICH.

Der Sommer war vorbei, der Ginster war ausgetrocknet, der Heringsfang war zu Ende und Pete war arm geworden. Sein Nickey hatte nichts getan, seine letzten hundert Pfund waren ausgegeben, und seine Gläubiger in Scharen, die bis dahin still wie Mäuse waren, heulten wie Bluthunde um ihn herum. Er verkaufte sein Boot und stellte alle zufrieden, verfiel aber dennoch in die Position eines Menschen ohne Kredit und ohne große Bedeutung. Auf den Lippen der Menschen kam er von „Capt'n Pete" zu Peter Bridget. Als er die Reichen mit „How do!" begrüßte. Sie antworteten mit einem starren Blick, einem Anheben des Kinns und „Sie haben die gleichen Chancen wie ich, mein guter Mann." Darauf antwortete er mit einer Kopfbewegung und schallendem Gelächter: „Habe ich das jetzt? Aber du wirst für alle sterben."

Drei Monate lang hatte die Ballajora-Kapelle eine Kinderkantate mit dem Titel „Unter den Palmen" geprobt und auf einer Plattform eine Laube aus Palmenzweigen gebaut, in der Petes schroffer Körper eine Rolle spielen sollte; aber Cæsar saß stattdessen da.

Dennoch hatte Pete eine Hypothek von sechstausend Pfund auf Ballawhaine. Nur drei andere Personen wussten etwas davon – Cäsar, der seine eigenen Gründe hatte, nichts zu sagen; Peter Christian selbst, der es kaum verraten würde; und der Obervogt, der ein Junggeselle und ein Geizhals war und alle Geschäftsoffenbarungen ebenso heilig hielt wie die Geheimnisse einer anderen Art von Beichtstuhl. Als Petes böser Tag kam und die Welt kein Mitleid zeigte, bekam Cäsar Angst.

„Ich würde nicht verkaufen, Sir", sagte er. „Warte jedenfalls bis Martini. Dann sind die Zinsen für das erste Halbjahr fällig. Es ist nicht abzusehen, was vorher passieren wird. Was heißt es: „Er wird seinen Engeln deinetwegen Befehl geben." Der alte Mann habe einen Schlaganfall erlitten, erzählen sie mir. Ach, die Barmherzigkeit des Herrn währt ewiglich."

Pete begann, seine Möbel zu verkaufen. Er räumte den Salon leer wie einen Tresorraum aus. „Es ist auch Zeit dafür", sagte er. „Ich wollte den Raum schon lange für eine Werkstatt."

Der Martinstag kam, und Cäsar kehrte stolz zurück. „Kein Interesse", sagte er. „Gib ihm die Gnade des Monats und halte hart durch, bis er vorüber ist. Der Herr wird dafür sorgen. Steht nicht geschrieben: „In der Welt werdet ihr Drangsal haben"? Aber es läuft wunderbar. Als ich gestern Abend von Ballajora nach Hause ging, sah ich die Leichenlichter, die vom großen Haus zum Kirk Christ's Churchyard kamen, und vor ihnen psalmte der Pfarrer. Der alte Mann liegt im Sterben – ich habe seine Seele gesehen. Deinem Namen, o Herr, sei alle Ehre."

Pete hatte ein zweites Zimmer ausverkauft und drehte den Schlüssel um. „Diese große, hässliche Villa wird sterblich gemütlich und klein, Nancy", sagte er.

Die in der Hypothekenurkunde vorgesehene Monatsfrist lief ab, und Cæsar kam nach Elm Cottage und rieb sich beide Hände. „Schaffen Sie ihn mit Hals und Schoß raus, Sir. Dem Mann blieb kein Penny übrig, und vor sieben Monaten wurden ihm sechstausend Pfund in die Hände überwiesen. Aber wen wundert sich das? Da ist Ross wieder da, trägt eine halbe Tonne seiner Freunde über die Insel und peitscht das Silber wie Staub aus. *Ihr* Silber, mein Herr, *Ihr*. Und hier bist du selbst, während sich die Welt um dich herum verdunkelt, schrecklich. Aber keine Angst vor dir jetzt. Die Sanftmütigen werden das Land erben. Oh, Gott öffnet sein Wort immer mehr, mein Herr, immer mehr. Da ist auch dieser Black Tom. Vor einiger Zeit hatte er große Reden gehalten, aber heute Morgen stand er wegen Bezauberns und Betrügens vor dem Obersten Gerichtsvollzieher und wurde für den Dempster eingesperrt. Herr, bewahre ihn vor dem Galgen und dem Höllenfeuer! Oh, es ist eine erfrischende Saison. Es war Gott, der durch die Vorsehung zu mir sprach, als ich dir sagte, du sollst Geld für diese Hypothek aufnehmen. Was sagt die Schrift: „Für Erz bringe ich dir Gold"? Werfen Sie ihn raus, Sir, werfen Sie ihn raus."

„Hast du mir nicht gesagt, dass Ballawhaine einen Schlaganfall hatte?" sagte Pete.

"Ich tat; aber er ist ein großer Mann; Er soll für seinen Lebensunterhalt bezahlen", sagte Cäsar.

„Samson war ein starker Mann und Salomo war ein weiser Mann, aber sie konnten kein Geld bezahlen, wenn sie es nicht hatten", sagte Pete.

„Dann soll er sich um seinen Sohn kümmern", sagte Cäsar.

„Genau das wird er tun", sagte Pete. „Ich werde ihn in seinem Bett sterben lassen, Gott vergib ihm."

Der Winter kam, und Pete begann darüber nachzudenken, eine Dandie zu kaufen, die kleiner als eine Nickey war und über eine Jolle verfügte, mit der er selbst segeln und so seinen Lebensunterhalt mit dem Kabeljaufischen verdienen konnte. Dazu ließ er weitere Möbel ausräumen und verkleinerte so die Größe des Hauses auf drei Zimmer. Das Federbett verließ sein eigenes Bettgestell, die Uhr kam aus seiner Tasche, und die Wände der Dielenküche klafften und gähnten an den Stellen, an denen die Bilder gehangen hatten.

„Der Sumpffluch für das hektische Curragh, sage ich, Nancy", sagte Pete. „Da ich nicht so großartig war, habe ich es schwer ertragen. Konnte nie daran denken, die Uhr aufzuziehen. Und Federn, Gott sei Dank! Erinnere ich mich nicht an die kleine Mutter, die mit einer Sichel und einem Beutel das hohe Gras an den steilen Hängen für die Kuh mähte und eine Handvoll für mich selbst als Bett trocknete? Darauf schlafen? Ich habe seitdem überhaupt nicht mehr so geschlafen."

Das Ergebnis von Petes Angelausflug in der ersten Woche waren zwanzig Kabeljaue und ein riesiger Leng. Er verpackte den Kabeljau in Kisten und schickte sie per Crow und dem Dampfpaket zum Markt in Liverpool. Den Leng schwang er auf dem Rücken über seine Ölzeugjacke und trug ihn nach Hause, den Kopf an seiner Schulter und den Schwanz an seinen Beinen baumelnd.

"Dort!" rief er und ließ es auf den Boden fallen. „Teilen Sie es und salzen Sie es, und Sie haben ein Frühstück für einen Monat."

Als die Überweisung aus Liverpool kam, handelte es sich um eine Postanweisung über sieben und sechs Pence.

„Macht nichts", sagte Pete; „Wir schlagen sowieso Dan Hommy – der Oould-Muff hat nur sieben und einen Penny verdient."

Das Wetter war rau, das Angeln war schlecht, das Gerät ging kaputt und Pete begann, das einfache Leben zu preisen.

„Gough segne mich", sagte er, „ich weiß überhaupt nicht, was auf die alte Insel zukommt. Als ich bei Cäsar als Diener arbeitete, aßen die Bauernjungen dreimal am Tag Kartoffeln und Heringe. Aber jetzt! Metzgerkameraden zu jedem Abendessen, wenn Sie möchten. Und tay! Die Mädchen müssen es regelmäßig haben – und sich auch nicht schämen. Meinetwegen, ich erinnere mich, wie die Mutter flüsterte: „Behalte die Straße im Auge, Junge, während ich mir eine Tasse Tay koche." Die Wahrheit ist genug, Nancy. Eine Unze pro Woche und ein Pfund Zucker, und dafür wundern sich die Leute über die Frau."

Den Menschen wurden die Berge genommen, und es war ihnen nicht länger gestattet, „den Rasen als Brennstoff zu fällen; Kohlen waren teuer, der Winter war kalt und Pete begann über Appetitlosigkeit zu klagen.

„Meine Zähne müssen schlecht werden, Nancy", jammerte er. Sie waren weiß wie Milch und makellos wie die eines Negers. „Zähme mein Essen nicht irgendwie. Wie stehen die Chancen, obwohl ich überhaupt kein Abendessen zu mir nehmen kann, und das ist eine Art Verschwörung. Es gibt nichts Schöneres, als hungrig zu Bett zu gehen, Nancy, wenn du mit Appetit auf das Frühstück aufstehen willst. Dann die schönen Dramen, Frau! Gough segne mich, die Abendessen und die Feste und die Bankets, die du im Schlaf isst! Wenn Sie sich vor dem Zubettgehen wie ein Gerichtsvollzieher die Haut füllen würden, zehn zu eins, würden Sie die ganze Nacht über einen Mistkerl auf Ihrer Brust haben und davon träumen, für einen Schluck Wasser zu sterben. Oh, Schlaf ist sowieso ein ganz normales Radical Good zum Aufsteigen."

Weihnachten nahte, die Bediensteten prahlten mit den Weihnachtsschachteln, die sie von ihren Herren bekommen hatten, und Pete erinnerte sich an Nancy.

„Nancy", sagte er, „sie sagen mir, dass Liza Billy-ny-Clae in ihrer neuen Situation in Douglas zwanzig Pfund pro Jahr und Jahr verdient. Beim Kochen macht sie einem nichts aus. Die Kleine darf dir nicht im Weg stehen, Frau. Sie bekommt jetzt ein großes Mädchen, und ich werde sie im Dandie mitnehmen und sie dort auf dem Tiefdeck festbinden und ihr eine Schweinsblase geben, und sie wird so schön wie schön spielen. Sehen?"

Nancy sah ihn an und er senkte den Blick vor ihr.

„Willst du mit mir fertig werden, Pete?" sagte sie mit zitternder Stimme. „Da ist mein Schwarz – ich kann es für etwas verkaufen – ich habe es noch nie getragen, seit ich am Sonntag, nachdem wir die Nachricht von Kirry erhalten hatten, mit Oma im Sarvice saß. Und ich bin kein großer Esser, Pete – war es nie – das kannst du mir sowieso sagen. Ein bisschen Brot und Käse für mein Abendessen, wenn du beim Angeln bist, und ich verlange nichts Besseres ..."

„Halt deine Zunge, Frau", rief Pete. „Halte deine Zunge, bevor du mir das Herz brichst. Ich habe meine reichen Tage gesehen und ich habe meine armen Tage gesehen. Ich habe beides ausprobiert und bin zufrieden."

II.

Unterdessen schritt Philip in Douglas von Erfolg zu Erfolg, von Rang zu Rang, von Ruhm zu Ruhm. Alles, was er tat, galt ihm als Gerechtigkeit. Als er nach dem Verschwinden von Kate zu sich kam, war sein Herz ein verlassenes Feld vulkanischer Aktivität, mit Asche und Schlacken von höllischer Schwärze an der Oberfläche, aber der gesunden Erde darunter. Trotz ihrer Aufforderung machte er sich daran, nach ihr zu suchen. Mehr als Liebe, mehr als Mitleid, mehr als Reue motivierten und stützten ihn. Sie war für seine Auferstehung, für seine neue Geburt notwendig. Also durchsuchte er jedes arme Viertel der Stadt, jede Kolonie des alten Douglas, und dies wurde auf ein Interesse an den Armen zurückgeführt.

Auf der Insel brach eine Epidemie aus, und während des darauffolgenden Schreckens, bei dem einige der Reichen ihre Heimat verließen, um nach England zu gehen, und viele der Armen sich in die Berge begaben und sogar einige der Ärzte auf der Flucht Zuflucht fanden, gewann Philipp Goldene Meinungen für Geistesgegenwart und persönlichen Mut. Er organisierte ein Registrierungssystem, regelte die Quarantäne und veranlasste die Untersuchung aller Personen, die die Insel betraten oder verließen. Von Tag zu Tag ging er von Haus zu Haus, von Krankenhaus zu Krankenhaus, von Station zu Station. Keine Gefahr machte ihm Angst; er schien jeden einzelnen Fall im Auge zu behalten. Er suchte nur nach Kate, vergewisserte sich nur, dass sie nicht der Pest zum Opfer gefallen war, stellte nur sicher, dass sie weder gekommen noch gegangen war. Aber der göttliche Wahnsinn, der eine Menschenmenge erfasst, wenn ihr Herz berührt wird, ergreift die Insel beim Anblick von Philipps Aktivitäten. Er wurde verehrt, er wurde geliebt, er war das Idol der Armen, fast alle anderen gerieten im Glanz seines Ruhmes in Vergessenheit; kein Ausschuss könnte ohne ihn weitermachen; Keine Liste war vollständig, bis sie seinen Namen enthielt.

Philippus schämte sich seiner Herrlichkeiten, aber er brachte es nicht übers Herz, sie abzulehnen. Als die Epidemie nachließ, war er davon überzeugt, dass Kate verschwunden und tot sein musste. Somit war sein einziger Halt am Leben verschwunden, und tot war seine Hoffnung auf eine moralische Auferstehung. Ohne sie konnte er nichts anderes tun, als so weiterzumachen wie er. Jetzt eine Neugeburt vorzutäuschen, käme einer Bekehrung auf dem Sterbebett gleich; es wäre, als würde man auf die Freuden des Lebens verzichten, nachdem man dem Entsagenden entsagt hat.

Sein Kollege, der alte Deemster, war gelähmt und musste sich um beide Pflichten kümmern. Dies machte es zunächst notwendig, dass alle Deemster-Gerichte in Castletown abgehalten werden sollten, und daher sah Ramsey ihn selten. Er verbrachte seine Tage im Gerichtsgebäude des Schlosses und seine

Nächte zu Hause. Sein blondes Haar wurde vorzeitig weiß und sein Gesicht ähnelte mehr denn je dem eines Mannes, der frisch von einem Fieber erwacht ist.

„Studiere", sagte die Welt und senkte den Kopf noch tiefer.

Dennoch galt er nicht nur als fleißiger, sondern auch als melancholischer Mann. Um die Neugier zu besiegen, begann er, ein wenig in das Leben auf der Insel einzutauchen und sich im Laufe der Zeit einigen der gesellschaftlichen Pflichten seiner offiziellen Position zu widmen. Am Heiligabend gab er einen Empfang in seinem Haus in der Athol Street. Er hatte kaum geahnt, wie es an den zartesten Fasern seiner Erinnerung reißen würde. Die gleichen Räume, die Kate gehört hatten, wurden den Damen überlassen, die seine Gäste waren. Den ganzen Nachmittag über war der Andrang groß und der Gastgeber die Attraktion. Er war eine faszinierende Figur – so jung und doch schon so hoch; so still und doch fähig, so herrlich zu sprechen; Und dann so gutaussehend mit diesem weiß werdenden Kopf und diesem Lächeln wie verschwindender Sonnenschein.

Während des Empfangs erhielt Philip einen Brief von Ramsey, der wie der Schrei eines blutenden Herzens war:

„Mein Kleines ist krank, sie sagen, sie ist tot. Komm zu mir, um Himmels willen. Sake. – Torf."

Als die Gäste abreisten, begann es zu schneien. Als der letzte von ihnen gegangen war, schlug die Uhr auf der Kommode sechs und die Nacht brach herein. Um acht Uhr war Philip im Elm Cottage.

III.

Pete saß ungewaschen und ungekämmt am Fuß der Treppe, die Kleidung halb zugeknöpft und die Schuhe offen.

„Phil!“ Er weinte, sprang auf, ergriff Philip bei beiden Händen und fing an zu schluchzen wie ein Kind.

Sie gingen zusammen nach oben. Das Schlafzimmer war voller Dampf und die Gestalten zweier Frauen schwebten wie Gestalten im Nebel.

„Da ist sie, der Sumpf“, rief Pete mit kläglichem Wehklagen.

Das Kind lag ausgestreckt auf Omas Schoß, ohne Anzeichen von Bewusstsein und kaum ein Lebenszeichen, außer dem hohlen Atem einer Bronchitis.

Philip spürte, wie ihn ein seltsames Gefühl überkam. Er setzte sich auf das Ende des Bettes und blickte nach unten. Das kleine Gesicht mit dem zuckenden Mund und den zugekniffenen Nasenlöchern, das bei jedem Atemzug pochte, war das Gesicht von Kate. Der kleine Kopf mit der runden Stirn und den von den Schläfen nach hinten gekämmten silbernen Haaren war sein eigener Kopf. Ein geheimnisvolles Pochen überraschte ihn, eine große Zärtlichkeit, eine tiefe Sehnsucht, etwas Neues für ihn, das in diesem Augenblick sozusagen in seiner Brust geboren wurde. Er verspürte einen nie zuvor gespürten Drang, auf die Knie zu gehen, wo das Kind lag, es in die Arme zu nehmen, es an sich zu ziehen, es zu streicheln, es sein Eigen zu nennen und das Unartikulierte darüber zu gießen Ein Gelächter aus Schmerz und Liebe, das aus seiner Zunge platzte. Doch dort kniete bereits jemand, und in seiner eifersüchtigen Sehnsucht erkannte er, dass seine leidenschaftliche Trauer keine Stimme haben konnte.

Pete, der auf Omas Schoß saß, streichelte mit der Zärtlichkeit einer Frau den Arm und die Stirn des Kindes.

„Der Mistkerl! Scheint jetzt lebhafter zu sein, nicht wahr, Oma? Auf jeden Fall leiser? Husten tut sie doch nicht so stark, oder?“

In diesem Moment kam der Arzt, und Cäsar betrat hinter ihm das Zimmer mit einem Gesicht düsterer Resignation.

„Sehen Sie“, rief Pete; „Da ist Ihr kleiner Patient, Doktor. Sie liegt so still wie still und hat seit mehr als einer Stunde nicht das Geringste gehustet.“

"Hm!" sagte der Arzt bedrohlich. Er sah das Kind an, erkundigte sich bei Oma, gab Nancy bestimmte Anweisungen und hob dann seufzend den Kopf.

„Nun, wir haben alles für sie getan, was wir konnten", sagte er. „Wenn das Kind die Nacht überlebt, kommt es vielleicht darüber hinweg."

Die Frauen warfen ihre Hände in die Luft und sagten: „Oh, Schatz, Oh, Schatz!" Philip stieß einen leisen, scharfen Schmerzensschrei aus; Aber Pete, der schwer geatmet, aufmerksam zugesehen und die Arme um das Kleine gelegt hatte, als wolle er es vor Krankheit, Tod und dem Himmel selbst retten, verlor sich nun in der Unermesslichkeit seines Kummers.

„Tut, Doktor, was sagen Sie?" er sagte. „Sie wurden immer für einen sachkundigen Mann gehalten, Doktor; aber du redest jetzt Unsinn. Sehen Sie nicht, dass das Kind nur bequem schläft? Und habe ich dir nicht gesagt, dass sie seit einer Stunde nichts Wertvolles gehustet hat? Glaubst du, ein armer Kerl hat überhaupt keinen Verstand?"

Der Arzt war sowohl ein geduldiger als auch ein kluger Mann – er verließ wortlos den Raum. Aber da er daran dachte, Öl auf Petes Wunden zu gießen, und es ihm nichts ausmachte, dass sein Öl Vitriol war, sagte Cäsar:

„Wenn es der Wille des Herrn ist, dann ist es Sein Wille, Sir. Die Sünden der Väter werden an den Kindern heimgesucht – ja, und auch den Müttern vergibt Gott ihnen."

Daraufhin sprang Pete voller Zorn auf.

"Du lügst! du lügst!" er weinte. „Gott bestraft nicht die Unschuldigen für die Schuldigen. Wenn Er es tut, ist Er kein guter, sondern ein schlechter Gott. Warum sollte dieses Kind für die Sünde seiner Mutter leiden und sterben? Ja, oder auch sein Vater? Zeigen Sie mir den *Mann*, der das schaffen würde, und ich werde seinen Kopf gegen die Wand schlagen. Lästere ich, oder? Nein, aber Sie sind es, der lästert. Gott ist gut, Gott ist gerecht, Gott ist im Himmel, und Sie machen ihn zu keinem Gott, sondern schlimmer als dem schwärzesten Teufel, der in der Hölle ist."

Cæsar ging voller Entsetzen über Petes Obszönitäten davon. „Wenn der Herr die Stadt nicht behütet", sagte er, „wacht der Wächter umsonst."

Petes laute Stimme hatte das Kind erregt. Es brachte einen kleinen Schrei hervor, und er war augenblicklich ganz weich. Die Frauen befeuchteten seine Lippen mit Gerstenwasser und brachten sein ärgerliches Wimmern zum Schweigen.

„Komm", sagte Philip und nahm Petes Arm.

„Lass mich auf dich stützen, Philip", sagte Pete, und der tapfere Kerl taumelte die Treppe hinunter.

Sie saßen auf gegenüberliegenden Seiten des Kamins und ließen die Treppentür offen, damit sie alles hören konnten, was im Raum darüber geschah.

„Geh ins Bett, Nancy", sagte die Stimme von Oma. „Lieber weiß, wie schnell du gesucht wirst."

„Dann rufst du mich für zwölf an, Oma – und jetzt rufst du mich wohl an."

„Armer Pete! Allerdings hat er nicht so ganz Unrecht. Was steht da? ‚Erleide kleine Kinder'——"

„Aber diesmal hat Cæsar ganz recht, Oma. Der Bogh wird mit Sicherheit für den Tod gehalten. Als das Kind das letzte Mal im Freien war, sah ich die Krähe, die bei der Hochzeit dabei war, über den Kopf des Kindes laufen." Pete hörte aufmerksam zu. Philip blickte passiv ins Feuer.

„Ich konnte nicht anders, Sir – ich konnte es wirklich nicht", flüsterte Pete über den Kamin. „Wenn ein Mann ein krankes Kind hat, reden sie vielleicht über die Rettung von Seelen, aber was soll das für ein Konflikt sein? Es ist überhaupt nicht die Seele, die er retten will, es ist das Kind – jetzt, nicht wahr?"

Philip gab eine verwirrte Antwort.

„Coorse, ich kann nicht erwarten, dass du das verstehst, Philip. Sie sind ein großartiger Mann, ein kluger Mann und ein gefühlvoller Mann, aber ich kann nicht erwarten, dass Sie das verstehen – ist das wahrscheinlich? Das grünste Galle-Ei eines Vaters, der nicht halb klug ist, hat die Anziehungskraft von dir, Phil. „Die Tat hat er allerdings. Wenn ein Mann ein eigenes Kind hat, weiß er, was es bedeutet: Der Herr helfe ihm. Etwas ruft ihn an – es ist wie Blut, das nach Blut ruft – es ist wie … Ich weiß auch nicht, ob ich es verstehe, um nicht zu sagen, dass ich es genau *verstehe*."

Jedes Wort, das Pete sprach, war wie ein Schwert, das sich in beide Richtungen drehte. Philip holte schwer Luft.

„Du kannst für einen anderen empfinden, Phil – der Herr bewahre, dass du jemals für dich selbst empfinden solltest. Bücher sind *Ihre* Kinder, und ihnen geht es am besten, wenn sie nie etwas Besseres haben. Aber die Kleinen – Gott steh ihnen bei – zu sehen, wie sie scheitern und leiden und untergehen – und dass du nicht in der Lage bist, nichts zu tun – und wie sie selbst zu dir rufen – immer noch rufen – normal rufen – aus Barmherzigkeit rufen – so wie ich Ich erzähle jedenfalls – O Gott! Oh Gott!"

Philipps Kehle hob sich. Er hatte das Gefühl, als müsste er sich im nächsten Moment selbst verraten.

„Vielleicht war der Arzt für alle der Richtige. Vielleicht ist das Kind nicht bereit, bei uns zu bleiben, nachdem die Mutter weg ist; Vielleicht will es weg, das arme Ding. Und wer weiß? Ich würde nicht trauen, aber die Mutter wartet auf das kleine Sumpf dort drüben – sie wartet und wartet dort am Ufer und „tickt" und „tickt" – davon habe ich jedenfalls schon gehört."

Philip stöhnte. Sein Gehirn schwankte; seine Beine wurden kalt wie Steine. Eine große Ehrfurcht überkam ihn. Es war nicht nur Pete, dem er begegnete. In diesen Erkundungen und Zerrissenen des Herzens, die jeden Gedanken aufdeckten und jede Wunde aufrissen, trat er mit Gott selbst in die Liste ein.

Die Kirchenglocke begann zu läuten.

"Was ist das?" rief Philipp. Es hatte sein Ohr getroffen wie ein Glockenschlag.

„ *Oiel Verree* ", sagte Pete. Die Glocke läutete zum alten Manx-Gottesdienst zum Singen von Weihnachtsliedern. Die Fasern von Petes Erinnerung wurden dadurch berührt. Er erzählte von seinen Weihnachtstagen im Ausland – dass es Sommer statt Winter war und Früchte auf den Bäumen statt Schnee auf dem Boden lagen – und wie Menschen, die noch nie zuvor mit ihm gesprochen hatten, ihm die Hand schüttelten und ihm frohe Weihnachten wünschten. Dann schlief er aus reiner Müdigkeit und einem Gefühl völliger Trostlosigkeit, unterbrochen von der Behaglichkeit von Philipps Gesellschaft, in seinem Stuhl ein.

Die Nacht verging; das Haus war ruhig; Nur das heisere Krächzen des hastigen Atems des Kindes kam vom Stockwerk darüber.

Ein böser Gedanke unter dem Deckmantel eines frommen Gedankens bemächtigte sich Philipps. „Gott ist weise", sagte er sich. "Gott ist barmherzig. Er weiß, was für uns alle das Beste ist. Was sind wir armen, machtlosen Grashüpfer, dass wir es wagen, zu ihm zu beten, damit er seine großen Absichten ändert? Es ist untätig. Es ist gottlos... Solange das Kind lebt, wird es für niemanden Sicherheit geben. Wenn es stirbt, wird es Frieden und Ruhe geben und den Beginn von Inhalten. Die Mutter muss bereits gegangen sein, damit das dunkle Kapitel unseres Lebens endlich abgeschlossen wird. Gott ist allweise. Gott ist alles gut."

Das Kind stieß einen schwachen Schrei aus, und Philip kroch nach oben, um nachzusehen. Oma war auf ihrem Sitz eingenickt und die kleine Katherine lag auf dem Bett. Eine unbeachtete Puppe lag mit umgekehrtem Kopf auf der Bettdecke. Das Feuer war verglimmt und zu einem leblosen Schein erloschen, und der Kessel hatte aufgehört zu dampfen. Im Zimmer war kein Lärm zu hören, außer dem galoppierenden Atem des Kindes, das wie mit einer Feile über die Wände zu kratzen schien. Manchmal gab es ein Husten, das wie eine Stimme durch einen Nebel kam.

Philip schlich lautlos herein, kniete sich neben das Kopfende des Bettes und beugte sich über das Kissen. Eine Kerze, die auf dem Kaminsims brannte, warf ihr Licht auf den dort liegenden Kopf. Das kleine Gesicht war eingefallen, die kleinen, zugekniffenen Nüstern schlugen wie ein Puls, die kleine Lippe darunter war mit Schweißperlen bedeckt, die schöne runde Stirn war feucht und das seidene, silbrige Haar war verfilzt.

Philip glaubte, das Kind würde sterben, und seine hässliche Frömmigkeit ließ nach. Es gab eine Bewegung auf dem Bett. Eine kleine Hand, die fest auf der Brust geballt war, glitt über die Bettdecke und fiel ausgestreckt und offen vor ihn. Er hielt es für einen Appell, einen stummen und kläglichen Appell, und die unterdrückte Zärtlichkeit des Herzens des Vaters überwog. *Ihr* Kind, sein Kind, liegt im Sterben, und er ist da, wagt es aber nicht, sie zu beanspruchen!

Eine neue Angst erfasste ihn. Er hatte sich geirrt – im Tod des Kindes konnte es keine Sicherheit, keinen Frieden, keine Ruhe, keine Zufriedenheit geben. So sicher das Kind starb, würde es sich selbst verraten. Er würde alles herausplatzen lassen; er würde alles erzählen. "Mein Kind! Mein Liebling! Die Kate meiner Kate!" Der Schrei würde aus ihm herausbrechen. Er konnte nicht anders. Und das schwarze Geheimnis am Eingang eines offenen Grabes zu enthüllen, wäre schrecklich, es wäre schrecklich, es wäre schrecklich: „Verschone sie, o Herr, verschone sie!"

In einer Angst, die an Delirium grenzte, ging er nach unten und schüttelte Pete an den Schultern, um ihn zu wecken. „Kommen Sie schnell", sagte er.

Pete öffnete verwirrt die Augen. „Es geht ihr doch besser, nicht wahr?" er hat gefragt.

„Mut", sagte Philip.

„Ist es ihr schlechter?"

„Jetzt geht es um Leben und Tod. Wir müssen etwas ausprobieren, was ich gesehen habe, als ich weg war."

„Mein Gott, und ich habe geschlafen! Rette sie, Philip! Du bist toll; Du bist schlau – –"

„Um Himmels willen, sei still, mein Guter! Schnell, ein Wasserkocher mit kochendem Wasser – eine Decke – ein paar heiße Handtücher."

„Oh, du bist eine Freundin, du wirst sie retten. Die Ärzte wissen nichts."

Zehn Minuten später stieß das Kind einen schwachen Schrei aus, hustete heftig, erbrach Schleim und kam aus dem schläfrigen Land heraus, in dem es eine Woche lang gelebt hatte. Nach weiteren zehn Minuten war es in die heißen Handtücher gewickelt und saß vor einer flotten Runde auf Petes Knie, öffnete seine kleinen Augen, schürzte seinen kleinen Mund und machte eine unartikulierte Kommunikation.

Dann wachte Oma erschrocken auf und machte sich Vorwürfe, dass sie geschlafen hatte. „Aber liebes Herz, lebendig", rief sie mit erhobenen Händen, „der Sumpfbösewicht ist wunderbar geflickt."

Nancy kam in ihren Strümpfen zurück, blinzelte und gähnte. Sie klatschte und krähte, als sie das veränderte Gesicht des Kindes sah. Die Uhr in der Küche schlug inzwischen zwölf, die Glocken hatten wieder zu läuten begonnen, die Weihnachtsliedsänger kamen aus der Kirche, auf dem leichten Schnee der Straße war ein Geräusch zu hören, als würde das Fließen eines flachen Flusses fließen, und Das Warten auf den Anbruch eines weiteren Weihnachtsfestes wurde besungen.

Der Arzt schaute auf dem Heimweg vorbei und gratulierte sich zu dem verbesserten Zustand. Die Krise war überstanden, das Kind war in Sicherheit.

"Ah! besser, besser", sagte er fröhlich. „Ich dachte, dieses Mal schaffen wir es."

„Es war der Dempster, der es getan hat", rief Pete. Er gurrte und blies die kleine Katherine über den Rand ihrer Handtücher hinweg an. „Er hätte nicht mehr für die Kleine tun können, wenn sie sein eigenes Fleisch und Blut gewesen wäre."

Philip wagte es nicht zu sprechen. In einem Sturm der Emotionen eilte er davon. „Noch nicht", dachte er, „noch nicht." Der Zeitpunkt seiner Entdeckung war noch nicht gekommen. Es war jedoch wie der Tod – er wartete irgendwo auf ihn. Irgendwo und irgendwann – an einem Tag im Jahr, an einem Ort auf der Erde. Vielleicht kannten seine Augen das Datum im Kalender, vielleicht kannten seine Füße die Stelle auf dem Land, aber er wusste nichts von beidem. Irgendwo und irgendwann – Gott wusste wo – Gott wusste wann – bewahrte er seine eigenen Geheimnisse.

In dieser Nacht schlief Philip im „Mitre" und am nächsten Morgen ging er nach Ballure.

IV.

Der Gouverneur konnte Tynwald nicht vergessen. Er übertrieb die Demütigung dieses Tages und dachte, sein Einfluss auf der Insel sei verschwunden. Er verkaufte seine Pferde und Kutschen und verhielt sich ansonsten wie ein Mann, der damit rechnete, abberufen zu werden.

Philipp gegenüber zeigte er keine Bosheit. Philipp hatte ihn nicht nur als Urheber seiner Schande enttäuscht.

Er hatte halb die Hoffnung gehegt, dass Philip sein Schwiegersohn werden würde. Aber als die Rute in seiner Hand versagte, als sie sich als zu groß für einen Stab und zu rau für eine Krücke erwies, versuchte er nicht, sie zu zerbrechen. Entweder aus dem Instinkt eines Gentlemans oder aus dem Stolz eines starken Mannes heraus überschüttete er Philip weiterhin mit seinen Gunsten. Als er zu Beginn des neuen Jahres mit seiner Frau und seiner Tochter nach London reiste, ernannte er Philip zu seinem Stellvertreter.

Philip hat seine Macht nicht missbraucht. Als Enkel des einen großen Manxman seines Jahrhunderts und selbst ein Mann voller Talente wurde er von der Insel bereitwillig akzeptiert. Sein einziger Nachteil war seine anhaltende Melancholie. Dies verstärkte sein Interesse, wenn es auch seiner Popularität schadete. Die Damen begannen zu flüstern, dass er sich verliebt hatte und dass sein Herz „im Grab begraben" sei. Er vergaß alte Kameraden nicht. Man erinnerte sich zu seinen Gunsten daran, dass einer seiner Freunde ein Fischer war, ein Cousin jenseits der Grenze zum Bastard, der ein Narr gewesen war und sein Vermögen verschwendet hatte.

Am St. Bridget's Day hielt Philip den Deemster's Court in Ramsey ab. Der Schnee war verschwunden und die Erde roch nach Veilchen. Es war fast so, als ob die Veilchen selbst dicht unter der Erde lagen und ihr Geruch zu lange unterdrückt worden wäre. Die Sonne, die man seit Wochen nicht gesehen hatte, war an diesem Tag herausgebrochen; Die Luft war warm und der Himmel blau. Im Gerichtsgebäude waren die oberen Fensterbögen heruntergelassen worden; Die Sonne schien auf den Deemster, als er auf dem Podium saß, und die Frühlingsbrise spielte mit seiner silbernen Perücke. Manchmal hörte man in den Pausen der krächzenden Stimmen die Vögel von den Bäumen draußen auf dem Rasen singen.

Der Prozess war langwierig und langwierig. Es war der Prozess gegen Black Tom. Während der Epidemie, die die Insel heimgesucht hatte, hatte er die Rolle eines Hexendoktors entwickelt. Sein erster Auftritt vor Gericht war vor dem Obersten Gerichtsvollzieher gewesen, der ihn zu einer Gefängnisstrafe verurteilt hatte. Er war von Pete gegen Kaution freigelassen worden und hatte seine Kaution bei einem Fluchtversuch eingebüßt.

Mittlerweile gab es viele Zeugen, und einige kamen von weit her. Es war wünschenswert, noch am selben Tag abzuschließen. Um fünf Uhr abends stand der Deemster auf und sagte: „Das Gericht wird für eine Stunde vertagt, meine Herren."

Philip nahm seine eigenen Erfrischungen im Zimmer des Deemster zu sich – Jem-y-Lord war bei ihm –, legte dann seine Perücke und sein Kleid ab und schlüpfte durch den Hinterhof der Gefangenen und um die Ecke zum Elm Cottage.

Mittlerweile war es ziemlich dunkel. Das Haus wurde nur vom Feuerschein beleuchtet, der wie ein Irrlicht am Fenster im Flur aufblitzte. Philip wurde von ungewöhnlichen Geräuschen überrascht. Es gab innerlich Gelächter, dann Gesang und dann wieder Gelächter. Er hatte gerade die Veranda erreicht und sein Herannahen war nicht gehört worden. Die Tür stand offen und er schaute hinein und lauschte.

Der Raum war leerer, als er ihn je gesehen hatte – ein Tisch, drei Stühle, eine Wiege, eine Kommode und ein Eckschrank. Nancy saß mit dem Kind auf dem Schoß am Feuer. Pete hockte auf dem mit Binsen übersäten Boden und sang:

> *„Komm, Bridget, heilige Bridget, komm durch meine Tür herein,*
>
> *Der Topf steht auf dem Mülleimer und die Binse liegt auf dem Boden. "*

Dann stieg er wie ein großer Junge auf alle Viere, bewegte seinen Kopf auf und ab und stieß ein tiefes Knurren aus, um die Schrecken eines wilden Tieres nachzuahmen. Dann machte er kleine Anläufe und Sprünge auf das Kind zu, das auf Nancys Schoß hüpfte und krähte und lachte und quietschte, bis sie „knickte".

„Jetzt hör auf, du großer Omathaun, hör auf", sagte Nancy. „Es ist nicht gut für den Kleinen – tatsächlich ist es das nicht."

Aber Pete war zu gierig auf die Freude des Kindes, um sich selbst die Freude daran zu verweigern. Er machte einen großen, tiefen Schwung durch den Raum und kam zurück, hüpfte auf den Hinterbeinen und bellte wie ein Hund. Dann lachte das Kind, bis das Lachen ihr wie eine Murmel im Hals rollte.

Philipps eigener Hals schnürte sich bei diesem Anblick, und seine Brust begann zu schmerzen. Er verspürte die gleiche Erregung wie zuvor – die gleiche, aber anders, schmerzhafter, voller eifersüchtiger Sehnsucht. Dies war kein Ort für ihn. Er dachte, er würde verschwinden. Doch als er sich auf den Absatz drehte, wurde er von Pete gesehen, der jetzt mit dem Rücken auf dem

Boden lag und das Kind auf und ab wiegte wie der Blasebalg einer Ziehharmonika und hin und her wie der Schlitten eines Webstuhls.

„Mein Glaube, der Dempster! Kommen Sie herein, Sir, kommen Sie herein", rief Pete und blickte über seine Stirn. Dann gab er Nancy das Kind zurück und sprang auf.

Philip trat mit kranker Sehnsucht ein und setzte sich Nancy gegenüber auf den Stuhl.

„Sie wundern sich über mich, Dempster, das weiß ich, Sir", sagte Pete, „Tatsächlich, aber ich wundere mich auch über mich selbst. Ich dachte, ich würde nie wieder einen schönen Tag erleben, und wenn der Himmel jemals blau wäre, würde es mir das Herz brechen. Aber was sagt der Manx-Dichter, Sir? „Ich habe keinen Willen außer Deinem, o Gott." Das bin ich, Sir, die Wahrheit ist genug, und seit der Kleine sich gebessert hat, war ich noch nie in meinem Leben so glücklich."

Philip murmelte etwas Alltägliches und legte seinen Daumen in die Hand des Babys. Es wurde von den kleinen Fingern wie von den weichen Fühlern der Seeanemone eingesaugt.

Pete zog den dritten Stuhl heran, und dann konzentrierte sich alle Aufmerksamkeit auf das Kind. „Sie wächst", sagte Philip heiser.

„Und klug werden, schrecklich", sagte Pete. „Sie würden es nicht bereuen, Sir, aber dieses Kind hat den Kopf eines Almanachs. Das hat sie allerdings. Hören Sie hier, Sir – was sagt die Kuh, Liebling?"

„Muuh", sagte der Kleine.

„Schau dir das jetzt an!" sagte Pete begeistert.

„Sie weiß auch, was der Hund sagt", sagte Nancy. „Was sagt Dempster, Mistkerl?"

„Wow-wow", sagte das Kind.

„Gott segne mich, Seele!" sagte Pete und wandte sich voller Erstaunen über die übernatürliche Weisheit des Kindes an Philip. „Und da ist Tom Hommys Junge – und ein hübscher kleiner Kerl genug für alle –, aber sechs Wochen älter als dieser, und noch kein Wort von ihm."

Als er von sich selbst reden hörte, war der Hund unter dem Tisch hervorgekommen. Das Kind gurgelte darauf, machte dann schnurrende Geräusche zu seinen eigenen Füßen und zappelte auf Nancys Schoß.

„Liebes Herz, lebe, wenn es nicht so ist, als würde man einen Aal säugen", sagte Nancy. „Sei ruhig, ja?" und die Kleine wurde zu ihrem Platz zurückgeschüttelt.

„Alles klar, Frau", sagte Pete. „Sie will nur ihre kleinen Schuhe und Strümpfe ausziehen, das ist alles." Dann rede ich mit dem Kind. „Ähm – bin ich – lum – la – loo? Einfach so! Ich weiß selbst nicht, was das bedeutet, aber sie weiß es. Oh, das Kind macht mir jede Menge Spaß, Sir. Wenn ich dem Kleinen zuhöre, erinnere ich mich an Dinge. Nun ja, wir sind nur große Kinder, die Besten von uns. Auf diese Weise bleibt die Welt jung, und Gott helfe ihr, wenn wir so schlau werden, dass überhaupt kein Kind mehr in uns ist."

„Aber es ist Zeit für junge Frauen, ins Bett zu gehen", sagte Nancy und stand auf, um das Baby zu baden.

„Lass mich zuerst den Schurken festhalten", sagte Pete, und als Nancy das Kind aus dem Zimmer nahm, zerrte er daran und erstickte seinen offenen Mund mit Küssen.

„Ein schlechter Sport für Sie, Sir, einem dummen alten Vater dabei zuzusehen, wie er mit seiner Kleinen spielt", sagte Pete.

Philipps Antwort war gebrochen und verwirrt. Seine Augen begannen sich zu füllen, und um sie zu verbergen, drehte er den Kopf zur Seite. Pete meinte, er blicke auf die leeren Stellen rund um die Mauern, begann über seinen Wohlstand nachzudenken und zu reden, als würde er den gesamten Handel der Insel vor sich hertreiben.

„Wunderbares Angeln, Phil. Ich exportiere eine Menge Kabeljau. Ich grüße Postanweisungen und Briefmarken, und ich weiß nicht, was. Sieben und Sixpence in einem einzigen Post von Liverpool – das ist nichts, Sir, überhaupt nichts."

Nancy brachte das Kind zurück, dessen silberne Locken jetzt feucht waren.

"Was! eine junge Dame kommt im Nachthemd!" rief Pete.

„Arbeit genug! „Sie musste es auch über sich ergehen lassen", sagte Nancy. „Das würde sie nicht, nein, das würde sie nicht. Hier, nimm ihr die Haare und trockne sie am Feuer, während ich ihr das Abendessen aufwärme."

Pete rollte die Ärmel seines Trikots über die Ellenbogen, nahm das Kind auf die Knie, rieb ihr Haar zwischen seinen Händen und sang:

„Komm, Bridget, heilige Bridget, komm durch meine Tür herein."

Nancy klapperte in ihren Holzschuhen herum, füllte einen Topf mit Brot und Milch und brachte ihn zum Feuer.

„Gib es mir, Nancy", sagte Philip, beugte sich vor und hielt den Topf über die Theke. Das Kind beobachtete ihn aufmerksam.

„Na ja, hast du das jemals getan?" sagte Pete. „Wie seltsam sie dich macht, Philip? Kennst du den Herrn nicht, Liebling? Ach, aber er kennt dich."

Der Topf kochte und Philip gab ihn Nancy zurück.

„Dann geh zu ihm – weg mit dir", sagte Pete. „Gro zu deinem Paten. Er wäre auch dein Namensvater gewesen, wenn du ein Junge gewesen wärest. Es kann losgehen!" und er streckte seine haarigen Arme aus, bis das Kind den Boden berührte.

Philip bückte sich, um den Kleinen zu nehmen, der zuerst tänzelte und mit den Füßen wie mit zwei Trommelstöcken auf die Binsen schlug, dann auf eigene Beine trat, zu Petes Armen wirbelte, die Unterlippe senkte und einen entsetzten Schrei ausstieß.

"Ah! Sie kennt ihren eigenen Vater, segne sie", rief Pete und nahm das Kind wieder an seine Brust.

Philip senkte den Kopf und lachte. Eine Art schleichende Angst hatte ihn befallen, als hätte er im Entferntesten das Gefühl, dass das Kind der Kanal seiner Vergeltung sein würde.

„Wirst du sie selbst füttern, Pete?" sagte Nancy. Sie holte eine Untertasse hervor, deren Inhalt sie probierte. „Er ist so geschickt im Umgang mit Kindern, Sir, dass Sie nicht denken würden, dass Sie das nicht tun würden." Dann beugte sie sich zu dem Baby, während es sein Abendessen aß: „Aber ich sage, junge Frau, ist heute Nacht kein Schlaf in deinen Augen?"

„Nein, aber er nickt hier weg wie eine Walddrossel in einem Baum", sagte Pete. Er schüttete die Tropfen in den Mund des Kindes und schöpfte den Überschuss von ihrem Kinn. „Der Schlaf ist hier ein schrecklicher Feind, Sir. Sie hat sowieso jede Nacht ihres Lebens damit zu kämpfen. Gott helfe ihr, sie wird mehr Glück haben als einige von uns, oder sie wird eines Tages anders herum kämpfen."

„Sie geht normalerweise mit dem Löffel im Mund weg, Sir, für alle Welt wie ein kleiner Engel", sagte Nancy.

„Aber heute Abend bin ich zu sehr damit beschäftigt, mich um ihren Paten zu kümmern", sagte Pete. „Nun, sieh ihn dir an. Du schuldest ihm dein Leben, du kleiner Flussuferläufer. Und um meinetwillen bist du auch so heterosexuell wie er!"

„Ist sie das nicht?" sagte Nancy. „Wenn ich nicht das Gleiche denken würde! Könnte nicht heterosexueller aussehen wie er, wenn sie sein Kind gewesen wäre; Könnte sie das jetzt? Und die Locken auch und die Augen! Gut gut!"

„Wenn sie jetzt ein Junge gewesen wäre –", begann Pete.

Aber Philip war aufgestanden, um ins Gerichtsgebäude zurückzukehren, und Pete sagte in einem anderen Ton: „Moment mal, Sir – ich muss Ihnen etwas zeigen. Hier, nimm das Kleine, Nancy."

Pete zündete eine Kerze an und ging voran in den Salon. Der Raum war leer von Möbeln; aber an einem Ende befanden sich ein Hocker, ein Steinmetzhammer, ein paar Meißel und ein großer Stein.

Der Stein war ein Grabstein.

Pete ging feierlich darauf zu, hielt die Kerze davor und sagte mit leiser Stimme: „Es ist für sie. Ich habe es selbst gemacht, Sir, und es hat den ganzen Winter, dunkle Nächte und schlechte Tage überdauert. Ich werde es jedoch heute Abend fertigstellen, so Gott will, und morgen werde ich es vielleicht zu Douglas bringen."

„Ist es …", begann Philip, konnte aber nicht zu Ende sprechen.

Der Stein war eine schlichte Platte, oben abgerundet, am Rand abgeschrägt, auf der Vorderseite geglättet und auf der Rückseite gemeißelt; aber es gab kein Zeichen oder Symbol darauf und keine Beschriftung oder Inschrift.

„Soll es keinen Namen geben?" fragte Philip schließlich.

„Nein", sagte Pete.

"NEIN?"

„Um die Wahrheit zu sagen, Sir, ich habe gelesen, was im alten Buch über den Aufzeichnungsengel steht, der die Toten aus ihren Gräbern ruft."

"Ja?"

„Und ich habe darüber nachgedacht, dass er es so machen wird, dass er zu den Friedhöfen geht und die Namen auf den Grabsteinen sieht und sie laut ruft, um sich dem Gericht zu stellen; einige, wie es heißt, zum ewigen Leben, andere zur ewigen Strafe."

"Also?"

„Nun, Sir, ich habe darüber nachgedacht, wenn er zu diesem hier kommt und keinen Namen darauf sieht" – Petes Stimme sank zu einem Flüstern – „wird er vielleicht daran vorbeigehen und den armen Sünder weiterschlafen lassen."

Als Philip durch die dunkle Gasse zurück zum Gerichtsgebäude stolperte, dachte er: „ *Damals war es eine Lüge* , aber *heute ist es wahr* . “ Es *muss* wahr sein. Sie muss tot sein." In dieser Gewissheit lag eine Art Erleichterung. Es war auf jeden Fall ein Ende; ein erbärmliches Ende, ein feiges Ende, eine Art Flucht aus den Händen des Schicksals; Es war nicht das, was er gesucht und beabsichtigt hatte, aber er hatte Mühe, sich damit abzufinden.

Dann erinnerte er sich an das Kind und dachte: „Warum sollte ich es stören? Warum sollte ich Pete stören? Ich werde es sein ganzes Leben lang bewachen. Ich werde es beschützen und einen Weg finden, dafür zu sorgen. Ich werde damit meine Pflicht erfüllen. Dem Kind wird es nie mangeln."

Er reichte gerade den Schlüssel zum Schloss des Gefangenenhofs, als jemand auf der Gasse an ihm vorbeikam, ihm ins Gesicht blickte, sich dann umdrehte und etwas sagte.

„Oh, du bist es, Deemster Christian?"

„Ja, Doktor. Gute Nacht!"

„Haben Sie die Neuigkeiten aus Ballawhaine gehört? Der alte Herr hatte heute Morgen erneut einen Schlaganfall."

„Nein, ich hatte es nicht gehört. Ein anderer? Liebes Ich, liebes Ich!"

Zurück in seinem Zimmer, nahm Philip seine Perücke und sein Kleid wieder auf und kehrte ins Gerichtsgebäude zurück. Der Ort war jetzt von Kerzenlicht erhellt und dicht bevölkert. Alle standen auf, als der Deemster das Podium betrat.

V.

„Sie ist schnell", sagte Nancy. „Diesen in den Schlaf zu wiegen ist, als würde man darauf warten, dass der Wasserkocher kocht. Man kann es versuchen und versuchen und blasen und blasen, aber niemals ein Geräusch. Und kaum hat man sie vergessen, singt sie schon so gleichmäßig wie ein Kreisel."

Nancy legte das Kind in die Wiege, deckte es zu, drehte den Kopf des kleinen Nestes, damit die Wärme des Feuers hineinkommen konnte, und hängte einen Schal über die Haube, um die kleinen Augenlider vor dem Licht zu schützen. „Wirst du das Haus behalten, bis ich aus Sulby zurückkomme, Pete?"

„Ich habe meine Arbeit, Frau", sagte Pete aus dem Wohnzimmer.

„Ich stelle einen Müll ins Feuer und mache mich dann auf den Weg", sagte Nancy.

Sie zog die Tür auf den Riegel hinter sich und ging über den Kies knirschend zum Tor. Im Haus war jetzt kein Laut mehr zu hören außer dem sanften Atem des schlafenden Kindes, sanft wie das Gebet eines Engels, dem Zwitschern des reparierten Feuers wie ein Vogelkäfig, dem Ticken der Uhr und durch die Wand des Wohnzimmers das dumpfe Geräusch Pat-Put, Pat-Put des Holzhammers und das Schaben des Meißels auf dem Stein.

Pete arbeitete eine halbe Stunde lang ununterbrochen und kam dann mit seinen Werkzeugen in der Hand in die Flurküche zurück. Der Kohlenkolben hatte sich zu einer lebhaften Flamme entzündet, die aufblitzte und erlosch, und die schnellen schwarzen Schatten der Stühle, des Tisches und der Krüge auf der Kommode sprangen wie Elfen durch den Raum. Mit geöffneten Lippen und einem Lächeln, ging Pete neben der Wiege auf ein Knie, schob den Holzhammer unter seinen Arm und zog sanft den Schalvorhang hoch. „Gott segne mein mutterloses Mädchen", sagte er mit einer Stimme, die nicht lauter als ein Atemzug war. Plötzlich, als er dort kniete, wurde er wie von einem elektrischen Schlag getroffen. Sein Gesicht richtete sich auf und er zog sich zurück, während er immer noch den Schal an seinen Fingerspitzen hielt.

Das Kind schlief friedlich, einen seiner Ärmchen über der Bettdecke. Auf seinem Gesicht kam und ging das flackernde Licht des Feuers, bildete Falten um die Augen des Babys und hob die Babygesichte hervor. Bei solchen

Lichtern erschrecken uns die Ähnlichkeiten im Gesicht eines Kindes. Pete war über die Ähnlichkeit verblüfft. Er hatte es schon einmal gesehen, aber nicht so, wie er es jetzt sah.

Einen Moment später griff er wieder über die Wiege, die Arme darüber ausgebreitet, sein Gesicht näherte sich dem Gesicht des Kindes und scannte jede Zeile davon, wie man eine Karte scannt. „Tatsächlich, aber sie ist es“, murmelte er. „Sie ist ihm jedenfalls ziemlich ähnlich.“

Eine schreckliche Idee hatte seinen Geist befallen. Er stand steif auf, und der Schal flatterte zurück. Der Raum um ihn herum schien sich zu verdunkeln. Er zerbrach die Kohle, obwohl sie hell brannte, trat auf die andere Seite der Wiege und sah das Kind noch einmal an. Von da an war es dasselbe. Die Ähnlichkeit war gespenstisch.

Er spürte, wie etwas in ihm hart wurde, und er kehrte zu seiner Arbeit im Wohnzimmer zurück. Aber der Meißel rutschte ab, der Hammer fiel zu schwer und er blieb stehen. Seine Gedanken schwankten zwischen fernen Dingen. Er musste an Port Mooar denken, an die Carasdhoo-Männer, an den Tag, als er und Philip am frühen Morgen nach Hause gebracht wurden.

Er legte sein Werkzeug ab und kehrte in den Raum zurück. Er hielt den Atem an und ging sanft, als stünde er vor etwas Unsichtbarem. Im Raum war vollkommene Stille – er konnte den Atem in seiner Nase hören. In einem Zustand der Benommenheit stand er einige Zeit mit dem Rücken zum Feuer und beobachtete seinen Schatten an der gegenüberliegenden Wand und an der Decke. Die Wiege lag zu seinen Füßen. Er konnte den Blick nicht davon abwenden. Von Zeit zu Zeit blickte er über eine seiner Schultern.

Mit zurückgeworfenem Kopf und geöffneten Lippen atmete das Kind ruhig und schlief unschuldig. Dieser Engel machte ihm Unschuld vor.

„Mir muss das Herz schlecht werden“, murmelte er. „Deine schlechten Gedanken machen die Toten schwarz. Aus Scham, Pete Quilliam, aus Schande!“

Er fühlte sich wie ein Mann, der sich nachts in einem Gewitter aus Donner und Blitz befindet. Vertraute Dinge an ihm sahen seltsam und schrecklich aus.

Er beugte sich wieder zur Wiege und schlug den Schal wieder um den Kopf der Wiege, wie ein Mädchen den Schatten ihrer Sonnenhaube zurückschlägt. Dann war der Feuerschein voll auf das Gesicht des Kindes, und es bewegte sich im Schlaf. Unter seinem unerschütterlichen Blick bewegte es sich noch mehr und weinte ein wenig, als ob der schreckliche Gedanke, der in seinem Kopf war, zu seinem eigenen durchgedrungen wäre.

Er war so gebückt, als die Tür geöffnet wurde und Cäsar gewaltsam eintrat, wobei er asthmatische Geräusche in seiner Kehle von sich gab. Pete blickte verblüfft zu ihm auf. „Peter", sagte er, „wirst du die Hypothek verkaufen?"

Pete antwortete mit einem Knurren.

„Wirst du es mir überweisen?" sagte Cäsar.

„Die Zeit ist noch nicht gekommen", sagte Pete.

"Wie viel Uhr?"

„Die vom Propheten vorhergesagte Zeit, in der der Löwe beim Lamm liegen kann."

Pete lachte bitter. Cäsar zitterte, sein Mund zuckte und seine Augen waren wild. „Wirst du dann zum ‚Mitre' kommen?"

„Wozu soll die ‚Mitre' dienen?"

„Ross Christian ist da."

Pete machte eine ungeduldige Geste. „Schon wieder dieser stürmische Sturmvogel! Er ist immer da, wenn schlechtes Wetter herrscht."

„Wirst du kommen und hören, was der Mann sagt?"

"Was sagt sie?"

„Wirst du es selbst hören?"

Pete sah Cæsar eindringlich an, schaute noch einmal hin, dann nahm er seine Mütze und ging zur Tür hinaus.

VI.

Mit zwei seiner Freunde hatte der Mann den Tag in einem Zimmer mit Blick auf den Hafen verbracht, viel getrunken und Billard gespielt. Am frühen Nachmittag war ein Bote aus Ballawhaine gekommen und hatte gesagt: „Dein Vater ist krank – komm sofort nach Hause." „Auf Wiedersehen", hatte er gesagt und das Spiel fortgesetzt.

Später am Nachmittag war der Bote erneut gekommen und hatte gesagt: „Dein Vater hat einen Schlaganfall erlitten und ruft nach dir." „Lass mich zuerst die Pause beenden", hatte er geantwortet.

Am Abend war der Bote zum dritten Mal gekommen und hatte gesagt: „Dein Vater ist bewusstlos." „Wo ist dann die Eile?" Er hatte geantwortet und sang eine Notenzeile aus „Millers Tochter" –

„Sie haben mich gegen meinen Willen geheiratet,

Als ich Tochter in der Mühle war."

Schließlich kam Cæsar, der im Moment seines Angriffs bei den Ballawhaine Vorwürfe gemacht hatte, um bei Ross Vorwürfe zu machen und auch eine Rechnung zu begleichen.

„Ehre deinen Vater und deine Mutter, dass deine Tage –" rief Cäsar mit erhobenem Arm und der hohen Stimme des Predigers. „Aber deine Tage werden sowieso nicht lange dauern, und wenn du der Tod dieses dummen alten Mannes bist, wird es nicht der erste Tod sein, für den du verantwortlich bist."

„Du glaubst es also auch?" sagte Ross mit dem Queue in der Hand. „Du glaubst, dass deine Tochter tot ist, nicht wahr, alter Jephthah Jeremiah? Würden Sie sich jetzt wundern, zu hören –" (die Kumpane kicherten), „dass sie überhaupt nicht tot ist? – Gute Schrotkanone vom Kissen. Hallo! Jephthah Jeremiah hat scheinbar einen Geist gesehen. Ich habe sie selbst gesehen, Mann, als ich vor einem Monat in der Stadt war. Möchten Sie wissen, wo sie ist? Soll ich es dir erzählen? Oh, du bist eine Schönheit! Du bist ein Muster! Du weißt, wie man ein Kind auf die Art und Weise erzieht – „Pocket off the red" – „Du musst meinem Vater predigen, nicht wahr?" Sie ist auf den Straßen von London – ah, Jeremiah ist weg –

„Sie haben mich gegen meinen Willen geheiratet" –

Da sind Sie also – gute Chance – meine Liebe – fünfundzwanzig und nichts mehr übrig."

Pete drängte sich ins Billardzimmer. Cäsar fürchtete, es könnte zu Gewalttätigkeiten kommen, hoffte, dass es Gewalttaten geben würde, hielt es aber für unangebracht, dem Schauplatz das Licht seines Gesichts zu verleihen, und war draußen geblieben.

„Hallo! hier ist Uriah!" rief Ross. „Apropos Teufel – das habe ich mir gerade gedacht. Haben Sie jemals die Geschichte von David und Uria gelesen? Sollte es aber tun. Tut es Ihnen gut, Herr. David war ein großartiger Mann. Aw" (mit einer gespielten Nachahmung von Petes Manx), „ein schrecklicher, wunderbarer, schockierend großer Mann." Uriah war sein Handlanger. Ter'ble clavar auch, aber so grün für alle, die alte Kuh hätte ihn vielleicht gefressen. Und Uriah hatte eine nette kleine Frau. Das Schöne jetzt, würde man nicht meinen. Aber als Uriah weg war, nahm David sie und dann – und dann" (das Manx fallenlassend) „es läuft auch nicht nur auf Bibellinien hinaus, sondern David sagte Uriah, dass seine Frau tot war – ha! Ha! Ha!--

„Wer hat ihre Diät gesehen?"

Ich sagte die Fliege,

Ich sah sie--'

Hör auf damit – lass los – hilf – Du wirst mich ersticken – hilf! helfen!"

Mit zwei Schritten war Pete Ross gegenübergestanden, hatte eine seiner Hände an die Kehle des Mannes gelegt, sein Bein hinter ihn gelegt, ihn wieder auf sein Knie gestützt und hielt ihn dort mit einem Griff fest wie in einem Schraubstock.

„Hilfe! – Hilfe! – ooh!" Der Kerl schnappte nach Luft und sein Gesicht wurde dunkel.

„Du bist es nicht wert", sagte Pete. „Ich wollte deinem dreckigen Körper das Leben aus dem Leib würgen, weil du über die Lebenden gelogen und die Toten verunglimpft hast, aber du bist es nicht wert, dafür gehängt zu werden. Auch in dir steckt das gleiche Blut, und ich schäme mich für dich. Dort! aufstehen."

Mit einer Geste unbeschreiblichen Abscheus warf Pete den Mann zu Boden, und er fiel über sein Queue und zerbrach es.

Die Leute des Hauses strömten in Scharen in den Raum und trafen Pete, als er ihn verließ. Sein Gesicht war hart und hässlich. Auf den ersten Blick verwechselten sie ihn mit Ross, so entstellt war er durch schlechte Leidenschaften.

Cæsar trampelte draußen über den Bürgersteig. „Wirst du es mich jetzt machen lassen?" sagte er mit heißem Flüstern.

„Mach, was du willst", sagte Pete wütend.

„Der Böse ist im Werk seiner eigenen Hände gefangen. Higgaion. „Selah",
sagte Cäsar, und sie trennten sich am Eingang des Gerichtsgebäudes.

Pete ging nach Hause und murmelte vor sich hin: „Der Mann hat gelogen
– sie ist tot, sie ist tot!"

Am Tor von Elm Cottage kam der Hund auf ihn zu und bellte vor Freude.
Dann schoss es zurück zur Haustür, die offen stand. „Jemand ist
gekommen", dachte Pete. "Sie ist tot. Der Mann hat gelogen. Sie ist tot",
murmelte er und stolperte den Weg entlang.

VII.

Während der Deemster das Podium betrat und die Leute im Hof aufstanden, um ihn zu empfangen, quälte sich ein armer, heruntergekommener Wanderer durch das Land in Richtung Stadt. Es war eine Frau. Sie muss weit gelaufen sein, ihr Schritt war so langsam und so schwer. Von Zeit zu Zeit ruhte sie sich aus, nicht sitzend, sondern stehend an den Toren der Felder, wenn sie zu ihnen kam, und hielt sich an der obersten Stange fest.

Als sie aus den dunklen Gassen in die von Lampen erleuchteten Straßen trat, beschleunigte sich ihr Schritt für einen Moment; dann ließ es nach und dann wurde es wieder schneller. Sie ging nah an den Häusern entlang, als wollte sie der Beobachtung entgehen. Wo es eine Abkürzung durch eine schlecht beleuchtete Durchgangsstraße gab, nahm sie diese. Jeder, der ihr folgte, hätte gesehen, dass sie jeden Winkel der Stadt kannte.

Es wäre schwer, sich eine Frau mit einem erbärmlicheren Aussehen vorzustellen. Nicht, dass ihre Kleidung so schäbig gewesen wäre, obwohl sie dürftig und abgenutzt war, sondern dass ein Hauch von Demütigung auf ihr lastete, wie ein Hund, wenn er verloren geht und die Kinder ihn jagen. Ihr Kleid war das einer alten Frau – der lange Manx-Umhang aus blauem, selbstgesponnenem Stoff, der mit einem großen Haken dicht unter dem Kinn befestigt war und eine Kapuze hatte, die über den Kopf gezogen war. Aber trotz dieses altmodischen Kleidungsstücks und der Unsicherheit ihres Schrittes machte sie den Eindruck einer jungen Frau. Wo die weiße Rüsche der alten Landfrauenmütze unter dem Kapuzenrand hätte hervortreten sollen, befand sich ein Schleier, der an einem Hut zu hängen schien.

Die Seltsamkeit und Unstimmigkeit ihrer Kleidung erregte Aufmerksamkeit. Frauen kamen aus ihren Häusern und gingen zu den Nachbarn, um sich um sie zu kümmern. Sogar die Jungs, die an den Ecken spielten, schauten auf, als sie vorbeiging.

Trotzdem wurde sie nicht besonders beobachtet. Ein ungewöhnliches Interesse erregte die Stadt. Eine Welle der Aufregung ergoss sich durch die Straßen. Der Verkehr verlief in eine Richtung. Diese Richtung war das Gerichtsgebäude.

Der Gerichtsplatz war an drei Seiten von Menschen bevölkert, die sich sowohl auf dem Bürgersteig als auch auf dem Grün hinter dem Geländer versammelten. Seine vierte Seite war die dunkle Gasse auf der Rückseite, die an der Tür zum Gefangenenhof und dem Eingang des Deemster vorbeiführte. Die Fenster waren beleuchtet und teilweise geöffnet. Einige der Leute waren an die Wände gerückt, als wollten sie lauschen, und ein paar waren auf die Fensterbretter geklettert, als wollten sie etwas sehen. Um die breite Tür herum stand eine dichte Menschenmenge, die sich wie eine Klette daran festzuklammern schien.

Die Frau hatte die erste Ecke des Platzes erreicht, als über den Köpfen der Menge die obere Hälfte der Tür zum Gerichtsgebäude ans Licht kam. Ein Mann war herausgekommen. Er drängte sich durch die Menge und „kam zum Tor hinunter, während ihm eine Menge Leute folgten und Fragen stellten.

"Wunderbar!" Er sagte. „Der Dempster spricht. Oh, ein Daniel ist zum Gericht gekommen, Sir. Aber schade für Tom – der Mann wird Zeit bekommen. Es tut mir leid für einen alten Freund – aber der Wille des Herrn geschehe! Lasst uns nicht von den Banden der Zuneigung gefangen werden – es werden fünf Jahre sein, wenn es ein Tag ist, und (DV) er wird das Ende nie erleben.“

Es war Cäsar. Er überquerte die Straße zum „Mitre“. Die Frau zitterte und wandte sich der hinteren Gasse zu. Sie ging jetzt schneller als je zuvor. Doch als sie über das unregelmäßige Kopfsteinpflaster des gepflasterten Weges stolperte, blieb sie plötzlich stehen, als sie eine Stimme hörte. Zu diesem Zeitpunkt befand sie sich an der Tür zum Gefangenenhof, und diese stand offen. Auch die Tür des Korridors, der von der Kammer des Deemsters zum Gerichtsgebäude führte, war angelehnt, als ob sie geöffnet worden wäre, um die Hitze des überfüllten Raums darin zu lindern.

„Sei gerecht und fürchte dich nicht“, sagte die Stimme. „Denken Sie daran, welche unbewussten Falschdarstellungen auch immer an diesem Tag gemacht wurden, welche absichtlichen falschen Schwörungen auch immer (und Gott und das Gewissen der Schuldigen wissen genau, dass es beides gegeben hat), die Wahrheit ist mächtig, und am Ende wird sie siegen.“

Der arme, heruntergekommene Wanderer stand in der Dunkelheit und zitterte. Ihre Hände umklammerten die Brust des Umhangs, ihr Kopf sank an ihre Brust und ein halb unterdrücktes Stöhnen entfuhr ihr. Sie kannte die Stimme; es war ihr einst sehr süß und lieb gewesen; sie hatte es in liebevollen Tönen an ihrem Ohr gehört. Es war die Stimme des Deemster. Er sprach vom Richterstuhl aus; die Leute hingen an seinen Lippen.

Und er stand im Schatten der dunklen Gasse unter der Gefangenenmauer.

Die Frau war Kate. Es stimmte, dass sie in London gewesen war; Es war falsch, dass sie dort ein Leben in Schande geführt hatte. Innerhalb von sechs Monaten war sie in die Tiefen der Armut und Entbehrungen abgetaucht. Eines Tages war sie Ross begegnet. Er kam frisch von der Isle of Man und erzählte ihr von der Krankheit des Kindes. In derselben Nacht wandte sie ihr Gesicht nach Hause. Es war drei Wochen her, seit sie auf die Insel zurückgekehrt war, und ihr Gesundheitszustand, ihr Herz und ihre finanziellen Mittel waren angeschlagen. Der Schnee fiel. Es war eine bittere Nacht. Ihr wurde schwindelig von dem treibenden Weiß und taub von der stechenden Kälte. Sie hatte sich zu einem einsamen Haus geschlichen und um Schutz gebeten, bis der Sturm aufhörte.

Das Haus war das Zuhause von drei alten Menschen, zwei alten Brüdern und einer alten Schwester, die immer zusammen gelebt hatten. In diesem Haushalt war Kate drei Wochen lang krank gewesen, und der Manx-Umhang auf ihrem Rücken war ein Abschiedsgeschenk, das die alte Frau über ihre dünn bekleideten Schultern gehängt hatte.

Zurück auf der Straße hatte Kate Zeit, sich selbst zu sagen, wie dumm ihre Reise war. Sie war wie ein Seemann, der alarmierende Nachrichten über seine Heimat in einem fremden Hafen erhält und danach nichts mehr hört, bis er im Hafen ankommt. Ein Monat war vergangen. Es könnten so viele Dinge passiert sein. Dem Kind könnte es besser gehen; es könnte tot und begraben sein. Trotzdem machte sie weiter.

Als sie London verließ, war sie Philip gegenüber voller Verbitterung gewesen. Es war seine Schuld, dass sie jemals von ihrem Baby getrennt worden war. Sie würde zurückgehen. Wenn sie ihn beschämte, soll er es ertragen. Als ich mich seinem Zuhause näherte, verschwand dieses Gefühl der Rache. Nichts blieb außer der großen Sehnsucht, mit ihrer Kleinen zusammen zu sein, und dem Gefühl ihrer eigenen Erniedrigung. Jedes Gesicht, das sie erkannte, schien sie an die Veränderung zu erinnern, die seit ihrem letzten Blick in ihr selbst bewirkt worden war. Sie wagt es nicht zu fragen; sie wagt es nicht zu sprechen; sie wagt es nicht, sich zu offenbaren.

Während sie im Schatten des Gefangenenhofs stand und Philipps Stimme lauschte und von ihr wie von einem Zauber gefangen gehalten wurde, ertönte ein leises Zischen und dann eine Art weißes Schweigen, als würde eine Rakete in der Luft zerplatzen. Der Deemster war fertig; Die Leute im Gerichtssaal atmeten hörbar und bewegten sich auf ihren Sitzen.

Eine Minute später stand sie an ihrem alten Zuhause, das nicht mehr ihres war, und viele bittere Erinnerungen verfolgten sie im Kopf. Es war dunkel und freudlos. Im Wohnzimmer hatte eine Kerze gebrannt, aber jetzt flackerte sie im Fett an der Steckdose. Als sie in den Raum blickte, blinzelte es und ging wieder aus.

Während der letzten Meile ihrer Reise hatte sie sich entschieden, was sie tun würde. Sie schlich sich zum Haus und lauschte auf den Klang einer Kinderstimme. Wenn sie es hörte und die Stimme die eines gesunden Kindes wäre, wäre sie zufrieden und würde weggehen. Und wenn sie es nicht hörte, wenn das Kind weg war, wenn kein Kind mehr da war, wenn es im Himmel war, würde sie trotzdem weggehen – nur Gott weiß wie, Gott weiß wohin.

Die Straße war ruhig. Mit zitternden Fingern öffnete sie den Riegel des Tors und trat zwei Schritte in den Garten. Von innen war kein Laut zu hören. Sie machte noch zwei Schritte und lauschte aufmerksam. Nichts war zu hören. Ihr Herz sank noch tiefer. Sie sagte sich, wenn ein Kind in einem Haus lebte, atmete die Luft seine Anwesenheit und seine kleine Stimme war überall. Dann fiel ihr ein, dass es spät war, dass es Nacht war und dass das Kind, selbst wenn es ihm gut ginge, jetzt gebadet und im Bett liegen würde. "Wie dumm!" dachte sie und machte noch ein paar Schritte.

Sie hatte vorgehabt, zum Flurfenster zu gelangen und hineinzuschauen, doch bevor sie dazu in der Lage war, kam etwas über den Weg in ihre Richtung gehuscht. Es war der Hund, und er bellte wütend. Plötzlich blieb er stehen und fing an, um sie herumzutollen. Dann begann er erneut zu bellen, dieses Mal mit einem Ton des Erkennens und der Freude, schoss ins Haus und kam zurück, immer noch bellend und in der Dunkelheit um sie herum einen Kreis freudiger Begrüßung bildend.

Zitternd vor Angst vor der sofortigen Entdeckung kroch sie unter den alten Baum und wartete. Niemand kam aus dem Haus. „Es ist niemand zu Hause", sagte sie sich, und bei diesem Gedanken überkam sie die Gewissheit, dass das Kind nicht mehr da war, wie ein drückender Kummer.

Dennoch trat sie auf die Veranda und lauschte noch einmal. Außer dem Ticken der Uhr war drinnen kein Laut zu hören. Sie nahm ihren Mut zusammen und stieß die Tür mit den Fingerspitzen auf. Es raschelte, als der Grund über das Binsen streifte. Daraufhin stieß sie einen leisen Schrei aus und kroch zitternd zurück. Doch plötzlich war wieder Stille. Das Feuer verbreitete einen starken roten Schein, der sich über die Wände und die Decke ausbreitete. Ihr Geist nahm den Eindruck auf, dass der Ort fast leer war, aber sie hatte keine Zeit für solche Beobachtungen. Mit langsamen und steifen Bewegungen glitt sie ins Haus.

Dann hörte sie ein schläfriges Wimmern und es erregte sie. Im Nu hatte sie das Gesuchte gesehen – die Wiege mit der Haube zur Tür und dem Fuß zum Feuer. Im nächsten Moment kniete sie daneben, beugte sich darüber und weinte leise zu dem Baby, das so anders aussah und nach Milch und Schlaf roch: „Mein Schatz!" Mein Liebling!"

Das war der Moment, als Pete den Weg heraufkam. Der Hund fummelte und bellte um ihn herum. „Sie ist tot", sagte er gerade. „Der Mann hat gelogen. Sie ist tot." Mit diesem Wort auf den Lippen stürzte er sich schwerfällig ins Haus. Dabei wurde ihm bewusst, dass bereits jemand da war. Bevor sein Auge die Nachricht an sein Gehirn weitergegeben hatte, hatte es ihm sein Ohr gesagt. Er hörte eine Stimme, die er gut kannte, auch wenn sie keine Erinnerung an einen Moment des Wachens zu sein schien, sondern an das Erwachen aus der Dunkelheit und dem stundenlangen Schlaf. Es war eine sanfte und sanfte Stimme, die sagte: „Mein wunderschöner Schatz! Mein schöner, rosiger Liebling. Mein Liebling! Mein Liebling!"

Er sah eine Frau, die neben der Wiege kniete und beide Arme darin vergrub, als ob sie das schlafende Kind umschlingen würden. Ihre Kapuze war zurückgeworfen und ihr Kopf war nackt. Der Feuerschein fiel auf ihr Gesicht und er wusste es. Er fuhr sich mit der Hand über die Augen, als wollte er die Erscheinung auslöschen, doch sie blieb bestehen. Er versuchte zu sprechen, aber seine Zunge war steif. Er stand regungslos da und starrte. Er konnte seine Augen nicht abwenden.

Kate hörte, wie die Tür aufgerissen wurde, und hob erschrocken den Kopf. Pete stand mit einem heftigen Gesichtsausdruck vor ihr. Der Gesichtsausdruck veränderte sich und er sah sie an, als wäre sie ein Geist. Dann sagte er voller Ehrfurcht: „Wer bist du?"

„Kennst du mich nicht?" sie antwortete schüchtern.

Es schien, als hätte er nichts gehört. „Dann ist es wahr", murmelte er vor sich hin; „Der Mann hat nicht gelogen."

Sie spürte, wie ihre Knie unter ihr zitterten. „Ich bin nicht gekommen, um zu bleiben", stockte sie. „Sie sagten mir, das Kind sei krank und ich konnte nicht anders, als zu kommen."

Noch immer sprach er nicht mit ihr. Als er hinsah, wurde sein Gesicht schrecklich. Der Tau der Angst breitete sich auf ihrer Stirn aus.

„Kennst du mich nicht, Pete?" sagte sie hilflos.

Noch immer stand er da und blickte starr, fast drohend auf sie herab.

„Ich bin Katherine", sagte sie mit einem niedergeschlagenen Blick.

„Katherine ist tot", antwortete er ausdruckslos.

"Oh! Oh!"

„Sie liegt in ihrem Grab", sagte er noch einmal.

„Oh, dass sie tatsächlich im Grab wäre!" sagte Kate und bedeckte ihr Gesicht mit ihren Händen.

„Sie ist tot und begraben und für immer aus diesem Haus verschwunden", sagte Pete.

Er hatte nicht die Absicht, sie zu verstoßen; er murmelte im ersten Anfall seines Schmerzes nur vage Worte; aber sie verwechselte sie mit Befehlen an sie, zu gehen.

Es herrschte einen Moment Stille, dann enthüllte sie ihr Gesicht und sagte: „Ich verstehe – ja, ich werde gehen. Ich hätte überhaupt nicht zurückkommen sollen – das weiß ich. Aber ich werde jetzt gehen. Ich werde dich nicht mehr belästigen. Ich werde nie wieder kommen.“

Sie küsste das Kind leidenschaftlich. Es rieb sich mit dem Handrücken sein kleines Gesicht, wachte aber nicht auf. Sie zog die Kapuze über ihren Kopf und zog den Schleier über ihr Gesicht. Dann erhob sie sich schwach auf die Füße, blieb einen Moment stehen, blickte sich um, stieß einen leisen, kläglichen Schrei aus und glitt zur Tür hinaus.

Als sie weg war, stolperte Pete, ohne ein Wort oder einen Laut zu sagen, auf einen Stuhl vor dem Feuer, legte eine Hand auf die Wiege und begann, sie zu schaukeln. Nach einiger Zeit schaute er über seine Schulter, wie ein Mann, der gerade aus der Bewusstlosigkeit erwacht, und sagte: „Eh?“

Die Seele hat nur Platz für ein einziges großes Gefühl auf einmal, und er begann zu sich selbst zu sagen: „Sie lebt!“ Sie ist da!" Die Luft im Haus schien durch ihre Anwesenheit sanft zu sein. Stille!

Er stand auf. „Kate!“ rief er leise, sehr leise, als wäre sie in der Nähe und hätte gerade erst die Schwelle überschritten.

„Kate!“ er rief noch einmal lauter.

Dann ging er auf die Veranda hinaus und stolperte den Weg entlang, wobei er immer wieder mit einer Stimme grenzenloser Ergriffenheit schrie: „Kate! Kate! Kate!“

Aber Kate hörte ihn nicht. Er zerrte gerade am Tor, um es zu öffnen, als etwas in seinem Kopf nachzugeben schien und ein heiseres Stöhnen aus seiner Kehle kam.

„Sie ist besser tot“, dachte er und taumelte dann wie ein Betrunkener zum Haus zurück.

Das Feuer sah schwarz aus, als wäre es erloschen. Er setzte sich in die Dunkelheit und legte seine Hand auf seine Zähne, um nicht aufzuschreien.

VIII..

Der Deemster im halberleuchteten Gerichtsgebäude verkündete sein Urteil.

„Gefangener", sagte er, „Sie wurden von einer Jury aus Ihren Landsleuten eines der grausamsten Betrugsverbrechen für schuldig befunden." Du hast die Unwissenden getäuscht, die Unvorsichtigen verraten, die Einfachen belogen und die Armen ausgeraubt. Sie haben Ihr Leben auf einer Lüge aufgebaut, und im Alter bringt Sie das in Verwirrung. In raueren Zeiten als unseren hätte Ihr Vergehen ein anderes Gesicht angenommen; Man hätte es Hexerei und nicht Betrug genannt, und Ihr Untergang wäre der Tod gewesen. Das Urteil des Gerichts lautet, dass Sie für die Dauer eines Jahres auf Castle Rushen festgehalten werden."

Black Tom, der während der Urteilsverkündung des Deemster mit gesenktem kahlen Kopf dagestanden hatte, sich mit dem Ärmel die Augen abgewischt und Spuren auf seinem Gesicht hinterlassen hatte, erlangte seine Selbstgefälligkeit zurück, als er aus dem Gericht gezerrt wurde.

„Du hast recht, Dempster", rief er. „Hexerei ist jetzt nichts mehr wert. Religion ist die einzige Schurkerei, die heutzutage gang und gäbe ist. Ihr Freund Cäsar war weise, Herr. Bes' neue Spezifikation für ihn, Dempster, und mögest du auch selbst deinem eigenen Text gerecht werden."

„Wenn mein Fleiß und meine Integrität", sagte eine feierliche Stimme an der Tür, „und was steht in der Heiligen Schrift? ‚Wenn jemand nicht für sein eigenes Haus sorgt, ist er schlimmer als ein Ungläubiger.' Aber der Herr ist mein Schild. Wofür soll ich mich verteidigen? Ich bin ein Wurm und kein Mensch, heißt es in den Psalmen."

„Die Psalmen sind ungefähr gleich, Cæsar", rief Black Tom zwischen zwei Polizisten.

In dem Tumult, der auf die lärmende Entfernung des Gefangenen folgte, hörte man, wie der Gerichtsschreiber mit dem Deemster sprach. Gerade ist ein weiterer Fall eingegangen – versuchter Selbstmord – eine Frau hat versucht, sich in den Hafen zu stürzen – wurde verhindert – würde Seine Ehre ihn jetzt annehmen oder ihn dem Gericht des Obersten Gerichtsvollziehers überlassen?

„Wir nehmen es jetzt", sagte der Deemster. „Vielleicht entlassen wir sie gleich, das arme Geschöpf."

Die Frau wurde hereingebracht. Sie ähnelte weniger einem Menschen als vielmehr einem Haufen halbdurchnässter Kleidung. Ein Umhang, der durch das Wasser, das ihn an der Kapuze durchtränkte, schwarz aussah, bedeckte ihren Körper und Kopf. Auch ihr Gesicht schien schwarz zu sein, denn der Schleier, den sie trug, war nass und klebte wie ein Handschuh an ihren Gesichtszügen. Einige der Personen im Gericht erkannten ihre Figur sogar im unsicheren Kerzenlicht. Sie war die Frau, die während der Verhandlungsstunde in die Stadt gekommen war.

Halb unterstützt, halb von Polizisten geschleppt, betrat sie die Anklagebank. Dort umklammerte sie die Stange vor sich, als wollte sie verhindern, dass sie hinfiel. Ihr Kopf war zwischen ihren schrumpfenden Schultern gesenkt, als würde sie die Qual der Schande und Erniedrigung durchmachen.

„Die Frau hätte nicht so hierhergebracht werden dürfen – schnell, beeil dich", sagte der Deemster.

Die Beweise waren kurz. Einer der Wachtmeister auf dem Marktplatz hatte Schreie vom Kai gehört. Als er dort ankam, hatte er den Hafenmeister vorgefunden, der eine Frau die Kaistufen hinauf trug. Als Mr. Quarry aus dem Hafenbüro kam, hatte er eine Frau gesehen, die wie der Wind vorbeizog. Einen Augenblick später hatte er einen Schrei gehört und war zur zweiten Treppe gerannt. Die Frau war beim Versuch, ins Wasser zu gelangen, von einem Bootshaken erfasst worden. Sie hatte Mühe, sich zu ertränken.

Der Deemster beobachtete den Gefangenen aufmerksam. „Ist etwas über sie bekannt?" er hat gefragt.

Der Angestellte antwortete, sie scheine eine Fremde zu sein, wollte aber keine Auskunft geben. Dann trat der Sergeant der Polizei an den Dock. Mit eindringlichem Ton stellte der große kleine Mensch der Frau verschiedene Fragen. Wie war Ihr Name? Keine Antwort. Woher kam sie? Keine Antwort. Was machte sie in Ramsey? Immer noch keine Antwort.

„Euer Ehren", sagte der Sergeant, „zweifellos ist dies eines der menschlichen Wracks, die im Sommer an unsere Küsten treiben." Die Ärmsten von ihnen können oft nicht weg, wenn die Saison vorbei ist, und wandern über die Insel, eine Plage und eine Belastung für jeden Ort, den sie betreten."

Dann wandte er sich wieder der Gestalt zu, die auf der Anklagebank kauerte, und sagte: „Frau, bist du eine Straßengängerin?"

Die Frau stieß einen kläglichen Schrei aus, ließ die Bar los, sank auf den Sitz hinter ihr zurück, strich den nassen schwarzen Schleier weg und bedeckte ihr Gesicht mit den Händen.

„Setzen Sie sich sofort, Mr. Gawne“, sagte der Deemster hitzig, und von hinten ertönte zustimmendes Murmeln. „Wir dürfen diese Frau keinen Moment länger behalten.“

Er stand auf, beugte sich über die Reling vorn, faltete die Hände vor sich, schaute auf die Frau auf der Anklagebank hinunter und sagte mit leiser Stimme, ohne die Stille wäre das kaum laut genug gewesen, um ihre Ohren zu erreichen eines Grabes im Gerichtssaal: „Meine arme Frau, gibt es jemanden, der für dich einstehen kann?“

Die Gefangene senkte den Kopf und begann zu weinen.

„Wenn eine Frau so unglücklich ist, dass sie versucht, sich das Leben zu nehmen, kommt es leider manchmal vor, dass ein anderer mitverantwortlich für den Zustand ist, der sie zu dem Verbrechen verleitet.“

Die Stimme des Deemsters war so sanft wie eine Liebkosung.

„Wenn es in diesem Fall so etwas gibt, sollten wir es lernen. Er sollte an deiner Seite stehen. Es ist nur richtig; es ist nur gerecht. Gibt es hier jemanden, der dich kennt?“

Der Gefangene weinte jetzt erbärmlich.

"Ah! Wir wollen niemandem Schaden zufügen. Es liegt in der Natur der Frau, wie tief sie auch sinken mag, wie tief ihr Unglück auch sein mag, ihren liebsten Feind zu beschützen. Das ist der mutige Impuls der Schwächsten unter den Frauen, und alle guten Männer respektieren ihn. Aber das Gesetz hat seine Pflicht, und in diesem Fall handelt es sich um ein Gesetz der Barmherzigkeit.“

Die Frau stöhnte hörbar.

„Hab keine Angst, mein armes Mädchen. Niemand soll dir hier etwas tun. Fassen Sie Mut und schauen Sie sich um. Gibt es vor Gericht jemanden, der für Sie sprechen kann – der uns sagen kann, wie Sie an den Ort gekommen sind, an dem Sie jetzt stehen?“

Die Frau ließ ihre Hände sinken, hob den Kopf und blickte von Angesicht zu Angesicht und Auge in Auge zum Deemster auf.

„Ja“, sagte sie, „es gibt *einen* .“

Das Gesicht des Deemsters wurde blass, seine Augen glänzten, sein Blick wanderte, seine Lippen zitterten – er biss sie, sie bluteten.

„Entfernen Sie sie in Gewahrsam“, murmelte er; „Lass sie gut versorgt sein.“

Einen Augenblick später herrschte Aufruhr. Jeder hatte die Gefangene erkannt, als sie herausgeholt wurde, obwohl Scham und Entbehrung sie so verändert hatten. „Peter Quilliams Frau!" – „Cæsar Cregeens Tochter – wo ist der Mann selbst?" – „Dann ist es die Wahrheit, die sie sagen – sie ist überhaupt nicht tot, sondern schlimmer." – „Herrlich!" – „Was für ein Ärger für den Dempster!"

Als Kate weg war, hätte das Gericht sofort vertagt werden sollen, doch der Deemster blieb auf seinem Platz. Vor seinen Augen lag ein Nebel, der ihn blendete. Er wirkte zugleich wild und schüchtern. Seine Glieder schmerzten, obwohl sie enorm anschwollen. Es kam ihm vor, als ob eine schwere, unsichtbare Hand auf seinen Kopf gelegt worden wäre.

Der Angestellte erregte seinen Blick, dann erhob er sich mit entschuldigender Miene, ergriff das Geländer und versuchte, das Podium zu überqueren. Im nächsten Moment war sein Diener Jem-y-Lord an seine Seite gesprungen, aber er machte eine ungeduldige Geste, als würde er Hilfe ablehnen.

Es gibt drei Stufen, die zum Boden des Spielfelds führen, und an einer Seite davon befindet sich ein Handlauf. Als er diese Stufen erreichte, stolperte er, murmelte einige verwirrte Worte und fiel nach vorne auf sein Gesicht. Zu diesem Zeitpunkt waren die Menschen bereits aufgestanden und es herrschte Ansturm auf den Ort.

"Treten Sie zurück! Er ist nur ohnmächtig geworden", rief Jem-y-Lord.

„Schlimmer noch", sagte der Sergeant. „Bringen Sie ihn ins Bett und rufen Sie sofort Dr. Mylechreest."

„Wo können wir ihn hinbringen?" sagte jemand.

„Sie halten ein Zimmer für ihn im Elm Cottage bereit", sagte jemand anderes.

„Nein, nicht da", sagte Jem-y-Lord.

„Es ist am nächsten und wir dürfen keine Zeit verlieren", sagte der Sergeant.

Dann hoben sie Philip hoch und trugen ihn, wie er lag, in seiner Perücke und seinem Gewand als Deemster, zum Haus von Pete.

IX.

Es entsteht eine Art mentaler Schock, der wie ein Erdbeben unter einem Gefängnis jede Zelle aufsprengt und die Insassen entkommen lässt. Nach einer Weile fiel Pete ein, dass er im Dunkeln saß, und er stand auf, um eine Kerze anzuzünden. Auf der Suche nach Kerzenleuchtern und Streichhölzern ging er von Tisch zu Anrichte, von Anrichte zu Tisch und von Tisch zurück zu Anrichte, immer und immer wieder tat er das Gleiche, ohne zu bemerken, dass er sich immer wieder drehte. Als die Kerze endlich angezündet war, nahm er sie in die Hand und ging wie ein Schlafwandler in die Stube. Er stellte es auf den Kaminsims und setzte sich auf den Hocker. In seinem verschwommenen Blick schwebten verwirrte Gestalten um ihn herum. "Ah! mein Werkzeug", dachte er und nahm den Hammer und zwei der Meißel. Er saß mit diesen in seinen Händen, als sein Blick auf den anderen Kerzenhalter fiel, den, bei dem die Kerze erloschen war. „Ich wollte eine Kerze anzünden", dachte er, stand auf und trug den leeren Kerzenhalter in die Halle . Als er mit einer weiteren brennenden Kerze zurückkam, bemerkte er, dass es zwei waren. „Ich werde dumm", dachte er und blies den ersten aus. Einen Moment später vergaß er, dass er es getan hatte, und als er sah, dass die zweite noch immer brannte, blies er auch diese aus.

Seine Sinne waren so abgestumpft, dass er nicht bemerkte, dass etwas nicht stimmte. Seine Augen sahen überall Gegenstände – sie wuchsen zu schrecklicher Größe und bedrohten ihn. Seine Ohren hörten Geräusche – sie erzeugten einen fürchterlichen Aufruhr in seinem Kopf.

Der Raum war nicht ganz dunkel. In regelmäßigen Abständen kam und ging ein Strahl trüben Mondlichts. Der Mond huschte durch einen wütenden Himmel, manchmal erschien er, manchmal verschwand er. Pete kehrte zum Hocker zurück und stand dann im Licht, aber der namenlose Stein, der an der Wand lehnte, lag im Schatten. Er nahm Hammer und Meißel wieder in die Hand und wollte mit der Arbeit beginnen. "Stille!" sagte er, als er begann. Der Lärm in seinem Gehirn war so laut, dass er glaubte, jemand würde im Haus Lärm machen. Diese Aufgabe war heilig. Er arbeitete immer schweigend daran.

Pat-put! Pat-Put! Wie lange er arbeitete, wusste er nie. Es gibt Momente, die nicht als Zeit zu messen sind. Bei der unsicheren Handhabung des Meißels und dem unregelmäßigen Schlag des Hammers gab etwas nach. Es gab ein raues Geräusch, das einem Stöhnen ähnelte. Ein Knacken, das wie ein gegabelter Blitz aussah, war über die Oberfläche des Steins geschossen. Er hatte es in zwei Hälften geteilt. Seine großen Stücke fielen zu beiden Seiten von ihm auf den Boden. Dann fiel ihm ein, dass der Stein nutzlos gewesen war. „Das ist jetzt egal", dachte er. Nichts war wichtig.

Mit dem Hammer in der Hand saß er weiterhin im treibenden Mondlicht und hatte das Gefühl, als wäre alles auf der Welt in Atome zersplittert. Seine beiden Idole waren auf einen Schlag zerstreut worden – seine Frau und sein Freund. Die goldenen Fäden, die ihn an das Leben gebunden hatten, waren zerrissen. Als die Armut gekommen war, hatte er ihr begegnet, ohne zu trauern; Als der Tod zu kommen schien, hatte er sich tapfer dagegen gewehrt. Aber ohne Frau, ohne Freunde, betrogen, wo er geliebt hatte, verraten, wo er angebetet hatte, er war bankrott, er war gebrochen und eine grenzenlose Verzweiflung erfasste ihn.

Wenn die Hoffnung völlig verschwunden ist, verwandelt die Angst einen Menschen manchmal in ein Monster. Aus der Wiege ertönte ein unruhiger Schrei, und immer noch in der Benommenheit seiner Verzweiflung ging er hinaus, um sie zu schaukeln. Das Feuer, das nur verglimmt und glimmend gewesen war, fing nun an, in Flammen aufzugehen, und das Kind blickte mit Philipps Augen zu ihm auf. In diesem Moment schien ein Messer in sein Herz einzudringen. Er war verzweifelter, als er gedacht hatte. „Still, mein Kind, still!" sagte er ohne nachzudenken. *Sein* Kind? Er hatte keine. Dieser Trost war verschwunden.

Wut kam, um seinen Verstand zu retten. Um keinen Zorn zu verspüren, musste er kleiner oder älter als ein Mann gewesen sein. Er erinnerte sich daran, was das Kind für ihn bedeutet hatte. Er erinnerte sich daran, was es war, als es kam, und noch einmal, als er dachte, seine Mutter sei tot; Er erinnerte sich daran, wie es war, als der Tod es missbilligte, und wie es gewesen war, seit der Tod daran vorbeigegangen war. Fleisch von seinem Fleisch, Blut von seinem Blut, Knochen von seinem Knochen, Herz von seinem Herzen. Nicht sein einziger, sondern er selbst.

Eine Lüge, ein Spott, eine Täuschung, eine Täuschung! *Sie* hat es geübt. Oh, sie hatte ihr Geheimnis verborgen. Sie hatte gedacht, es sei sicher. Aber das Kind selbst hatte es verraten. Das Geheimnis hatte aus dem Gesicht des Kindes gesprochen.

„Dennoch habe ich gesehen, wie sie neben dem Kinderbett kniete und betete: ‚Gott segne mein Baby, seinen Vater und seine Mutter'———"

Warum hatte er sie nicht getötet? Eine wilde Vision stieg vor ihm auf, wie er Kate tötete, dann zum Deemster ging und sagte: „Nimm mich; Ich habe sie ermordet, weil du sie entehrt hast. Verurteile mich zum Tode; doch denkt daran, dass Gott lebt, und er wird euch zur Verdammnis verurteilen."

Aber wie schade – wie schade! Mit einem schnellen Aufruhr der Zärtlichkeit erinnerte er sich an Kate, wie er sie gerade gesehen hatte, wie sie hinten in der Wiege hockte wie ein gejagter Hase mit erhobenen Pfoten, der seinen letzten erbärmlichen Schrei ausstieß. Er erinnerte sich an ihr verändertes Gesicht, so blass selbst im Feuerschein, so dünn, so abgenutzt, und seine Wut begann gegen Philip zu rauchen. Die Blume, die er mit Stolz auf seiner Brust getragen hätte, hatte Philip im Dunkeln vergraben. Verfluche ihn! Verfluche ihn!

Sie hatte alles für diesen Mann aufgegeben – Ehemann, Kind, Vater, Mutter, ihre Freunde, ihren guten Namen, das Licht des Himmels. Wie muss sie ihn geliebt haben! Dennoch hatte er sich für sie geschämt, hatte sie versteckt und hatte Angst davor, dass die Luft ihren Aufenthaltsort verraten könnte. Verfluche ihn! Verfluche ihn! Verfluche ihn!

In der Hitze seiner großen Wut dachte Pete auch an sich. Eifersucht war weit unter seiner Würde, aber wie alle großen Seelen hatte dieser einfache Mann etwas von der Größe einer Freundschaft gewusst. Zwei Ströme strömen in sie hinein und nehmen den Himmel in ihren Schoß. Aber Philip hatte ihn auseinandergehalten, ihn in die Schranken gewiesen und ihn dennoch bis zur völligen Erschöpfung ausgelaugt. Er hatte seine Nacktheit aufgedeckt – die Nacktheit seiner Seele selbst.

Nach und nach rekonstruierte Pete die Geschichte der vergangenen Monate. Er erinnerte sich an die Nacht von Kates Verschwinden, als er nach Ballure gegangen war und zum erleuchteten Fenster hinaufgeschrien hatte: „Ich habe sie nach England geschickt", in der Absicht, ihre Schuld zu verbergen. In diesem Moment hatte Philip alles gewusst – wo sie war (denn dorthin hatte er sie geschickt), warum sie weg war und dass sie für immer weg war. Verfluche ihn! Verfluche ihn!

Pete erinnerte sich an die Briefe – den ersten, den er Philipp in die Hand gegeben hatte, den zweiten, den er ihm vorgelesen hatte, und den dritten, den Philipp nach seinem Diktat geschrieben hatte. Die kleinen Fälschungen, um ihren armen Namen süß zu machen, die kleinen Erfindungen, um seine Geschichte plausibel zu machen, die kleinen Lügen der Liebe, die kleinen Scherze eines brechenden Herzens! Und dann die Nachrichten! Die Geschenke an das Kind! Der Hinweis auf den Deemster selbst! Und der Deemster hatte dort gesessen und alles durchschaut, wie die Sonne durch Glas sieht, und doch hatte er kein Zeichen gegeben, er hatte nie gesprochen; er hatte ein zitterndes, nacktes Herz in seiner Hand gehalten, während sein eigenes darin kalt wie ein Stein lag. Verfluche ihn, o Gott! Verfluche ihn!

Pete erinnerte sich an die Nacht, als Philip kam, um ihm zu sagen, dass Kate tot war, und wie er sich mit dem Gedanken getröstet hatte, dass er mit seinen großen Schwierigkeiten nicht ganz allein war, weil sein Freund bei ihm war. Er erinnerte sich an die Reise zum Grab, an das Grab selbst – das Grab eines anderen –, wie er am Fuß des Grabes kniete und laut in Philipps Ohren betete: „Vergib mir, mein armes Mädchen!"

„Wie soll ich ihn töten?" dachte Pete. Deemster auch! Jetzt der erste Deemster und hoch in Ehren gehalten! Verehrt für seine Gerechtigkeit! Geliebt für seine Barmherzigkeit! Oh Gott! Oh Gott!

Es gibt Leidenschaften, die so überwältigend sind, dass sie die Sprache ersticken und der Mensch zum Tier zurücksinkt. Mit einem unartikulierten Schrei ging Pete in den Salon und holte den Holzhammer auf. Ein verzweifelter Gedanke war ihm durch den Kopf geschossen, Philip zu töten, während er auf der Bank saß, die er in Ungnade gefallen hatte, und das Gesetz verwaltete, das er beleidigt hatte. Die wilde Gerechtigkeit dieser Idee ließ das Blut in seinen Ohren sprudeln. Er sah, wie er den Deemster an der Kehle hielt und laut zum Volk schrie: „Sie halten diesen Mann für einen gerechten Richter – er ist ein weiß getünchtes Grab." Sie denken, er sei so wahr wie die Sonne – er ist so falsch wie das Meer. Er hat mir Frau und Kind geraubt; Schon vor den Toren des Himmels hat er mich höllisch angelogen. Die Stunde der Gerechtigkeit hat geschlagen, und so bezahle ich ihn – und so – und so."

Aber die Macht der Worte ging in der Trunkenheit seiner Wut verloren. Mit einem düsteren Brüllen warf er den Hammer weg, und er rollte in immer enger werdenden Kreisen über den Boden. „Meine Hände, meine Hände", dachte er. Er würde Philip erwürgen und dann jeden töten, der sich ihm in den Weg stellte, nur aus Mordlust. Warum nicht? Die tödliche Linie war vorbei. Nichts Heiliges blieb übrig. Die Welt war eine heulende Wildnis grenzenloser Freiheit. Mit dem wilden Knurren eines Tieres im Käfig warf sich dieser wilde Mann gegen die Tür, riss sie auf und sprang auf den Weg.

Dann blieb er plötzlich stehen. Draußen war ein donnerndes Geräusch, wie die Wellen in einer Höhle. Eine Gruppe Leute kam durch das Tor herein. Einige gingen mit dem schweren Schritt von Männern, die eine Leiche tragen. Andere trugen Laternen, und einige hielten hoch über ihren Köpfen die Fackeln, die die Fischer benutzen, wenn sie nachts die weißen Netze einholen.

"Wer ist da?" rief Pete mit einer Stimme, die einem Heulen glich.

„Dein Freund", sagte jemand.

" *Mein* Freund? Ich habe keinen Freund", rief Pete mit gebrochenem Gebrüll.

„Es scheint, als wäre er weg", sagte eine Stimme aus der Dunkelheit.

Pete hörte es nicht. Als er die Menschenmenge und die Lichter sah, aber nur als von Feuer durchzogene Dunkelheit, dachte er, Philipp würde wiederkommen, wie er ihn schon so oft in seiner Herrlichkeit, in seiner Größe, in seinem Triumph hatte kommen sehen.

"Wo ist er?" er brüllte. „Er ist hier", antworteten sie.

Und dann wurde Philip in den Armen von vier Trägern den Weg hinaufgeführt, sein Kopf hing zur Seite und zitterte bei jedem Schritt, sein Gesicht war weiß wie die Perücke darüber und sein Kleid hing über die Erde.

Plötzlich herrschte Ruhe und Pete fiel voller Ehrfurcht und Entsetzen zurück. Ein Blitz aus dem Himmel schien ihm zu Füßen gefallen zu sein, und er zitterte, als hätte ihn ein Blitz geblendet.

Tot!

Seine Wut war abgeebbt, seine Wut war gegen einen Felsen geprallt. Seine gewaltige Wut war angesichts dieser schrecklichen Präsenz zunichte geworden. Der Dunkle Geist war ihm vorausgegangen und hatte ihm sein Opfer aus den Händen gerissen. Er war herausgekommen, um diesen Mann zu töten, und hier traf er ihn, als er tot nach Hause gebracht wurde.

Tot? Dann war auch seine Sünde tot. Gott vergib ihm!

Gott vergib ihm, wohin er gegangen ist! Anmaßender Mann, treten Sie zurück.

Oh, mächtiger und barmherziger Tod! Tod, der Befreier, der Befreier, der Begnadiger, der Friedensstifter! Sogar der Schatten deines Gesichts kann das Feuer der Rache löschen; Sogar das Sammeln deiner Flügel kann den Lärm des Wahnsinns dämpfen und Hass in Liebe und Flüche in Gebete verwandeln.

<h1 style="text-align:center">X.</h1>

In diesem nackten und nackten Haus gab es ein Zimmer, das noch unberührt war. Es war das Zimmer, das für den Deemster reserviert worden war. Philip lag regungslos und scheinbar leblos auf dem Bett. Jem-y-Lord stand da und schlug mit den Händen auf den Fuß. Pete saß auf einem niedrigen Hocker an der Seite und hatte das Gesicht auf die Knie gesenkt. Nancy, inzwischen aus Sulby zurückgekehrt, blies in die Gitterstäbe, um ein Feuer anzuzünden. Eine kleine Gruppe Männer stand zusammengedrängt wie Schafe in der Nähe der Tür.

Jemand sagte, das Herz des Deemsters klopfe. Sie holten aus einem anderen Raum ein kleines Handglas aus Elfenbein und hielten es vor den Mund. Als sie ihn anhoben, war die Oberfläche des Spiegels leicht verschwommen.

Diese kleine Wolke auf dem Glas schien heller als der leuchtende Schritt eines Engels auf dem Meer. Jem-y-Lord nahm einen Schwamm und begann, die kalte Stirn zu befeuchten. Einer nach dem anderen brachten die Menschen dahinter die Weisheit ihrer alten Frau zum Vorschein. Jemand erinnerte sich, dass seine Großmutter einem scheinbar toten Menschen immer Salz in die Nase streute; Jemand anderes erinnerte sich daran, dass der Hufschmied ihn am Tag des Todes des alten Eisenchristen von einem Fohlen geworfen hatte und zwölf Stunden lang bewusstlos daliegen ließ und ihm sofort die Augen geöffnet hatte.

Der Arzt war eine halbe Stunde nach Ballaugh gereist, und ein Mann war auf ein Pferd gesetzt und hinter ihm hergeschickt worden. Aber es war eine zwölf Meilen lange Reise; die Nacht war dunkel; Es würde eine gute Stunde dauern, bis er zurück sein könnte.

Sie berührten Pete an der Schulter und schlugen etwas vor.

„Äh?" er antwortete ausdruckslos.

„Benommen", sagten sie sich. Der arme Mann konnte keine weise Antwort geben. Er hatte einen Schock erlitten, und es kam noch schlimmer. Sie sprachen mit leiser Stimme von Kate und Ross Christian; Pete tat ihnen leid; Noch mehr tat ihnen der Deemster leid.

Die Perücke des Deemster war abgenommen und auf den Frisiertisch geworfen worden. Der Mund war nach oben gerichtet wie die Nachtmütze einer alten Frau. Seine Haare waren ihm auf dem Kissen nachgeschleift. Das schwarze Kleid war nicht ausgezogen, sondern am Hals aufgerissen, damit der Hals frei blieb. Einer von Philipps Armen war über die Bettkante

gerutscht, und die lange, dünne Hand war kalt und grün und ätherisch wie
Marmor.

Neben dieser Hand kauerte Pete auf seinem niedrigen Hocker. Er
brauchte keine Erweichung, um es jetzt zu berühren. Die kalten Finger waren
in seiner Handfläche und seine heißen Tränen fielen darauf. Als er sich an
das Verbrechen erinnerte, das er beinahe begangen hätte, war er entsetzt.
Sein Freund! Sein lebenslanger Freund! Sein einziger Freund! Der Deemster
nicht mehr, sondern nur noch der Mann. Auch nicht der Mann, sondern das
Kind. Die grausamen Jahre waren mit all ihrer Last an Unglück
zurückgekehrt. Vergessene Tage waren wieder da – Tage, die lange unter den
Trümmern der Erinnerung begraben waren. Sie waren wieder zusammen
Jungs. Ein kleiner, sonniger Kerl in Samt und ein größerer Junge in einer
Mütze; der Kleine redet, redet immer; der Große, der zuhört, immer zuhört;
der Kleine macht einen Antrag, der Große stimmt zu; der Kleine führt, der
Große folgt; Der Kleine schaut nach oben und doch ein wenig nach unten,
der Große schaut nach unten und doch ein wenig nach oben. Oh, die
glücklichen, glücklichen Zeiten, bevor Wut, Eifersucht, Wut und der
wahnsinnige Morddrang ihren Sonnenschein verdunkelt hatten!

Die Erinnerungen, die Pete das zärtlichste Herz auslösten, als er da saß
und die leblose Hand berührte, waren die großen Taten, die er für Philip
getan hatte – wie er für ihn gekämpft hatte und wie er für ihn geleckt worden
war und wie er für ihn blutige Nasen bekommen hatte und wurde dafür von
Black Tom verprügelt. Aber es gab auch andere, die weniger zart waren.
Philip verließ sein Zuhause, um zu König Wilhelm zu gehen, und Pete
grübelte über seinen stumpfen Kopf, was er ihm zum Abschied schenken
sollte. Die Entscheidung fiel ihm umso schwerer, weil er nichts zu geben
hatte. Endlich hatte er es geschafft, zu pfeifen – das Einzige, wozu seine
ungeschickten Finger jemals geschickt gewesen waren. Mit seinem
Klappmesser hatte er aus dem Ast einer Weide ein wundersam großes
Exemplar herausgeschnitten; er hatte es gekürzt; er hatte es umgedreht; Es
erklang wie ein Nebelhorn. Der Morgen war frostig und seine Füße waren
nackt, aber die Kälte machte ihm nichts aus; er fühlte es nicht – nein, nicht
im Geringsten. Er stand hinter der Hecke am Tor von Ballure und wartete
auf die Kutsche, die Philip abholen sollte, und verbrachte die Zeit damit, die
Pfeife am Bein seiner glänzenden Kniehose zu polieren und ihren Ton mit
nur einem weiteren Schlag zu testen. Dann kam Crow und Philip in seiner
neuen Schirmmütze und Leggings heraus. Hoppla! Ups! Weg! Sie machten
sich auf den Weg, ohne ihn jemals zu sehen, ohne sich auch nur einmal
umzusehen, und er blieb in der stacheligen Hecke zurück, mit seinen blauen
Füßen auf dem Frost, einem Ausdruck der Niedergeschlagenheit um den
Mund und der Spitze der törichten Pfeife, die aus seiner Jacke hervorlugte –
Tasche.

Das tiefe Schluchzen, das diese Erinnerungen mit sich brachten, wurde von einem leisen Geräusch aus dem Bett unterbrochen. Es war ein wahnsinniges Murmeln, so leise wie das Summen von Bienen, doch Pete hörte es.

„Bedecke mich, Pete, bedecke mich!" sagte Philip und träumte laut.

Philip war ein lebender Mann! Gott sei Dank! Gott sei Dank!

Ein Flüstern reicht weiter als ein Schrei. Die Leute dahinter flüsterten die Neuigkeiten dem Flur zu, dem Gang zur Treppe, der Treppe zur Halle und der Halle zum Garten, wo sich in der Dunkelheit eine Menschenmenge versammelt hatte, um zu dem Haus aufzublicken, über dem der Todesengel war schwebend.

Im nächsten Moment krächzte der Raum wie ein Froschteich. "Preiset den Herrn!" rief einer. „Seine Barmherzigkeit währt ewiglich", rief ein anderer. "Was sagt sie?" sagte ein Dritter. „Das schwafelt in seinem Kopf, das arme Ding", sagte ein Vierter.

Pete schickte sie hinaus – alle außer Jem-y-Lord, der immer noch das Gesicht des Deemsters befeuchtete und seine Hände öffnete, die jetzt zuckten und sich festigten.

"Aus dieser! Raus mit dir!" rief Pete heiser.

„Es hat keinen Zweck, die Wut mit sich zu nehmen – der Mann hat es versucht", murmelten sie und gingen weg.

Jemmy wollte sie nicht gehen sehen. Er hatte Angst davor, mit Pete allein gelassen zu werden – Angst davor, dass der Deemster dieser wilden Kreatur mit den flammenden Augen ausgeliefert sein könnte.

Und jetzt, da Philip ein lebender Mann war, begann Pete Angst vor sich selbst zu haben. Als er das Leben in Philipps Gesicht sah, kehrte sein nagendes Elend zurück. Er dachte, sein Hass sei überwunden, aber er kämpfte erneut mit der Vergebung. Hier war der Mann, der ihm Frau, Kind und Zuhause geraubt hatte! In einem anderen Moment hätte er ihn vielleicht im Griff seines gerechten Zorns festhalten können.

Es ist eine unergründliche und schreckliche Tatsache, dass gerade in dem Moment, in dem der gute Engel eines Menschen gesiegt hat, aber erschöpft ist, sein böser Engel mit Sicherheit den Vorteil des Zufalls erhält. Philipps Delirium setzte heftig ein, und das brutale Biest in Pete, das gerade seinen letzten Kampf durchlebte, stand über dem Bett und beobachtete ihn. In seiner Gewalt riss Philip an seiner Brust und zog etwas unter seinem Hemd hervor. Einen Moment später fiel es von seinen grifflosen Fingern auf den Boden. Es war eine dunkle Haarsträhne. Pete wusste, wessen Haar es war, und er setzte seinen Fuß darauf, und in diesem Moment überkam ihn erneut der wahnsinnige Impuls, Philip an der Kehle zu packen und ihn zu würgen. Immer wieder kam es. Trotz seines Schluchzens und seiner Tränen musste er es unterdrücken.

Aber die Liebe kann nicht sofort getötet werden. Es fällt nicht tot um. Es lag eine Art Zärtlichkeit in dem Gedanken, dass dies der Mann war, für den Kate die ganze Welt aufgegeben hatte. Pete begann sanft zu Philip zu sein, weil Kate ihn liebte; Er begann etwas von Kate in Philipps Gesicht zu erkennen. Diese seltsame Milderung verstärkte sich, als er die Worte von Philipps Delirium hörte. Er dachte, er sollte das Zimmer verlassen, konnte sich aber nicht losreißen. Er hockte sich auf den Hocker, verschränkte die Hände hinter dem Kopf und hielt sich die Ohren fester zu. Es war nutzlos. Er konnte nicht anders, als zuzuhören. Nur unzusammenhängende Sätze, seltsame Seiten, die aus dem Buch des Lebens herausgerissen wurden, einige davon waren von Tränen verschwommen; aber für den, der ihn hörte, waren sie wie eine kühle Hand auf einer fiebrigen Stirn.

„Ich war ein Kind, Philip – ich wusste damals nicht, was Liebe ist – als ich mit dem Ramsey-Dampfer nach Hause kam – um ehrlich zu sein, Philip – sagen wir, wir haben versucht, treu und treu zu sein, und konnten es nicht, weil wir einander liebten andere, und es gab keine Hilfe für – – sagen Sie es Kirry – – ja, Tante, ich habe die Briefe meines Vaters gelesen – – das Bild ist zerbrochen – –"

Dies mit der Stimme eines Menschen, der im Schlaf spricht, und dann mit einem gedämpften, heißen Flüstern: „Habe ich kein Recht auf dich? – Ja, ich habe ein Recht – nimm deinen Mantel, dann ist der Sturm da." Ich komme – ich werde dich nie gehen lassen – erinnerst du dich nicht? – – kannst du jemals vergessen – meinen Mann! – meinen Mann!"

Pete hob den Kopf, während er zuhörte. Er hatte geglaubt, Philip hätte ihm Kate geraubt. War er es, der Kate Philip geraubt hatte?

„Ich kann nicht länger in diesem Haus leben, Philip – die Wände erdrücken mich; die Decke fällt auf mich; Die Luft erstickt mich – drei Uhr, Pete – ja, drei morgen, im Ratssaal in Douglas – ich bin keine schlechte Frau, Philip Christian – da ist etwas, was Sie nie erraten haben und Ich habe es dir nie gesagt – ist es das Kind, Kate? – hast du das Kind gesagt? – du bist sicher – du täuschst dich nicht?"

All dies in einem Ton tiefer Bittens, und dann, mit schnellem Atem: „Jemmy, hol die Kutsche bei Shimmin und fahre sie selbst – falls es bei Ramsey einen Versuch gibt, das Pferd herauszuholen – fahr auf die Straße." zwischen der Kapelle und dem Cottage – in dem Moment, in dem die Dame zu Ihnen stößt – Sie haben Recht, Kate – Sie können hier nicht länger leben

– Dieses Leben der Täuschung muss enden – – das ist das Surren des Nachtglases, das aufsteigt Ballure Glen.“

Jem-y-Lord, der das Kissen ausklopfte, ließ es beim Herumfummeln halb über das Gesicht des Deemsters fallen und blickte Pete entsetzt an. Würde dieses grausame Delirium niemals brechen? Wo war der Arzt? Würde er überhaupt nicht kommen?

Pete war aufgestanden und blickte benommen nach unten. Er hatte geglaubt, Philipp hätte ihm das Kind geraubt. War er es, der Philipp beraubt hatte?

„Ja, Pete erzählt die gleiche Geschichte. Er schreibt Briefe an sich selbst – so einfache Dinge! – – armer alter Pete – – er meint es nicht böse – – er denkt nie, dass jedes Wort brennt – – Jemmy, lass heute Abend mehr Brandy weg, die Karaffe ist leer – –“

Pete beugte sich über das Kissen. Plötzlich fuhr er zurück. Philipps Augen waren geöffnet und leuchteten zu ihm hinauf. Es war kaum zu glauben, dass Philip nicht auf Augenhöhe mit ihm sprach. Aber es gab einen Schleier zwischen ihnen, den Schleier der Hand Gottes.

„Ich weiß, Philip, *ich* weiß“, sagte der bewusstlose Mann schnell flüsternd; er atmete schnell und laut. „Sag ihm, ich bin tot – ja, ja, das ist es, das ist es – grausam? – nein, aber freundlich – ‚Armes Mädchen‘, wird er sagen, ‚ich habe sie einmal geliebt, aber sie ist weg“ ――――Ich werde es tun, ich werde es tun.“ Dann, im Ton der Angst: „Es ist Wahnsinn – Gesichter in die Dunkelheit zu malen, Stimmen in der Luft zu hören, ist Wahnsinn.“ Und dann, feierlich, mit einem kühlen, dumpfen Ausspruch: „Da – da – der da an der Wand –“

Auf Petes Stirn bildeten sich große Schweißtropfen. Hatte er geglaubt, Philip hätte ihn gefoltert? Er war es, der Philip gefoltert hatte. Die Briefe, die Nachrichten, die Geschenke, das waren die Peitschen und Skorpione in seiner Hand. Jedes unschuldige Wort, jeder Blick, jedes Zeichen waren wie Riemen im Folterinstrument gewesen. Pete begann großes Mitleid mit Philip zu empfinden. „Er hatte viel gelitten“, dachte Pete. „Er hat dieses Kreuz weit genug getragen.“

„Gute Nacht, Bootsmann! – ich bin zu weit gegangen – ja, ich bin wieder zurück, Gott sei Dank –“

Diese Worte sind hell, fröhlich, hoffnungsvoll; dann, in den tiefsten Tönen: „Leb wohl, Philip – es ist alles meine Schuld – ich habe einem Mann das Herz gebrochen und ich zerstöre die Seele eines anderen – ich hinterlasse diese Haarsträhne.“ – Das ist alles, was ich verlassen muss – Auf

Wiedersehen! – Ich hätte schon längst gehen sollen – Du wirst mich jetzt nicht hassen – –“

Die letzten Worte verklangen, brachen in der Kehle und verstummten. Dann kam schnell mit keuchendem Atem: „Kate! Kate! Kate!“ immer und immer wieder wiederholt, beginnend mit einem lauten, flehenden Schrei, der dann zu einem langen Wehklagen ausklingt, als ob er über eine düstere Einöde schreit, in der die Stimme verloren geht.

Jem-y-Lord war zur Tür gerannt, hatte wie eine Frau seine weißen Hände gerangt und zu Gott gebetet, dass der Deemster niemals aus seiner Bewusstlosigkeit erwachen möge. „Er hat ihm alles erzählt“, dachte Jem. „Der Mann wird sich das Leben nehmen.“

„Ich stand dazwischen“, dachte Pete. „Sie war nichts für mich. Sie gehörte nicht mir. Sie gehörte Philip. Es war Gottes Werk.“

Die Bitterkeit in Petes Herzen war verflogen. „Aber ich wünsche – was nützt es denn, es zu wünschen? Gott helfe uns allen“, murmelte er mit brüchiger Stimme, dann ging er wie zuvor auf den Hocker und bedeckte sein Gesicht mit den Händen.

Philip hatte seinen Kopf gehoben und sich auf einen Ellbogen gestützt. Mit seinen glasigen Augen blickte er in die leere Luft, als stünde ein Bild vor ihnen.

„Ja, nein, ja – – erzähl mir nicht – diese Kate? – das ist ein Fehler – das ist nicht Kate – dieses weiße Gesicht! – diese hohlen Augen! – diese elende Frau! – außerdem, Kate ist tot – sie muss tot sein – was soll das mit den Lampen? – sie gehen aus – auch auf der Anklagebank und vor mir – sie da und ich hier! – sie die Gefangene, ich der Richter!"

All dies mit heftiger Emotion und mit einem Arm ausgestreckt über Petes kauernden Kopf.

„Aber wenn ich ihre Stimme hören könnte – vielleicht ihre Stimme jetzt –, würde ich fallen – es ist Kate, es ist Kate! Oh! Oh!"

Philip hatte einige Sekunden lang innegehalten, als wollte er zuhören, und dann hatte er mit einem lauten Schmerzensschrei die Augen geschlossen und sich wieder auf das Kissen gerollt.

„Gott hat gewollt, dass ich das alles höre“, dachte Pete. Um den Frieden seiner Seele zu gewährleisten, hatte Gott beabsichtigt, dass er den Phasen dieses Dramas mit nacktem Herzen folgen sollte. Er schluchzte, aber sein Schluchzen war wie ein Knurren.

"Was macht er gerade?" dachte Jem-y-Lord und reckte den Hals zur Tür. „Soll ich jemanden rufen?“

Pete hatte die Haarsträhne, die unter seinem Fuß gelegen hatte, vom Boden aufgehoben und steckte sie zurück in Philipps Brust.

„Nichts als ich zwischen ihnen", dachte er, „nichts als ich."

„Setzen Sie sich, Sir", rief der bewusstlose Mann. Es war erst der letzte Ausbruch von Philipps Delirium, aber Pete zitterte und schreckte zurück.

Dann stöhnte Philip und seine blauen Lippen zitterten. Er öffnete seine Augen. Sie wanderten einen Moment lang im Zimmer umher und richteten ihren Blick anschließend mit langem, hagerem Blick auf Pete. Petes eigene Augen waren zu voller Tränen, als dass er etwas hätte sehen können, aber er konnte sehen, dass die Veränderung gekommen war. Er keuchte vor Erwartung und sah mit hündischer Freude auf Philip herab.

Es herrschte einen Moment Stille, und dann murmelte Philip mit einer Stimme, die so leise wie ein Atemzug war. „Was ist – wo ist – ist es Pete?"

Daraufhin stieß Pete einen Freudenschrei aus. „Er ist er selbst! Er ist er selbst! Gott sei Dank!"

„Äh?" sagte Philip hilflos.

„Machen Sie sich jetzt keine Sorgen", rief Pete. „Bleib ruhig, Junge; Du bist in deinem eigenen Zimmer und so schön wie schön.

„Aber", sagte Philip, „wollen Sie nicht freundlicherweise –"

„Kein weiteres Wort, Phil. Schon gut. Ihr seid alle heiter und ungefähr so gut wie neun Pence."

„Euer Ehren war im Delirium", sagte Jem-y-Lord.

„Chut!" sagte Pete hinter seiner Hand und rief dann erneut freudig: „Willst du ein Beefsteak essen, Phil, oder ein Gericht mit Tay und Hering?"

Philip sah verwirrt aus. „Aber könnten Sie mir nicht helfen –" er stockte.

„Sie sind im Gerichtsgebäude ohnmächtig geworden, Sir", sagte Jem-y-Lord.

"Ah!" Es war alles zurückgekommen.

„Hör mal, du Gawbie", flüsterte Pete und trat verstohlen gegen Jemmys Schienbeine.

Pete lachte und weinte in einem Atemzug. Im freudigen Aufschwung böser Leidenschaften war der große Kerl wie ein Junge. Er zündete das Feuer an, löschte die Kerze mit den Fingern aus und sang „My gough!" als er sie verbrannte, und dann auf dem Boden herumhüpfte und nach einem Regenschauer so viele Kapern machte wie eine Schwalbe.

Philip sah ihn an und verfiel wieder in Schweigen. Es schien, als sei er auf einer Reise gewesen und in seiner Abwesenheit sei etwas geschehen. Das Geheimnis, das er so lange zuzugeben versucht hatte, war irgendwie gelüftet worden.

Jem-y-Lord schlug seine Kissen aus. "Weiß er?" sagte Philip. – „Ja", flüsterte Jemmy.

"Alles!"

"Alles. Du warst im Delirium."

"Phantasierend!" sagte Philip alarmiert.

Dann kämpfte er darum aufzustehen. "Hilf mir auf. Lass mich gehen. Warum hast du mich hierher gebracht?"

„Ich konnte nicht anders, Sir. Ich habe versucht zu verhindern –"

„Ich kann ihm nicht gegenübertreten", sagte Philip. "Ich habe Angst. Hilf mir, hilf mir."

„Sie sind zu schwach, Sir. Still liegen. Niemand soll dir Schaden zufügen. Der Arzt kommt."

Philip sank mit einem ängstlichen Blick zurück. „Wasser", rief er schwach.

„Hier ist es", sagte Jem-y-Lord und nahm den Krug vom Frisiertisch, aus dem er den Schwamm angefeuchtet hatte.

„Tut!" rief Pete und kippte den Krug, so dass die Hälfte des Wassers überlief. „Brandy für einen Mann, wenn er im Bett liegt, du Gänsehaut. Hould, hart, Junge; Ich habe einen Vorgeschmack auf das Rael-Zeug im Schrank. Eine halbe Minute, Kumpel. Ein Tropfen wird überhaupt nicht schaden", und er stürzte wie eine Flut die Treppe hinunter und überschwemmte beinahe Nancy, die beim Klang von Stimmen in ihren Strümpfen angeschlichen kam.

Das Kind war in seiner Wiege erwacht und unterhielt sich leise mit seinen Zehen, ein pummeliges Bein über seiner kleinen Decke liegend.

„Hollo, junger Cockalorum, bist du da!" rief Pete.

Im nächsten Moment sprang er mit einer Flasche Brandy in der Faust die Treppe hinauf, drei Stufen auf einmal.

Inzwischen war Jem-y-Lord an den Deemster herangetreten und flüsterte mit ängstlichen und geheimnisvollen Blicken: „Nehmen Sie es nicht an, Sir."

"Was?" sagte Philip ausdruckslos. „Der Brandy", sagte Jem.

„Äh?"

„Es wird –" begann Jem, aber Petes Schritt donnerte die Treppe hinauf, und mit einem weiten Öffnen des Mundes, statt einem hörbaren Ausstoß der Zunge, fügte er hinzu: „vergiftet."

Philip konnte es nicht verstehen, und Pete kam und schrie:

„Wo ist jetzt dein Wasser, nicht wahr, Snuff-the-Wind?"

Während Pete den Brandy in ein Glas goss und das Wasser hinzufügte, fing Jemmy ein herumliegendes Stück Zeitungspapier auf, kramte nach einem Bleistift, schrieb ein paar Worte auf den Rand, riss das Stück ab und schmuggelte es in die Hand des Deemster .

„Angst vor Pete!" dachte Philip. „Es ist ungeheuerlich! monströs!"

In diesem Moment war das Geräusch von Pferdehufen auf der Straße zu hören.

„Der Doktor", rief Jem-y-Lord. „Endlich der Arzt. Warten Sie, Sir, warten Sie", und er rannte die Treppe hinunter.

„Hier bist du", rief Pete und kam mit einem Glas in der Hand ans Bett. „Trink es aus, Junge. Es wird dich versteifen. Mein Glaube, aber es ist eine Eins. Ach, Gott ist aber gut. Er ist das alles. Er ist wirklich gut."

Pete lachte; er weinte; Er schmeckte eine neue Süße – die Süße, wieder ein guter Mann zu sein.

Philip hielt Jem-y-Lords Papier vor Augen und versuchte, es zu lesen.

„Was hat Jemmy mir gegeben?" er sagte. „Lies es, Pete. Meine Augen sind benommen."

Pete nahm das Papier in seine linke Hand und hielt immer noch das Glas in seiner rechten. Um die Schrift anzuzünden, kniete er neben dem Kopfende des Bettes nieder und beugte sich zum Feuer hinüber. Dann las er, wie ein Schuljunge, der seine Aufgabe wiederholt, mit singender Stimme die Worte vor, die Jem-y-Lord geschrieben hatte: „Trink den Brandy nicht. Pete versucht dich zu töten."

Pete lachte knirschend. „Das ist jetzt eine schöne Sache", begann er, konnte aber nicht zu Ende sprechen. Sein Lachen verstummte, seine Augen weiteten sich, seine Zunge schien aus seinem Mund zu hängen, und er drehte den Kopf und blickte mit qualvollem Zweifel in Philipps Gesicht zurück.

Philip kämpfte sich hoch. „Gib mir den Brandy, Pete." Er nahm Pete das Glas aus der Hand, und ohne einen zweiten Gedanken, nur mit einem Lächeln des Glaubens und der Zuversicht, hob er es an seine Lippen und trank. Als der Arzt einen Moment später das Zimmer betrat, schluchzte Pete im Bettzeug und Philipps Hand ruhte auf seinem Kopf.

XI.

Früh am nächsten Morgen besuchte Pete Kate im Gefängnis. Er hatte ihr etwas zu sagen, etwas zu fragen; aber er hatte vor, seine eigenen Gefühle zurückzuhalten, sich tapfer zu zeigen und den Mut des armen Mädchens aufrechtzuerhalten. Das Licht innerhalb der Gefängnismauern war kalt und aschefarben, und als er dem Sergeant in die Zelle folgte, musste er an Kate denken, wie er sie zum ersten Mal gekannt hatte, so strahlend, so fröhlich, so voller Leben und Fröhlichkeit. Er fand sie jetzt zusammengekauert auf einer Couch neben einem frisch entfachten Feuer in der Wohnung des Sergeanten. Als er eintrat, hob sie mit entsetztem Blick den Kopf und sah seine hohlen Wangen, seine tiefen Augen und seinen struppigen Bart.

„Ich werde dich nicht belästigen", sagte er. „Ich habe *ihm vergeben*, und ich vergebe dir auch."

„Du bist sehr gut", antwortete sie nervös.

"Gut?" Er stieß ein bitteres Lachen aus. „Ich wollte ihn töten – so gut bin ich. Und es ist das Gleiche, als ob alle Teufel aus der Hölle die ganze Nacht über auf mich losgegangen wären, um es immer noch zu tun. Vielleicht hatte ich nicht viel zu verzeihen. Ich bin wie eine Fledermaus im Licht – ich weiß nicht genau, wo ich bin. Ich kann mir vorstellen, dass die Leute mich auslachen werden, wenn sie mich kennenlernen. Ich würde nicht vertrauen, aber sie werden mich sowieso für einen armen Kerl halten. Lassen Sie sie – es gibt nie viel Mitleid mit dem Hund, der geleckt wird."

Seine Stimme zitterte, obwohl sie so hart und heiser war. „Aber das ist nicht das, was ich sagen wollte. Du wirst diesen Ort bald verwüsten, und ich möchte fragen – ich möchte wissen –"

Sie hatte ihr Gesicht bedeckt und sagte nun durch ihre Hände: „Mach mit mir, was du willst, Pete. Du bist mein Ehemann und ich muss gehorchen."

Er sah für einen Moment auf sie herab. „Aber du kannst mich nicht lieben?"

„Ich habe dich betrogen, und was auch immer du mir sagst, ich werde es tun."

„Aber du kannst mich nicht lieben?"

„Ich werde eine gute Ehefrau für die Zukunft sein*, Pete – das werde ich, in der Tat, in der Tat, das werde ich."

„Aber du kannst mich nicht lieben?"

Sie begann zu weinen. „Das reicht“, sagte er. „Ich werde dich nicht zwingen.“

„Du bist sehr gut“, sagte sie noch einmal.

Er lachte bitterer als zuvor. „Glaubst du, ich will deinen Körper, während ein anderer Mann dein Herz hat? Das ist ein Spiel, das ich lange genug gespielt habe, denke ich. Gut? Nicht ich, Missis.“

Seine Augen, die auf das Feuer gerichtet waren, wanderten zu seiner Frau, und dann zitterten seine Lippen und sein Verhalten veränderte sich.

„Ich bin hart – ich werde es abbrechen. Tatsache ist, dass ich beschlossen habe, etwas zu tun, aber zuerst muss ich eine Frage stellen. Du hast gelitten, seit du mich verlassen hast, Kate. Er hat dich in ein Tal gezerrt – aber sag mir, liebst du ihn noch?“

Sie schauderte und kroch näher an die Wand.

„Machen Sie sich keine Sorgen. Es ist die Art und Weise einer Frau, den Mann zu lieben, den sie falsch gemacht hat. Gut zu ihr zu sein ist nichts – Barmherzigkeit ist nichts – Freundlichkeit ist nichts. Vielleicht gibt es einige, die sich dafür schämen – aber nicht ich. Sich mit Leib und Seele hinzugeben und sich keine Gedanken darüber zu machen, was sie dafür bekommt – das ist der Ruhm einer Frau, wenn sie sich um irgendjemanden kümmert. Sag mal, Kate – liebst du ihn trotz allem?“

Die Antwort kam in einem Flüstern, das wie ein Atemzug war: „Ja.“

„Das reicht“, sagte Pete.

Er drückte seine Hand auf die Stelle seiner alten Wunde. „Ich hätte wissen können, dass du dich nie um mich kümmern könntest – das hätte ich wissen können“, sagte er mit Mühe. „Aber glauben Sie nicht, dass ich meine Unannehmlichkeiten nicht ertragen kann, wie es so schön heißt. Ich kenne jetzt meinen Kurs – ich kenne meinen Job.“

Sie schluchzte in ihre Hände und er atmete schnell und laut.

„Noch ein Wort – nur noch eins – über das Kind.“

„Kleine Katherine!“

„Habe ich ein Recht auf sie?“

Sie schnappte hörbar nach Luft, antwortete aber nicht und er versuchte es ein zweites Mal.

„Gehört sie mir, Kate?“

Ihre Verwirrung nahm zu. Er versuchte es ein drittes Mal und sprach sanfter als zuvor.

„Wenn ich die Insel verlassen sollte, Kate, könnte – muss ich – darf ich dann das Kind mitnehmen?"

Da überwältigte ihre Angst ihre Scham und sie schrie: „Nimm sie nicht weg!" Oh, nicht, nicht!"

"Ah!"

Er drückte seine Hand erneut fest an seine Seite.

„Aber vielleicht ist das nur Mutterliebe, und welche Mutter –"

Er brach ab und begann dann noch einmal mit so leiser Stimme, dass man sie kaum hören konnte. „Sag mir, wenn die Zeit kommt – und sie wird kommen, Kate, hab keine Angst davor –"

Er brach zusammen, er kämpfte hart. „Wenn es an der Zeit ist, dass er und du zusammen sind, wirst du dann Angst haben, den Kleinen bei dir zu haben – wird es falsch erscheinen, Kate – ihr zwei und die kleine Katherine – ein Haushalt – eine Familie – nein? – nein? ?"

"NEIN."

"Das ist genug."

Die Worte schienen aus der Tiefe seiner Kehle zu kommen. „Ich habe nichts mehr zu bedenken. *Er* muss an alles andere denken."

„Und du, Pete?"

„Was ist mit mir los? Glaubst du, es kommt noch Schlimmeres? Glaubst du, es interessiert mich, was ich esse und was ich trinke und was aus mir wird?"

Er lachte wieder und ihr Schluchzen brach erneut aus.

„Gott ist gut", sagte er leiser. „Er wird sich um Leute wie mich kümmern."

Seine bewegungslosen Augen waren auf das knisternde Feuer gerichtet, und er stand im Licht, das daraus aufblitzte, mit einem Gesicht wie Stein. „Ich habe jetzt kein Kind", murmelte er, als würde er mit sich selbst sprechen.

Sie ließ sich zu seinen Füßen auf die Knie nieder, nahm die Hand, die an seiner Seite hing, und begann, sie mit Küssen zu bedecken. „Verzeih mir", sagte sie; „Ich war sehr schwach und sehr schuldig."

„Was nützt es, so zu reden?" er antwortete. „Was Vergangenheit ist, ist Vergangenheit", und er zog seine Hand weg. „Kein Kind jetzt, kein Kind jetzt", murmelte er erneut, als schrie seine Verzweiflung zu Gott.

Er fühlte sich wie ein Mann, der mitten im Ozean Schiffbruch erleidet. Eine Spiere schwebte auf ihn zu. Es war alles, was er von dem sinkenden Schiff, in dem er gesegelt, gesungen, gelacht und geschlafen hatte, ergattern konnte. Er hatte gedacht, damit sein Leben zu retten, aber ein anderer Mann klammerte sich daran fest und er musste es fallen lassen und hinabsteigen.

Sie konnte ihm nicht noch einmal ins Gesicht sehen; sie konnte seine Hand nicht berühren; sie konnte ihn nicht um Verzeihung bitten. Einen Moment lang stand er wortlos neben ihr, dann ging er mit eingefallenen Wangen, tiefen Augen und zerrissenem Gesicht im Morgensonnenlicht davon.

XII.

Phillip fiel in einen tiefen Schlaf. Als er aufwachte, sah er wie in einem Spiegel eine Lösung für das turbulente Drama seines Lebens. Es war eine glorreiche Lösung, ein befreiendes und erlösendes Ende, ein Ende, das die Freiheit von den Fesseln brachte, die ihn bedrängt hatten. Was wäre schon schlimm, wenn es schwer wäre; wenn es schwierig war; Wenn es bitter wäre wie Marah und steil wie Golgatha? Er war bereit, er war gespannt. Oh, gesegneter Schlaf! Oh, weise und beruhigender Schlaf, ich hatte die dunkle Wolke seiner Vergangenheit zerrissen und den Lichtblitz gegeben, der den Weg vor ihm erleuchtete.

Er öffnete die Augen und sah Tante Nan an seiner Seite sitzen und einen Predigtband lesen. Als sich sein Atem veränderte, blickte die alte Taube sich um, ließ das Buch fallen und begann herumzuflattern. „Still, Liebste, still!" Sie flüsterte.

Es gab ein schweres, monotones Geräusch, wie das Schlagen einer fernen Trommel oder das Pochen eines Motors unter der Erde.

„Tante!" – „Ja, Liebste."

"Welcher Tag ist es?"

"Sonntag. Oh, du hast sehr, sehr lange geschlafen, Philip. Du hast gestern den ganzen Tag geschlafen."

„Ist das das Läuten der Kirchenglocke?"

„Ja, Liebes, und auch ein schöner Morgen – so sanft und frühlingshaft. Ich werde das Fenster öffnen."

„Dann muss mein Gehör geschädigt sein."

"Ah! Sie haben die Glocke gedämpft – das ist alles. „Die Kirche ist so nah", sagten sie, „das könnte ihn beunruhigen."

Eine Kutsche kam die Straße herunter. Es klapperte auf dem gepflasterten Weg; Dann verstummte das Rasseln, und es ertönte ein dumpfes Rumpeln, als würde ein Karren auf eine Holzbrücke rutschen. „Das Pferd ist gestürzt", sagte Philip und versuchte aufzustehen.

„Es ist nur das Stroh auf der Straße", sagte Tante Nan. „Die Leute haben es von überall her mitgebracht. „Wir müssen den Verkehr am Haus dämpfen", sagten sie. Oh, man konnte sich gar nicht vorstellen, wie gut sie waren. Gestern war Markttag, aber es wurden keine Geschäfte getätigt. Hätte nicht sein können; Sie kamen und gingen den ganzen Tag. „Und wie geht es dem Deemster jetzt?" „Und wie geht es ihm jetzt?" Es war passend, dich zum Weinen zu bringen. Ich glaube an mein Herz, Philip, in der ersten Nacht ist in Ramsey überhaupt niemand zu Bett gegangen. Alle warteten und warteten, ob es nicht etwas zu holen gäbe, und in jeder Küche rundherum brodelte der Wasserkocher. Aber still, Liebste, still! Nicht so viel auf einmal reden. Ruhe jetzt!"

„Wo ist Pete?" fragte Philip, sein Gesicht zur Wand gerichtet.

„Öle die Scharniere der Tür, Liebste. Gestern hat er den ganzen Tag Teppiche auf der Treppe ausgelegt. Aber niemals das Geräusch eines Hammers. Der Mann ist wunderbar. Er muss Hände wie Eisen haben. Sein Herz ist jedoch weich genug. Aber dann sind alle so nett – alle, alle! Der Arzt und der Pfarrer und die Zeitungen – oh, es ist wunderschön! Es ist genau das, was Pete gesagt hat."

„Was hat Pete gesagt, Tante?"

„Er sagte, die Engel müssten denken, dass in jedem Haus der Insel jemand krank sei."

Durch das offene Fenster drang ein Gesang, übertönt vom Flüstern junger Blätter und dem Zwitschern der Vögel. Es war der Psalm, der in der Kirche gesungen wurde –

> *„Gesegnet ist der Mann, der auf die Armen und Bedürftigen Rücksicht nimmt;*
>
> *Der Herr wird ihn in der Zeit der Not retten. "*

„Hör zu, Philip. Das muss ein besonderer Psalm sein. Ich bin sicher, sie singen es für Sie. Wie süß von ihnen! Aber wir reden zu viel, Liebes. Der Arzt wird schimpfen. Ich muss dich jetzt verlassen, Philip. Allerdings nur für kurze Zeit, während ich nach Bal Lure zurückkehre und Cottier hinaufschicke."

„Ja, schicken Sie Cottier hoch", sagte Philip.

„Mein Liebling", sagte die alte Seele und blickte nach unten, während sie die Bänder ihrer Haube festband. „Du wirst jetzt ruhig liegen bleiben? Bist du sicher, dass du ruhig bleiben wirst? Na dann auf Wiedersehen! Verabschiedung!"

Als Philipp allein lag, erfüllte der laute und laute Psalm den Raum. Oh, die Ironie des Ganzen! Diese hektische, abscheuliche, schreckliche Ironie! Er lag da, er, der Schuldige, und die ganze Insel schaute an seinem Bett, hatte Mitleid mit ihm, trauerte um ihn, hielt den Atem an, bis er atmen konnte, und sie, seine Partnerin, sein Opfer, sein unschuldiges Opfer, war da

Gefängnis, in Schande, in einer Erniedrigung, die tiefer geht als der Tod. Dennoch schwoll und schwoll der Psalm an. Er versuchte, seinen Kopf in den Kissen zu vergraben, damit er es nicht hörte.

Jem-y-Lord kam eilig herein und Philip winkte ihn zu sich. "Wo ist sie?" er flüsterte.

„Sie haben sie letzte Nacht spät in die Burg Rushen gebracht, Euer Ehren", sagte Jemmy leise.

„Schreiben Sie sofort an den Gerichtsschreiber der Bolls", sagte Philip. „Sagen wir, sie muss auf der Seite der Schuldner untergebracht sein und die Ernährung der Patienten sowie jeglichen Komfort genießen. Meine Kate! meine Kate!" Er sagte immer wieder: „Es wird nicht lange dauern, nicht lange, meine Liebe, nicht lange!"

Die Genesung verlief langsam und Philip war ungeduldig. „Mir geht es heute besser, Herr Doktor", sagte er dann, „glauben Sie nicht, dass ich vielleicht mal aufstehe?"

„ *Traa dy liooar* (Zeit genug), Deemster", antwortete der Arzt. „Mal sehen, was ein paar Tage mehr bewirken."

„Ich habe eine große Aufgabe vor mir, Herr Doktor", sagte er immer wieder. „Ich muss sofort beginnen."

„Sie haben ein Lebenswerk vor sich, Deemster, und Sie müssen bald damit beginnen, aber noch nicht."

„Ich habe etwas Besonderes zu tun, Doktor", sagte er schließlich. „Ich darf keine Zeit verlieren."

„Du darfst in der Tat keine Zeit verlieren, deshalb musst du noch ein wenig bleiben, wo du bist."

Eines Morgens überkam ihn seine Ungeduld und er stand auf. Aber als er auf den Beinen war, schwankte sein Kopf, seine Glieder zitterten, er klammerte sich an den Bettpfosten und musste zurückklettern. „Oh Gott, gib mir Zeugnis, diese Verzögerung ist nicht meine Schuld", murmelte er.

Den ganzen Tag über sehnte er sich nach der Nacht, damit er in der Dunkelheit die Augen schließen und an Kate denken könnte. Er versuchte, sie sich so vorzustellen, wie sie früher war – strahlend, glücklich, gewinnend, voller Freude, Liebe, Leidenschaft, wie sie ihre Füße vom Apfelbaum baumeln ließ oder über den Baumstamm im Tal stolperte und ihn neckte ? ihn in Versuchung führen. Es war unmöglich. Er konnte nur in der Dunkelheit des Gefängnisses an sie denken. Das erfüllte ihn mit Schrecken. Manchmal quälte sein geschwächter Körper in den dunklen Stunden sein Gehirn mit fantastischen Halluzinationen. Er forderte Papier und Stifte und tat so, als würde er einen Brief schreiben, wobei er keine Worte oder verständlichen Zeichen hervorbrachte, sondern nur eine Menge Gekritzel und Flecken. Dies faltete er mit großer Ausführlichkeit immer wieder und übergab es Jem y-Lord mit einer ernsten und geheimnisvollen Miene, wobei er flüsternd sagte: „Für sie!" So brachte die Nacht keinen Trost, und die Morgendämmerung wartete auf den Tag, damit er seine Augen im Sonnenlicht öffnen und denken konnte: „Wo sie ist, geht es ihr besser; Gott wird sie trösten."

Es vergingen vierzehn Tage, und er sah nichts von Pete. Schließlich nahm er seinen Mut zusammen und sagte: „Tante, warum kommt Pete nie?"

„Das tut er, Liebste. Allerdings nur, wenn man schläft. Er steht in Strümpfen in der Tür. Ich nicke ihm zu und er kommt herein und schaut auf dich herab. Dann geht er wortlos weg."

"Was macht er jetzt?"

„Anscheinend ein gutes Geschäft nach Douglas zu machen. Tatsächlich sagen sie – aber die Leute reden so gern."

„Was sagen die Leute, Tante?"

„Es geht um eine Scheidung, Liebste!"

Philip stöhnte und wandte sein Gesicht ab.

Eines Tages öffnete er aus dem Schlaf die Augen und sah das schlichte Gesicht von Nancy Joe, umrahmt von einem rot bedruckten Taschentuch. Das einfache Geschöpf unterhielt sich mit Tante Nan, beriet sich und machte gemeinsame Sache mit der zierlichen alten Dame, die beide unverheiratete Frauen und alte Jungfern waren.

„'Warum halten Sie nicht Ihr Wort wahr?' sage ich. „Hast du nicht gesagt, dass du sie zurücknimmst", sage ich, „was auch immer sie getan hat und was auch immer sie war, also steh dir Gott bei?" sagt ich. „Ist sie nicht schon genug beschämt, das arme Ding, ohne dass du sie noch mehr beschämst?" Haben Sie überhaupt keinen Stuhlgang? Bist du nur einer dieser ausgenommenen Heringe am Spieß?' sagt ich. „Warum hältst du nicht dein Wort wahr?" „Weil", sagt er, „ich mit dem anderen gleich sein will", sagt er, und dann irrt er mit der Flut umher."

„Es ist unchristlich, Nancy", sagte Tante Nan, „aber es ist menschlich; denn obwohl er der Frau verzeiht, kann man von ihm kaum erwarten, dass er dem Mann verzeiht, und er kann nicht einen bestrafen, ohne beide zu bestrafen."

„Es nützt bestimmt auch, beides zu bestrafen, sage ich. Wozu sollte er seine Flossen aufstellen, jetzt, wo der Haken in seinem Muskelmagen steckt?

Aber das ist bei den Männern immer noch so. Reden und Reden über Liebe und Liebe; Aber wenn es Ärger gibt, gibt es nichts Besseres als eine Kanne Sauerrahm an einem Gewittertag. Wir sind am besten dran, wenn wir nie einen Lastwagen dabei hatten – ich weiß nicht, was Sie denken, Miss Christian, Ma'am. Sie reden vielleicht davon, keine Chancen zu haben – es macht mir nichts aus, wenn sie das tun – Sie? Allerdings hatte ich einmal genug Gelegenheit – ich weiß nicht, was Sie hatten, Ma'am. Ich hatte jedenfalls einen Schatz – eine Art Schatz, wie man sagen könnte; aber das Geld war ihm lieber als mir. Ich frage immer, wie viel ich im Strumpf gespart habe. Und als er hörte, dass ich drei neue Kleider anfertigen ließ, sagte er: „Nancy", „wir sollten uns jetzt besser die Parzon ansehen, bevor sie bei dir alle abgenutzt sind."

Der Gouverneur, der sich noch in London aufhielt, schrieb einen Brief voller zärtlicher Fürsorge und anmutiger Komplimente. Der Protokollschreiber hatte von Anfang an dafür gesorgt, dass ihm täglich zwei Telegramme geschickt werden sollten, in denen er über Philipps Zustand berichtete. Schließlich kam der Angestellte persönlich und versetzte Tante Nan durch seinen Lärm und seine Robustheit in ein Zittern der Nervosität. Er brüllte, als er den Weg entlangkam, brüllte durch den Flur, die Treppe hinauf und ins Schlafzimmer, brüllte erneut, als er Philip erblickte, protestierte, dass der Kranke noch fünfhundert tote Männer wert sei, und schwor mit einem Eid (und eine Träne lief ihm über die Nase), dass er den Dummköpfen, die gute Menschen mit schlechten Berichten in Angst und Schrecken versetzten, gerne „Zeit" geben würde. Dann machte er den Raum für eine private Beratung frei. „Gehen Sie, Cottier. Schau schlüpfrig aus, Mann!"

Tante Nan floh voller Angst. Als sie den Entschluss gefasst hatte, erneut in den Ort des Bären einzudringen, der ihr Lamm im Besitz hatte, erhob sich der Buchhalter vom Fußende des Bettes und sagte:

„Dann belassen wir es dabei, Christian. Diese verdammten Dinge *werden* passieren; aber zerbrechen Sie sich darüber nicht den Kopf. Ich werde alles ruhig machen. Außerdem ist es nichts – nichts im Leben. Allerdings muss ich dir die Vorladung schicken. Darüber brauchen Sie sich keine Sorgen zu machen; Wirf es einfach ins Feuer."

Philipps Kopf war gesenkt, seine Augen waren auf die Bettdecke gerichtet, und ein schwacher Hauch von Farbe breitete sich auf seinem ausgemergelten Gesicht aus.

"Ah! Sie sind zurück, Miss Christian? Ich muss aber gehen. Auf Wiedersehen, alter Kerl! Passen Sie auf sich auf – gute Männer sind rar. Auf Wiedersehen, Fräulein Christian! Tschüss an alle! Auf Wiedersehen, Phil! Gott schütze dich!"

Mit diesen Worten ging er brüllend die Treppe hinunter, kam aber einen Moment später wieder hoch, steckte seinen Kopf gegen den Türpfosten und sagte:

„Herr segne meine Seele, wenn ich nicht eine wichtige Neuigkeit vergessen würde – eine sehr wichtige Neuigkeit! Es ist noch nicht in die Zeitungen gelangt, aber ich habe die offizielle Falte bekommen. Was denken Sie? – der Gouverneur ist zurückgetreten! Wahr wie das Evangelium. Hat vorgestern Abend seinen Rücktritt an das Innenministerium geschickt. Ich habe es kommen sehen. Er war seit Tynwald nicht mehr zu Hause. Sehen Sie gut aus und werden Sie jetzt besser. Auf Wiedersehen!"

Am folgenden Tag stand Philip zum ersten Mal auf. Das Wetter war mild und voller Frühlingsgeflüster; das Fenster war offen und Philip saß mit dem Gesicht in Richtung Meer. Tante Nan strickte neben ihm und erzählte heimeligen Klatsch. Das vertraute und freundliche Gespräch schwebte über der Oberfläche seines Geistes, wie ein Seevogel über der Meeresoberfläche schwebt, manchmal spiegelte er sich darin, manchmal überflog er ihn, manchmal tauchte er darin ein und verlor sich.

„Armer Pete! Die gute Frau hier denkt, er sei hart. Vielleicht ist er es; aber ich bin sicher, er ist sehr zu bemitleiden. Ross hat sich schlecht benommen und verdient alles, was ihm widerfahren kann. „Er ist für mich derselbe wie du, mein Lieber – was Blut betrifft, meine ich –, aber irgendwie kann ich es nicht bereuen ... Ah! Du bist zu zartherzig, Philip, das bist du tatsächlich. Du würdest für jeden eine Ausrede finden. Der Arzt sagt Überarbeitung, Liebste; aber *ich* sage den Schock, dieses arme Geschöpf in dieser schrecklichen Lage zu sehen. Und was für einen Schock hast du mir auch bereitet! Um ehrlich zu sein, Philip, ich dachte, es sei ein Schicksal. Habe nie davon gehört? NEIN? Haben Sie noch nie gehört, dass der Großvater auf der Bank ohnmächtig wurde? Das tat er jedoch, und auch er erholte sich nicht. Wie gut ich mich daran erinnere! Wie ein Donnerschlag hallte die Nachricht über die Stadt: „Der Deemster ist im Gerichtsgebäude gefallen." Vater hörte es oben in Ballure und rannte barhäuptig hinunter. Großvaters Kutsche stand vor der Tür des Gerichtsgebäudes und sie brachten ihn nach Ballawhaine. Ich erinnere mich, dass ich gerade die Treppe hinunterkam, als ich sah, wie die Kutsche am Tor vorfuhr. Im nächsten Moment hob dein Vater mit seinen wilden Augen und seinem bloßen Kopf etwas aus seinem Inneren hervor. Armer Tom! Er hatte das Haus nie betreten, seit sein Großvater ihn vertrieben hatte. Und Großvater hätte kaum gedacht, in wessen Armen er die letzte Etappe seiner Lebensreise zurücklegen sollte."

Philip war eingeschlafen. Jem-y-Lord kam mit einem Brief herein. Es befand sich in einem großen Umschlag und war mit der Inselpost geliefert worden.

„Soll ich es öffnen?" dachte Tante Nan. Sie hatte Philipps Briefe während seiner Krankheit geöffnet und beantwortet, doch dieser Brief trug ein offizielles Siegel, und so zögerte sie. "Soll ich?" dachte sie mit der Stricknadel an ihrer Lippe. "Ich werde. Vielleicht erspare ich ihm einige Sorgen."

Sie setzte ihre Brille auf und zog den Brief heraus. Es handelte sich um eine Vorladung der Chancery Division des High Court of Justice – einen Scheidungsantrag. Der Name des Petenten war Peter Quilliam; der Beklagte——, der Mitbeklagte——.

Als Philip aus seinem Schlaf erwachte, den salzigen Atem des Meeres in der Nase und die Lieder des Frühlings in den Ohren, fummelte Tante Nan an dem Papier herum, um es wieder in den Umschlag zu stecken. Ihre Hände zitterten, und als sie sprach, zitterte ihre Stimme. Philip erkannte sofort, was passiert war. Sie war in die Grube gestolpert, in der das Geheimnis seines Lebens begraben lag.

In diesem Moment kam der Arzt herein. Er sah Tante Nan aufmerksam an und sagte bedeutungsvoll: „Sie haben zu lange gestillt, Miss Christian, Sie müssen für eine Weile nach Hause gehen."

„Ich gehe sofort nach Hause", stockte sie mit schwacher innerer Stimme.

Philipps Kopf lag auf seiner Brust. Dies war der erste Schritt auf dem Kalvarienberg, den er besteigen wollte. O Gott, hilf ihm! Gott stehe ihm bei! Gott trage seine sinkenden Füße, damit er nicht aus Schwäche, Angst oder Scham falle.

XIII.

Cæsar besuchte Kate auf Schloss Rushen. Er fand sie in einem großen und hellen Gemach untergebracht (einst das Speisezimmer der Lords of Man), mit allem Komfort ausgestattet und mit nichts außer ihrer Freiheit ausgestattet. Als der Schließer die Tür hinter sich aufzog, hob Cäsar beide Hände und rief: „Der Herr ist meine Zuflucht und meine Stärke; eine sehr gegenwärtige Hilfe in der Not." Dann fragte er, ob Pete vor ihm dort gewesen sei, und als die Antwort „Nein" lautete, sagte er: „Die Kinder dieser Welt sind in ihrer Generation weiser als die Kinder des Lichts." Danach fiel er dem Lob des Deemster zu, der Kate nicht nur diese Barmherzigkeit erwiesen hatte, die ihrem fleischlichen Körper wohltuend, wenn auch gefährlich für ihre Seele war, sondern sich auch bemüht hatte, die Bürde ihres Volkes zu erleichtern, als er sie verbreitet hatte Sie berichteten von ihrem Tod, da sie wussten, dass sie tatsächlich tot war, tot in Übertretungen und Sünden, und dass sie sich lieber dafür entschieden, um sie zu trauern als jemanden, der tatsächlich bereits tot war, als sich für sie zu schämen als jemanden, der noch in Ungerechtigkeit lebte.

Schließlich ließ er sein Taschentuch auf den Schieferboden fallen, kniete neben seinem hohen Hut nieder und rief sie im Gebet dazu auf, ihr Schicksal erneut mit dem Volk Gottes zu verbinden. „Möge ihre Leichtfertigkeit zurechtgewiesen werden, o Herr!" er weinte. „Gib ihr die Gewissheit, dass sie keinen Platz unter deinen Kindern hat, bis sie Buße tut. Und, Herr, stehe Deinem Diener in seiner Stunde der Trübsal bei. Möge er mit christlicher Rüstung gut gerüstet sein. Hilf ihm, inmitten seiner Tränen und Wehklagen laut zu schreien: „Auch wenn mein und ihres Herz brechen würden, Dein Name soll nicht entehrt werden, mein Herr und mein Gott!"

Cäsar erhob sich von seinem Knie und wischte den Staub ab, nahm seinen hohen Hut und ließ Kate so zurück, wie er sie vorgefunden hatte. Sie kauerte am Feuer in der weiten Bucht der alten Halle, bedeckte ihr Gesicht und sagte kein Wort.

Er war in dieser Stimmung spiritueller Erhabenheit, als er die Stufen zur Festung hinabstieg und auf einen Mann in der Kleidung eines Gefangenen traf, der mit einem Besen fegte. Es war Black Tom. Cæsar blieb vor ihm stehen, bewegte seine Lippen, hob sein Gesicht zum Himmel, schloss beide Augen, öffnete sie dann wieder und sagte mit tiefer Trauer: „Ach, Thomas! Thomas Quilliam! Es macht mir Kummer, dich zu sehen, Mann. Ein alter Freund, dessen Hand in meiner Hand ruhte und den Boden eines Gefängnisses spülte! Nun, ich habe dich oft gewarnt. Aber du warst immer steiniger Boden, Thomas. Und jetzt müssen Sie selbst sehen, ob ich Recht hatte, dass Ehrlichkeit die bessere Politik ist. Schau dich an und schau mich an. Der Herr hat mich befreit und mir auch in zeitlichen Dingen Wohlstand beschert. Ich habe Ländereien und ich habe Häuser. Und was hast du selbst? Nichts als dein Gewissen und deine Schande. Sogar deine Kleider haben sie dir weggenommen, und selbst deine Haare würden sie dir wegnehmen, wenn du welche hättest."

Der schwarze Tom stand mit flach auseinanderstehenden Füßen da, stützte sich auf den Stiel seines Besens und sagte: „Spielen Sie nicht Cammag (Shindy) mit mir, Mr. Holy Ghoster. Es ist nicht die Ehrlichkeit, die den Unterschied zwischen uns ausmacht, sondern das Glück. Du hast gewonnen und ich habe verloren, du hattest Erfolg und ich habe versagt, du trägst deinen Kapellenhut und ich stecke in diesem kleinen Topfdeckel, aber du bist nur ein normaler alter Pharisäer , Trotzdem."

Cæsar winkte ab. „Ich kann die Wut nicht mit dir ertragen, Thomas", sagte er und wich zurück. „Ich dachte, der Teufel wäre seit unserem letzten Camp-Treffen angekettet, aber ich habe mich scheinbar geirrt. Er läuft umher wie ein wütender Löwe und sucht, wen er verschlingen kann."

„Versuchen Sie nicht, mich mit Ihren Textilien umzuhauen", sagte Thomas und schulterte seinen Besen. „Jeder Hahn kann auf seinem eigenen Hühnerhaufen krähen."

„Du kannst nicht anders, Thomas", sagte Cæsar und entfernte sich. „Es ist überhaupt nicht mein alter Freund, der lästert. Es ist der Teufel, der in sein Herz eingedrungen ist und ihn zerreißt. Aber vertreibe den Teufel, Mensch, sonst wird die Hölle dein Teil sein."

„Ich war letzte Nacht in meinen Träumen dort, Cæsar", sagte Black Tom und folgte ihm. „'Oh, Herr Teufel, lass mich rein', sage ich. 'Wo kommst du her?' sagt er. „Die Isle of Man", sagt ich. „Ich werde nichts mehr von dort nehmen, bis mein Bischof kommt", sagt er. 'Wer ist er?' sagt ich. „Bischof Cäsar, der Zöllner – wer sonst?" sagt er."

„Ich bewundere dich, Thomas", sagte Cäsar, halb durch die kleine Tür des Fallgitters, „aber die Söhne Belials müssen hart um seinen Thron kämpfen. Ich werde jedoch für dich beten, dass nicht gegen dich gedacht wird, wenn (DV) Weinen und Jammern und Zähneknirschen sein wird."

In dieser Nacht besuchte Cæsar den Deemster im Elm Cottage. Seine Augen glitzerten und in seinem Gesicht lag ein Ausdruck von Raserei. Er befand sich immer noch in einer Stimmung spirituellen Stolzes, und wenn er sprach, geschah dies immer mit den Worten „Du" und „Tausend" und in der hohen Tonlage des Predigers.

„Der Ballawhaine ist tot, Euer Ehren", rief er. „Sie wollten, dass ich es Ihnen vorher nicht sage, weil Ihr Körper schwach ist, aber jetzt erleiden sie es." Stöhnen und Stöhnen und Qualen! Ter'ble, Sir, schrecklich! Ich hatte das Gefühl, dass ihm am Ende Wasser ausgeschüttet werden würde. Allerdings konnte es ihn nicht reinwaschen. Und er schrie mit seiner sterbenden Stimme: „Ich habe gesündigt, o Gott, ich habe gesündigt!" Oh, ich habe meine Seele befreit, Herr; Er kann mich jedenfalls davon befreien. „Ich hoffe auf eine kostenlose Erlösung", sagt ich. „Ich habe kein richtiges Leben geführt", sagt er. „Wahrheit genug", sage ich; „Du hast ein Leben in fleischlicher Freiheit geführt, aber jetzt ist die bestimmte Zeit gekommen." Sag: „Herr, ich glaube; Hilf mir, mein Unenthaltsamer zu sein.' ‚Zu spät, Herr Cregeen, zu spät', sagt er, und das Wort kam kaum aus seinem Mund, als ihm in einer Minute der Schlüssel kalt war und er in die Nacht allen Fleisches verschwand verloren. Nun, es war sein eigener Sohn, der ihn getötet hat, Sir; raubte ihm jeden silbernen Sixpence und ruinierte ihn. Die letzte Hypothek, die er aufnahm, bestand darin, den jungen Mann vor dem Gefängnis wegen Urkundenfälschung zu bewahren. Schlecht, mein Herr, schlecht! Ein Kind seiner eigenen Verdammnis hinzugeben ist schlecht. Allerdings ein menschliches Gebrechen; und ich habe Mitleid mit dem armen Sünder selbst, der versucht wird – das heißt, er neigt dazu – aber danke dem Herrn für seinen stärkenden Arm –"

„Ist er begraben?" fragte Philip.

„Begraben genug, und auch eine schlechte Beerdigung, Sir", sagte Cæsar und ging mit stolzem Schritt durch den Raum, die Beine gestreckt, die Zehen auffällig nach außen gestreckt. „Schlagregen und Schneeregen, Sir, der Wind in den Bäumen, das Gras, das bis zu den Waden nass ist, und der Pfarrer in seinem weißen Kittel unter dem Regenschirm. Es war auch niemand da, von dem man sprechen konnte; Meistens nur ich und die Mieter."

„Wo war Ross?"

„Verschwunden, Sir, ohne abzuwarten, wie sein dummer alter Vater unter den Rasen geschoben wird. Nun, es gab auch nicht viel zu warten. Der junge Mann war ein Feuerbesen und hat alles verbrannt. Es ist nicht mehr viel übrig, als dass man ein Seil kaufen würde, um ihn aufzuhängen. Und Ballawhaine gehört mir, Sir; In gewisser Weise gehört es mir – jedenfalls meinem Schwiegersohn – und er hat mir das Recht gegeben, es zu haben und zu behalten. Oh, eine Sabbatzeit, mein Herr; eine Sabbatzeit. In der Nacht, in der mich der Mann in meinem eigenen Haus in Sulby geschlagen hat, habe ich beschlossen, es zu bekommen. Er hat meine Tochter schließlich verraten, Sir, und sie aus ihrem Haus geholt, und dann hat ihr Mann sechstausend Pfund als Hypothek geliehen. „Mach damit, was du willst", sagte er, und ich sagte mir: „Der Mann wird verhungern; er wird ein Bettler sein; Er soll weder Brot zum Essen noch Wasser zum Trinken haben, noch ein Dach, das ihn bedecken könnte. Und in dem Moment, als dem Körper des alten Mannes der Atem entwich, habe ich die Zwangsvollstreckung angeordnet."

Philip zitterte von Kopf bis Fuß. „Meinst du", stockte er, „dass das dein Grund war?"

„Es ist die Hand des Herrn über einen Schurken", sagte Cäsar, „und ich bin stolz, das Werkzeug seiner Rache zu sein." „Gott bewegt sich auf mysteriöse Weise", Sir. Oh, der Herr öffnet sein Wort immer mehr. Und ich habe dir auch noch mehr zu sagen. Balla-whaine würde Ihnen gehören, Sir, wenn jeder seine Rechte hätte. Es war das Erbe deines Großvaters, und es hätte deinem Vater gehören sollen, und es sollte dir gehören. Nehmen Sie es, Sir, nehmen Sie es zu Ihren eigenen Bedingungen; Es ist zwölftausend wert, aber du sollst es für neuntausend haben und dafür bezahlen, wenn der Herr dir das Geld gibt. Du warst gut zu mir und den Meinen, und besonders zu dem armen, verlorenen Lamm, das heute Nacht in seiner Schande und Schande im Schloss liegt. Allerdings hätte ich kaum gedacht, dass ich es dir jemals zurückzahlen würde. Aber es ist das Werk des Herrn. Es ist wunderbar in unseren Augen. ‚Tief in unergründlichen Minen‘——"

Cæsar ging im Zimmer auf und ab und sprach mit entzückter Stimme. Philip, der am Tisch saß, erhob sich mit ängstlicher Miene.

„Schrecklich! schrecklich!" er murmelte. "Ein Fehler! ein Fehler!"

„Der Herrgott macht keine Fehler, Herr", rief Cäsar.

„Aber was wäre, wenn es nicht Ross wäre –" begann Philip. Cæsar achtete nicht darauf.

„Was wäre, wenn es nicht Ross wäre –" Cæsar warf einen Blick über die Schulter.

„Was wäre, wenn es jemand anderes wäre –" sagte Philip. Cæsar blieb vor ihm stehen.

„Jemand, an den Sie noch nie gedacht haben – jemand, den Sie respektiert und sogar in Ehren gehalten haben –"

"Wer denn?" sagte Cæsar heiser.

"Herr. Cregeen", sagte Philip, „es fällt mir schwer zu sprechen. Ich hatte noch nicht vorgehabt zu sprechen; aber es würde mich erschrecken, wenn ich jetzt schweigen würde. Sie haben in einem schrecklichen Irrtum gelebt. Was auch immer die Kosten sein mögen, was auch immer die Konsequenzen sein mögen, Sie dürfen keinen Moment länger in diesem Irrtum verharren. Es war nicht Ross, der Ihre Tochter weggenommen hat."

"Wer war es?" rief Cäsar. Seine Stimme klang wie eine geknackte Glocke.

Philip kämpfte hart. Er versuchte zu gestehen. Sein Blick wanderte über die Wände. „So wie Sie einen falschen Groll gehegt haben", stockte er, „so haben Sie eine falsche Dankbarkeit gehegt."

"WHO? WHO?" rief Cäsar und blickte Philipp fest ins Gesicht.

Philipps steife Finger krochen über die Papiere auf dem Tisch wie die Scheren von Krabben. Sie berührten die Vorladung des Chancery Court und er nahm sie entgegen.

„Lesen Sie das", sagte er und hielt es Cäsar hin.

Cäsar nahm es entgegen, blickte Philipp aber weiterhin mit Augen an, die in ihrer Wildheit bedrohlich wirkten. Philip hatte das Gefühl, dass sich ihre Positionen in einem Moment geändert hatten. Er war nicht mehr der Richter, sondern nur noch ein Verbrecher an der Anwaltskammer dieses alten Mannes, dieses grimmigen Fanatikers, der schon halb verrückt vor religiösem Wahn war.

„Der Herr der Heerscharen ist mächtig", murmelte Cäsar; und dann hörte Philip, wie das Papier in seiner Hand knisterte.

Cæsar tastete nach seiner Brille. Als er sie aus der Scheide befreit hatte, legte er sie verkehrt herum auf seinen Nasenrücken. Mit den beiden Brillengläsern in den Falten seiner Stirn und noch immer unbedeckten Augen hielt er das Papier auf Armeslänge von sich und versuchte es zu lesen. Dann holte er sein rot bedrucktes Taschentuch hervor, um die Brille abzustauben. Er fummelte in seinen zitternden Händen an Brille, Scheide, Taschentuch und Papier herum und murmelte erneut mit zitternder Stimme, als wollte er sich gegen das wappnen, was er sehen sollte: „Der Herr der Heerscharen ist mächtig."

Er las die Zeitung ausführlich, und es war kein Zweifel daran. „Quilliam gegen Quilliam und Christian (Philip)."

Er legte die Vorladung auf den Tisch und steckte seine Brille zurück in die Scheide. Sein Atem verursachte Geräusche in seiner Nase. „ *Ugh, Cha nee!* " (Wehe mir), murmelte er. „ *Ugh, Cha nee! Ugh cha nee!* "

Dann sah er sich hilflos um und sagte: „Geh von mir, denn ich bin ein sündiger Mann, o Herr."

Die Rache, die er Tag für Tag aufgebaut hatte, war in einem Augenblick in Trümmer gefallen. Seine Heuchelei wurde bloßgelegt. „Ich sehe, wie es ist", sagte er mit heiserer Stimme. „Der Herr hat mich betrogen, um mich zu bestrafen. Es ist das Wirtshaus. Ihr könnt Gott und dem Mammon nicht dienen. Was auf dem Rücken des Teufels gewonnen wurde, ist unter seinem Bauch verloren. Ich dachte, ich wäre ein Kind Gottes, aber die Täuschung des Reichtums hat das Wort erstickt. *Ugh cha nee! Ugh cha nee!* Mein Wohlstand war wie die Wachteln, nur mit der Absicht, mich zu ersticken. *Ugh cha nee!"*

Sein spiritueller Stolz war gebrochen. Der Allmächtige hatte sich geweigert, zum Werkzeug gemacht zu werden. Er nahm seinen Hut und rollte seinen Arm in die falsche Richtung des Nickerchens darüber. Auf halbem Weg zur Tür blieb er stehen. „Nun, ich werde dich umarmen; Guten Tag, Sir", sagte er und nickte langsam mit dem Kopf. „Der Herr wusste scheinbar die ganze Zeit, was du warst. Aber welchen Nutzen hat sein Wissen? Er verrät es niemandem. Und ich habe Sünder aufgerufen, vor dem Zorn zu fliehen, und er hat zugelassen, dass die Teufel mich selbst verspotten! *Ugh cha nee! Ugh cha nee!"*

Philip war in seinem Stuhl nach hinten gerutscht und sein Kopf war nach vorne auf den Tisch gefallen. Er hörte den alten Mann hinausgehen; er hörte, wie sein schwerer Schritt langsam die Treppe hinunterfiel; Er hörte, wie sein Fuß draußen auf dem Weg schleifte. „ *Ugh, Cha nee! Ugh cha nee!* „Das Wort klang in seinem Herzen wie ein Glockengeläut.

Jem-y-Lord, der in der Stadt gewesen war, kam voller Aufregung zurück.

„Solche Neuigkeiten, Euer Ehren! Was für großartige Neuigkeiten!"

"Was ist es?" sagte Philip, ohne den Kopf zu heben.

„Überall auf der Insel unterzeichnen sie Petitionen und bitten die Königin, Sie zum Gouverneur zu ernennen."

"Gott im Himmel!" sagte Philip; „Das wäre schrecklich."

XIV.

Als Philipp ausreisefähig war, holten sie eine Kutsche herbei und fuhren ihn um die Bucht herum. Die Stadt war aus ihrem Winterschlaf erwacht und im Hafen herrschte ein geschäftiges und fröhliches Bild. Mehr als hundert Männer waren von ihren Höfen auf dem Land gekommen und bereiteten ihre Boote für den Makrelenfang in Kinsale vor. An der Stelle der flachen Rümpfe befand sich ein Wald aus Masten, die Heckreling und die Masten waren mit Farbe ausgebessert, und die frischgerindeten Netze wurden über den Kai gezogen.

„Guten Morgen, Dempster", riefen die Männer.

Sie alle grüßten ihn, und einige von ihnen standen nach ihrer Manx-Manier an der Kutschentür, hoben mit ihren teerigen Händen ihre Mützen und sagten:

„Ich freue mich, dich wieder draußen zu sehen, Dempster. Wenn ein Mann einen solchen Angriff übersteht, ist es einigermaßen klar, dass der Herr Arbeit für ihn hat."

Philip antwortete mit Lächeln, Verbeugungen und fröhlichen Worten, aber die Freundlichkeit bedrückte ihn. Er dachte an Kate. Sie war das Opfer seines Erfolgs. Für alles, was er erhielt, hatte sie die Strafe bezahlt. Er dachte an ihre Träume, ihre goldenen Träume, ihre Träume, Seite an Seite und Hand in Hand mit dem Mann zu gehen, den sie liebte. „Oh, meine Liebe, meine Liebe!" er murmelte. „Nur noch ein bisschen länger."

Als er zu Hause ankam, wartete der Arzt auf ihn.

„Ich habe dir etwas zu sagen, Deemster", sagte er mit abgewandtem Gesicht. „Es geht um deine Tante."

„Ist sie krank?" sagte Philip. „Sehr krank."

„Aber ich habe täglich nachgefragt."

„Auf ihren ausdrücklichen Wunsch hin wurde Ihnen die Wahrheit vorenthalten."

„Die Kutsche steht noch vor der Tür –" begann Philip.

„Ich habe noch nie jemanden so schnell sinken sehen. Sie ist ganz nervös. Zweifellos hat die Pflege sie erschöpft."

„Das ist es nicht – ich gehe sofort hoch."

„Sie sollte dich um fünf erwarten."

„Ich kann es kaum erwarten", sagte Philip und schon war er unterwegs. "Oh Gott!" Er dachte: „Wie steil ist der Weg, den ich gehen muss."

Als er bei Ballure ankam, drängte er sich durch den Flur und stieg die Treppe hinauf. An der Tür von Tante Nans Schlafzimmer wurde er von Martha, dem Hausmädchen, jetzt Krankenschwester, empfangen. Sie sah überrascht aus und tat so, als würde sie ihn nervös ausschließen. Bevor sie sprechen konnte, war er bereits im Zimmer. Die Luft war schwer vom Geruch von Medikamenten und Essig und den Gerüchen des kranken Lebens.

"Stille!" sagte Martha mit einer Bewegung ihrer Lippen und Augenbrauen.

Tante Nan schlief halb sitzend auf dem Bett. Es war ein Schock, die Veränderung in ihr zu sehen. Das schöne alte Gesicht war weiß und vor Schmerz gezeichnet; das Kinn hing schwer herab; die Augen waren halb geöffnet; sie hatte keine Mütze auf dem Kopf; Ihr Haar war locker und glanzlos.

„Sie muss sehr krank sein", sagte Philip leise.

„Sehr", sagte Martha. „Sie hat Sie erst um fünf erwartet, Sir."

„Hat der Arzt es ihr gesagt? Weiß sie?"

"Jawohl; aber das macht ihr nichts aus. Sie weiß, dass sie im Sterben liegt, und ist ziemlich resigniert – ganz – und ziemlich fröhlich – aber sie fürchtet, wenn man es wüsste – sei still!"

Es gab eine Bewegung auf dem Bett.

„Sie wird schockiert sein, wenn sie – und sie ist noch nicht bereit für den Empfang – hier reinkommt, Sir", flüsterte Martha und deutete auf die Rückseite eines Bildschirms, der zwischen der Tür und dem Bett stand.

Es gab einen tiefen Seufzer, ein Geräusch, als würde man trockene Lippen befeuchten, und dann die Stimme von Tante Nan – nicht ihre eigene vertraute Stimme, sondern eine Art verschwindendes Echo davon. „Wie spät ist es, Martha?"

„Zwanzig Minuten, gerne fünf, Ma'am."

"So spät! Es war nicht nett von dir, mich so lange schlafen zu lassen, Martha. Ich erwarte den Gouverneur um fünf. Was für eine Gnade, dass er nicht früher gekommen ist. Es wäre nicht richtig, ihn warten zu lassen und mir dann den Schwamm zu bringen, Mädchen. Befeuchten Sie es zuerst. Jetzt das Handtuch. Als nächstes kommt der Kamm. Das ist besser. Aber wie leblos meine Haare sind. Öl, sagen Sie? Ich wundere mich! Ich habe es noch nie in meinem Leben benutzt, aber in einer Zeit wie dieser – na ja, dann nur ein wenig – reicht das aus. Bring mir eine Mütze – die mit der rosa Schleife drin. Mein Gesicht ist so blass – es wird mir ein wenig Farbe verleihen. Das reicht. Du konntest doch nicht erkennen, dass ich krank war, oder? Jedenfalls nicht sehr krank? Jetzt alles beiseite legen. Auch die Medikamente – stellen Sie sie in den Schrank. So viele Flaschen. „Wie krank muss sie gewesen sein!" er würde sagen. Und nun öffne die Schublade links, Martha, die mit dem Schlüssel darin, und bring mir das Papier oben. Ja, das Whitepaper. Das gefaltete mit dem Vermerk. Billigung bedeutet, auf die Rückseite zu schreiben, Martha. Ah! Ich habe mein ganzes Leben unter Anwälten verbracht. Legen Sie es auf die Bettdecke. Die Schlüssel? Lege sie daneben. Nein, legen Sie sie hinter mein Kissen, direkt auf meinen Rücken. Ja, da – allerdings tiefer, noch tiefer – das stimmt. Stellen Sie nun einen Stuhl hin, damit er neben mir sitzen kann. Diese Seite des Bettes – nein, diese Seite. Dann wird das Licht auf ihn fallen und ich werde sein Gesicht sehen können – meine Augen sind nicht mehr so gut wie früher, wissen Sie? Etwas weiter hinten – auch nicht ganz so weit – reicht das aus. Ah!"

Es gab einen langen Atemzug der Befriedigung, und dann sagte Tante Nan:

„Ich nehme an, es ist – wie spät ist es jetzt, Martha?"

„Zehn Minuten, ich hätte gerne fünf, Ma'am."

„Hast du Jane von den Schnitzeln erzählt? Er mag sie mit Semmelbröseln, wissen Sie? Ich hoffe, sie vergisst nicht, „Eure Exzellenz" zu sagen. Ich werde seine Stimme hören, sobald er die Halle betritt. Meine Ohren sind nicht schlechter, meine Augen hingegen schon. Vielleicht wird er aber nicht sprechen. „Sie war so krank", wird er denken. Martha, ich denke, du solltest besser die Tür öffnen. Jane ist so vergesslich. Sie könnte auch Dinge sagen. Wenn er fragt: „Wie geht es ihr heute, Martha?", müssen Sie ganz fröhlich antworten: „Heute geht es Ihnen besser, Exzellenz."

Es gab einen Schmerzensschrei.

"Oh! Ugh – Oo! Oh, gesegneter Herr Jesus!"

„Sind Sie sicher, dass es Ihnen gut genug geht, Ma'am? Sollte ich es ihm nicht besser sagen –"

„Nein, morgen wird es mir schlechter gehen und am nächsten Tag noch schlimmer. Gib mir eine Dosis Medizin, Martha – die Morgenmedizin – die, die mich fröhlich macht. Danke, Martha. Wenn ich den Schmerz spüre, wenn er hier ist, werde ich ihn ertragen, solange ich kann, und dann werde ich sagen: „Ich fühle mich schläfrig, Philip;" Du solltest besser gehen und dich hinlegen.' Wirst du das verstehen, Martha?"

„Ja, Ma'am", sagte Martha.

„Ich fürchte, wir müssen ein wenig hinterlistig sein, Martha. Aber daran können wir doch nichts ändern, oder? Sie sehen, er muss noch installiert werden, und das ist immer eine große Aufregung. Wenn er dachte, ich wäre jetzt sehr krank – *sehr* , sehr krank, wissen Sie – ja, ich glaube wirklich, er würde es gerne verschieben, und das würde ich um Himmels willen nicht wollen. Er hatte seine alte Tante immer so gern. Nun, bei diesen Jungs ist das so. Ich vermute, die Leute fragen sich, warum er nie geheiratet hat, obwohl er so großartig und wohlhabend ist. Das war mir zuliebe. Er wusste, dass ich –"

Philip atmete schwer. Tante Nan hörte zu. „Ich bin sicher, da ist jemand in der Halle, Martha. Ist es--? Ja es ist--; Geh schnell zu ihm hinunter –"

„Ja, Ma'am", sagte Martha und machte ein Geräusch mit dem Bildschirm, um Philipps Flucht auf Zehenspitzen zu vertuschen. Dann kam sie auf den Treppenabsatz zu ihm, wischte sich mit der Schürze die Augen und tat so, als würde sie Philip zurück ins Zimmer führen.

"Mein Junge! Mein Junge!" rief Tante Nan und schloss ihn in ihre Arme.

Die Verwandlung war wunderbar. Sie wirkte jetzt jugendlich, fast fröhlich. „Ich habe die großartigen Neuigkeiten gehört", flüsterte sie und nahm seine Hand.

„Das ist nur ein Gerücht, Tante", sagte Philip. "Bist du besser?"

„Oh, aber es wird wahr. Ja, ja, mir geht es besser. Ich bin mir sicher, dass es wahr wird. Und, liebes Herz, was für ein Triumph! Ich habe die ganze Nacht davon geträumt, bevor ich davon hörte. Sie waren oben auf dem Tynwald und es gab eine große Menschenmenge. Aber komm, setz dich und erzähl mir alles. Du bist also selbst besser? Schon wieder ganz stark, Liebes? Oh ja, überall, Philip – setz dich überall hin. Hier reicht dieser Stuhl – dieser an meiner Seite. Ah! Wie gut siehst du aus!"

Sie war von ihrer eigenen Fröhlichkeit mitgerissen. Sie lehnte sich auf dem Kissen zurück, hielt aber immer noch seine Hand in ihrer und sagte: „Weißt du, Philip Christian, wer der glücklichste Mensch der Welt ist? Ich bin mir sicher, dass du das nicht tust, obwohl du so schlau bist. Also werde ich es dir sagen. Vielleicht denken Sie, es sei eine schöne junge Frau, die gerade mit einem Ehemann verheiratet ist, der sie verehrt. Nun ja, Sie liegen ganz, ganz falsch, Sir. Es ist eine alte, alte Dame, sehr, sehr alt und sehr schwach, die einfach nur schwankt und nicht damit rechnet, noch lange zu leben, aber mit ihren Söhnen um sich, erwachsen und groß und stark und mit allem, was sie haben Welt vor ihnen. Das ist der glücklichste Mensch auf Erden. Und ich bin der Nächste, für meinen Jungen – den Jungen meines eigenen Jungen –"

Sie brach ab und sagte dann mit weitem Blick: „Ich frage mich, ob er denken wird, ich hätte meine Pflicht getan!"

"WHO?" fragte Philip.

„Dein Vater", antwortete sie.

Dann wandte sie sich an das Dienstmädchen und sagte ganz fröhlich: „Du brauchst nicht zu warten, Martha. Seine Exzellenz wird Sie anrufen, wenn ich meine Medizin brauche. Nicht wahr, Exzellenz?"

Philip brachte es nicht übers Herz, sie noch einmal zu korrigieren. Das Mädchen verließ das Zimmer. Tante Nan warf einen Blick auf die sich schließende Tür, dann reichte sie mit einer geheimnisvollen Miene zu Philip und flüsterte:

„Du darfst nicht schockiert sein, Philip, oder überrascht sein, oder denken, dass ich sehr krank bin oder dass ich sterben werde; aber was glaubst du, was ich getan habe?"

„Nein, was?"

„Ich habe mein Testament gemacht! Ist das sehr schrecklich?"

„Du hast es richtig gemacht, Tante", sagte Philip.

„Ja, der Obervogt war da und alles ist in Ordnung, jede Kleinigkeit. Sehen Sie", und sie hob das Papier hoch, das das Dienstmädchen auf die Bettdecke gelegt hatte. "Lass mich dir sagen." Sie nickte, während sie die Gegenstände durchging. „Zuerst ein paar kleine Hinterlassenschaften, wissen Sie. Da ist Martha, so ein braves Mädchen – ich habe ihr meine Seidenkleider hinterlassen. Dann die alte Mary, das Hausmädchen in Ballawhaine. Armes altes Ding! Sie leidet seit drei Jahren unter Rheuma und die Herdenbetten werden so klumpig – ich habe ihr mein Federbett gelassen. Zuerst dachte ich, ich möchte, dass du mein kleines Einkommen erhältst. Wissen Sie, Ihre alte Tante ist ein ziemlich alter Geizhals. Mir ist mein kleines Geld so ans Herz gewachsen. Und es schien so süß zu denken – aber dann willst du es jetzt nicht, Philip. Es wäre doch nichts für dich, oder? Ich habe jedoch nachgedacht – was glaubst du, was ich mit meinem kleinen Vermögen anfangen will?"

Philip streichelte mit der anderen Hand die faltigen Finger.

„Was richtig ist, da bin ich mir sicher, Tante. Was ist es?"

„Das würdest du nie erraten." – „Nein?"

„Ich habe nachgedacht", mit plötzlichem Ernst. „Philip, es gibt niemanden auf der Welt, der so unglücklich ist wie eine arme Dame, die ausgerutscht und gestürzt ist. Dann der Vater dieser Frau, er habe ihr den

Rücken gekehrt, erzählen sie mir, und natürlich könne sie von ihrem Mann nichts erwarten. Ich habe jetzt nachgedacht –"

"Ja?" sagte Philip mit gesenktem Blick.

„Um die Wahrheit zu sagen, ich dachte, es wäre so schön –"

Und dann kam nervös, stockend, mit zitternder Stimme und unter vielen Ausreden das große Geheimnis, die mächtige Strategie ans Licht. Tante Nan hatte Kate ihr Vermögen vermacht.

„Du bist ein Engel, Tante", sagte Philip mit belegter Stimme.

Aber er durchschaute ihre List. Sie sprach von Kate, aber sie dachte an sich selbst. Sie versuchte, ihn aus einer Verlegenheit zu befreien; ein Hindernis zu beseitigen, das ihm im Weg stand; um sein Gewissen zu befreien; seine Schuld vertuschen; alles zu verbergen.

„Und dann dieses Haus, Liebes", sagte Tante Nan. „Es gehört dir, aber du wirst es nie wollen. Es war ein lieber kleiner Zufluchtshafen, aber der Sturm ist jetzt vorbei. Würden Sie – sehen Sie irgendwelche Einwände – vielleicht könnten Sie – könnten Sie die arme Seele nicht hierher kommen und mit ihrer Kleinen leben lassen, nachdem ich – wenn alles vorbei ist, meine ich – und sie ist – hm?"

Philip konnte nicht sprechen. Er nahm die faltige Hand und führte sie an seine Lippen.

Die alte Seele war außer sich vor Freude. „Dann bist du sicher, dass ich es richtig gemacht habe? Ziemlich sicher? Schließ es wieder in der Schublade ein, Liebste. Das oberste links. Oh, die Schlüssel? Sehr geehrte Damen und Herren, ja; wo sind die Schlüssel? Wie ermüdend! Ich erinnere mich jetzt. Sie sind auf der Rückseite meines Kissens. Rufst du Martha an? Oder vielleicht würden Sie selbst – ja?" (sehr kunstvoll) – „Dann macht es dir doch nichts aus? Ja das ist es; Aber mehr auf diese Weise, ein bisschen mehr – ah! Mein Junge! Mein Junge!"

Auch die zweite Strategie der alten Taube war erfolgreich. Während er hinter ihrem Kissen nach den Schlüsseln suchte, musste Philip seine Arme wieder um sie legen, und sie küsste ihn auf die Stirn und die Wangen.

Dann kam ein krampfartiger Schmerz. Es zerrte an ihren Gesichtszügen, aber ihr Lächeln kämpfte sich durch. Sie holte schwer Luft und sagte:

„Und jetzt – mein Lieber – fühle ich mich – ein bisschen schläfrig – wie egoistisch von mir – deine Schnitzel – gebräunt – schön gebräunt – Semmelbrösel, weißt du –"

Philip floh aus dem Zimmer und rief Martha herbei. Er wanderte in dieser Nacht stundenlang ziellos im Haus umher. Irgendwann befand er sich im blauen Zimmer, Tante Nans Arbeitszimmer, voller vertrauter Dinge – das Spinnrad, der Rahmen des Samplers, das altmodische Klavier, der Lavendelduft – all die kleinen Zeugnisse von ihr Präsenz, so zierlich, so ordentlich, so süß. Zur Bequemlichkeit des Arztes brannte eine Lampe, aber es gab kein Feuer.

Gegen zehn Uhr kam der Arzt erneut. Es gab nichts zu tun; nichts zu hoffen; Dennoch könnte sie bis zum Morgen leben, wenn –

Um Mitternacht schlich Philip lautlos ins Schlafzimmer. Der Zustand blieb unverändert. Er wollte sich hinlegen, wollte aber geweckt werden, wenn sich etwas änderte.

Es dauerte lange, bis er einschlief, und er schien nur einen Moment geschlafen zu haben, als es an seiner Tür klopfte. Er hörte es, während er noch schlief. Die Morgendämmerung war angebrochen, die Sonnenstrahlen stiegen aus dem Meer. Ein Spatz im Garten zerhackte mit seinem monotonen Zwitschern die Luft.

Tante Nan war völlig erschöpft, doch der schleppende Ausdruck des Schmerzes war verschwunden und eine fast engelhafte Gelassenheit breitete sich auf ihrem Gesicht aus. Als sie Philip erkannte, tastete sie nach seiner Hand, führte sie zu ihrem Herzen und hielt sie dort. Sie sprach nur wenige Worte, denn ihr Atem ging kurz. Sie empfahl ihre Seele Gott. Dann winkte sie Philip mit einem Blick bleichen Sonnenscheins zu. Er legte sein Ohr an ihre Lippen und sie flüsterte: „Still, Liebste! Erzähle es niemandem, denn niemand wusste jemals – oder träumte davon – aber ich liebte deinen Vater – und – *Gott gab ihn mir in dir.* "

Die liebe alte Taube hatte ihr letztes großes Geheimnis preisgegeben. Philip legte seine Lippen auf ihre Wange, die bereits von der Feuchtigkeit und Kälte des Todes vereist war. Dann schlossen sich die Augen, der süße alte Kopf glitt zurück, die Lippen veränderten ihre Farbe, blieben aber immer noch offen wie mit einem Lächeln. So starb Tante Nan, friedlich, hoffnungsvoll, vertrauensvoll, fast freudig, in der Fülle ihrer Liebe und ihres Stolzes.

„O Gott", dachte Philip, „lass mich mit meiner Aufgabe fortfahren." Gib mir die Kraft, der Versuchung einer solchen Liebe zu widerstehen."

Ihre Liebe hatte ihn sein ganzes Leben lang in Versuchung geführt. Sein Vater war seit zwanzig Jahren tot, aber sie hatte seinen Geist am Leben erhalten – seine Ziele, seine Ambitionen, seine Ängste und die Lehren seines Lebens. Hier lag der Beginn seines Untergangs, seiner Erniedrigung und der erste Grund für seine tiefe Doppelzüngigkeit. Er hatte alles wiedergefunden, was verloren gegangen war; er hatte alles gewonnen, was seine kleine Welt geben konnte; und was war es wert? Welchen Preis hatte er dafür bezahlt? „Was nützt es einem Menschen, wenn er die ganze Welt gewinnt und seine eigene Seele verliert?"

Philip legte seine Lippen auf die kalte Stirn. „Süße Seele, vergib mir! Gott stärke mich! Lass mich in diesem letzten Moment nicht scheitern."

XV.

Philip kehrte nicht nach Elm Cottage zurück. Er begrub Tante Nan am Fuße des Grabes seines Vaters. Auf beiden Seiten war kein Platz, links befand sich das versunkene Grab seiner Mutter und rechts das mit Gitterstäben versehene Grab seines Großvaters. Sie mussten eine Weide zwei Fuß näher am Weg entfernen.

Als alles vorbei war, kehrte er allein nach Hause zurück und verbrachte den Nachmittag damit, Tante Nans persönliche Gegenstände einzusammeln, einige davon zu beschriften und sie im blauen Zimmer einzuschließen. Das Wetter war seit einigen Tagen unruhig. Auf der Sonne waren Flecken zu sehen. Es gab magnetische Störungen und in der Nacht zuvor hatte das Polarlicht am Nordhimmel gepulst. Als die Sonne kurz vor dem Untergang stand, war im Westen ein strahlend tiefer Himmel zu sehen, über dem sich wie ein dickes Strohdach eine Wolkenbank rollte, und ein goldener Lichtstrahl tauchte ins Meer hinab, als hätte ein Engel einen geöffnet Tür im Himmel. Nachdem die Sonne untergegangen war, erstreckte sich ein feuerroter Balken über den Himmel, und es gab leises Donnergrollen.

Als Philip seine Arbeit unterbrach, um auf den Strand hinauszuschauen, sah er einen Mann auf einem Pferd reiten. Es war ein Bote von Regierungsstellen. Er hielt am Tor an. Einen Moment später war der Bote in Philipps Zimmer und überreichte ihm einen Brief.

Wenn irgendjemand den Deemster gesehen hätte, als er diesen Brief entgegennahm, hätte er geglaubt, es sei sein Todesurteil. Eine tödliche Blässe trat in sein Gesicht, als er das Siegel des Umschlags öffnete und den Inhalt herauszog. Es war ein Auftrag des Innenministeriums. Philip wurde zum Gouverneur der Isle of Man ernannt. „Meine Strafe, meine Strafe!" er dachte. Je höher er stieg, desto tiefer musste er fallen. Es war eine grausame Freundlichkeit, eine schmerzhafte Unterscheidung, eine schreckliche Strafe. Die Stufen dieses Kalvarienbergs waren wirklich steil. Würde er es jemals besteigen?

Der Bote verneigte sich und grinste vor ihm. „Tausend Glückwünsche, Eure Exzellenz!"

„Danke, mein Junge. Nach unten gehen. Sie geben dir etwas zu essen."

Einen Moment später betrat Jem-y-Lord unter irgendeinem Vorwand den Raum und hüpfte wie ein Vogel umher. „Ja, Exzellenz – Nein, Exzellenz – Ganz recht, Exzellenz."

Als nächstes kam Martha und empfing Philip auf dem Treppenabsatz mit einem mutigen Lächeln und einer Höflichkeit. Und das ganze Haus, das in letzter Zeit so dunkel und traurig war, schien aufzuhellen und zu lachen, als ob man nach einer schlaflosen Nacht hinschaut und siehe da! das Tageslicht ist auf den Blinden; Sie hören zu und die Vögel zwitschern in ihren Käfigen unter der Treppe.

„ *Sie* wird es auch hören", dachte Philip.

Er schrieb ihr zwei Zeilen eines Briefes, den ersten, den er seit seiner Krankheit verfasst hatte:

„Behalte deinen Mut, mein Lieber; Ich werde bald bei dir sein."

Dies, ohne Unterschrift oder Überschrift, steckte er in einen Umschlag und adressierte ihn. Dann ging er raus und postete es selbst.

Als er zurückkam, blitzte es. Er hatte das Gefühl, als würde er damit am liebsten nach Port Mooar hinunterwandern und an den Höhlen und unter den Klippen vorbeiwandern, wo die Seevögel schreien.

XVI.

Die Nacht war hereingebrochen und er saß in seinem Zimmer, als im Flur lautes Stimmengewirr erklang. Jemand rief nach dem Deemster. Es war Nancy Joe. Sie war gerade aus Sulby zurückgekehrt. Etwas war Cæsar zugestoßen, und niemand konnte ihn kontrollieren.

„Gehen Sie zu ihm, Euer Ehren", rief sie von der Tür aus. „Nur du selbst hast die Macht über ihn, und wir wissen in aller Welt nicht, was mit dem Mann geschieht. Er hat ein Widderhorn auf sich und bläst um das Haus herum wie das Unheil, ruft den Herrn an, er möge es niederreißen, und sagt, es seien die Mauern von Jericho."

Philip ließ eine Kutsche kommen und machte sich sofort auf den Weg nach Sulby. Zu diesem Zeitpunkt hatte der Sturm zugenommen. In den Hügeln hallten laute Donnerschläge wider. Blitze leckten die Baumstämme und liefen wie Schlangen an den Ästen entlang. Als sie an der Kirche in Lezayre vorbeikamen, griff der Kutscher vom Bock herüber und sagte: „Da drüben ist etwas los, Herr. Sehen?"

Ein heller Schimmer erhellte den dunklen Himmel in der Richtung, in die sie gingen. An der Straßenbiegung beim „Ginger" überholte sie jemand im Laufen.

„Was ist dort?" rief der Kutscher.

Und eine Stimme aus der Dunkelheit antwortete ihm: „Die ‚Fee' wird vom Blitz getroffen und Cäsar ist verrückt geworden."

Es war eine Tatsache. Während Cäsar in seiner Manie in seinem Wirtshaus in der Wahnvorstellung, es sei Jericho, sein Widderhorn blies, war es vom Blitz getroffen worden. Das Feuer konnte nicht mehr unter Kontrolle gebracht werden. In das Dach war ein großes Loch gebrannt, und die Flammen schlugen hindurch wie durch einen Trichter. Ganz Sulby schien zur Stelle zu sein. Einige schleppten Möbel aus dem brennenden Haus; andere rannten mit Eimern zum Fluss und warfen Wasser auf das brennende Strohdach.

Aber um alles herum war die Gestalt eines Mannes, der mit großen, stürzenden Schritten im Kreis herumging, über die Straße, über den Fluss und durch den Mühlenteich dahinter, wobei er mit heftigen, überirdischen Tönen in sein Horn blies und mit triumphierender Stimme weinte und Spott, zuerst gegenüber diesem Arbeiter und dann gegenüber jenem: „Es hat keinen Zweck, das sage ich dir." Du kannst es nie löschen. Es ist Feuer vom Himmel. Habe ich nicht gesagt, dass ich es schaffen würde?"

Es war Cäsar. Seine Augen glitzerten, sein Mund bewegte sich krampfhaft und seine Wangen waren vom umherfliegenden Ruß so schwarz wie die „Spanne" des Topfes.

Als er Philippus sah, kam er mit einem schrecklichen Lächeln auf seinem grimmigen schwarzen Gesicht auf ihn zu, zeigte auf das Haus und schrie über dem Stimmengewirr, dem Donnergrollen und dem Knistern des Feuers hinweg: „Ein Unreiner!" Geist lebte darin, mein Herr. Es hat mich diese zehn Jahre gequält."

Er schien zuzuhören und etwas zu hören. „Das ist das Brüllen", rief er und lachte dann vor lauter Freude.

„Beruhigen Sie sich, Mr. Cregeen", sagte Philip und versuchte, ihn am Arm zu nehmen.

Aber Cäsar löste sich, blies einen gewaltigen Ton in sein Widderhorn und ging wieder mit großen Schritten um das Haus herum. Als er das nächste Mal zurückkam, war ein tiefes Donnergrollen in der Luft und er sagte: „Es ist der Ballawhaine. Er hatte den Stein fünf Jahre lang und stöhnte immer so."

Wieder bat ihn Philipp, sich zu beruhigen. Es war nutzlos. Er ging um das brennende Haus herum, blies in sein Horn und forderte die Arbeiter auf, mit ihrer gottlosen Arbeit aufzuhören, denn der Herr hatte ihm gesagt, er solle die Mauern von Jericho niederreißen, und stattdessen hatte er sie niedergebrannt.

Die Leute begannen Angst vor seiner Raserei zu haben. „Sie müssen den Mann im Schloss unterbringen", sagte einer. „Oder lassen Sie ihn in einem Nebengebäude anketten", sagte ein anderer. „Sie hielten den Verrückten Kirk Maug fünfzehn Jahre lang auf dem Stroh im Giebelboden fest, und seine Kinder im Haus wuchsen zu Männern und Frauen heran." „Es ist das Mädchen, das es mit Cæsar zu tun hat. Schande über die Töchter, die ihre alten Väter ruinieren!"

Dennoch lief Cäsar um das Feuer herum, blies in sein Widderhorn und rief: „Es nützt nichts! Es ist der Herr, Gott!"

Je stärker das Feuer loderte, desto mehr widerstand es den Bemühungen des Volkes, es zu unterdrücken, desto heftiger und unirdischer waren Cäsars Schüsse und desto triumphierender waren seine Schreie.

Schließlich stieg Oma aus und hielt ihn auf. „Komm nach Hause, Vater", wimmerte sie. Er sah sie mit verwirrten Augen an, dann blickte er auf das brennende Haus und schien sich augenblicklich zu erholen.

„Komm nach Hause, Mistkerl", sagte Oma zärtlich.

„Ich habe kein Zuhause“, sagte Cæsar hilflos. „Und ich habe kein Geld. Das Feuer hat alles vernichtet.“

„Egal, Vater“, sagte Oma. „Als wir anfingen, hatten wir nichts; wir fangen wieder von vorne an.“

Dann fing Cäsar an, Bibeltexte zu murmeln, und Oma begann, ihn auf ihre einfache Art zu beruhigen.

„„Meine Seele geht durch tiefe Gewässer. Ich bin schwach und wund gebrochen. Rette mich, o Gott, denn das Wasser dringt in meine Seele ein, ich versinke im tiefen Sumpf, wo es keinen Halt gibt.““

„Ach nein Cæsar, wir sind jetzt unterwegs. Hier ist es sowieso trocken genug.“

„„Viele Bullen haben mich umzingelt; Große Stiere von Basan haben mich umzingelt. Rette mich vor dem Rachen des Löwen; denn du hast mich aus den Hörnern des Einhorns erhört.““

„Kümmere dich nicht um den Löwen und das Einhorn, Vater, aber komm und wir wechseln deine nassen Hosen.“

„„Reinige mich mit Ysop, und ich werde rein sein; wasche mich, und ich werde weißer sein als Schnee.““

„Ach, ja, wir werden dich ausreichend waschen, wenn wir in Ramsey ankommen. Dann komm, Mistkerl.

Er hatte sein Widderhorn irgendwo fallen lassen, und sie nahm ihn bei der Hand. Dann ließ er sich abführen, und die beiden alten Kinder gingen in die Dunkelheit.

XVII.

Zu Hause wartete ein Brief auf Philip. Es war vom Clerk of the Rolls. Nur ein paar Zeilen waren auf die Rückseite eines Entwurfs einer eidesstattlichen Erklärung gekritzelt worden, die ihm verriet, dass der Scheidungsantrag an diesem Tag hinter verschlossenen Türen verhandelt worden war. Dem Antrag wurde stattgegeben, und alles war geregelt und angenehm.

„Ich möchte deine ohnehin schon sehr verletzten Gefühle nicht verletzen, Christian", schrieb der Gerichtsschreiber, „oder deiner Verantwortung, wenn du kommst, um für die Frau zu sorgen, noch etwas hinzufügen, aber ich muss sagen, sie hat aufgegeben." um deinetwillen ein verdammt guter, ehrlicher Kerl.

„Ich weiß es", sagte Philip laut.

„Als ich ihm sagte, dass alles vorbei sei und dass seine verirrte Frau ihn nicht mehr belästigen würde, dachte ich, er würde in Tränen ausbrechen."

Aber Philip hatte noch keine Zeit, an Pete zu denken. Sein ganzes Herz war bei Kate. Sie würde die offizielle Mitteilung über die Scheidung erhalten, und sie würde im Gefängnis wie ein Schlag auf sie treffen. Sie würde an sich selbst denken, während die ganze Welt gegen sie war, und an ihn, dem die ganze Welt zu seinen Füßen lag. Er wollte zu ihr rennen, sie in seine Arme nehmen, sie auf die Lippen küssen und sagen: „Meine, endlich meine!" Seiner Frau – ihrem Mann – alles vergeben – alles vergessen!

Philip verbrachte den Rest der Nacht damit, einen Brief an Kate zu schreiben. Er sagte ihr, dass er ohne sie nicht leben könne; dass sie jetzt zum ersten Mal ihm gehörte und er ihr gehörte und sie eins waren; dass ihre Liebe wiedergeboren wurde und dass er die Zukunft damit verbringen würde, das Unrecht zu sühnen, das er ihr in der Vergangenheit zugefügt hatte. Dann verfiel er in das bloße Geplapper der Zuneigung und schüttete ihr sein Herz aus – die ganze Babyheit der Liebe, das törichte Geschwätz, den zärtlichen Unsinn. Was spielte es für eine Rolle, dass er jetzt Gouverneur und der erste Mann auf der Insel war? Er hat alles vergessen. Was lag daran, dass er einer gefallenen Frau im Gefängnis schrieb? Er erinnerte sich nur daran, um sich selbst umso mehr zu vergessen.

„Nur noch ein bisschen, meine Liebe, nur noch ein bisschen. Ich komme zu dir, ich komme. Älter vielleicht, vielleicht trauriger und kein Junge mehr, aber immer noch hoffnungsvoll und bereit, sich jedem Schicksal zu stellen, mit ihr, die ich liebe, an meiner Seite."

Am nächsten Tag brachte Jem-y-Lord diesen Brief nach Castle Rushen und brachte eine Antwort zurück. Es war nur eine Zeile: „Mein Liebling! Zu guter Letzt! Zu guter Letzt! Oh, Philipp! Philipp! *Aber was ist mit unserem Kind?*"

guter Letzt! Zu guter Letzt! Oh, Philipp! Philipp! *Aber was ist mit unserem Kind?*

XVIII.

Die Bekanntgabe von Philipps Ernennung zum Gouverneur der Isle of Man war in den Kirchen verlesen und an die Türen der Gerichtsgebäude genagelt worden, und der Gerichtsschreiber trieb die Vorbereitungen für die Amtseinführung voran.

„Es soll am Dienstag der Osterwoche sein", schrieb er, „und natürlich auf Castle Rushen. Der scheidende Gouverneur ist bereit, an diesem Tag zurückzukehren, um seine Amtssiegel abzugeben und Ihre Provision entgegenzunehmen."

„PS – Privat. Und wenn Sie denken, dass das Mädchen mit der sanften Stimme schon lange genug „Zur Freude Ihrer Majestät" war, werde ich sie freilassen. Nicht, dass sie überhaupt Schaden nimmt, aber wir sollten diese kleinen Rechnungen besser klären, bevor Ihr großer Tag kommt. In der Zwischenzeit möchten Sie vielleicht für ihre Zukunft sorgen. Sei liberal, christlich; Sie können es sich leisten, sie großzügig zu behandeln. Aber was sage ich? Weiß ich nicht, dass Sie lächerlich übergroßzügig sein werden?"

Philip beantwortete diesen Brief umgehend. „Der Dienstag der Osterwoche eignet sich genauso gut wie jeder andere Tag. Was die Dame betrifft, lass sie bis zum Morgen der Zeremonie bleiben, wo sie ist, dann werde ich alles selbst regeln."

Philipps Korrespondenz war nun zahlreich und er hatte genug Arbeit, um damit fertig zu werden. Die vier Städte der Insel wetteiferten miteinander um die Ehre, ihm Ehre zu erweisen. Douglas, der Schauplatz seiner Karriere, wollte ihn bei einem Bankett bewirten; Ramsey, als sein Geburtsort, wollte ihm in der Prozession folgen. Er lehnte alle Einladungen ab.

„Ich trauere", schrieb er. „Und außerdem geht es mir nicht gut."

"Ah! Nein", dachte er, „niemand wird mir Vorwürfe machen, wenn die Zeit gekommen ist."

Es gab kein Innehalten, kein Mitleid, keine sanfte Ruhe in der Güte der Welt. Es begann in seinem Kopf Formen von fast teuflischer Grausamkeit anzunehmen, als stünde dahinter das Lachen des Teufels.

Er erkundigte sich nach Pete. Kaum jemand wusste etwas; kaum jemanden interessierte es. Der Verschwender war bis auf den letzten Schilling gesunken und hatte den Rest seiner Möbel verkauft. Der Makler sollte das Haus am Osterdienstag räumen. Das war alles. Kein Wort über die Scheidung. Das arme, vernachlässigte Opfer, vergessen im Aufruhr um den

Ruhm seines Übeltäters, verfügte über die letzte Kraft eines starken Mannes
– die Kraft, zu schweigen und zu vergeben.

Philip fragte nach dem Kind. Sie befand sich noch immer im Elm Cottage
in der Obhut der Frau mit der Stupsnase und der schrillen Stimme. Jede
Nacht schmiedete er Pläne, um Kates Kleines in Besitz zu nehmen, und jeden
Morgen ließ er sie fallen, weil es schwierig oder grausam war oder weil er
wahrscheinlich verschmäht werden würde.

Am Ostermontag war er in seinem Zimmer in Ballure beschäftigt,
während ständig ein berittener Bote zwischen seinem Tor und den
Regierungsbüros hin- und herfuhr. Er hatte den Vormittag mit zwei
wichtigen Briefen verbracht. Beide waren an den Innenminister gerichtet.
Einer wurde mit seinem Siegel als Deemster versiegelt; der andere wurde auf
dem offiziellen Papier des Government House geschrieben. Er wies den
Boten gerade an, diese Briefe zu registrieren, als er durch die offene Tür eine
furchterregende Stimme im Flur hörte. Es war Petes Stimme. Einen Moment
später kam Jem-y-Lord mit erschrockenem Gesicht hoch.

„Er ist selbst hier, Exzellenz. Was *soll* ich mit ihm machen?“

„Bring ihn hoch“, sagte Philip.

Jem begann zu stottern. „Aber – aber – und dann könnte der Bischof jede
Minute hier sein.“

„Bitten Sie den Bischof, im Raum unten zu warten.“

Man hörte, wie Pete die Treppe hinaufkam. „Aisy alle, aisy! Beuge deinen
kleinen Kopf, Mistkerl. Das ist das Ticket!“

Philip hatte seit der Nacht, in der er im Schlafzimmer Brandy und Wasser
getrunken hatte, nicht mehr mit Pete gesprochen. Er konnte nicht anders –
seine Hand zitterte. Es würde eine schmerzhafte Szene geben.

„Bück dich noch einmal, Liebling. Da bist du ja."

Und dann war Pete im Raum. Er trug das Kind auf einer Schulter; sie
trugen beide ihre besten Klamotten. Pete sah älter und etwas dünner aus; die
Bräune seiner Wangen war in blassen Flecken unter den Augen ausgefranst,
die dennoch hell waren. Er hatte das Gesicht eines Mannes, der einen
tapferen Kampf mit dem Leben geführt und geschlagen worden war, der der
Welt jedoch keinen Groll hegte. Jem-y-Lord und der Bote waren im Nu aus
dem Zimmer verschwunden und die Tür war geschlossen.

„Was denkst du darüber, Phil? Ist sie nicht eine kleine Schönheit?“

Pete tanzte mit dem Kind auf seinem Knie und blickte mit entzückten
Augen von der Seite auf das Kind herab.

„Sie ist so süß wie ein Engel", sagte Philip mit leiser Stimme.

„Ist sie das jetzt nicht?" sagte Pete und redete dann weiter, als wäre er der glücklichste Mann der Welt. „So etwas hast du dir schon so lange gewünscht, Phil. „Die Tat hast du aber. Es würde Ihnen eine wunderbare Unterhaltung bereiten. Ter'ble der Spaß, den Babys haben. Sprechen Sie über Schauspielschauspieler! Wo Babys herkommen, sind sie nur Bestattungsstumme. Dies zu beißen und jenes zu beißen – es ist tödlich amüsant, was sie tun. Du stehst müde und schockiert von deinen Büchern auf und bist bereit für ein bisschen Spaß, gehst zur Treppe und schreist nach unten: „Wo ist meine kleine Frau?" Dann kam sie Schritt für Schritt hinauf, hielt sich am Geländer fest, punktete und trug eins. Und meine Güte, der Staub wäre hier im Arbeitszimmer! Du liegst auf allen Vieren auf dem Teppich, und das Kleine sitzt rittlings auf deinem Rücken und rutscht bis zu deinem Hals hinunter. Dasselbe gilt für die ganze Welt wie der Mann auf dem Bild, der die Welt auf seinen Schultern trägt. Und deine eigene kleine Welt wäre auch da oben, lachender und krähender Sterblicher. Und dann nachts, Phil, nachts – von deinen Vorladungen und Garantien aufstehen und auf Zehenspitzen, auf Zehenspitzen in das Zimmer der Kleinen schleichen und fragen: „Schläft sie gut?" denkt du; Und sie lauschte dem Spalt der Tür und hörte ihr Atmen und schlüpfte hinein, um nachzuschauen, und alles war still und das rote Feuer auf ihrem kleinen Gesicht und „Gott segne sie, mein Liebling!" sagt du, und dann zurück zu deinem Schreibtischinhalt. Ach, eines Tages wirst du bestimmt selbst ein kleines Bier haben, Phil."

„Er ist gekommen, um etwas zu sagen", dachte Philip.

Das Kind rutschte von Petes Knie herunter und begann über den Boden zu kriechen. Philip versuchte, sich zu beherrschen und locker zu sprechen.

„Und wie geht es dir selbst, Pete?" er hat gefragt.

„Nun", sagte Pete und spielte mit seinen Haaren, „irgendwie nur mittelmäßig." Er schaute auf den Teppich hinunter und stockte: „Du wirst dich über mich wundern, Phil, aber, weißt du?" – er zögerte – „dir kein Wort einer Lüge zu erzählen –" dann sagte er hastig: „ Ich gehe wieder ins Ausland; das ist die Tatsache."

"Wieder?"

„Nun, das bin ich", sagte Pete und sah beschämt aus. „Ja, die Wahrheit ist, das ist es, worüber ich nachdenke. „Sehen Sie", mit überzeugender Miene, „wenn ein Mann vom Reisen geplagt wird, ist das genau wie die Hydrophobie, er kann überhaupt keine Zeit in einem Bett ausruhen." Muss hier und da rennen – und regelmäßig rennen. Bei mir ist es jedenfalls so. Früher dachte ich, die alte Insel wäre groß genug für den Rest meiner Tage. Aber nein! Ich sehne mich wieder schockierend nach den Minen und dem

Gelände und den Niggern und dem wilden Leben da draußen. ‚Das Meer ruft mich‘, wissen Sie.“ Und dann lachte er.

Philip verstand ihn – Pete hatte vor, aus dem Weg zu gehen. „Sollst du lange bleiben?“ er geriet ins Stocken.

„Nun ja, das habe ich mir gedacht“, sagte Pete. „Sehen Sie, die Sache läuft jetzt nicht mehr so gut wie früher, und Vermögen werden nicht mehr so schnell gemacht wie zu meiner Zeit. Nicht, dass ich ein Vermögen will – ist das jetzt wahrscheinlich? Aber trotzdem und für immer – nun ja, ich werde sowieso eine ganze Weile weg sein.“

Philip versuchte zu fragen, ob er vorhabe, bald zu gehen.

„Morgen, Sir, im Paket nach Liverpool, zum Segeln am Mittwoch. Ich bin die Runde gegangen und habe mich von den alten Kumpels verabschiedet – Jonaique, John the Widow, Niplightly und Kelly, dem Postboten. Einige von ihnen haben nicht viel Herz; nur ein kleines Etwas, das sie in ihren Innereien verstaut haben; Aber es ist überhaupt nicht richtig, zu viel zu erwarten. Dies ist der Einzige, der nicht bereit zu sein scheint, sich von mir zu trennen.“

Petes Hund war ihm ins Zimmer gefolgt und saß nüchtern neben seinem Stuhl. „Man kann ihn nicht abschütteln, der arme Kerl.“

Der Hund stand auf und wedelte mit seinem Baumstumpf.

„Nun, wir sind doch gemeinsam durch die Welt gewandert, nicht wahr, Dempster? Er scheint meiner noch nicht überdrüssig zu sein.“ Petes Gesicht wurde länger. „Aber da ist jetzt Oma. Der alte Engel schwebt wie eine Gewitterwolke umher und weiß überhaupt nicht, ob er über mich platzen soll oder nicht. Denkt, ich war anscheinend grausam. Ich kann es ihr auch nicht erklären. Vielleicht machen Sie es für mich wieder gut, wenn ich weg bin, Sir. Für einen solchen Job sind Sie es, wissen Sie. Ich will nicht, dass sie hart an mich denkt, armes altes Ding.“

Pete pfiff dem Kind zu, begrüßte es und fuhr dann mit leiserer Stimme fort: „War nicht in Castletown, Sir. Bin bis nach Ballasalla gekommen und habe den Burgturm gesehen. Dann verlor mich mein Herz und ich kehrte um. Du wirst mich von mir verabschieden, Phil. Sag ihr, dass ich vergeben habe – nein, das nicht. Sagen wir, ich hätte ihr meine Liebe hinterlassen – das geht auch nicht. *Du wirst* am besten wissen, was du sagen sollst, Phil, also überlasse ich es dir. Vielleicht erzählst du ihr, dass ich fröhlich und zufrieden gegangen bin, und, na ja, glücklich – warum nicht? Es schadet überhaupt nicht, das zu sagen. Ich breche mir jedenfalls nicht das Herz, denn wenn ein Mann ein Mann ist – dann!“ Er räusperte sich: „Mir geht es heutzutage so schlecht, dass ich morgens einen Raucher trinken möchte. Darf ich hier rauchen? Ich kann? Du bist auch gut.“

Er schnitt seinen Tabak mit seinem verfärbten Messer, rollte ihn, lud seine Pfeife und zündete sie an.

„Tut mir leid, dass du kurz vor deinem großen Tag weggehst, Phil. Ich werde den Kapitän bitten, eine Patrone abzufeuern, während wir an Castletown vorbeifahren, und wenn eine Band an Bord ist, gebe ich ihnen ein kleines Trinkgeld, damit sie „Myle Charaine" spielen. Das wird zu Ihnen sprechen wie die Pfeife einer Amsel, wie man so schön sagt. Sieht aber so aus, als hätte ich dich im Stich gelassen. Aber, halt! Es wäre für mich überhaupt keine Überraschung. Ich habe es all die Jahre kommen sehen. „Du wirst der erste lebende Manxman sein", sagte ich am Tag meiner Abreise. Du hast mich auch nicht betrogen. Erinnert ihr euch an den Morgen am Kai und an den Eid zwischen uns beiden? Ich schwöre Ihnen wie ein Gerichtsvollzieher – nichts und niemand stellt sich zwischen uns – stört es Sie, Phil? Und nichts hat und nichts soll."

Er paffte an seiner Pfeife und sagte bedeutungsvoll: „Du wirst bald heiraten. Oh, das wirst du, ich weiß, dass du es tun wirst, ich bin mir sicher, dass du es tun wirst."

Philip konnte ihm nicht ins Gesicht sehen. Er fühlte sich klein und gemein.

„Sie sind ein weiser Mann, Sir, und ein großartiger Mann, aber wenn Ihnen ein einfacher, gewöhnlicher Kerl einen Rat geben könnte – ach, aber Sie werden keine Zeit verlieren, ich werde selbst nicht hier sein sehen Sie es. Ich werde vielleicht auf dem Wasser sein, während die Wellen vom Kanonenwasser umspült werden, der Wind in der Takelage rasselt und das Schiff sich in die Dunkelheit des Meeres vergräbt. Aber ich weiß, dass es zu Hause Morgen ist, die Sonne scheint und überall eine Art warme Stille herrscht und Sie und sie zusammen in der alten Kirche sind."

Die Pfeife schnaufte hörbar.

„Sag ihr, dass ich ihr meinen Segen wünsche. Sag es ihr – aber die Art, wie ich rauche, ist schockierend. Ihre Vorhänge werden ein Jahrhundert lang nach dickem Holz riechen."

Philipps feuchte Augen folgten dem Kind über den Boden.

„Was ist mit dem Kleinen?" fragte er mühsam.

„Ah, ich sage dir die Wahrheit, Phil, dafür bin ich gekommen. Naja, meistens jedenfalls. Sie sehen, ein Kind ist einfach nicht für eine Verbindung geeignet. Nicht, aber sie halten Diamanten für ein kleines Ding da draußen, besonders wenn es ein Mädchen ist. Aber immer noch und für immer, mit Niggern umher und Kerlen, die so rau sind wie ein Dornbusch und ohne nennenswerte Manieren –"

Philip unterbrach sie eifrig: „Wirst du sie bei Oma lassen?"

„Naja, nein, das habe ich nicht gedacht. Oma ist schon etwas in die Jahre gekommen und sie hat es satt. Jedenfalls wünschte sie sich in ihren alten Tagen eine Erleichterung. Dann wird sie zuschlagen, bevor die Kleine fertig ist – das ist nur zu erwarten. Nein, ich habe nachgedacht – was glaubst du, was ich jetzt gedacht habe?"

"Was?" sagte Philip mit schnellem Atem. Er hob den Kopf nicht.

„Ich dachte – nun ja, das war ich damals – es ist jedoch eine Tatsache – ich dachte jetzt vielleicht an dich selbst –"

„Pete!"

Philip war aufgesprungen und hatte Pete bei der Hand gepackt, aber er konnte nichts mehr sagen, er fühlte sich von Petes Großmut erdrückt. Und Pete fuhr fort, als würde er um einen großen Gefallen bitten. „,Sie war dir das Herzblut, Pete', denkt ich mir-. „Und es gibt niemanden außer sich selbst, dem du sie anvertrauen könntest – niemanden sonst, dem du sie überlassen würdest." Er wird sie lieben'. denkt ich; „er wird sie schätzen; er wird sie erziehen, als wäre sie seine eigene; er wird für sie so etwas wie ein Vater sein'———"

Philip hatte Mühe, mitzuhalten.

„Ich habe ihr auch etwas geschenkt", sagte Pete.

„Nein, nein!"

„Ja, aber eines der ersten Manx-Anwesen, das eröffnet wird. Cæsar hatte die Urkunden, aber ich habe sie zum Obervogt gebracht und alles ordnungsgemäß erledigt. Wenn ich weg bin, Sir –"

Philip versuchte zu protestieren.

„Ach, aber ein Mann kann doch für sich behalten, was er will, nicht wahr?"

Philip schwieg. Er konnte nichts sagen. Die Illusion sollte bis zum letzten tragischen Moment aufrechterhalten werden.

„Und da draußen, auf meinem Bett im Schuppen liegend – gute Matratzen und dicke Decken, Phil, überhaupt nichts, worüber ich mich beschweren könnte – werde ich ihr dabei zusehen, wie sie aufwächst, Jahr für Jahr, als wäre sie ständig unter meinen Augen . „Sie trägt jetzt Schürzen", denke ich. „Jetzt trägt sie lange Kleider und frisiert sich die Haare." „Sie ist jetzt so gerade wie ein Korbweide und rot wie eine Rose und das schönste Mädchen der Insel und das genaue Abbild dessen, was ihre Mutter einmal war." Oh, ich werde sie vor meinem geistigen Auge sehen, Sir, deutlicher als irgendein Potegraph."

Pete paffte wütend an seiner Pfeife. „Und die Mutter, ich werde mich auch selbst sehen. Sie ist in jedem Zentimeter eine Frau, Gott segne sie. Wo auch immer ein armes Mädchen in seiner Schande liegt, wird es da sein, und ich werde dafür auf Kaution gehen. Und Sie selbst – ich werde mich selbst sehen, Sir, vielleicht weißer, und die Sonne, die über Ihnen untergeht, aber stark für alle. Und wenn irgendein armer Kerl einen schweren Schlag erlitten hat und die Welt um ihn herum sich verfinstert, wird er zu dir kommen, um Licht und Stärke zu holen, und du wirst ihm die rechte Hand reichen, weil du Du weißt selbst, was es heißt, zu fallen und wieder aufzustehen, und weil du ein Mann bist und Grod sich mit dir angefreundet hat."

Pete rammte seinen Daumen in seine Pfeife und stopfte sie, immer noch rauchend, in seine Westentasche. „Chut!" sagte er heiser. „Das Gerede, das ein Mann machen wird, wenn er ins Ausland geht! Also alles für Poesie oder etwas in der Art von Weitläufigkeit. Hm! Hm!" Er räusperte sich, „muss aber auf die Pfeife verzichten. Die Stimme ist überhaupt nicht viel wert."

Philip konnte nicht sprechen. Die Stärke und Größe des Mannes überwältigte ihn. Es schmerzte ihn ins Herz, dass Pete nie sehen und nie hören konnte, wie er seine Schande wegwaschen würde.

Das Kind war durch das Zimmer zu einem offenen Schrank gekrochen, der in einer Ecke stand, und besaß dort eine Muschel, die es so tat, als hielte es es ans Ohr.

„Na ja, hast du das jemals getan?" rief Pete. „Schau dir jetzt dieses Kind an. Sie weiß, dass es eine Hülle ist. „Tatsächlich ist sie es. Oh, ich krieche regelmäßig, Sir, von morgens bis abends. Möchtest du den schönsten Anblick der Welt sehen, Phil?" Er ging auf die Knie und streckte die Arme aus. „Komm her, du kleiner Flussuferläufer. Bringen Sie den Stuhl ein Stück näher, Sir – das ist die Lösung. Gut, dass Nancy nicht hier ist. Sie würde wie ein Unfug auf uns losgehen. Wunderbar praktisch, wenn es um Babys geht, und wenn sich jetzt jemand eine Krankenschwester wünscht – der Atem einer Stiefmutter ist kalt –, aber Nancy! Meine Güte, du wagst es nicht, über die Hecke zu ihrer Lammie zu schauen, aber sie schreit, sie wäre bereit für eine Totenwache. Bleib schön, Kitty, bleib schön, Mistkerl! Die Frau hat auch ungefähr Recht – die Beine der Kleinen sind wie Qualeknochenstücke. „Komm, Mistkerl, komm?"

Pete stellte das Kind mit dem Rücken zum Stuhl und beugte sich dann mit ausgebreiteten Armen zu ihm hin. Das Kind wankte einen Schritt im Meer von einem Meter dazwischen, blickte zurück auf den unwiederbringlichen Stuhl, schaute auf den fernen Boden, stürzte sich dann mit einem nervösen Lachen nach vorne und fiel in Petes Arme.

"Bravo! War das nicht schön, Phil? Haben Sie jemals etwas Schöneres gesehen als den ersten Schritt eines Kindes? Schon wieder, Kitty, Mist! Aber geh dieses Mal zu deinem *neuen Vater.* Aisy, jetzt, aisy!" (mit dicker Stimme). „Gib mir zuerst einen Kuss!" (mit einem erstickten Gurgeln). „Noch eins, Liebling!" (mit gebrochenem Lachen). „Jetzt schauen Sie in die *andere* Richtung. Eins – zwei – bist du bereit, Phil?"

Phil streckte seine langen weißen zitternden Hände aus.

„Ja", mit einem unterdrückten Schluchzen.

„Drei – vier – und weg!"

Die Finger des Kindes glitten in Philipps Handfläche; Es gab einen weiteren Halt, einen weiteren Sprung, ein weiteres nervöses Lachen, und dann lag das Kind in Philipps Armen, sein Kopf war darüber und er drückte es an sein Herz.

Nach einem Moment sagte Philip, ohne den Blick zu heben: „Pete!"

Aber Pete hatte sich leise aus dem Zimmer geschlichen.

„Pete! Wo bist du?"

Wo war er? Er war draußen auf der Straße und weinte wie ein Junge – nein, wie ein Mann –, als er an das Glück dachte, das er oben zurückgelassen hatte.

XIX.

In der Stadt Peel herrschte an diesem Abend großer Aufruhr. Es war die Nacht des St. Patrick's Day und die Makrelenflotte war auf dem Weg nach Kinsale. Hundertfünfzig Boote lagen im Hafen, jedes mit einem Licht in der Kabine, einem Feuer in der Kajüte, Rauch aus dem Ofenrohr und halb gesetzten Segeln. Das Meer war frisch; Es wehte eine frische Brise aus Nordwesten und die Luft war voller Salzlake. Bei der Flut begannen die Boote den Hafen hinunterzufahren. Dann strömten Frauen, Kinder und alte Männer zum Ende des Piers. Mütter verabschiedeten ihre Söhne, Frauen ihre Ehemänner, Kinder ihre Väter, Mädchen ihre Jungen – alle voller Spaß, Gelächter und Freudenschreie.

Eines der Mädchen erinnerte sich, dass die Männer die Insel vor der Amtseinführung des neuen Gouverneurs verlassen hatten. Sofort begannen sie mit einem Fantasiespiel – der Fantasie, den Gouverneur für sich selbst zu wählen.

„Für wen stimmen Sie, Mr. Quayle?" – „Oh, Dempster Christian, natürlich." – „Dann werfen Sie uns Ihr Seil, und wir ziehen an Ihnen." – „Heavy oh, Mädels." Und das Seil wurde um einen Ankerpfosten am Kai geschleudert, zwanzig Mädchen würden es ergreifen, und das Boot glitt am Pier vorbei, um die Burgfelsen herum und dann wie eine Möwe vor dem Nordwesten davon.

„Viel Glück, Harry!" – „Peitschen Geld kommen nach Hause, Jem!" – „Schreib uns einen Brief – bitte schreibe jetzt!" – „Gute Nacht, Vater!"

Noch kein Weinen, kein Anzeichen von Tränen – nichts als frische junge Gesichter, leuchtende Augen und schallendes Gelächter, als eines nach dem anderen die Boote in das frische, grüne Wasser der Bucht hinausglitten, der Wind sie erfasste und sie schossen in die Nacht. Sogar die Hunde am Kai tummelten sich und bellten, als würden sie vor Freude verrückt werden.

Inmitten dieser fröhlichen Szene kam ein Mann in einer Affenjacke und einem breitkrempigen weichen Hut mit einem kleinen, missgestalteten Hund auf den Fersen zum Hafen. Er stand einen Moment lang da, als wäre er verwirrt über das seltsame Mitternachtsspektakel, das sich vor ihm abspielte. Dann ging er durch die Menge der jungen Leute und lauschte eine Weile ihrem Reden und Lachen. Niemand sprach mit ihm, und er sprach mit niemandem. Sein Hund folgte ihm mit der Nase an seinen Knöcheln. Wenn ein anderer Hund in jugendlicher Ausgelassenheit herumtollte und bellte, knurrte und schnappte er und kroch dann zu den Füßen seines Herrn und sah beschämt aus.

„Dempster, Dempster, es wird langsam langsam langweilig, oder?" sagte der Mann.

Nach einer Weile ging er leise weg. Niemand vermisste ihn; niemand hatte ihn beobachtet. Er war in die Stadt zurückgekehrt. In einer Bäckerei, die für die abreisende Flotte noch geöffnet war, kaufte er einen Seemannskeks. Damit kehrte er über das Ufer zum Hafen zurück. An der Anlegestelle beim Rocket House ging er zum Strand hinunter und suchte im Kies, bis er einen Stein fand, der einer Hantel ähnelte, groß an den Enden und schmal in der Mitte. Dann ging er zurück zum Kai. Der Hund folgte ihm und beobachtete ihn.

Zu diesem Zeitpunkt befand sich das letzte Boot bereits in der Bucht. Im Mondlicht war sie ganz deutlich zu erkennen, und an ihrem Körper brach die grüne Klinge einer Welle. Jemand trug eine Lampe auf ihrem Deck, und der riesige Schatten einer Männerfigur wurde auf das neue Lugsegel geworfen. Über das plätschernde Wasser hinweg gab es Rufe und Antworten. Dann begann eine frische junge Stimme auf dem Boot zu singen: „Liebe Mona, lebe wohl." Die Frauen nahmen es auf, und die beiden Kompanien sangen es abwechselnd, Vers für Vers, die Frauen am Kai und die Männer auf dem Boot, während das Meer zwischen ihnen immer breiter wurde.

Ein alter Fischer am Rande der Menge hatte ein kleines Mädchen auf seiner Schulter.

„Dieses Mal fährst du nicht nach Kinsale, Kumpel?" sagte eine Stimme hinter ihm.

„Ach nein, Sir. Ich habe den Tag allerdings gesehen. Dreißig Jahre war ich unterwegs, und noch besser. Aber jetzt bin ich fertig."

„Nun ja, das ist die Art und Weise, sehen Sie. Jetzt sind die Kleinen an der Reihe. Lass sie singen, Gott segne sie! Wir werden uns aber keine Sorgen machen, oder? Es gibt eine Sache, die wir immer tun können – wir können uns immer daran erinnern, und das ist doch ziemlich verwirrend, nicht wahr?"

„Ich mache es regelmäßig." sagte der alte Fischer.

„Schließlich war es eine gute Sache zu leben, und wenn die Zeit eines Mannes gekommen ist, wird es auch nicht so verdammt schlimm sein zu sterben. Solltest du da nicht bei mir bleiben, Kumpel?"

„Das tue ich, Sir, das tue ich."

Das letzte Boot hatte den Burgfelsen umrundet, und sein Marssegel war kleiner geworden und verschwunden. Am Kai war das Lied zu Ende, und die

Frauen und Kinder wandten mit einem Anflug von Traurigkeit ihre Gesichter der Stadt zu.

„Nun", mit einer tiefen universellen Inspiration, „war es nicht schön?" – „War es nicht?" – „Worüber weinst du dann?"

Die Mädchen lachten einander mit feuchten Augen aus und gingen mit federlosen Schritten davon. Die Mütter hoben ihre Kinder hoch und trugen sie weinend nach Hause; und die alten Männer gingen mit gesenktem Kopf und schlurfenden Füßen einen Weg.

Als alles weg war und der Hafenmeister sich ein letztes Mal umgeschaut hatte, ging der Mann mit dem Hund zum Ende des leeren Kais und setzte sich auf den Ankerpfosten, der zum Anlegen der Taue gedient hatte. Jetzt war alles ruhig genug. Die Stimmen, der Gesang, das Lachen gingen verloren. Es war kein Laut zu hören außer dem Gurgeln der Ebbe, die mit der Strömung des Flusses zwischen dem Pier und dem Burgfelsen rauschte.

Der Mann sah seinen Hund an, beugte sich zu ihm, gab ihm den Keks und streichelte ihn und streichelte ihn, während er sein Abendessen aß. „Dempster, Mistkerl! Dempster! Es wird langsam langweilig, oder? Sind wir doch weit zusammen gereist, nicht wahr? Ein bisschen müde, nicht wahr? Ich konnte sowieso keine weitere schwere Reise durchmachen. Es ist allerdings schwer, sich zu trennen, Machree! Machree!"

Er nahm den Stein aus seiner Tasche, befestigte ihn an einem Ende der Schnur, machte eine Schlinge um das Ätherende, legte ihn dem Hund um den Hals und hob ohne Vorwarnung den Hund und den Stein auf einmal auf und ließ sie fallen der Pier. Das alte Geschöpf stieß einen kläglichen Schrei aus, als es herabstieg; Es gab ein Platschen und dann – das Rauschen des Wassers am Pier vorbei.

Der Mann hatte sich schnell abgewandt und ging schwerfällig den Kai entlang.

XX.

Für Philip war es eine Nacht voller Schmerzen gewesen. Die ganze Welt schien sich verschworen zu haben, um ihn von dem abzuhalten, was er tun musste. „Du sollst nicht" war die Legende, die überall geschrieben zu stehen schien. Vier Personen hatten sein Geheimnis erfahren, und alle vier schienen ihn aufzufordern, es zu verbergen. Erstens der Gerichtsschreiber, der das Scheidungsverfahren hinter verschlossenen Türen gehört hatte; als nächstes Pete, der den Skandal allenthalben hätte ausrufen und ihn von seinem Platz reißen können, sich aber dafür entschieden hatte, zu schweigen und sich unbemerkt davonzuschleichen; dann Cäsar, dessen schreckliche Selbsttäuschung eine Garantie für seine Geheimhaltung war; und schlussendlich. Tante Nan, deren Vorsorge für Kates materielles Wohlergehen dazu gedacht war, die Notwendigkeit einer Enthüllung zu verhindern. All dies schien ihm zu sagen, sei es aus Zuneigung oder aus Angst: „Halte den Mund. Sag nichts. Vergangenheit ist Vergangenheit; es ist tot; Es existiert nicht. Machen Sie weiter mit Ihrer Karriere. Es ist erst der Anfang. Welches Recht haben Sie, es aufzulösen? Die Insel schaut auf dich, wartet auf dich. Treten Sie vor und seien Sie stark."

Gott sei Dank war es zu spät, dieser Versuchung nachzugeben. Zu spät, um sich von diesem Bestechungsgeld erkaufen zu lassen. Er hatte bereits den unwiderruflichen Kurs eingeschlagen, er hatte den unwiderruflichen Schritt getan. Er konnte jetzt nicht mehr zurück.

Aber die schreckliche Strafe für die Untäuschung der Insel! Der Schmerz dieses Augenblicks, in dem jeder erfahren würde, dass er die ganze Welt betrogen hat! Er war eine Täuschung – ein weiß getünchtes Grab. Jeder Schritt, den er bei seinem schnellen Aufstieg gemacht hatte, war über den Körper von jemandem gegangen, der ihn zu sehr geliebt hatte. Zuerst Kate, die Opfer der Deemstership geworden war, und jetzt Pete, der den Preis zahlte, der ihn zum Gouverneur machte.

Er konnte die dunklen Blicke der Stolzen sehen; er konnte den Fluch der Enttäuschten hören; Er konnte die Tränen der Aufrichtigen über den Untergang eines Lebens spüren, das so schön ausgesehen hatte. In der Hektik dieser letzten Stunde der Prüfung schien es, als würde er nicht mit den Menschen und der Welt kämpfen, sondern mit dem Teufel, der beides nutzte, um seine Position zu dieser bitteren Ironie zu machen – der ihn mit weltlichem Ruhm bestach dass er seine Seele für immer verdammen könnte.

Und darin lag eine Versuchung, die näher an seiner Seite saß – die Versuchung, sein Gesicht abzuwenden und wegzufliegen. Es war Mitternacht. Der Mond schien auf der grenzenlosen Ebene des Meeres. Er befand sich im trägen Wasser der Seele, als die Ebbe vorüber war, bevor die Flut zu fließen begann. Oh, alles hinter sich zu lassen – die Schande und den Ruhm zusammen!

Es war der Moment, in dem die Mädchen am Peel Quay das Seil für die Männer auf den Booten zogen, die bereit waren, für Christian zu stimmen.

Die Schlafschmerzen waren noch größer. Er dachte, er wäre in Castletown und schlich unter den Mauern des Schlosses herum. Mit einem Blick hinauf zum Parlamentsgebäude und hinunter zum Hafen steckte er seinen Privatschlüssel in das Schloss des Seiteneingangs zum Ratssaal. Der alte Hausmeister hörte ihn den langen Korridor entlangkriechen, und sie kam klappernd mit einer Kerze, die sie hinter ihrer Hand beschattete, herausgerannt. „Etwas, das ich vergessen habe", sagte er. „Verzeihung, Euer Ehren", und dann eine tiefe Höflichkeit.

Er öffnete lautlos die kleine Tür, die vom Ratssaal zum Bergfried führte, doch im dunklen Schatten der Stufen forderte ihn der Schließer heraus. "Wer ist da? Halt!" – „Still!" – „Der Deemster! Bitte um Verzeihung, Euer Ehren." – „Zeigen Sie mir die weiblichen Schutzzauber." – „Hier entlang, Euer Ehren." – „Ihre Zelle." „Hier, Euer Ehren." – „Der Schlüssel; Deine Laterne. Jetzt geh zurück in die Wache." Er war bei Kate. „Meine Liebe, meine Liebe!" – „Mein Liebling!" – „Komm, lass uns von der Insel wegfliegen." Ich kann es nicht ertragen. Ich dachte, ich könnte es, aber ich kann es nicht. Ich habe das Kind auch. Kommen!" Und dann Kate: „Ich würde mit dir überall hingehen, Philip, überall, überall. Ich will nur deine Liebe. Aber ist das eines Mannes wie Ihnen würdig? Verlasse mich. Wir sind zu tief gefallen, um in eine solche Grube zu fallen. Mit dir weg! Gehen!" Und er schlich aus der Zelle, vor der zornigen Liebe, die ihn vor sich selbst retten würde. Er, der Deemster, der Gouverneur, war wie ein Hund davongeschlichen.

Es war nur ein Traum. Als er aufwachte, sangen die Vögel und der Tag war blau über dem Meer. Die Versuchung war vorbei; es war unter seinen Füßen. Er konnte nicht länger zögern; sein Becher war überfüllt; er würde es bis zur Neige trinken.

Jem-y-Lord kam mit dem Mund voller Neuigkeiten. Die Stadt war mit Fahnen geschmückt. Es sollte einen allgemeinen Feiertag geben. Auf dem Grün vor dem Gerichtsgebäude war eine Tribüne errichtet worden. Die Menschen ließen sich von den Weigerungen des Deemster nicht abschrecken. Wer vor Ehrungen zurückschreckte, war der Ehre umso würdiger. Sie wollten ihrem neuen Gouverneur eine Ansprache überreichen.

„Lasst sie – lasst sie", sagte Philip.

Jem blickte fragend auf. Das Gesicht seines Meisters hatte einen seltsamen Ausdruck.

„Soll ich Sie heute fahren, Exzellenz?"

„Ja, mein Junge. Es ist vielleicht das letzte Mal, Jemmy."

Was stimmte mit dem Gouverneur nicht? War die Aufregung zu groß für ihn?

XXI.

Es war ein perfekter Morgen, weich und frisch und süß mit den Düften und Farben des Frühlings. Neuer Ginster blitzte aus den Hecken, die Veilchen lugten aus den Ufern; Über dem erfrischenden Grün der Felder tummelten sich die jungen Lämmer, und die Lerche sang in der dünnen blauen Luft.

Als sie in die Stadt eintauchten, war sie voller Leben. An der Wende zum Gerichtsgebäude war die Menschenmenge am dichtesten. Ein Polizist hob vor den Pferden die Hand und Jem-y-Lord kam heran. Dann trat der Obervogt an das Tor und las eine Adresse vor. Es erwähnte Iron Christian und nannte ihn „The Great Deemster"; Die Stadt war stolz darauf, dass der erste Manx-Gouverneur von Man in Ramsey geboren wurde.

Philip antwortete kurz und beschränkte sich auf eine Dankesbekundung; Es gab großen Jubel und dann fuhr die Kutsche weiter. Die Reise danach war eine einzige lange Triumphfahrt. In der Sulby Street und in der Ballaugh Street gab es Fahnen und Menschenmassen. Von Zeit zu Zeit schlossen sich ihnen andere Wagen an und reihten sich hinter ihnen ein. Der Bischof wartete am Bischofshof, und seine Kutsche wurde sofort nach der des Gouverneurs abgestellt.

In Tynwald gab es ein süßes und wunderschönes Schauspiel. Die Kinder von St. John's saßen auf den vier Rundungen des Berges, Jungen und Mädchen in abwechselnden Reihen, und von diesem Platz aus, der tausend Jahre lang der Erinnerung an ihre Vorfahren heilig war, sangen sie die Nationalhymne, als Philip die Kirche weitergab Straße.

Der unglückliche Mann lehnte sich in seinem Sitz zurück. Seine Augen füllten sich, seine Kehle hob sich. „Oh, was hätte sein können!"

Unter Harry Delanys Baum wartete eine Gruppe Fischer mit einem Brief. Es war von ihren Freunden in Kinsale. Sie konnten an diesem Tag nicht zu Hause sein, aber ihre Herzen waren dort. Jedes Boot hisste seine Flagge am Masttopp, und um zwölf Uhr mittags jubelte jeder Manx-Fischer in irischen Gewässern. Wenn die Iren sie fragten, was sie damit meinten, antworteten sie: „Es ist für den Freund des Fischers, Gouverneur Philip Christian."

Der unglückliche Mann hatte keine Schmerzen mehr. Seine Qual ging darüber hinaus. Eine Art göttlicher Wahnsinn hatte von ihm Besitz ergriffen. Er ließ die Welt und den Fürsten der Welt hinter sich. All dieser weltliche Ruhm und die menschliche Dankbarkeit waren nur die Versuchung Satans. Mit Gottes Hilfe würde er nicht untergehen. Er würde widerstehen. Er würde über alles triumphieren.

Jem-y-Lord drehte sich auf dem Logensitz. „Sehen Sie, Exzellenz! Hören!"

Die Flaggen von Castletown waren auf dem Eagle Tower des Schlosses zu sehen. Dann gab es ein vielschichtiges Gemurmel. Endlich ein toller Schrei. „Jetzt, Jungs! Drei mal drei! Hip, hip, hurra!"

Am Eingang der Stadt war ein immergrüner Bogen errichtet worden. Es trug eine Inschrift in Manx: „ *Dooiney Vannin, lhiat myr hoilloo* " – „Mann des Menschen, Erfolg, wie du es verdienst."

Die Kutsche hatte sich auf Schrittgeschwindigkeit verlangsamt.

„Fahr schneller", rief Philip.

„Die Straßen sind überfüllt, Exzellenz", sagte Jem-y-Lord.

Aus jedem Fenster, von jedem Dach, von jedem Laternenpfahl wehten Fahnen. Die Leute rannten jubelnd an der Kutsche vorbei. Ihr Schrei war ein ohrenbetäubender Lärm.

Philip konnte nicht antworten. „ *Sie* wird es hören", dachte er. Sein Kopf senkte sich. Er stellte sich Kate in ihrer Zelle vor, während der Lärm seiner Begrüßung gedämpft durch die Wände drang.

Sie nahmen die Straße am Hafen entlang. Plötzlich blieb die Kutsche stehen. Die Männer holten die Pferde aus den Schächten. „Nein, nein", rief Philip.

Er hatte den Drang auszusteigen, aber die Kutsche setzte sich gleich wieder in Bewegung. „Es ist die letzte meiner Strafe", dachte er und fiel erneut zurück. Dann hallten Geschrei und Gelächter über den Kai, begleitet vom Knistern und Brüllen eines Feuers.

Ein Regiment Soldaten säumte den Weg von der Zugbrücke bis zum Porlcullis. Als die Kutsche vorfuhr, präsentierten sie ihre Waffen zum königlichen Gruß. Im selben Moment spielte die Kapelle des Regiments im Bergfried „God save the Queen".

Der Obervogt der Stadt öffnete die Wagentür und überreichte eine Adresse. Es begrüßte den neuen Gouverneur in der alten Burg, in der seine Vorgänger eingesetzt worden waren, und erhielt durch den Umstand, dass einer ihrer eigenen Landsleute für würdig befunden worden war, die Krone zu repräsentieren, eine neue Bestätigung seiner Treue zur Krone. Seit den Tagen des großen Verwandten des neuen Gouverneurs, der allen Manxmen über zwei Jahrhunderte hinweg vertraut und liebevoll als Illiam Dhone (Brauner William) bekannt war, war auf dieser Insel noch nie zuvor ein Manxman so geehrt worden.

Philip antwortete mit wenigen Worten, der Jubel brach erneut aus, die Musikkapelle spielte erneut und sie betraten das Schloss durch den langen Korridor, der zum Ratssaal führte.

In einem Vorraum warteten die Beamten. Es waren alles ältere Männer und alte Männer, die lange und ehrenvolle Dienste geleistet hatten, aber sie zeigten keine Eifersucht. Der Schulschreiber empfing seinen ehemaligen Schüler mit einem Ruf, in dem persönlicher Stolz mit Respekt und Zuneigung mit Demut konkurrierten. Dann begrüßte ihn der Generalstaatsanwalt im Namen der Anwaltskammer als Leiter der Judikatur und der Legislative und freute sich darüber, dass einer seiner Berufszweige zum höchsten Amt auf der Insel erhoben worden war Mann; Er warf einen Blick auf seine Abstammung aus einer historischen Manx-Linie, auf seine kurze, aber bemerkenswerte Karriere als Richter, die die besten Traditionen richterlicher Weisheit und Beredsamkeit wiederbelebt hatte, und wünschte ihm schließlich ein langes Leben und Kraft für die Erfüllung des edlen Versprechens seiner Jugend und makellose Männlichkeit.

"Herr. „Herr Generalstaatsanwalt", sagte Philip, „ich werde Ihre Glückwünsche nicht annehmen, so sehr es mein Herz auch freuen würde, dies zu tun." Es würde mir nur noch mehr Kummer bereiten, wenn Sie die großzügige Herzlichkeit Ihres Empfangs bereuen würden, was zu früh geschehen könnte."

Es gab verwirrte Blicke, aber die weisen Berater konnten nicht den richtigen Eindruck gewinnen; sie konnten die Antwort nur in dem Sinne verstehen, wie sie mit ihren gegenwärtigen Gefühlen übereinstimmte. „Es ist schön", flüsterten sie, „wenn ein junger Mann mit echten Begabungen wirklich bescheiden ist."

„Entschuldigen Sie, meine Herren", sagte Philip, „ich muss in mein Zimmer."

Der Protokollschreiber folgte ihm und sagte:

"Ah! Der arme Tom Christian wäre an diesem Tag ein stolzer Mann gewesen – stolzer, als wenn die Ehre ihm zuteil geworden wäre – zehntausendtausend Mal."

„Erbarme dich, erbarme dich und lass mich in Ruhe", sagte Philip.

„Ich wollte dich nicht beleidigen, Christian", sagte der Angestellte.

Philip legte ihm liebevoll eine Hand auf die Schulter. Die Augen des stämmigen Kerls begannen zu blinzeln und er kehrte zu seinen Kollegen zurück.

Hinter der anderen Wand des Raumes war ein verwirrtes Gemurmel zu hören. Es war der Raum, der dem Deemster vorbehalten war, als er im Ratssaal Hof hielt. Eine seiner beiden Türen war mit der Bank verbunden. Wie üblich wurde diese Tür von einem Polizisten bewacht. Der Mann löste seine Kette und nahm seinen Helm ab. Sein Kopf war grau.

„Ist das Gerichtsgebäude voll?" fragte Philip.

Der Polizist hielt sein Auge an das Augenloch. „Überfüllt, Exzellenz.

„Halten Sie die Durchgänge frei." – „Ja, Exzellenz."

„Ist der Gerichtsschreiber anwesend?" – „Er ist anwesend, Exzellenz."

„Und der Gefängniswärter?" – „Unten, Exzellenz."

„Sagen Sie beiden, dass sie gesucht werden."

Der Polizist drehte den Türschlüssel um und verließ das Zimmer. Jem-y-Lord kam schnaufend und schwitzend.

„Der Ex-Gouverneur kommt am Grün vorbei, Sir. Er wird gleich hier sein."

„Meine Perücke und mein Kleid, Jemmy", sagte Philip.

„Deemsters Perücke, Exzellenz?" – „Ja."

„Das letzte Mal, dass Sie es tragen, Sir."

„Das letzte, tatsächlich, mein Junge."

Draußen klirrte Stahl, gefolgt von Trommelschlägen.

„Er ist hier", sagte Jem-y-Lord.

Philip hörte zu. Das rasselnde Geräusch drang durch sich öffnende Türen und hallende Gänge zu ihm wie das Stampfen einer Welle zu einem Mann, der in einer Höhle eingesperrt ist.

„Sie wird es auch hören." Dieser Gedanke begleitete ihn ständig. Vor seinem geistigen Auge sah er Kate, wie sie auf dem Feuersitz des Palastraums hockte, der jetzt ihr Gefängnis war, und ihre Ohren zuhielt, um die freudigen Geräusche zu dämpfen, die die übliche Stille der düsteren Wände durchbrachen.

Jem-y-Lord stand am Augenloch der Tür. „Er kommt auf die Bank, Sir. Die Herren des Rates folgen ihm, und das Gerichtsgebäude ist voller Damen."

Philip ging auf und ab wie ein Mann in heftiger Aufregung. Auf der anderen Seite der Mauer hatte sich das verwirrte Gemurmel zu einem scharfen Knistern vieler Stimmen gesteigert.

Der Polizist kam mit dem Gerichtsschreiber und dem Gefängniswärter zurück.

„Alles bereit, Exzellenz", sagte der Gerichtsschreiber.

Der Polizist drehte den Türschlüssel um und legte seine Hand auf den Türknauf.

„Einen Moment – gib mir einen Moment", sagte Philip.

Er erlebte die letzten Wehen seiner Versuchung. Irgendetwas fragte ihn wie in empörter Stimme, welches Recht er habe, Leute dorthin zu bringen, um sie zum Narren zu halten. Und irgendetwas lachte wie im Spott über den theatralischen Trick, den er gewählt hatte, um die Leute von Rang und Stand zusammenzutrommeln und sie dann wie ungezogene Schulkinder abzutun.

Dieser Gedanke schallte laut in wildem Spott und sagte ihm, dass er nur posierte, dass er sein Unglück zum Markt machte, dass er ein Schauspieler war und dass die Szene, die er spielen wollte, welche Wirkung sie auch haben mochte, sie unnötig und notwendig war verächtlich sein. „Du sprichst von deiner Schande und Demütigung – keine Sühne kann sie auslöschen. Du bist hierher gekommen und hast dir vorgeschwätzt, die Vergangenheit auszulöschen – keine menschliche Tat kann das schaffen. Eitel, eitel und sowohl müßig als auch eitel! Bloßes Mumtum und Zurschaustellung und ein Schlag gegen die Würde der Gerechtigkeit!"

Unter der Last dieser Qual kam ihm der Gedanke, dass er die Zeremonie doch noch bestehen sollte, dass er tun sollte, was die Leute erwarteten, dass er das Gouverneursamt annehmen und dann der sozialen Ächtung der Insel trotzen sollte, indem er Kate zu seiner machte Gattin. „Es ist noch nicht zu spät", sagte der Versucher.

Philip blieb in seinem Spaziergang stehen und erinnerte sich an die beiden Briefe von gestern. "Gott sei Dank! Es *ist* zu spät", sagte er.

Er hatte die Worte laut gesprochen, und die anwesenden Beamten blickten zu ihm auf. Jem-y-Lord war hinter ihm, zitterte und biss sich auf die Lippe.

Für diese Versuchung war es tatsächlich zu spät. Und dann die Eitelkeit davon, die Grausamkeit und Unzulänglichkeit davon! Er war lange genug ein Diener der Welt gewesen. Von diesem Tag an wollte er ihr Herr sein. Egal, ob alle Teufel der Hölle über ihn lachen sollten! Er hat sein Ziel erreicht. Es gab nur eine Bedingung, unter der er in der Welt leben konnte: dass er darauf verzichten sollte. Es gab nur einen Weg, auf die Welt zu verzichten: den Lohn zurückzugeben und die Livree abzulegen. Seine Sünde richtete sich nicht nur gegen Kate und Pete; es war gegen die Insel, und die Insel musste ihn befreien.

Philip näherte sich der Tür und verlangsamte seinen Schritt mit einer Miene der Unsicherheit. Einen Schritt vom Polizisten entfernt blieb er stehen. Er atmete laut. Wenn die Beamten ihn in diesem Moment beobachtet hätten, müssten sie gedacht haben, er sehe aus wie ein Mann, der zur Hinrichtung geht. Aber der Polizist blickte mit düsterer Miene vor sich hin, hielt seinen Helm in der einen und den Türknauf in der anderen Hand.

„Jetzt", sagte Philip mit einer langen Inspiration.

Es gab ein Aufblitzen von Gesichtern, einen Hauch von Parfüm, das Flattern von Taschentüchern und einen ohrenbetäubenden Nachhall. Philip war im Gerichtsgebäude.

XXII.

Es wurde bemerkt, dass sein Gesicht furchtbar abgenutzt war und dass es durch die weiße Perücke darüber und das schwarze Kleid darunter umso weißer aussah. Seine großen Augen flammten wie Feuer. „Das Schwert ist zu scharf für die Scheide", flüsterte jemand.

In großen Momenten herrscht bei starken Männern eine Art Zurückhaltung. Niemand kommt auf sie zu. Sie gehen aus sich selbst weiter und stehen oder fallen allein. Alle im Gerichtssaal standen auf, als Philip eintrat, aber niemand reichte ihm die Hand. Sogar der Ex-Gouverneur verneigte sich nur vom Sitz des Gouverneurs unter dem Baldachin aus.

Philip nahm seinen gewohnten Platz als Deemster ein. Er befand sich damals rechts vom Gouverneur, der Bischof links. Hinter dem Bischof saß der Generalstaatsanwalt und hinter Philip der Protokollführer. Der Jubel, der Philip bei seinem Eintritt begrüßt hatte, endete mit Händeklatschen und erstarb wie eine Welle, die vom Kies zurückfällt. Dann erhob er sich und wandte sich an den Gouverneur.

„Ich weiß nicht, ob Ihnen, Exzellenz, bewusst ist, dass dies Deemsters Gerichtstag ist?"

Der Gouverneur lächelte und ein Gekicher ging durch den Hof. „Darauf werden wir verzichten", sagte er. „Wir haben heute Morgen bessere Geschäfte." 34

„Entschuldigen Sie, Exzellenz", sagte Philip; „Ich bin immer noch Deemster. Mit Ihrer Erlaubnis werden wir alles gemäß den Regeln tun."

Es folgte eine kurze Pause, ein fragender Blick und dann eine kühle Antwort. „Natürlich, wenn Sie es wünschen; aber dein Pflichtgefühl –"

Die Damen auf den Galerien hörten auf, mit ihren Fächern zu flattern, und die Mitglieder des House of Keys rutschten auf ihren Sitzen im Schacht darunter hin und her.

Der Gerichtsschreiber des Deemster's Court drängte sich in den Raum unter der Bank. „Es gibt nur einen Fall, Euer Ehren", flüsterte er.

„Sagen Sie es, Sir", sagte Philip. „Um welchen Fall handelt es sich?"

Der Sachbearbeiter gab eine formlose Antwort. Es handelte sich um die junge Frau, die in Ramsey einen Selbstmordversuch unternommen hatte und zur Freude Ihrer Majestät festgehalten worden war.

„Wie lange ist sie schon im Gefängnis?" – „Sieben Wochen, Euer Ehren."

„Gib mir das Buch und ich werde den Befehl für ihre Freilassung unterschreiben."

Das Buch wurde der Bank übergeben. Philip unterschrieb es, gab es dem Schreiber zurück und sagte mit seinem Gesicht zum Gefängniswärter:

„Aber behalte sie, bis jemand sie abholt."

Während dieser Verhandlung herrschte kaltes Schweigen. Als sie vorbei waren, atmeten die Damen frei auf. „Sie erinnern sich an den Fall – sie hat ihren Mann und ihr kleines Kind zurückgelassen – seitdem geschieden, wie mir gesagt wurde – eine wertlose Person." – „Ah! Ja, wurde ihr nicht zum ersten Mal der Prozess gemacht, als der Deemster vor Gericht erkrankte?" – „Männer sind zu zärtlich mit solchen Kreaturen."

Philip war wieder auferstanden. „Eure Exzellenz, ich habe die letzte meiner Pflichten als Deemster erfüllt." Seine Stimme war heiser geworden. Er war eine abgenutzte und angeschlagene Gestalt.

Die Herzlichkeit des Ex-Gouverneurs war durch die unerwartete Unterbrechung etwas gedämpft worden. Dennoch glätteten sich die Pockennarben von seiner Stirn und er erhob sich lächelnd. Im selben Moment trat der Protokollschreiber vor und legte zwei Bücher vor sich auf den Schreibtisch – ein Neues Testament in einem zerschlissenen Ledereinband und das *Liber Juramentorum*, das Buch der Eide.

„Das Bedauern, das ich empfinde", sagte der Ex-Gouverneur, „und das von Tag zu Tag immer mehr über den Abbruch der Bindungen, die mich an diese wunderschöne Insel gebunden haben, verspüre, wird durch die Genugtuung gemildert, die ich über die Wahl meines Nachfolgers empfinde." fiel auf jemanden, von dem ich weiß, dass er ein Gentleman von starkem Intellekt und makelloser Ehre ist. Er wird die autonome Unabhängigkeit bewahren, die Ihnen seit der Antike überliefert ist, und gleichzeitig die Treue eines Volkes wahren, das der Krone stets treu geblieben ist. Ich bete, dass der Segen des allmächtigen Gottes seine Amtsführung begleiten möge und dass, wenn die Zeit kommt, in der auch er in der Position stehen möge, die ich heute innehabe, er sich ebenso lebhaft an die Unterstützung und Freundlichkeit erinnern möge, die er erfahren hat , und bedauert ebenso zutiefst seine Trennung von der kleinen Manx-Nation, die er zurücklässt."

Dann nahm der Gouverneur den Amtsstab und gab das Zeichen zum Aufstehen. Alle standen auf. „Und nun, Sir", sagte er und wandte sich lächelnd an Philip, „um alles, wie Sie sagen, gemäß den Regeln zu tun, lassen Sie uns zunächst den Auftrag Ihrer Majestät für Ihre Ernennung entgegennehmen."

Es entstand eine kurze Pause, und dann sagte Philip mit kalter, klarer Stimme:

„Eure Exzellenz, ich habe keine Provision. Die Provision, die ich erhalten habe, habe ich zurückgegeben. Ich habe daher kein Recht, als Gouverneur eingesetzt zu werden. Außerdem habe ich mein Amt als Deemster niedergelegt, und obwohl mein Rücktritt noch nicht angenommen wurde, stehe ich in Wirklichkeit nicht mehr im Dienst des Staates."

Die Leute blickten den Redner mit Augen voller Erstaunen und Überraschung an. Jemand ist hinten auf der Bank aufgestanden. Es war der Sachbearbeiter. Er streckte seine Hand aus, als wollte er Philip an der Schulter berühren. Dann zögerte er und setzte sich wieder.

„Meine Herren des Rates und der Schlüssel", fuhr Philip fort, „Sie werden denken, Sie hätten sich versammelt, um zu sehen, wie ein Mann einen Sprung in einen Abgrund wagt, der dunkler ist als der Tod." So kann es sein. Sie haben ein Recht auf eine Erklärung, und ich bin hier, um dafür zu sorgen. Was ich getan habe, geschah aus Gewissenszwang. Ich bin des Amtes, das ich innehabe, nicht würdig, geschweige denn des Amtes, das mir angeboten wird."

Hinter Philipps Stuhl kam eine halblaute Unterbrechung.

"Ah! Denken Sie nicht, alter Freund, dass ich es mit einer vagen Selbstabwertung zu tun habe. Ich hätte es lieber nicht genauer gesagt, aber was sein muss, muss sein. Eure Exzellenz hat meine Ehre als makellos bezeichnet. Wollte Gott, es wäre so; aber es ist zutiefst von Sünde befleckt."

Er hielt inne, versuchte noch einmal von vorne zu beginnen und hielt wieder inne. Dann sagte er mit leiser Stimme, mit gemessener Stimme und atemloser Stille: „Ich habe ein Doppelleben geführt. Unter dem Leben, das Sie gesehen haben, gab es ein anderes – Gott weiß, wie voll von Fehlverhalten, Schande und Scham. Es gehört nicht zu meiner Pflicht, andere in dieses Geständnis einzubeziehen. Es genügt, dass meine Karriere auf Lügen und Raub aufgebaut ist, dass ich die Frau betrogen habe, die mich mit ganzem Herzen geliebt hat, und den Mann beraubt habe, der mir seine Seele anvertraut hätte."

Die Menschen begannen hörbar zu atmen. Hinter dem Lautsprecher war das Kratzen eines Stuhls zu hören. Der Kassierer war aufgestanden. Sein rotes Gesicht war heftig erregt.

„Möge es Ihrer Exzellenz gefallen", begann er stockend und stammelnd mit heiserer Stimme, „Euer Exzellenz und jedem auf der Insel ist bekannt, dass seine Ehre sich gerade erst aus einer langen und schwierigen Zeit erholt hat." schwere Krankheit, hervorgerufen durch Überarbeitung, durch zu eifrige Aufmerksamkeit für seine Pflichten, und dass – tatsächlich, dass – nun, um nicht die Wahrheit zu verheimlichen, dass –"

Ein Seufzer großer Erleichterung ging über das Gericht, und der Gouverneur, ganz blass geworden, nickte zustimmend. Aber Philip lächelte nur traurig und schüttelte den Kopf.

„Ich war tatsächlich krank", sagte er, „aber nicht aus der Ursache, von der Sie sprechen. Das gerechte Urteil Gottes hat mich erreicht."

Der Gerichtsschreiber sank in seinen Sitz zurück.

„Es kam der Moment, in dem ich über meine eigene Sünde urteilen musste, der Moment, in dem sie, die ihre Ehre verloren hatte, weil sie der meinen anvertraute, vor mir auf der Anklagebank stand. Ich, der die erste Ursache für ihr Unglück gewesen war, saß als ihr Richter auf der Bank. Sie ist jetzt im Gefängnis und ich bin hier. Dasselbe Gesetz, das ihr Versagen mit Schande bestraft hat, hat mich an die Macht gebracht."

Im Hof herrschte eine eisige Stille, wie sie mit dem ersten Morgengrauen einhergeht. Durch diesen schnellen Instinkt, der in großen Momenten von einer Menschenmenge Besitz ergreift, verstanden die Menschen alles – die Unreinheit des Charakters, die so rein gewirkt hatte, die Nichtigkeit des Lebens, das so edel gewirkt hatte.

„Als ich mich fragte, was ich noch zu tun hatte, konnte ich nur eines sehen. Es war unmöglich, weiterhin Gerechtigkeit zu üben, selbst ungerecht zu sein und mich an die höhere Messlatte zu erinnern, vor der auch ich noch stand. Ich muss aufhören, Deemster zu sein. Aber das war nur mein Schutz vor der Zukunft, nicht meine Strafe für die Vergangenheit. Ich konnte mich keinem irdischen Gericht stellen, weil ich mich keines Verbrechens gegen das irdische Gesetz schuldig gemacht hatte. Das Gesetz kann einen Menschen nicht vor den Gerichtshof seines Gewissens stellen. Er muss sich dorthin begeben."

Er hielt erneut inne und sagte dann leise: „Mein Urteil ist dieses offene Bekenntnis meiner Sünde und der Verzicht auf die weltlichen Vorteile, die durch das Leiden anderer erkauft wurden."

Es war nicht mehr möglich, an ihm zu zweifeln. Er hatte gesündigt und den Lohn seiner Sünde geerntet. Diese Belohnungen waren großartig und großartig, aber er war gekommen, um auf sie alle zu verzichten. Die ehrgeizigen Träume wurden erfüllt, das Wunder des Lebens wurde verwirklicht, die Welt wurde erobert und lag zu seinen Füßen, und doch war er da, um alles aufzugeben. Die Stille des Gerichts war zu einer Stille der Ehrfurcht geworden. Er drehte sich zur Bank um, aber alle Gesichter waren gesenkt. Dann fielen seine eigenen Augen.

„Meine Herren des Rates, Sie, die Sie der Insel so lange und so ehrenhaft gedient haben, geben mir vielleicht die Schuld, dass ich Ihnen erlaubt habe, zur Anhörung dieses Geständnisses zusammenzukommen. Aber wenn Sie die Versuchung wüssten, der ich ausgesetzt war, wegzufliegen, ohne es geschafft zu haben, meiner Vergangenheit den Rücken zu kehren, meine Schuld dem Schicksal zuzuschieben, die Schuld dem Leben zuzuschieben, mir selbst einzureden, dass ich nicht anders hätte handeln können , Sie würden glauben, dass es nicht leichtfertig war, und Gott weiß, nicht umsonst, dass ich Sie hierher kommen ließ, um zu sehen, wie ich mein Schafott besteige.“

Er wandte sich wieder dem Gerichtssaal zu.

„Meine Landsleute und Landsfrauen, die Sie so viel freundlicher zu mir waren, als mein Charakter rechtfertigte oder mein Verhalten es verdiente. Ich sage auf Wiedersehen; aber nicht als einer, der weggeht. Indem ich den Drang besiegte, ohne ein Geständnis zu gehen, überwand ich den Wunsch, überhaupt hinzugehen. Hier, wo mein altes Leben ruiniert ist, muss mein neues Leben aufgebaut werden. Das ist die einzige Sicherheit. Es ist auch die einzige Gerechtigkeit. Auf dieser Insel, wo mein Sturz bekannt ist, kann mein Aufstand – wie es völlig richtig ist – nur mit erbittertem Kampf, Kummer und Tränen erfolgen. Aber wenn es soweit ist, wird es sicher kommen. Es mag in Jahren, in vielen Jahren sein, aber ich bin bereit zu warten – ich bin bereit zu arbeiten. Und in der Zwischenzeit wird diejenige, die meiner höchsten Ehre würdig war, meine niedrigste Erniedrigung teilen. Das ist die Art aller Frauen – Gott liebt und behüte sie!“

Die Begeisterung seiner Töne steckte jeden an.

„Vielleicht denken Sie, ich sei bemitleidenswert. Es gab Stunden in meinem Leben, in denen ich Mitleid verdient habe. Aber es waren die Stunden, die dunklen Stunden, in denen du mich in der Verschwendung deiner Dankbarkeit mit Auszeichnungen überhäuft hast und ein Schatten mich heimgesucht hat, der sagte: „Philip Christian, sie halten dich für einen gerechten Richter – das bist du nicht.“ ein gerechter Richter; Sie halten dich für einen aufrechten Mann – du bist kein aufrechter Mann.‘ Haben Sie jetzt kein Mitleid mit mir, wenn die dunklen Stunden vorüber sind, wenn das neue Leben begonnen hat, wenn ich lange auf die Stimme meines Herzens höre, die schon immer die Stimme Gottes war.“

Seine Augen leuchteten, sein Mund lächelte.

„Wenn Sie bedenken, wie knapp ich der Gefahr entgangen bin, die Dinge so weitergehen zu lassen, meine Schuld zu vertuschen, meinen wahren Charakter zu verheimlichen, als Schwindel zu leben und als Heuchler zu sterben, werden Sie mich für neidwürdig halten stattdessen. Auf Wiedersehen! Verabschiedung! Gott schütze dich!"

Bevor irgendjemand bemerkte, dass seine Stimme verstummt war, war er von der Bank verschwunden und der Stuhl des Deemsters stand leer. Dann drehten sich die Leute um und schauten einander in die verzweifelten Gesichter. Sie standen immer noch, denn niemand hatte daran gedacht, sich hinzusetzen.

An diesem Tag wurde nicht weiter gesprochen. Ohne ein Wort oder ein Zeichen stieg der Gouverneur von seinem Platz und die Verhandlung endete. Alle gingen zur Tür. „Aber ein toller Preis dafür", dachten die Männer. „Wie er sie doch geliebt haben muss", dachten die Frauen.

In diesem Moment schlug die große Königin-Elizabeth-Uhr des Schlosses zwölf, und die Fischer in irischen Gewässern jubelten ihrem Freund zu Hause zu. Über der Stadt erklang eine laute Detonation. Es war der Knall einer Waffe. Es gab noch einen und dann einen dritten. Die Schüsse stammten von einem Dampfer, der die Bucht passierte.

Philip erinnerte sich – es war Petes letzter Abschied.

XXIII.

Eine halbe Stunde später waren der Bergfried, der Hof und der Durchgang zum Fallgitter mit einer riesigen Menschenmenge gefüllt. Damen drängten sich über die beiden Außentreppen zur Gefangenenkapelle und zum Ratssaal. Männer waren bis zu den Zinnen hinaufgeklettert und blickten über die mit Käfern bedeckten Mauern hinab. Alle Augen waren auf die Tür zur Schuldnerseite des Gefängnisses gerichtet, und der Weg dorthin wurde freigehalten. Die Tür öffnete sich und Philip und Kate kamen heraus. Es gab keinen anderen Ausgang, und sie mussten ihn genommen haben. Er hielt sie fest an der Hand und führte sie halb, halb zog er sie entlang. Unter der Last so vieler Augen wurde ihr Kopf gesenkt, aber diejenigen, die nahe genug waren, um ihr Gesicht zu sehen, wussten, dass ihre Scham im Glück und ihre Angst in der Liebe verschlungen war. Philip war wie ein verklärter Mann. Die extreme Blässe seiner Wangen war verschwunden, sein Schritt war fest und sein Gesicht strahlte. Es war die allgemeine Bemerkung, dass er noch nie zuvor so stark, so lebhaft und so edel ausgesehen habe. Dies war die Stunde seines Triumphs, nicht die innerhalb der Mauern; Dies geschah, als seine Sünde bekannt wurde, als das Gewissen keine Macht hatte, ihn zu erschrecken, als die Welt und der Stolz der Welt unter seinen Füßen lagen und er Hand in Hand mit der gefallenen Frau an seiner Seite aus einer Gefängniszelle herauskam Seite, mit ihrem bankrotten Leben der Zukunft entgegenzutreten.

Und sie? Sie teilte seine feurige Tortur. Vor ihren empörten Schwestern und der ganzen Welt begleitete sie ihn in der Tiefe seiner Demütigung, auf dem Höhepunkt seiner Eroberung, auf dem Höhepunkt seiner Schande und seines Ruhms.

Einmal blieb sie für einen Moment stehen und stolperte, als ob der heiße Atem ihr auf den Kopf schlug. Aber er legte seinen Arm um sie, und in einem Moment war sie stark. Die Sonne fiel vom großen Turm auf sein nach oben gerichtetes Gesicht, und seine Augen glitzerten durch Tränen.

DAS ENDE.